SOFTWARE ENGINEERING on practical software development

개발 실무 중심의 소프트웨어 엔지니어링

| 김행곤 지음 |

도서출판 그린

머릿말

최근 우리 사회는 인공 지능, 사물 인터넷, 빅데이터, 모바일 등 첨단 정보통신기술이 경제 사회 전반에 융합되어 혁신적인 변화가 나타나는 차세대 산업혁명을 세차게 맞이하고 있다.

특히 인공 지능(AI), 사물 인터넷(IOT), 클라우드 컴퓨팅, 빅데이터, 모바일 등 지능정보기술이 기존 사업과 서비스에 융합되거나 3D 프린팅, 로봇공학, 생명공학, 나노기술 등 여러 분야의 신기술과 결합되어 실세계 모든 제품 서비스를 네트워크로 연결하고 사물을 지능화하는 무서운 혁명이다.

제4차 산업혁명은 초연결(hyperconnectivity)과 초지능(superintelligence)을 특징으로 하기 때문에 기존 산업혁명에 비해 더 넓은 범위(scope)에 더 빠른 속도(velocity)로 크게 영향(impact)을 끼친다. 이 '제4차 산업혁명' 용어는 2016년 세계 경제 포럼(WEF: World Economic Forum)에서 언급되었으며, 정보 통신 기술(ICT) 기반의 새로운 산업 시대를 대표하는 용어가 되었다. 컴퓨터, 인터넷으로 대표되는 제3차 산업혁명(정보 혁명)에서 한 단계 더 진화한 혁명으로도 일컬어진다.

소프트웨어 공학은 꾸준히 품질, 비용, 유지 보수성, 빌드 속도가 개선된 소프트웨어를 창조하는데 전념해 왔다. 이 분야는 다른 공학에 비해 아직도 상대적으로 젊은 분야로, '소프트웨어 공학'이란 실제로 무엇이며 전통적인 공학의 정의에 부합하는지에 대한 논의로 이루어지고 있다.

본 저서에서는 지난 33년간 대학에서 소프트웨어 공학을 강의한 경험으로 소프트웨어를 단순히 프로그래밍으로만 보는 한계를 벗어나는 것으로부터 유기적으로 성장하게 한 요구공학(Requirement Engineering) 분석 및 설계 그리고 최근의 객체 지향(Object Oriented), 애자일(Agile), 모델 주도(Model-Driven) 등을 중심으로 본 교재를 서술하게 되었다.

본 저서는 소프트웨어 개발의 상위단계(분석, 설계, 구현) 및 하위단계(테스팅, 유지보수)로 구분하여 서술하였고 특별히 사례연구를 통해 "소프트웨어 중점 대학"에서 추진하는 소프트웨어 분석 및 설계에 대한 지침을 서술하였다.

마지막으로 이 교재가 나오기까지 교재 기획 및 설계에 도움을 준 손이경 박사와 박은주 박사에게 감사를 드리며 출판을 위해 애쓰신 그린출판사 윤덕우 사장님과 윤치영 과장님께 감사를 드린다.

2022년 7월

하양 금락리에서 저자

Contents

Contents

Software Engineering on practical software development

Chapter 01 소프트웨어 공학 소개

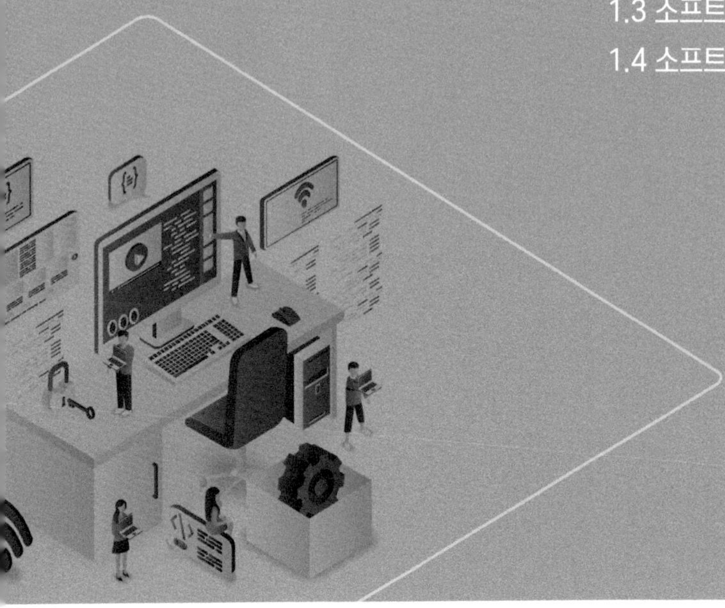

1.1 소프트웨어 공학의 역사

컴퓨터의 응용 분야가 넓어져 가고 있다. 초기에는 관공서나 기업에서 주로 이용되었으나, 최근에는 모든 생활 영역 전반에 걸쳐 이용되고 있다. 이것은 하드웨어 제조, 응용 기술의 발전 때문이다. 최근 수백만 원 정도의 생산비용으로 제조되는 마이크로컴퓨터가 30년 전에 10~15억 원 정도의 컴퓨터와 같은 처리 능력을 갖게 되었다. 또한 [그림 1.1]에서 볼 수 있듯이 소프트웨어 비용은 꾸준한 증가 추세를 보이는 반면에 하드웨어 비용은 그렇지 못한 실정을 볼 수 있다.

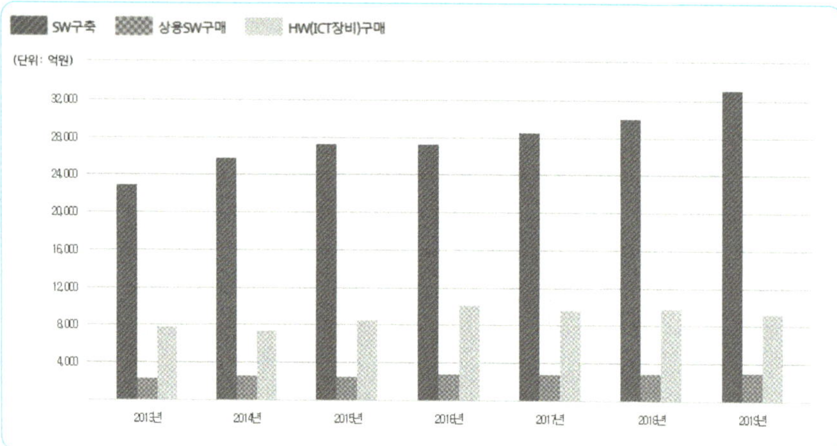

자료) NIPA 공공 SW · ICT장비 수요예보(확정) 결과(2019.3)

[그림 1.1] 하드웨어 비용 & 소프트웨어 비용

1960년대 집적회로가 개발되면서 3세대 컴퓨터 하드웨어가 출현했다. 이전 컴퓨터에 비해서 연산 능력이 훨씬 뛰어나고 이전에는 불가능했던 문제들을 쉽게 해결해 주었다. 또한 가격의 하락과 대량 보급으로 응용 분야가 넓어지면서 대형 소프트웨어 시스템 구축이 요구되었다. 대형 소프트웨어 시스템을 구축하면서, 당시의 기존 소프트웨어 개발 방법들이 부적절함을 소프트웨어 엔지니어들은 경험했다. 기존의 소규모 시스템의 개발에 적용하던 기술을 단지 확장할 수 없다는 것도 깨달았다. 많은 수의 프로젝트가 지연되었으며, 개발비용은 예상했던 것보다 훨씬 초과되었고, 신뢰도도 극히 낮아 적절히 유지 보수할 수도 없었다. 소프트웨어 개발은 위기 상황에 빠진 것이다. 하드웨어 가격은 급격하게 떨어지는데 비해 소프트웨어 가격은 폭등했다. 이른바 "소프트웨어 위기(software crisis)"에 직면하게 되었다.

이러한 문제점을 극복하기 위하여, 주어진 기간 내에 프로젝트를 효율적으로 관리하는 기법, 프로젝트에 투여되는 비용을 예측하는 일과 사람들을 관리하는 일, 사용자의 요구 사항 등을 정확히 분석하여 그 요구 사항대로 소프트웨어를 개발하는 일, 각 과정의 일들을 체계적으로 문서화하는 등의 일련의 공학적이며 체계적인 방법으로 소프트웨어를 개발하고 관리하려는 소프트웨어 공학의 개념이 1960년대 말에 등장하게 되었다.

소프트웨어 품질과 비용이 문제되기 시작한 것은 IBM 360/OS, Multics, TSS/360 등이 개발된 1960년대의 일이다. 소프트웨어 가격과 관련해서 소프트웨어의 생산성 및 비용이 주목받기 시작하였으며 품질보증의 최대 관심사로 테스트와 디버깅이 부각되었다. 360/OS에 있어서 당시 4,000 개의 모듈과 함께 1,000,000 개의 명령어로 구성되며 연간 약 5000 명의 프로그래머를 사용한 것과 FORTRAN-H 컴파일러에 2000 개의 에러가 있었던 것이 당시의 화제 거리였다. 따라서 이 기간에는 테스트의 방법론과 기대효과 등이 의논의 중심 주제였다. 컴퓨터 학회에 있어서도 소프트웨어 품질 연구에 관한 보고는 적었으며 하드웨어를 다루는 분야에서 취급되는 경우가 많았다. 프로그래머의 생산성에는 개인적인 차이가 많다는 것이 조사된 것도 이 기간이었다. 개인에 따라서 코딩시간은 최대 25 : 1로 격차가 나고, 디버깅의 경우에도 26 : 1 의 차이가 있고, 완성된 프로그램의 실행 속도는 최대 13 : 1 의 차이가 있다고 하는 실험 결과가 보고되었다.

1968년 서독에서 개최된 NATO 주최의 회의에서 처음으로 '소프트웨어 공학'이라는 용어가 사용되고, 소프트웨어 생산성의 기본적인 문제가 제기되었다.

그 뒤 1970년대에 와서 AFIPS와 IFIP의 회의에서 소프트웨어 품질과 생산성에 관한 논문이 발표되었다. 이때 발표된 논문 중에서 소프트웨어의 테스트 기간 중에 발견된 에러의 발생 원인이 보고되었으며 코딩 에러보다도 설계 에러 쪽이 많다고 하는 사실도 판명되었다. 1970년 가을에는 제 1 회 COMPSAC(COMPuter Software and Applications Conference)이 개최되었다.

결국, 신뢰성 있는 소프트웨어 개발을 위해서는 코딩 단계보다도 설계 단계에서부터 고려하는 것이 중요하다고 인식되기 시작했고, 설계, 코딩, 문서화 등의 새로운 기법과 방법론이 시도되었다. 동시에 소프트웨어 개발 단계 간의 비율 및 비용 분포 등의 실태도 조사되기 시작했다([표 1.1] 및 [그림 1.2]).

[표 1.1] 단계별 소요기간 예

요구정의 분석	20%
설계	18.7%
코딩·디버깅	21.7%
테스트	28.3%
문서화	11.3%
	100%

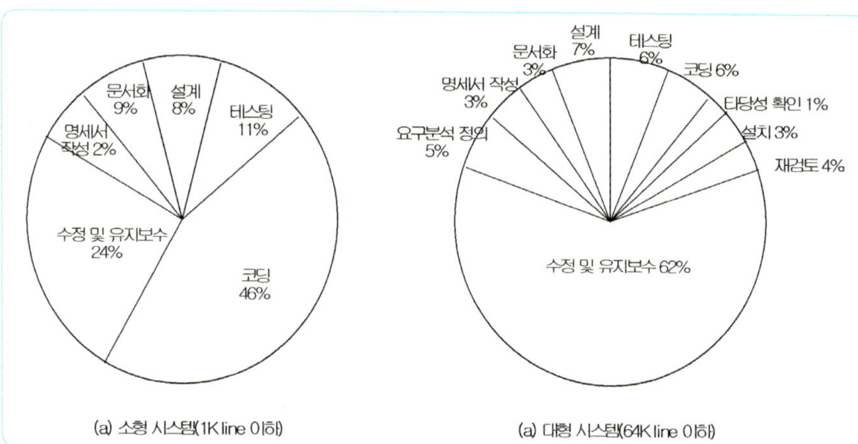

[그림 1.2] 시스템 크기별 비용분포

이 기간에는 구조화 방법론, 하향식(Top-down) 개발, 모듈 설계, 구조화 설계, 소프트웨어 신뢰도 등의 용어가 많이 등장했다. 그 뒤 1973년 IEEE(Institute of Electrical and Electronics Engineers)에 의해서 "Symposium on Computer Software Reliability"가 개최되었고, 이어서

NCC(National Computer Conference), IFIP 회의에서도 여러 가지의 연구가 보고되었다. 그리고 1975년 봄에는 유명한 ICRS(International Conference on Reliable Software)가 개최되었다. 이 분야에서는 최초로 세계적인 규모의 회의였다. 실질적으로 이 회의가 훗날 소프트웨어 공학 국제회의(ICSE : International Conference on Software Engineering)로 이어지게 되었다.

1975년 후반부터 겨우 '소프트웨어 공학'이라는 언어가 정착되기 시작했다. 1975년 9월에 National Conference on Software Engineering, 1976년에는 Symposium on Computer Software Engineering 이 개최되었으며 이 기간 중에 NCC 등에 있어서도 많은 분야가 할당되었다. 또한 IEEE에서는 소프트웨어 공학 기관지가 1975년 3월부터 출판되기 시작했다. 그래서 1976년 10월에는 제 2회 ICSE가 개최되었다. 이때 최초로 소프트웨어 요구 정의와 유지 보수 문제가 대두되었다.

이 후, 소프트웨어의 신뢰성뿐만이 아니라, 품질 특성 전체에 대해서 보다 능률적으로 작성하지 않으면 안 된다고 생각하게 되었다. 또한 소프트웨어 품질 향상을 위해서는 소프트웨어 요구 정의에서부터 유지 보수에 이르기까지 전 생명 주기(Life Cycle)를 통해서 대책을 강구하지 않으면 안 된다는 쪽으로 생각이 변화되었다. 결국, 신뢰성 있는 소프트웨어 개발이라고 하는 범위로부터, 소프트웨어 품질 전 특성을 생명 주기 전체에서부터 보다 능률적으로 취급하는 이른바 '소프트웨어 공학'으로 변화되기에 이르렀다.

1978년 5월에는 제 3 회 ICSE, 1978년 11월에는 제 2회 COMPSAC이 개최되었다. 그리고 1979년 9월에는 제 4 회 ICSE가 서독에서 개최되었다. 제 5 회 ICSE는 1981년 3월 샌디에고에서 개최되었다.

더욱이, 이때에 소프트웨어 에러는 가능한 한 초기에 바로 잡는 것이 품질에서나 비용 면에서나 필요하다는 생각이 일반적으로 폭넓게 인식되기에 이르렀다. [그림 1.3]은 소프트웨어에 있어서 에러를 수정하는데 드는 비용을 상대적으로 나타낸 도표이다. 그림에서 보듯이 초기에 에러를 수정할수록 비용이 적게 든다.

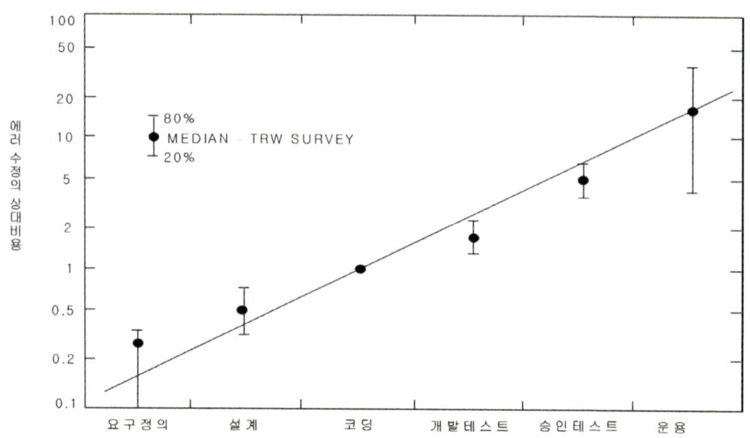

[그림 1.3] 소프트웨어 에러 수정에 소요되는 비용

1.2 소프트웨어 공학이란?

1.2.1 개요 및 정의

정보화 사회에서 가장 가치 있는 자산은 정보이며, 이러한 정보를 바탕으로 의사 결정을 행한다. 따라서 정보는 신속성과 정확성을 갖추어야 한다. 수많은 자료들로부터 정확한 정보를 빠르게 수집하기 위해서 컴퓨터의 이용은 필수적이다. 컴퓨터에 소요되는 비용은 시간이 지날수록 매우 커지고 있다. 1980년의 Datamation 잡지에 실린 추정 비용을 살펴보면 다음과 같다. 1980년 전산 처리에 소요된 총비용은 국민 총생산액(GNP)의 약 5%인 1300억 달러 정도였으며, 1985년에는 GNP의 약 8%, 1990년에는 12.5%가 될 것으로 전망하고 있다. 반면 미국의 가장 번창한 산업중의 하나였던 자동차 산업의 경우 1980년에 소용된 비용은 겨우 2.3% 이다.

전산 처리에 소요되는 비용 중 하드웨어에 대한 비중은 점점 더 줄어드는 반면 소프트웨어에 대한 비중은 커지고 있다. 1960년대의 하드웨어 비용과 소프트웨어 비용은 약 4 : 1 이었으나 1980년대에 이 비율이 역전되었으며, 1990년에 소프트웨어 비용이 전산 시스템에 소요되는 비용의 약 90%가 되리라고 예측하고 있다. 또한 소프트웨어의 전체 비용 중 유지보수 비용이 점점 늘어나고 있다. Boehm의 연구에 의하면 1985년의 세계적인 소프트웨어 비용은 1,400억 달러를 초과했다고 한다. 이러한 소프트웨어 비용은 매년 약 12%씩 증가하고 있으며, 만약 이런 추세로 나간다면 1995년의 세계적인 소프트웨어 비용은 4,300억 달러를 초과할 것이다 라고 밝히고 있다. Boehm의 예상대로 4,300억 달러를 초과한 것은 물론, 현재 글로벌 SW 시장규모는 16,000억 달러에 근접하고 있다[그림 1.4]. 따라서 소프트웨어 생산성을 조금만 향상시킨다고 하더라도 경제적인 이익은 매우 클 것이다.

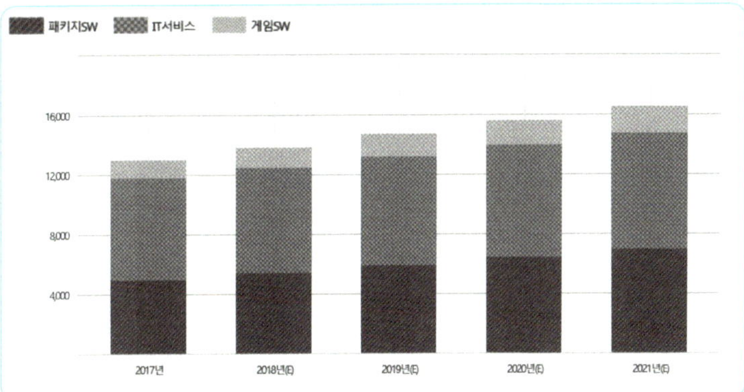

단위: 억 달러, 자료) 패키지SW, IT서비스 : IDC Worldwide Blackbook(2019.8), 게임SW : Newzoo(2018)

[그림 1.4] 예측되는 글로벌 SW 시장규모

이러한 연구를 종합해 볼 때, 컴퓨터에 소요되는 비용은 시간이 지날수록 증가되고 있고, 또한 소프트웨어 비용이 가장 큰 비중을 차지함에 따라, 미래 산업사회의 경제적인 번영은 효율적인 소프트웨어 개발 및 관리 일체를 다루고 있는 소프트웨어 공학에 의해 좌우된다는 것은 결코 과장이 아니다.

소프트웨어란 용어는 단순히 특정한 분야에 적용되는 컴퓨터 프로그램만을 의미하지는 않는다. 소프트웨어에는 프로그램뿐만 아니라 이 프로그램을 설치, 사용, 개발하고 유지보수 하는데 필요한 모든 문서를 포함한다. 규모가 커다란 시스템에 있어서, 이러한 문서를 작성하는 작업이 실제로는 프로그램을 개발하는 일보다 훨씬 중요한 일이 된다. 1~2명의 프로그래머가 수개월 내에 개발할 수 있는 소규모 프로젝트인 경우 좋은 코드를 작성하는 것이 주요한 관심사이다. 이 경우는 프로그램의 양이 적어 프로그래머에 의하여 충분히 관리될 수 있기 때문에 특별한 관리기법이나 문서화가 필요하지는 않다. 그러나, 많은 프로그래머가 참여하고 장시간의 개발을 필요로 하는 프로젝트인 경우 체계적인 방법으로 관리되어야 하며 모든 행위와 작업들이 문서화되어야 한다.

소프트웨어 공학은 서로 다른 학자에 의해 서로 다르게 정의되어 지고 있다.

- **Boehm** : "과학적인 지식을 컴퓨터 프로그램 설계와 제작에 실제 응용하는 것이며, 이를 개발하고 운영하고 유지보수 하는데 필요한 문서화 작성과정"
- **IEEE의 소프트웨어 공학 표준 용어 사전** : "소프트웨어의 개발, 운영, 유지 보수, 그리고 폐기에 대한 체계적인 접근"
- **Fairley** : "허용하는 비용과 기간 내에서 소프트웨어 제품을 체계적으로 생산하고 유지보수하는데 관련된 기술적이면서 관리적인 원리이다"

그러나, 이러한 상이한 정의 간의 공통점은 소프트웨어 공학이란 개개의 프로그래머가 아닌 팀에 의해 소프트웨어 시스템을 공학적인 원리로 개발하는 것을 의미한다. 또한 소프트웨어 공학의 주요 목표는 소프트웨어 공학자의 생산성을 증대시키기 위한 도구와 방법론을 제공하는데 있다. 소프트웨어 공학자는 다른 분야의 공학자와 마찬가지로 전산학에 관한 지식 외에도 의사소통하는 능력이 뛰어나야 한다. 소프트웨어 공학자는 시스템 사용자가 소프트웨어를 이용하여 자신의 작업을 할 때 발생되는 문제까지도 인식하여야 한다. 즉, 소프트웨어 공학자는 소프트웨어의 생산에 관계되는 프로젝트 관리 문제를 이해해야만 한다.

1.2.2 공학적으로 잘 작성된 소프트웨어

일반 공학 분야처럼 소프트웨어 공학이란 제품을 단지 생산하는 것이 아니라 가장 경제적인 방법으로 양질의 제품을 생산하는 것을 의미한다. 만약 무한히 많은 자원이 제공된다면 소프트웨어에 관한 대부분의 문제들을 해결할 수도 있을 것이다. 그러나 소프트웨어 공학도가 직면한 문제점은 한정된 양의 자원을 가지고 양질의 소프트웨어를 일정한 시간 내에 개발해야 하는 것이다. 공학적으로 잘 작성된 소프트웨어가 가져야 할 특성은 다음과 같다.

① **소프트웨어는 사용자가 원하는 대로 동작해야 한다** : 아무리 우수한 기법을 사용하여 작성된 소프트웨어라도 사용자의 요구를 만족하지 못한다면 전혀 가치가 없다고 할 수 있다. 이 특성은 가장 기본적인 것으로서 지극히 당연한 것처럼 보이지만, 개발된 소프트웨어 제품 중 사용자가 기대했던 기능을 실행하지 못하는 경우가 종종 있다. 이러한 문제는 사용자와 소프트웨어 엔지니어 사이에서의 대화 부족에 기인한다. 치밀한 분석과 계획 및 참여는 유용한 소프트웨어 제품을 개발하기 위해서 요구되어 진다.

② **소프트웨어에 잠재적인 에러가 가능한 적어야 한다** : 현 단계에서 완벽한 소프트웨어를 구축하는 것은 불가능에 가깝다. 그 이유로는 현재의 테스트 방법으로 소프트웨어 품질을 정량적으로 분석할 수 없으며, 인간에게 의존하는 작업이기 때문에 에러의 가능성은 항상 존재한다. 궁극적으로 에러가 완전히 없도록 작성하는 것이 좋지만 100% 에러가 없다고 하는 것은 불가능하므로 일반적으로 발생하는 잠재적인 에러를 최소화하려고 노력한다.

③ **소프트웨어는 유지보수가 용이해야 한다** : 아주 오랜 기간 동안 사용되는 소프트웨어는 계속적으로 변경되므로 소프트웨어는 잘 작성되고 또한 문서화되어 변경에 따른 과도한 비용을 초래하지 않아야 한다. 소프트웨어 전체 비중 중 개발비용이 1/4을 차지하는데 비하여 유지보수 비용은 3/4를 차지한다. [그림 1.5]를 보면 소프트웨어 개발 주기 내에서 다른 개발 단계에 비해 유지보수(버그 수정)단계가 높은 비용을 차지함을 알 수 있다. 이와 같이 변경 없이 완전한 소프트웨어를 개발하는 것이 좋지만 이는 매우 어려운 작업이므로 잠재적인 에러가 가능한 한 적도록 잘 작성해야 한다.

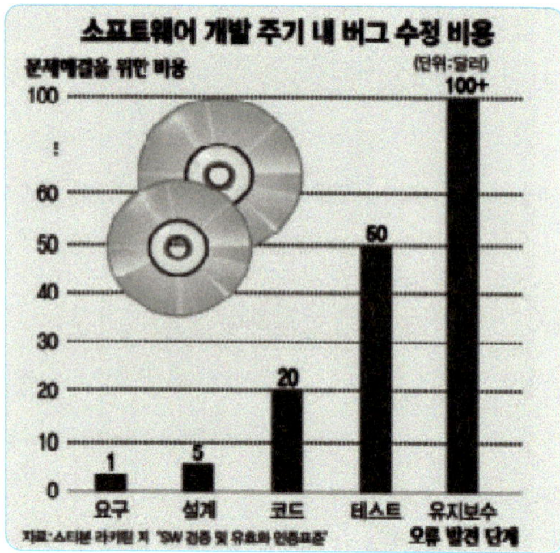

http://www.press9.kr/news/articleView.html?idxno=2212

[그림 1.5] 소프트웨어 유지보수의 심각성

④ **소프트웨어는 신뢰성이 높아야 한다** : 적당한 수준의 신뢰도는 소프트웨어 시스템이 사용되는 환경에 관계없이 필수적이다.

⑤ **소프트웨어는 효율적이어야 한다** : 가능한 한 빠른 시간 내에 수행되어야 하며, 여러 자원을 효율적으로 사용하여야 한다. 실제적으로, 효율을 극대화하려는 시도는 소프트웨어 변경을 더욱 어렵게 만들 수 있다. 이것은 소프트웨어 시스템이 메모리나 프로세서 사이클과 같은 시스템 자원을 낭비하지 않고 사용하는 것을 의미한다.

⑥ **소프트웨어는 사용하기 쉬워야 한다** : 개발된 소프트웨어를 실제로 가동시키는 경우 사용하고 조작하기 쉬워야 한다. 따라서, 적당한 사용자 인터페이스를 제공하여야 한다. 현재 많은 소프트웨어가 사용하기 어려운 인터페이스를 제공하고 있기 때문에 소프트웨어의 충분한 기능을 사용자가 이용하지 못하고 있다. 사용자 인터페이스의 설계 시에는 예상되는 시스템 사용자의 능력과 수준 등을 고려하여 알맞게 설계되어야 한다.

이러한 특성들은 상호 배타적이다. 예를 들어, 사용하기 쉽도록 사용자 인터페이스를 향상시키면 시스템의 효율성이 떨어진다. 또한 효율성을 향상시키기 위하여 하드웨어에 밀착된 부분들을 포함하게 되면 유지보수성이 줄어든다. 따라서, 이들 특성들 간의 타협점을 초기 단계에서 명백하게 결정해야 한다. 유지보수성과 효율성 중에 어느 것을 최적화 시킬 것인가에 관한 결정이 개개의 소프트웨어 공학도에게 미루어져서는 안 된다. 그러한 결정은 시스템의 계약 단계에 결정되어야 한다. 하드웨어 자원이 중요한 60년대의 경우 사용의 용이성보다는 효율성에 많은 비중을 두었지만, 최근 하드웨어 성능이 높아져 감에 따라 효율성보다는 사용의 편리성이나 유지보수성에 더 큰 비중을 두는 경향으로 바뀌어 가고 있다.

1.2.3 소프트웨어의 생명주기

1960년대 후반에 '소프트웨어 위기'가 인식되고 소프트웨어 개발에 일반적인 공학적 원리를 적용하려는 시도가 행해졌다. 따라서 이러한 공학적 원리에서 유도된 소프트웨어 개발 과정의 모델이 Royce(1970)에 의하여 제안되었다. 이 방법은 개발 과정을 훨씬 분명하게 나타내는 수단으로 소프트웨어 프로젝트 관리를 위해 환영받았다. Royce는 한 단계를 완전히 끝내고 다음 단계로 넘어가는 방식으로 소프트웨어 생명주기의 각 단계를 정의하였으며, 그 뒤 1971년에 Benjamin은 각 단계가 서로 겹치는 방법으로 구분하였다. 소프트웨어 생명주기를 모형화 한 초기의 모델은 그 뒤에 많은 수정이 가해졌으며 다양한 형태의 모델이 제시되었다. 1979년 Boehm은 소프트웨어 생명주기 모델의 대표적인 폭포수형(Waterfall) 모델을 제시하였다[그림 1.6]. 모델을 구성하는 각 단계는 다음과 같다.

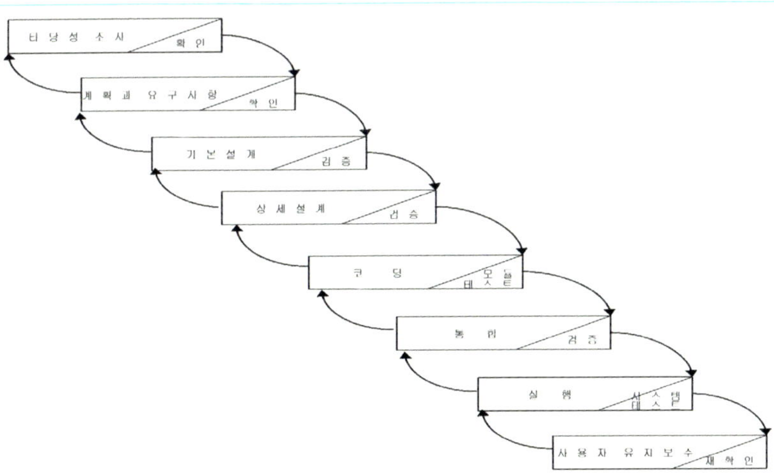

[그림 1.6] 소프트웨어 개발 과정에 대한 폭포수형 모델

① **타당성 검토 단계** : 경영자가 소프트웨어의 필요성을 깨달아 이를 개발하기 위한 타당성을 검토하는 단계이다. 생산계획에 필요한 모든 공식적인 문서가 준비되고, 관련 부서 간에 계획과 협조 체제의 구상도 포함된다. 이 단계에서 검토되는 내용은 다음과 같다.

- **작동 타당성** : 개발될 소프트웨어가 실용상에 문제가 없는지, 사용 시에 발생할 수도 있는 문제점을 검토
- **경제적 타당성** : 개발하는데 소요되는 비용이 타당한지, 또한 소비자가 부담하게 될 가격이 타당한지의 여부를 검토
- **시장 타당성** : 개발하여 사용자에게 공개하였을 때 흥미를 끌 수 있는 소프트웨어인가, 판매에 적합한가, 설치하기가 편리한 것인가, 서비스하기가 쉬운 것인가, 설명하기 쉽고 교육에 무리가 없는 것인가 등을 검토

② **계획과 요구 단계** : 개발에 필요한 기본적인 인원과 기계를 할당하고 제품에 대한 조작 개념을 확정하고 승인한다. 중간검토, 필요한 자원, 책임의 한계, 스케줄, 비용 및 주요 회의 등에 관한 상세한 계획을 세운다. 또한, 시스템 사용자와 대화를 통하여 시스템이 제공할 서비스, 제약조건 및 목적 등을 설정한다. 일치된 내용은 사용자와 개발자 모두가 이해할 수 있는 방식으로 정의되어야 한다. 사용자의 요구사항은 가능한 한 애매모호함 없이 정확하고 일관성 있게 기술되어야 한다.

③ **기본설계 단계** : 개발될 소프트웨어에 대한 전체적인 하드웨어 및 소프트웨어 구조, 제어구조, 자료구조의 개략적인 설계를 작성한다. 이와 더불어 사용자 지침서와 테스트 계획도 수립한다. 세분하여 구별하면 다음과 같다.

- **상세개발계획** : 개발의 중간 검토 단계로서 자원의 예산, 조직, 책임, 스케줄, 활동범위, 기술, 제품에 대한 구체적 계획
- **상세사용계획** : 개발과 병행되어야 하는 교육, 설치, 지원 등에 대한 구체적 계획
- **생산관리계획** : 경영구조계획, 품질보증계획, 전체적인 확인계획
- **소프트웨어 요구 명세의 승인** : 기능, 수행, 인터페이스 등에 대한 완전성 및 타당성을 검토
- **개발계약의 승인** : 상기 내용에 대해 문서로 승인

④ **상세설계 단계** : 제어구조, 자료구조, 인터페이스 구조, 크기, 주요 알고리즘, 각 프로그램 요소에 대하여 완전한 규격을 작성하는 단계이다. 세부적으로 구분하면 다음과 같다.

- 소프트웨어 제품의 설계 규격을 정한다 : 프로그램 각 요소의 계층적 구조, 제어구조, 물리적 구조 및 논리적 자료구조, 자료 처리 자원에 필요한 예산
- 가장 위험부담이 따르는 개발 내용에 대한 확인 및 해결 방안 모색

⑤ **코딩 단계** : 구현 프로그래밍 언어를 사용하여 실제 프로그램을 작성한다. 작성된 각 프로그램 단위 즉, 모듈들이 주어진 명세서를 만족하는지를 테스트한다. 또한, 통합 테스트 계획 및 사용자 지침서에 대한 초안을 작성한다.

⑥ **통합 테스트 단계** : 소프트웨어를 모듈별로 코딩한 것을 전체적으로 통합시켜 전체 시스템이 소프트웨어 요구 사항을 만족하는지를 테스트한다. 이 단계는 모듈 간의 인터페이스 테스트에 중점을 둔다.

- 각 모듈별 계산의 문제점이 없는가를 확인
- 각 모듈별 입출력에 문제점이 없는가를 확인
- 모든 명령어와 모든 분기기능의 수행을 확인
- 표준 프로그래밍 기법에 따라서 작성되었는지에 대한 여부 확인
- 모듈 레벨의 완전성 확인

⑦ **실행 단계** : 완전한 기능을 갖춘 하드웨어 및 소프트웨어 시스템이 작동하는 단계이다.

- 평가 테스트에 만족하는지를 시험. 즉, 명세서대로 수행되는지를 시험
- 제품에 따르는 보고서, 지침서, 데이터베이스 등을 완전히 갖춤

⑧ **운용 및 유지보수 단계** : 시스템이 고객에게 인도되어 설치된 후 실제 업무에서 사용된다. 초기단계에서 발견되지 않는 오류를 수정하고, 새롭게 인식된 요구사항을 위해 시스템의 구축과 서비스를 향상시키는 작업을 포함한다. 일반적으로 생명주기 단계 중 가장 오랜 시간이 걸리는 단계이며 대부분의 비용을 차지하는 단계이다.

- 시스템 인수 시험의 만족도 검토
- 인도 또는 판매 시스템 제품의 완벽성 여부
- 설치의 완벽성

프로젝트 관리를 위해서는 소프트웨어 생명주기 각 단계를 구분하는 것이 유리하지만, 실제로 각 단계는 서로 중첩되고 단계 간에 정보가 순환되기도 한다. 즉, 설계단계 중에 요구사항의 문제점이 인식되기도 하고, 프로그램 코딩 중에 설계의 문제점이 발견되기도 한다. 소프트웨어 개발 과정은 단순하게 위에서 아래로 흘러가는 선형 모델이 아니라 각 개발 작업들의 일련의 반복으로 구성된다. 개발 작업들이 아주 빈번하게 반복되는 경우, 프로젝트 관리를 위해 개발 과정을 계획하고 예측하는 것이 매우 어렵다. 이런 경우 작업을 어느 정도 반복하고 나면 명세서를 확정시키고 다음 단계를 계속하는 경향이 종종 있는데, 이런 식으로 문제를 다음으로 미루게 되면 시스템은 사용자가 원하지 않는 방향으로 유도되어 아무리 코딩을 훌륭하게 작성하더라도 해결할 수 없는 설계상의 문제점으로 인해 시스템의 구조가 엉망이 된다.

소프트웨어 개발 과정의 통합 테스트 단계는 개발된 시스템을 통합하여 테스트하는 단계로서 시스템 개발의 최종적인 확인 단계를 의미한다. 이 단계에서 시스템 개발자는 시스템을 구입하려는 사람에게 원하는 요구사항이 시스템에 모두 만족되었다는 확신을 갖게 해주어야 한다. 검증(Verification)과 확인(Validation) 작업은 생명 주기의 초기 단계에서도 고려하여야 한다. 특정 단계에서의 이러한 검증과 확인 작업으로 얻어진 정보는 이전 단계로 피드백 되어야 한다. 비록 검증과 확인이라는 용어가 개념상 유사하지만, 실제로는 상이한 뜻을 가지고 있다. 검증과 확인이라는 용어의 뜻의 차이를 Boehm(1981)은 다음과 같이 간단하게 설명했다.

검증 : '제품을 만든 과정이 올바른가?'(Are we building the product right?)
확인 : '올바른 제품을 만들고 있는가?'(Are building the right product?)

다시 말하면, 검증은 제품이 요구사항을 만족하여 개발되었는가를 검사하는 것이고, 확인은 제품의 기능이 고객이 진정으로 원하는 대로 수행되는지를 검사하는 것이다.

생명주기 마지막 단계에서의 정보는 이전의 모든 단계로 피드백 된다[그림 1.7]. 이 마지막 단계는 소프트웨어가 실제로 사용되는 운영 단계이다. 사용하는 동안, 원래의 소프트웨어 요구사항의 오류와 빠진 부분을 발견하고 프로그램 오류와 설계상의 오류가 분명해지며 또한 새로운 소프트웨어 기능이 필요함을 알게 된다. 따라서 소프트웨어의 변경이 필요하게 된다. 보통 이러한 변경 작업을 '유지보수'라고 한다.

유지보수란 단순한 오류의 수정 작업뿐만 아니라 요구사항, 설계, 그리고 구현에서의 변경도 포함된다. 또는 추가적인 시스템 테스팅을 의미하기도 한다. 불행하게도 소프트웨어 유지보수는 제대로 인식되지 못하여 소프트웨어 제품이 인도된 후에 수행되는 단순한 작업으로 알려져 있다. 실제로 일어나는 현상은 소프트웨어에 대한 변경이 계속 이루어짐에 따라 유지보수 단계에서 소프트웨어 개발 과정, 혹은 그 일부 단계들이 수없이 반복된다는 사실이다.

소프트웨어 개발 과정을 나타내는 이러한 폭포수형 모델이 개발 단계를 분명하게 구분하고, 프로젝트 관리 계획과 예측을 하는데는 유용하지만, 실제적인 소프트웨어 개발 과정의 작업을 제대로 묘사하지 못하고 있다. 이러한 이유는 이 모델이 소프트웨어 개발 과정에서 각 단계가 반복된다는 사실을 무시하고 있는 점과 명세서가 개발 과정 초기에 확정된다는 것이다.

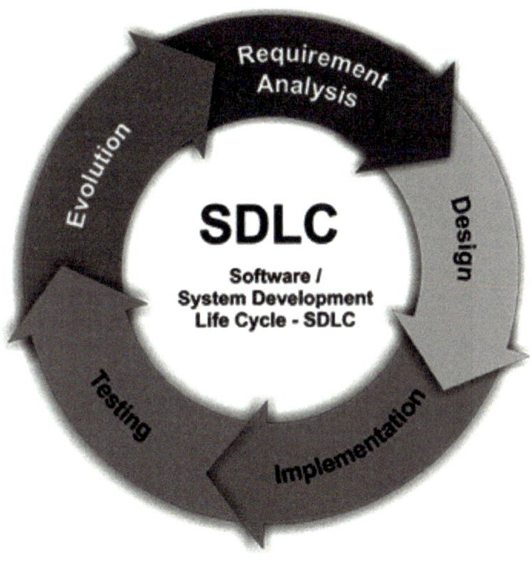

Image source: medium.com
https://www.chartattack.com/the-7-phases-of-software-development-life-cycle/

[그림 1.7] 소프트웨어 생명주기

1.3 소프트웨어 프로세스

소프트웨어 프로세스는 소프트웨어 제품을 생산하기 위한 행위들과 이들의 결과물들의 집합이다. 소프트웨어 공학자들이 이런 행위를 주로 수행한다. CASE(Computer-Aided Software Engineering)도구들은 이런 행위를 수행하는 데 쓰이는 보조 도구이다. 모든 소프트웨어 프로세스들에는 공통적인 4개의 행위들이 있다. 이 행위들은 다음과 같다.

① **소프트웨어 명세** : 소프트웨어 기능과 소프트웨어의 운영상의 제약 조건을 정의해야 한다.

② **소프트웨어 개발** : 명세를 만족하는 소프트웨어를 개발해야 한다.

③ **소프트웨어 검증** : 사용자가 원하는 소프트웨어인지를 확인해야 한다.

④ **소프트웨어 진화** : 사용자의 요구 사항의 변화를 만족하게 소프트웨어는 변경해야 한다.

소프트웨어 프로세스는 항상 정확한 것이거나 부정확한 것이 없다. 어떤 소프트웨어 프로세스라도 다른 방법으로 위의 4가지 행위들을 반영하고 처리한다. 행위의 결과들이 변경되는 것처럼 행위들의 시작 시간들도 변경된다. 같은 제품이라도 생산하는 조직이 다르면 다른 소프트웨어 프로세서를 따른다. 그렇지만 응용 프로그램의 종류에 따라서 더 적합한 소프트웨어 프로세스가 있다. 잘못된 소프트웨어 프로세스를 사용하면 개발한 소프트웨어 제품 품질의 사용성과 가능성이 떨어질 수 있다.

소프트웨어를 개발할 때 여러 종류의 소프트웨어 프로세스 모델이 사용되었기 때문에 이런 행위들의 비용 분포를 정확하게 예측할 수 없다. 그러나, 총 소프트웨어 비용의 60%이상이 소프트웨어를 수정하는 데 사용되었다는 것은 알 수 있다. 소프트웨어가 점점 더 진화되고 유지 보수를 수행함으로 이 비율은 점점 더 증가한다. 따라서, 소프트웨어 변경을 전제로 한 소프트웨어 설계가 필수적이다. 일반 업무 프로세스처럼 소프트웨어 프로세스들은 복잡하고 많은 행위들을 포함하고 있다. 소프트웨어 제품이 특성이 있는 것처럼 소프트웨어 프로세스도 특성이 있다. 소프트웨어 프로세스의 특성은 [표 1.2]에 있다.

[표 1.2] 소프트웨어 프로세스 특징

프로세스 특징	설　　　명
이해성 (understandable)	프로세스를 명확하게 정의하고, 프로세스 정의를 쉽게 이해할 수 있는 정도는 어떠한가?
가시성 (visibility)	프로세스의 각 행위가 프로세스의 진행 상황을 명확하게 표현할 수 있는 정도는 어떠한가?
지원성 (supportability)	CASE 도구 등과 같은 도구들이 프로세스 행위에 대한 지원은 어느 정도인가?
수용성 (acceptability)	소프트웨어 제품 생산을 책임지고 있는 개발자가 정의한 프로세스 모델을 수용하거나 사용하는가?
신뢰성 (reliability)	제품 결함이 나타나기 전에 프로세스 에러를 피하는 방법으로 프로세스가 정의되었는가?
견고성 (robustness)	예상되지 않는 문제점이 발견됨에도 불구하고 프로세스가 계속 진행될 수 있는가?
유지보수성 (maintainability)	프로세스가 요구 사양서의 변경과 프로세스의 개선을 잘 반영할 수 있는가?
신속성 (rapidity)	프로세스가 주어진 사양서로부터 시스템을 얼마나 빨리 만들 수 있는가?

모든 소프트웨어 프로세스의 특성들을 동시에 최적화 하는 것은 불가능하다. 예를 들어, 빨리 개발해야 할 제품에 대한 프로세스를 결정해야 할 때에는 프로세스 가시성을 만족할 수 없다. 프로세스를 가시성 있게 만든다는 것은 일정한 기간마다 소프트웨어 문서를 생성해야 한다는 것을 의미한다. 이것은 소프트웨어 개발을 지연하게 만든다. 상세한 소프트웨어 프로세스 모델을 만드는 것이 아직까지의 연구로 남아 있지만 지금까지 개발되어 활용하고 있는 다른 소프트웨어 프로세스 모델이 있다.

- **폭포수 모델** : 위에서 설명한 행위들을 요구 분석 명세, 소프트웨어 설계, 구현, 테스트 등의 프로세스 단계로 나눈다. 각 프로세스 단계를 정의한 후에 정의한 내용을 만족하

여야 다음 프로세스 단계로 진행한다.

- **진화적인 개발 모델** : 명세, 개발, 검증 행위들이 반복하여 나타난다. 매우 추상적인 명세서로부터 초기 시스템을 빨리 개발한다. 고객이 이 시스템을 만족하는 지를 확인한다. 그 후에 시스템을 출하한다. 다른 대안으로 더 견고하고 유지보수성이 좋은 시스템을 생산하기 위하여 구조적 접근으로 다시 개발할 수 있다.
- **정형화된 변환** : 정형화된 수학적인 시스템 명세서를 생성하고, 수학적인 방법을 사용하여 이 명세서를 프로그램으로 변환하는 방법이다. 이런 변환은 시스템의 정확성을 보장한다. 즉, "개발한 프로그램은 명세서를 만족한다"는 의미이다.
- **재사용 부품으로부터 시스템 조립** : 시스템의 각 부품들이 이미 존재한다고 가정한다. 따라서, 시스템 개발 프로세스는 이들 부품들을 조립하여 시스템을 개발한다.

위의 접근 방법 중 폭포수 모델과 진화적 개발 모델이 실제 프로젝트에 많이 사용되고 있다. 어떤 시스템은 실험적으로 정형화된 변화 모델을 이용하고 있다. 재사용 부품으로부터 시스템을 조립하는 프로세스 모델은 일본에서 많이 사용하고 있다. 서서히 미국이나 유럽에서 이 접근 방법을 인식하기 시작했다. 1995년에, 미국에서 이에 대한 예산이 1억 5000만 달러나 배정되었다.

1.3.1 폭포수(Waterfall) 모델

폭포수 모델이 소프트웨어 개발 프로세스의 첫 번째 모델이다. 이 모델을 이용하여 대부분 소프트웨어를 관리하고 있다. 한 단계에서 다음 단계로 넘어갈 때에 폭포수의 물이 떨어지는 것처럼 보이기 때문에 "폭포수 모델"이라고 명명하였다. 이 모델에서도 많은 변종이 있다. 이 모델들의 중요한 단계는 다음과 같다.

① 요구 분석 및 정의

시스템 사용자와 합의한 후에 시스템의 기능, 제약 조건, 목표 등을 설정하는 것이다. 이

때에 사용자와 개발자의 스탭(Staff)이 잘 이해할 수 있는 방법으로 이들을 정의해야 한다.

② 시스템 및 소프트웨어 설계

- 시스템 설계는 요구 사항을 하드웨어 또는 소프트웨어 시스템으로 분배하는 것이다. 이때에 모든 시스템의 구조를 결정하게 된다.
- 소프트웨어 설계는 한 개 이상 실행 가능한 프로그램으로 변화할 수 있는 형태로 소프트웨어 시스템의 기능을 표현하는 것이다.

③ 구현 및 단위 시험

소프트웨어 설계를 프로그램들의 집합 또는 프로그램의 기본 단위로 실행되는 것이다. 단위 시험은 모든 단위가 자신의 명세서를 만족하는지를 시험하는 것이다. 여기서 기본 단위는 C언어에서 한 개의 함수일 수 있고, 프로그램은 한 개의 실행 파일이다.

④ 통합 및 시스템 시험

각각의 프로그램 단위 또는 프로그램들을 통합하여 소프트웨어 요구 조건 즉, 명세서를 만족하는지를 시험한다. 이 시험 후에 소프트웨어 시스템을 사용자에게 출하한다.

⑤ 운영 및 유지보수

시스템이 설치되어 실제 사용된다. 유지보수는 이전에 발견하지 못했던 에러들을 수정하고, 새로운 기능을 첨가 또는 변경하여 시스템을 재구성하여 만드는 것이다.

실제로 이 단계들은 중첩되고 정보들이 각 단계별로 순환한다. 예를 들어, 설계 중에 명세서의 잘못을 발견하여 이들의 정보가 앞 단계로 넘어가서 명세서를 다시 작성하고, 구현 중에 설계 잘못을 발견하여 설계 단계에 이 정보를 전달하여 설계를 다시 한다. 소프트웨어 프로세스는 단순한 선형 모형이 아니고, 개발 행위들을 반복적으로 수행하는 것이다.

마지막 생명주기 단계인 운영과 유지보수 단계에서 소프트웨어를 사용한다. 이때에 에러가 발생되고, 원래의 소프트웨어 명세서에 있는 기능이 구현되지 않은 것을 발견할 수 있다. 프로그램과 설계 에러가 나타나고, 새로운 기능의 필요성도 대두된다. 유용한 소프트웨어로서 살아남기 위하여 기능의 수정이 필요하다. 이런 변경은 이전 단계들(설계, 구현 등의 단계)에 반복적으로 적용된다.

불행히도 너무 자주 단계들을 반복하는 프로세스 모델은 관리자 측면에서 계획하고 보고하기 어렵다. 그래서, 기능 변경들의 수정을 위하여 단계들을 조금 반복한 후에 명세서를 고정하고 뒤의 개발 단계에서 계속하면 된다. 문제들이 뒤에서 해결되도록 남겨두거나 또는 무시하게 된다. 이처럼 미리 결정된 명세서는 사용자가 원하는 시스템이 아닐 수도 있다. 이것은 설계 문제를 구현의 기법으로 해결하기 때문에 비구조화된 시스템을 만들 수 있다.

이 폭포수 모델의 문제는 프로젝트를 융통성 없이 명확한 개발 단계로 나누는 것이다. 출하한 시스템이 사용자의 요구 사항을 만족하지 않기 때문에 사용되지 않는 경우가 종종 있다. 그럼에도 불구하고, 이 모델은 공학적인 실체를 반영한다. 결론적으로, 이런 접근의 소프트웨어 프로세스 모델은 큰 하드웨어와 소프트웨어 시스템을 개발하기 위한 전형적인 모델이다.

1.3.2 진화적인 개발

다음 [그림 1.8]과 같이 기능의 주요 부분 또는 일부분을 먼저 개발하여 사용자에게 확인을 받아서 사용자가 만족할 때까지 계속되는 모델을 "진화적인 개발"이라 한다. 이 모델은 다음과 같은 세가지 특징을 지닌다.

① 다음 단계로의 진화를 위해 전체 진화 과정에 대한 개요(Outline)가 필요하다. 즉, 전체 릴리즈 계획을 개발 초기에 수립한다.
② 시스템의 요구사항을 사전에 정의하기 어려운 경우에 사용한다.
③ 프로토타입을 만들고 이를 다시 분석함으로써 요구사항을 진화시키는 방법이다. 프로토타입의 시스템은 재사용을 전제로 한다.

분석단계에 있어 명세화, 개발, 검증은 동시에 수행될 수 있다.

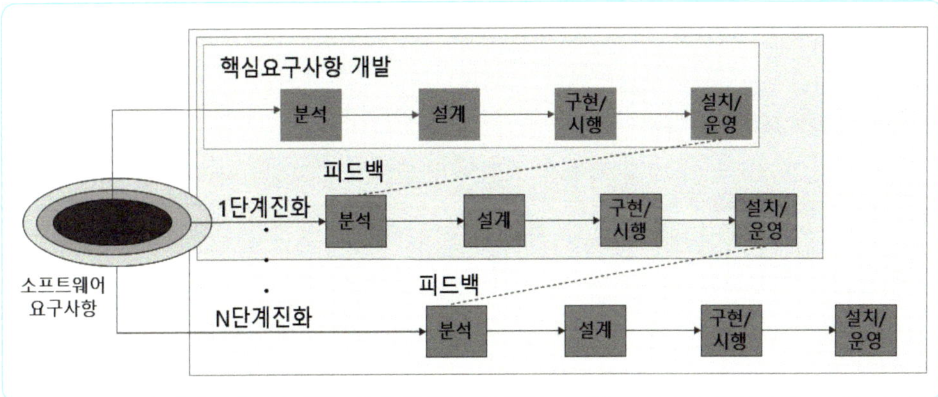

[그림 1.8] 진화적인 개발

이런 개발 모델은 아래와 같이 두 가지 종류가 있다.

① **탐색적인 프로그래밍**

사용자와 함께 요구 명세서를 만들어서 최종 버전의 시스템을 개발하는 것이다. 시스템의 기능을 이해한 부분부터 먼저 개발한다. 그 후에 사용자가 제안한 새로운 기능을 첨가한다.

② **쓰루어웨어(throw-away) 프로토타입**

사용자의 요구 사항을 정확히 파악함으로써 좋은 요구 분석을 정의할 수 있는 모델이다. 이 모델은 잘 이해하기 힘든 사용자의 요구분석 부분에 초점을 맞춘다.

탐색적인 프로그래밍 방법은 상세한 사용자의 요구 명세서를 작성할 수 없을 때에 사용한다. 어떤 사람들은 모든 시스템을 이 방법으로 개발해야 한다고 주장한다. 그러나, 이 방법은 주로 인공지능 시스템의 개발에 사용한다. 왜냐하면, 우리는 사람이 어떤 일을 어떻게 수행하는 지를 잘 모르기 때문에 사람을 모방하는 소프트웨어에 대한 상세한 명세서를 설정하는 것은 불가능하다.

사용자들과 친밀할 필요가 있는 시스템을 만들 때에는 폭포수 모델보다 진화적인 개발 방법이 더 효율적이다. 그러나, 진화적인 개발 방법에도 공학자나 관리자 측면에서 다음 3가지의 기본적인 문제가 있다.

① 프로세스가 보여지지 않는다.

관리자는 프로젝트의 진척 사항을 점검하기 위하여 정규적인 산출물이 필요하다. 시스템의 모든 버전을 반영하는 문서를 만드는 데 비용이 너무 많이 소요된다. 그래서 모든 단계에서 문서를 만들지는 않는다.

② 시스템은 보통 비구조화된다.

계속적인 소프트웨어의 변경으로 소프트웨어 구조가 파괴된다. 그러므로, 소프트웨어 진화를 다루는 것은 어렵고 비용이 많이 소요된다.

③ 특별한 기술이 요구된다.

소프트웨어 공학 팀의 보통 기술로 이런 개발 방법을 채택할 수 있는지는 명확하지 않다. 이런 방법으로 개발된 대부분의 시스템은 고도의 기술을 가진 작은 팀에서 적합하다.

이런 문제를 해결하기 위하여 진화적인 개발 방법의 목표가 시스템의 프로토타입을 개발하는 데 있다. 이것은 시스템의 명세서를 이해하고 검증하는 데 있다. 여기서는 이 방법이 폭포수 모델과 같은 큰 프로세스 모델의 한 부분이다.

이런 문제 때문에 큰 시스템은 이 방법을 사용하지 않는다. 다음의 경우에는 진화적인 개발이 다른 방법보다 더 효과적이다. 이와 같은 시스템은 인공지능 시스템과 사용자 인터페이스이다.

① 상대적으로 작은 시스템

기존 시스템에서 큰 변화가 있을 때에 완전한 시스템을 새로 개발하면 위의 3가지 문제를 피할 수 있다. 프로토타입 도구를 사용하면 많은 비용이 들지 않는다.

② 짧은 수명주기를 갖는 시스템

시간이 정해진 행위들을 지원하기 위하여 시스템을 개발한다. 예를 들어, 새로운 제품을 시작하기 위해서 특별한 시스템을 개발할 수 있다.

③ 미리 상세한 명세서를 표현하기가 불가능한 큰 시스템의 부분을 개발하는 시스템

1.3.3 나선형 모델

문서 위주로 가시성 있는 폭포수 프로세스 모델은 관공서나 기업에서 큰 소프트웨어를 개발할 때에 많이 채택되었다. 그래서, 이 방법이 어려움에도 불구하고 이 모델을 버리지 못한다. 앞에서 설명한 모든 일반적인 모델을 개선한 프로세스 모델이 필요하다. 이 모델은 소프트웨어 중개상(precurrer)의 요구 조건을 만족해야 한다. Boehm은 이에 대한 대안적인 방법을 개발했다. 그는 위험을 명확하게 인식하는 모델을 제안했다.

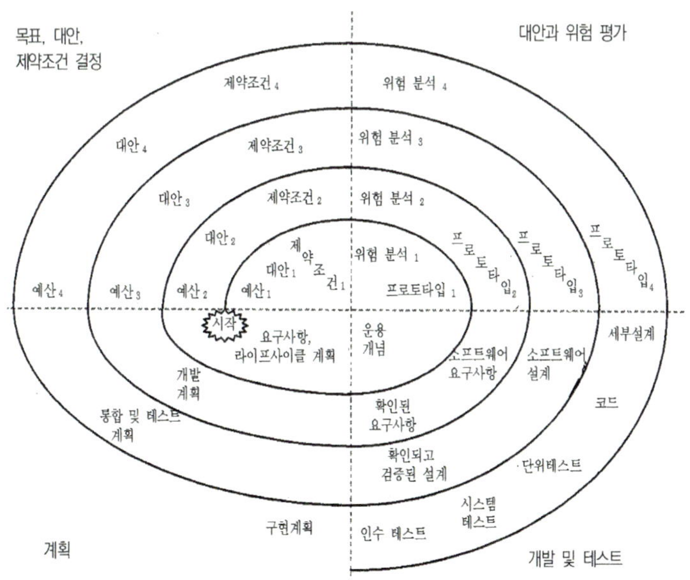

[그림 1.9] 나선형 모델

Boehm의 모델은 [그림 1.9]과 같은 나선형 모형이다. 나선상의 각 원은 소프트웨어 프로세스의 한 단계(phase)를 표현한다. 그러므로 가장 안의 원은 시스템 실행 가능성 조사이고, 다음 단계는 시스템 요구 분석 정의 단계, 시스템 설계 단계 등으로 표현된다.

이 모델은 단계가 고정되지 않았다. [그림 1.9]는 단지 예제에 불과하다. 관리자가 프로젝트를 단계별로 나누어야 한다. 특정 프로젝트나 프로젝트 진행 중에 문제가 발생될 때에 단계를 추가할 수도 있다. 나선의 각 원은 다음 4개의 부분으로 나눈다.

① 목표 설정

프로젝트의 단계마다 지정한 목표를 정의한다. 프로세스나 프로젝트들에 대한 제약조건을 확인하고 관리적인 계획을 세워야 한다. 프로젝트의 위험도를 확인하고 이 위험도에 따라 대안 정책을 계획할 수 있다.

② 위험(risk) 측정 및 감소

확인된 프로젝트의 각 위험에 따라서 상세한 분석을 수행한다. 각 단계들은 위험을 줄이는 방법을 취한다. 예를 들어 요구 명세서가 부적절하면 프로토타입 시스템을 만들 수 있다.

③ 개발 및 검증

위험 평가 후에 시스템에 대해서 개발할 모델을 선택한다. 예를 들어, 사용자 인터페이스에 위험이 많으면 적당한 개발 모델은 진화적인 프로토타입 방법이다. 안전성(Safety) 위험이 주 관심사라면 정형화된 변환 방법을 이용하여 개발하는 것이 적합하다.

④ 계획

프로젝트를 확인하고 나선의 다음 원으로 더 진행할 것인지를 결정한다. 만약 프로젝트가 더 진행되면 프로젝트의 다음 단계의 계획서를 작성하는 것이다.

나선의 각 원에서 단 한 개의 프로세스 모델만 채택할 필요는 없다. 나선형 모델은 다른 프로세스 모델들을 포함한다. 프로토타입이 요구 명세서의 위험을 해결하기 위해서 첫 번째 나선으로 사용될 수 있다. 다음은 폭포수 모델을 사용할 수 있다. 정형화된 변환을 사용하여 높은 완전성을 요구하는 명세서를 개발할 수 있고, 데이터 관리 시스템의 다른 부분을 구현하기 위하여 재사용 지향 접근 방법을 사용할 수 있다. 이처럼 여러 개의 모델들을 나선의 각 원에 혼합하여 사용할 수 있다.

나선형 모델과 다른 모델과의 중요한 차이는 나선형 모델에서 위험을 명확하게 고려하는 것이다. 위험을 정확하게 정의하기 어려운 것이다. 단지 무엇인가 잘못되어 가고 있는 것이 위험이다. 예를 들어, 새로운 프로그래밍 언어를 사용할 때의 위험은 이용하는 컴파일러가 신뢰성이 없고, 효율적인 목적 코드를 생성하지 못한다는 것이다.

위험은 부적합한 정보이다. 이것은 정보를 찾아서 불확실성을 감소하게 함으로써 위험을 감소시킬 수 있다. 앞 예의 위험은 시장 조사를 통해서 해결할 수 있다. 즉, 이용할 수 있는 컴파일러를 찾아서 이 컴파일러가 좋은 지를 점검하면 된다. 만약 적당한 컴파일러를 구하지 못하면 새로운 언어를 사용하는 결정을 변경해야 한다.

나선형 모형의 한 원은 성능, 기능 등의 목표를 개선하는 것으로 시작한다. 이런 목표와 제약 조건을 만족하는 여러 가지 방법들이 있다. 각 방법들이 각 목표에 대해서 측정해야 한다. 이것이 프로젝트 위험의 근원을 찾을 수 있다. 다음 단계는 더 상세한 분석, 프로토타입, 모의실험 등과 같은 행위로 이들 위험들을 평가한다.

Boehm은 나선형 모델을 사용하기 위하여 각 나선에서 해야 할 표준 형태를 제안하였다. 이것은 추상적인 수준에서 완료할 수 있는 것이고, 소프트웨어 제품 개발에 대한 상세한 측정을 할 수 있다. 표준 형태의 영역은 다음과 같다.

· 목표	분석을 위한 목표
· 제약조건	기능성을 제한하는 인자
· 대안	목표를 얻기 위한 다른 가능한 방법
· 위험	대안에 대한 가능한 위험
· 위험 해결	확인된 위험을 줄이기 위한 전략
· 결과	위험 해결 전략의 결과물
· 계획	분석의 다음 단계를 넘어가는 방법
· 수행	어떻게 계속 수행할 것인지에 대한 관리적인 결정

[표 1.3] 위험과 품질 개선을 위한 위험 분석

목 표	소프트웨어 품질 개선
제약조건	3년 이내로 큰 자본 투자 없이 회사 표준의 큰 변경 없이
대 안	기존에 인증된 소프트웨어를 재사용 정형화된 명세서와 검증 도구 소개 시험과 검증 도구에 대한 투자
위 험	품질 개선에 대한 비용 증대 효과적인 비용 관리의 불가능 기존 스탭이 모르는 새로운 방법
위험 해결	문헌 조사 파일럿 프로젝트 재사용 가능한 부품 조사 이용할 수 있는 지원 도구 측정 스탭에 대한 교육 및 동기 부여
결 과	정형화된 방법의 경험이 한계가 있음 품질 개선에 대한 정량화가 어려움 회사의 표준 개발 시스템에서 이용 가능한 도구 부족 재사용 가능한 부품은 있지만 도구 부족
계 획	더 상세한 재사용 선택 사항을 찾는다 재사용을 위한 기본 도구 개발 부품 인증 기법은 찾는다
수 행	12개월 더 투자한다

[표 1.3]은 소프트웨어 품질 개선을 위한 목표, 위험, 계획을 해결하기 위한 표준 형태이다. 하나의 나선이 진행함에 따라 표준 형태들을 채운다. 이는 명확하게 추상적인 것이다. 그러나, 선택과 위험을 명확하게 할 수 있고, 관리자는 모든 가능성을 고려해야 한다. 특별한 소프트웨어 시스템을 개발할 때에 더 상세한 단계에서 위의 표준 형태를 채워야 한다.

1.4 소프트웨어 공학에서의 인간요소

1.4.1 개 요

소프트웨어는 누가 개발하는가? 특정부분에서는 소프트웨어가 소프트웨어를 개발하지만 대부분 인간이 개발한다. 팀을 이루어 공동의 작업을 추진해 나가기 때문에 필연적으로 각 프로그래머 간의 커뮤니케이션이 빈번하게 이루어져야만 하며, 또 한 팀의 지도자는 이들 각 프로그래머를 잘 관리해야한다. 소프트웨어가 인간에 의해 개발되어짐에도 불구하고 대부분의 컴퓨터 기술서적에서 인간요소에 대한 내용은 다루고 있지 않고 있다. 저자는 시스템 사용자, 명세서 작성자, 설계자, 프로그래머, 관리자와 같은 소프트웨어 공학에 포함된 인간을 이해하는 것이 시스템 설계와 관리의 기술적인 과정을 도와준다고 확신한다. 이러한 확신은 최근 컴퓨터 시스템에서 인간적인 요소에 많은 관심을 집중되고 있음이 이를 뒷받침해주고 있다. 사용자 인터페이스 설계는 컴퓨터 사용자의 능력과 수준을 고려해야 한다. 현재 이 분야에 대한 연구가 많이 진행 중에 있으며, 인간요소와 컴퓨터 시스템에 관한 연구가 새로운 분야로써, 몇 년 전부터 기초적인 연구가 시작되었다. 특히 이 분야에서는 심리학적인 연구가 필요하며, 인간 심리가 어떻게 소프트웨어 공학에 영향을 주는지 예측할 필요가 있다. 그러나, 심리학 분야의 영역과 소프트웨어 공학 영역이 근본적으로 다르기 때문에 때로는 그러한 예측이 타당하지 않을 수도 있다는 것을 알아야 한다.

이 분야의 연구가 아직은 미숙하고 불확실하다 할지라도 인간요소의 연구는 다음과 같은 이유로 인해서 매우 중요하다.

① 대형 프로젝트가 주어진 예산 및 시간 내에 완료되기 위해서 효과적인 소프트웨어 관리가 중요하다. 소프트웨어 관리자는 개발자들을 이해해야 하고 이들이 서로 어떻게 상호작용하는지 알아야 한다. 또한 프로그래머의 심리를 잘 파악하는 것은 관리자가 인간의 한계를 이해하는 데 도움이 되고, 실현 불가능한 목표를 설정하지 않도록 하는

데 도움을 준다.

② 컴퓨터 시스템은 사람들에 의해 사용된다. 시스템을 설계할 때, 사람들의 능력과 수준을 고려하지 않으면 적절하게 사용되지 못할 것이다.

③ 프로그래머의 생산성은 소프트웨어 공학에서 중요한 비용요소이다. 인간요소를 잘 이해함으로써 비교적 적은 비용으로 생산성을 증가시킬 수 있는 가능한 방법을 찾을 수 있을 것이다.

1.4.2 그룹 업무

프로그래머에 대한 일반적인 인상은 밤늦도록 단말기를 들여다보고 특수한 기호로 쓰여 있는 많은 서류들을 자세히 들여다보면서 홀로 개별적인 일을 하는 것으로 생각되어 진다. 또 다른 인상은 새로운 기술에 정열적으로 일을 하는 2030세대들로 여겨진다. 사실 프로그래머는 스스로가 홀로 있다고 생각하는 경향이 많다. Cougar와 Zawacki(1978)는 전문적인 프로그래머들이 다른 사람들과 함께 일할 필요성을 못 느낀다는 사실을 알아냈다.

비록 많은 프로그래머들이 그들만의 일을 하지만, 대부분의 소프트웨어 개발자들은 두 명에서부터 수백 명에 이르기까지 다양하게 팀으로 일을 한다. IBM의 McCue(1978)는 소프트웨어 엔지니어의 여러 가지 활동에 소요되는 시간분포를 [그림 1.10]에 나타내고 있다. 여기서 전형적인 프로그래머 시간의 50%는 다른 팀 개발자와 상호작용 하는데 사용하고, 30%는 혼자 일을 하며, 20%는 직접적인 생산과 관계없는 출장을 위한 여행 또는 교육과 같은 활동에 사용한다. 따라서 겉으로 보기에는 개별적으로 행동하는 것 같지만, 사실 소프트웨어 공학은 팀 활동이다.

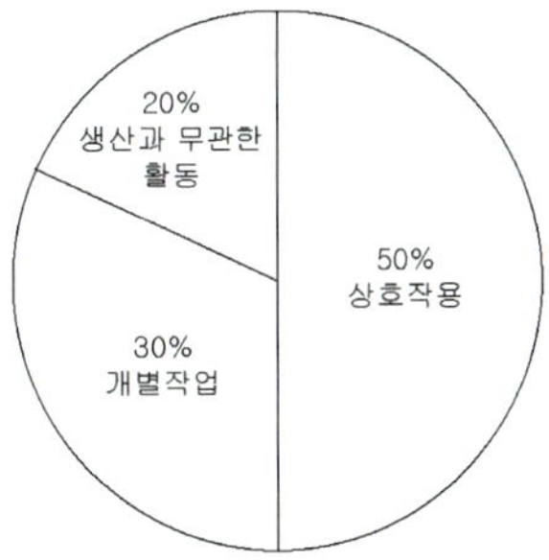

[그림 1.10] 소프트웨어 엔지니어의 시간 분포

팀 멤버 간의 상호작용은 그룹의 전반적인 성능에 중요한 역할을 한다. 서로의 장단점을 인식하고 서로 도와주는 멤버들로 잘 구성된 그룹은 관리자의 지시에 의해 일방적으로 구성되거나 목적이나 개성에서 거의 공통점이 없는 사람으로 구성된 그룹보다도 훨씬 더 프로젝트를 성공적으로 수행할 가능성이 높다. 그룹의 활동을 이해하는 것은 소프트웨어 관리자나 개발자에게 도움을 준다. 관리자는 그룹을 만드는 어려운 일을 해야 하고, 개별적인 능력뿐만 아니라 개성까지도 균형을 맞추도록 해야 한다. 만일 그들이 서로 어떻게 상호작용하고, 그룹이 조직 안에서 어떻게 자리 잡는지를 이해한다면 그룹에서 일하는 소프트웨어 개발자는 더욱 더 좋은 결과와 적합한 작업조건을 가질 수 있다.

(1) 그룹에서의 개성

서로 다른 개성을 가진 사람들이 모여 소프트웨어 개발 그룹을 형성한다. 개개인들은 서로 잘 융화되는 경우도 있지만, 때로는 프로젝트를 수행할 수 없을 만큼 갈등을 일으키는 경우도 있다. 이 절에서는 때때로 갈등을 일으키는 이유와 어떤 그룹에서는 성공적으로 함께 일을 수행하는지 설명하고자 한다.

대체로 일을 하는 관점에서 개개인을 구분하면 세 가지 형태로 분류해 볼 수 있다.

① **일 중심(Task-oriented) 형태** : 이 형태의 사람은 일 자체에 관심을 둔다. 소프트웨어 공학에서 그들은 소프트웨어 개발의 지적인 도전에 의해 동기를 부여받는 기술자들이다.

② **자기중심(Self-oriented) 형태** : 이 형태는 개인적인 성공의 갈망에 의해 동기를 부여받

는 형태이다. 그들은 그들 자신의 목적을 달성하기 위한 도구로써 소프트웨어 개발에 관심을 둔다. 이러한 목적이 달성되면, 종종 그들은 기술적인 소프트웨어 개발자로부터 가능한 한 관리직으로 옮기려 한다.

③ **상호작용 중심(Interaction-oriented) 형태** : 이 형태는 함께 근무하는 사람의 존재와 행동에 동기를 부여하는 형태이다. 최근까지는 소프트웨어 개발 과정 중에 인간상호 작용이 별로 포함되지 않았기 때문에 이러한 형태의 사람은 소프트웨어 개발에서 별로 찾을 수 없었을 것이다. 그러나, 소프트웨어 공학이 더욱 사용자 중심이 되어감에 따라 상호작용 중심인 사람은 소프트웨어 프로젝트에 더욱 늘어날 것이다.

이러한 분류는 고정된 것은 아니며 각 개인의 동기도 위 세 가지 형태의 복합적인 경우일 수도 있다. 그러나 동기 중에 하나의 형태는 어느 한 순간에 두드러지게 나타난다. 그러나 개성은 고정된 것이 아니고 변할 수 있다는 것을 알아야 한다. 예를 들어, 그들이 적절한 대우를 받지 못한다고 느끼는 기술자들은 자기중심 형태로 될 수가 있다. 그리고 기술적인 면에 관심을 갖기 전에 개인 목적에 중심을 둔다.

Bass와 Dunteman(1963)의 실험에서, 일 중심 형태의 사람은 스스로 자족하고 실력이 점진적으로 향상되며 다른 일에 초연해지는 스타일이다. 성격은 내성적이고 일에 대해 진취적이며 경쟁적이고 독립심이 강한 사람으로 생각할 수 있다. 상호작용 중심인 사람은 성취욕에 대한 욕구가 낮으며, 진취적이지 못하고 남을 잘 생각해 주고 도와준다. 그들은 혼자 일하는 것보다는 함께 일하는 것을 더 좋아한다. 자기중심 형태의 사람은 까다롭고 독단적이며 진취적이고, 경쟁적이며, 내성적이고 질투가 많은 사람으로 생각할 수 있다. 그들은 혼자 일하는 것을 좋아한다.

위의 3가지 형태에서 전체가 같은 개성 형태에 속한 사람으로 구성된 그룹이 일을 할 때 상호작용 중심 형태의 사람으로 구성된 그룹만이 성공할 것이다. 일 중심이나 자기중심 형태의 그룹 사람은 그들의 그룹에 대해 소극적으로 느낄 것이다.

소프트웨어 관리에 대한 이러한 것의 의미는 그룹을 구성하는데 있어서 세심한 주의를 필요로 한다. 개성이라는 측면에서 서로 보완해주는 사람을 선택하는 것이 단순히 프로그래밍 능력만을 기초로 해 사람을 선택하는 그룹보다 더 좋은 그룹을 만들 수 있다. 만일 개성을 서로 보완 해주는 사람들을 선택하는 것이 불가능하다면, 엄격한 관리적인 통제를 통하여 개인의 목적이 그룹의 전체적인 목적을 초월하지 않도록 해야 할 것이다.

(2) 그룹 상호 작용

그룹에 참여한 멤버는 그룹의 다른 멤버들과의 커뮤니케이션을 위해 자기 시간 중 일부를 할애한다. 이러한 커뮤니케이션은 비이기적 프로그래밍의 활동 일부로써 필요하다. 그러나 조직 내의 회의 때문에 커뮤니케이션 횟수가 너무 빈번해지는 것은 바람직하지 못하다. 비생산적인 그룹 커뮤니케이션은 쓸데없이 시간을 낭비하기 때문에 최소로 줄이는 것이 바람직하다. 사람과 사람사이의 커뮤니케이션이 많아지면 에러의 발생 확률은 더욱 높아진다.

만일 그룹이 효율적으로 일하려면, 그룹의 멤버 사이에 효과적인 커뮤니케이션이 반드시 필요하다. 그룹 내의 커뮤니케이션에 영향을 주는 요소는 다음과 같다.

- 그룹의 크기
- 그룹의 구조
- 그룹 멤버의 직위와 개성
- 그룹의 물리적 작업 환경

N명 사이에 가능한 커뮤니케이션 링크의 숫자는 N(N−1)이다. 프로그래밍 그룹의 크기가 증가함에 따라, 개인 멤버 사이에 가능한 커뮤니케이션 링크의 숫자는 그룹 크기의 제곱으로 증가한다. 만일 두 멤버 A와 B가 있다면, 두 개의 링크 AB, BA가 존재한다. 만일 3개의 멤버 A, B, C가 있다면 6개의 링크가 존재한다. 결국 작은 그룹일지라도 커뮤니케이션 링크의 숫자는 많다.

두 개의 그룹 멤버 사이의 커뮤니케이션은 단일 커뮤니케이션보다는 오히려 양방향 커뮤니케이션 링크가 좋다. 그 결과 하위 프로그래머는 관리자가 프로그래머에게 전달하는 방식과는 다른 방식으로 관리자에게 전달할 것이다.

그룹 커뮤니케이션의 효과는 그룹 멤버의 지위, 개성, 성별에 영향을 받는다. 지위가 높고 낮은 그룹 멤버 사이의 커뮤니케이션은 높은 사람에 의해 좌우되는 경향이 있다. 낮은 지위의 멤버는 개방된 커뮤니케이션에서 그들의 지위 때문에 제약을 받는 경우가 있다. 커뮤니케이션에서 지위에 대한 이러한 문제점은 상위 사람이 하위 사람에게 커뮤니케이션을 개방함으로써 줄일 수가 있다. 그러나 계층적인 조직에서 이것을 제거하는 것은 불가능하다. 여기서 하위 멤버는 경험이 많은 동료의 도움에 의존적이다.

그룹 커뮤니케이션의 효과와 그룹의 효율은 그룹 멤버 사이의 개인적인 갈등에 의해 영향을 받을 수 있다. 이러한 개인적인 갈등은 앞에서 설명한 일 중심의 형태인 사람의 탓일 수도 있고 개인의 좋아함, 싫어함, 선입견의 결과일 수도 있다. 그러한 갈등은 관리자가 해결하기가 어렵다. 만약에 개인적인 갈등에 의해 그룹의 효과가 영향을 받는다면 가장 좋은 해결책은 프로그래밍 그룹을 재구성하거나 멤버를 다른 곳으로 보내는 일이다.

분명히, 그룹의 커뮤니케이션은 필요하며 가능한 한 효과적으로 커뮤니케이션이 되도록 해야 한다. 여러 가지 면에서 이것에 대한 가장 좋은 방법은 커뮤니케이션을 정규적으로 하는 것 보다 비정규적으로 하도록 하는 것이다. 계획된 정규적인 모임 대신에 비정규적으로 모여 함께 커피를 마시고 때로는 여행도 하는 것이 더욱 더 효과적인 정보 교환을 할 수 있을 것이다.

정규적 그룹 커뮤니케이션은 별 형태나 네트워크 형태로 구성될 수 있다[그림 1.11]. 별 형태는 모든 커뮤니케이션이 중앙 조정자를 통하여 이루어질 수 있도록 구성된다. 그러므로 C가 팀 지도자인 프로젝트에서 A가 다른 사람에게 어떤 업무를 설명하려고 할 때, A는 설명할 문서를 작성해서 C에게 전달한다. C는 그 문서의 내용을 필요로 하는 사람을 찾아서 그 사람에게 전달한다. 네트워크 형태에서는 그룹 멤버에 의해 만들어진 문서가 모든 다른 그룹 멤버에게 전달된다. 그러므로 그룹 멤버에게 불필요한 문서를 읽는 부담감을 없도록 하기 위해서 그룹의 크기가 작아야 한다.

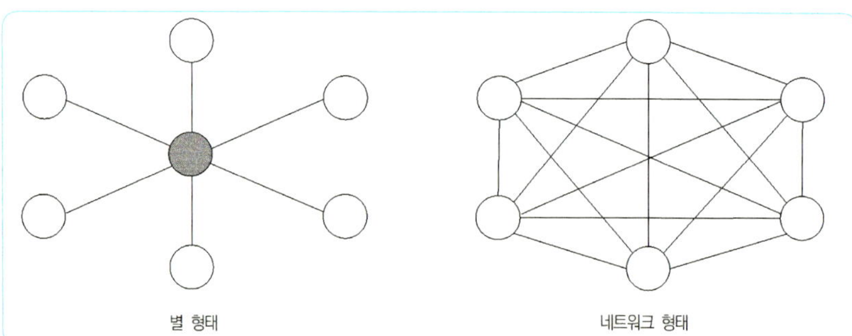

[그림 1.11] 그룹 커뮤니케이션 형태

1.4.3 인간공학(Ergonomics)

작업공간은 '이와 같아야 된다'라고 구체적으로 말할 수는 없지만, 작업 공간은 프로그래머의 생산성에 상당한 영향을 끼친다. 심리학적인 실험에서 개인의 행동은 방의 크기, 가구, 설비, 온도, 습도, 빛의 밝기, 소음, 프라이버시 정도에 의해 영향을 받는다. 그룹 행위도 내부의 구성이나 통신 설비와 같은 요소에 의해 영향을 받는다.

개인 생산성뿐만 아니라 작업 공간은 또한 사원의 일반적 만족감에 영향을 준다. 만일 작업조건에 만족하지 않으면 이직률이 높을 것이다. 그 결과 새 인원의 보충과 교육에 많은 비용이 들것이며 또한 자격을 갖춘 사람을 적시에 선정하지 못하여서 프로젝트가 지연될 수도 있다.

대부분의 경우 소프트웨어 개발을 위한 사무실을 설계하는데 비교적 관심을 갖지 않는다. 많은 소프트웨어 엔지니어들이 기존의 사무 업무나, 혹은 다른 용도로 설계된 환경에서 작업을 한다. 대개 상위 관리직만 별도의 사무실을 갖고, 소프트웨어 개발자들은 커다란 한 사무실에서 작업을 한다.

그러나 McCue(1978)의 연구에서는 많은 조직에서 선호하고 있는 개방형태의 사무실 구조를 소프트웨어 개발자들은 싫어하며, 생산성에도 도움이 안 된다는 것을 제시하고 있다. 그의 연구에서 제시하는 가장 중요한 환경적인 요소는 다음과 같다.

① **프라이버시** : 각 프로그래머들은 그들이 집중할 수 있고, 방해받지 않고 일할 수 있는 공간을 원한다.

② **밖을 볼 수 있는 환경** : 사람들은 자연광에서 일하기를 좋아하며, 밖의 환경을 볼 수 있는 곳을 원한다.

③ **개별화** : 개인별 다른 작업 장소를 원하며, 또 실내장식에서도 서로 다른 의견을 가지고 있다. 업무에 적합하도록 작업공간을 재배치하고 환경을 개별화하는 것이 중요하다.

분명히, 프로그래머에 알맞은 건물을 특별하게 설계하는 것이 그리 쉽지 않다. 그럼에도 불구하고, 소프트웨어 관리자는 개별적 작업 환경의 중요성을 인식하고, 마음에 드는 작업

환경을 제공해야 한다.

McCue 연구의 중요한 의미는 개방된 사무실 구조에서 프로그래머를 한데 모아놓는 형태는 최적의 생산적인 구조가 아니라는 것이다. 개인적인 프라이버시와 조용한 작업환경 뿐만 아니라 그들이 자신의 개별적인 작업공간이 필요하다. McCue는 소프트웨어 개발자들의 개별 사무실이 생산성에서 중요한 차이가 있다는 것을 알았고, 개방 구조에서는 얻는 이익보다는 방해의 요소가 더 많다는 것을 추측할 수 있었다. 그의 결론은, 이러한 주장에 따라 작업공간을 설계한 여러 업체(Boehm, 1984)에 의해서 인정이 되었다.

개별 효과뿐만 아니라, 그룹 효과와 커뮤니케이션도 물리적 환경에 의해서 영향을 받는다. 개별 그룹은 정규적으로, 비정규적으로 그룹의 모든 사람이 함께 모일 수 있고 그들의 프로젝트에 대해 의논할 수 있는 곳이 필요하다. 회의실은 그룹 멤버 모두를 수용할 수 있어야 한다. 즉, 그룹 모임이 어떤 큰 사무실의 한구석에서 이루어진다는 것은 바람직하지 못하다.

개인 프라이버시 요구와 그룹의 커뮤니케이션 요구는 상호 배타적으로 보인다. 그러나, McCue에 의한 이 문제의 해결책은 그룹 회의와 모임을 위해 사용될 수 있는 커다란 중앙공간을 두고 주위에 개인별 작업 공간을 설치하는 것이다[그림 1.12].

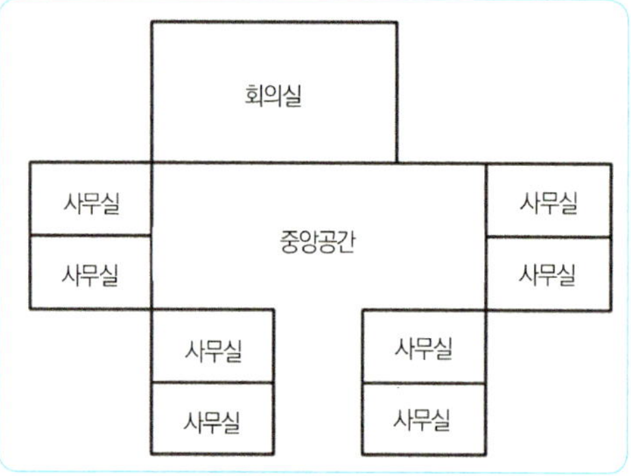

[그림 1.12] 그룹을 위한 사무실과 회의 장소

비록 개인별 작업 공간이 더욱 생산성을 높일 수 있을지 모르지만 다른 프로그래밍 그룹 사이에 일어날 수 있는 비정규적인 의사 교환이 어렵다는 단점을 가지고 있다. 개인별 작업 공간을 갖는 경우 각자의 사무실로 사라지는 경향이 있고, 그들의 동료들과 의사교환이 잘

안 되는 경우가 있다. 그러나 이것은 사람들과 교제하는 것을 부끄러워하거나, 성질상 사교적이지 못한 사람들에 대한 특별한 문제이다.

이러한 형태의 커뮤니케이션은, 정보가 비정규적이지만 효과적인 방법으로 전달되며, 중요한 구조라고 Weinberg는 제시했다. 프로그래머들이 시간을 낭비하며 서로 얘기하는 것을 막기 위해 커피 자동판매기를 제거한 것이 결국 정규적인 프로그래밍 원조에 대한 요청만 매우 증가하는 결과를 가져왔다는 일화와 같은 예를 그는 인용했다. 비정규적인 커뮤니케이션의 가치를 인식하고, 커피룸과 정규적 회의 공간뿐만 아니라 다른 비정규적 모임 장소를 제공하는 지혜도 필요하다.

마지막으로, 장비설비에 대하여 살펴보자. 하드웨어 비용이 급속도로 떨어지고 있다. 이러한 현상이 언제 끝날지 모르나, 앞으로 몇 년간 계속해서 비용은 떨어질 전망이다. 요즘, 컴퓨터 장비의 투자비용은 소프트웨어 공학에 포함된 인건비보다도 훨씬 적다. 즉, 소프트웨어 개발자에게 상당히 좋은 퍼스널 컴퓨터 사용을 제공하는 것은 경제적으로 손실이 아니다. 소프트웨어 개발자가 위력 있는 컴퓨터를 직접 사용하는 상황에서 개인별 생산성은 상당히 증가되었다는 여러 가지 보고가 있다.

개발 업무 보조를 위해 네트워크화된 개인용 컴퓨터 워크스테이션을 제공하는 것은 다음과 같은 장점을 가지고 있다[그림 1.13].

- 개인 업무가 다른 사람들의 업무에 의해 방해를 받지 않는다. 시분할 시스템에서 컴파일러와 같은 프로그램은 다른 사용자에 대해 시스템을 사용 못하게 할 수가 있다. 개인 컴퓨터 시스템을 갖는 경우 사용자는 그들 자신의 컴퓨터를 통제할 수 있다.
- 효과적인 네트워크 유틸리티는 정규적, 비정규적 그룹 통신을 향상시키기 위해 제공된다. 이것은 전자게시판, 컴퓨터 회의 시스템, 전자우편 시스템을 포함한다.

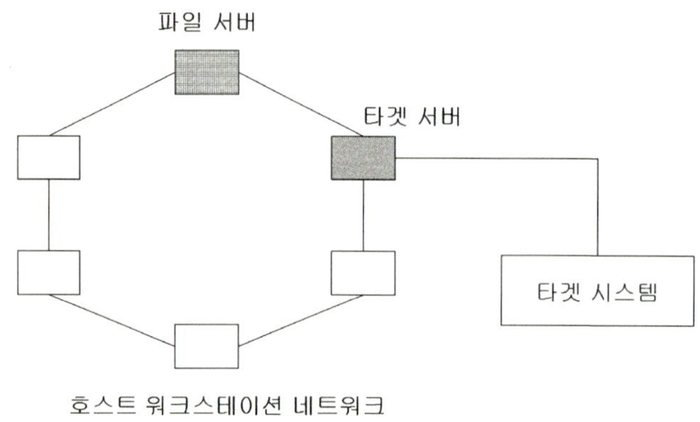

[그림 1.13] 호스트 컴퓨터 네트워크

지역 네트워크 액세스뿐만 아니라, 지리적으로 여러 분산된 지역을 갖는 구성은 회사 WAN(Wide Area Network)에 의해 여러 분산된 지역을 연결하는데 유용하다는 것을 알 수 있고, 또 공용 데이터 네트워크 시스템을 이용할 수 있다. 전화나 팩시밀리와 더불어 효과적인 전자 통신 장비는 얼굴을 맞대고 하는 회의의 숫자를 줄일 수 있다. 전자 우편 시스템은 서류의 빠른 변경을 가능하게 해준다. 따라서, 하루에 서류를 돌릴 수 있고 주석을 달 수 있고, 개정될 수 있고, 다시 받아 볼 수 있다. 전자 시스템 회의가 얼굴을 맞대고 하는 회의보다 주제의 범위를 덜 벗어나기 때문에 더욱 진지할 수 있는 경향이 있다. 또한 근접성이 없고, 회의에서 나타나는 것처럼 침묵이 존재하지 않는다. 전체적으로 전기 통신을 주로 사용해서 수행한 성공적인 프로젝트의 예가 Euclid(Lampson 등, 1977) 언어 디자인이다. 앞으로 전기통신이 발전함에 따라, 전자우편과 전자회의가 더욱 많이 이루어지고, 많은 프로젝트들이 단지 1년에 한두 번만 직접 만나는 서로 다른 그룹에 의해 완료될 것이다.

1. 검증과 확인의 정의를 말하고, 이들의 차이점에 대하여 예를 들어 설명하시오.

2. 공학적으로 작성된 소프트웨어가 가져야 할 특성을 설명하시오.

3. 소프트웨어 그룹을 위한 사무실을 인간 공학적인 면을 고려하여 설계해 보시오.

4. 소프트웨어 공학 분야에서 인간의 특성을 연구하는 것이 왜 중요한가?

5. 본 교재에서는 그룹의 멤버 간의 커뮤니케이션의 2가지 형태(별, 네트워크)를 설명했다. 다른 형태의 커뮤니케이션을 조사해 보시오.

6. 소프트웨어 프로세스 4가지의 장단점을 비교해 보시오.

참고문헌

1. 한국 소프트웨어개발 연구조합, 소규모 소프트웨어 프로젝트를 위한 개발방법론, 1985~87년 특정 연구과제 보고서, 1987.
2. 이경환, "소프트웨어 엔지니어링과 과학적인 접근방향", 전자공학회지 14권 3호, pp. 71~76, 1987.
3. 양해술, 노희영, "소프트웨어 라이프 사이클과 Documentation", 컴퓨터월드 3월호, pp. 222~231, 1986.
4. T.J. Biggerstaff and A.J. Perilis(eds), "Special Issue on Software Reusability", IEEE Trans. Software Engineering, Vol. SE-10, No. 5, Sept. 1984.
5. B.W. Boehm, "Software Engineering", IEEE Trans. Computers, pp. 1226~1241, Dec., 1976.
6. B.W. Boehm, "Guidelines for Verifying and Validating Software Requirements and Design Specifications", Proceedings, EuroIFIP Conference, pp. 711~20, Sept., 1979.
7. Taylor L, Booth, "Software engineering", Encylopedia of physical science and technology, Vol. 12, pp. 713~33, 1987.
8. R. Goldberg, "Software Engineering ; An emerging discipline", IBM Systems J, Vol. 25, No. 3/4, pp. 334~353, 1986.
9. 우치수외, 소프트웨어 공학, 홍릉출판사, 1998.
10. Ian Sommerville, Software Engineering, Addison-Wesley, 6th Edition, 2002.

Chapter 02 소프트웨어 프로세스

2.1 개발 프로세스 이해
2.2 Unified Process 적용
2.3 최신 개발 프로세스
2.4 임베디드 소프트웨어 개발 프로세스

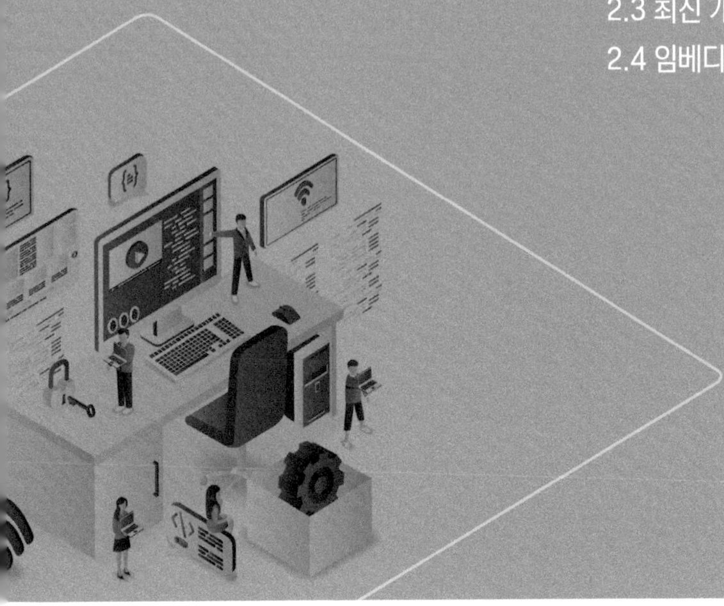

2.1 개발 프로세스 이해

2.1.1 방법론이란?

방법론이란 정보시스템 개발 과정에 일관되게 적용할 수 있는 체계적인 절차나 정형화된 기법 및 산출물을 말한다. 프로젝트를 주어진 예산과 기한 내에 완수하고 사용자가 만족하는 좋은 품질을 제공하는데 필요한 구체적인 각종 기법, 절차, 지침, 도구들의 유기적인 통합을 의미한다. 방법론은 두 가지 형태로 구분할 수 있는데, 먼저 개발 방법론은 프로젝트를 계획하고, 분석, 설계, 구현, 운영, 유지보수 등을 포함하고, 관리 방법론은 규모와 비용 산정, 진척관리, 문서관리, 형상관리, 변경관리, 위험관리, 품질관리 등의 활동 등을 나타낸다. 즉, 방법론은 패러다임(Paradigm)과 프로세스(Process)의 결합이라고 할 수 있다. 패러다임은 구조화, 정보공학, 객체지향, Aspect 지향, 컴포넌트, 프로덕트라인을 기반으로 연구되고, 프로세스는 폭포수, 나선형, 프로토타이핑, RAD, 점증적 개발 모형이 제시되었다.

완전한 방법론은 다음 사항들을 포함해야 한다.

- 비용 평가를 위한 가이드라인
- 프로젝트 관련 업무와 전달
- 측정과 메트릭스
- 정의된 형식과 유추 가능한 구축 방향
- 소프트웨어 품질 인증 정책과 절차
- 상세한 역할 기술서와 훈련 계획
- 완전하게 동작된 예
- 훈련 연습
- 맞춤형 방법을 위한 기술들
- 정의된 기술들

이들 방법론이 필요한 이유는 개인의 경험이나 능력에 의존하는 부분을 최소화하고 일관성을 유지하기 위해 산출물과 프로세스의 표준화와 하드웨어, 소프트웨어, 네트워크 등 여러 가지 구성요소를 조직적으로 효과적으로 통합하기 위해 체계화된 절차가 필요하다. 또한 능력이나 입장, 주관 등이 다양한 조직원들의 참여로 인해 일관된 작업 가이드의 제공과 최신 기술의 활용과 품질향상을 가져올 수 있다.

2.2 Unified Process 적용

2.2.1 단계(Phase) 뷰

단계는 시간 축을 중심으로 n개의 반복주기(iteration)로 구성되고 반복주기 내에서 소규모 폭포수가 구성된다. 단계와 다음 반복주기는 정확하게 계획되어야 한다([그림 2.1]).

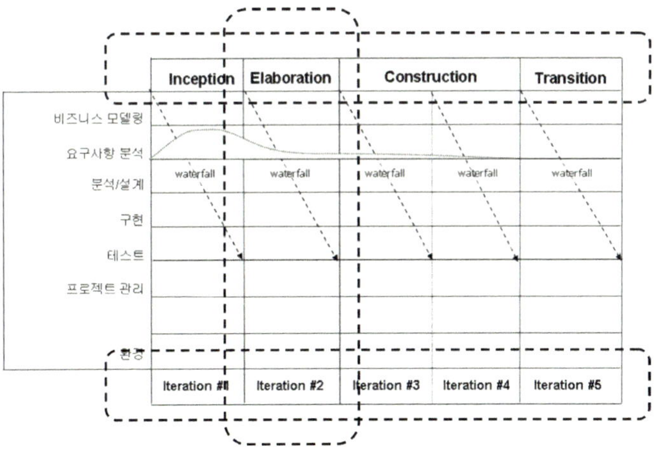

[그림 2.1] 단계 개요

단계의 구성요소는 반복, 마일스톤, 배정된 공수, 배정된 일정 등이다.

Time →

단계	도입(Inception)	발단(Elaboration)	구축(Construction)	전이(Transition)
	반복# ····· 반복#	반복# ····· 반복#	반복# ····· 반복#	반복# ····· 반복#
마일스톤	목표 마일스톤	아키텍처마일스톤	초기운영 마일스톤	제품릴리스 마일스톤
공수 배분(예)	10%	30%	50%	20%
공수 배분(예)	10%	20%	40%	30%

[그림 2.2] 단계의 구성요소

(1) 도입(Inception) 단계

도입은 프로젝트 범위, 경계 조건, 비전, 수락 조건을 결정하고 설계 관점의 핵심 유스케이스 식별과 주요 시나리오에 대한 하나 이상의 후보 아키텍처를 식별한다. 비용과 일정 및 잠재 위험을 예측하고 프로젝트 지원 환경을 준비하는 단계이다. 주요 활동으로는 프로젝트 범위를 결정하고 비즈니스 케이스 작성, 후보 아키텍처를 준비한다. 평가 기준은 범위, 예산, 일정, 우선순위 등에 대해 관련 당사자가 동의했는가? 요구사항에 대한 일치된 견해와 이해를 가지는가? 위험요소는 충분히 식별했는가? 등이다. [그림 2.3]은 도입 단계에서 요구사항 중심의 작업 진행을 나타낸다.

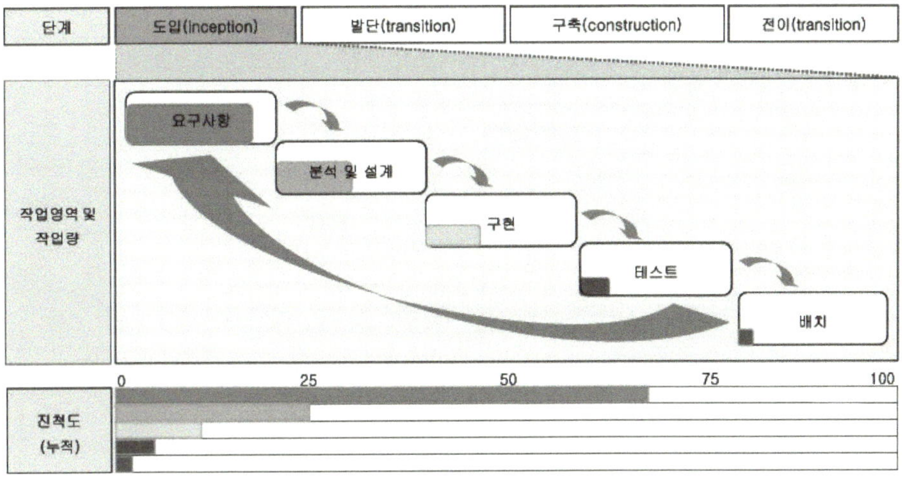

[그림 2.3] 도입 단계의 진행 내역

(2) 발단(Elaboration) 단계

발단은 아키텍처, 요구사항, 계획, 위험요소, 비용, 일정을 확정하는 단계이다. 아키텍처 관점의 위험요소 해결과 중요한 위험요소들을 포함하는 시나리오를 해결하는 아키텍처를 확정한다. 또한 제품수준의 컴포넌트에 대한 발전 프로토타입과 위험 완화를 위한 프로토타입을 개발한다. 주요활동으로는 아키텍처 정의, 검증, 아키텍처 프로토타입 구현과 비전, 개발 케이스 재정의, 아키텍처와 컴포넌트 재정의를 포함한다. 평가 기준으로는 '제품의 비전과 요구사항이 안정적인가?', '아키텍처는 안정적인가?', '실행 프로토타입에 대한 테스트와 평가가 시연되었는가?', '구축(construction) 단계의 반복주기 계획은 정확히 수립되었는가?', '실제 자원비용과 계획 자원비용이 수락 가능한가?'를 평가한다.

[그림 2.4]는 아키텍처 설계 및 구현을 중심으로 발단 단계의 진행을 보여준다.

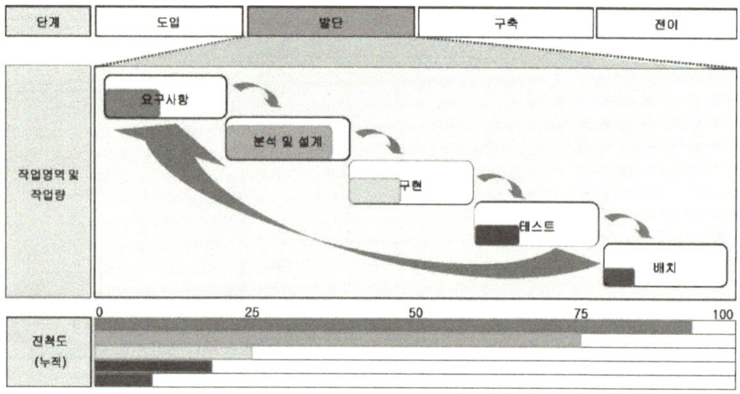

[그림 2.4] 발단 단계의 진행 내역

(3) 구축(Construction) 단계

구축은 자원 최소화를 통해 개발 비용을 최소화하고 품질 목표를 달성하며 필요한 버전을 개발한다. 모든 기능에 대해 반복/점증적으로 분석, 설계, 개발, 테스트한다. 주요활동은 자원관리, 프로세스 통제 및 최적화와 완전한 컴포넌트 개발과 평가 기준에 따른 테스트, 제품 릴리즈에 대해 수락기준 만족 여부를 심사한다. 평가 기준으로는 '제품 릴리즈가 안정적이며 성숙되었는가?', '모든 이해 관계자가 사용자 커뮤니티로 이전할 준비가 되었는가?', '실제 자원비용과 계획 비용이 수락 가능한가?'를 평가한다.

[그림 2.5]는 구축 단계의 진행 내역으로 설계 및 구현을 중심으로 진행되었다.

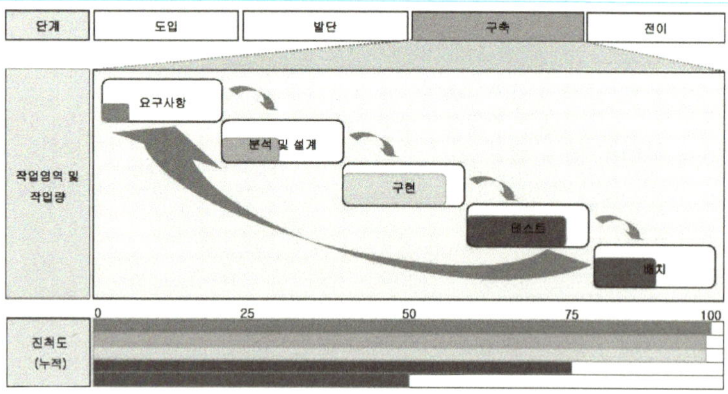

[그림 2.5] 구축 단계의 진행 내역

2.2.2 작업 영역 뷰

UP/RUP의 작업영역은 개발기술과 개발관리로 구분된다. 개발기술은 비즈니스 모델링, 요구사항 분석, 분석/설계, 구현, 테스트, 배치의 작업이며, 개발관리는 프로젝트 관리, 변경관리 및 형상관리, 개발 환경에 관한 작업을 수행한다.

[그림 2.6]은 RUP 개발 라이프사이클을 나타낸다. 일을 하지만 그들의 독립성을 유지하기 위해 개별적 프로젝트 관리자에게는 보고하지 않는다.

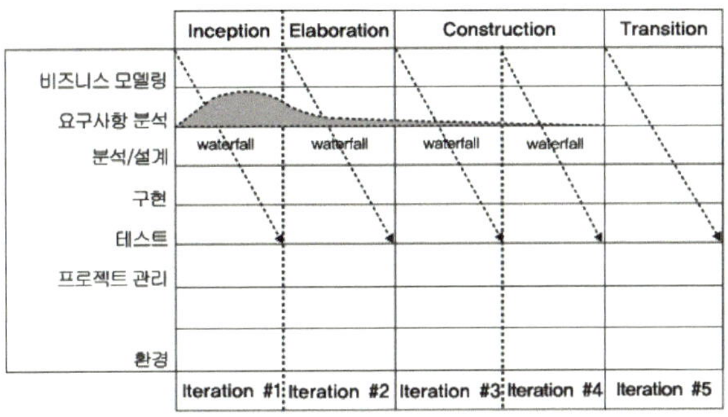

[그림 2.6] RUP 개발 라이프사이클

UP/RUP에서 소프트웨어 엔지니어링 프로세스는 작업영역과 작업흐름으로 표현되며 작업흐름은 작업흐름 상세로 설명된다([그림 2.7]).

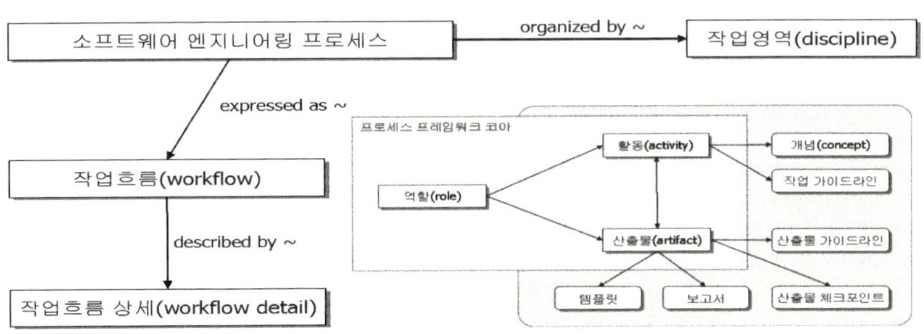

[그림 2.7] 프로세스 구조

작업영역은 개발 기술 부분 6개, 개발관리 부분 3개로 구성되며 연관 모델과 산출물 및 개념, 활동들을 가진다([그림 2.8]).

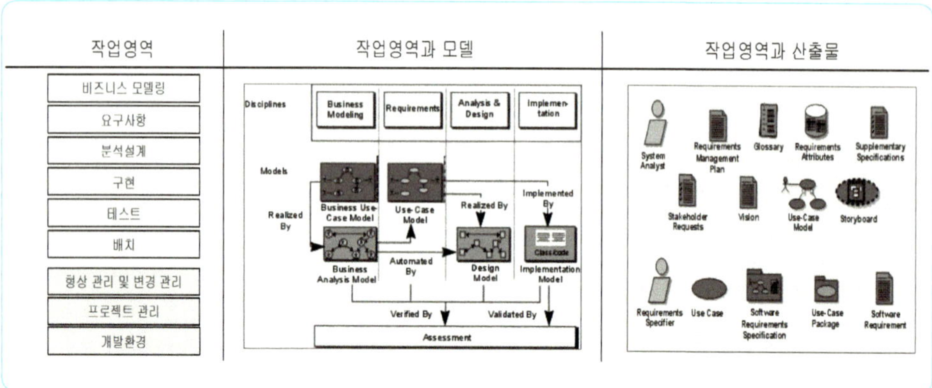

[그림 2.8] 작업영역

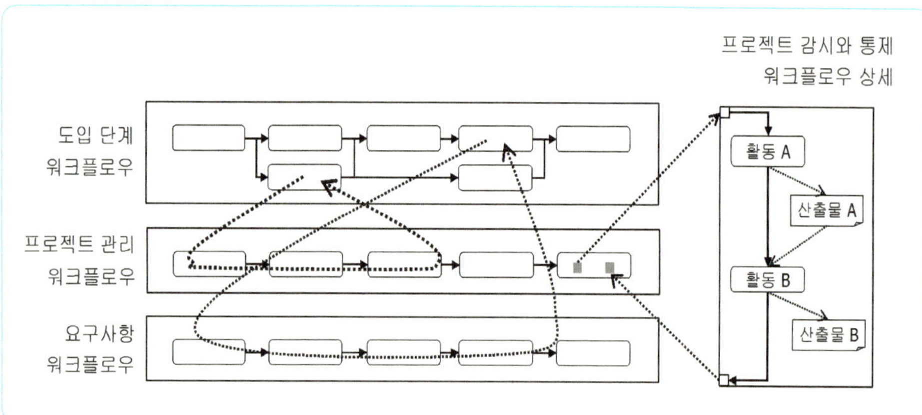

[그림 2.9] 작업흐름

2.3 최신 개발 프로세스

2.3.1 XP(eXtreme Programming)

1996년 켄트 백(Kent Back)과 워드 커닝햄(Ward Cunningham)은 함께 다임러 크라이슬러 프로젝트를 진행하면서 새로운 소프트웨어 개발 방법을 정리하면서 XP 방법론이 나오게 되었다. XP는 애자일 방법론(agile methodology) 가운데 하나이며, 고객이 원하는 소프트웨어를 고객이 원하는 시기에 빨리 제공하는 것을 목표로 하며, 프로젝트 막바지에도 나올 수 있는 요구사항 변경에 더욱 잘 대처할 수 있도록 한다.

소프트웨어 프로젝트를 개선하기 위해 켄트 백은 네 가지 요소가 중요하다고 했는데, 이것은 의사소통(communication), 단순성(simplicity), 피드백(feedback), 그리고 용기(courage)이다. XP 개발자들은 고객 및 동료 개발자들과 의사소통을 잘해야 하고, 개발하는 소프트웨어에 대해 개발 첫 날부터 유닛 테스트를 통해 피드백을 받는다. 개발 중인 시스템을 최대한 빨리 고객한테 보여줌으로써 고객들이 원하는 변경 사항을 빨리 도출할 수 있으며, XP 개발자들은 이러한 기초 위에서 요구사항이 계속 바뀌더라도 쉽게 반영할 수 있다.

다음은 XP의 대표적인 작업들이며 XP가 구체적으로 어떻게 이뤄지는지 알아본다([그림 2.10]).

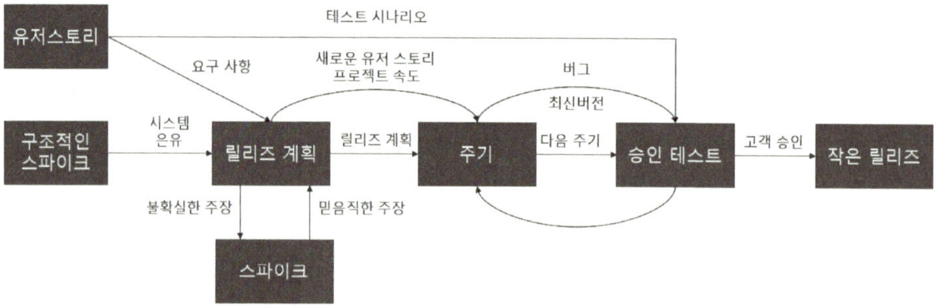

유저스토리	-고객이 자신이 원하는 내용을 간략하게 기술함. -릴리즈 계획 및 승인테스트 계획의 토대가 됨.
스파이크솔루션	-기술적 또는 설계상의 어려운 문제를 해결하기 위한 것.
릴리즈계획	-주기(1~3주)의 시작마다 회의를 통해 처리할 유저스토리를 고객과 선정
주기	-릴리즈 계획에 따른 개발을 의미 -해당 주기가 시작될 때 주기 계획회의를 통해 주기에 해야 할 일 결정
승인테스트	-각 주기의 유저스토리에 대한 처리완료 기준

http://i-bada.blogspot.com/2012/04/agile.html

[그림 2.10] XP 프로세스

(1) 유저 스토리(User Story)

XP를 이용해서 프로젝트를 시작한다면 먼저 유저 스토리를 수집해야 한다.

유저 스토리는 일종의 요구사항으로 폭포수 모델이나 나선형 모델에서 'Requirements Process'나 'Software Requirements' 단계를 거치는 것과 비슷하다. 유저 스토리는 UML(Unified Modeling Language)의 유스케이스 다이어그램([그림 2.11])과 같은 목적으로 만들어지지만 형식이 없고 고객에 의해 작성된다는 것이 차이점이다.

유저 스토리는 시스템이 고객을 위해 해야 하는 일들을 담고 있고, 유저 인터페이스 외의 요구사항도 포함할 수 있으며, 개발자의 말이 아니라 고객의 말로 표현되어야 한다. 유저 스토리를 가지고 개발 일정을 잡게 되고, 뒤에 설명할 승인 테스트(acceptance test)를 만드는 토대가 된다. 유저 스토리가 전통적인 소프트웨어 개발 방법론의 요구사항 명세(requirement specification)와 크게 다른 것은 유저 스토리에는 요구사항 명세처럼 세세한 것까지 기술 하지 않는다는 것이다. 유저 스토리에는 그것을 구현할 때 얼마나 걸릴 것인가를 예측할 수 있고, 구현에 있어 주요한 어려움(risk)이 어떤 것이 있을지를 살펴볼 수 있을 정도로만 기술한다.

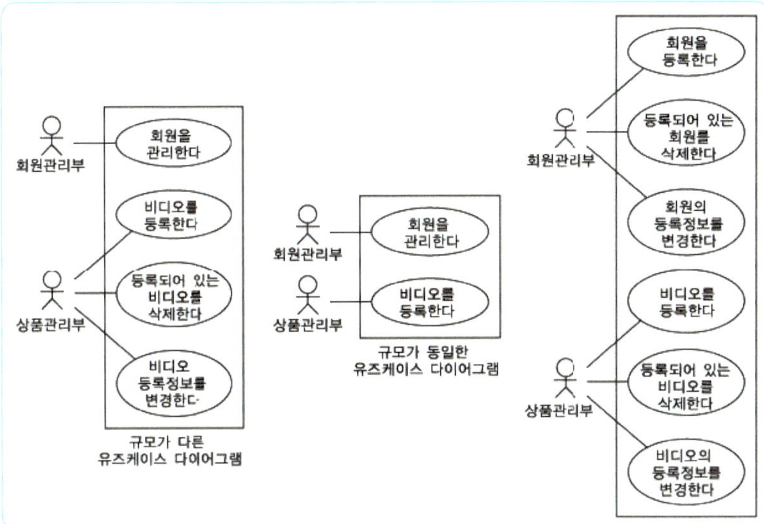

http://www.hanbit.co.kr/media/channel/view.html?cms_code=CMS3593649426&cate_cd=
출처 : 다이어그램으로 쉽게 배우는 UML

[그림 2.11] 유스케이스 다이어그램

(2) 스파이크 솔루션(Spike Solution)

유저 스토리가 만들어지면 그 가운데 어려워 보이는(risky) 문제에 대해 스파이크 솔루션을 만든다. 스파이크 솔루션은 기술적 또는 설계상의 어려운 문제를 해결하기 위한 것으로 숨어 있는 문제를 찾아내기 위한 아주 간단한 프로그램이다.

스파이크 솔루션은 처리해야 하는 문제 외의 다른 조건들은 모두 무시하고 프로그램을 작성하고 대부분 계속 두고 쓸 정도로 좋지는 않으므로 짧은 기간에 작성해야 한다. 스파이크 솔루션을 만드는 목적은 기술적인 문제를 줄이고 유저 스토리를 가지고 추정한 개발 일정에 대한 신뢰도를 높이는 것이다.

(3) 주기 계획(Iteration Planning)

각 주기가 시작될 때마다 주기 계획 회의를 하게 되며 각 주기는 1~3주 정도가 적당하다. 각 주기에 처리할 유저 스토리는 고객이 선택하는데, 그것은 고객에게 가장 가치 있는 부분을 가장 먼저 작성하기 위함이다. 처리할 유저 스토리는 이를 구현하기 위한 프로그램과제(programming task)로 분할하고, 각 과제를 개발자에 할당하고 소요기간을 예측하게 되는데 같은 일이라도 소요기간은 사람마다 다를 수 있기 때문에 예측은 반드시 담당 개발자가 한다. 각각의 과제는 하루에서 사흘까지 걸리게 되며, 하루 이상 걸리는 과제는 몇 개를 묶어서 하나로 만들고, 사흘보다 더 걸리는 과제는 더 세분화한다. 각 주기에 할 일이 너무 적거나 너무 많으면 처리할 유저 스토리를 추가하거나 삭제한다.

또한 계획에 포함되어 있지 않은 기능을 추가할 수 없으며, 추가하고 싶은 기능이 있으면 그에 대한 유저 스토리를 추가하고 다음 주기를 계획한다.

[그림 2.12]는 주기 계획과 개발을 위한 과정을 나타낸 것이다.

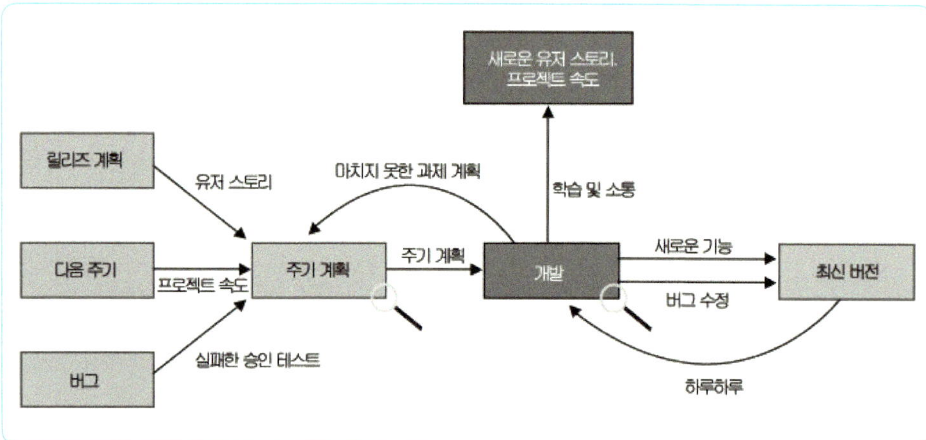

[그림 2.12] 주기

(4) 주기 개발(Iteration Development)

각 주기의 길이는 비슷하게 유지하는 것이 좋다. 각 주기의 길이가 일정하면 프로젝트 진행에 대한 측정과 계획이 쉽고 신뢰성이 있다. 각각의 주기에 해야 할 일은 해당 주기가 시작될 때 주기 계획 회의를 통해 결정하고, 고객의 요구사항은 계속 바뀌기 때문에 미리 계획해 두지 않는 것이 좋다. 또한 주기 데드라인을 반드시 지켜야 하고, 주기 중 진척상황을 확인해서 데드라인을 넘길 것 같으면 주기 계획 회의를 다시 소집해서 일부 과제를 빼고, 고객이 선택한 가장 중요한 과제에 집중한다.

(5) 승인 테스트

주기가 시작되면 주기 계획 회의에서 선택된 유저 스토리를 가지고 승인 테스트를 작성한다. 여기서도 고객이 참여해 구현될 코드를 검사할 시나리오를 작성한다. 승인 테스트는 블랙박스 테스트 형태이고, 고객은 승인 테스트가 올바르게 만들어졌는지와 실패한 테스트의 중요도를 확인한다. 승인 테스트는 나중에 리그레션 테스트(regression test)로도 쓰인다.

승인 테스트를 통과해야 유저 스토리에 대한 처리가 완료되며, 승인 테스트를 자동화해서 자주 테스트하는 것이 좋다. 승인 테스트를 통과한다는 것은 고객의 요구사항을 만족하고 있다는 것이다.

(6) 유닛 테스트(Unit Test)

종종 개발자들이 할당된 업무들을 주어진 시간 내에 완성하지 못해서 전체 프로젝트를 지연시키는 경우가 있다. 이 경우 다른 개발자들이 도와줄 수 있다면 좋을 것이다. XP에서는 집단 코드 소유(collective code ownership, [그림 2.13])라고 하는데, 필요하면 누가 어떤 코드든지 고친다는 의미로, 이렇게 하기 위해서는 유닛 테스트(unit test)가 필요하다.

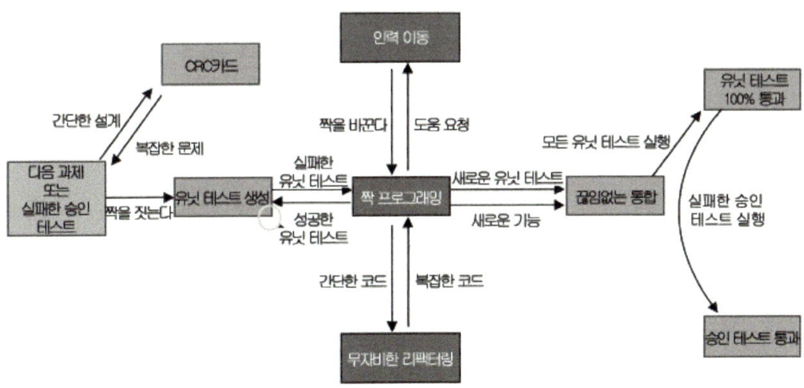

[그림 2.13] 집단 코드 소유

유닛 테스트는 XP의 초석 가운데 하나로, 유닛 테스트는 자주 실행할 수 있도록 자동화되어야하고 (JUnit과 같은 유닛 테스트 프레임워크를 이용하기도 한다), 모든 모듈을 테스트할 수 있도록 만들어져야 한다. 그리고 될 수 있으면 코드를 작성하기 전에 유닛 테스트를 작성하는 것이 좋으며, 유닛 테스트는 코드와 함께 코드 저장소(code repository)에 저장된다.

XP를 정리하면, 프로젝트가 예측한 시일 안에 끝날 수 있도록 1~3주마다 진행 상황을 점검하고, 다음 1~3주 동안 할 일을 계획한다(주기 계획 회의).

유닛테스트를 통해 구현된 코드가 유저 스토리를 만족한다는 것을 확인한다. 또한 유닛 테스트를 이용함으로써 리팩토링을 통해 코드의 품질도 높일 수 있다.

2.3.2 MDA(Model Driven Architecture)

OMG는 1989년에 설립된 객체 기술에 대한 사용을 증진시키고 이에 대한 표준안을 만들기 위해 소프트웨어 산업계에서 구성한 컨소시엄이다. 이들이 모여서 최초로 만든 것이 OMA(Object Management Architecture)인데, OMA에서 가장 중요한 역할을 하는 것이 바로 CORBA이다. 그리고 OMG에서 객체지향 소프트웨어 설계를 위해 다양하게 제시되었던 모델링 시스템을 표준화해 UML을 1997년에 발표하게 된다. 그 외에도 OMG에서 발표된 대표적인 표준안으로 플랫폼에 독립적으로 메타 데이터와 데이터를 정의, 조작, 통합할 수 있는 모델 기반의 프레임워크인 MOF(Meta Object Facility), MOF를 모델 기반의 XML 통합 프레임워크로 재구성하며 MOF 기반 메타모델의 XML 맵핑을 지원하는 XMI(XML Metadata Interchange), 데이터웨어하우스 도구, 웨어하우스 플랫폼 그리고 CWM(Common Warehouse Metamodel) 등이 있다.

(1) MDA

MDA는 2001년 3월 OMG의 CEO인 리차드 솔리가 'OMG Model Driven Architecture'라는 제목으로 프리젠테이션을 통해 공식적으로는 처음 세상에 알려지게 되었다. MDA는 소프트웨어 개발 프레임워크로서 소프트웨어 개발 프로세스에서 모델을 강조한다. 아키텍처의 관심 분리 원칙(Separation of Concern)을 적용해서 이식성, 상호의존성, 재사용성을 증가시킬 목적으로 사용되며, 모델은 다른 모델로 변환하므로 소프트웨어 개발의 자동화를 지원할 수 있다. MDA는 도메인에 친숙한 용어를 사용하여 도메인을 명세하기 위한 CIM(Computation Independent Model), 플랫폼에 독립적인 모델인 PIM(Platform Independent Management), 플랫폼에 의존적인 모델인 PSM(Platform Dependent Management)의 세 가지 관점으로 시스템을 명세한다.

MDA의 목표는 소프트웨어 분석가와 개발자가 소프트웨어와 비즈니스 자산을 기술하는 데 이용할 수 있는 엔터프라이즈 아키텍처 모델링이 가능하도록 하는 것이다. 이러한 아키텍처를 소프트웨어 도구를 이용해 만들어냄으로써 실제 소프트웨어 개발에 있어서 아키텍처를 구현하는 특정 애플리케이션을 쉽게 작성할 수 있게 되며 애플리케이션을 다양한 변경 요구에 맞게 쉽게 변경할 수 있을 것이다.

(2) MDA 구성요소

MDA는 여러 가지 모델과 표준들에 의해서 구성된다.

⊙ MOF(Meta Object Facility)

MOF는 모델링 언어를 정의하기 위해 제안된 표준이다. 일반적으로 모델은 잘 정의된 언어를 통해 기술되지만, 모델링 언어는 텍스트 기반이 아닌 그래픽적인 기술을 요구하기 때문에 이러한 언어를 정의하기 위한 새로운 메커니즘이 필요하며 이러한 메커니즘을 메타 모델링이라고 한다. OMG는 메타 모델링을 위한 4계층 아키텍처를 정의하고 있는데, M0 계층은 실제적인 인스턴스들이 실행되는 시스템이 있는 계층이고, M1 계층은 시스템에 대한 모델 계층으로 UML 모델이 존재하며 M0에서의 인스턴스에 대한 분류를 제공한다. M2 계층은 모델에 대한 모델 계층으로 M1에서 존재하는 모든 요소는 M2의 인스턴스가 되며, M3 계층을 M2에 대한 모델 계층으로 M2 계층의 모든 요소는 M3의 인스턴스가 된다. MOF가 표준 M3 계층에 속한다.

따라서 추상적인 메타 모델인 MOF를 통해 플랫폼에 종속되지 않은 비즈니스 모델을 설계한 뒤 필요에 따라 특정 플랫폼으로 매핑하여 애플리케이션을 개발할 수 있다.

⊙ CWM(Common Warehouse Metamodel)

CWM은 OMG에서 표준화한 데이터웨어하우스를 관리하는 데 이용되는 메타 데이터 모델이다. CWM을 이용하면 개발자들이 관계형 데이터베이스 테이블, 레코드, 구조체, OLAP(Online Analytical Processing), XML 그리고 다차원 데이터베이스 디자인 등과 같은 수많은 데이터 모델 또는 포맷을 생성할 수 있다. 또한 CWM에는 데이터웨어하우스 이외에도 사용될 수 있는 유용한 부분들도 있는데, 예를 들면 데이터 모델이나 데이터 변환, 소프트웨어 배포 등에 관련된 내용도 포함되어 있다.

⦿ UML 메타 모델

UML의 초기 버전은 MOF와의 완전한 호환성이 보장되지 않지만 UML 2.0은 MOF 호환성을 가진다. 이런 이유로 진정한 MDA 개발을 위해서는 UML 2.0이 사용돼야 한다. UML은 핵심 모델링 개념들과 이들을 위한 다이어그램들로 정의된다. 또한 개발자들이 UML 구성요소에 다양한 제한(constraint)을 할 수 있도록 허용하고 있다. UML 2.0에서는 UML이 모델들의 행위를 지정할 수 있으며 이러한 행위의 표현들이 직접 코드로 변경된다.

⦿ XMI(XML Metadata Interchange)

XMI 표준은 프로그래머들과 다른 사용자들이 메타 데이터에 관해 정보를 교환하기 위한 방식으로 MOF와 호환성이 있는 모델들을 XML 문서 형태로 표현하고 이를 MOF 호환 데이터베이스에 저장할 수 있도록 하는 표준이다. 그러므로 사실상 XMI 문서는 곧 MOF XML 문서라고 할 수 있다.

⦿ UML 프로파일

UML 프로파일은 특정 도메인에 대한 UML 모델을 작성하기 위한 일반 확장(generic extension) 메커니즘을 정의하는 것이다. 그러므로 UML 프로파일은 추가적인 스테레오타입(stereotype)과 태그 값(tagged value)이 적용된 엘리먼트(element), 애트리뷰트(attribute), 메소드(method), 링크(link) 등으로 이뤄진다. UML 프로파일은 이러한 확장 컬렉션을 이용해서 특정 도메인에 대한 모델링 문제를 기술하고 해당 도메인의 내용들을 모델링할 수 있도록 해준다.

현재 다양한 UML 프로파일이 나와 있으나 MDA와 관련해서는 플랫폼에 따라 각각의 프로파일이 정의될 수 있다. 현재 CORBA 프로파일, EAI 프로파일, EDOC 프로파일, 리얼 타임 컴퓨팅을 위한 스케줄링 프로파일 등이 OMG에서 정의되었으며 EJB 프로파일은 JCP (Java Community Process)를 통해, 닷넷 프로파일은 마이크로소프트에 의해 정의되고 있다.

(3) MDA 개발 프로세스와 특징

[그림 2.14]는 비즈니스 프로세스나 소프트웨어에 대한 기술서를 바탕으로 추상적인 모델을 추출하고, 추상적인 모델을 실행 가능한 구현 모델로 변환시키는 과정을 보여준다. 일반적으로 비즈니스를 분석하고 요구사항을 추출하는 역할을 맡은 분석가가 CIM(Computation Independent Model)을 모델링하며, 비즈니스 아키텍트나 디자이너가 PIM(Platform Independent Model)을 만든다. PIM 모델은 특정한 구현 모델과는 독립적으로 어떤 형태의 아키텍처를 가질 것인지 기술한다. 그러고 나서 개발자와 테스터가 소프트웨어 툴을 이용해서 PSM을 PIM에서 뽑아낸 뒤에 이를 플랫폼 특성에 맞게 최적화를 하고 코드를 생성하게 된다.

MDA 개발 프로세스를 단계별 스텝으로 간단히 정리해 보면 다음과 같다.

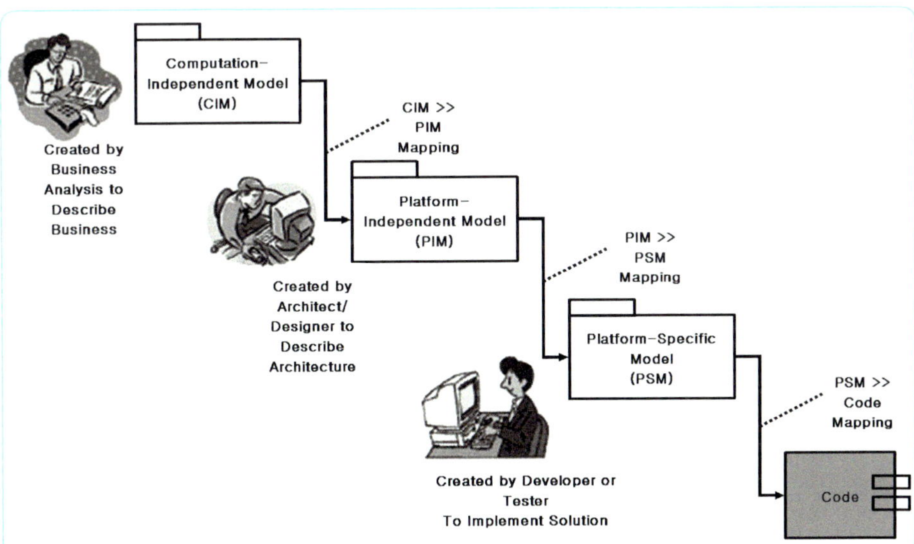

[그림 2.14] MDA 개발 프로세스

단계 1. 애플리케이션에 대한 비즈니스 요구사항을 수집한다.

단계 2. 도메인 모델에 대한 UML 다이어그램을 작성한다. 먼저 J2EE, 닷넷, CORBA와 같은 특정 기술에 종속적이지 않은 모델을 먼저 만든다. 이렇게 작성된 UML 모델은 핵심 비즈니스 서비스와 컴포넌트를 나타내게 되는데, 예를 들자면 가격 결정 엔진이라든지 쇼핑 카트 모델이라든지 주문 모델 같은 것들이 될 것이다. 이러한 UML 모델을 PIM이라고 한다.

단계 3. 애플리케이션에 대한 특정 기술과 관련한 UML 모델을 작성한다. 이와 같이 특정 기술에 종속적인 UML 모델을 PSM이라고 한다. PSM은 직접 작성할 수도 있고 MDA 지원 툴을 이용해서 PIM에서 자동으로 만들어 내거나 또는 만들어진 모델을 수정하는 방식으로 작업할 수 있을 것이다.

단계 4. 마지막으로 MDA 툴을 이용해서 애플리케이션 코드를 만들어낸다. 현재 이미 J2EE의 경우에는 MDA 툴들이 대부분의 서블릿, JSP, EJB와 관련한 코드를 자동으로 생성해 준다. 그다음에 만들어진 코드를 바탕으로 수정과 최적화 과정을 거쳐서 프로젝트를 완성한다.

이와 같이 MDA에서는 결국 UML 모델에서 코드를 생성한다. 많은 개발자들이 National ROSE를 이용해서 자바 클래스를 UML 모델에서 만들어낸 작업과 MDA와의 가장 큰 차이점이라면 MDA는 플랫폼 독립적인 모델에서 시작해서 다양한 플랫폼을 지원하는 프로세스와 툴을 거의 완벽하게 지원한다는 점이다.

다음은 MDA의 장점을 기술한 것이다.

⊙ 기술 플랫폼 및 기능 변화에 대한 신속한 대응

MDA에서는 PIM과 PSM을 분리했기 때문에 PIM을 변경하지 않고도 기술 플랫폼의 변화나 요구사항 변화에 빠르게 대처할 수 있다. 예를 들어 새로운 플랫폼에 대한 애플리케이션을 배포해야 하는 경우 PIM에는 수정이 필요 없으므로 PIM을 이용해서 새로운 플랫폼에 대한 PSM을 자동으로 만들어 내고, 이를 수정해서 코드를 다시 생성하는 과정을 통해 쉽게 새로운 기술 플랫폼에 대한 대응이 가능하다.

◉ 시스템의 지속성

플랫폼 의존적인 시스템은 기존의 아키텍처가 새로운 요구사항을 만족시키지 못하는 경우가 많이 발생한다. 이 경우에 완전히 새로운 아키텍처를 다시 잡기보다는 많은 사용자들은 작은 패치와 수정으로 이런 문제를 해결하기를 원하며 현실적으로도 그렇게 할 수 밖에 없는 시간적 경제적 여유만을 가지는 경우가 많다. MDA를 이용하면 기능과 아키텍처를 분리해서 정의하기 때문에 아키텍처의 변화가 있더라도 변환 과정을 거쳐 구현 과정으로 쉽게 진행할 수 있기 때문에 기능과 요구사항 변화에 의한 아키텍처 변경에 비교적 자유롭다.

◉ 개발 생산성 증진

MDA는 모델의 자동화와 변환을 통해 여러 플랫폼을 쉽게 지원하고 시간을 많이 잡아먹는 코드 작성 부분을 줄일 수 있으며 쉽게 유지보수가 되도록 한다. 이와 같이 손으로 코딩하는 부분이 줄고 동시에 빨리 버그를 잡을 수 있다. 또한 한 번 작성된 PIM의 경우 비즈니스 핵심 부분에 대한 모델이기 때문에 향후 다른 시스템에서도 쉽게 이용될 수 있으며 재사용성이 높아지게 된다.

◉ 용이한 문서 작성

설계 문서를 업데이트하고 관련 코드를 수작업으로 관리하는 것은 매우 시간이 많이 걸리고 귀찮은 작업이다. MDA에서는 모델과 코드, 문서가 항상 동기화되기 때문에 이러한 문서 작업에 필요한 일의 양을 줄여준다.

◉ 품질 관리 비용의 감소

개발 과정에서 소프트웨어의 문제가 늦게 발견될수록 이를 고치는 데 들어가는 비용은 증가한다. MDA 모델 자동화와 테스트 툴을 이용하면 개발자들이 애플리케이션을 모델 수준에서 테스트할 수 있기 때문에 디자인의 문제점이나 애플리케이션 로직의 에러를 빨리 잡을 수 있다. 이를 통해 품질 관리에 들어가는 비용도 감소한다.

⊙ 양질의 시스템 구축

PIM의 단순함은 양질의 시스템 구축을 가능하게 한다. 모델링은 팀 멤버들 사이의 의사소통을 원활하게 만들고 동시에 결점이 있을 때 이를 빨리 제거할 수 있도록 도와준다. 또한 MDA의 자동화 도구들은 잘 정리된 코딩 패턴을 모델에 적용하기 때문에 손으로 직접 작성한 코드에 비해 결점이 적을 가능성이 많다.

2.3.3 PLD(Product Line based Development)

효율성과 생산성 향상이라는 목표 하에 재사용은 소프트웨어 공학의 가장 큰 목적 중의 하나가 되고 있다. 현재 재사용의 핵심 개념으로 CBD에 이어 전략적 재사용인 소프트웨어 프로덕트 라인이 주목받고 있다. 지금까지의 재사용 방법론은 1970년대 모듈 기반 프로그래밍 정의에서 시작하여 상속 개념을 바탕으로 하는 객체와 클래스 중심의 객체 지향 기술, 그리고 비즈니스 관점에서 부품의 조립에 이르기까지 다양한 관점의 재사용 방법론이 전개되고 있다. 그러나 지금까지의 재사용은 특정 레벨에서의 재사용일 뿐 아니라 새로운 애플리케이션 개발 시 빌딩 블록 형태의 컴포넌트 재사용에 그치고 있는 실정이다.

따라서 좀 더 다양한 범위에서 프로덕트 개발의 생산성과 비용 및 품질 향상을 위해 소프트웨어 아키텍처와 컴포넌트 기반 소프트웨어 개발의 결합인 프로덕트 라인 접근에 관한 연구가 필요하다.

(1) 프로덕트 라인 정의 및 접근

프로덕트 라인은 프로덕트군 사이에서 아키텍처와 재사용 가능한 컴포넌트의 집합을 공유함으로써 소프트웨어 재사용성 향상과 개발비용 감소를 가능하게 하는 방법론으로서 공통성을 공유하는 소프트웨어의 집약적인 시스템 집합이다. 이는 공통 핵심 자산 집합으로부터 개발되고 특정 시장 부문의 필요성을 만족하고 있는 특징들의 집합이기도 하다. 즉, 공통의 유사한 기능을 가지고 있는 소프트웨어 시스템 집합으로 핵심 자산 개발과 프로덕트 개발 측면을 포함하고 있다. 프로덕트 라인의 핵심은 스코핑된 영역 내의 프로덕트 간의 공통성과 변화성을 분석하여 프로덕트 라인 아키텍처를 수립하는 것이다. 프로덕트 라인 아키텍처는 연관된 프로덕트 집합과 조직에 의해 개발된 시스템을 위한 공통 아키텍처로서 생산성과 품질 향상에 이바지한다. 프로덕트 라인과 관련된 연구로는 아키텍처 정의와 전개, 컴포넌트 개발, COTS(Commercial Off-The-Shelf) 활용, 기존 자산의 마이닝(mining), 소프트웨어 시스템 통합 등이 있으며 이들은 실제 핵심 자산을 생성하고 전개하는 데 필요한 기술들이다.

소프트웨어 프로덕트 라인 공학은 크게 도메인 공학(Domain Engineering)과 애플리케이션 공학(Application Engineering)의 두 단계로 이루어져 있다. 도메인 공학은 특정 도메인에 포함된 제품들의 공통점과 차이점을 분석하여 프로덕트 라인 자산(Product-Line Asset)을 만드는 것으로서, 아키텍처 설계(Architecture Design)와 컴포넌트 설계(Component Design)로 구성된다. 아키텍처 설계에서는 넓고 광범위한 의미의 설계 결정(Design Decision)이 이루어지고, 컴포넌트 설계에서는 좁은 의미의 설계 결정이 이루어진다. 컴포넌트 설계에서는 재사용성과 조립성을 고려하여 아키텍처 컴포넌트를 정제함으로써 프로덕트 라인을 위해 계획된 제품은 반드시 재사용 가능한 자산 컴포넌트로부터 조립이 가능하게 된다. 애플리케이션 공학은 도메인 공학에서 만들어진 프로덕트 라인 자산을 이용하여 고객이 원하는 특정한 제품을 생산하기 위한 활동으로 구성되어 있다. 고객 요구사항에 따른 제품의 요구사항을 분석하고 그에 맞도록 소프트웨어 프로덕트 라인 자산을 이용하여 컴포넌트와 아키텍처를 구성하여 최종 제품의 코드를 생성한다.

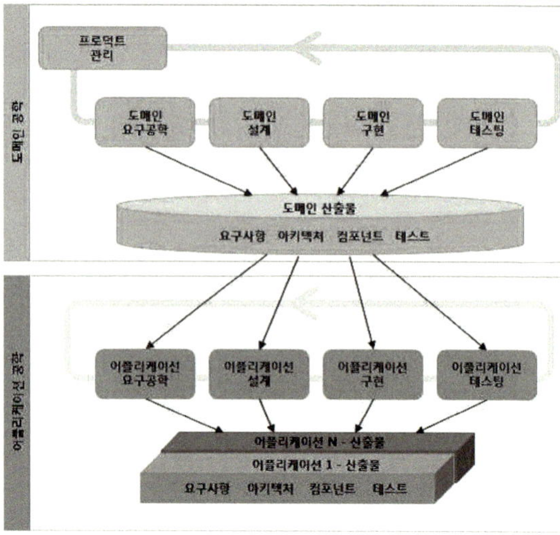

황병한. "웹 기반 시스템 개발을 위한 소프트웨어 프로덕트라인 공학의 적용에 관한 연구" VOL. NO. (2015)

[그림 2.15] 프로덕트 라인 핵심 개념

(2) 프로덕트 라인 개발(PLD) 프로세스

프로덕트 라인 개발 프로세스는 연관된 시스템 그룹의 아키텍처를 기반으로 공통성과 변화성 부분으로 구성되고, 특정 도메인 내의 여러 애플리케이션 개발을 위해 큰 규모의 컴포넌트 레벨에서 재사용성과 프로덕트 개발의 생산성, 비용 및 품질 향상을 위해 소프트웨어 아키텍처와 컴포넌트 기반 개발의 결합으로 정의될 수 있다. 다양한 고객의 요구를 충족하는 맞춤형 서비스와 프로덕트를 제공하고, 소프트웨어 개발 단계별 산출물들에 대한 전략적인 재사용과 플랫폼 독립적인 소프트웨어 개발을 위해 프로덕트 라인 기반의 소프트웨어 개발 방법론에 대한 다양한 연구가 진행되었다. 프로덕트의 효과적인 개발에 필요한 작업의 순차적 단계인 프로세스의 정의는 기존 개발 프로세스와는 달리 영역 공학과 응용 공학으로 두 가지 접근을 사용한다. 첫째는 프로덕트 라인 개발 프로세스에 따라 영역 공학에서 식별된 프로덕트 라인 아키텍처를 기반으로 응용 공학의 프로덕트를 개발한다.

[그림 2.16]은 프로덕트 라인 개발 프로세스를 도식화한 것이다.

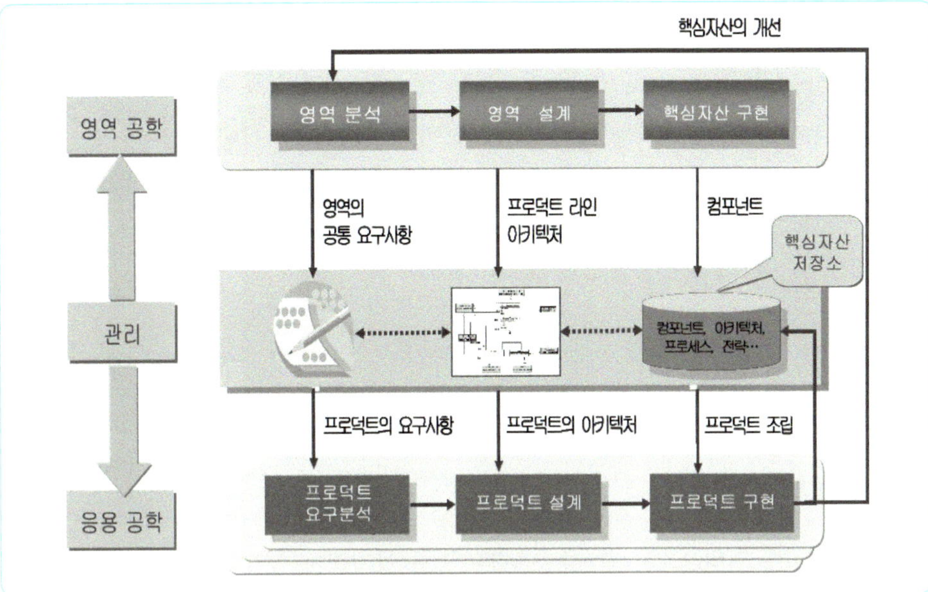

[그림 2.16] 프로덕트 라인 개발의 개념적 프로세스

[그림 2.17]은 프로세스의 내부 내용을 나타낸다.

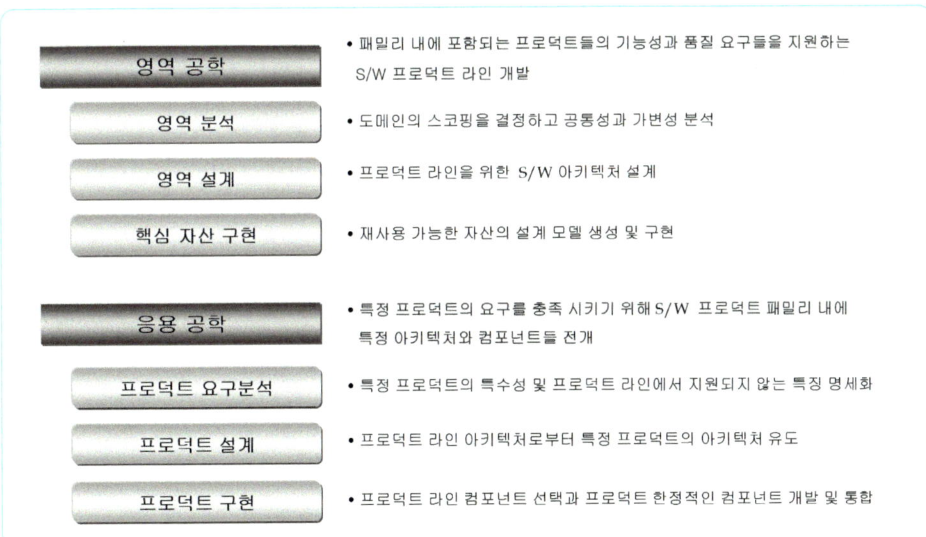

[그림 2.17] 프로세스 세부 내용

(1) Phase 1 : 영역 공학

- **영역 분석** : 도메인 모델을 생성하기 위해 비즈니스 사례를 분석하고, 기능 및 품질 요구의 집합에 의해 설명되는 행위를 정의하며, 도메인의 관점에서 공통성과 가변성을 분석한다. 또한 프로덕트 계열을 위한 프로덕트들의 실제적인 선택을 수행하기 위해 스코핑을 결정한다.

- **영역 설계** : 앞 단계의 분석 모델을 통해 프로덕트 라인을 위한 S/W 아키텍처를 설계하는 단계로 기능과 품질 속성을 기반한 아키텍처 설계와 평가를 수행한다.

- **핵심 자산 구현** : 재사용 가능한 자산(컴포넌트, 문서화, 코드 생성 등)이 프로덕트 라인 아키텍처를 기반으로 개발되는 단계로 공통 아키텍처를 기반으로 재사용 가능한 프레임워크를 생성하고 컴포넌트를 구현한다.

(2) Phase 2 : 응용 공학

- **프로덕트 요구분석** : 도메인 프로덕트 라인의 아키텍처 설계 동안 정의된 프로덕트의 요구사항을 활용 가능한 실제 요구사항에 매핑시키고, 프로덕트에 대한 특성들을 정의한다.

- **프로덕트 설계** : 프로덕트 아키텍처를 유도하기 위해 프로덕트에서 필요없는 프로덕트 라인 아키텍처 부분을 제거하고 추가될 부분은 아키텍처를 확장하고 평가한다.

- **프로덕트 구현** : 프로덕트 라인 컴포넌트를 선택하여 실체화하고 프로덕트 한정적인 컴포넌트를 개발하여 프로덕트로 통합한다. 즉, 프로덕트 라인에 포함된 자산의 활용 방안을 선택하고 공통 프레임워크와 컴포넌트를 실체화하며, 특정 프로덕트에서 필요로 하는 컴포넌트를 개발하고, 이들 컴포넌트들을 수집하여 통합시킴으로써 프로덕트를 구축한다.

(3) Phase 3 : 관리

- 프로덕트라인이 포함하는 S/W 핵심자산을 프로덕트라인 프로세스 상의 각 활동으로 할당하고 사용을 지원함으로써 핵심자산의 효율적인 활용 체제를 마련한다.

- **기술적 관리** : 프로덕트라인에 의해 정의된 프로세스에 따른 핵심자산들의 생명주기 관리와 고객이 요구하는 제품과 핵심자산들을 공급하고 이에 대해 반환되는 피드백을 기반으로 새로운 형태의 자산을 전개한다. 수반 활동으로는 프로덕트라인과 프로덕트의 라이브러리화 및 형상관리, 프로덕트라인 개발의 프로세스 정의, 영역 스코핑, 기술적 위험 분석을 행한다.

- **조직적 관리** : 조직이 자원(인력, 자금 등)을 올바르게 활용하는지를 관찰하고, 새로운 제품 생산시, 최적의 생산라인 제공을 위해 조직을 재구성한다. 수반 활동으로는 비즈니스 케이스 구축, 고객과의 원활한 인터페이스 유지, 자금관리, 시장 분석, 인력 훈련 등을 수행한다.

2.4 임베디드 소프트웨어 개발 프로세스

2.4.1 임베디드 시스템 개발 프로세스

[그림 2.18]은 임베디드 시스템 개발 프로세스를 도식화한 것이다. 개발 프로세스는 그림에서와 같이 크게 6단계로 나눌 수 있으며 각 단계에 대응하는 검증 절차들을 가진다. 특

히 임베디드 시스템은 설계 단계에서 하드웨어 설계, 소프트웨어 설계 그리고 필요에 따라 인터페이스 영역 설계 단계가 하드웨어/소프트웨어 동시 설계 개념으로 병행 수행되어야 한다.

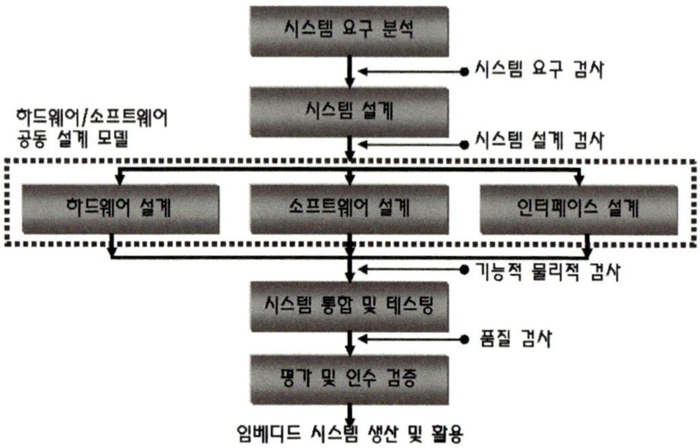

[그림 2.18] 임베디드 시스템 개발 프로세스

임베디드 시스템 설계에는 기본적으로 하드웨어 요소와 소프트웨어 요소가 동시에 포함되므로 개발자들은 어떤 기능을 하드웨어로 해결해야 되고 어떤 부분을 소프트웨어로 해결해야 하는지를 최우선으로 결정해야 한다. 특히 최근 들어 하드웨어의 소프트웨어화와 소프트웨어의 하드웨어화를 위한 기술이 발전하면서, 이러한 하드웨어 기능과 소프트웨어 기능의 명쾌한 분리가 쉽지 않은 경우도 종종 발생한다. 따라서 이러한 하드웨어와 소프트웨어의 기능 분리 문제는 정확한 해법이 있는 것이 아니고 단지 최적화의 문제이며, 많은 임베디드 시스템들이 다음과 같은 공통적인 문제점들을 내포하고 있다.

- 개발 단가의 민감성
- 최고의 기술력 혹은 기능
- 비표준화
- 시장에서 유사 제품 경쟁
- 독점적 기술

이러한 상충되는 요구들은 최적으로 설계된 임베디드 시스템 제품 개발을 저해하는 요소로 작용하기도 한다. 특히 개발하고자 하는 임베디드 시스템을 위한 CPU의 선택은 이러한 하드웨어/소프트웨어 기능 분리 문제 또는 개발 도구 선정 문제 등에 직접적으로 영향을 준다. 일단 하드웨어 및 소프트웨어 기능 분리에 의한 설계가 완료되었으면, 그 다음 단계는 분리 개발된 두 요소 기능을 통합 하는 과정이며 이 또한 매우 고난도의 개발 방법론과 개발 도구를 요구한다.

2.4.2 임베디드 시스템 위험 요소 최소화

임베디드 시스템 개발은 범용 소프트웨어 개발에 비해 복잡하며 고난도의 기술을 요구할 뿐만 아니라, 개발 팀원들 또한 하드웨어와 소프트웨어에 대한 동시 이해 능력을 가져야만 성공적이고 생산성 있는 프로젝트를 수행할 수 있다. 특히 범용 소프트웨어 개발에서는 필요에 따라 단계적인 개선과 전 과정으로의 피드백이 가능하고, 임베디드 시스템에서는 하드웨어와 소프트웨어의 동시 설계 및 동시 진행으로 인해 경우에 따라 전 과정으로의 피드백이 불가능하거나 많은 위험요소를 내포할 수 있다. 따라서 이러한 위험요소를 최소화하기 위해서 고안된 것이 다음과 같은 COMET(Construct Object Modeling and design meThod) 모델이다([그림 2.19]).

이 모델의 가장 큰 특징은 하드웨어 및 소프트웨어의 동시 설계 위험성을 최소화하기 위하여 중간에 프로토타이핑 기법을 적용하여 하드웨어와 소프트웨어 간의 역할 분담 등을 개발 초기 단계에서 명확히 하고 소프트웨어의 기능을 점진적으로 최종 버전까지 반복하여 개발한다.

이 기법은 개발 초기 단계에서 하드웨어 혹은 소프트웨어의 주요 역할에 대한 비교적 명백한 정의를 할 수 있고, 개발 중간 단계에서도 주요 기능 중심의 설계 및 구현으로부터 시작하여 최종적으로 완벽한 버전으로 발전해 갈 수 있으며, 설계 혹은 구현 중간에도 쉽게 새로운 요구에 순응할 수 있다는 장점을 가지고 있다.

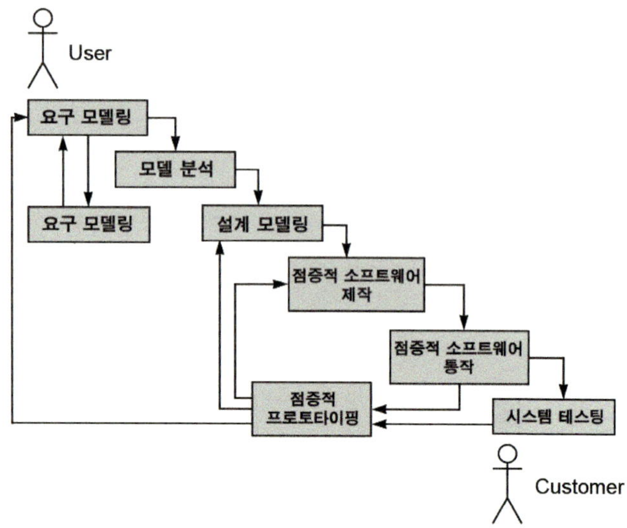

[그림 2.19] COMET 생명주기

2.4.3 임베디드 소프트웨어 요구분석

임베디드 시스템은 그 특성상 입력 센서 혹은 사용자로부터 발생하는 입력 신호에 대응하여 적절한 대응 신호를 출력장치로 보내어 전체적인 시스템 환경을 원하는 방향으로 대응하고 제어하는 시스템이라고 할 수 있다. 시스템의 안정성은 사용자가 기대하는 상태대로 통제가 얼마나 잘 이루어지느냐에 따라 평가될 수 있으며, 임베디드 소프트웨어의 역할은 많은 하드웨어 장치들을 적절히 통제하여 전체 시스템의 행동을 사용자가 원하는 방향으로 제어하는 것이다. 이러한 특징 때문에 일반적으로 임베디드 시스템은 반응적 혹은 반작용적(reactive) 시스템의 전형적인 예라고 하기도 한다.

이러한 임베디드 시스템의 특징 때문에 개발 초기 단계에서 전체 시스템의 입력 조건에 대응되는 적절한 행동을 정확히 파악하는 것은 매우 중요한 작업이라고 할 수 있다. 임베디드 시스템의 기능적 혹은 비기능적 요구를 분석하고 평가하는 작업 단계를 시스템 요구분석 단계라 하며 [그림 2.19]에서 살펴본 바와 같이 임베디드 시스템 개발 프로세스의 초기 단계에 해당한다.

요구분석 단계는 크게 두 가지의 절차로 분리할 수 있는데, 첫째는 예비조사 단계와 주 분석 단계로 나눌 수 있다.

예비조사 단계에서는 프로젝트 기획의 연장으로 타깃 시스템의 주요성능(수행성능, 메모리 사용량, 시스템 크기 및 무게 등) 혹은 시장(제품당 가격, 출시 시기 등) 목표를 정확히 설정하고 이에 따른 다양한 제약 조건과 문제 발생시의 대안 등을 설정한다.

주 분석 단계에서는 예비분석 단계의 결과들을 기초로 하여 좀 더 심도 있는 소프트웨어 공학적 분석을 수행하면서, 분석 결과들에 대한 프로젝트 개발 참여자들 간의 합의 및 이해를 동시에 수행해야 한다. 이 분석 과정의 최종 결과물이 정형화된 명세 기법에 의해 정밀하고 정확하게 표현된 기술적 요구분석 명세이다.

다음은 요구정의 단계에서 수행해야 할 작업이다.

- 응용 영역(application domain) 분석 및 모델링
- 요구 수집
- 요구 확인
- 요구 추적
- 요구 검증

요구 수집은 크게 기능적 요구(functional requirement)와 비기능적 요구(non-functional requirement)로 나누어지고, 분석 명세 또한 이에 따라서 구분하여 작성되어야 한다. 기능적 요구는 타깃 시스템이 수행해야 하는 일에 대한 요구를 분석하는 것을 말하며 시스템이 어떠한 작업들을 수행하여 최종적으로 원하는 결과를 얻는지를 정의하는 작업을 의미한다. 기능적 요구는 기능 정의를 중심으로 설계 요건, 인터페이스 요구, 품질 특성 등에 대한 분석 결과를 작성해야 한다. 비기능적 요구는 타깃 시스템의 요구를 반영하기 위한 제약 조건들을 의미하며 하드웨어 또는 소프트웨어의 성능, 안정도, 호환성, 유지보수성 등 다양한 요건들을 정의하고 있으며 [그림 2.20]에서 좀 더 자세히 분류하여 정의하고 있다. 일반적으로 요구 수집은 기능적 요구를 중심으로 수행되며 비기능적 요구 수집 절차는 아직까지 정형화되거나 구체화된 방법론이 제시되지 못하고 있다.

요구 확인은 다음과 같은 과정으로 수행될 수 있다.

- 요구 심사(requirement reviews)
- 구조적 공정(structured work through)
- 도구 기반 일치성 검사
- 안전 치명적 요건(safety critical properties)들에 대한 검증
- 프로토타이핑 및 시뮬레이션

이러한 요구확인 과정은 대다수 요구분석 도구들에서 지원을 하고 있으며, 경우에 따라서는 수학적인 표현을 사용하여 증명할 수도 있다. 이러한 시도들은 정형 명세라고 하며 실용성의 한계 때문에 산업체에서는 널리 사용되지 못하고 있는 실정이다.

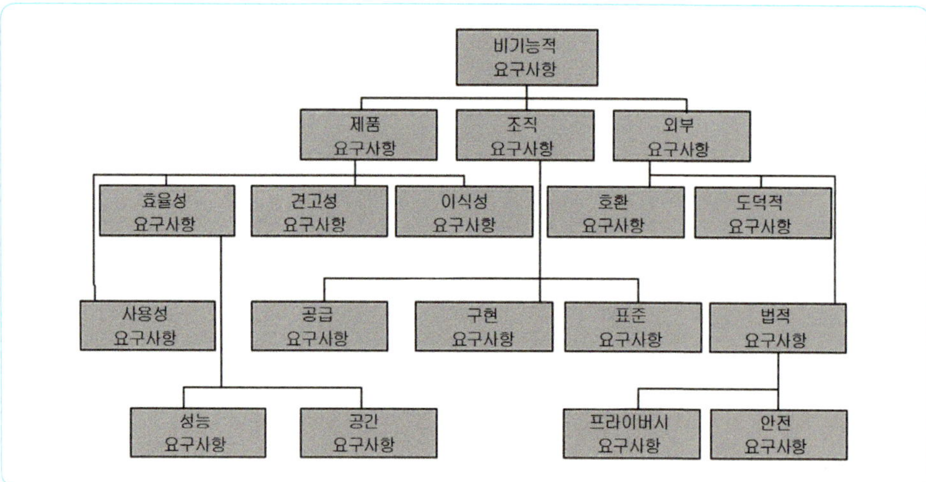

[그림 2.20] 비기능적 요구사항 요건

요구 추적은 최근 소프트웨어공학 기법의 발달로 앞 단계(예, 요구분석 단계)에서 정의된 요구가 비교적 정확하게 다음 단계(예, 설계 혹은 구현 단계)에 자동적으로 반영되는 경우도 있다. 그러나 대부분의 경우에는 개발자가 직접 앞 단계의 명세서를 보고 이해를 정확히 해서 다음 단계 명세 혹은 소스코드에 반영하게 된다. 이러한 경우, 요구에 대한 잘못된 이해나 착오에 의해서 중요한 요구항목들이 반영되지 않거나 잘못 반영되는 경우가 종종 발생한다. 따라서 이러한 요구반영에 대한 내용을 요구 별로 각 단계에서 명확히 추적하여야

하는데, 이를 위해서 단계별 혹은 요건별 재정의 기법(stepwise refinement)으로 요구 추적이 되어야 하며 또는 품질 보증을 위한 별도의 팀을 구성하여 개발팀의 작업을 교차 점검(cross checking)해야 한다.

요구 검증은 최종적으로 취합된 요구들에 대해서 실현 가능성을 여러 가지 방법으로 검증해야 한다. 특히 안전 민감형(safety-critical) 요구인 경우, 구현 단계에서 원하는 요구를 수용할 수 있는지를 검증할 수 있어야 한다. 극단적인 방법으로는 수학적인 모델이나 모델 점검기 등 자동화된 도구를 이용하여 정형화된 검증을 시도할 수 있다. 실시간 시스템에서 스케줄링 가능성 분석 작업도 좋은 사례이다.

2.4.4 임베디드 소프트웨어 설계

CODARTS(COncurrent Design Approach for Real-Time Systems)는 DARTS의 기능 개선판으로 DARTS(Design Approach for Real-Time Systems)는 1980년대 초 산업용 로봇 제어 시스템 개발 프로젝트의 과정에서 탄생했다. 이 방식은 분산 실시간 시스템을 설계할 때 먼저 DARTS에서 제시하는 기준에 따라 하나의 시스템을 여러 부 시스템으로 나누고 그 각각의 부 시스템을 DARTS 방법에 따라 설계하는 방법을 취했다. 실시간 시스템의 설계에서 행동적인(behabioral) 특성을 분석하는 것은 매우 중요한 작업이며, 상태전이 다이어그램은 여전히 행동적인 특성을 나타내는 가장 최선의 방법이다. 많은 부분에서 DARTS 방식은 몇 가지 확장된 형태를 가지게 되는데 그 중 하나가 Ada 언어 중심의 설계 방법이 가능한 ADARTS이며, CODARTS는 ADARTS와 DARTS를 기반으로 분산 시스템을 설계할 수 있도록 고려한 것이다.

[그림 2.21]은 실시간 시스템 개발에 사용되는 개발 기법인 CODARTS를 따른 것으로 타깃 시스템의 요구사항을 분석하고 해결하기 위한 프로그램 구조를 설계하며, 설계된 프로그램의 구조에서 스케줄 가능성과 기타 문제점을 분석 및 보완하여 최종적으로 프로그램을 구현하는 과정을 나타낸다.

CODARTS를 이용한 요구분석 및 설계 절차는 다음과 같다.

단계 1. 외부 환경 및 시스템 행동에 대한 모델 정의

기존 구조적 분석 방법론의 콘텍스트 다이어그램을 이용하여 외부 환경과 타깃 시스템 간의 관계를 분명히 설정하고, 전체 시스템에 대한 콘텍스트 다이어그램의 다양한 지침에 따라 부 시스템으로 만들고, 각각의 부 시스템에 존재하는 객체와 함수를 세분화한다. 타깃 시스템 전체의 동적 행동 특성을 표현하기 위하여 상태전이 다이어그램을 사용한다.

단계 2. 전체 시스템을 여러 개의 부 시스템으로 분리

분산 시스템 설계을 위한 단계로 하나의 시스템을 여러 개의 부 시스템으로 나누는 작업을 한다. CODARTS에서는 이 작업을 위한 다양한 분류 기준이 제공된다. 이 각각의 부시스템은 개별적으로 동작하게 되며 시스템 간의 메시지로 통신하게 된다.

단계 3. 시스템 혹은 부 시스템을 동시성 태스크로 구조화

CODARTS에서 제공하는 태스크 구조화 요건들에 따라서 시스템 내의 동시성 태스크를 결정하고, 그들 간의 통신과 동기 방식, 인터페이스를 정의한다. 이때 분산 시스템의 경우는 부 시스템들이 대상이 되고, 그렇지 않으면 시스템 자체가 대상이 된다.

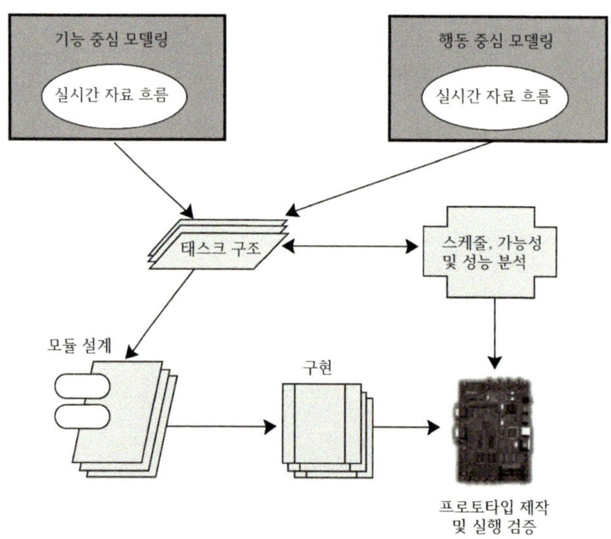

[그림 2.21] CODARTS 기반 임베디드 시스템 설계 및 구현 기법

단계 4. 시스템 내부의 객체들 중에서 정보은닉 모듈에 해당하는 것들을 구조화

모듈 구조화 요건에 따라 정보은닉 모듈을 구성한다. 태스크가 시스템의 동적인 부분을 나타낸다면 정보은닉 모듈은 시스템의 정적인 부분, 즉 데이터나 데이터를 액세스하기 위한 인터페이스들을 나타내기 위해 필요하다. 정보은닉 모듈을 특정한 기준에 따라 그룹을 나눌 수 있다면 모듈 계층 구조도를 작성할 수 있다.

단계 5. 동시성 태스크와 모듈들을 하나의 태스크로 통합

앞의 과정에서 작성된 태스크와 모듈들을 하나로 합하여 소프트웨어 아키텍처 다이어그램(Software Architecture Diagram)을 작성한다.

단계 6. 동시성 태스크들을 중심으로 하는 인터페이스 명세 작성

태스크와 모듈들을 위한 인터페이스 명세(Component Interface Specification)를 작성한다. 이 명세는 소프트웨어의 각 컴포넌트(예, 태스크 및 모듈)들의 외부적인 인터페이스를 나타낸다.

단계 7. 점진적인 설계 및 구현

이상의 과정에서 작성된 설계에 따라 점진적으로 실제 소프트웨어를 코딩하고 테스트하게 된다. 분석 및 비용견적의 유연성이 높아 소프트웨어 개발비 견적에 가장 널리 통용되고 있는 훌륭한 모델이다.

03

Chapter

프로젝트 관리

3.1 소프트웨어 관리

3.1.1 소 개

1960년대와 1970년대 초에 있었던 대형 소프트웨어 프로젝트의 실패는 소프트웨어 관리에 있어서의 많은 문제점들을 노출시켰다. 프로젝트에 참여한 관리자나 프로그래머들도 능력 면에서 평균 이상 되는 유능한 사람들이었음에도 불구하고 실패했다. 실패 원인은 사람의 능력이 아니라, 사용된 관리 기술의 문제였다. 실제로 대형 프로젝트가 처음이었기 때문에 대형 프로젝트에 대한 관리 기술이 없었고, 이전의 경험도 없었으며, 또한 사용된 관리 기술은 소형 프로젝트에서 유도된 것이었다. 따라서 프로젝트 관리방법이 불충분하였다. 그러므로 개발된 소프트웨어는 예정시간보다 길어지고 신뢰성이 떨어지며, 개발비용도 원래의 평가액보다 비싸며 성능 면에 있어서도 뒤떨어졌다(Brooks 1975).

소프트웨어 관리는 프로젝트 개발 계획을 책임지며 주어진 시간과 예산안에 요구사항대로 결과가 나올 수 있도록 관리하는 것이다. 관리를 잘한다고 해서 프로젝트가 꼭 성공한다고 보장할 수는 없다. 그러나, 잘못되고 불충분한 관리는 평가된 비용보다 비싸고 유지 보수도 많이 드는 소프트웨어를 생산할 가능성이 많다.

소프트웨어 프로젝트 관리가 다른 형태의 공학에서 사용되는 프로젝트 관리와 다른 점을 살펴보면 다음과 같다.

① **생산물이 무형이다** : 배를 만드는 프로젝트나 토목공사 프로젝트는 개발되고 있는 생산물을 볼 수가 있다. 만일 계획이 지연된다면 구조의 일부가 완전히 완성되지 않은 채로 남아있게 된다. 그러나 소프트웨어는 무형이다. 따라서 볼 수도 만질 수도 없다. 그러므로 프로젝트 관리자는 프로젝트의 진행 상황을 정밀하게 살피기 위하여 오로지 문서에만 의존한다.

② **소프트웨어 개발 과정에 대한 확실한 이해를 할 수가 없다** : 오랜 역사를 갖는 다른 공

학 분야의 프로젝트 개발단계는 잘 이해되고 예측될 수 있다. 그러나 소프트웨어 공학에서는 그렇지 못하다. 가령, 생명주기와 같은 모델들은 소프트웨어 관리를 가능하도록 하기 위해 사용된 인공적인 처리 표현이다.

③ **대형 소프트웨어 시스템은 "한번 사용되고 끝나는(one–off)"프로젝트인 경향이 있다 :** 보통 새로운 프로젝트들은 이전의 프로젝트와는 다르기 때문에 과거의 경험을 토대로 현재의 프로젝트를 관리, 예측하는 데에는 한계가 있다.

이러한 이유들 때문에, 때때로 소프트웨어 프로젝트가 늦어지고 예산의 범위를 초과하고 계획이 지연된다. 각 대형 소프트웨어 시스템 개발은 새롭고 규모가 크고 복잡한 프로젝트들이라서 주어진 시간과 예산에 맞게 개발된다는 것은 어려운 일이다.

3.1.2 관리 활동

소프트웨어 관리는 주로 개발관리를 의미하며 사람, 시간, 비용의 자원을 이용하여 적당한 품질을 유지하면서 목적하는 소프트웨어를 제작하는 조절 기능을 말한다. 소프트웨어관리를 위한 표준적인 '작업 기술서'를 작성하는 것은 어려운 일이다. 일의 형태는 개발에 참여하는 조직과 개발될 소프트웨어에 따라서 상당히 다양하다. 그러나 각 프로젝트에서 공통적으로 포함되는 활동들이 있다. 그것은 다음과 같다.

- 제안서 작성
- 프로젝트 비용 산정
- 프로젝트 계획과 스케줄링
- 프로젝트 감독과 검토
- 인원 선택과 평가
- 보고서 작성과 발표

대부분 프로젝트의 첫 번째 단계는 그 프로젝트를 수행하기 위한 제안서를 작성하는 것이다. 이것은 프로젝트가 고객을 위해 개발되는지, 조직의 다른 부서를 위해 개발되는지 혹은 내부적인 개발인지를 나타낸다. 각 경우에 제안서는 프로젝트 내용과 비용, 추진 일정 평가와 프로젝트가 왜 특정한 조직이나 팀과 계약했는지의 타당성을 가지고 있다. 이 제안서는 유능한 기술진과 함께 프로젝트 관리자가 작성해야 할 일이다. 제안서를 작성하는 일에는 안내서가 별로 없으므로 많은 경험을 통해서만 좋은 제안서를 만들 수 있다.

프로젝트 계획 및 스케줄링과 비용산정은 중요한 관리활동이다. 이들에 대해서는 3.2절 및 3.3절에서 보다 자세히 설명한다.

프로젝트 감독은 프로젝트가 수행되는 전 과정을 통해서 계속된다. 관리자는 프로젝트 진행상황을 잘 관찰해야 한다. 그리고 비용과 진행과정이 계획된 것과 얼마나 차이가 나는지 비교해야 한다. 많은 조직들이 감독을 위해서 정규적인 메카니즘을 가지고 있지만 숙련된 관리자들은 프로젝트 진행자들과 비정규적인 토의에 의해 프로젝트 진행 상황을 살피는 것이 대부분이다. 실제로 그러한 비정규적인 감독 활동은 잠재적인 문제를 예견하는데 사용될 수 있다. 예를 들어 프로젝트 진행자들과 매일 토의함으로써, 어떤 문제에 직면해 있는지를 알아낼 수 있다.

프로젝트 진행 중 형식적인 프로젝트 관리 검토가 많이 실시된다. 이것은 결함을 찾거나, 상세한 기술적 결정을 하는 것과 같은 기술적인 검토가 아니다. 오히려, 전체적인 진행상황과 프로젝트의 기술적 개발을 관망하고 프로젝트를 위임하는 조직의 전체적인 목적에 대해 프로젝트의 상태를 점검하는 것이다. 대형 소프트웨어 프로젝트에 대한 개발 기간은 몇 년일 수 있고, 그 기간 동안에 조직의 목표가 바뀔 수도 있다. 이러한 변화는 소프트웨어가 더 이상 필요치 않거나 처음의 프로젝트 요구가 부적합할 수도 있다. 따라서 관리 검토는 소프트웨어 개발을 중지하던가 목표 변화에 맞도록 급진적인 방법으로 프로젝트의 구조를 변경해야 한다.

또한, 프로젝트 관리자는 그 프로젝트에 참여할 사람을 선택하는 책임이 있다. 분명히 가장 이상적인 사람은 그 프로젝트를 수행할 수 있는 유능하고 경험이 많은 사람일 것이다. 그러나 이러한 사람을 선택하는 것은 쉬운 일이 아니다. 그 이유는 다음과 같다.

① 전체적인 프로젝트 예산은 고임금의 인력 사용을 줄이고 경험이 적고 임금이 비싸지 않은 인력을 요구하다.

② 많은 경험을 가진 인력은 조직 안에서 또는 외부적으로 구하기가 쉽지 않다. 현재 소

프트웨어 개발자는 매우 부족하고 이런 상황은 최소한 20세기 말 까지 계속될 것이다. 또 주어진 예산 안에서 프로젝트를 위해 새로운 인력을 교육시키는 것도 어려운 일이다. 조직 안에서 가장 필요한 사람은 다른 프로젝트에서도 역시 필요하다.

③ 프로젝트를 추진할 수 있는 진행자들의 개발과 훈련을 위한 장기적인 목적으로서 프로젝트에 대한 경험을 쌓도록 하기 위해서 초심자를 요구할 수도 있다.

따라서 소프트웨어 관리자는 프로젝트 개발자들을 선정할 때 이러한 제한점들을 고려해야 한다. 프로젝트 개발자 선택 기술에 대한 논의는 이 책에서 더 이상 언급할 필요가 없지만, 분명한 점은 프로젝트 개발자 중 최소한 한 사람은 이와 유사한 시스템을 개발한 경험이 있는 사람이어야 한다. 이러한 경험이 없다면 많은 단순한 실수들이 또다시 반복될 것이다. 또한 프로젝트를 개발하는 동안에 다른 개발자들을 훈련시킬 수 있는 적절한 준비가 있어야 한다.

프로젝트 팀의 모든 사람이 문서 작성의 책임을 가지고 있지만, 특히 관리자는 고객이나 계약자에게 프로젝트 상황에 관하여 보고할 책임이 있다. 또 관리자는 문서를 간결하고 함축성있게 작성할 수 있어야 하고 진행상황 검토 시 이러한 정보를 제공할 수 있어야 한다.

3.1.3 소프트웨어의 관리 구조

전통적인 관리구조는 각 레벨에서 상위 레벨에 보고하는 형태의 계층적인 구조를 이루고 있다. 대개 관리자는 12~25명의 부하를 책임진다. 소프트웨어 프로젝트의 복잡성 때문에 관리자가 직접 통제할 수 있는 하위레벨은 약 6개 정도이다. 여러 개의 소프트웨어 프로젝트를 동시에 수행하는 대형기관의 소프트웨어 관리 구조는 [그림 3.1] 과 같다. 이 구조는 전체적인 지시자 또는 부책임자(VP : Vice President)가 소프트웨어 개발에 대한 책임을 지며, 여러 명의 프로그램 관리자가 그 지시자에게 보고하는 형태를 가지고 있다. 프로그램 관리자는 응용 프로그램 개발, 항공전자 시스템 개발, 도구 개발 등과 같은 특정한 분야의 개발에 대한 책임을 진다. 각 개별적 프로젝트는 자체 프로젝트 관리자를 갖는다. 각 프로젝트에서 여러 명의 팀 지위자가 개별적 서브 프로젝트 관리에 대한 책임을 진다.

또한, 개별적 프로젝트 관리와 품질보증 기능을 구분하고 있다. 품질보증은 자체 품질보증 관리자를 가지며, 여러 개의 품질 팀은 그 관리자에게 보고한다. 이 팀은 개별적 프로젝트와 함께 일을 하지만 그들의 독립성을 유지하기 위해 개별적 프로젝트 관리자에게는 보고하지 않는다.

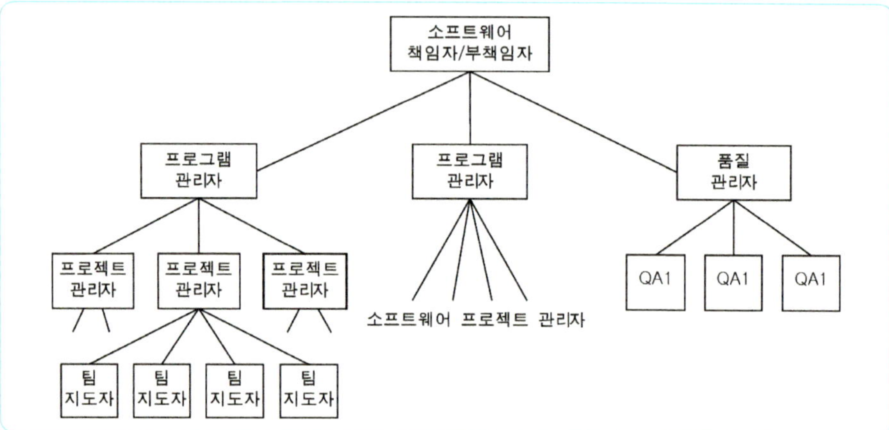

[그림 3.1] 소프트웨어 관리 구조

소프트웨어 개발조직에 있어서 불행한 특성 중 하나는 기술적으로 숙련된 사람이 매우 빠르게 경력자의 위치로 승진한다는 것이다. 따라서 그들은 지금까지 보여주었던 숙련된 기술적인 면과는 아주 다른 관리적인 책임을 맡아야 한다. 여기서 강조하고자 하는 것은 숙련된 소프트웨어 기술자가 반드시 좋은 소프트웨어 관리자가 아니라는 것이다. 오히려 이러한 사람들의 승진은 숙련된 유용한 기술자만 잃어버리는 결과를 가져올 수 있다. 왜냐하면, 유능한 프로그래머가 모두가 유능한 소프트웨어 관리자라고는 말 할 수 없기 때문이다. 프로젝트에서 이런 숙련된 기술자를 잃어버리는 것을 막기 위해 몇몇 조직에서는 기술적으로나 관리적으로 동등하게 대우해 주고 있다.

(1) 프로그래밍 팀 구성

일반적으로 소프트웨어 프로젝트는 하나의 큰 팀에게 맡기지 않는다. 앞에서 설명한 것처럼, 하나의 큰 팀이 일을 하는 경우 프로그램을 개발하는 시간보다 팀 멤버들 간의 커뮤니케이션에 많은 시간을 소비할 수 있다. 게다가 소프트웨어 시스템을 몇 개의 독립적인 단위로 분할하는 것도 어렵다. 만일 여러 개의 팀으로 나누어 개발하면, 서로 간의 인터페이스가 복잡해지는 결과를 낳을 수 있다. 결과적으로 인터페이스 에러의 확률은 높아지고 추가적인 검증과 테스트 비용이 필요하게 된다.

프로그래밍 팀의 크기는 비교적 작아야 한다. 실제로 팀의 멤버는 7인 이하가 좋다. 팀의 크기가 작으면 커뮤니케이션 문제는 감소한다. 또 회의할 때에도 사무실 내의 탁자에 모일 수 있고, 복잡한 커뮤니케이션 구조도 필요하지 않다.

만일 프로젝트의 규모가 너무 커서 주어진 시간 내에 하나의 팀이 다 수행할 수 없다면 여러 팀이 구성될 수 있다. 그런 경우에 각 팀이 독립적으로 프로젝트의 부분들을 수행한다. 각각의 팀에 의해 생성된 프로젝트 부분들 사이의 인터페이스는 잘 정의되고 가능한 한 단순해야 한다. 규모가 적은 팀은 커뮤니케이션 문제를 최소화 할 뿐만 아니라 다음과 같은 장점을 제공한다.

① **팀 내의 품질 표준안이 개발될 수 있다** : 왜냐하면 의견일치가 쉽기 때문에, 소프트웨어 관리에 의해 팀에 부과된 임의의 표준안보다 더 준수할 수 있다.

② **팀 멤버 사이에 가깝게 일을 한다** : 팀에서 서로 간에 배울 수가 있다. 무지에 의해 발생되는 일을 서로 배움으로써 감소시킬 수 있다.

③ **비이기적인(Egoless) 프로그래밍이 될 수 있다** : 프로그램을 개인적인 소유물보다는 팀 소유물로 간주한다.

④ **팀 멤버들이 서로 다른 멤버의 작업을 쉽게 알 수 있다** : 즉 팀의 멤버가 떠나도 연속성이 유지될 수 있다.

작은 프로그래밍 팀은 대개 비정규적인 방법으로 구성된다. 조직 구성상 팀 지도자가 존재하지만 그는 다른 사람과 마찬가지로 같은 일을 수행한다. 정말로 기술적인 팀 지도자는 팀 지도자라는 타이틀 없이 소프트웨어 생산을 효과적으로 통제할 수 있는 사람이다. 비정규적인 팀에서, 수행될 작업은 대체로 팀에 의해 토의되며 작업은 각 멤버의 능력과 경험 정도에 따라 할당된다. 고 수준의 시스템 설계는 경험이 많고 능력이 있는 사람에게 할당되고, 저 수준의 설계는 초보자에게 할당된다. 비정규적 팀은 팀 멤버들 대부분이 경험이 많고 능력이 있다면 성공할 가능성이 많다. 이 팀은 민주적인 방식으로 각 개인의 의견을 존중하고 다수결의 원칙에 의해 의사결정을 한다. 이러한 이유로 비정규적인 팀을 "민주주의 팀"이라고도 부른다. 따라서 응집력과 단결력을 증가시킬 수 있다. 반면에 만일 경험이 부족하고 무능력한 사람들로 팀이 구성된다면 비정규적인 팀 구성은 오히려 방해가 될 수 있다. 즉 프로젝트를 이끌고 나갈 권위 있는 사람이 없고 서로 간에 협조가 부족한 경우에는 결과적으로 프로젝트는 실패할 것이다.

때때로 발생하는 중요한 문제는 경험이 많은 사람의 부족이다. 흔히 팀은 경험이 부족한 사람으로 구성되는 경우가 있다. 왜냐하면 조직에서 능력 있고 경험이 많은 사람은 관리직으로 임명되는 것이 보통이다. 그들은 소프트웨어 개발에 직접 참여하지 않는다. 이러한 상황은 소위 시스템 분석가와 프로그래머를 서로 구별함으로써 더욱 악화된다. 시스템 분석가는 설계를, 프로그래머는 프로그래밍 작업을 수행한다. 그래서 재능 있는 프로그래머는 가능한 한 빨리 프로그래밍 작업을 벗어나려고 애쓰며, 단지 자기에게 맡겨진 프로그램을 코딩하는 단순한 코더(Coder)로 전락할 수 있다. 따라서, 숙련되고 경험이 많고 능력 있는 프로그래머를 활용하기 위해서는 이들이 관리직에서 받는 것과 동일한 대우와 책임을 갖게 해주어야 한다. 또한 이러한 것을 해결하기 위해 관리직의 경력과 동등한 기술직의 경력을 인정해 주어야 한다. 다음에 설명되는 팀 구성도 이것을 해결하기 위한 하나의 방법이다.

(2) 책임 프로그래머 팀(Chief programmer team)

비정규적 민주주의 팀의 대안으로서, 다른 프로그래밍 팀 구성이 Baker(1972)에 의해 제시되었으며 Brooks(1975)와 Aron(1974)에 의해 약간은 다른 형태로 서술되었다. 이 방법의 개발은 다음의 사항들에 의해 유도되었다.

① 프로젝트는 위에서 설명된 것처럼 매우 경험이 부족한 사람들에 의해 수행되는 경향이 있다.

② 대부분의 프로그래밍 작업은 많은 양의 정보 관리를 포함한 사무적인 일이다.

③ 복잡한 커뮤니케이션은 시간소비이며 프로그래머의 생산성을 감소시킨다.

책임 프로그래머 팀은 경험이 많고 재능 있는 사람을 책임 프로그래머로 이용하는 것을 기본으로 하고 있다. 또 이러한 프로그래머에게 사무적인 보조를 제공하며, 모든 커뮤니케이션을 할 수 있게 해준다[그림 3.2]. 책임 프로그래머팀은 수술을 진행하는 외과 의사팀에 비교할 수 있다. 그러한 팀에서 궁극적인 책임은 외과 의사에게 달려있다. 그러나 그는 숙련되고 전문화된 마취의사, 간호사와 같은 사람들의 도움을 받는다.

책임 프로그래머팀의 구성은 다음과 같다.

① 책임 프로그래머는 경험이 많고 필요한 자격 요건을 갖춘 사람이다. 그는 설계, 프로그래밍, 테스팅 그리고 시스템 설치까지의 모든 과정에 대해 책임을 진다.

② 백업(Backup) 프로그래머 또한 숙련되고 경험이 많은 사람이다. 그는 책임 프로그래머와 함께 일을 하며 필요시는 그 역할까지도 할 수 있어야 한다. 백업 프로그래머의 주 기능은 책임 프로그래머의 작업을 검증하는 것과 테스트 케이스를 개발하여 도와주는 것이다.

③ 라이브러리안(Librarian)은 프로젝트와 관련된 모든 사무적인 기능을 담당한다. 라이브러리안은 자동화된 라이브러리 시스템에 의해 도움을 받는다.

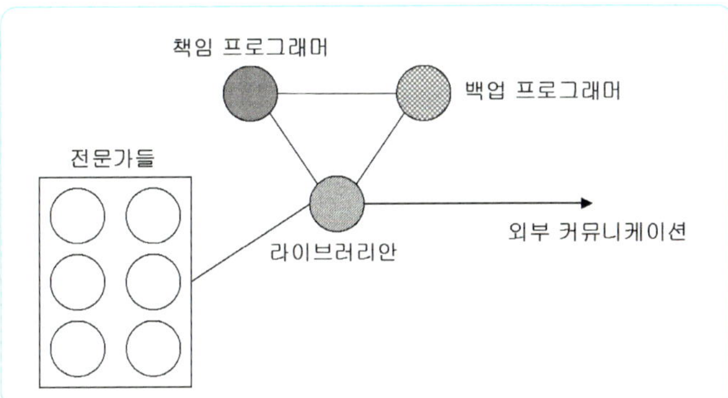

[그림 3.2] 책임 프로그래머 팀

프로젝트의 크기와 형태에 따라서 다른 전문가들이 임시적으로 또는 영구적으로 팀에 추가될 수 있다. 다음과 같은 사람들이 포함될 수 있다.

① 프로젝트 행정관은 책임 프로그래머의 행정적인 일을 덜어준다.

② 도구장은 프로젝트를 돕는 소프트웨어 툴의 생산을 책임진다.

③ 문서 편집장은 책임 프로그래머나 백업 프로그래머에 의해 작성된 프로젝트를 문서화

한다. 또 그것을 출판하기 위한 준비를 한다.

④ 언어/시스템 전문가는 사용되는 프로그래밍 언어와 시스템의 특수성까지도 잘 아는 사람이다. 따라서 책임 프로그래머에게 이러한 것들을 어떻게 사용하는지 자문해 주는 역할을 한다.

⑤ 테스터(Tester)는 책임 프로그래머의 작업을 검증하기 위하여 테스트 케이스를 개발한다.

⑥ 한 사람 이상의 보조 프로그래머는 책임 프로그래머에 의해 설계된 것을 코딩한다. 이 보조 프로그래머는 프로젝트의 규모상 책임 프로그래머나 백업 프로그래머 혼자로서 수행할 수 없을 때 필요하다.

책임 프로그래머 팀을 사용한 원래의 목적은 생산성 증가이다. Baker(1972), Walstom과 Felix(1977)에 의한 평가는 책임 프로그래머 팀을 사용하는 것이 그렇지 않은 경우 보다 약 2배정도 생산을 증가시켰다고 제시하고 있다. 그러나 이러한 증가가 팀 구성의 결과인지 단순히 좋은 프로그래머를 사용한 결과인지는 명백하지 않다. Shneidermam(1980)은 책임 프로그래머 팀을 소개하면서 심리학적인 문제를 지적했다. 이것은 프로젝트의 중심이라고 하는 책임 프로그래머의 지위에 관련되어 있다. 만일 프로젝트가 성공적이라면 이 성공에 대해 자랑을 할 것이다. 따라서 팀의 다른 사람들은 뚜렷하게 한 일도 없다고 느낄 것이고 책임 프로그래머의 자세에 대해 좋지 않게 생각할 것이다. 또 다른 문제점은 프로젝트의 성공 여부가 가까이서 함께 일하는 한 두 사람의 개인 노력에 의존적이다. 만일 그들이 동시에 병에 걸린다든지 또는 둘 다 그만 둔다면 프로젝트는 실패할 것이다. 그런 경우 팀에서 역할을 떠맡고 예정대로 프로젝트를 수행할 수 있는 사람은 없다.

책임 프로그래머팀을 사용하는데 있어서 다른 문제는 Yourdon(1979)에 의해 지적되었다. 큰 조직에서 책임 프로그래머 팀을 조직적인 구조에 알맞게 구성하는 것은 어려운 일이며 책임 프로그래머에 대한 충분한 대우를 해 주는 것이 어렵다. 책임 프로그래머 팀의 도입은 현재 인원에 대해 완전한 재구성을 필요로 하기 때문에 저항할 것이다. 알맞게 자격을 갖춘 책임 프로그래머를 응용 프로그램 개발 분야에서 일 할 수 있도록 하는 것은 쉬운 일이 아니다.

이러한 단점에도 불구하고, 경험이 풍부하고 능력 있는 프로그래머의 재능을 이용하는 책임 프로그래머 팀은 실제로 많이 사용된다. 실제적인 프로그래밍은 너무 어렵고 중요해서 초심자에게 전체적인 것을 맡기는 것이 곤란하기 때문이다.

3.1.4 프로그래머 생산성

프로그래머 생산성의 평가는 두 가지 면에서 중요하다. 첫째, 생산성의 평가 없이는 프로젝트 스케줄링이 불가능하다. 두 번째로 개선된 소프트웨어 공학의 실제적이고 관리적인 기법의 몇 가지 장점은 생명 주기 전 과정에 걸쳐 그들을 실제 사용하여 생산성이 향상되었다는 결과를 보여줌으로써 증명될 수 있다.

불행히도, 소프트웨어는 무형이기 때문에 직접적으로 생산성을 측정할 수 없다. 제조업에서의 생산성은 생산된 개수에 작업에 사용된 시간 수로 나눔으로써 측정되어질 수 있다. 소프트웨어 시스템에서 우리가 실제로 평가하고자 하는 것은 개발비용이다. 이것은 시스템 크기와 같은 약간의 형태가 있는 평가와 간접적으로 연관되어 있다.

시간당 생산성을 측정할 수 있는 정확하고 빠른 공식을 찾는 것은 어려운 일이다. 따라서 생산성 측정은 전체적인 생산성에 의해 상대적이고 주관적인 방법을 취할 수밖에 없다. 실제적인 생산성을 측정하기 위해 인간의 판단과 직관이 포함된다. 다음은 프로그래머 생산성을 측정하기 위해 고안된 방법들이다.

- 1달간 프로그래머가 작성한 코드의 라인
- 1달간 프로그래머가 생성한 오브젝트 인스트럭션
- 1달간 프로그래머가 작성한 문서의 페이지
- 1달간 프로그래머가 작성하고 실행한 테스트 케이스

가장 일반적으로 사용되는 측정 방법은 1달간 프로그래머가 작성한 소스 코드의 라인이다. 이것은 프로젝트를 완성하기 위해 필요한 소스코드의 전체 라인 수를 1달간 프로그래머가 사용한 전체 시간으로 나눈 것으로 계산된다. 여기에는 분석, 설계, 코딩, 테스팅, 문서화의 시간이 모두 포함된다. 코딩(구현)은 전체 개발시간에 비해 상대적으로 작다[그림 3.3].

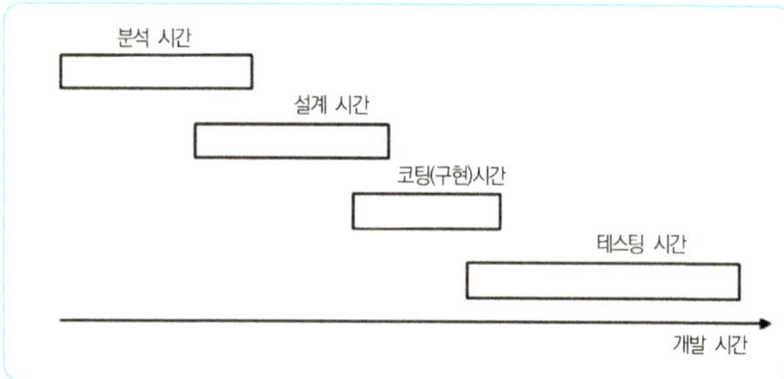

[그림 3.3] 시스템 개발 시간

Jones(1978)가 지적한 것처럼 생산성에 대한 이러한 측정방법은 여러 가지 문제가 있다. 이것에 대한 가장 기본적인 문제는 코드의 라인이 무엇을 의미하는지를 정확히 결정할 수 없다는 것이다. 프로그램은 선언문, 실행문, 주석문으로 이루어졌고 또한 코드의 라인을 확장하는 매크로 명령어도 포함되어 있다. 다른 기법에서는 코드라인에 대해 서로 다르게 정의한다. 즉, 단지 실행문만 간주하는 경우, 실행문과 자료 선언문까지 간주하는 경우, 문장의 종류에 관계없이 빈 라인만 제외한 모든 라인을 코드 라인으로 간주하는 경우가 있다. 이러한 서로 다른 경우 때문에 프로그램 생산성에 대한 공정한 측정방법이 쉽게 비교될 수 없다.

파스칼과 같은 언어를 사용하는 경우 발생할 수 있는 문제는 한 줄에 두 개의 문장이 있는 경우 이것을 어떻게 처리할 것인가이다. 만일 그러한 라인이 한 줄로써 취급된다면 새로운 라인의 적절한 사용에 의해 높은 생산성을 이룰 수 있을 것이다. 그러나 복합문장을 한 줄로 취급하는 기법이 우수하다고 말할 수만은 없다. 그러나 같은 기법을 일관성 있게 사용하면 비교는 할 수 있을 것이다. 그러나 생산성 측정방법으로 라인을 카운팅하는 경우 어셈블리 코드를 사용하면 명백히 생산성에 있어서 유리할 것이다. 만일 라인을 카운팅하는 방법만 사용했을 경우에 고수준 언어를 사용하는 프로그래머 보다 저수준의 언어를 사용하는 프로그래머가 더 생산성이 높게 나타날 것이다.

코딩 시간이 프로젝트를 수행하는데 필요한 시간의 절반보다도 훨씬 작음에도 불구하고 프로그래밍 과정과 관련된 모든 일의(설계, 문서화, 테스팅 등) 생산성이 코딩 단계에 의해 좌우되는 것은 모순된 일이다[그림 3.4]. 이러한 측정은 코딩만을 강조하여 나머지 생명 주기의 다른 단계는 덜 중요하게 생각한다. 분석, 설계, 문서화 시간은 사용되는 언어와 무관하다. 그리고 저급언어 프로그램은 고수준 언어 보다도 라인수가 많다. 따라서 코드를 개발시간으로 나누는 방법은 매우 편중된 결과를 나타낸다.

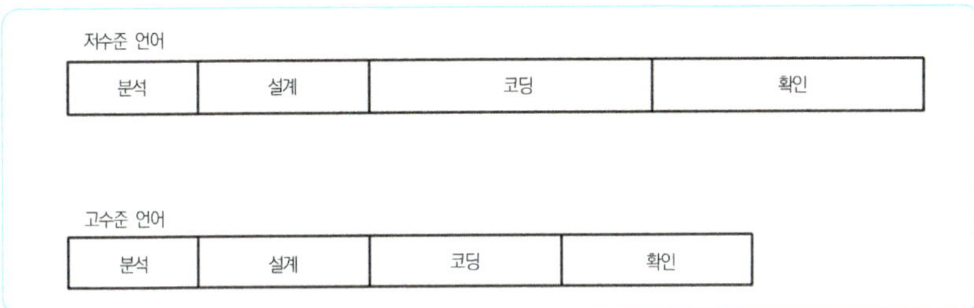

[그림 3.4] 고수준 언어와 저수준 언어의 개발시간

예를 들어, 어셈블리 언어로 5000줄 또는 고급언어로 1500줄인 경우를 고려해보자. 단계별 개발시간은 [표 3.1]에 나타나 있다. 어셈블러 프로그래머는 714 라인/월의 생산성을 나타내고 고급언어 프로그래머는 300 라인/월을 나타내고 있다. 그러나 고급 언어를 사용하는 경우의 개발비용과 시간이 적게 든다. 이러한 모순 때문에 각각의 프로그램의 언어에 대해 개별적 생산성 표준안이 필요하고 다른 언어로 작성된 프로젝트에 대해 생산성을 비교하는 것은 어려운 일이다.

[표 3.1] 시스템 개발 시간

	어셈블리 코드	고수준 언어
분석	3주	3주
설계	5주	5주
코딩	8주	4주
테스팅	10주	6주
크기	5000라인	1500라인
노력	28주	20주
생산성	714/월	300/월

생산성 측정으로써 코드 라인을 사용하는 방법과 관련된 몇 가지 문제점을 해결하기 위해 또 다른 방법은 한 달간 프로그래머에 의해 생성된 오브젝트 인스트럭션의 개수를 사용하는 것이다. 이 방법은 오브젝트 인스트럭션을 정의하는데 어려움이 없기 때문에 라인 카운팅 방법보다는 다소 객관적이지만 이 방법도 몇 가지 단점을 가지고 있다. 첫째, 소스 코드/오브젝트 코드 확장비율을 평가하기가 어렵다. 이것은 코드가 실제로 생성되기 전에 한 달간의 오브젝트 코드로 생산성을 평가하는 것이 유용하지 않다는 것이다. 두 번째로 컴파일러에 의해 생성된 총 오브젝트 코드는 고수준 언어 프로그래밍 스타일에 매우 의존적이다. 코딩을 자세하게 그리고 최적으로 코드를 작성하는 프로그래머는, 커다란 오브젝트 프로그램이 생성되는 것과 같은 방법으로 코드를 작성하는 프로그래머보다 생산성이 떨어지는 것처럼 보인다.

또한, 한 달간 작성한 문서의 페이지를 가지고 측정하는 방법도 단점을 가지고 있다. 만일 생산성이 단순히 만들어진 문서의 양으로 측정이 된다면 시간을 들여 명확하고, 함축성 있게 표현하려고 하는 문서 작성자에게는 불리하다.

수량이나 시간으로 표현되는 모든 생산성 단위와 관련된 문제는 완성된 시스템의 품질을 고려하지 않았다는 것이다. 이것은 코드 생산성 향상이 시스템 유지보수 비용을 감소시키지 않는다는 것을 의미한다. 따라서, 생산성은 시스템 생명 주기 전반에 걸쳐 측정될 수는 없다. 그래서 소프트웨어 개발 단계 별로 측정된다.

마지막으로 프로그래머의 생산성에 영향을 주는 요인을 살펴보자. 프로그래머 생산성을 측정하는 현재의 단위가 불완전 하기는 하지만 생산성이 다소 측정될 수 있다는 것을 알 수 있으며, 그것에 영향을 주는 요인이 무엇인지를 조사하게 해준다.

Sackman(1968)에 의한 연구는 각각의 프로그래머 생산성의 차이는 매우 클 수 있다는 것을 보여 주고 있다. 가장 뛰어난 프로그래머는 그렇지 못한 프로그래머 보다 생산성이 10배 이상일 수 있다는 것이다. 따라서 아래에 설명되는 요소들은 능력 있는 프로그래머로 구성된 프로그래머 팀과만 관련이 있다.

Walston과 Felix(1977)는 하향식 개발 방법, 구조적 프로그래밍 등과 같은 방법론들이 생산성을 증가시킬 수 있다는 것을 보여주기 위해 생산성 조사를 했다. 그들은 작은 업무용 프로그램으로부터 크고 복잡한 제어 시스템 프로그램까지 60개 이상의 프로젝트의 자료를 수집했다. 그들은 분석을 위해 68개의 요소를 선정했고 이들 중 29개가 생산성에 상당히 관계가 있음을 알아냈다. 이러한 요소에는 개발되는 시스템의 성격, 개발자의 경험, 하드웨어의 제한점, 새로운 시스템 개발 기술의 사용, 프로그램 설계 제한점, 요구되는 문서의 양 등이 포함된다.

생산성에 영향을 미치는 가장 중요한 요인은 사용자 인터페이스의 복잡성이다. 인터페이스 복잡도가 낮은 프로젝트에서는 생산성이 500 라인/프로그래머-월이고 반면에 인터페이스 복잡도가 높은 프로젝트에서는 124 라인/프로그래머-월이 생산되었다.

또 다른 요소는 요구 정의에 사용자가 참여하는 것과 프로그래밍 팀의 전체적인 경험이 생산성에 영향을 미치는 요인으로 발견되었다. 사용자가 요구정의에 참가하지 않는 경우 생산성은 491 라인/프로그래머-월이나 사용자가 참가하는 경우에는 205 라인/프로그래머-월로 떨어졌다. 또 경험이 많은 팀은 410 라인/프로그래머-월인 반면 경험이 부족한 팀에서는 132 라인/프로그래머-월을 생산했다.

복잡한 사용자 인터페이스와 팀 경험이 생선성에 미치는 영향은 Walston과 Felix의 연구에 의해 측정되었지만, 직관적으로 예견할 수 있는 것이다. 또한 사용자가 요구정의에 참석하지 않는 경우 프로젝트가 끝났을 때 사용자의 요구를 충족시켰는가 하는 의문점이 있기는 하지만 생산성은 향상될 것이라고 예견된다.

구조적 프로그래밍, 설계와 코드 검토, 하향식 개발과 같은 설계와 프로그래밍 방법론은 생산성 향상에 많은 도움을 준다. 그러나 이 기법을 사용해 생산성이 증가된 것은 그들의 원래 기능이 소프트웨어의 신뢰성과 유지 보수성을 향상시키는 것인 만큼 덤으로 생각될 수가 있다.

생산에 영향을 미치는 또 다른 요인은 소프트웨어 기술자가 실제로 개발하는데 사용한 총 시간이다. 휴가와 병가는 무시하고, 소프트웨어 개발팀의 멤버는 교육, 모임 참석, 사무적인 일을 하는데 시간을 사용한다. 만일 프로젝트가 새로운 기법을 필요로 한다면, 교육이 필요할 것이다. 프로젝트가 한 지역 이상에서 작업을 한다면 지역 사이에 왕래하는 시간이 필요하다. 또 프로그래밍 그룹이 크다면, 커뮤니케이션에 더 많은 시간이 필요할 것이다. McCue(1978)의 연구에 의하면 기술자 일의 20~30%가 비생산적인 활동에 소요되고 있다고 한다.

생산성 측정의 단위를 설정하기가 어렵고, 생산성에 영향을 미치는 요인이 다양하기 때문에 프로그래머의 평균 생산성을 측정하는 것은 어려운 일이다. 크고 복잡한 실시간 시스템 프로젝트 경우 생산성은 30 라인/프로그래머-월인 반면 업무용 응용 프로그램의 개발 같은 경우는 600 라인/프로그래머-월로 전자보다 높다. 이러한 수치는 사용되는 프로그래밍 언어와는 무관하다. 그러나 소프트웨어 프로젝트에서 가능한 한 고급언어를 사용하는 것이 이득이 된다.

조직과 개인 사이의 차 때문에 생산성 표준안을 제시한다는 것은 별 의미가 없다. 효과적인 평가는 같은 언어를 사용한 이전의 프로젝트로부터 만들어진 자료를 이용할 수 있는 것뿐이다. 그러한 자료 없이 생산성을 평가하는 것은 단순히 짐작뿐이다.

3.2 프로젝트 계획과 스케줄링

3.2.1 소 개

소프트웨어 프로젝트의 효율적 관리는 프로젝트의 과정을 계획하고, 앞으로 발생할 수 있는 문제를 예측하며, 그 문제에 대해 예상되는 해결책을 얼마만큼 준비하느냐에 달려있다. 프로젝트 계획은 프로젝트의 시작 시점에서 작성되고, 프로젝트 내내 중요하게 사용된다. 물론 초기 계획이 항상 정확한 것은 아니며, 프로젝트가 진행됨에 따라 수정되고 더욱더 많은 정보들이 프로젝트 관리를 위해 필요할 것이다.

프로젝트 관리자는 요구 정의에서부터 완성된 시스템을 인도할 때까지의 계획을 책임진다. 계획에는 소프트웨어 시스템의 필요성에 대한 평가와 그러한 시스템을 생산하는데 대한 타당성이 포함된다.

계획 과정은 여러 관련된 활동으로 이루어진다. 모든 소프트웨어 공학 프로젝트는 자원이 예산 범위 안에 있고 계획 과정도 그 예산에 제약을 받는 환경에서 수행된다. 그러나 특정한 활동은 예산과 무관하며, 이것은 분리해서 의논할 수 있다.

다음의 의사코드(Pseudo-code)는 계획 활동을 설명하며, 계획이라는 것은 프로젝트 자체가 완성될 때까지 계속 반복되는 과정임을 나타낸다.

```
프로젝트가 수행되기 위한 제약사항을 정의한다.
프로젝트 파라메타의 초기평가를 한다.
프로젝트 이정표와 인도 가능성을 정의한다.
while (프로젝트가 끝나지 않았거나 취소되지 않았다) loop
    프로젝트 스케줄을 작성한다.
    스케줄에 따라 활동을 시작한다.
    잠시동안 지연
    프로젝트 진행상황을 검토한다.
    프로젝트 파라메타의 평가를 개정한다.
    프로젝트 스케줄에 대해 개정된 것을 적용한다.
    프로젝트 제약사항과 인도가능성을 재조정한다.
    if(문제발생) then
        기술적 검토와 가능한 개정안을 고려
    end if
end loop
```

계획과정은 프로젝트에 영향을 주는 제약사항(요구된 인도 날짜, 인원, 전체 예산 등)의 평가로부터 시작된다. 이것은 구조, 크기, 기능의 분포와 같은 프로젝트 파라메타의 평가와 관련되어 수행된다. 그러고 나서 진행과정의 이정표와 인도 가능성이 정의된다. 그 다음 처리는 반복문을 실행한다. 프로젝트 스케줄이 작성되고, 스케줄에 정의된 활동이 시작되거나 또는 계속 실행하도록 한다. 얼마 후(약 2~3주) 계획에 대한 검토와 모순점이 기록된다. 프로젝트 파라메타의 평가가 처음 작성될 때 정확하지 않을 수 있기 때문에 계획의 수정은 필요하다.

반복문을 계속 실행하는 동안에 더욱 유용한 정보들이 주어진다. 프로젝트 관리자는 프로젝트에 관한 가정들을 개정할 수 있다. 그리고 이 개정된 가정이 스케줄에 어떻게 영향을 미치는지 평가를 한다. 만일 그 개정안이 프로젝트를 연기하도록 한다면 프로젝트 위임자와 처음의 프로젝트 제약조건, 인도 날짜를 재조정할 필요가 있다. 만일 재조정이 실패하고 스케줄 변동을 할 수 없다면 프로젝트의 기술적인 검토를 해야 한다. 이 검토의 목적은 프로젝트 제약점을 완화시키고 프로젝트 스케줄에 대처할 수 있는 또 다른 방법이 있는지를 결정하는 것이다.

물론 현명한 프로젝트 관리자는 모든 가정이 잘된 것이라고 생각하지 않는다. 경험으로 보아, 프로젝트 중에 초기의 가정은 스케줄링에서 거의 문제가 있다고 생각된다.

위의 활동들은 소프트웨어 개발 계획에서 포함된 사항들이다. 그러나 이것은 프로젝트에서 작성되는 계획 중의 하나일 뿐이며 다음과 같은 다른 계획들도 필요하다.

- 검증 계획
- 형상 관리(Configuration management) 계획
- 개발자의 훈련과 개발 계획
- 유지보수 계획

3.2.2 프로젝트 이정표(Project milestones)

효과적 관리는 제공된 정보와 관계가 깊다. 소프트웨어가 무형이기 때문에 이 정보는 수행해 온 작업을 설명하는 문서의 형태로만이 제공될 수 있다. 이러한 정보가 없다면, 통제가 어렵고 비용산정과 스케줄을 갱신할 수 없다.

프로젝트의 계획을 세울 때 일련의 이정표가 설정된다. 각 이정표에서 정규적 진행 과정 보고서가 관리자에게 제시된다. Metzger(1973)가 지적한 것처럼, 프로젝트에서 구분된 단계의 끝을 나타내는 이정표는 중요하다. 계획에서 이정표에 도달되었는지 여부를 명확하게 나타낼 수 없는 불분명한 이정표는 필요 없다.

잘된 이정표는 문서화가 끝났을 때 알 수 있다. 예를 들면 "상위 설계 완료", "테스트 계획 형식화"등이다. 반면에 좋지 않은 이정표는 "코딩 80% 완료"와 같은 것들이다. 이것은

코딩이 80% 완료되었는지 아닌지를 어떻게 결정할 수 있으며, 또한 정확하게 무엇을 의미하는지를 알 수 없다.

이정표를 구별하는 유용한 시작점은 소프트웨어 생명 주기의 자세한 관점이다. 다섯 단계로 나누어지는 대형 생명 주기의 관점은 이 목적에 너무 커서 각 단계는 보고를 위한 세부적 단계로 나누어진다.

소프트웨어 생명 주기의 관점을 하나로 명확하게 설명할 수는 없다. 각 단계에 대한 자세한 구성은 개발되는 응용 프로그램이나, 프로그래밍 팀 구성, 계약자에 의해 요구되는 프로젝트 문서화 등과 같은 여러 가지 요소에 따라 다르다. [그림 3.5]는 각 서브 단계 내에서 보고서 작성에 관련된 가능한 소형 생명 주기를 나타내고 있다. 이 그림에서는 간략하게 요구사항과 설계 단계의 이정표만 보여 주었지만, 소프트웨어 과정 다른 단계에 대해서도 이와 비슷한 이정표가 설정될 수 있다.

이정표는 각각의 모든 프로젝트 활동마다 설정될 필요는 없다. 그렇지 않으면, 프로젝트 팀은 시스템 개발보다는 관리 보고에 더욱 더 많은 시간을 소비할 것이다. 경험으로 보아, 이것이 특정한 프로젝트 활동에 따라서는 100%까지 변할 수 있지만 3주 간격으로 두 번 일정이 잡힌다.

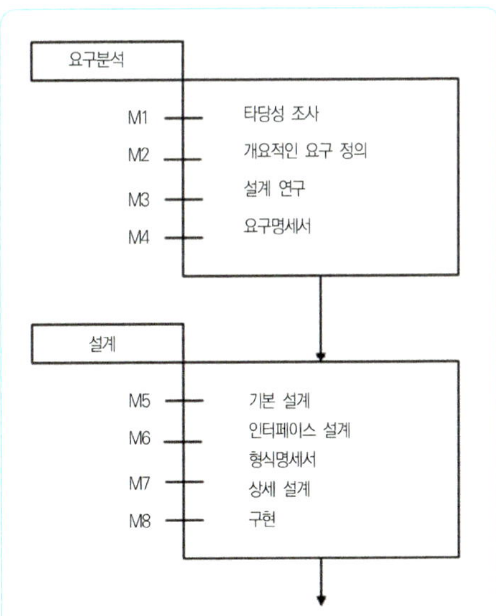

[그림 3.5] 생명주기의 보고서 작성 이정표

소프트웨어 처리 과정에서 폭포수 모델을 사용하는 이유 중에 하나는 프로젝트를 수행하는 중에 이정표에 대한 올바른 정의를 내릴 수 있기 때문이다. 폭포수 모델이 부족한 점이 있지만 대부분의 소프트웨어 개발 프로젝트에서는 계속해서 주로 사용될 것으로 생각된다.

3.2.3 프로젝트 스케줄링

(1) 스케줄링 개요

프로젝트 스케줄은 소프트웨어 관리에 있어서 가장 어려운 일 중의 하나이다. 스케줄링된 프로젝트가 이전의 프로젝트와 유사하지 않다면 이전의 경험은 많은 도움을 주지 못한다. 대개의 많은 프로젝트가 이전의 것을 수정하여 사용하지 못하고 새롭게 작성한다. 서로 다른 프로젝트는 서로 다른 프로그래밍 언어와 방법론을 사용하며, 이것은 프로젝트 스케줄의 평가를 더욱 복잡하게 만든다. 이러한 불확실성 때문에 스케줄링은 반복적인 과정이다. 초기의 스케줄이 예측되지만 몇몇 사항들이 고려되지 않을 수 있다. 프로젝트가 진행됨에 따라 정보들이 스케줄러에게 되돌아오고 초기의 예측은 수정된다.

프로젝트 스케줄링은 프로젝트에 포함된 모든 일을 부분적으로 분리하며 그리고 이 일이 완료되었을 때 평가를 하는 것이다. 여러 명의 개인과 팀이 프로젝트를 수행할 때 몇 가지 일들은 동시에 수행될 수 있다. 프로젝트 스케줄러는 동시에 일이 수행되도록 스케줄을 작성하고, 노동력이 가장 적절히 사용될 수 있도록 스케줄을 구성해야 한다. 스케줄러는 어떤 일이 끝마쳐지지 않았기 때문에 전체 프로젝트가 연기되는 상황이 발생하지 않도록 노력해야 한다.

스케줄을 계획하는데 있어서, 프로젝트의 모든 단계가 문제가 없을 것이라고 가정해서는 안 된다. 프로젝트를 수행하는 개인이 아플 수도 있고, 그만 둘 수도 있고, 하드웨어가 고장날 수도 있고, 소프트웨어나 하드웨어에 필요한 장비가 늦게 구입될 수도 있다. 만일 프로젝트가 새롭고 기술적으로 진보된 것이라면, 더욱 문제가 많을 것이다. 그러므로 처음 예상한 것보다도 더욱 길어질 수 있다. 경험으로 보아, 프로젝트 스케줄을 할 때 예상되는 문제를 해결하기 위해 가능한 추가적인 요소들을 첨가시키는 것이 바람직하다. 여분의 요소들은 관리자의 경험과 참가자들의 지식에 의해서 결정된다.

스케줄링 과정의 결과는 대개 일을 분석하고 인원을 할당하는 것을 나타내는 도표이다. 이러한 도표는 다음에서 설명된다. 이 도표에 대한 매뉴얼을 만드는 일은 시간이 소비되거나 현재 도표 생성을 자동화하는 여러 가지 도구들이 있으며 그러한 도구를 사용함으로써, 가장 적절한 것이 발견될 때까지 관리자는 서로 다른 스케줄을 실험해 볼 수 있다.

(2) 막대 도표와 활동 네트워크

막대도표와 활동 네트워크는 프로젝트 스케줄링에서 사용되는 그래픽 표현이다. 막대도표는 프로젝트의 각 부분 별로 누가 책임을 져야 하는지는 설명한다. 또 각 부분이 언제 시작하고 종료하는지를 설명한다. 활동 네트워크는 프로젝트를 구성하는 서로 다른 활동들, 프로젝트, 프로젝트의 기간, 상호 의존관계를 나타낸다.

[표 3.2]는 활동의 집합을 보여주고 있다. 이 표에서는 여러 가지 서브타스크, 기간, 타스크 의존관계 등을 나타낸다. 타스크 T3가 T1에 의존적이라는 것을 알 수 있다. 이것은 T1은 T3을 시작하기 전에 끝내야 한다는 것을 의미한다. 예를 들어, T1은 소프트웨어 설계이고, T3는 그 설계의 코딩일 수 있다. 따라서 코딩 시작 전에 설계가 끝나야 한다.

[표 3.2] 타스크 기간과 의존관계

타스크	기간(일)	의존관계
T1	8	
T2	15	
T3	15	T1
T4	10	
T5	10	T2, T4
T6	5	T1, T2
T7	20	T1
T8	25	T4
T9	15	T3, T6
T10	15	T3, T7
T11	7	T9
T12	10	T11

타스크의 의존관계와 기간이 주어지면 프로젝트 스케줄에 대한 그래픽 표현이 가능하다. 이들 중 하나가 타스크 의존관계를 나타내는 활동 네트워크이다. 이것은 [그림 3.6]에 나타나 있다. 이 다이어그램에서 날짜 표기는 일/월/년 순이다.

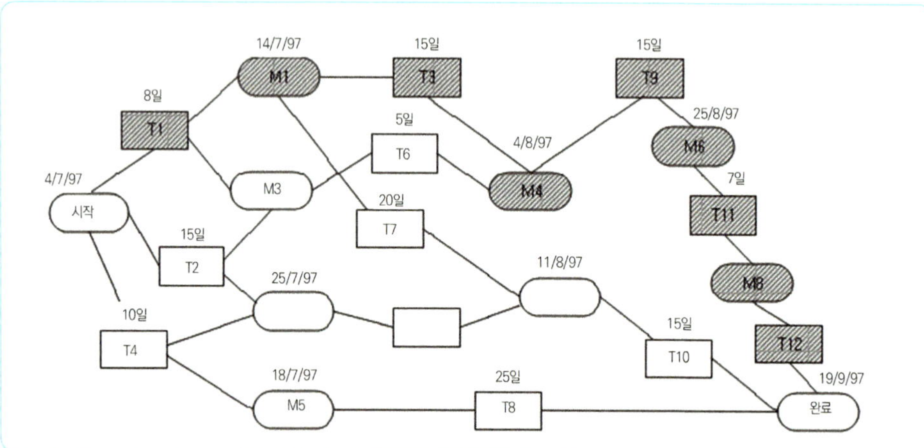

[그림 3.6] 활동 네트워크

일반적으로 타스크를 실행시간이 1~2주보다 적게 걸리는 단위로 세분화하는 것은 유용하지 못하다. 최대의 총시간이 약 10~12주 정도 걸리는 것이 알맞다.

[그림 3.6]에서 직사각형은 타스크를 나타내고, 타스크 기간은 각 노드 위에 적혀있다. 원으로 된 노드는 활동의 최고점 또는 프로젝트 이정표를 나타내고, 여기에는 독립적 활동의 예상완료 시간을 표시했다.

한 이정표에서 또 다른 곳으로 진행되기 전에, 그 이정표에 도달하는 모든 것이 완료되어야 한다. 예를 들어, [그림 3.6]에서 타스크 T9는 T3나 T6가 완료될 때까지 그리고 이정표 M4에 도달할 때까지 시작할 수 없다. 이 다이어그램은 활동의 상호 의존 관계를 보여주고 있다. 그리고 활동이 동시에 수행될 수 있는 것, 그리고 연속적으로 수행될 일이 무엇인지 설명하고 있다.

프로젝트의 총 기간은 활동 그래프에서 가장 긴 패스를 선정함으로써 정할 수 있다. 이것을 "임계경로(critical path)"라 한다. [그림 3.6]에서는 빗금 친 부분이다. 임계경로에 있는 타스크는 연속적인 활동으로 상호 의존적이다. 따라서 완료가 늦어지면 프로젝트가 연기된다.

PERT 도표는 활동도표보다 더욱 복잡하다. 여기서는 각 타스크에 대해 단순히 평가하는 대신에 부정적인 평가와 긍정적인 평가가 이루어진다. 각각의 이런 사항들을 고려하고 그들을 조합하면 임계경로 분석은 더욱더 복잡해진다. 따라서, 이것은 자동적으로 수행되어야 한다.

평가하는데 활동 그래프를 사용하는 것뿐만 아니라, 프로젝트의 일을 할당할 때 관리를 위해서도 이런 도표를 만드는 것도 유용하다. 어떤 경우에 임계경로가 짧아지도록 시스템 설계를 수정하는 것도 가능하다. 프로젝트의 기간은 활동이 끝나기를 기다리는 시간을 줄일 수 있기 때문에 짧아질 수 있다.

지금은 개인용 컴퓨터가 폭넓게 사용된다. 자동화된 도구들이 활동네트워크 생성과 유지 보수에 사용된다. [그림 3.6]은 프로젝트 관리 도구를 사용해 만들었다. 그리고 최초 시작 날짜와 타스크 기간이 주어졌고, 모든 타스크의 완료 날짜는 자동적으로 계산되어졌다. 게다가, 스케줄의 다른 표현이 거의 노력 없이 계산될 수 있다.

[그림 3.7]은 프로젝트 달력과 타스크가 날짜별로 어떻게 시작하고 끝나는지를 설명하는 막대도표(또는 Gantt 도표)를 보여주고 있다. 이 그림에서 어두운 부분으로 표시된 기간이 끝날 때까지는 임계경로가 영향을 받지 않을 것이다. 물론, 우발적인 사건 같은 것을 고려하지 않았기 때문에 모든 상황이 [그림 3.6]과 [그림 3.7] 같지는 않을 것이다. 평가 에러와 예상치 못한 지연은 프로젝트 관리에서 중요한 일이다. 지연은 프로젝트 평가에서 항상 있을 수 있다.

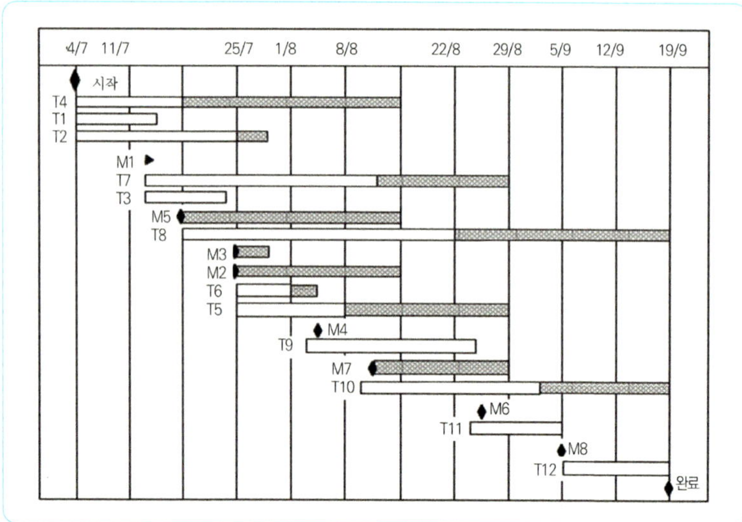

[그림 3.7] 활동 막대 도표

스케줄 작성 외에, 프로젝트 관리자는 또한 프로젝트 타스크에 인원을 알맞게 할당해야 한다. [표 3.3]은 [표 3.2]에서 설명된 타스크에 프로그래머의 할당을 나타내고 있다.

[표 3.3] 프로그래머/타스크 할당

타스크	프로그래머
T1	이정호
T2	박갑철
T3	이정호
T4	김성구
T5	김현숙
T6	박갑철
T7	최철호
T8	김성구
T9	이정호
T10	박갑철
T11	김성구
T12	김성구

인원 할당문제도 프로젝트 관리 보조 도구에 의해 처리될 수 있다. 그리고 막대도표는 누가 어떤 프로젝트에 일하는지, 기간은 얼마인지를 보여주고 있다[그림 3.8].

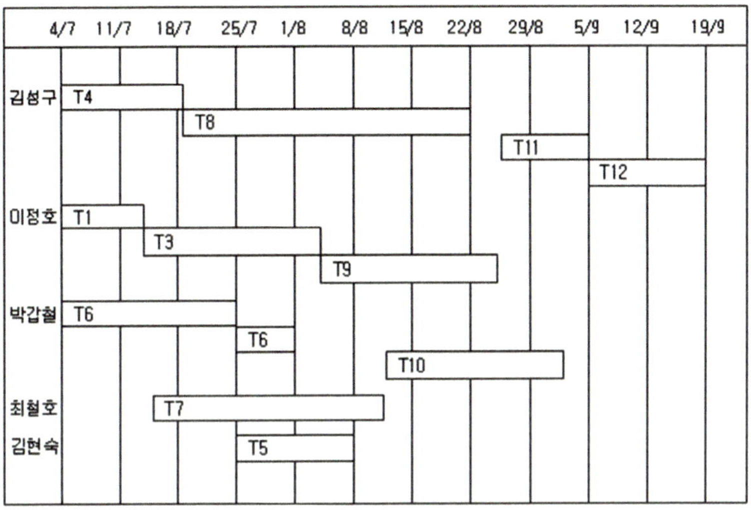

[그림 3.8] 스텝 할당 도표

모든 사람이 프로젝트 전 기간 동안에 참여될 필요는 없다. 프로젝트 수행 중 잠깐씩 휴일을 가질 수 있고, 다른 프로젝트에 참여할 수도 있고, 훈련 과정에 참여할 수도 있고, 다른 활동에 참여할 수도 있다. 대개, 초기의 프로젝트 스케줄은 결함이 많을 것이다. 프로젝트가 개발되어짐에 따라, 실제 경과된 시간과 예측을 비교해보는 것은 중요한 일이다. 이 비교는 프로젝트의 뒷부분을 위해 스케줄을 개정하는 기초로써 사용될 수 있다. 실제 수치가 제시되었을 때, 활동 도표를 검토하는 것이 중요하며 그리고 임계경로를 줄이기 위해 남은 프로젝트 타스크를 재분배 하는 것도 중요하다.

3.3 소프트웨어 비용산정(Software Cost Estimation)

3.3.1 소 개

소프트웨어 프로젝트 관리자의 중요한 역할중의 하나가 프로젝트 비용을 조절하는 것이다. 이것을 하기 위해서, 관리자는 소프트웨어 개발에 얼마만큼의 비용이 드는지를 예측해야 한다. 분명히 이것은 프로젝트 스케줄링과 나란히 수행될 것이다. 프로젝트 비용에 관련된 항목은 다음과 같다.

- 하드웨어 비용
- 여행과 훈련비용
- 노력 비용(소프트웨어 엔지니어의 인건비)

물론 이들 비용 중 인건비가 가장 큰 비중을 차지한다. 동시에 이 비용은 추정하기가 매우 어려우며 프로젝트 비용 산정에 가장 큰 영향을 미친다.

소프트웨어 제품의 비용을 산정하는 것은 소프트웨어 공학 분야에서 가장 어렵고 오차가 발생할 확률이 높다. 소프트웨어 개발의 계획 단계에서 정확한 비용을 예측하기란 매우 어려운 일이다. 왜냐하면, 계획 단계에서는 아직 알려지지 않은 요소들이 많기 때문이다. 이러한 어려운 점에도 불구하고 프로젝트 비용을 산정하는 이유는 계약을 위해서 필요할 뿐만 아니라 프로젝트의 스케줄링을 위해서도 필수적이기 때문이다.

비용산정은 프로젝트 수행에 필요한 예산의 규모를 예측하는 작업으로서 소프트웨어 개발 생명주기를 통해서 계속적으로 수행되어져야 한다. 그 이유는 처음 계획한 예산의 범위 내에서 프로젝트를 추진하기 위하여 계속적으로 예산의 통제와 조정을 해야 할 필요성이 있기 때문이다. 그러나 비용예측의 주된 관점은 프로젝트의 계획단계에서 해당 프로젝트 소요 예산을 예측하는 데 있다고 생각된다.

소프트웨어 비용에 영향을 주는 일반적인 요소는 다음과 같다.

- 프로그래머의 자질
- 제품의 복잡도
- 제품의 크기
- 가용 시간
- 요구되는 신뢰도 수준
- 기술 수준

국내의 정보산업이 양적이나 질적으로 급속으로 성장되고 있으며 특히 소프트웨어 산업의 경우 99% 이상이 수탁 개발 형태이므로 계약상 필요한 개발비용이 프로젝트 개발 초기 단계에서 결정되어야 할 필요성이 높아지게 되었다.

물론 이러한 요구에 부응하여 많은 연구가 수행되어 왔으며 이의 결과를 토대로 소프트웨어 촉진법 및 동 시행령의 제정 단계에 이르고 있다. 그러나 확정된 제도와 절차와는 별개로 이러한 노력은 보다 합리적인 제도의 정착을 위하여 계속되어야 하며 새로운 시각에서 재조명하는 것은 의의 있는 일이라 생각된다.

3.3.2 소프트웨어 개발비 산정 범위

소프트웨어 비용예측에 있어서 고려할 내용 중 중요한 항목은 프로젝트 범위를 어디까지로 하느냐에 대한 문제이다. 정보산업 선진국의 경우에 있어서는 소프트웨어 개발을 발주하는 경우 RFP(Request For Proposal) 또는 SOW(Statement Of Work)에 의해서 개발해야 할 소프트웨어의 기능과 성능에 대한 명세가 분명하게 제시되고 있으며 계약할 작업 내용도 정해지게 된다. 그러나 국내의 경우 아직까지 이러한 제도가 제대로 정착되지 못한 상태에 있기 때문에 계약 후 업무범위 및 작업내용에 대하여 쌍방간에 많은 의견의 차이가 발생하게 된다. 또한 현실적으로 소프트웨어의 개발에 대한 이해가 부족한 실정이므로 개발을 수행하는 측에서 이에 대하여 명확히 제시하는 편이 좋을 것으로 생각된다.

개발자 내부적인 문제점으로는 확실한 요구내역을 정의하지 않은 상태에서 프로젝트를 추진하는 경우가 많고 따라서 해당 프로젝트에서 수행해야 할 작업내용이 명확하게 나타나지 않은 경우가 있다. Boehm이 COCOMO에서 제시한 정의 및 가정에서 보면 개발비용 예측범위는 소프트웨어 설계 단계에서 통합과 테스트 단계까지로 되어 있으며 다른 공정 단계에 대한 예측은 별도 수행하도록 하고 있다.

3.3.3 비용 산정 방법론

현재까지 소개된 비용예측 방법은 개별적인 프로젝트 작업 단위에 대한 예측결과에 대해서는 평가를 하지 않고 과거 프로젝트 실적자료에 의해 추출된 공식에 프로젝트 규모, 난이도 등 변수를 대입하여 전체적으로 프로젝트 개발에 필요한 금액을 예측하는 거시적인 접근 방법과, 프로젝트의 세부적인 작업 단위별로 소비비용을 예측하여 전체적으로 집계하는 미시적 접근방법으로 나눌 수 있다. 거시적 모델의 대표적인 예로 COCOMO를 들 수 있으며, 미시적 접근 방법으로서는 상향식 방법을 들 수 있다.

이제까지 발표된 비용예측 방법을 소개하면 아래와 같다.

(1) 알고리즘 모델

소프트웨어 개발비용에 영향을 미치는 중요한 변수를 한 개 또는 여러 개의 수식에 대입하여 비용을 추정하는 방법으로서 이 기법을 다시 세부적으로 표시하면 다음과 같다.

① **선형모델** : SDC 모델(Nelson, 1965)

② **승수모델** : IBM FSD 모델(Walston and Felix, 1977), DOTY 모델(Herd, 1977)

③ **해석적모델** : Software Science Effort 모델(Halstead, 1977), Putnam 모델

④ **테이블모델** : ARON 모델(1969), TRW 모델(Wolverton, 1974)

⑤ **복합모델** : RCA PRICE S 모델(Freiman, 1979), SLIM 모델(Putnam, 1978), COCOMO 모델(Boehm, 1981)

알고리즘 모형의 장점은 적용되는 변수값에 따라 예측결과치에 다소 차이가 있을 수 있으

나 타 모형에 비하여 객관적이며 반복적으로 사용할 수 있다. 또한 입력변수의 조정에 따른 예측치의 변화를 통해 감도분석을 할 수 있으며, 프로젝트의 실적자료가 많을 경우는 수식이나 변수를 조정할 수 있다. 단점으로는 과거 프로젝트의 실적자료에서 공식을 도출하였기 때문에 새로운 개발환경, 기법, 적용업무 등에 대한 예측 시 예측결과의 정확성을 판단하기 어렵고, 예측하는 사람의 주관적인 판단에 의해 변수값이 결정되기 쉬운 점이다.

(2) 전문가의 판단

프로젝트 규모예측 방법으로 제시되는 델파이(Delphi) 기법이 전문가의 판단방법으로서 널리 사용되고 있다. 이 기법은 프로젝트 규모뿐만 아니라 비용예측 시에도 동일한 방법으로 사용될 수 있다. 이 기법의 장점은 여러 명의 전문가가 모여서 프로젝트의 특수한 환경, 예외적인 사항, 개발팀의 사기 및 팀웍, 새로운 기술과 기법 등에 대해서도 고려하여 추정이 가능하다.

이 기법의 단점은 예측에 참여하는 전문가가 경험하지 못한 분야에 대한 예측 시 예측의 정확성이 낮게 되며 또한 과거 프로젝트의 특수한 환경에 대하여 객관적으로 평가하여 예측에 반영하기 어렵다는 점이다.

(3) 유추법

새로운 프로젝트 개발비용을 예측하기 위해 이와 유사한 하나 이상의 프로젝트 수행결과를 이용하는 방법이다. 이 기법의 장점은 실제로 수행한 프로젝트의 결과를 비용예측에 반영할 수 있는 점이고 단점으로는 새로운 프로젝트의 예측을 위해 사용될 과거 프로젝트가 새로운 프로젝트와 얼마만큼의 유사점이 있느냐는 점이다.

(4) 파킨슨법

'일은 획득 가능한 분량을 채우기 위해서 확장된다'라는 이론에 근거하여 비용을 예측하는 기법으로서 가용인력, 기간, 예산 등을 고려하여 미리 정해진 분량만큼 일이 확장된다는 것을 의미한다. 따라서 정해진 범위 내에서 무리하게 일을 추진하거나 또는 자원의 낭비를 초래하기가 쉽다.

(5) 능력별 지불(Price to win)

계약을 성공하기 위한 가격 또는 정해진 일정에 맞추기 위한 가격 등 합리적인 가격산출 기준이나 가격예측이 기법을 잘 알지 못하는 상태에서 개발비용을 예측하는 방법이다. 이 방법은 무리하게 계약은 성공할 수 있으나 실제 프로젝트의 실행에는 많은 문제점을 내포하고 있다. 즉 투입인력의 부족, 납기, 예산의 초과 등 바람직하지 못한 결과를 초래할 수 있다.

(6) 하향식 예측기법(Top Down)

소프트웨어 개발 프로젝트에서 산출되는 소프트웨어의 전반적인 성질을 고려하여 기존의 프로젝트 경험으로부터 예측치를 도출하는 방법이다. 따라서 서브 시스템 간의 통합, 사용자 지침서 등 각종 매뉴얼, 문서화 비용, 품질관리, 형상관리 등 시스템 전체적인 비용에 대해서는 충분히 고려할 수 있으나 하위 수준의 타스크에서 발생될 수 있는 기술적인 어려움에 대해서 고려하기 어렵고 세부적인 산출근거를 제시하기 힘들게 된다. 따라서 추정치에 대한 조정 작업을 하기가 어렵다.

(7) 상향식 예측기법(Bottom Up)

세부적인 작업 단위별로 책임 있는 요원에 의해 비용이 추정되고, 추정된 결과를 전체적으로 집계하여 비용을 예측하는 방법이다. 이 방법은 해당업무를 잘 이해하고 있는 책임 있는 요원에 의해 추정되기 때문에 예측의 오차를 줄일 수 있으며, 또한 여러 명의 요원이 추정함에 따라 예측 오차를 최소화할 수 있다. 그러나 세부작업 단위별로 추정하기 때문에 전체적인 관점에서 프로젝트 관리, 시스템 통합작업, 품질보증, 사양관리 등과 같은 업무가 누락되기 쉽다.

각 기법들은 나름대로의 장단점을 가지고 있다. Boehm이 지적한 가장 중요한 점은 어떠한 기법도 독립적으로 사용될 수 없다는 것이다. 그는 대형 프로젝트의 경우 여러 가지 비용 산정 기법들을 동시에 나란히 사용하여 이들 간의 결과를 비교할 것을 제안했다. 만일 서로 현격하게 다른 결과를 나타낸다면 비용에 관련된 정보들이 부족하거나 부적절하다는 뜻이다. 따라서, 서로 많은 정보를 찾고 비용 산정 과정이 계속 반복되어야 한다.

3.3.4 알고리즘 모델

여러 가지 기법 중에서 알고리즘 모델을 구체적으로 소개하기로 한다. 알고리즘 모델은 소프트웨어 개발비 견적에 중요한 비용 인자들의 변수를 수학적인 방법으로 공식을 작성하여 추정하는 방법이다. 다른 방법에 비하여 이 방법은 많은 장점을 가지고 있으며, 프로젝트에 영향을 주는 요소들에 대해서 비교적 객관적인 판단을 할 수 있다.

알고리즘 모델에 대한 여러 가지 개발 모델의 특성을 소개하면 다음과 같다.

(1) SDC(Nelson, 1966) 모델

최초의 모델로서 의미가 있으며, 소프트웨어 개발 시 영향을 주는 104 개의 특성들을 정의한 것에 의미가 있다.

(2) IBM FSD(Walston-Felix, 1977) 모델

소프트웨어 개발에 영향을 주는 29개의 특성치를 정의하며 이 특성치의 가중치의 합으로 생산성을 계산할 수 있다.

(3) DOTY(Herd, 1977) 모델

SDC 모델의 데이터를 이용한 확장 모델로서 DSI(Delivered Source Instruction)가 10만 이상과 이하로 나누어 두 개의 함수로 구분한다.

(4) GRS(Garriere-Thibodeau, 1979) 모델

매우 다양한 상관관계를 측정할 수 있는 모델이다.

(5) BAILEY-BASILI META(Bailey-basili, 1981) 모델

통계적인 방법을 이용하여 상당히 정확한 추정치를 계산할 수 있는 모델로서 COCOMO 모델과 유사한 형태의 함수형태로 정의되어 있다.

(6) TRW(Wolvertor, 1974) 모델

하나의 목적 명령어 당 소프트웨어 비용을 100등급의 난이도, 프로젝트 종류, 업무의 신규성등의 함수로 나타내며, 소프트웨어를 단위별로 나누어서 평가하는 데 효과적이다.

(7) BOEING(Black, 1977) 모델

5개의 업무 특성별로 기본 생산률을 사용하여 투입공수를 산출하는 모델로서 몇 가지 방법에서는 COCOMO 모델과 유사하다.

(8) RCA(Freiman, 1979) 모델

가격 변이치를 복잡도와 요소에 관계된 함수로써 표현하는 모델로서 매크로(Macro) 비용견적 방법에 적용된다.

(9) SLIM(Putnam, 1978~1979) 모델

레이리히(Rayleigh)을 이용하여 Putnam의 분석에 기초를 둔 모델로 입력과 출력의 관계가 다양하게 분석되어져 있다.

(10) COCOMO(Boehm, 1981) 모델

개발되는 소프트웨어의 성격 및 개발유형에 따라 세 개의 모델이 있으며, 소프트웨어 제품 프로젝트 형태, 개발환경, 개발인력 요소에 따라 15개의 특성치가 주어지며 개발 단계별로도 분석을 수행할 수 있는 가장 좋은 모델로 평가된다.

3.3.5 COCOMO 모델

(1) COCOMO 모델의 종류

COCOMO(COnstructive COst MOdel)는 Boehm에 의해 제시된 비용추정 모델로서, 소프트웨어 제품 생산을 위탁개발 또는 자체개발과 개발된 소프트웨어의 유지보수를 할 때 필요한 소프트웨어 개발비 및 유지보수의 비용 견적 그리고 비용견적에 포함되어야 하는 개발단계 및 업무활동 및 산출물을 정의할 수 있고 비용견적의 감도 분석 및 비용견적의 유연성이 높아 소프트웨어 개발비 견적에 가장 널리 통용되고 있는 훌륭한 모델이다.

COCOMO는 단순히 소프트웨어 규모로 하는 거시적 예측으로부터 각 비용요소에 대한 가중치를 계산하여 소프트웨어 규모에 영향을 주는 미시적 예측방법으로 이루어진다.

COCOMO 모델은 비용추정단계 및 적용변수의 구체화 정도에 따라 3가지 모델로 다음과 같이 구분된다.

- Basic COCOMO
- Intermediate COCOMO
- Detailed COCOMO

Basic COCOMO는 단순히 소프트웨어의 크기와 개발 모드에 의해서 구해지며, Intermediate COCOMO는 Basic COCOMO의 확장으로 15개의 비용요소를 가미하여 곱한 가중치 계수를 이용한다. Detailed COCOMO는 시스템을 모듈, 서브시스템으로 세분한 후에 Intermediate COCOMO와 같은 방식으로 구한다.

각 모델별로 개발되어지는 프로젝트의 개발유형에 따라 organic mode, semidetached mode, embedded mode의 3가지 모드로 구분하여, 개발에 투입되는 투입노력(MM : Man-Months) 및 개발기간(TDEV)을 산정할 수 있는 공식을 제시하고 있다.

Organic mode $MM=2.4(KDSI)^{1.05}$
Semidetached mode $MM=3.0(KDSI)^{1.12}$
Embedded mode $MM=3.6(KDSI)^{1.20}$

앞의 관계식을 가지고 다양한 프로젝트 크기에 대해 구한 산정결과를 그림으로 나타내면 [그림 3.9]과 같다.

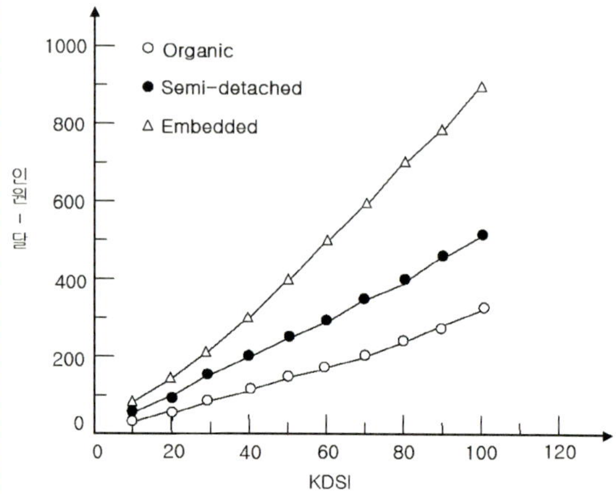

[그림 3.9] COCOMO 비용 산정

산정결과는 프로젝트를 완성하는데 필요한 MM의 수로 나타난다. Boehm의 COCOMO 모델에서는 MM을 한 사람이 152시간 작업하는 것을 기준으로 했다. 이는 한 달에 일할 수 있는 날을 22일로 가정한 것이다. 이 값은 해당조직에 따라 서로 다른 값을 갖게 된다.

Organic 모드는 scientific model, business model 등의 소프트웨어로써, 50 KDSI(50,000 Program step) 이하의 크기를 가지며, semidetached 모드는 300 KDSI 이하의 프로그램 크기를 가진 것이다.

Embedded 모드는 아주 크고 복잡한 Transaction processing system과 같은 소프트웨어로써, 300 KDSI 이상의 크기에서 적용된다.

구체적인 COCOMO 소프트웨어개발의 유형은 [표 3.4]에 정리되어 있다.

[표 3.4] COCOMO 소프트웨어 개발유형

	개 발 유 형		
	ORGANIC	SEMIDETACHED	EMBEDDED
• 생산목적에 대한 조직의 이해	완전함	상당함	일반적
• 관계되는 소프트웨어 체계로 인한 경험	광범위한	상당함	적당함
• 외부와의 인터페이스 명세와 소프트웨어 일치 필요성	기본적	상당함	충분함
• 관련되는 새 하드웨어와 운영절차와 병행개발	다 소	중 간	광범위
• 혁신적 자료처리 구조, 알고리즘의 필요성	최 소	다 소	상 당
• 조기종결 장려	낮 음	중 간	높 음
• 제품의 크기	50 KDSI	300 KDSI 이하	300 KDSI 이상
• 예	배치, 자료처리 과학적 모델, 비르네스 모델, 일반적 OS, 컴파일러, 간단한 통제/생산통제	대부분의 트랜잭션 처리체계, OS, DBMS, 야심적 재고/생산통제, 간단한 지휘통제	대형 복잡한 트랜잭션 처리체계, 야심적 대형 OS, 항공, 야심적 지휘통제

(2) COCOMO를 이용한 비용예측 절차

① 제품 내의 모든 서브시스템과 모듈을 밝힌다.

② 각 모듈의 크기를 산정하여 각 서브시스템 및 전체시스템의 크기를 계산한다.

③ 각 모듈에 대한 모듈 수준의 노력승수를 정의한다.

모듈 수준의 승수는 다음과 같다.

- 제품의 복잡도
- 프로그래밍 경험
- 프로그래밍 자질
- 가상기계(virtual machine)의 경험

④ 계산방정식과 노력승수를 이용하여, 각 모듈에 대한 노력과 개발기준을 산정한다.

⑤ 각 서브시스템에 대해서 나머지 11개의 노력승수를 정의한다.

⑥ 4~5 단계로부터 각 서브시스템에 대한 노력과 개발기간을 산정한다.

⑦ 단계 6으로부터 전체 시스템의 노력과 개발기간을 계산한다.

⑧ 트레이드 오프(trade-off) 효과를 설정하기 위해서 산정값에 대한 민감도분석을 실시한다.

⑨ 계획수립, 분석과 같은 다른 개발 비용을 추가

⑩ 하향식 델파이 산정에 의한 값과 비교하여, 산정값에 차액이 있는가를 밝히고 이를 조정한다.

위의 비용산정 절차의 장점은 이 모델의 조직 내의 비용요소를 투시하는 데 사용하고, 자료가 수집하고 분석되며 새로운 요소가 밝혀질 수 있고, 노력승수는 COCOMO를 일정한 환경에 적용할 경우에 따라 필요시 조정할 수 있다는 것이다.

(3) Basic COCOMO 모델

소프트웨어를 개발하는데 드는 노력(Effort)를 구하는 식은 모두 동일한 형태를 갖는다. 즉,

$$Effort = A(KDSI)^b$$

위에서 A와 b는 프로젝트의 유형에 좌우되는 상수이다. 이 식의 비용은 크기의 지수함수(비록 b가 보통 1에 가깝지만)로 결정된다는 것을 의미한다. 이 때 KDSI는 thousands of delivered source instruction을 의미한다.

Boehm은 DSI를 해당 라인에 있는 명령어 수에는 관계없이 전체라인의 수로 정의했다. 따라서 하나의 라인에 둘 이상의 명령어가 있더라도 하나의 DSI로 계산되며 하나의 명령어가 다섯 개의 라인에 걸쳐 계속되면 다섯 개의 DSI로 계산된다. 여기에 주석문은 제외된다. DSI의 정의에는 비록 중요하고 노력이 든 지원 소프트웨어라도 고객에게 인도되지 않은 경우에는 제외된다. 이러한 DSI의 정의는 논란의 여지가 많으며 주로 하나의 라인에 하나의 명령어가 있는 포트란 프로그램과 같은 경우에 타당하다. Ada처럼 하나의 명령어를 예측할

수 있는 관계식도 제공된다. 개발일정은 주어진 인력으로 프로젝트를 완성하는데 요구되는 시간이다. Basic COCOMO 모델의 경우 프로젝트의 모드에 따른 개발 일정을 구하는 식은 다음과 같다.

개발유형	명목개발노력	개발일정
ORGANIC	MM=2.4 (KDSI)**1.05	TDEV=2.5 (MM)**0.38
SEMIDETACHED	MM=3.0 (KDSI)**1.12	TDEV=2.5 (MM)**0.35
EMBEDDED	MM=3.6 (KDSI)**1.20	TDEV=2.5 (MM)**0.32

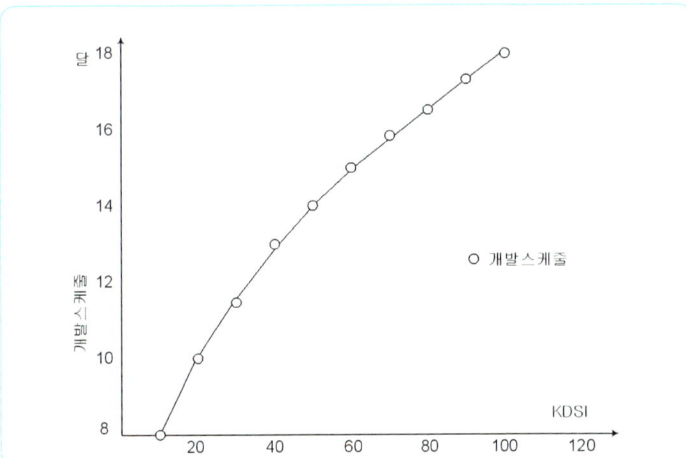

[그림 3.10] COCOMO 개발 일정 곡선

Basic COCOMO 모델의 예를 들기 위해 32,000 DSI로 예상되는 Organic mode 소프트웨어 프로젝트를 가정하자. MM을 구하는 식으로부터

$$MM = 2.4(32)^{1.05} = 91 \text{ man-months}$$

개발 일정을 산정하는 식으로부터 프로젝트를 완성하는데 필요한 시간은

$$TDEV = 2.5(91)^{0.38} = 14\text{개월}$$

예상되는 시간동안 프로젝트를 완성하는데 필요한 사람은 FSP = MM/TDEV = 91/14 = 6.5 명이 된다. 여기서 FSP는 적정투입인원, 즉 Fulltime Software Personel이다.

다음은 약 128,000 DSI의 크기인 Embedded mode 소프트웨어 프로젝트를 생각해보자. Basic COCOMO로부터

$$MM = 3.6(128)^{1.20} = 1216 \text{ man-months}$$
$$TDEV = 2.5(1216)^{0.32} = 24 \text{ 개월}$$

이 모델에서의 생산성 산정은 기존의 프로젝트 데이터에서 유도될 수 있다. 앞의 Organic mode 시스템의 경우 생산성은 352 DSI/MM(32,000/91) 이고 이것은 한 사람이 하루에 약 16개(352/22)의 명령문을 작성한다는 것을 의미한다. Embedded 시스템의 경우 생산성이 105 DSI/MM(128,000/1216) 이라면 한 사람이 하루에 4개(105/22)의 명령문을 작성하는 것을 의미한다. 이러한 결과는 다른 방식으로 얻은 생산성과 대략적으로 일치한다.

COCOMO 모델에 담긴 더욱 흥미 있는 사실은 프로젝트를 완성하는데 필요한 시간은 프로젝트에 종사하는 소프트웨어 개발자의 수에 관한 함수가 아니라 프로젝트를 완성하는데 필요한 전체 노력에 관한 함수라는 것이다. 이것으로부터 일정이 지연된 프로젝트에 더 많은 사람을 투입한다고 해서 일정을 앞당길 수 없다는 사실을 알 수 있다.

COCOMO 모델은 인력자원이 제한되어 있고 제품을 인도할 날이 확정되어 있는 경우에 일정을 산정하는데 도움이 되지 않는다. 또한 6.5 명이 14 개월에 끝낼 수 있는 프로젝트를 3명이 30개월에 끝낼 수 있는지의 여부는 분명하지 않다. 이것은 여러 개발 요원을 가진 커다란 조직에서 얻어진 명백한 결과이다.

(4) Intermediate COCOMO 모델

Basic COCOMO 모델은 프로젝트 산정을 시작하는데 유용하지만 프로젝트 크기와 유형을 제외하고는 프로젝트에 영향을 미치는 많은 요인들이 제외되었다. Intermediate COCOMO 모델도 Basic COCOMO의 식에서 출발한다. 여기에 제품에 요구되는 신뢰도, 데이터베이스 크기, 수행시간과 기억장치의 제한조건, 개인적인 특성, 그리고 사용하는 소프트웨어 도구 등의 요인들을 적용시킨다. 전체적으로는 15개의 요인으로 구성되고 네 가지 종류

로 구분된다. 여기에는 제품의 특성, 컴퓨터의 특성, 개인의 특성, 그리고 프로젝트의 특성이 해당된다.

먼저 제품의 특성에는 다음과 같은 것이 있다.

① **요구되는 소프트웨어 신뢰도(RELY)** : 소프트웨어의 고장이 약간의 불편만 초래하는 매우 낮은 등급부터, 고장이 회복가능한 손실을 주는 중간등급을 거쳐 인간생활에 치명적인 위험을 초래하는 매우 높은 등급까지 있다.

② **데이터베이스 크기(DATA)** : 데이터베이스 크기(바이트)가 DSI의 10배 미만인 매우 낮은 등급부터 데이터베이스 크기가 시스템 크기의 10배에서 100배까지인 중간등급을 거쳐 프로그램보다 1000배 더 큰 크기의 매우 높은 등급까지 있다.

③ **제품의 복잡도(CPLX)** : 프로그래밍의 난이도 또는 문제의 복잡도는 소프트웨어 형태에 영향을 받는다. 일반적으로 소프트웨어 형태는 다음과 같이 분류한다.

- **응용 소프트웨어** : 자료 처리 및 계산용 소프트웨어 등
- **개발 지원 소프트웨어** : 컴파일러, 워드프로세서, SORT 등
- **시스템 소프트웨어** : 운영 체제, 데이터베이스 관리시스템 등

컴퓨터의 특성은 소프트웨어 생산성에 영향을 주는 하드웨어의 제한조건을 뜻한다. 여기에는 네 가지의 특성이 있다.

① **수행시간이 제한(TIME)** : 여기에는 중간등급부터 극히 높은 등급까지 있다. 중간등급은 가용한 수행시간의 50% 미만을 사용하는 것이고 극히 높은 등급은 가용기간의 95%를 사용해야 하는 것이다.

② **기억장소의 제한(STOR)** : 여기에는 TIME 처럼 가용한 기억장소의 50% 미만을 사용하는 중간등급부터 가용한 기억장소의 95%를 사용하는 극히 높은 등급까지 있다.

③ **가상 기계의 안정성(VIRT)** : 가상 기계란 소프트웨어를 개발할 때 이용되는 하드웨어와 소프트에어의 조합이다. 매우 낮은 등급의 경우는 가상기계가 가끔(일 년에 한번) 변경되는 것이고, 중간등급은 중요한 변화가 6개월마다 일어날 때를 말한다. 그리고 매우 높은 등급은 가상기계의 변화가 2주일에 한 번씩 일어나는 것을 말한다.

④ **컴퓨터의 Turnaround 시간(TURN)** : 여기에서 등급이 매우 낮은 경우는 대화식 시스템

이고 매우 높은 등급은 Turnaround 시간이 12시간 이상인 경우가 해당된다. 이 특성은 모델이 만들어질 때는 관련이 깊었지만 현재에는 별 관련이 없다. 현재 대부분의 시스템 개발은 시분할 시스템이나 워크스테이션을 이용하므로 Turnaround 특성의 값은 매우 낮다.

개인의 특성에는 5가지가 있는데 여기에는 프로젝트에 참여하는 요원의 경험과 능력이 반영된다. 이 특성들은 분석가의 능력(ACAP), 개발분야의 경험(AEXP), 가상기계의 경험(VEXP), 프로그래머의 능력(PCAP), 그리고 프로그래밍 언어의 경험(LEXP)으로 분류된다. 이들은 모두 경험이 전혀 없는 매우 낮은 등급부터 최소한 일 년의 경험을 가진 중간등급을 거쳐 3년 이상의 경험을 가진 매우 높은 등급까지의 범위를 갖는다.

프로젝트의 특성은 소프트웨어의 도구의 이용, 프로젝트 개발일정, 그리고 최신 프로그래밍 기법의 이용이 있다. Boehm은 최신 프로그래밍 기법을 하향식 설계, 구조화 프로그래밍, 프로그램 지원 라이브러리 등으로 정의했다.

프로젝트 특성을 설명하면 다음과 같다.

① **최신 프로그래밍 기법의 이용(MODP)** : 이러한 기법을 전혀 사용하지 않는 매우 낮은 등급부터 어느 정도 사용하는 중간정도 등급을 거쳐, 이런 기법을 일상적으로 사용하고 개발 요원들이 사용 경험이 있는 매우 높은 정도의 등급까지 있다.

② **소프트웨어 도구(TOOL)** : 소프트웨어 도구의 활용 가능성은 소프트웨어 시스템을 개발하는데 드는 노력에 큰 영향을 미친다. 이 값이 매우 낮은 경우는 어셈블러와 같은 기본적인 도구만이 사용될 수 있다는 뜻이다. 중간 등급의 값을 가지는 경우는 구현 도구, 테스팅 도구와 디버깅 도구 같은 좀 더 완전한 도구들을 이용한다는 뜻이며 매우 높은 등급의 값을 가지는 경우는 앞의 도구들이 생명 주기의 전체 단계에서 이용될 수 있다는 뜻이다.

③ **요구되는 개발일정(SCED)** : 이 특성은 요구되는 개발 일정이 Basic COCOMO 모델을 사용하여 예측한 개발 일정에 얼마나 근접하는 가의 척도이다. 이 특성이 매우 낮은

값을 가지는 경우는 일정을 단축한 때이고 반면에 매우 높은 값을 가지는 경우는 일정을 연장한 경우이다. 값이 매우 낮거나 높은 경우 모두 개발에 소요되는 노력은 더 필요하다.

Boehm(1981)은 이러한 15개의 특성 각각에 대한 승수(Multiplier) 값을 [표 3.5]에 있는 대로 제시했다. 이들 특성에 관련된 값은 개발환경에 따라 결정되므로 각 환경에서 적당한 값으로 조정해야 한다.

[표 3.5] 프로젝트 특성에 따른 승수값

비용드라이버	비 용					
	매우낮음	낮음	보통	높음	매우높음	극히매우높음
RELY	0.75	0.88	1	1.15	1.4	–
DATA	–	0.94	1	1.08	1.16	–
CPLX	0.7	0.85	1	1.15	1.3	1.65
TIME	–	–	1	1.11	1.3	1.66
STOR	–	–	1	1.06	1.21	1.56
VIRT	–	0.87	1	1.15	1.3	–
TURN	–	0.87	1	1.07	1.15	–
ACAP	1.46	1.19	1	0.86	0.71	–
AEXP	1.29	1.13	1	0.91	0.82	–
PCAP	1.42	1.17	1	0.86	0.7	–
VEXP	1.21	1.1	1	0.9	–	–
LEXP	1.14	1.07	1	0.95	–	–
MODP	1.24	1.1	1	0.91	0.82	–
TOOL	1.24	1.1	1	0.91	0.83	–
SCED	1.23	1.08	1	1.04	1.1	–

개발기간에 대한 공식은 다음과 같다.

개발유형	명목개발노력	개발일정
ORGANIC	$MM=3.2\ (KDSI)^{1.05}$	$TDEV=2.5\ (MM)^{0.38}$
SEMIDETACHED	$MM=3.0\ (KDSI)^{1.12}$	$TDEV=2.5\ (MM)^{0.35}$
EMBEDDED	$MM=3.6\ (KDSI)^{1.20}$	$TDEV=2.5\ (MM)^{0.32}$

다음은 Intermediate COCOMO 에서의 비용산정 절차이다.

① 명목개발노력(Norminal Development Effort)을 추정한다.

② 시스템 개발에 따른 15가지의 특성을 고려하여 노력승수를 결정한다.

③ 개발노력을 추정한다.

개발노력 = 명목개발노력 * 노력승수

④ 총 투입 MM(개발노력)을 TDEV(개발기간)로 나누면 적정투입인원수가 산출된다.

FSP = MM/TDEV (FSP : 적정투입인원)

⑤ FSP와 TEDV를 이용하여 소요인건비를 산출한다.

COST = FSP * TDEV * 월 평균 임금

Intermediate COCOMO의 장점으로는 투입공수의 견적치와 실제치의 차이가 20% 이내인 분포가 약 70%에 접근하는 비교적 정확한 모델이다.

비용특성의 레벨을 효율적으로 조정함으로써 소프트웨어 개발비 견적의 감도분석이 가능하므로 소프트웨어 개발비 견적의 유연성을 부여한다.

유지보수 비용을 산정 할 경우에 RELY, MODP, SCED와 같은 특성을 제외하고는 모든 특성들에 대한 등급은 동일하다. 유지보수 비용의 산정에서 원래의 개발 일정은 관계가 없으므로 이 특성은 중간 등급의 값을 갖게 된다. 최신 프로그래밍 기법을 이용할 경우 유지보수 비용에 큰 영향을 미치고 제품의 크기도 커진다.

개발시의 신뢰도가 높은 것은 낮은 것에 비해 유지보수시의 신뢰도를 향상시키기도 쉽다.

변경된 RELY, MODP 값은 [표 3.6] 및 [표 3.7]과 같다. MODP에 따라 결정된다.

[표 3.6] 유지 보수 노력 승수값

	매우낮음	낮음	보통	높음	매우높음
RELY	1.35	1.15	1	0.98	1.1

[표 3.7] MODP 특성값

제품크기	매우낮음	낮음	보통	높음	매우높음
2	1.25	1.12	1	0.9	0.81
8	1.3	1.14	1	0.88	0.77
32	1.35	1.16	1	0.86	0.74
128	1.4	1.18	1	0.85	0.72
512	1.45	1.2	1	0.84	0.7

이러한 특성들은 과거의 데이터를 분석하여 얻어진다. 특정 조직에서는 비용 승수(cost multiplier)로 상이한 특성을 이용할 수 있다. 예를 들어 소프트웨어의 라이브러리의 이용 가능성, 통합된 소프트웨어 공학 환경의 이용, 또는 워크스테이션의 이용 가능성을 모두 고려할 수 있다.

Basic COCOMO 모델과 Intermediate COCOMO 모델의 단점은 소프트웨어 제품을 하나의 개체로 보고 승수들을 전체적으로 적용시킨다는 것이다. 실제로는 대부분의 대형 시스템은 서로 상이한 특성을 가진 서브 시스템들로 구성된다. 이중 일부분은 Organic mode이고 일부분은 Embedded mode인 경우도 있다. 또한 일부분에 대해서는 신뢰도가 매우 높아야 하고 일부분에 대해서는 신뢰도가 낮아도 되는 경우도 있다.

Datailed COCOMO 모델에서는 이러한 요소들을 고려하여 각 서브시스템의 비용을 별도로 산정하여 이들의 합을 전체 시스템의 비용으로 산정한다. 이러한 방법은 최종적인 비용 산정의 오차를 줄이지만 여기에 대한 자세한 설명은 이 책의 범위를 벗어나므로 생략하기로 한다. 관심이 있는 독자는 Boehm의 책을 참고로 하기 바란다.

COCOMO 같은 비용 산정 모델을 어느 정도 사용하고 나면 각 상수들을 자신들의 환경에 맞도록 변경하여야 한다는 것을 알게 된다. Boehm은 실제의 비용과 예측된 비용을 비교하고 최소제곱법을 이용하여 모델을 조정하는 방법에 관해 설명했다. 이를 위해서는 Basic COCOMO 모델의 상수항과 비율이 조정되어야 한다.

예를 들어 [표 3.8]은 예상된 프로젝트 비용과 실제 측정된 프로젝트 비용을 나타낸다. 이를 그림으로 나타내면 [그림 3.11]와 같다. 최소제곱법은 관측값에 대한 최적의 직선을 구하고 COCOMO 모델의 상수를 조정하는데 필요한 통계적 기법이다. 곡선 적합 기능을 포함하는 다양한 그래픽 패키지가 모델의 조정에 유용하다.

[표 3.8] 예상한 프로젝트 비용과 실제의 프로젝트 비용

크 기	예상한 비용	실제 비용
14	57.65	65.72
17	71.65	82.40
26	115.32	131.46
40	186.82	249.10
55	266.89	304.25
60	294.21	323.63
64	316.26	302.55
97	503.86	571.04

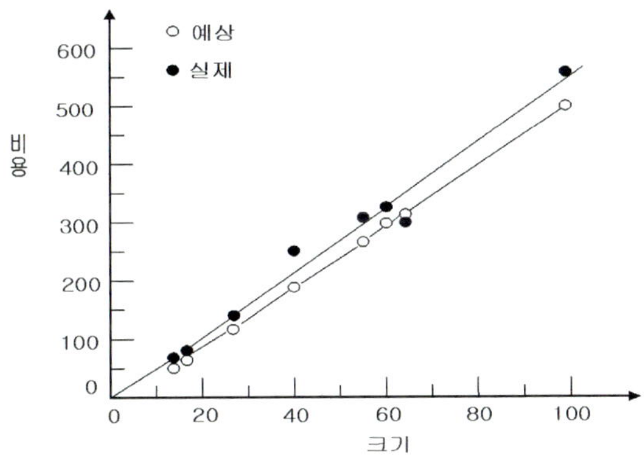

[그림 3.11] 예상한 프로젝트 비용과 실제의 프로젝트 비용

지수값도 유사한 방식으로 계산되고 대형 프로젝트의 경우 정확한 조정을 위해서는 더욱 많은 데이터를 필요로 하며 정상적인 경우에 이 값은 1에 가깝다. 새로운 지수 값을 계산하는 것이 가능하고 새로운 값과 현재 알려진 값과의 차이는 중요하지 않다.

특성 조직의 작업 환경 아래에서 특정 모드에 따라 Intermediate COCOMO 모델의 특성들을 제거하거나 결합하고 특히 중요한 특성을 추가할 수 있다. 예를 들어 개인의 특성을 하나의 특성으로 결합할 수도 있고 대화식 작업을 하나의 개발 모드로 정할 수 있다. 또한 UNIX와 같은 시스템의 사용은 표준화된 도구들이 사용 가능함을 의미한다.

승수값은 해당 승수를 제외하여 비용을 산정한 후 여러 승수 값을 반복하여 계산한 후 실제의 비용과 가장 근사한 산정 값이 나올 때의 승수를 택한다.

(5) Detailed COCOMO 모델

Intermediate COCOMO 모델의 상세한 비용견적의 보완을 위해서 만들어진 모델로서 기본 모델은 Intermediate COCOMO와 동일하고, 개발공정별 개발노력의 배분을 좀더 정확하게 하고 소프트웨어 컴포넌트별 개발비 견적 특성을 가질 수 있다. 이 모델은 Micro 견적형태이므로 개발 단계의 후반부에나 적용이 가능하고 또한 개발환경이 사전에 구체적으로 정의되어야 한다.

투입 인원 및 개발 기간 산정 공식은 Intermediate COCOMO와 동일하다. 단, 노력승수의 결정은 노력승수 = (개발공정별 노력승수 * 개발공정별 가중치) 형태로 계산되어 진다. 기타 내용은 생략하기로 한다.

(6) 프로젝트 계획단계에서의 알고리즘 모델

프로젝트 비용산정을 위해 COCOMO 모델이나 알고리즘 모델을 이용할 때의 문제점은 오차의 범위가 크다는 점이다. 프로젝트의 크기를 예측하는 것이 매우 힘들고 상이한 제품에 필요한 지원 소프트웨어의 양은 제품 간에 큰 차이가 있고 승수값이 특정한 값보다는 평균값을 갖는 경우도 있다. 더욱이 오차의 범위를 예측하기 힘들기 때문에 프로젝트 산정의 신뢰 수준을 쉽게 결정하기 힘들다.

어쨌든 오차가 어느 정도 일정하면 알고리즘 모델은 상대적인 프로젝트 비용을 계산하는데 사용될 수 있다. 그러므로 이러한 기법은 특정 프로젝트의 관리를 위해 좋은 자료를 제공한다. 또한 자원이 얼마나 효율적으로 사용되었는가를 판단할 수 있다. 이러한 일련의 작업은 비록 비용산정 결과가 부정확하더라도 개발 과정 중에 발생할 수 있는 문제점을 방지하는 효과가 있다.

마이크로 컴퓨터 상에서 개발하는 Embedded 소프트웨어 시스템의 비용산정을 Basic COCOMO 모델을 이용한 결과 45MM을 얻었다고 하자. 마이크로 컴퓨터는 0.2 MIPS의 속도와 64K 바이트의 기억장소를 가진 16비트 프로세서이다. Intermediate COCOMO 모델의 노력 승수는 아래의 값을 제외하고는 모두 중간 등급의 값을 가진다.

RELY 1.15
STOR 1.21
TIME 1.10
TOOL 1.10

따라서 Intermediate COCOMO 모델을 이용한 산정결과는 아래와 같다.

MM = 45 * 1.15 * 1.21 * 1.10 * 1.10 = 76 Man-Months

개발요원에 대한 인건비가 한 달에 일인당 평균 7,000달러라면 이 프로젝트에 대한 전체

개발비는

C = 76 * 7000 = 532,000 달러

노력승수로부터 하드웨어의 제한이 전체 소프트웨어 비용에 큰 영향을 미친다는 것을 알 수 있다.

3.4 IT 직무기반 평균임금 적용 투입공수방식 SW운영비

3.4.1 투입공수 방식 운영비 개요

투입공수 방식 운영비는 소프트웨어 운영사업에 적용할 수 있는 방법이다.

투입공수 방식 운영비에서는 업무에 따른 필요 직무를 고려하여 투입공수를 산정한다. 산정된 직무별 투입공수에 평균임금을 고려하여 소프트웨어 운영사업의 대가를 산정한다. 투입공수 방식은 통상적으로 말하는 M/M(Man-Months)방식을 말하며 엔지니어링 사업대가의 기준의 실비정액가산방식을 준용하여 운영비를 산정하는 방식이다. 단, 투입인력의 직접인건비는 통계법 제18조(통계작성의 승인)에 따라 조사 및 산출되어 한국소프트웨어산업협회가 공표하는 IT 직무별 소프트웨어 기술자 평균 임금을 적용하여 산정함을 원칙으로 한다.

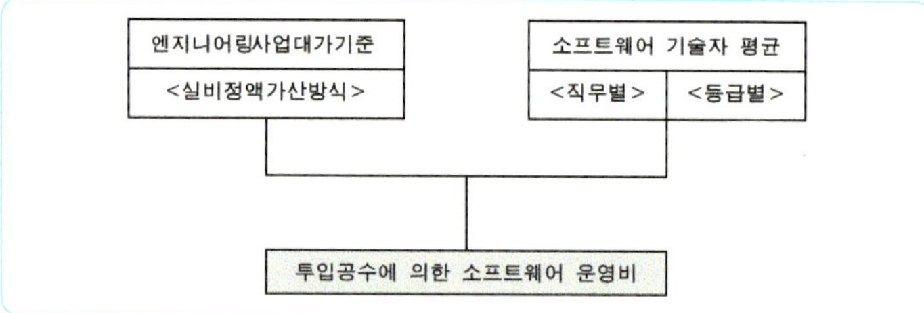

[그림 3.12] 투입공수방식 운영비 관련기준

3.4.2 단계별 설명

1단계 : 사전준비

운영 대상 소프트웨어의 세부 서비스 항목을 정의하여 대상 업무를 선정한다.

2단계 : 소프트웨어 운영 직무 결정 및 공수 산정

총 투입공수를 운영 업무활동별로 산정한다. 즉, 운영업무를 일상운영, 지원업무 등의 업무 활동별로 투입공수를 산정할 수 있다. 구체적인 업무 활동 분류는 업무 특성에 따라 달라질 수 있다. 업무 특성은 대분류부터 시작하여 각 업무 영역을 중분류로 크게 구분하고, 최대한 세부적으로 소분류 업무를 분류한다. 정의된 각 업무 활동별로 투입 공수를 측정하도록 한다.

선정된 운영 업무를 대상으로 업무별 특성을 고려하여 과거수행 경험 및 업무 난이도 등을 고려하여 소요공수를 산정한다. 일반적으로 운영업무에 투입될 소요공수는 발주 기관에서 수집하고 있는 운영관련 정보를 분석하여 운영생산성을 참고하여 계산하고, 운영생산성을 관리하지 않는 발주기관은 과거수행 실적과 경험을 토대로 최대한 객관성확보를 위한 근거를 마련하고 업무별로 소요공수를 계산한다. 예를 들어 지원업무 중 콜센터 운영은 IT지원기술자 1명, 게시판 운영은 IT시스템관리자 1명과 같이 업무활동 소분류별로 측정한 투입 공수를 합쳐 각 중분류별로 투입 공수를 산출함을 원칙으로 한다.

업무활동별 투입공수 산출을 위한 양식은 다음과 같다.

[표 3.9] 투입공수 방식 운영비 업무활동별 투입공수 산출양식

업무활동			IT직무별 투입공수(M/M)				
대분류	중분류	소분류	IT프로젝트 관리	IT시스템 관리	IT시스템 기술지원	응용SW 개발	…
운영 업무	지원업무						
	일상운영						
총 투입공수							

3단계 : 직접인건비 계산

직접인건비는 프로젝트를 위해 실제로 투입되는 인원에 대한 인건비로서 이들에 대한 평균 임금은 한국소프트웨어산업협회에서 공표하는 IT직무별 소프트웨어기술자 평균 임금을 적용한다. 이때 각 업무활동별로 투입기간을 고려한 투입공수에 평균 임금을 곱하여 직접인건비를 계산한다.

직접인건비는 아래와 같이 계산된다.

직접 인건비 = 투입인력 소요공수 ×평균 임금

4단계 : 제경비 및 기술료 계산

제경비와 기술료의 적용은 엔지니어링사업 대가의 기준을 준용하며, 아래와 같이 산정한다.

제경비 = 직접인건비의 110 ~ 120%
기술료 = (직접인건비 + 제경비)의 20 ~ 40%

5단계 : 직접경비 산정

직접경비는 해당 소프트웨어 운영사업에 소요되는 직접적인 경비를 의미한다.

직접경비의 계상 시에는 정확한 내역을 제시하여야 하며, 다음 계산양식을 활용하여 직접경비를 산정한다.

직접경비 항목	산출내역	금액(원)
합 계		

6단계 : SW 운영비 산정

아래의 계산식에 따라 소프트웨어 유지관리 및 운영비를 산정한다.

투입공수방식 소프트웨어 운영비 = 직접인건비 + 제경비 + 기술료 + 직접경비

3.4.3 산출물

투입공수에 의한 운영비 산정내역을 종합 정리하는 계산 양식은 다음과 같다.

[표 3.10] 투입공수 방식 운영비 산정내역 종합계산 산출물 양식

항목		IT직무별 투입공수(M/M)				
		IT프로젝트 관리	IT시스템 관리	IT시스템 기술지원	응용SW 개발	…
지원업무						

항목		IT직무별 투입공수(M/M)				
		IT프로젝트 관리	IT시스템 관리	IT시스템 기술지원	응용SW 개발	…
일상운영						
총 투입공수						
평균 임금(M/D)						
월평균 일수						
직접인건비 합계						
제경비	%					
기술료	%					
직접경비						
소프트웨어 운영비 (부가세 별도)						

3.4.4 관련 참고자료 및 유의사항

유의사항

투입공수에 의한 대가 산정방식은 유지관리 대상 소프트웨어의 개발비를 기능점수 방식으로 재산정하는 것이 불가한 경우 유지관리 사업에도 적용할 수 있다. 다만 유지관리 범위에 따른 해당 업무 활동별로 추정한 투입공수를 산정하여 대가를 산정한다.

또한, 정보시스템 운영업무를 전문회사에 위탁하여 사업을 추진할 시에도 투입공수에 의한 산정방식에 의해 소프트웨어 운영비를 산정할 수 있다.

다만, 운영업무 중 일반 행정업무(콜센터 등) 등에 투입되는 인력은 SW기술자가 아닌 해당되는 기타 평균 임금의 적용이 가능하다.

투입공수에 의한 방식으로 운영비를 산정하는 경우, 대가 산정에 사용된 투입공수는 사업의 예산 및 예정가격 산정을 위한 용도로만 활용되어야 하며, 이것이 사업 진행과정에서의 실제 투입인력에 대한 관리기준으로 활용될 수는 없음에 유의하여야 한다.

[참고자료] IT분야 직무체계 및 정의

	직무	직무정의	직업 예시
1	정보기술기획	조직의 경영목표를 달성하기 위하여 정보기술 전략을 기획하고, 거버넌스, 투자성과 분석, 운영 정책, 연구개발, 프로세스, 아키텍처 등 분야 별 전략을 수립하는 일이다.	정보기술기획자 정보기술책임자(CIO,CTO)
2	정보기술 컨설팅	조직의 목표를 달성하는데 도움이 될 수 있도록, 객관적인 시각에서 조직 경영 환경을 이해하고 대상 업무 및 정보시스템을 분석하여 개선 방안을 상담하고 지도하는 일이다.	정보기술컨설턴트 정보시스템컨설턴트
3	정보보호 컨설팅	정보자산을 보호하기 위한 관리적, 물리적, 기술적 영역의 보안 요구사항 및 프로세스를 객관적으로 분석하여 개선 방안을 상담하고 지도하는 일이다.	정보보호컨설턴트
4	데이터분석	데이터 이해 및 처리 기술에 대한 기본 지식을 바탕으로 데이터 분석기획, 데이터 분석, 데이터 시각화 업무를 수행하여 의사결정을 지원하는 일이다.	데이터분석가 데이터사이언티스트 데이터최고책임자(CDO), 빅데이터분석가
5	업무분석	조직의 비전과 목표, 구조, 정책 등의 이해를 바탕으로 업무 요구사항을 도출하고 분석하여, 목적에 부합하는 대응전략을 수립하는 일이다.	업무분석가 비즈니스분석가
6	IT프로젝트 관리	IT프로젝트 인도물의 납기 준수를 위하여 프로젝트를 기획하고, 범위, 일정, 원가, 인적자원, 품질, 위험, 의사소통, 조달, 변경, 보안, 정보시스템 성과 등을 관리하는 일이다.	IT프로젝트관리자(PM) IT프로젝트리더(PL)
7	IT프로젝트 사업관리	프로젝트에 대한 의사결정과 방향 설정이 가능토록 지표를 제공하고 사업관리 지침 및 표준화 방안 제시, 주요이슈, 위험, 자원, 일정/문서, 범위관리를 통하여 프로젝트 수행을 지원하는 일이다.	IT프로젝트사업관리전문가 IT프로젝트사업관리자
8	SW아키텍처	소프트웨어의 기능, 성능, 보안 등의 품질을 보장하고 소프트웨어를 구성하는 요소와 관계를 분석, 설계하여 전체적인 소프트웨어 구조를 체계화하는 일이다.	SW아키텍트 솔루션아키텍트, 애플리케이션아키텍트 웹아키텍트
9	Infrastructure 아키텍처	하드웨어, 미들웨어, 네트워크, 클라우드를 포함하는 인프라를 설계, 구성하여 자원들이 신뢰성 있는 서비스를 제공할 수 있도록 체계화하는 일이다.	Infrastructure아키텍트 네트워크아키텍트, 시스템아키텍트 컴퓨터시스템설계및분석가
10	데이터 아키텍처	데이터를 구조적 관점에서 설계, 생성, 배치, 관리하며, 데이터 개체뿐만 아니라 해당 데이터를 처리하는 애플리케이션에 의해 데이터가 저장, 활용, 통합관리 될 수 있도록 체계화하는 일이다.	데이터아키텍트 데이터모델러, 데이터베이스설계자 데이터베이스아키텍트 데이터설계자,DW설계자

	직무	직무정의	직업 예시
11	UI/UX개발	사용자의 이용형태 및 기술환경을 분석하여, 사용자 인터페이스(UI/UX)의 기획 및 아키텍처를 구축하고, 프로토타입 검증, 설계 및 구현 과정을 통해 효과적인 UI/UX를 개발하는 일이다.	UI/UX개발자 UI/UX분석가,UI/UX기획자, UI/UX디자이너, 그래픽디자이너 웹디자이너, 웹콘텐츠디자이너 웹기획자,웹퍼블리셔, HCI컨설턴트
12	응용SW개발	컴퓨터 프로그래밍 언어로 응용소프트웨어의 분석, 설계, 구현 및 테스트, 배포 등을 통해 제품의 기능을 개발하고 개선하는 일이다.	응용SW개발자 응용SW분석가, 응용SW설계자 모바일(앱)개발자 애플리케이션개발자, 웹개발자 빅데이터개발자, 인공지능SW개발자
13	시스템SW 개발	운영체제 환경에서 시스템 자원을 제어 및 관리하는 소프트웨어와 응용프로그램의 동작을 위한 시스템 플랫폼의 요구사항 분석 및 설계, 구현, 배포를 수행하는 일이다.	시스템SW개발자 시스템SW분석가, 시스템SW설계자 운영체제개발자
14	임베디드SW 개발	하드웨어 플랫폼에 대한 이해를 바탕으로 플랫폼별 운영체제 이식과 펌웨어, 디바이스 드라이버, 애플리케이션 등의 소프트웨어를 개발하고, 하드웨어 플랫폼 최적화를 수행하는 일이다.	임베디드SW개발자 임베디드SW분석가, 임베디드SW설계자 펌웨어개발자
15	데이터베이스 관리	데이터에 대한 요구사항으로부터 데이터베이스를 설계, 구축, 전환하고, 최적의 성능과 품질을 확보하도록 데이터베이스를 수정, 개선, 백업을 수행하는 일이다.	데이터베이스관리자 데이터베이스운영자
16	NW 엔지니어링	네트워크 환경을 분석하여 네트워크에 대한 토폴로지를 설계 및 구성하고, 자원관리와 품질 관리를 수행하는 일이다.	NW엔지니어 NW시스템분석가, NW시스템설계자 NW시스템개발자
17	IT시스템관리	시스템 요구사항을 분석하여 서버와 네트워크, 스토리지, 클라우드와 가상화 등의 자원으로 서비스 플랫폼을 구축하고 안정적인 컴퓨팅 인프라 운용을 수행하는 일이다	IT시스템관리자 네트워크운영자, 네트워크관리자 서버관리자, 서버운영자 웹운영자,웹관리자, 웹마스터 정보보안관제원, 정보시스템운영자
18	IT시스템 기술지원	정보기술 인프라에 대한 이해를 바탕으로 컴퓨터 하드웨어, 스토리지, 클라우드와 가상화, 네트워크 등 IT자원을 이용한 시스템의 구성과 장애처리를 지원하며 시스템 개선 및 정기점검 등을 통해 안정적인 컴퓨팅 인프라 운영을 지원하는 일이다.	IT시스템지원기술자 시스템유지보수지원기술자 IT헬프데스크관리자, IT헬프데스크운영자

	직무	직무정의	직업 예시
19	SW제품기획	기업의 경영전략을 바탕으로, 소프트웨어 활용분야에 대한 기업 내/외부 환경, 요구 기술, 시장성 등을 분석하여 제품 전략을 수립하고, 소프트웨어 제품의 개발, 지원, 판매, 마케팅 계획을 수립, 운용하는 일이다.	SW제품기획자 SW솔루션기획자
20	IT기술영업	정보기술 지식을 바탕으로 고객 관리 및 영업 전략을 수립, 사업기회를 창출하고 요구사항에 적합한 솔루션 제안으로 협상, 계약, 판매 및 사후관리를 수행하는 일이다.	IT기술영업 IT솔루션영업
21	IT서비스기획	정보기술 환경 분석을 통해 고객과 시장의 수요에 맞는 IT서비스를 발굴하고, 제품 및 솔루션 융합으로 새로운 서비스를 기획하는 일이다.	IT서비스기획자 웹서비스기획자
22	IT품질관리	IT품질목표를 달성하기 위하여 전사적인 품질정책 및 관리체계를 수립하고 품질향상을 위해 교육 및 관리활동 등을 수행하며, 프로젝트 차원에서의 품질보증 활동을 수행하는 일이다.	IT품질관리자 데이터품질관리자 QA(QualityAssurance), QC(QualityControl)
23	IT테스트	테스트를 효과적으로 수행하기 위해 필요한 기획, 환경 구축, 실행, 결함관리, 문서화를 수행하고 관리하는 일이다.	IT테스터 SW테스터
24	IT감리	정보시스템의 효율성을 향상시키고 안전성을 확보하기 위하여 제3자의 관점에서 정보시스템의 기획, 구축 및 운영 등에 관한 사항을 종합적으로 점검하고 문제점이 개선 되도록 시정조치사항을 도출하고 확인하는 일이다.	IT감리원 정보시스템감리원
25	IT감사	IT를 운영하는데 있어 거버넌스 차원의 관련법, 제도, 내부 정책, 역할, 가이드라인, 규범, 기술표준 등을 준수하도록 지속적인 통제관리를 수행하는 일이다.	IT감사자 정보시스템감사자
26	정보보호관리	정보 자산을 안정적으로 운영하는 데 필요한 보안정책을 수립하고 관련 법제도 준수, 보호관리 활동을 수행하며, 위험관리에 기반한 정보보호 대책을 도출하여 실행토록 관리하는 일이다	정보보호관리자 정보보호 전문가, 정보보호책임자 (CISO,CSO)
27	보안사고대응	보안사고의 피해확산 방지를 위해 위협정보를 탐지하고 시스템 복구와 예방 전략을 수립, 서비스에 영향을 준 증거를 확보 및 분석하여 대응하는 일이다.	보안사고대응전문가 디지털포렌식전문가 모의해킹전문가, 정보보호진단분석원
28	IT기술교육	IT분야의기술교육을위하여방향수립과환경조성,교과및 자료개발,성과평가를수행 하는일이다.	IT교육강사

3단계 : 직접인건비 계산

각 업무활동별로 투입공수를 고려하고, 평균 임금을 곱하여 직접인건비를 계산한다.

업무활동	IT직무별 투입공수(M/M)				
직무	IT프로젝트 관리	IT시스템 관리	IT시스템 기술지원	응용SW 개발	…
소요공수(M/M)	1.0	1.0	3.0	6.0	
일 평균 근무일수	20.8	20.8	20.8	20.8	
일 평균임금	377,354	247,442	307,532	260,046	
직접인건비	7,848,963	5,146,794	19,189,997	32,453,741	

직접인건비 = IT프로젝트 관리자 12M/M ×일 평균 임금(377,354) ×월 평균 근무일수(20.8일)
+ IT시스템 관리자 12M/M ×일 평균 임금(247,442) ×월 평균 근무일수(20.8일)
+ IT지원 기술자 12M/M ×일 평균 임금(307,532) ×월 평균 근무일수(20.8일)
+ 응용SW 기술자 12M/M ×일 평균 임금(260,046) ×월 평균 근무일수(20.8일)
= 64,639,495원

4단계 : 제경비 및 기술료 계산

제경비와 기술료를 업무 특성에 따라 산정한다. 제경비는 직접인건비의 110~120%로 산정할 수 있으며 본 예에서는 110%를 사용하여 제경비를 산정하였다.

기술료는 직접인건비와 제경비의 합에서 20~40%범위로 산정할 수 있다. 본 예에서는 기술료를 20%로 산정하였다.

제경비 = 64,639,495 ×110% = 71,103,445원
기술료 = (64,639,495 + 71,103,445) ×20% = 27,148,588원

5단계 : 직접경비 산정

본 운영사업에 직접적으로 소요되는 직접경비는 다음과 같다.

구 분	산출내역	금액(원)
출장비	2박 3일 3인 1회 고급기술자 124,000×인×회=124,000 중급기술자 105,800×인×회=211,600	335,600
인쇄비	50쪽 100부 기준 : 200/쪽	1,000,000
합 계		1,335,600

3.4.5.1 적용사례(1)

1단계 : 운영 대상 업무 선정

'A'기관에서 소프트웨어 운영서비스 사업을 발주하고자 한다. 운영 대상 업무로 일반적인 수준의 지원업무와 일상운영 업무와 함께 운영시간외 점검업무를 포함하여 운영 대가를 산정하고자 한다.

2단계 : 소프트웨어 운영 직무 결정 및 공수 산정

투입공수에 의한 산정방식에 의해 소프트웨어 운영비를 산정함에 있어, 투입 공수의 측정은 세부 업무분류를 바탕으로 진행한다.

SW운영 대상 업무 수행에 필요한 직무를 결정한다. SW사업 관련 직무는 "IT분야 직무체계 및 정의"를 참고한다. 본 예제에서는 SW 운영 직무 예시로 IT시스템관리, IT기술 지원, 응용SW개발 직무가 필요한 것으로 가정하였으며, 각 직무별로 1M/M, 3M/M, 6M/M를 투입하는 것으로 산출하였다. 용역기간 동안 전체 프로젝트의 관리를 맡은 IT프로젝트관리자 1M/M도 포함하였다.

<table>
<tr><th colspan="3">업무활동</th><th colspan="5">IT직무별 투입공수(M/M)</th></tr>
<tr><th>대분류</th><th>중분류</th><th>소분류</th><th>IT프로젝트 관리</th><th>IT시스템 관리</th><th>IT시스템 기술지원</th><th>응용SW 개발</th><th>…</th></tr>
<tr><td rowspan="9">운영업무</td><td rowspan="3">지원업무</td><td>사용자교육</td><td rowspan="3">0.5</td><td rowspan="3">0.8</td><td rowspan="3">1.2</td><td rowspan="3">2.4</td><td rowspan="3"></td></tr>
<tr><td>콜센터 운영</td></tr>
<tr><td>정례 보고 및 회의</td></tr>
<tr><td rowspan="6">일상운영</td><td>SW운영서비스 계획 및 시행</td><td rowspan="6">0.5</td><td rowspan="6">0.2</td><td rowspan="6">1.8</td><td rowspan="6">3.6</td><td rowspan="6"></td></tr>
<tr><td>배치작업 및 (비)정기 작업수행 및 결과 확인/조치</td></tr>
<tr><td>SW이상유무 점검</td></tr>
<tr><td>전산자료 출력지원</td></tr>
<tr><td>데이터 및 콘텐츠 관리 계획 수립 및 시행</td></tr>
<tr><td>보안 및 방화벽 관리</td></tr>
<tr><td colspan="3">총 투입공수</td><td>1.0</td><td>1.0</td><td>3.0</td><td>6.0</td><td></td></tr>
</table>

3단계 : 직접인건비 계산

각 업무활동별로 투입공수를 고려하고 평균 임금을 곱하여 직접인건비를 계산한다.

업무활동	IT직무별 투입공수(M/M)				
직무	IT프로젝트 관리	IT시스템 관리	IT시스템 기술지원	응용SW 개발	…
소요공수(M/M)	1.0	1.0	3.0	6.0	
일 평균 근무일수	20.8	20.8	20.8	20.8	
일 평균임금	377,354	247,442	307,532	260,046	
직접인건비	7,848,963	5,146,794	19,189,997	32,453,741	

4단계 : 제경비 및 기술료 계산

제경비와 기술료를 업무 특성에 따라 산정한다. 제경비는 직접인건비의 110~120%로 산정할 수 있으며 본 예에서는 110%를 사용하여 제경비를 산정하였다.

기술료는 직접인건비와 제경비의 합에서 20~40%범위로 산정할 수 있다. 본 예에서는 기술료를 20%로 산정하였다.

제경비 = 64,639,495 ×110% = 71,103,445원
기술료 = (64,639,495 + 71,103,445) ×20% = 27,148,588원

5단계 : 직접경비 산정

본 운영사업에 직접적으로 소요되는 직접경비는 다음과 같다.

구 분	산출내역	금액(원)
출장비	2박 3일 3인 1회 고급기술자 124,000×인×회=124,000 중급기술자 105,800×인×회=211,600	335,600
인쇄비	50쪽 100부 기준 : 200/쪽	1,000,000
합 계		1,335,600

6단계 : SW 운영비 산정

직접인건비와 제경비, 기술료, 직접경비를 합하여 투입공수방식 운영비를 최종 산정한다.

투입공수방식 운영비 = 779,698,982 + 857,668,880 + 327,473,572 + 1,335,600
= 1,966,177,035원

투입공수방식 운영비의 산출내역을 종합하여 나타내면 다음과 같다.

[표 3.11] 투입공수 방식 운영비 산정내역 종합계산 산출물 작성 예시

<table>
<tr><th colspan="3">업무활동</th><th colspan="7">IT직무별 투입공수(M/M)</th></tr>
<tr><th>대분류</th><th>중분류</th><th>소분류</th><th>IT프로젝트 관리</th><th>IT시스템 관리</th><th>IT시스템 기술지원</th><th>응용SW 개발</th><th>DB관리</th><th>NW 엔지니어링</th><th>정보보호 관리</th></tr>
<tr><td rowspan="14">운영 업무</td><td rowspan="4">지원 업무</td><td>사용자 가이드/ 설치 지원</td><td rowspan="4">3.6</td><td rowspan="4">4.0</td><td rowspan="4">3.0</td><td rowspan="4">10.0</td><td rowspan="4">2.4</td><td rowspan="4">2.4</td><td rowspan="4">2.4</td></tr>
<tr><td>사용자교육</td></tr>
<tr><td>Help Desk (IT Spoc 서비스)</td></tr>
<tr><td>정례 보고 및 회의 자료 제공</td></tr>
<tr><td rowspan="10">일상 운영</td><td>OA 유지보수 (자산관리 및 장애 대응)</td><td rowspan="10">8.4</td><td></td><td>12.0</td><td></td><td></td><td></td><td></td></tr>
<tr><td>Application 운영 및 모니터링</td><td rowspan="4">12.0</td><td rowspan="4">12.0</td><td rowspan="4">20.0</td><td rowspan="4">6.0</td><td rowspan="4">6.0</td><td rowspan="4">6.0</td></tr>
<tr><td>Application 운영 (상시/정기 예방 점검 등)</td></tr>
<tr><td>Application 장애를 대비한 자체 모의 훈련 지원</td></tr>
<tr><td>Application 사용자 기술 지원</td></tr>
<tr><td>보안시스템 운영 및 모니터링</td><td rowspan="4">8.0</td><td rowspan="4">3.0</td><td rowspan="4"></td><td rowspan="4">3.6</td><td rowspan="4">3.6</td><td rowspan="4">3.6</td></tr>
<tr><td>보안시스템 운영 (상시/정기 예방 점검 등)</td></tr>
<tr><td>보안시스템 장애를 대비한 자체 모의 훈련 지원</td></tr>
<tr><td colspan="3">총 투입공수</td><td>12.0</td><td>12.0</td><td>30.0</td><td>30.0</td><td>12.0</td><td>12.0</td><td>12.0</td></tr>
<tr><td colspan="3">일 평균 근무일수</td><td colspan="7">20.8</td></tr>
</table>

업무활동			IT직무별 투입공수(M/M)						
대분류	중분류	소분류	IT프로젝트 관리	IT시스템 관리	IT시스템 기술지원	응용SW 개발	DB관리	NW 엔지니어링	정보보호 관리
일 평균임금			377,354	247,442	307,532	260,046	291,249	316,056	225,306
직접인건비			94,187,558	123,523,046	191,899,968	162,268,704	72,695,750	78,887,578	56,236,378
직접인건비 합계			779,698,982						
제경비	110%		857,668,880						
기술료	20%		327,473,572						
직접경비			1,335,600						
소프트웨어 운영비			1,966,177,035 (부가세 별도)						

3.4.5.2 적용사례(2)

1단계 : 운영 대상 업무 선정

'B'기관에서 OO시스템 운영사업을 발주하고자 한다. 해당 시스템의 유지관리 및 인프라 영역을 제외한 운영부문만 대상 업무로 일반적인 수준의 지원업무와 일상운영 업무와 함께 시스템 장애를 대비한 모의훈련을 포함하여 운영 대가를 산정하고자 한다.

대분류	중분류	대상 업무
SW운영	지원업무	사용자 가이드/설치 지원 사용자교육 Help Desk (IT Spoc 서비스) 정례 보고 및 회의자료(데이터) 제공
	일상운영	OA 유지보수 (자산관리 및 장애 대응) Application 및 보안시스템 운영 및 모니터링 Application 및 보안시스템 운영 (상시/정기 예방 점검 등) Application 및 보안시스템 장애를 대비한 자체 모의 훈련 지원 Application 사용자 기술 지원

2단계 : 소프트웨어 운영 직무 결정 및 공수 산정

투입공수에 의한 산정방식에 의해 소프트웨어 운영비를 산정함에 있어 투입 공수의 측 정은 세부 업무분류를 바탕으로 진행한다.

SW운영 대상 업무 수행에 필요한 직무를 결정한다. SW사업 관련 직무는 "IT분야 직무 체계 및 정의"를 참고한다. 본 사업에서는 대상 업무에 따른 투입인력 비중을 고려하여 소분류 업무를 재정리하였으며, 투입인력 인원 및 비중에 따라 프로젝트관리자, IT시스템 관리자, IT시스템지원기술자, 응용SW개발자, 데이터베이스운영자, 네트워크시스템개발자, 정보보호관리자가 필요한 것으로 가정하였으며, 총 11명(132M/M)을 투입하는 것으로 산출하였다.

[표 3-12] 투입공수 방식 운영비 업무활동별 투입공수 산출 예시

<table>
<tr><th colspan="3">업무활동</th><th colspan="7">IT직무별 투입공수(M/M), (투입비중:%)</th></tr>
<tr><th>대분류</th><th>중분류</th><th>소분류</th><th>IT프로젝트 관리</th><th>IT시스템 관리</th><th>IT시스템 기술지원</th><th>응용SW 개발</th><th>DB관리</th><th>NW 엔지니어링</th><th>정보보호 관리</th></tr>
<tr><td rowspan="14">운영 업무</td><td rowspan="4">지원 업무</td><td>사용자 가이드/설치 지원</td><td rowspan="4">3.6 (30%)</td><td rowspan="4">4.0 (33%)</td><td rowspan="4">3.0 (25%)</td><td rowspan="4">10.0 (83%)</td><td rowspan="4">2.4 (20%)</td><td rowspan="4">2.4 (20%)</td><td rowspan="4">2.4 (20%)</td></tr>
<tr><td>사용자교육</td></tr>
<tr><td>Help Desk (IT Spoc 서비스)</td></tr>
<tr><td>정례 보고 및 회의자료 제공</td></tr>
<tr><td rowspan="10">일상 운영</td><td>OA 유지보수 (자산관리 및 장애 대응)</td><td rowspan="10">8.4 (70%)</td><td></td><td>12.0 (100%)</td><td></td><td></td><td></td><td></td></tr>
<tr><td>Application 운영 및 모니터링</td><td rowspan="5">12.0 (100%)</td><td rowspan="5">12.0 (100%)</td><td rowspan="5">20.0 (167%)</td><td rowspan="5">6.0 (50%)</td><td rowspan="5">6.0 (50%)</td><td rowspan="5">6.0 (50%)</td></tr>
<tr><td>Application 운영 (상시/정기 예방 점검 등)</td></tr>
<tr><td>Application 장애를 대비한 자체 모의 훈련 지원</td></tr>
<tr><td>Application 사용자 기술 지원</td></tr>
<tr><td>보안시스템 운영 및 모니터링</td></tr>
<tr><td>보안시스템 운영 (상시/정기 예방 점검 등)</td><td rowspan="4">8.0 (67%)</td><td rowspan="4">3.0 (25%)</td><td rowspan="4"></td><td rowspan="4">3.6 (30%)</td><td rowspan="4">3.6 (30%)</td><td rowspan="4">3.6 (30%)</td></tr>
<tr><td>보안시스템 장애를 대비한 자체 모의 훈련 지원</td></tr>
<tr></tr>
<tr></tr>
<tr><td colspan="3">총 투입공수</td><td>12.0</td><td>24.0</td><td>30.0</td><td>30.0</td><td>12.0</td><td>12.0</td><td>12.0</td></tr>
</table>

3단계 : 직접인건비 계산

각 업무활동별로 투입공수를 고려하고, 평균 임금을 곱하여 직접인건비를 계산한다.

업무활동	IT직무별 투입공수(M/M)						
직무	IT프로젝트 관리	IT시스템 관리	IT시스템 기술지원	응용SW 개발	데이터베이스 관리	NW 엔지니어링	정보보호 관리
소요공수(M/M)	12.0	24.0	30.0	30.0	12.0	12.0	12.0
일 평균 근무일수	20.8	20.8	20.8	20.8	20.8	20.8	20.8
일 평균임금	377,354	247,442	307,532	260,046	291,249	316,056	225,306
직접인건비	94,187,558	123,523,046	191,899,968	162,268,704	72,695,750	78,887,578	56,236,378

직접인건비 = IT프로젝트관리 12M/M × 일 평균 임금(377,354) × 월 평균 근무일수(20.8일)
+ IT시스템관리 24M/M × 일 평균 임금(247,442) × 월 평균 근무일수(20.8일)
+ IT시스템기술지원 30M/M ×일 평균 임금(307,532) ×월 평균 근무일수(20.8일)
+ 응용SW개발 30M/M ×일 평균 임금(260,046) ×월 평균 근무일수(20.8일)
+ 데이터베이스 관리 12M/M ×일 평균 임금(291,249) ×월 평균 근무일수(20.8일)
+ NW엔지니어링 12M/M ×일 평균 임금(316,056) ×월 평균 근무일수(20.8일)
+ 정보보호관리 12M/M ×일 평균 임금(225,306) ×월 평균 근무일수(20.8일)
= 779,698,982원

4단계 : 제경비 및 기술료 계산

제경비와 기술료를 업무 특성에 따라 산정한다. 제경비는 직접인건비의 110~120%로 산정할 수 있으며 본 예에서는 110%를 사용하여 제경비를 산정하였다.

기술료는 직접인건비와 제경비의 합에서 20~40%범위로 산정할 수 있다. 본 예에서는 기술료를 20%로 산정하였다.

제경비 = 779,698,982 ×110% = 857,668,880원
기술료 = (779,698,982 + 857,668,880) ×20% = 327,473,572원

[표 3.13] 투입공수 방식 운영비 산정내역 종합계산 산출물 작성 예시

<table>
<tr><th colspan="3">업무활동</th><th colspan="7">IT직무별 투입공수(M/M)</th></tr>
<tr><th>대분류</th><th>중분류</th><th>소분류</th><th>IT프로젝트 관리</th><th>IT시스템 관리</th><th>IT시스템 기술지원</th><th>응용SW 개발</th><th>DB관리</th><th>NW 엔지니어링</th><th>정보보호 관리</th></tr>
<tr><td rowspan="12">운영 업무</td><td rowspan="4">지원 업무</td><td>사용자 가이드/설치 지원</td><td rowspan="4">3.6</td><td rowspan="4">4.0</td><td rowspan="4">3.0</td><td rowspan="4">10.0</td><td rowspan="4">2.4</td><td rowspan="4">2.4</td><td rowspan="4">2.4</td></tr>
<tr><td>사용자교육</td></tr>
<tr><td>Help Desk (IT Spoc 서비스)</td></tr>
<tr><td>정례 보고 및 회의자료 제공</td></tr>
<tr><td rowspan="8">일상 운영</td><td>OA 유지보수
(자산관리 및 장애 대응)</td><td rowspan="8">8.4</td><td></td><td>12.0</td><td></td><td></td><td></td><td></td></tr>
<tr><td>Application 운영 및 모니터링</td><td rowspan="3">12.0</td><td rowspan="3">12.0</td><td rowspan="3">20.0</td><td rowspan="3">6.0</td><td rowspan="3">6.0</td><td rowspan="3">6.0</td></tr>
<tr><td>Application 운영 (상시/정기 예방 점검 등)</td></tr>
<tr><td>Application 장애를 대비한 자체 모의 훈련 지원</td></tr>
<tr><td>Application 사용자 기술 지원</td><td rowspan="4">8.0</td><td rowspan="4">3.0</td><td rowspan="4"></td><td rowspan="4">3.6</td><td rowspan="4">3.6</td><td rowspan="4">3.6</td></tr>
<tr><td>보안시스템 운영 및 모니터링</td></tr>
<tr><td>보안시스템 운영
(상시/정기 예방 점검 등)</td></tr>
<tr><td>보안시스템 장애를 대비한 자체 모의 훈련 지원</td></tr>
<tr><td colspan="3">총 투입공수</td><td>12.0</td><td>12.0</td><td>30.0</td><td>30.0</td><td>12.0</td><td>12.0</td><td>12.0</td></tr>
<tr><td colspan="3">일 평균 근무일수</td><td colspan="7">20.8</td></tr>
<tr><td colspan="3">일 평균임금</td><td>377,354</td><td>247,442</td><td>307,532</td><td>260,046</td><td>291,249</td><td>316,056</td><td>225,306</td></tr>
<tr><td colspan="3">직접인건비</td><td>94,187,558</td><td>123,523,046</td><td>191,899,968</td><td>162,268,704</td><td>72,695,750</td><td>78,887,578</td><td>56,236,378</td></tr>
<tr><td colspan="3">직접인건비 합계</td><td colspan="7">779,698,982</td></tr>
<tr><td colspan="2">제경비</td><td>110 %</td><td colspan="7">857,668,880</td></tr>
<tr><td colspan="2">기술료</td><td>20 %</td><td colspan="7">327,473,572</td></tr>
<tr><td colspan="3">직접경비</td><td colspan="7">1,335,600</td></tr>
<tr><td colspan="3">소프트웨어 운영비</td><td colspan="7">1,966,177,035 (부가세 별도)</td></tr>
</table>

3.4.5 3 적용사례(3)

1단계 : 운영 대상 업무 선정

'C'사가 발주자로부터 대국민서비스 운영 위탁사업을 수주하게 되었다. 운영 대상 업무로 일반적인 수준의 지원업무와 일상운영 업무와 함께 운영시간외 점검업무를 포함하여 운영 대가를 산정하고자 한다.

2단계

소프트웨어 운영 직무 결정 및 공수 산정투입공수에 의한 산정방식에 의해 소프트웨어 운영비를 산정함에 있어, 투입 공수의 측정은 세부 업무분류를 바탕으로 진행한다.

① 업무 활동별로 투입인력 규모를 산출한 결과, 6개월 동안 정보시스템을 운영하기 위해 운영업무의 전체 관리자로서 특급기술자 1명, 중간관리자로서 고급기술자 2명, 그리고 실무진으로서 중급기술자 2명이 필요하다고 판단하였으며 총 6개월의 투입기간을 산정했다.

② 업무 활동별로 투입직무별 공수를 산출한 결과, 6개월 동안 정보시스템을 운영하기 위해 운영업무의 전체 관리자로서 IT프로젝트관리, IT품질관리, 데이터베이스관리, 응용 SW개발, IT시스템기술지원 직무가 필요한 것으로 판단하였으며, 총 6개월의 투입기간을 산정했다.

[표 3.14] 투입공수 방식 운영비 업무활동별 투입공수 산출 예시

<table>
<tr><th colspan="3">업무활동</th><th colspan="5">① 등급별 투입공수(M/M)</th></tr>
<tr><th>대분류</th><th>중분류</th><th>소분류</th><th>기술사</th><th>특급 기술자</th><th>고급 기술자</th><th>중급 기술자</th><th>초급 기술자</th></tr>
<tr><td rowspan="3">운영업무</td><td rowspan="3">지원업무</td><td>월례보고 작성</td><td rowspan="3">0.0</td><td rowspan="3">3.0</td><td rowspan="3">6.0</td><td rowspan="3">6.0</td><td rowspan="3">0.0</td></tr>
<tr><td>안내데스크 운영</td></tr>
<tr><td>품질관리</td></tr>
<tr><td rowspan="3">운영업무</td><td rowspan="3">일상운영</td><td>서비스 계획 및 시행</td><td rowspan="3">0.0</td><td rowspan="3">3.0</td><td rowspan="3">6.0</td><td rowspan="3">6.0</td><td rowspan="3">0.0</td></tr>
<tr><td>게시판 운영</td></tr>
<tr><td>데이터 백업</td></tr>
<tr><td colspan="3">총 투입공수</td><td>0.0</td><td>6.0</td><td>12.0</td><td>12.0</td><td>0.0</td></tr>
</table>

<table>
<tr><th colspan="3">업무활동</th><th colspan="5">② IT직무별 투입공수(M/M)</th></tr>
<tr><th>대분류</th><th>중분류</th><th>소분류</th><th>IT프로젝트 관리</th><th>IT품질 관리</th><th>데이터베이스 관리</th><th>응용SW 개발</th><th>IT시스템 기술지원</th></tr>
<tr><td rowspan="6">운영업무</td><td rowspan="3">지원업무</td><td>월례보고 작성</td><td rowspan="3">3.0</td><td rowspan="3">3.0</td><td rowspan="3">3.0</td><td rowspan="3">3.0</td><td rowspan="3">3.0</td></tr>
<tr><td>안내데스크 운영</td></tr>
<tr><td>품질관리</td></tr>
<tr><td rowspan="3">일상운영</td><td>서비스 계획 및 시행</td><td rowspan="3">3.0</td><td rowspan="3">3.0</td><td rowspan="3">3.0</td><td rowspan="3">3.0</td><td rowspan="3">3.0</td></tr>
<tr><td>게시판 운영</td></tr>
<tr><td>데이터 백업</td></tr>
<tr><td colspan="3">총 투입공수</td><td>6.0</td><td>6.0</td><td>6.0</td><td>6.0</td><td>6.0</td></tr>
</table>

3단계 : 직접인건비 계산

각 업무활동별로 투입공수를 고려하고, 평균 임금을 곱하여 직접인건비를 계산한다.

업무활동	① 등급별 투입공수(M/M)				
직무	기술사	특급 기술자	고급 기술자	중급 기술자	초급 기술자
소요공수(M/M)	0.0	6.0	12.0	12.0	0.0
일 평균 근무일수	20.8				
일 평균임금	462,072	406,342	305,433	239,748	215,681
직접인건비	0	50,711,482	76,236,077	59,841,101	0
총 직접인건비	186,788,660				

업무활동	② IT직무별 투입공수(M/M)				
직무	IT프로젝트 관리	IT품질 관리	데이터베이스 관리	응용SW 개발	IT시스템 기술지원
소요공수(M/M)	6.0	6.0	6.0	6.0	6.0
일 평균 근무일수	20.8				
일 평균임금	377,354	367,144	291,249	260,046	307,532
직접인건비	47,093,779	45,819,571	36,347,875	32,453,741	38,379,994
총 직접인건비	200,094,960				

(이하 제경비, 기술료, 직접경비 산정방식은 앞의 사례와 같이 동일한 계산이므로 생략함)

1. 소프트웨어 관리가 왜 어려운가? 그 이유를 설명하시오.

2. 책임 프로그래머 팀에 관하여 설명하고, 필요한 이유를 열거하시오.

3. 이정표(Milestone)에 대하여 설명하고, 필요한 이유를 설명하시오.

4. Basic COCOMO 모델을 이용하여 다음의 프로젝트 비용을 산정하라.

- 50,000 DSI를 가진 Semi-Detached Mode 프로젝트
- 2,500 DSI를 가진 Embedded Mode 프로젝트
- 3,000 DSI를 가진 Embedded Mode 프로젝트
- 8,000 DSI를 가진 Organic Mode 프로젝트

5. COCOMO 모델에 의하여 비용을 산정하려고 할 때 가장 어려운 점은 무엇인가?

6. 소프트웨어 프로젝트의 규모를 예측하기 위한 방법들의 특징을 설명하여라.

참고문헌

1. 노중호, 소프트웨어 개발비 산정방법, 한국정보산업협회 워크숍, 3, 1987.
2. B.W. Boehm, *Software Engineering Economics*, Prentice Hall, 1981.
3. J.W. Bailey, V.R. Basili, "A Meta-Model for Software Development Resource Expenditures", Proceedings 5th Inter Conf. on SW ENG, IEEE/ACM/NBS, pp. 107~316, March, 1981,
4. R.S. Pressman, *Software Engineering*, 2th ed, McGraw-Hill, 1987.
5. L.H. Putman,"A General Empirical Solution to the Macro Software Sizing and Estimation Problem", IEEE, Vol. 4, July, 1978.
6. WANG INST, *WICOMO TOOL*, user's Manual, Boston, 1982.
7. 정보통신부 사이트(http : //web.mic.go.kr/jsp/mic_d/d100-0001-1-1.jsp?gubun=2)

04 Chapter 소프트웨어 요구사항 분석 및 정의

4.1 소프트웨어 요구사항 분석 및 정의
4.2 요구 사항 정의의 중요성
4.3 요구 사항 정의 에러의 원인
4.4 좋은 소프트웨어 요구 사항 명세서의 조건
4.5 요구분석의 도구
4.6 요구사항 검증(Requirements Validation)
4.7 프로토타이핑(Prototyping)
4.8 객체지향 분석방법론
4.9 컴포넌트 기반 소프트웨어 분석

4.1 소프트웨어 요구사항 분석 및 정의

시스템 개발 작업의 제일 첫 번째 단계는 요구 사항 분석과 정의 단계이다. 이 단계에서는 시스템 전체에 대한 사용자의 요구 사항들을 추출하여, 컴퓨터 하드웨어, 소프트웨어, 인간관계의 각각에 대하여 분류하는 작업을 수행한다. 소프트웨어의 요구는 사용자의 요구와 컴퓨터 시스템의 요구로 나누어진다. 사용자의 요구를 컴퓨터 시스템, 즉 하드웨어와 소프트웨어의 성능에 맞추어서 분석해 나간다. 이와 같이 시스템 요구를 분석해 나가는 것이 소프트웨어 요구분석 및 정의 단계이며, 이 분석과 정의 단계는 소프트웨어 개발의 출발점으로서 특히 중요하며 그 관련성은 [그림 4.1]과 같다.

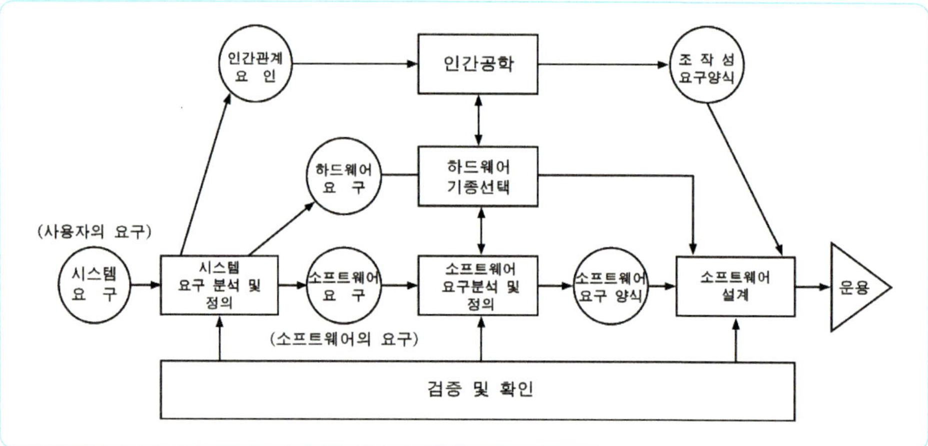

[그림 4.1] 소프트웨어 요구 사항 분석 및 정의 과정

결국 소프트웨어 요구 분석 및 정의라는 것은 소프트웨어에 관한 요구가 무엇인가(즉, 소프트웨어가 무엇을 해야 하는가)를 추출하여 소프트웨어 요구 사항 명세(Software Requirement Specification)를 작성하는 작업이며, 이 명세를 바탕으로 해서 소프트웨어의 설계 및 구현 작업을 전개한다. 소프트웨어의 요구명세는 소프트웨어 개발에 참여하는 모든 사람들

(사용자, 시스템 분석자, 고객, 프로젝트 관리자 등)의 공통 기반이 되는 것으로서, 이 소프트웨어 제품이 무엇(What)을 어느 정도 잘(How well) 달성하지 않으면 안 되는가를 기술한다. 그것을 어떻게(How) 달성하고 실현할 것인지는 설계상의 문제이므로 요구 명세에서는 기술하지 않는다. 소프트웨어의 요구분석과 정의는 이용자(사용자와 고객)가 소프트웨어에 대해 무엇을 원하고 있는가를 조사하여 그것을 소프트웨어 요구로서 정의하는 것으로 그 순서를 다음의 세 가지 단계로 생각해 볼 수 있다.

(1) 조사단계

사용자가 어떠한 시스템을 원하고 있는가의 개요를 파악하는 것으로써, 그 절차는 다음과 같다.

① 원하는 시스템의 기능들을 다이어그램으로 나타낸다.
② 주요한 시스템 목표, 대안, 환경상의 제약을 기술한다.
③ 사용자에 대하여 인터뷰 계획을 세운다.
④ 인터뷰를 하고 그 결과를 분석한다.
⑤ 시스템 목표, 대안, 환경상의 제약을 세분하여 다듬고 시스템 부하를 특성화한다.
⑥ 스크리닝 매트릭스(Screening Matrix) 등의 방법을 사용하여 대안을 비교 평가한다.
⑦ 제일 좋은 안을 선택해서 그 실현 가능성을 조사한다. 실현 불가능의 경우는 다음 대안의 실현 가능성을 조사한다. 이 가능성을 안이 끝나 버린다던가, 혹은 최적 안이 발견될 때까지 반복한다.
⑧ 제일 좋은 안의 실현 가능성을 검증 및 확인한다.
⑨ 다음 단계의 상세한 계획을 세운다.
⑩ 이상의 결과를 검토하여 문제가 없으면 이를 기초로 해서 이후의 처리 과정에 대한 승인을 얻고, 문제가 있으면 앞 과정으로 돌아가서 다시 작업한다.

이러한 작업결과 후 다음과 같은 형식대로 보고서를 작성한다.

예비조사 보고서

- 개요
- 배경과 기본적 사고방식
- 시스템의 목표
- 시스템의 대안(복수 개)
- 스크리닝 분석
- 실현 가능성의 해석과 확인
- 결론
- 주의사항과 추천사항

대안을 선택하는 스크리닝 매트릭스 예를 [표 4.1]에 나타내었다.

[표 4.1] 스크리닝 매트릭스의 기입 예 (기입 예는 가상적임)

판단기준	중요도	기존 시스템	메뉴얼과 알고리즘	DB간의 관계	배치 모듈	회화형 시스템	패키지 및 툴 구입
비 용	+						
개발비용	+		+			×	
운용비용	×		–			×	
스케줄	×		+			×	
개발요원	×		×			×	
효과 (기능)							
소프트웨어 가격 견적	+		×			×	
공정별, 활동별 추정	×	○	–			×	
보수비용, 컴퓨터 비용을 포함	–		–			–	
소프트웨어 가격 데이터베이스	×		×			×	
복수 버전	–		×			×	
일선 기술의 이용	+	○	×	○		×	
처리율(through-put)	×	○	–			×	
응답시간	+		–		○	×	
정밀도	+	○	×			×	
용이성	×		×			×	

판단기준	중요도	기존 시스템	메뉴얼과 알고리즘	DB간의 관계	배치 모듈	회화형 시스템	패키지 및 툴 구입
보수 용이성	×		×			×	
단계 모듈 향상	×		×			×	
시장성	○						
일선 기술의 이용	+	○	×	○		×	
가격과 프로그램과의 인터페이스	−		−	○		×	
기타							
위 험							
기술적 위험	○						
가동률/신뢰성	×		+			×	
제어의 곤란성	×		×			+	
기타							

스크리닝 매트릭스는 중요도를 먼저 평가하고 관련된 항목을 대응시켜서 평가한 내용을 분석해 준다. 평가점수 시스템은 다음과 같다. 대안과 판단 기준이 나타나 있고 각각의 항목마다 평가점수를 써넣어 행렬을 작성한다. 최종적으로 각 대안별로 종합평가를 하면 최적안을 선택할 수 있다. 단, 행과 열로서 어떠한 판단기준, 대안을 생각할 것인가는 평가하는 사람의 능력과 판단력에 달려있다. 예로써 소프트웨어 개발비용의 추정 시스템에 대한 스크리닝 분석을 들 수 있다. 중요도와 평가점수에 중점을 주어 점수를 계산하면 상대적인 비교도 가능하게 될 것이다.

[표 4.2] 평가표

	판단기준	대체안
○	중요하지 않다.	받아들이지 않음.
−	선택적이다.	범위 밖이다.
×	중요하다.	받아들임.
+	임계적이다.	강력하다.

(2) 개념단계

조사 보고서를 상세화하고 시스템 개념의 모델을 다음의 순서로 정리한다.

① 스크리닝 매트릭스를 이용하여 시스템의 평가기준을 정한다.

② 각 기준에 대하여 필요 또는 수용 가능한 값을 정한다.

③ 대안(복수 개), 시스템 부하, 환경상 제약 특성 등을 상세히 전개한다.

④ 대안의 비용 효과, 성능모델, 생명주기, 비용 모델 등을 평가한다.

⑤ 최적안을 선택한다.

⑥ 제안되는 시스템의 개념, 운용 조작의 개념, 생명주기 계획을 전개한다.

⑦ 선택된 안의 타당성을 확인한다.

⑧ 다음 단계의 상세한 계획을 세운다.

⑨ 이상의 결과를 검토하고 문제가 있으면 이를 기본선으로 해서 이후의 전개에 대해서 정식으로 승인을 얻는다. 개발 계약서를 작성한다.

이러한 작업 결과 후 다음 형식대로 시스템 조사 보고서를 작성한다.

시스템 조사 보고서
-개요 -배경과 기본적 사고방식 -시스템의 목표 -시스템의 대안(복수 개) -스크리닝 분석 -비용 효과의 해석과 결과의 검증 및 확인 -제안 시스템의 개념 -운용조작의 개념 -생명주기 계획 -개발 계약서의 초고 -다음 단계의 상세 계획 -주의사항과 추천사항

(3) 요구 정의 단계

시스템 사용자로부터의 요구를 명세화한다. 그 순서는 다음과 같다.

① 기본 구조와 운용조작의 개념을 전개해서 추상 시스템 모델을 형성한다. 그리고 이 시스템 모델의 속성을 기술한다. 즉,

- 시스템과 그 환경 사이에서 작용하는 모든 실체
- 시스템의 입력과 기대되는 응답
- 시스템의 성능을 정하는 파라미터의 값(예를 들면, 응답시간, 처리율, 자원 사용률, 비용 등)
- 시스템의 특징(예를 들면 신뢰성, 유지 보수성, 조작성 등)을 기술한다.

② 이 모델(혹은 기술)이 완전하여 빠짐없이 일관성이 있고 애매함이 없는 것인가를 검증한다. 모델이 불완전한 경우에는 다시 사용자, 유사 시스템 등에서 지식을 습득해서 모델을 재구성한다.

③ 이때, 경우에 따라서는 문제에 대하여 해를 검토한다.

④ 추상 시스템 모델의 실현 가능성을 시뮬레이션 등을 통하여 실증한다. 이때 기술적 위험부담, 비용/기간적 위험 부담, 환경적 위험부담도 생각한다. 실현 불가능한 경우는 다른 시스템 모델을 생각한다.

이들을 반복해서 아래와 같은 항목을 최소한으로 포함한 시스템 요구명세서를 작성한다.

시스템 요구명세

- 시스템 개요 : 목표, 운용조작의 개념
- 기능요구 : 기능 구성, 기능 기술, 테스트 관점
- 성능요구 : 속도, 정확도, 확인점
- 인터페이스 요구
- 데이터베이스 요구 : 정수, 테이블, 파일, 용량
- 개발상의 제약
  동작 환경(하드웨어, 소프트웨어, 자료, 사용자 인터페이스)
  구현상의 제약(가상기계, 언어, OS, DBMS)
  비용상의 제약
  품질 특성의 목표(신뢰성, 가동성, 유지 보수성, 이식성)
- 용어 정의, 참조물

이상이 시스템의 요구 사항 분석 및 정의의 대략적인 순서이다. 이들을 반복해서 완전하고 일관성이 있게, 그리고 더욱 명확한 소프트웨어 요구 명세서를 작성하면 된다.

4.2 요구 사항 정의의 중요성

소프트웨어에 대한 요구(즉, 소프트웨어에서 해결해야 할 문제)의 제시에는 여러 가지 형태가 있다. 예를 들면, "$y = x^2-3x-15$의 프로그램을 작성하라"하는 단순한 경우에서부터 방공 미사일 시스템과 같은 규모가 크고 복잡한 요구도 있다. 단순한 경우에는 좋지만, 크고 복잡한 경우 요구를 정의하기가 어렵다. 대체로 소프트웨어에 대한 요구, 필요성, 목적 등은 막연하고 애매한 것이 많다. 자유 형식의 자연어(한국어나 영어 등)로 쓰인 요구 명세서에는 애매한 말(예를 들면 "적당한", "충분한", "실시간", "융통성이 있는" 등)이나, 언뜻 보기에는 엄밀한 것 같지만 명확한 조건 등의 정의가 없으며 의미를 갖지 못하는 말(예를 들면, "최적", "99.9% 신뢰가 있어서" 등)이 많이 포함되어 있다. 따라서, 요구 사항이 분명하게 기술되지 않고, 또 작성자의 의도가 잘 전달되지 않는 경우도 많이 있다.

이러한 것은 실로 여러 가지 문제를 일으켜 왔다. Bell에 의하면 잘 되어 있다고 생각한 요구 명세서에서 조차도 1페이지 당 평균 1~4개 정도의 치명적인 에러가 첫 번째 검토에서 검출된 적이 있었다고 한다. 또 몇 개의 대규모 프로젝트의 통계에서는 소프트웨어 요구에 관한 에러의 30% 이상이 처음부터 아주 잘못된 요구 정의이고, 누락되거나 불완전한 요구 정의가 각기 10% 존재하며, 나머지가 불확실한 정의라든가 시스템의 대상 범위 이외의 요구였다고 한다.

[표 4.3] 소프트웨어 요구 정의 에러의 비중

- 불명확 하거나 애매모호한 요구	10%
- 누락되거나 불완전한 요구	20%
- 부정확한 요구, 테스트 불가능한 요구, 과도한 제약조건을 가진 요구	35%
- 추적 불가능한 요구, 대상 범위외의 요구	15%
- 모순된 요구, 호환성이 없는 요구	10%
- 타이핑 에러	10%

요구 정의에서 발생되는 에러를 유형 별로 살펴보면 다음과 같다.

① 틀린 요구

- 특정한 조건하에서만 되는 요구이다.
- 처리 속도 및 응답 시간에 관한 요구가 현재의 기술 수준에서는 실현될 수 없다.
- 검증 불가능한 요구이다.
- 정확도에 관한 요구가 현재의 기술 수준에서는 실현될 수 없다.
- 요구되고 있는 처리가 정확하지 않다.
- 요구되고 있는 처리가 비효율적이다.
- 요구되고 있는 처리가 거의 효과가 없다.
- 파라미터의 단위가 바르지 않다.
- 식이 바르지 않다.
- 불필요한 처리요구이다.
- 처리요구가 대상 하드웨어를 반영한 것이 아니다.
- 과도한 제약조건을 가진 요구이거나 혹은 설계의 자유도를 제한하고 있다(너무 낮은 수준에서 기술된 요구도 포함).
- 요구된 처리가 비논리적이거나 혹은 잘못되어 있다.
- 요구사항이 처리될 가능성이 없거나 전혀 실현할 수 없는 요구이다.
- 참조가 잘못되어 있다(예를 들면, 잘못된 문서의 참조).
- 요구의 해석이 변경 전후의 과정에서 서로 다르다.
- 다른 요구와 중복되어 있다.

② 일관되지 않은 요구 혹은 호환성이 없는 요구

- 같아야 할 정보가 명세서의 여러 부분에서 서로 다르게 기술되어 있다.
- 요구 기술 중에서 전혀 존재하지 않는 절을 참조하고 있다.
- 요구들 간에 호환성이 없다.
- 요구 기술 방법이 표준에 모순되어 있다.

③ **불명확한 요구**

- 단어의 의미가 무엇인지를 이해할 수 없어 단어의 정의를 행할 필요가 있거나 또는 다른 단어로 고칠 필요가 있다.
- 요구된 사항이 의미를 갖지 않는다.

④ **대상 범위 이외의 요구**

⑤ **빠진 것이 있고, 불완전한 요구와 부적당한 요구**

- 판단기준이 부적당하다든지 혹은 빠져 있다.
- 요구 기술 중에 "후일 정의한다"라고 쓰여있다.
- 인터페이스 특성의 기술이 빠져 있다.
- 정확도의 기준이 빠져 있다.
- 물리적인 상황 기술이 빠져 있다.
- 물리적인 상황 기술이 부적당하다.
- 필요하다고 여겨지는 처리 요구가 빠져 있다.
- 처리 빈도에 관한 요구가 빠져 있다.
- 에러 회복에 관한 요구가 빠져 있다.

⑥ **타이프 오류**

- 문장의 타이프 오류
- 식의 타이프 오류
- 요구 식별 번호의 타이프 오류
- 이전에 정의한 요구가 갱신판 정의 문서에 빠져 있다(타이핑을 잊고 하지 않음).

일반적으로 이와 같은 에러가 초기부터 많이 들어있다. 그럼에도 불구하고 이들 에러들은 늦게 검출되는 경향이 있다. 예를 들면, 1972년의 조사에 의하면, 검사 단계에서 검출된 에러는 전체의 30%에 불과하고 검출되지 않은 에러가 70%나 남아있다고 보고되고 있다.

또한, 소프트웨어 개발이 진행되면 될수록 이러한 에러를 수정하기가 더욱 어려워지며 에러 수정에 소요되는 비용을 증가시킨다. 그 중에서도 특히 요구 에러는 틀린 시점에서 빨리 발견하여 수정하지 않으면 나중에 확실히 몇십 배나 더 곤란을 겪게 된다. 이와 같이 요구 정의의 모순이나 애매함 등의 에러 때문에, 나중에 설계를 변경하거나, 프로그램을 수정해야 할 필요가 발생된다. 이러한 이유 때문에 때때로 소프트웨어 개발 계획이 지연되거나 비용이 증가된다.

결국 요구 사항의 분석 및 정의가 복잡하게 되면, 아무리 소프트웨어 설계나 코딩 기술이 훌륭하다 해도 테스트하기가 복잡해진다. 즉, 상위 레벨이 되는 사항(소프트웨어 요구)이 불완전하고 불명확하기 때문에, 하향식 개발과 같은 경우도 불가능하게 된다. 또 무엇을 어느 정도 잘 처리해야 하는지가 불분명하기 때문에 테스트하기도 어렵고, 프로젝트 관리자나 사용자 혹은 고객도 크게 곤란을 겪는다. 어쨌든 무엇을 만들려고 하는가, 혹은 무엇이 만들어지고 있는 중인가가 불명확하기 때문에 자원의 견적이나 일정 계획도 세울 수가 없고, 사용자의 기대에 부합한 것인가 하고 하는 가장 중요한 것도 판단할 수 없는 것이다.

4.3 요구 사항 정의 에러의 원인

왜 이와 같이 많은 에러가 발생하는 것인가? 그 이유는 많지만, 다음과 같은 원인들을 생각해 볼 수 있다.

① **자유 형식인 자연어의 사용** : 한국어와 영어 같은 자연어는 표현의 융통성이 너무 많고, 하나의 개념조차도 여러 가지로 표현할 수 있다. 비록 자연어가 사용하기 쉽다 할지라도 자연어에는 복수형의 의미(언어의 다의성)가 있고, 형식화 및 자동화를 할 수 없는 결점이 있기 때문에 요구 사항의 정의에 있어서 자연어를 사용하는 것은 바람직

하지 못하다.

② **자동화 특성의 결여** : 요구 사항을 분석하고 정의하는 것은 매우 어려운 지적인 작업이다. 특히 규모가 크고 복잡한 시스템의 경우에는 더욱 어렵다. 예를 들면, 미사일 방위 시스템 등은 8,000개 이상의 요구 사항이 있으며, 사람의 손으로 명세서의 모순이나 에러 등을 체크하는 것은 어려운 일이며, 방대한 문서를 작성하는 일도 대단한 작업량이다. 사람의 손으로 작성하고 사람의 손으로 체크하는 한 에러가 남아 있을 확률은 높다.

③ **기능계층의 개념** : 종래, 요구에 대한 고찰의 기본적인 수단으로서 기능 계층의 개념이 사용되어 왔지만, 실제로 이것은 소프트웨어 요구를 정하는데 있어서 능률적인 방법이 아니다. 이것은 우리들의 통상의 직관과는 정반대일 것이다. 설계단계에서는 기능 계층을 사용하지만 기능계층을 사용한 요구 명세는 테스트를 실행하기 어려운 경우가 많다.

④ **부분적 기술** : 종래 요구 기술 문서는 소프트웨어 시스템 전체가 아니라 부분적인 기술밖에 하지 않고 있다. 따라서 전체를 파악하기가 어려운 경향이 많았으며 명세서 상에 누락이 생기는 확률도 높다. 또한 각 부분의 정보가 전체적으로 어떠한 활동을 하는지 전체의 구조면에서 어떻게 관련되어 있는지를 표현하기 어려웠고, 요구 간의 관련성을 알기 어렵기 때문에 요구에 관련된 에러가 발생할 가능성이 있다.

⑤ **매우 빠른 설계적 사고** : 간혹 요구 정의자에게는 설계에 대한 자신의 이미지가 있어서 이 생각에 사로잡혀 지나치게 상세한 요구 정의를 할 때가 많다. 그래서, 결국 보다 나은 설계 방법이 있는데도 불구하고 그것을 놓치는 꼴이 된다. 또 요구 정의 작업 중에 다른 설계자의 의견을 듣고 나서 그 선입감이 요구 정의에 나쁜 영향을 미치는 경우도 많다. 그러므로 요구정의는 근본적으로 설계와 독립적이어야 한다.

⑥ **불확실한 시뮬레이션의 사용** : 대규모이고 복잡한 시스템의 경우 시뮬레이션 기술을 사용해서 성능 특성 등을 예측하고 검증하는 일이 자주 있다. 그러나 커다란 시스템의 모델을 만드는 것은 정식 시스템을 만드는 것과 큰 차이가 없을 정도로 어려운 작업이다. 또한 모델 자체가 실제 시스템 환경을 정확하게 반영하고 있지 않기 때문에 시뮬레이션의 결과가 불확실한 경우가 종종 있다. 이와 같이 모델을 토대로 한 시뮬레이션

의 결과를 실현 가능성의 판단 기초로 정하는 것은 대단히 위험한 일이다.

⑦ **공학적 방법론의 결여** : 요구 분석 및 정의의 작업 자체에 공학적이고 엄밀한 방법론이 결여되어 있다. 즉, 작업의 가시성, 이정표, 진도 상황의 모니터링 등이 확립되어 있지 않고, 임기응변적으로 하는 경우가 있다.

⑧ **요구 분석 및 정의 활동의 경시** : 지금까지 사용자나 고객 대부분은 요구분석 및 정의 과정을 심각한 것으로 생각하지 않는다. 또 소프트웨어의 생명 주기 상에서 이 단계를 설정하는 것에 대한 이해도 일관적이지 못하며, 기본적인 설계와 엄밀한 구분을 두고 있지 않으며, 어떤 경우에는 요구 분석 및 정의 단계조차도 설정되지 않는 경우도 많았다. 이 활동에 시간이나 비용을 허비하지 않겠다는 일반적인 경향도 있다. 또 사용자의 의견을 대표할 수 있는 사람이 요구분석 팀에 들어가 있지 않는 점 등이 이 활동을 경시하는데서 비롯하고 있다.

⑨ **프로젝트 요원 간의 커뮤니케이션 문제** : 소프트웨어 요구 명세서의 이해성이나 표준화 문제, 개인의 표현력, 교육 등의 차이로 인하여 프로젝트를 진행해 나갈 때, 요원들 간의 커뮤니케이션이 문제가 된다. 종래의 요구 분석 및 정의는 시스템의 사용자, 시스템 분석자, 설계자 등에 대한 비공식적인 상담에 의해 행해졌고, 그 결과 대단히 방대한 서류에 비정형적이고 비체계적인 방법으로 표현되어 왔다. 더욱이 사용자가 이해할 수 없는 말로 표현되기도 하며, 다분히 전문용어가 쓰이는 경우가 많았다. 따라서 사용자의 기대나 요구를 잘 파악할 수가 없었고 표현이나 검증도 어려웠다.

이상 서술한 문제의 주원인을 정리하면, 종래의 요구 정의에서의 큰 문제는

① 광범위한 소프트웨어 요구를 표현하는데 적당하고, 더욱이 자동적인 해석이 가능한 형식 언어가 없는 점

② 좋은 명세화 방법론이 없는 점

③ 요구 명세서 처리의 실제적인 도구가 없는 점

등이다.

4.4 좋은 소프트웨어 요구 사항 명세서의 조건

이전 절에서 서술한 바와 같은 문제점이 명세서 내에 포함되어 있지 않는 것이 바람직하다. 그러나 위의 사항이 없다고 해서 반드시 좋은 명세서라고 할 수 없다. 일반적으로 좋은 요구 사항 명세서가 되기 위하여 지녀야 할 기본적인 조건으로서는

① 설계 과정에 도움을 줄 수 있을 것

② 고객과 사용자가 모두 이해하기 쉽고, 개발 계약의 기초가 될 수 있을 것

③ 소프트웨어의 정확성을 평가하는 수단으로 사용할 수 있을 것

④ 소프트웨어 제품이나 개발과정을 공학화 할 때 핵심이 될 수 있을 것

등이 기본적인 조건이다.

또한 요구 사항 명세서는 소프트웨어로서 해결해야 할 문제의 보다 나은 이해와 기술 및 정확한 해석을 지원하지 않으면 안 된다. 이와 같은 소프트웨어 요구 사항 명세서를 기술하는 데에는 방법론과 기술에 이용되는 언어의 조건도 고려되어야 한다. 우선 방법론이 갖추어야 할 기본 조건은

① 소프트웨어 요구 에러 문제를 극복하는 것이어야 한다. 방법론은 보다 좋게 검증할 수 있는 설계를 하도록 적절하고 정확하게 기술하는 방법이어야 하거나, 명세서의 일관성, 완전성, 정당성 등을 체크할 수 있는 해석적 순서를 제공하지 않으면 안 된다.

② 소프트웨어 모듈을 만들기 위한 정확한 요구 사항 명세서를 제시할 수 있고, 구현할 때 사용자, 설계자 및 프로그래머 사이에서의 잘못된 해석을 방지하고 조정 문제를 최소화할 수 있어야 한다.

③ 최종 소프트웨어 제품을 테스트 할 수 있는 기준을 준비하는 것이어야 한다. 명세서와 받아들일 수 있는 기준을 검사하는 것에 의해, 이후의 단위, 결합 테스트를 돕고 조기에 실현 가능성을 실증하지 않으면 안 된다.

④ 요구의 변경이나 수정이 필요하게 되었을 때를 고려하여 감시 기능을 추가하고, 운용 단계에서 문제가 발생했을 때를 위해 요구 사항 간의 추적 가능성을 추가하며, 변경 후에 필요 이상으로 테스트하지 않고서도 품질을 보장할 수 있도록 하여 유지 보수비용을 최소화할 수 있어야 한다.

⑤ 시스템의 복잡도 관리를 잘 수행할 수 있어야 한다.

등이 주요 조건으로서, 적합한 수단을 준비하는 것이 바람직하다.

또한 요구 사항을 기술하는 언어가 구비해야 할 조건은

① 전체적으로 하나의 의미를 가져야 한다.

② 적어도 어떤 응용 분야에 대해서는 직관적으로 기술할 수 있는 요구 개념을 포함해야 한다.

③ 부분적인 기술이 가능해야 한다.

④ 불필요한 설계적 요소가 들어가는 것을 차단해야 한다.

⑤ 확장성이 있어야 한다.

⑥ 기계적 처리가 가능하여야 한다.

⑦ 기계적 처리가 가능하게 하기 위해서는 어느 정도 형식이 필요하지만, 언어의 문법, 어휘, 구문이 가능한 한 자연스러운 형식이어야 한다.

등이 중요한 조건이다.

이상을 정리하면, 소프트웨어 요구 사항 명세서가 본래 갖추어야 할 바람직한 특성을 아래와 같이 요약해서 정리할 수 있다.

① **완전성(Completeness)** : 빠짐없이 모든 입력이 취급되었고, 모든 처리조건이 고려되었으며 모든 출력이 생성되어 있으면 명세서는 완전하다고 할 수 있다.

② **일관성(Consistency)** : 같은 요구 사항 정의 내에서 요구 사항들 간에 모순 없이 정의되어 있다면 명세서는 일관성이 있다고 한다.

③ **정당성(Correctness)** : 명세서 상의 모든 요구가 만족되고 제품이 원래 요구를 만족시킬 때 그 양식은 옳다고 할 수 있다.

④ **테스트 용이성(Testability)** : 각 요구항목이 지정된 상황에서 동작하여 얻은 결과가 테스트에 의해서 검증 가능하다면 그 명세서는 테스트가 용이하다.

⑤ **명확성(Unambiguity)** : 명세서의 기술은 명확해야 하며 애매모호한 부분이 있어서는 안 된다.

⑥ **독립적 설계(Design freedom)** : 요구 사항 정의로 인해 특정한 설계 선택에 제약을 주어서는 안 된다. 문제 정의는 최적인 답을 선택할 수 있는 여지를 남기기 위해 기본적으로 답과는 독립되어야 한다.

⑦ **추적 가능성(Traceability)** : 명세서의 각 부분이 그 근원이 되고 있는 원시 요구로부터의 관계 혹은 종속하는 요구 사항 항목으로의 관계를 추적할 수 있도록 되어 있으면 전체적인 윤곽, 관련성의 파악 및 여러 가지 각종의 체크가 용이하다.

⑧ **전달성(Communicability)** : 처리 요구가 명시적으로 기술되어 이해가 용이하도록 하고, 애매모호한 점 없이 의사가 쉽게 전달되어야 하는 것은 누락되어서는 안 될 중요한 조건이다.

⑨ **모듈화 및 변경에 대한 강건성(Modularity/Change Robustness)** : 명세서 자체가 구조화되어 있다면 각각의 항목을 추가하고, 수정하고, 삭제할 때 다른 부분에 커다란 영향을 주는 일없이 부분적으로 일관성을 유지하면서 변경할 수 있다.

⑩ **자동 처리성(Automatability)** : 명세서의 기술 검증을 지원하는 것으로 어느 정도 기계 처리 가능성이 있는가를 나타내는 것이다.

⑪ **필요성(Necessity)** : 기술된 요구 사항들은 원시요구의 목적에 일치해야 함은 필수적이다. 각 요구 사항들이 원래의 요구 목적에 기여하고 있을 때, 그 양식은 필요성에 의거하고 있다고 한다.

⑫ **실현가능성(Feasibility)** : 요구 사항 명세서에 대해서 적어도 하나 이상의 설계 대안이 고려될 수 있으면 실현 가능성이 있다고 한다. 해석적 실현 가능성과 실제적 실현 가능성 2가지를 생각할 수 있다. 해석적 실현 가능성은 부여된 자료에 대하여 지정된 기능, 성능을 달성할 수 있는 알고리즘의 존재 여부를 살펴보는 것이며, 실제적 실현 가능성은 해석적 혹은 시간적인 요구를 만족시키는 알고리즘, 자료 및 프로세스, 소프트웨어 설계가 있는지의 여부를 살펴보는 것이다.

⑬ **형식성(Formality)** : 정당성, 테스트 용이성 그리고 자동 처리성 등과 관계있는 중요한 성질이다. 요구 사항 명세서가 형식적으로 되어 있다는 것은 의도된 내용이 올바르게 표현되어 있는 것(정당성)과 밀접한 관계를 가진다. 부정확한 기술은 많은 경우 비형식적인 언어(자연언어)를 사용함에 따라 야기되는 문제점이 있으므로 시스템 개발의 기반이 되어야 할 요구 사항 명세는 정확한 정보 전달을 위해서도 형식성을 가져야 한다. 또한, 테스트 용이성이라는 관점에서 수치적 혹은 논리적으로 다루기 위해서 형식성은 필요하며, 자동 처리성에 있어서도 명세서의 기계처리를 위해서도 없어서는 안 될 것이다.

⑭ **작성의 용이성(Constructability)** : 요구 사항 명세서는 시스템이 무엇을 해야 하는가에 관해서 인간의 기대나 생각을 표현한 것이다. 따라서 명세서상의 표현은 인간의 사고를 적절하게 표현할 수 있는 것이 아니면 안 된다. 결국 명세서와 그것에 부수하는 기술의 방법론은 인간의 사고를 돕는 것이어야 하며, 간단히 그것을 표현할 수 있어야 한다.

⑮ **이해성(Comprehensibility)** : 요구 사양 명세의 일관성, 전달성 및 자기 기술성(Self-descriptiveness), 구조성(Structuredness), 간결성(Conciseness), 명료성(Legibility) 등의 성질에 의해 초래되는 것으로서, 어느 정도 이해하기 쉬운 명세이어야 한다.

⑯ **최소성(Minimality)** : 불필요한 정보는 없애고 필요하거나 유용한 정보만이 요구사항 명세로서 완벽하게 정리되어 있는지의 여부를 나타낸다. 특히 대규모 시스템의 경우에 이해성을 높이는 데 커다란 도움이 된다.

⑰ **적용성(Applicability)** : 요구 사양 명세 자체가 높은 적용 가능성을 가져야 한다. 즉, 명세서 자체에 설계와의 독립성, 모듈성 등이 구비되어 있어야 하며, 기술 항목으로서 시스템의 기능뿐만 아니라 성능, 신뢰성, 유지 보수성 및 융통성 등을 포함시키는 것도 중요하다. 이는 기술 언어 및 도구에 영향을 크게 끼친다.

⑱ **확장성(Extensibility)** : 요구 사항 명세서는 확장이 어느 정도 용이해야 하며, 모듈화 및 변경에 대한 견고함이 있어야 한다. 소프트웨어 생명 주기가 길면 초기의 요구 사항 명세를 유지 보수하는 형태로 확장, 변경되는 것이 상식이다. 기술 언어나 도구의 의존도가 높다. 결국, 기술되는 개념의 확장이 용이할 필요가 있다.

이상의 요구 사항 명세서가 가져야 할 조건 및 특성은 일반적인 경우이고 특정한 프로젝트에서는 이들 모두를 만족시킬 필요는 없을지도 모른다. 각 프로젝트의 품질목표, 작업목표 혹은 소프트웨어를 운용하는 조직의 목적에 따라서 지향해야 할 특성을 선택하여 우선순위를 설정하면 좋다고 생각된다.

4.5 요구분석의 도구

4.5.1 SADT(Strctured Analysis and Design Technique)

Softech 사에서 개발된 SADT는 본질적으로는 그래프 언어이며 자연어의 이름과 그 외 다른 표기법을 첨가한 요구기술 방법론으로서, 시스템 구조를 계층적으로 기술하도록 되어 있다. SADT 언어는 구조적 분석(Structured Analysis : SA) 언어라고도 한다. SA 언어 및 이를 사용하는 절차는 토목 공학과 기계 공학에서 사용하는 청사진 체제와 유사하다. SADT는 다음과 같은 사항을 수행하기 위한 방법론을 제공하고 있다.

- 대규모이고 복잡한 문제를 구조적으로 생각하게 한다.
- 각 작업자의 노력과 역할을 효과적으로 나누고 또 통합해서 팀으로서 효과적으로 활동하게 한다.
- 명료하고 정확한 표기법에 의해서 인터뷰, 분석, 설계의 결과를 전달하게 한다.
- 이력을 완전히 조사할 수 있는 방법으로서, 그때그때의 결과나 결정을 문서화하게 한다.
- 수정과 승인의 순서를 반복함으로써 정확성, 완전성 및 품질을 보증하게 한다.
- 팀의 작업 일정을 계획하고 관리하며 평가하게 한다.

또 SADT에는 다음의 7가지 기본적인 개념이 있다.

- 복잡한 문제에 대처하는 최적의 방법은 그 문제가 어떤 것인가에 대한 깊은 이해와 그 것을 표현하는 모델을 만드는 것이다(더욱이 그 문제를 해결하는 기초로서 충분한 도움을 줄 수 있을 정도로 정확한 모델을 만든다).
- 어떤 문제의 분석이라도 하향식으로 모듈화해서 계층적으로 또 구조적으로 실행해야 한다.
- 모델은 각 부분 요소와 그들 사이의 연결이나 또는 그들이 어떠한 계층구조를 이루고 있는가를 나타내는 도식적 방법으로 표현되어야 한다.
- 모델을 완성시키는 기술은 "자료"와 "동작(인간, 기계, 컴퓨터, 소프트웨어 등에 의해 실행되는 동작)"의 양면을 표현할 수 있는 것이 아니면 안 된다. 결국, 모델은 "자료"와 "동작"이 적당히 관계지어져 있는 것을 나타낼 필요가 있다.
- 분석자는 수행되어야 할 기능을 규정한 최초의 기능 모델과 그 후에 이들의 기능을 어떻게 실현하는가에 대해 기술하는 설계모델을 가능한 한 분리해서 생각해야 한다.
- 분석, 설계에 있어서 모든 결정사항과 그들에 관한 설명은 문서화하고 팀의 모든 요원에게 배포하여 필요시 다시 참고할 수 있도록 한다.

모델 작성의 순서는 다음과 같다. SADT 모델은 그림을 계통적으로 나열한 것이고, 각각의 그림에는 간결한 설명용 텍스트가 첨부된다. 상위 레벨의 시스템 개요를 나타내는 그림은 분석대상 전체를 나타내고, 하위 레벨의 도식은 어떤 특정의 범위를 자세하게 나타낸다. 또 각각이 하위 레벨의 그림은 시스템 전체를 나타내는 모델에 정확히 결합하고, 각각의 부분은 전체 시스템과의 논리적인 관계를 유지한다.

SADT는 시스템을 두 개의 커다란 측면(곧, "자료"와 "동작")에서 분석한다. 이것은 서로 보충하는 관계에 있는 두 종류의 모델을 만드는 것에 의하여 수행된다. 동작 분해는 "동작"의 방향을 상자로 나타내고, 이들을 서로 관계시키는 "자료"를 데이터의 화살표로서 나타내는 것에 의해 상세화하는 방법이다. 데이터 분해는 "자료"를 상자로 나타내고, 그들을 관련시키는 "동작"을 동작의 화살표로서 나타내는 것에 의하여 상세화하는 방법이다.

모델 작성의 마지막 과정은 동작 분해와 데이터 분해를 대조하는 것이다. 그리고 각 모델은 그것들이 다른 모델의 모든 요소를 나타내고 있는지의 여부 및 그들 요소를 사용하는데 모순점이 있는지의 여부를 확인하는 것이 필요하다.

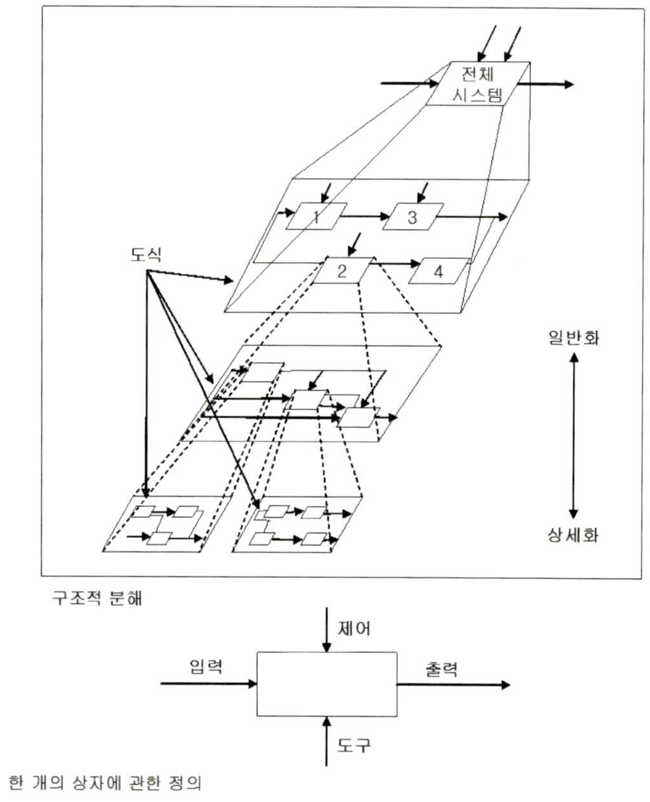

[그림 4.2] SADT 다이어그램

SADT 작업 프로세스는 기능분해이며, 시스템 상위 레벨의 기능을 서술하는 것으로부터 시작하여 기능 분해를 반복하는 것이다. 서술의 레벨이 진행될 때마다 서술은 체크되고 수정된다. 수정은 앞의 기술을 소거하지 않고 정정부호를 써넣어 수정판을 기입한다. 결국 수정된 사항을 기록해 놓고 있다. 기능 분해와 나란히 시스템 내의 데이터 구조와 기능 컴포넌트와의 관계를 기술한다. 이 작업 프로세스를 시스템 내의 모든 요소에 대하여 반복한다. [그림 4.2]는 몇 개의 다른 레벨에서 시스템 명세의 계층적 분해를 나타낸 것이다.

SA 언어로 표현할 수 있는 기본 실체는 동작, 데이터, 그들 사이의 관계이다. 동작이나 데이터 항목은 상자로 나타내며, 다른 것과의 관계는 상자로 들어오고 나가는 화살표로 나타내고, 그 의미를 전달하기 위하여 적당한 이름을 붙인다. 그 예를 [그림 4.3]에 표시하였다. 어떤 레벨에서의 상자는 보다 상세한 레벨에서 상자의 네트워크로 전개될 수 있다. 본래의 SADT 언어는 더욱 많은 기술과 규칙에 의해 구성되어 있다.

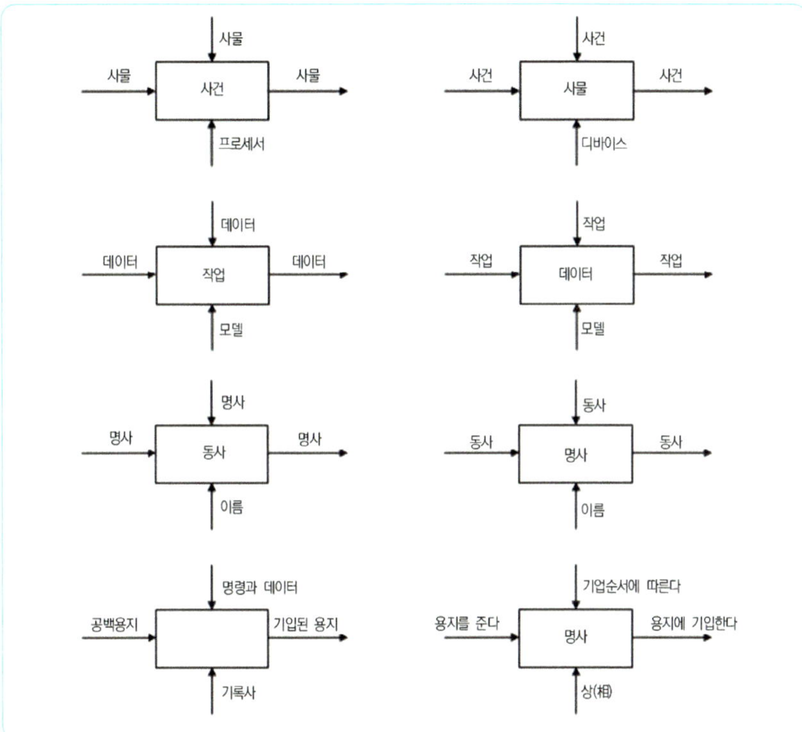

[그림 4.3] SADT 그래프 언어

SADT는 비교적 이해하기 쉬운 방법론이다. 이것은 설계의 청사진을 도식화하는 기법만이 아니라,

- 정보 수집
- 문제 정의와 시스템 설계 과정
- 기술적 혹은 관리적인 시스템 감독
- 필기적 지원

을 위한 기법도 제공하고 있다. 이와 같은 다양한 기법을 동시에 사용하는 것은 가치 있다. SADT의 중심 개념은 그림 표현이다. 이 표기법은 다른 표기법에 비교해서 정교하다. 여기에 도식 언어를 사용한 시스템 기술 방법론이 부수되어 있다. 방법론은 하향식이며 기능의 분해라는 생각 방식을 중요시하고 있다. 도식 언어는 시스템의 데이터 구조, 이들의 관계, 시스템 기능과 관계의 표현에도 사용되고 있다.

SADT는 여러 개의 시스템 개발 프로젝트에의 수작업 단계에 적용된 것이 보고되어 있다. 적용된 결과는 주관적이지만 상당히 좋았다고 평가되고 있다. SADT에는 당연히 컴퓨터화된 도구가 필요하며, 이러한 도구는 쉽게 실현될 수 있다. 그러나, 현재 개발된 도구들은 언어 기법이 정확하게 사용되었는지 아닌지를 조사하는 것 외에 명세의 해석법은 고려하고 있지 않다. SA 언어의 설계가 해석이라는 점을 중요시하고 있지 않은 것은 분명하다.

4.5.2 PSL/PSA 시스템

PSL/PSA는 미시간 대학의 다니엘 타이초로우 교수에 의해 ISDOS 프로젝트에서 개발된 정보처리 시스템에 대한 요구 사항 분석과 문서화를 지원해주는 시스템이다.

(1) PSL(Problem Statement Language)

개발해야 할 목적 시스템의 요구 사항 명세를 기계처리가 가능한 요구 정의 언어인 PSL로 기술하고 나서, 이 언어의 처리기인 PSA(Problem Statement Analyzer)에 입력한다. PSL로 기술된 요구 사항 정보는 다음과 같이 분류한다.

① **시스템의 흐름** : 시스템과 그 환경과의 관련을 나타내는 것이기 때문에, 여기에는 환경(=interface)이 시스템에 주는 오브젝트(=input), 시스템이 만들어서 환경에 주는 오브젝트(=output), 시스템 내에 기록되는 정보(=set)에 대해서 환경이 갖는 책임 등이 포함된다.

② **시스템 구조** : 시스템에 존재하는 오브젝트들 사이에서의 계층 구조와 관계가 있다.

③ **데이터 구조** : 시스템 사용자의 관점에서부터 고려되고, 시스템이 취급하는 데이터 간

에 존재하는 관계이며, 정보의 결합(가령 문서등의 형식)을 나타낸다. 데이터 구조에는 데이터의 논리적인 집합 간에 존재하는 관계와 관계에 관련된 데이터 등도 포함된다.

④ **데이터 생성** : 시스템이 데이터를 처리하고 데이터를 만드는 방법을 나타낸다. 어느 프로세스가 정보를 참조하고, 정보를 갱신하며, 정보를 생성하는 지를 포함한다. 이것과 시스템 흐름과의 차이점은 시스템 흐름은 시스템 외부와 시스템 간의 주고받는 정보를 기술하는 것이고, 실제로 데이터가 어떻게 처리되는가를 나타내지는 않는다.

⑤ **시스템 방식** : 시스템에서 필요한 물리적인 구성 부분 및 이들의 구조로서, 프로세스를 실행하는 프로세서와 사용된 자원 등이 포함된다.

⑥ **시스템의 크기와 양** : 시스템 자체의 크기와 필요 되는 처리량에 관한 요인을 나타낸다. 시스템의 크기를 기술하기 위해서는 크기의 파라미터를 오브젝트로서 취급하고, 이름을 붙인다.

⑦ **시스템의 동적 특성** : 목적 시스템이 시간적으로 어떻게 행동을 취하는가를 나타낸다. 가령 어떤 사건은 어떤 조건에서 일어나는가, 또는 어떤 사건이 일어나면, 이것이 어떤 프로세스에 영향을 주는가 등의 정보가 포함된다.

⑧ **시스템의 성질** : 시스템 기술에 사용되는 오브젝트에 특유한 성질을 기술한다. 키워드는 오브젝트의 검색용 키를 주는데 사용된다. 속성은 사용자가 성질과 그 값을 지정하는데 사용된다.

⑨ **프로젝트의 관리** : 목적 시스템뿐만 아니라 이 시스템을 담당하는 프로젝트의 문서화도 필요하다. 거기에는 문제 정의자, 책임 분야, 의사 결정의 기초자료 등이 포함된다.

이들 모든 정보는 시스템 요소 간의 이항관계의 형태로서, 시스템의 데이터베이스에 저장된다. 예를 들면, 처리 P에 대해 A가 입력, B가 출력이고, A는 a1, a2로 B는 b1, b2로, P는 p1, p2로 각각 분해되는 것으로 한다. 이때 개념적인 내부 표현은 예를 들면 [그림 4.4]과 같이 표현된다.

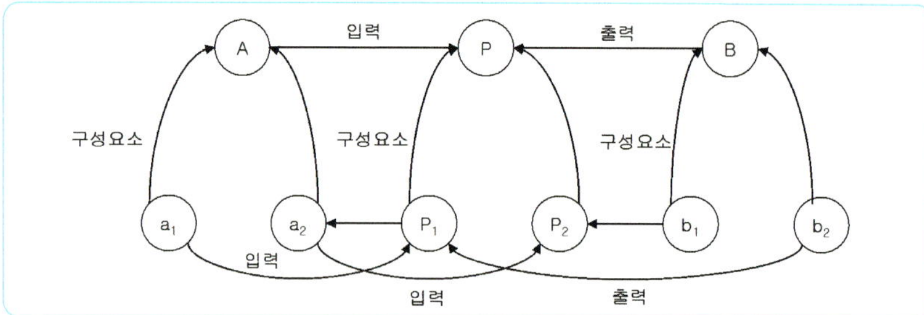

[그림 4.4] 시스템 구성 요소 간의 관계

PSL에는 28개의 서로 다른 오브젝트 형과 60종류의 관계가 준비되어 있다. [표 4.4]에는 오브젝트 형을, [표 4.5]에는 관계 표현의 종류를 나타내었다.

[표 4.4] PSL의 오브젝트형

ATTRIBUTE
ATTRIBUTE-VALUE
CLASSIFICATION
CONDITION
ELEMENT
ENTITY
EVENT
GROUP
INPUT
INTERFACE
INTERVAL
KEYWORD
MAILBOX
MEMO
OUTPUT
PROBLEM-DEFINER
PROCESS
PROCESSOR
RELATION
RESOURCE
RESOURCE-USAGE-PARAMETER
SECURITY
SET
SOURCE
SUBSETTING-CRITERION
SYSTEM-PARAMETER
TRACE-KEY
UNIT

[표 4.5] PSL의 관계

1	access-relation	31	mailbox-relation
2	add-relation	32	maintain-relation
3	assert-relation	33	make-false-relation
4	assoc-data-relation	34	make-true-relation
5	attribute-relation	35	measure-relation
6	becoming-false-relation	36	member-relation-relation
7	becoming-true-relation	37	memo-relation
8	cardinality-relation	38	owner-relation-relation
9	cause-relation	39	perform-relation
10	change-relation	40	receive-relation
11	classification-relation	41	reference-relation
12	coding-structure-relation	42	resource-usage-relation
13	composite-relation	43	responsible-interface-relation
14	connectivity-relation	44	responsible-pa-relation
15	consists-relation	45	security-relation
16	consumes-relation	46	source-relation
17	create-relation	47	subpart-relation
18	delete-relation	48	subsets-relation
19	derives-relation	49	subsetting-criterion-relation
20	destroy-relation	50	termination-cause-relation
21	equivalent-relation	51	termination-relation
22	false-interrupt-relation	52	trace-key-relation
23	false-termination-relation	53	trigger-relation
24	false-trigger-relation	54	true-interrupt-relation
25	generates-relation	55	true-termination-relation
26	happens-relation	56	true-trigger-relation
27	identify-relation	57	updates-relation
28	inception-relation	58	uses-relation
29	interrupt-relation	59	utilize-relation
30	keyword-relation	60	values-are-relation

PSL의 요구 기술 예를 살펴보자. 다음과 같은 목적 시스템이 있다고 한다.

『급여처리 시스템이라 불리는 이 시스템은 각 부서와 종업원으로부터 나오는 종업원 정보를 입력받아서 각 부서와 종업원에게 넘겨줄 출력을 작성한다. 이 시스템은 동시에 급여 마스터 정보에 대한 갱신을 행한다.』

이것으로부터 [그림 4.5]와 같은 시스템 흐름도와 [표 4.6]의 오브젝트와 [표 4.7]의 관계가 얻어진다. [그림 4.5]의 시스템을 PSL로 표현하면 [리스트 4.1]과 같이 된다.

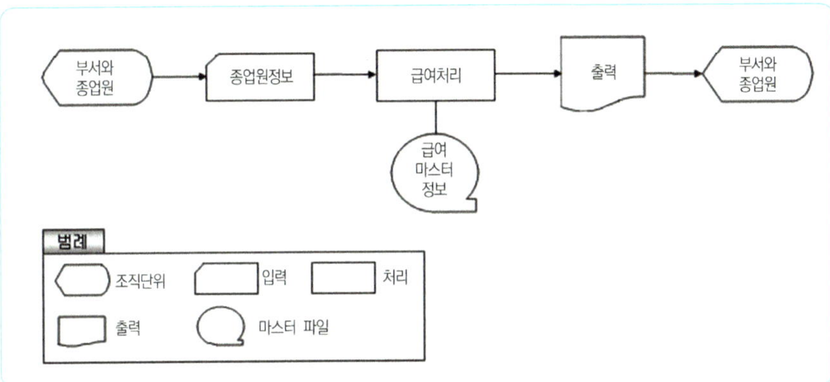

[그림 4.5] 시스템 흐름도

[표 4.6] 오브젝트 형

오브젝트	PSL 명	TYPE
급여처리 시스템	payroll-processing-system	PROCESS
종업원 정보	employee-information	INPUT
각 부서와 종업원	departments-and-employees	INTERFACE
출력	paysystem-outputs	OUTPUT
급여마스터정보	payroll-master-information	SET

[표 4.7] 관계 형

관계	PSL 에서의 용어	오브젝트	오브젝트
생기다.	generated by	종업원 정보	각 부서와 종업원
받아들이다.	receives	급여처리 시스템	종업원 정보
넘겨받다.	received by	출력	각 부서와 종업원
만들어내다.	generates	급여처리시스템	출력
갱신하다.	updates	급여처리시스템	급여 마스터 정보

[리스트 4.1] PSL에 의한 시스템 기준

```
Define Input : employee-information;
        Generated by : departments-and-employees;
        Received by : pryroll-processing-system;

Define Interface : departments-and-employees;
        Generates : employee-information;
        Receives : paysystem-outputs;

Define Output : paysystem-outputs;
        Generated by : payroll-processing-system;
        Received by : departments-and-employees;

Define Process : payroll-processing-system;
        Generates : paysystem-outputs;
        Receives : employee-information;
        Updates : payroll=master-information;

Define Set : payroll-master-information;
        Updated by : payroll-processing-system;

EOF
DEFINE PROCESS                hourly-employee-processing :
        /* DATE OF LAST CHANGE-DEC 20, 1977, 01 : 27 : 54 */
```

```
SYNONYMS ARE ;
DESCRIPTION ;
          This process performs those actions needed to interprete
          time cares to produce a pay statement for each hourly
          employee;
KEYWORDS :      independent :
ATTRIBUTES ARE :
          complexity-level
                                   high;
GENERATES :
          pay-statement,
          error-listing,
          hourly-employee-report;
RECEIVES :
          time-card ;
SUBPARTS ARE          hourly-paycheck-validation,
                      hourly-emp-update,
                      h-report-entry-generation.
                      hourly-paycheck-production;
PART OF :             payroll-processing;
          PERFORMED BY : payroll-processor;
          RESOURCE-USAGE :
1 FOR                 payroll;
USES :             time-card,
                   hourly-employee-information;
DERIVES : pay-statement;
DERIVES : error-listing;
DERIVES : hourly-employee-report;
PROCEDURE ;
          1. compute gross pay from time card.
          2. compute tax from gross pay.
          3. subtract tax from gross pay to obtain riet pay.
          4. update hourly employee information accordingly.
          5. update department information accordingly.
          6. generate paycheck.
          Note : if status codespecifies that the employee did
               for this employee information;
```

```
HAPPENS :
          1 TIMES-PER          week;
TERMINATION-CAUSES :
                           new-employee-processing-init :
INTERRUPTED BY :
                           validity-check.
                           time-card-missing,
                           employment-termination-form;
                           terminating-emp-processing;
INTERRUPTED WHEN :
                           time-catd-for-employee
                             BECOMES FALSE;
TRIGGERD BY : hourly-emp-processing-init;
                           time-card;
TRIGGERD WHIN :
                           time-catds-ready
                             BECOMES TRUE;
MAKES : time-catds-ready
                           FALSE;
SECURITY IS      company-only;

EOF
```

(2) PSA(Problem Statement Analyzer)

PSL 기술은 기계처리가 가능하다. 그래서 규정된 관계는 PSA로 검사될 수 있다. 목적 시스템의 표현에 대한 정적 해석과 동적 해석 모두가 행해진다. 정적 해석에는 몇 개의 문서처리 기능 관계의 일관성에 대한 테스트가 포함된다. 동적 해석에는 타이밍과 허용 응답 시간의 테스트가 포함된다. 즉, 기술된 시스템이 이와 같은 요구를 만족시키는지 아닌지를 조사한다. 그리고 이 외에 양적 해석으로서 특정의 데이터 항목의 사용 빈도라든가 데이터 전송량 등을 조사할 수 있다. 또 PSA에서는 사용자를 위해 자동적으로 보고서를 작성해 준다. 보고서의 종류에는

- 데이터베이스 변경 보고서
- 참조 보고서
- 요약 보고서
- 분석 보고서

가 있다. PSL/PSA는 현재 사용되고 있다. 그러나 복잡한 상호작용을 가진 시스템을 기술하는 데에는 한계가 있고, 도식적 표현이 어려워서 제한된 기능을 가질 수밖에 없다. 이 시스템은 세계적으로 사용되고 있고, 특히 미국 국방성에서는 CARA(Computer Aided Requirements Analyzer)상에서 가동되고 있다.

4.5.3 SREM/REVS

(1) SREM의 개요

SREM(Software Requirements Engineering Methodology)은 TRW사가 미육군의 BMDATC(미사일 방위 시스템 고등기술센터)에서 대규모 지령 제어 시스템 개발 지원용으로 개발된 소프트웨어 요구 정의 기법이다. 소프트웨어의 요구분석 및 정의를 추진하는 일련의 방법론이 SREM이다. 여기에서 사용되는 소프트웨어 요구 기술 언어가 RSL(Requirements Statement Language)이다. 또 RSL의 기계처리를 수행하는 지원 소프트웨어가 REVS(Requirements Engineering and Validation System)이다.

SREM에서는 다음과 같은 목표를 두고 도구와 방법론을 개발하고 있다.

- 설계의 자유도, 테스트 용이성, 모듈성, 전달성 등의 속성을 개선할 수 있도록 요구 기술용의 구조적인 수단이나 언어를 준비한다.
- 일관성, 완전성, 자동 처리성, 정당성을 보증하기 위해 컴퓨터에 의해 통합화된 도구를 준비한다.
- 이와 같은 언어 도구를 사용해서 요구를 정의하거나 검사하기 위한 구조적인 방법을 준비한다.

(2) SREM의 주요 개념

종래의 소프트웨어 요구 기술법은 기능 계층 표현으로서 여기에는 기본적인 문제를 포함한다. 그것은 한 개의 입력 메시지의 처리가 다수의 하위 기능 또는 부분 기능으로 기술되어 있기 때문에 발생되고 있다. 정말 작은 요구는 레벨이 낮은 부분 기능으로서 기술되기 때문에 특정 부분 기능을 검사하려고 할 때에 대응하는 입력을 쉽게 생성할 수 없다. 따라서 명세의 검사가 어렵고, 설계의 자유도도 낮아진다. 이러한 점을 고려하여 SREM에서는 다음과 같은 개념을 중시하고 있다.

① 실시간용 소프트웨어의 검사는 주로 인터페이스 메시지를 투입해서 그 결과를 출력 메시지와 메모리상의 결과에서 본다. 즉, 입출력의 대응 관계를 조사하는 것이다.

② 처리의 정의에는 처리 패스를 사용한다. [그림 4.6]에서 처리 단계의 계열 ABC, ABD, ABEF는 설계와는 독립적으로 달성되어야 할 처리를 기술하고 있다. 서브루틴의 계층 등을 사용하지는 않는다.

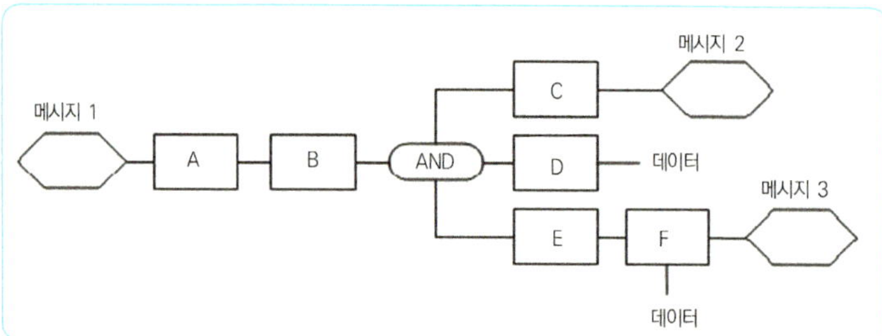

[그림 4.6] 패스에 의한 분배

③ 특성에 관한 요구 기술은 각 처리 패스에 대하여 행해진다. 이것에 의해 성능의 테스트 용이성의 보증과 애매하지 않는 요구 정의를 이끌어 낸다.

④ 데이터를 측정하는 시점을 확인점(validation point)이라 한다. 입력 응답의 형태에서 처리에 대한 명세 기술의 테스트가 쉬워서 애매모호함이 없지만, 한편 어떠한 처리가 흐르는지 알기 어렵다는 점도 있다. 따라서 모든 입력응답 중에 어떤 처리가 흐르고 있는지를 잘 나타낼 수 있는 보다 자세한 기법이 필요하다. SREM에서는 어떤 형태의 입력을 처리하는 패스를 네트워크로 표현하면 좋겠다고 생각하고 R-NET(Requirements Network)를 고안해 냈다.

이 방식의 명세는 테스트 용이성과 모든 패스가 포함되어 있지 않아서 설계의 자유도를 갖고 있고, 패스 간의 관련도를 쉽게 알 수 있다.

⑤ 요구 정의에 형식적인 언어 RSL을 사용한다. 형식 언어를 사용함으로써 기계처리를 가능하게 한다.

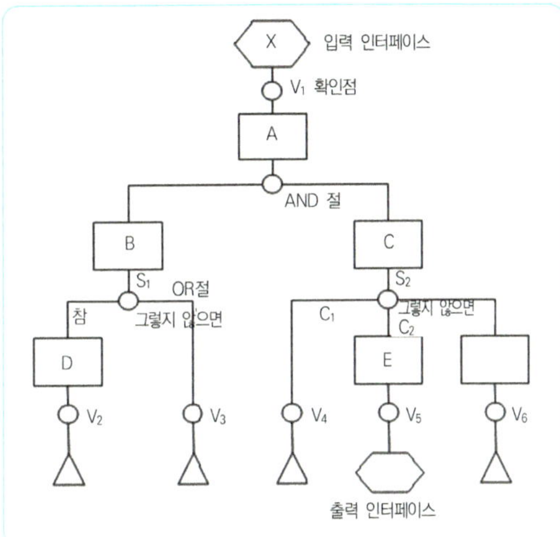

[그림 4.7] R-NET 기법

⑥ 요구 정의의 속도 향상과 확인을 위해서 자동화 도구를 사용한다. 도구는 REVS로 불리며, REVS는 요구의 완전성, 무모순성을 체크하는 기능과 요구의 정확성을 확인하기 위한 시뮬레이터 생성 기능, 요구와 시뮬레이션과의 추적 가능성도 가지고 있다. 요구의 유지보수와 추적 가능성 때문에 집중화된 데이터베이스를 사용하고 있다. 또 여러 가지 문서도 출력된다.

⑦ SREM의 각 단계에서는 완전성, 정확성, 무모순성 등을 체크하기 위해 중간 제품을 생성하도록 되어 있다.

(3) 방법론의 단계와 중간 제품

RSL과 REVS를 사용한 요구 정의와 검사에 대한 일련의 활동이 정해져 있다. 이들은 개시의 전제로서 시스템의 기능과 성능을 데이터처리 서브시스템 성능 요구(DPSPR : Data Processing Subsystem Performance Requirement)로 주어져 있다. 전체의 절차와 각 단계에서의 중간 제품과 평가 기준을 나타낸 것이[그림 4.8]이다.

① **단계 1 – 번역** : 기능요구의 기초가 되는 처리요구의 생성을 위해 DPSPR이 충분한지 아닌지 그 타당성을 체크한다.

② **단계 2 – 분해** : 부분 시스템 기능조건을 만족시키기 위한 분할과 성능요구의 정의를 행한다.

③ **단계 3 – 배열** : 주로 성능의 요구에 대해 검토한다.

④ **단계 4 – 실현 가능성의 실증** : 고도로 복잡한 시스템의 요구를 검증하는 경우, 예가 되는 알고리즘을 해석적으로 시뮬레이션 하는 것이 요구의 현실성과 성능의 검증에 많은 도움이 된다.

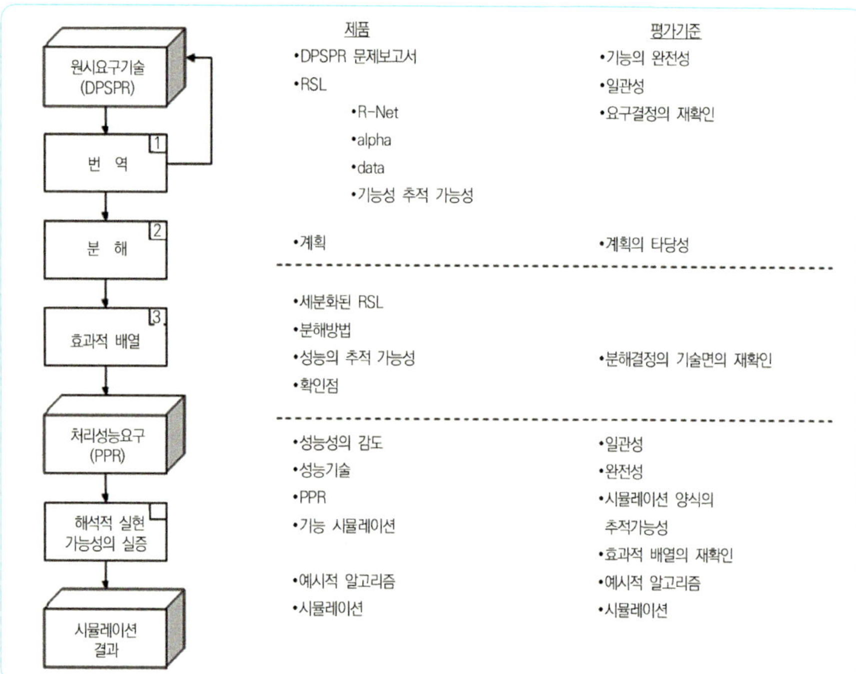

[그림 4.8] SREM 방법론의 단계

(4) 지원 시스템의 개요

SREM의 지원 시스템 요소로서, RSL, R-NET, REVS, ASSM, 도구 등이 있다. REVS 내

에서의 요구 정의 정보의 흐름은 [그림 4.9]와 같다.

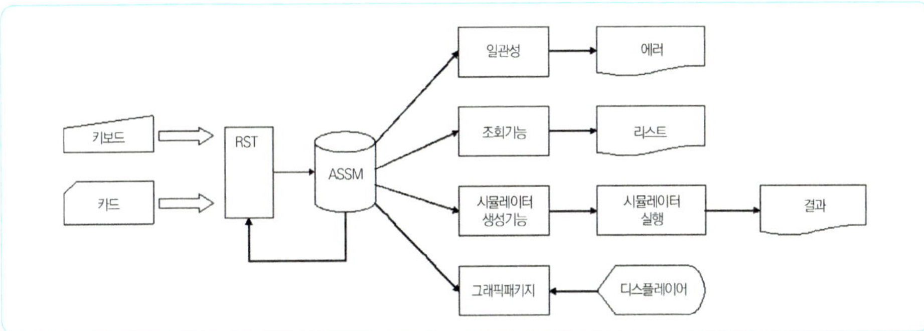

[그림 4.9] REVS내에서의 정보 흐름

먼저, RSL은 기계 처리에 충분한 엄밀성을 갖고 있으며, 또 비교적 자연스럽게 요구를 기술할 수 있는 수단이다. RSL에 의해서,

- 개발에 관련된 정보를 집중화 가능
- 무모순성을 자동화 도구로 쉽게 체크
- 의미가 고정되고, 문서화가 행해짐
- 애매모호함이 없음

등의 이점이 생긴다.

ASSM(Abstract System Semantic Model)은 RSL 기술을 추상 레벨에서 관계를 갖는 형태로 유지하는 데이터베이스이다. ASSM에 격납될 때에 간단한 구문과 의미적 정확성 체크를 하고 있기 때문에, 도구를 사용해서 ASSM을 액세스할 때에는 체크하지 않는다. ASSM 내에서 요소는 절로 표현되고, 관계는 절 사이의 링크로서 나타낸다. 절과 그 값이 속성과 그 값으로 대응된다. 데이터베이스의 집중화는 정보를 한데 모은다는 점에서 통일된 기반을 부여한다. 또, 도구의 사용이 쉽고, RSL과 도구의 변경이 쉽다는 점과 데이터베이스의 일반적인 특성을 갖는 것이 가능하다. 예를 들면, ASSM의 물리적인 재구성을 행하여도 도구와 ASSM의 논리 모델에 전혀 영향을 주지 않는다.

REVS에는 요구의 완전성, 무모순성, 정확성 등을 체크하는 흐름 중심용의 해석용 도구와 범용적인 데이터 추출 및 보고서 작성 도구가 있다. 전자는 확장 불가능하지만, 후자는 확장 가능하다. 흐름 중심의 명세 작성을 위한 그래픽 I/O, 정적 분석기, 시뮬레이터 생성기 등이 있다. 또한 도구를 각각의 이용자에게 맞게 특수화해서 사용하고 싶은 경우가 있다. 이때에는, 추출 도구(Extractor)를 사용한다. 추출 도구는 특별한 형식의 보고서를 생성할 수 있고, 또한 새로운 도구의 추가도 가능하다.

4.5.4 구조적 분석(Structured Analysis)

시스템이란 서로 상관되어 종속된 요소들이 모여서 한 개의 그룹을 이루고 일정한 기능을 발휘하는 체제를 말한다. 요소들 간의 관계가 계층적이며 이론적으로 표현하기가 쉽고, 네트워크이면 좀 복잡하여 물리적으로 표현하게 되면, 유한상태기계(finite state machine)의 경우에는 그래프로 표현하기도 한다. 특히 자료처리 시스템(data processing system)은 입력-처리-출력의 과정을 통해서 동적 기능을 가지고 연결하거나 재연할 수 있으며, 이러한 특성을 가지고 예상되는 요구에 대해서 계획된 응답을 할 수 있는 시스템이다.

인문, 사회, 자연적인 현상을 자료구조로 표현하여 컴퓨터 내부에 기억시키고 그 처리과정을 코딩하여 인간의 의사결정에 필요한 정보를 출력시킬 수 있지만, 인간의 최종 목표물 그 자체, 즉 의사결정을 출력시킬 수도 있다. 인문, 사회 및 자연적인 현상이 곧 시스템의 대상이 될 수 있으며, 이들 시스템을 파악하기 위해서는 시스템에 관한 분석과정이 필요하다. 물론 이 분석은 컴퓨터에 의해서 처리하든지, 아니면 인간의 힘으로 처리하든 간에 상관없이 필요한 과정이다. 분석(analysis)이란 문제의 해결을 위해서 연구하는 것으로 문제 전체를 기능적, 특성적 모양에 따라서 또 어떤 관계를 중심으로 하여 세분해서 시행한다. 이렇게 시스템의 문제점 해결을 위해서 그 시스템의 성질, 기능 구성, 상호관계, 요구사항 등을 연구하는 사람을 시스템 분석가라고 한다.

자료처리 시스템의 경우에는 시스템 전체를 분석하는 것보다는 그 시스템에 관해서 필요한 사용자의 요구분석에 중점을 두게 된다. 이와 같은 분석과정에서 얻어지는 것은 다음과 같다.

- 활동(activity) : 시스템이 수행하는 업무 활동
- 자료(data) : 업무 활동에 필요한 자료
- 처리지침(procedure) : 자료를 얻는 방법과 자료를 이용해서 정보를 만들어 내는 방법(순서)
- 프로세서(processor) : 사용자의 요구사항을 수행할 주체를 선정(사람 혹은 컴퓨터)

분석과정으로 활동, 자료, 처리지침, 프로세서를 얻기 위해서는 시스템을 효율적으로 분석하여야 한다. 어떤 시스템이 효율성이 있으려면, 다음과 같은 사항을 만족시켜 주어야 한다.

- 사용자의 요구사항을 충족시켜야 하고,
- 이해하기 쉬워야 하며,
- 유지보수가 편리해야 한다.

그러므로, 이러한 시스템을 정의하기 위해서는 앞에서 설명한대로

- 사용자의 요구사항을 체계적으로 명기해야 되고,
- 이해하기 쉬워야 하며,
- 시스템상의 문제점을 발견할 수 있어야 하고,
- 소프트웨어 개발을 위한 지침서의 역할을 할 수 있도록

작성되어야 한다.

이러한 시스템 양식은 구조화 분석과정을 통해서 작성할 수 있고, 구조화 분석의 특징은 다음과 같다.

- 매우 간결하다(concise)
- 이해하기가 쉽다(understandable)
- 검증이 가능하다(verifiable)
- 체계적이다(organized)

구조적 명세서(structured specification)는 시스템의 한 모델로서 자료흐름도, 자료사전, 미니명세서로 된 한 개의 세트와 같은 툴이나 방법론에 의해서 작성할 수 있다.

(1) 자료흐름도(Data Flow Diagram : DFD)

정보의 흐름을 나타내는 그래프로서, [그림 4.10]과 같이 입력자료-처리-출력자료와 같은 흐름을 자료1-버블-자료2 로 표현한 것이다.

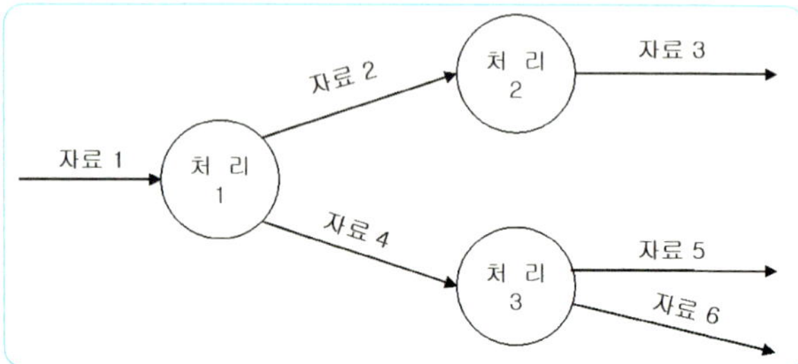

[그림 4.10] 자료 흐름도

Constantine과 DeMarco는 이러한 표현을 자료흐름 그래프 또는 버블 차트(bubble chart)라고 한다. 자료 흐름도는 처리공정(process)과 이들 간의 자료흐름을 네트워크 형태로 도형화하여 표현한 것이다. 크게는 업무상의 작업흐름과 처리공정을 표현하며, 작게는 각 루틴들 사이에서 자료흐름과 프로그램의 모듈을 나타내는데 이용된다.

① 자료흐름도의 요소

자료흐름도의 요소는

- 자료흐름(data flow) : 화살표
- 처리공정(process) : 원
- 자료저장장소(data store) : 직선(단선, 이중선)
- 종착지(terminator) : 정사각형

와 같다.

⊙ 자료흐름

① 시스템에서 처리되는 자료의 흐름을 추적하는 것이다.

② 자료흐름의 방향은 화살표로 표시한다.

③ 자료흐름의 대표적 명칭을 [그림 4.11]과 같이 화살표로 나란히 표시한다.

④ 결국, 자료흐름은 처리공정들 간의 자료의 연관관계를 나타낸다.

[그림 4.11] 자료흐름 표시

⊙ 처리공정

① 시스템에서의 처리요소를 자료변환의 관점에서 표시하여 처리요소 데이터에 대한 연산을 내용으로 한다.

② 원 또는 둥근 사각형으로 표시한다.

③ 처리공정명은 도형 안에 명기한다.

④ 명칭의 사용 시 처리 공정의 내용과 일치하는 의미 있는 명칭을 사용해야 한다(수단, 방법은 무시함).

[그림 4.12] 처리공정

⑤ 자료흐름과 처리공정 관계의 예를 다음[그림 4.13]와 같이 들 수 있다.

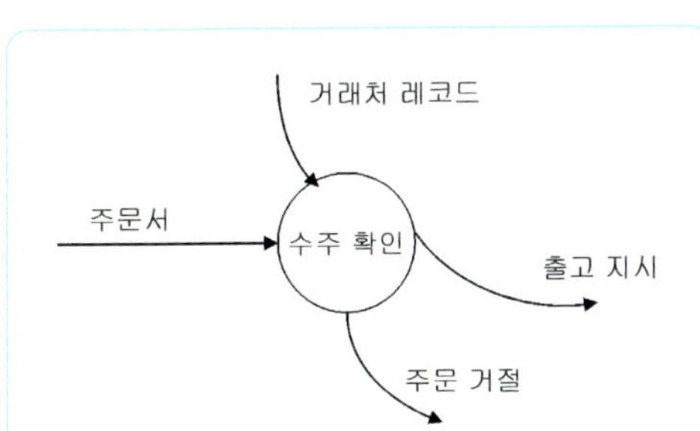

[그림 4.13] 입·출력 데이터

⑥ 한 개 이상의 입력자료와 출력자료가 존재한다.

⊙ 자료저장소

① 논리적 데이터 파일을 표시한다.

② 두 개의 평행선("ㄷ"자와 같이 닫힌 상태)으로 표시하고, 그 안에 논리 화일의 명칭을 기입한다.

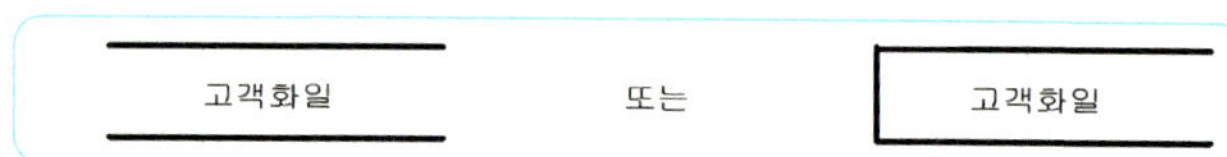

[그림 4.14] 자료 저장소

③ 자료흐름에 의해 처리공정에 연결된다.

④ 자료흐름의 방향은 자료저장에서 자료를 읽어서 처리공정의 입력을 위한 방향과, 그 반대로 자료의 작성과 이들이 동시에 행해질 수 있다.

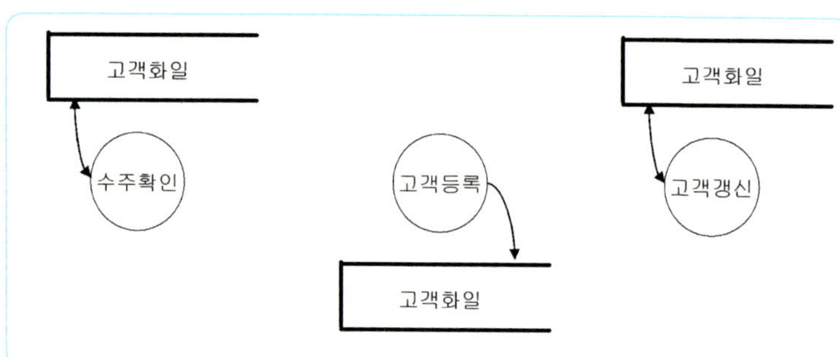

[그림 4.15] 자료흐름저장 방향

⊙ 종착지

① 자료흐름의 발생지(조직)와 최종 출력의 종착지(조직)를 나타낸다(조직은 부서 및 담당, 거래처 등)

② 자료의 발생지를 "소스(source)"라 하고, 종착지를 "싱크(sink)"라고 한다.

③ 정사각형 또는 직사각형으로 표시하고, 그 안에 명칭을 부여한다.

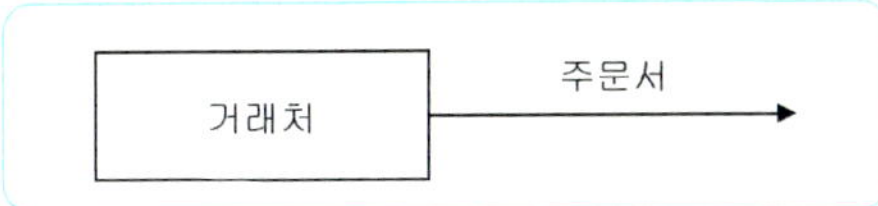

[그림 4.16] 자료흐름 종착지

④ 종착지는 실제로 DFD의 외부에 있으며, 하위 레벨로 갈수록 생략된다.

② **자료흐름도의 작성방법** : 자료흐름도를 작성하기 위한 지침서로서는 자료흐름도를 작성할 때 발생할 수 있는 여러 가지 상황에 대처하는 안내 내용이 있다.

㉠ **수정된 자료흐름의 이름 부여** : 원 안에 표시된 처리공정은 일종의 변환 내용이다.

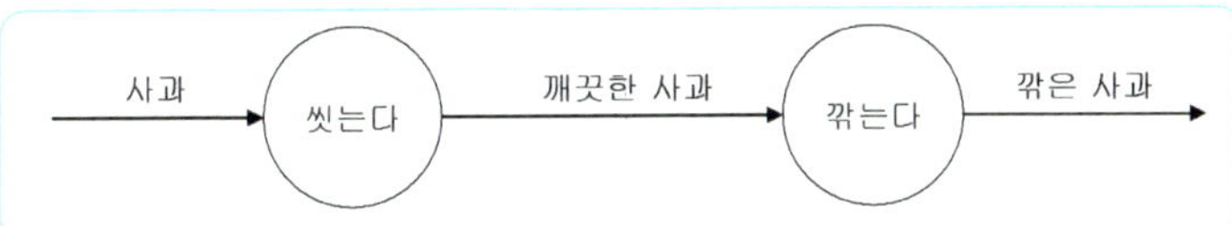

[그림 4.17] 자료흐름도 작성방법

㉡ **사소한 거절(trivial reject)** : 어떤 에러를 원상 복구시키기 위해서 아무런 처리도 필요하지 않을 경우에는 그 처리공정이 이미 에러처리 기능을 포함하고 있는 경우이므로 자료흐름도상에서 "사소한 거절"로 간주한다.

㉢ **대화식 자료흐름** : 두 개의 자료흐름이 '질문/응답'또는 '자극/반응'과 같이 서로 대응된 경우에는 [그림 4.18]과 같이 양방향 화살표로 표현한다. 이 때 나타난 화살표 끝의 이름, 즉 '신용요구'와 '신용 응답자'와 같은 명칭을 반드시 붙여 주어야 되고, 그 내용 설명은 자료사전에 명시되어야 한다.

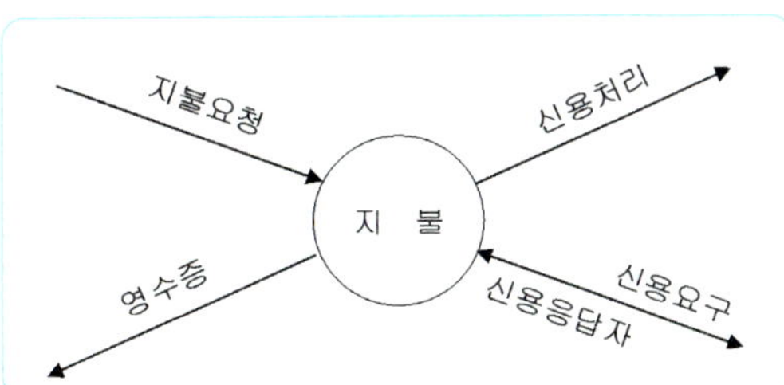

[그림 4.18] 대화식 자료흐름도

㉣ **자료의 순수흐름** : 처리공정이 자료저장소의 자료를 단순히 갱신만 할 때와 갱신한 다음 흐름으로 옮겨갈 때는 [그림 4.19]와 같이 구별해서 표현한다.

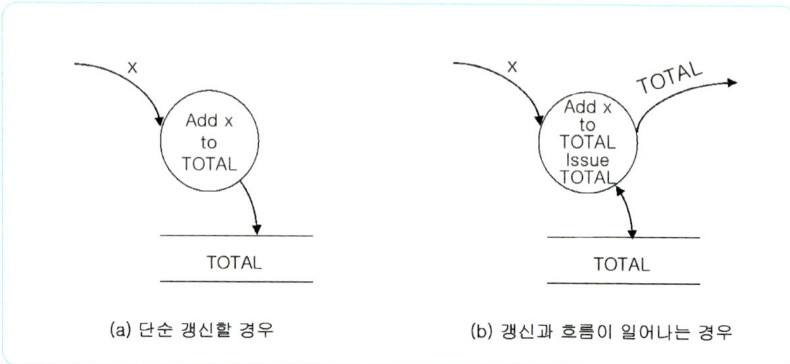

[그림 4.19] 자료흐름 갱신

㉤ **처리공정과 저장소 간의 명칭 부여** : 자료저장소의 이름이 들어오거나 나오는 자료흐름의 이름을 충분히 설명할 경우에는 그 자료흐름을 생략할 수 있으나, 만일 처리 공정이 자료저장소의 일부 항목만 읽거나 사용하는 경우, 그 자료흐름에 해당되는 이름을 부여한다.

③ **자료흐름도의 분할** : 자료흐름도를 작성하는 데 있어서 가장 어려운 점은 어디서부터 시작해서 그릴 것인가 하는 점이다. 시스템의 조사과정에서 얻은 내용, 즉 정보의 흐름을 잡아서 입력-처리-출력으로 표현해야 되므로 자료흐름도는 분할된 상태로 그려 나가야 한다. 자료흐름도 작성 접근 방법에는 다음과 같은 2가지 방법이 있다.

⊙ 자료흐름중심

우선 처리공정은 어떤 자료흐름이 들어와서 어떤 자료흐름으로 나가는가를 결정하고, 처리공정 안에서 변환되는 처리를 인식하여 분할하는 기법이며, 처리공정 내에서 자료흐름과 처리공정의 관계를 추적해 나가는 방법을 말한다. 그 절차는 다음과 같다.

① 출력단점(outer edge)에서 시작하여 모든 순수 입력(net input)과 출력을 연결한다.

② 자료가 변형되거나 집합되는 곳에 이름을 붙이지 않은 처리를 설정한다.

③ 자료흐름의 명칭을 부여한다.

④ 프로세스의 이름을 부여한다.

⑤ 자료를 보존할 곳에 자료저장소를 첨가시킨다.

[그림 4.20]은 자료흐름중심을 처리하는 과정을 설명하고 있다. 이것을 상호 간의 연관 관계에 의해서 작성된 결과는 [그림 4.21]와 같다.

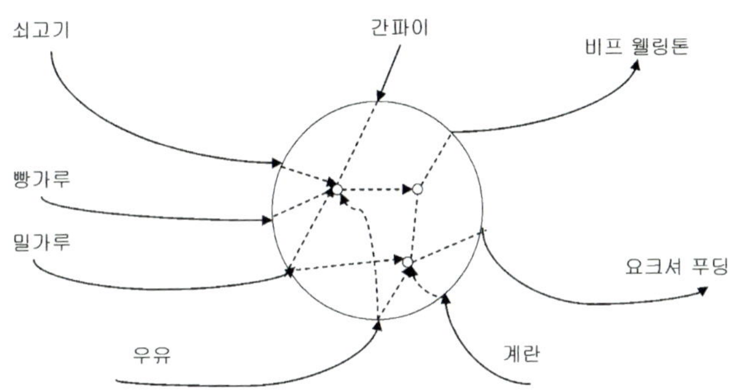

[그림 4.20] 자료흐름에 따른 DFD 접근 방법

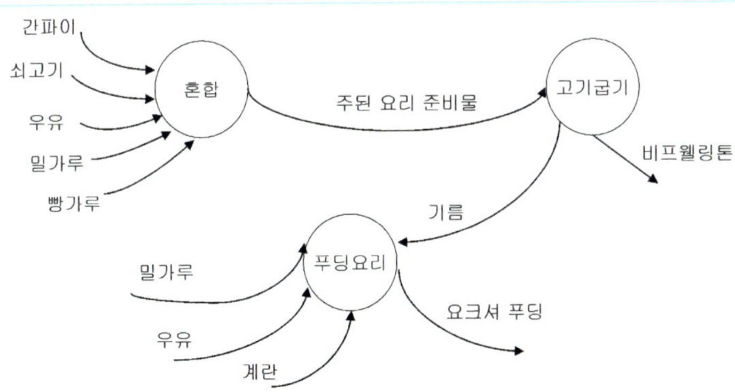

[그림 4.21] 자료흐름에 따른 [그림 4.20] 결과

이와 같이 연계성은 자료흐름에 기초를 두고 필요한 자료를 근거로 하여 처리공정의 순서를 정해 나간다. 이러한 방법의 특징은 다음과 같다.

① 자료흐름관점에 기초

② 자료요구사항을 기초로 처리순서 파악 가능

③ 예상되는 출력을 토대로 입력 자료 파악

④ 불명확한 처리를 인지하는데 도움

⑤ 작은 체계일수록 유용성 증대

⊙ 처리 과정 중심

체계에 의해 수정되어질 처리들을 먼저 인식하여 해당처리의 수행을 위해 요구되는 자료를 확인하고, 공통자료에 관련된 처리들을 함께 연결시키는 기법이다.

그 절차는 다음과 같다.

① 체계에 의해 수행되어야 할 처리를 확인

② 각 처리에 대해 원을 그림

③ 각 처리가 요구하는 자료흐름 및 자료저장소를 추가

④ 자료흐름이나 자료저장소를 공유하는 처리들을 서로 연결

[그림 4.22]는 선적요구서를 입력받아 재고표에 저장된 내용을 참고하여 고객별로 선적하거나 물품재고를 파악하여 필요한 물품을 새로 구입하거나 미분출된 품목대장을 만들어 가는 과정을 처리과정 중심별로 나누어 [그림 4.23]과 같이 처리 내용을 분류한다.

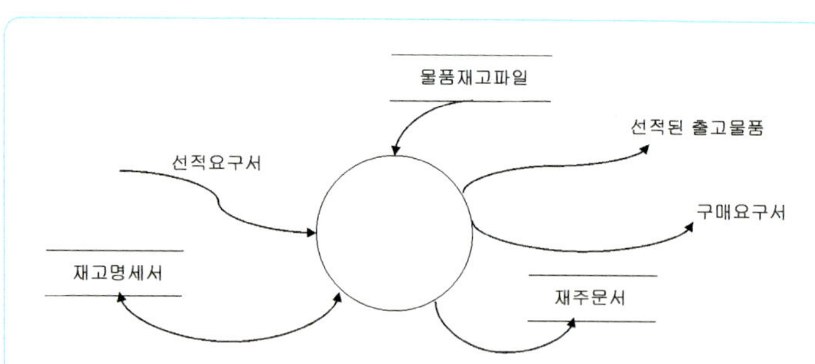

[그림 4.22] 처리과정 중심에 따른 선적관리 시스템

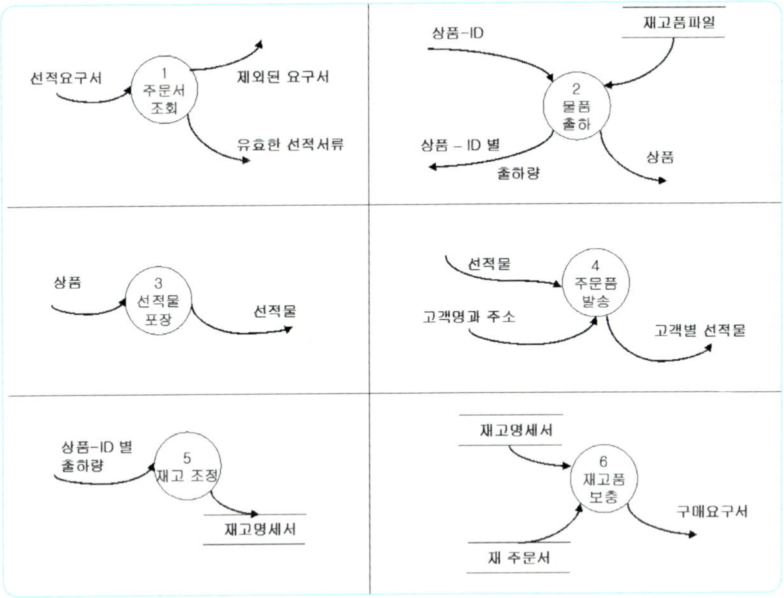

[그림 4.23] 선적 관리 시스템의 처리 내용 분류

조각그림 만드는 순서

① 출고지시서 검토

② 물품불출

③ 불출물품 포장

④ 출고물품 선적

⑤ 재고 조정

⑥ 물품 재구매

이상과 같은 순서대로 조각그림을 만든 다음에는 [그림 4.24]와 같이 조각 그림을 한군데로 모아서 일관된 처리공정으로 통합시킨다.

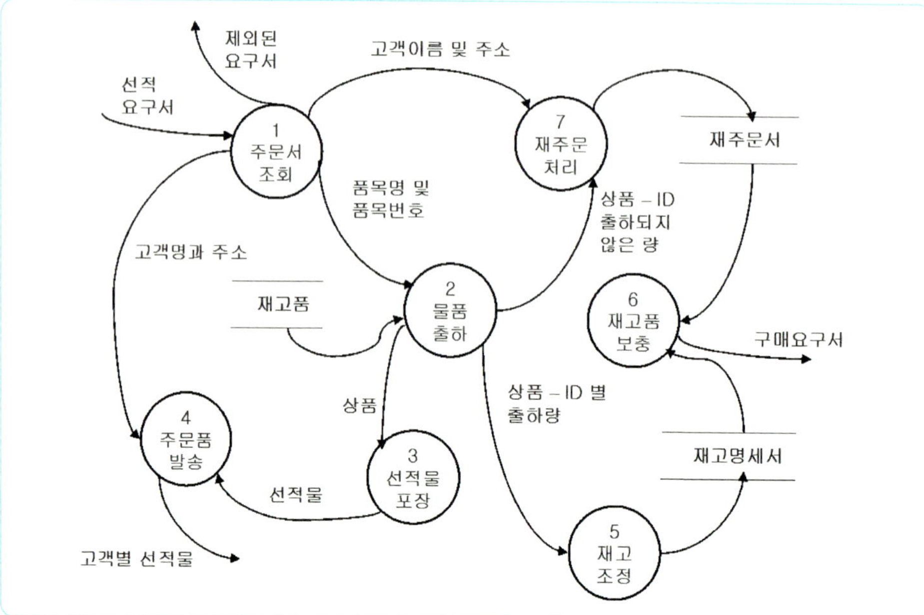

[그림 4.24] 선적 관리 시스템 결과

④ **자료흐름도의 복잡도** : 일반적으로는 자료흐름도는 한 페이지 정도의 크기를 단위로 해서 그린다. 평면적인 자료흐름도만으로는 큰 시스템을 표현하기가 어렵기 때문이다. 자료흐름도에 차원을 부여할 수 있는 레벨링(평준화, leveling)의 개념을 도입한다. 다음 [그림 4.25]와 같이 시스템의 한계영역을 정의하는 정체도(context diagram)를 그리고, 분석과 정의영역의 한계를 분명히 할 필요가 있다. 정체도에서부터 시작해서 한 단계씩 수준을 내려가면서 레벨링을 하게 된다. 이 때 상위 수준의 그림은 최저 수준의 자료흐름 도를 이해하는 데 필요한 길잡이 역할을 한다.

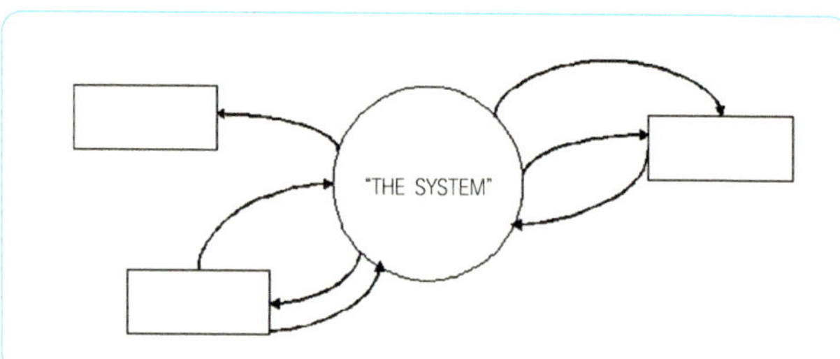

[그림 4.25] 정체도

따라서 자료흐름도의 레벨링은 '하향식'설계 방법이라고 생각할 수 있다. 이렇게 여러 가지로 분할해 감으로써 복잡한 최저 수준의 기능을 쉽게 파악할 수 있고, 시스템내의 다른 부분과의 연계 관계도 균형 있게 이해할 수 있다.

[그림 4.26(a)]에서 원 B를 다시 레벨링하여 세분하면, [그림 4.26(b)]와 같이 그릴 수 있다. 정체도(a)부터 시작해서 레벨 1(b), 레벨 2,… 와 같이 하향식으로 설계해 나간다. 즉 레벨링된 집합의 제일 상위가 정체도이며, 이것은 곧 레벨 1의 부모(parent)가 된다. 레벨 1이 부모이면 자식(child)은 레벨 2가 된다.

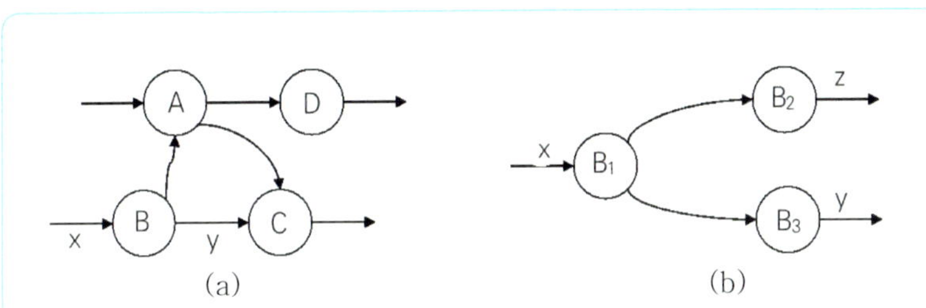

[그림 4.26] 정체도의 레벨링

⑤ **자료흐름도의 균형유지** : 구조적 명세서는 반드시 단일체계의 일관성 하에서 만들어진 시스템 모형이어야 한다. 그러므로 각 수준의 자료흐름도는 최초 수준에서 최종 수준에 이르기까지 대응성을 유지시켜야 한다. 자료흐름도의 균형유지(balancing)는 처리공정과 그 다음 수준의 자료흐름도의 입출력 흐름이 완전히 대응되게 함을 말한다.

처리공정만 분할하고 자료흐름은 분할하지 않는다면 부모도(parent diagram)와 자식도(child diagram)의 입출력 자료흐름을 [그림 4.27]과 같이 일치시켜야 한다. 그리고 다 같이 분할된 경우에는 외견상으로 표현하기가 어려우나, 부모도와 자식도의 자료흐름을 일치시키기 위해서 자료사전을 이용할 수 있다.

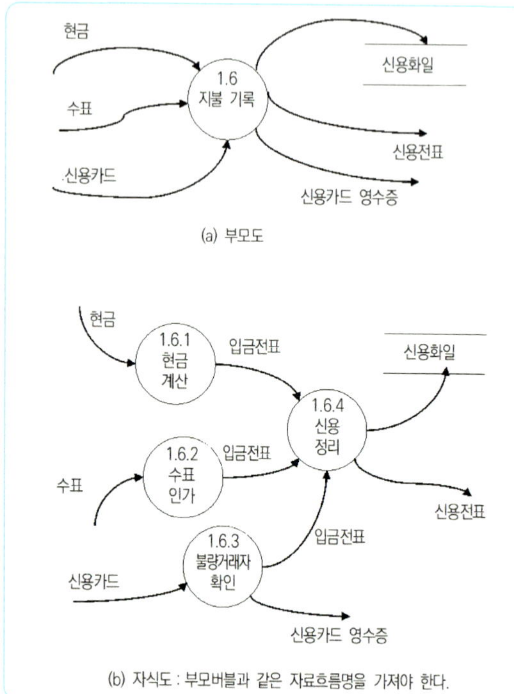

[그림 4.27] 부모도와 자식도에 의한 균형유지

또, 정체도에서부터 분할해 나가다 보면, 두 개 이상의 처리공정이 같은 자료저장소를 이용할 경우가 생긴다. 바로 그 수준에서 자료저장소에 연결된 자료흐름을 그 다음 자료수준에서도 균형이 유지되어야 한다. 균형유지 방법은 처리공정이나 자료흐름에 있어서의 균형유지와 같다.

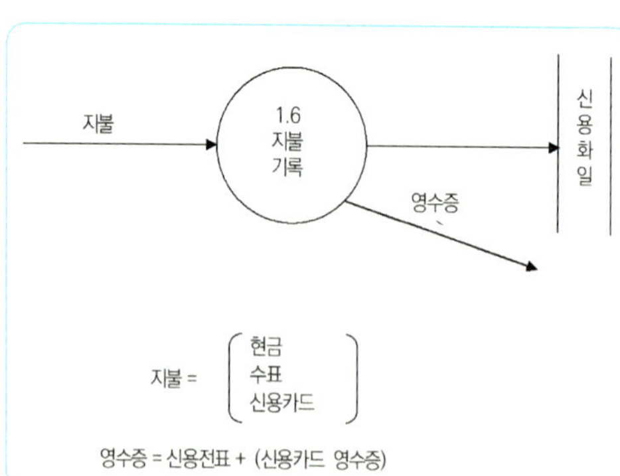

[그림 4.28] 자료사전에 의한 균형유지

[그림 4.29]에서 다이어그램 0은 부모도이고, 다섯 개의 자식도를 갖는다. 그 네 번째 자식도가 다이어그램 4에 나타나있다. 자료흐름에서 부모도 상의 원도 입출력되는 자료는 자식도에 입출력되는 자료와 반드시 대응한다. 다만 사소한 거절이 발생할 경우에는 예외이다. 사소한 거절은 입출력되는 정보의 변환이 필요 없는 패스(pass)에서 일어나기 때문이다. [그림 4.29]는 다음과 같은 자료흐름 다이어그램의 균형법칙을 잘 유지하고 있다.

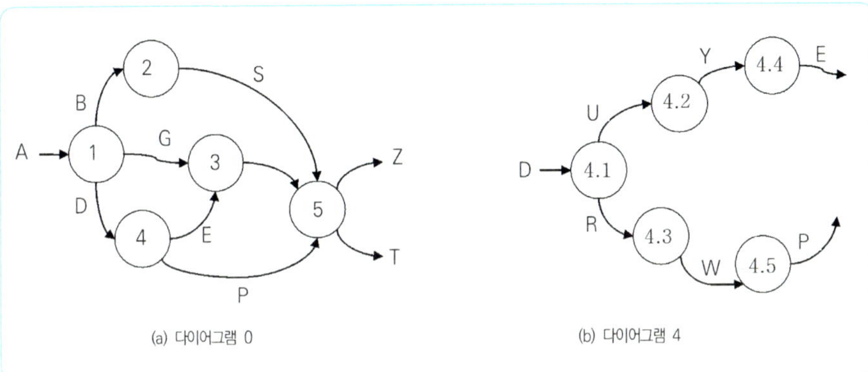

[그림 4.29] 다이어그램 균형유지

여기서 다음의 균형법칙을 정할 수 있다. 균형법칙은 각 상위 단계의 처리는 그보다 한 단계 아래의 자료흐름도와 같은 입출력 자료흐름과 자료저장소를 유지해야 한다.

(2) 자료사전(Data Dictionary : DD)

자료흐름이 처리공정 간의 인터페이스를 나타낸 반면, 자료사전은 자료흐름도상의 자료 요소를 수학적으로 정의해 주며 간단히 DD(Data Dictionary)라 한다. [그림 4.30]과 같이 DFD와 DD를 대응시켜 보자. DD상에 나타난 자료들은 계층적으로 단순화시켜 나가면서 정의한다.

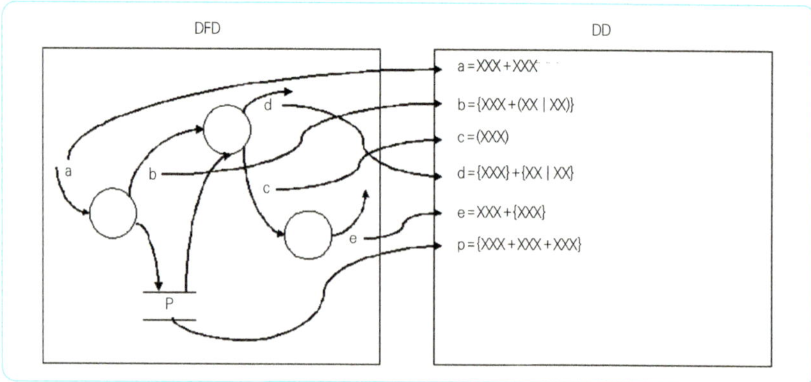

[그림 4.30] 자료흐름도와 자료사전의 대응관계

① **자료사전에 사용되는 기호**

- 자료흐름이나 자료저장소의 구성관계를 나타내는 데에는 [표 4.8]과 같은 기호를 사용한다.

[표 4.8] 자료사전 사용기호

기 호	의 미
=	"is composed of"
+	"and", "along with"
{ }	"iteration of"
[ ]	"choose only one of"
( )	"optional"
**	"comment"

- 반복의 형태

[표 4.9] 자료사전 사용기호(반복)

표 현	의 미
$\{\ \}$	0 이상의 반복
$^{1}\{\ \}$	1 이상의 반복
$^{12}\{\ \}$	12 이하의 반복
$^{12}_{1}\{\ \}$ 또는 $1\{\ \}12$	1부터 12까지의 반복

◉ 기타

$\begin{bmatrix} A \\ B \end{bmatrix}$, {A, B}, [$A$: B]의 3가지는 모두 같은 의미이다.

② 자료사전의 형태

◉ 자료저장소에 대한 자료사전

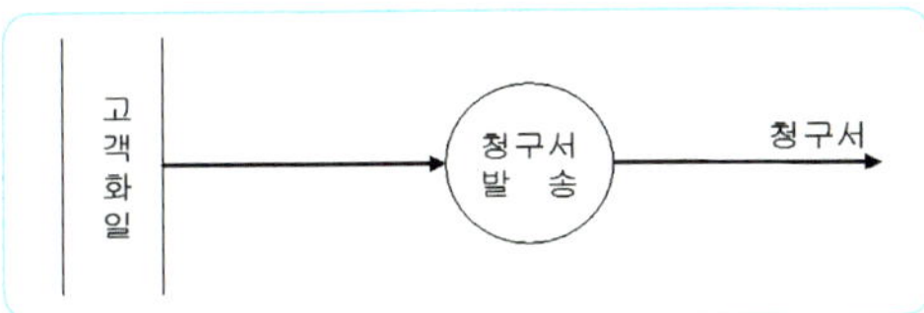

[그림 4.31] 청구서

- 고객화일 = {계정번호 + 고객명세 + 고객특성 + 입금상황}
- 고객명세 = 고객명 + 고객주소 + 거래 시작일
- 고객특성 = 신용현황 + 현잔고
- 입금방법 = $\begin{bmatrix} \text{현금} \\ \text{수표} \\ \text{신용카드} \end{bmatrix}$
- 입금상황 = {입금일 + 입금액 + 입금방법}

◉ 자료흐름에 대한 자료사전

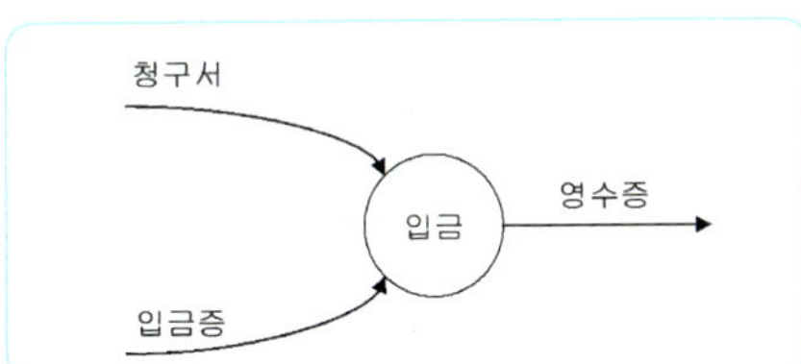

[그림 4.32] 자료흐름에 대한 DD

- 청구서 = 청구서 번호 + 청구일 + 고객주소 + {청구명세} + 청구액
- 청구명세 = 물품명 + 수량 + 단가세액 + 물품소계 + 물품합계
- 입금증 = 청구서 번호 + [현금 | 수표번호 | 신용카드 번호]

• 영수증 = 고객명 + 고객주소 + 영수일 + 입금액 + 입금방법 + (신용카드 전표 사본)

⊙ 명열(참고사항)

• 종업원 = *종업원 카드의 하위 구성요소*

= {종업원명 + 종업원 주소}

⊙ 별칭(aliases)의 사용

사용자의 혼돈을 피하기 위하여 별칭을 사용하는 경우가 있으며, 동 별칭에 대해서도 자료서전에 정의되어야 한다. 다만, 별칭은 될 수 있는 대로 사용치 않는 것이 좋다.

• 청구서 : *의뢰서의 별칭*

고객명 + 고객주소 + 청구일 + …

• 의뢰서 : *청구서의 별칭*

③ 자료사전의 단순화

• 항공탑승표 = 항공사명 + (배서사항) + 출발지 + 도착지 + 발행자 + (교환증) + 탑승자명 + 1{출발공항명 + 항공기코드 + 항공기번호 + 등급 + 출발일 + 출발시간 + 기본요금 + (유효일) + (실효일) + 보충사항}4 + 여행목적 + 요금 + (할인요금) +(세액 1) + (세액 2) + 요금합계 + 요금계산 근거 + 요금 지불방법 + (여행사 코드) + 여행사명 + 일련번호 + 탑승표 번호 + 항공사코드

이상과 같이 '항공탑승표'를 자료사전으로 표현한 것은 너무 많은 항목을 나열함으로써 너무 복잡해서 그 내용을 파악하기가 어렵다. 이럴 경우에는 다음과 같이 계층적으로 정의해 주면 자료사전이 훨씬 단순해진다. 이러한 자료사전의 단순화는 자료구조의 설계를 나무구조에 의해서 쉽게 할 수 있다.

• 항공탑승표 = 발행관련자료 + 탑승자명 + 1[항공기 관련자료]4 + 여행목적 + 요금관련자료 + 탑승표 구분자료

• 발행관련자료 = 항공사명 + (배서사항) + 출발지 + 도착지 + 발행자 + (교환증)

- 항공기 관련자료 = 항공사명 + 항공기코드 + 항공기번호 + 등급 + 출발일 + 출발시간 + 기본요금 + (유효일) + (실효일) + (보충사항)
- 요금관련자료 = 요금 + (할인요금) +(세액 1) + (세액 2) + 요금합계 + 요금계산 근거 + 요금 지불방법
- 탑승표 구분자료 = (여행사 코드) + 여행사명 + 일련번호 + 탑승표 번호 + 항공사코드

④ 자료흐름도와 자료사전의 관계

◉ 자료흐름도의 보기 : 티켓 발행

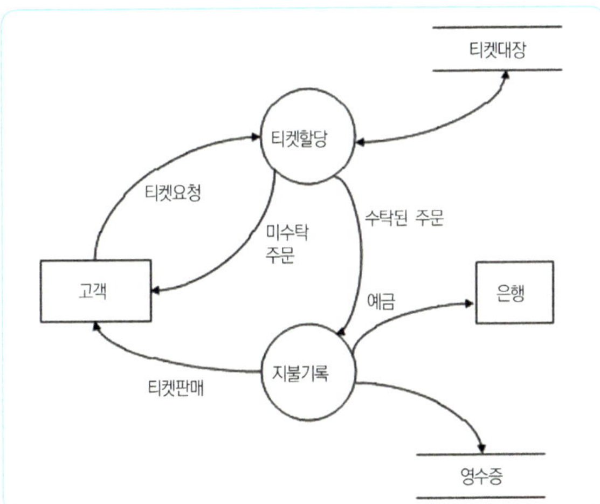

[그림 4.33] 티켓 발행 자료흐름도

◉ 자료사전

- 수락된 주문 = 이름 + 주소 + 지불 + 실제 날짜 + 실제 수량 + 1{티켓}
- 티켓 = 1{날짜 + 가격 + 가능 수량 + {티켓}}
- 티켓 요청 = 이름 + 주소 + 지불 + 1{우선 티켓}
- 미수락 주문 = 이름 + 주소 + 지불 + 미수락 편지

(3) 미니명세서(Mini-Spec)

미니명세서는 반 페이지나 한 페이지 정도의 크기로 세분된 모듈을 작성할 때 사용한다.

자료흐름도에서 한 개의 처리공정이 그 대상이 되지만, 한 공정의 기능이 두 가지 이상이거나 미니명세서의 이름을 정하기가 난처하고, 또 더 세분함으로써 미니명세서를 이해하기가 쉬워진다면 더욱 세분할 수도 있다.

미니명세서를 작성하는 툴은 다음과 같은 것들이 있는데, 기재한 순서대로 효율이 좋다.

나쁨 ↑	·서술문장
	·구조적 언어
	·의사결정 나무
	·의사결정표
	·표
↓ 좋음	·그래프

① 그래프와 표

그래프와 표는 사용자 또는 사용자의 지침서로 구축할 수 있다.

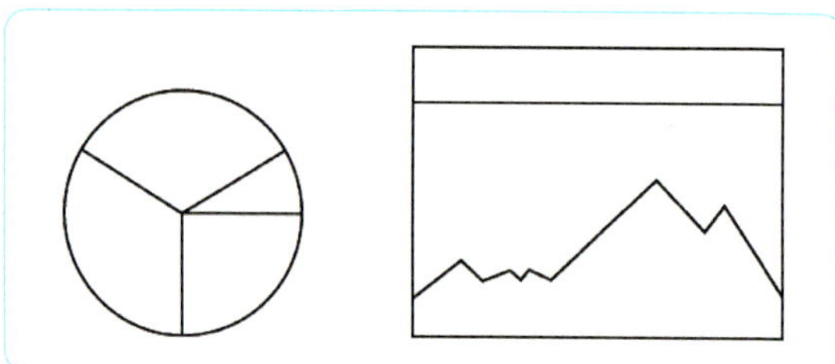

[그림 4.34] 그래프와 표의 형태

② 의사결정표(decision table)

[표 4.10]은 송장금액이 $ 500 이 넘을 때와 그렇지 않을 때, 그리고 송장이 60일 초과될 경우와 그렇지 않을 때이다.

[표 4.10] 의사결정표 예

조 건	규 칙			
	1	2	3	4
(1) 송장금액 $ 500	Y	N	Y	N
(2) 송장 60일 초과	Y	Y	N	N

출 력	결 과			
(1) 확인서 발행	N	Y	Y	Y
(2) 송장 발행	N	Y	Y	Y
(3) 신용처리 보고서 기입	N	N	Y	N

그 결과로서 확인서를 발행하거나 송장병행 및 신용처리 보고서에 기입함을 나타내고 있다.

③ 의사결정 나무(decision tree)

위 문제를 의사결정 나무를 사용해서 표현하면 다음과 같다.

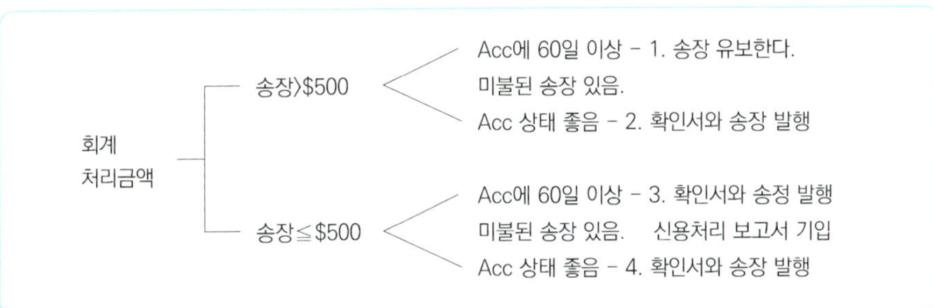

④ 구조적 언어(Structured Language)

⊙ 구조적 언어의 구성요소

- 제한된 단어 : 자료사전에서 정의된 자료명을 사용한다.
- 제한된 문장 형태 : 간단한 명령형 문장으로 표현한다.
- 블록구조 : 문장을 이루는 제한된 형태를 사용한다. 즉 순차, 판단 및 반복의 세 가지 구조 형태로 표현된다.

⊙ 사용상의 주의점

- 비공식적으로 융통성 있게 사용한다.
- 공식적으로 표준화하려고 하지 않는다.

- 사용자가 편리하도록 그 형태를 수정한다.
- 사용자에게 그 사용을 강요하지 않는다.
- 미니명세서 작성용 도구는 하나만 사용하는 것이 아니라, 경우에 따라서는 복합적으로 사용한다.

⊙ 구조적 언어에 의한 블럭구성

순차, 판단 및 반복 형태의 구조를 가지고 블럭을 구성한다. 구조적 언어는 서술문장과 구조적 프로그래밍 언어의 장단점을 취사선택하여 작성한다. 서술문장은 업무 중심이기 때문에 익숙하여 신속하게 작성할 수 있고 융통성이 있는 반면에, 구조적 프로그래밍 언어는 간결하고 명확하며 구조적인 특성을 구비한 장점을 갖는다. 예를 들면 다음과 같다.

```
순차 : Reg-Pay = Reg-Hrs ×Reg-Wage
       OT-Pay = OT-Hrs ×OT-Wage
       Gross-Pay = Reg-Pay+OT-Pay
       Issue Gross-Pay
판단 : If Employee-Type = "Exempt"
          OT-Wage = Reg-Wage
       Otherwise
          OT = Wage = Reg-Wage ×1.5
반복 :
       For each Payroll-Trans :
          Issue Pay-Stub and Pay-Check
          Issue PR-Audit_Record
```

⊙ 구조적 언어로 표현한 미니명세서

[그림 4.35]은 자료사전으로 표현한 내용에 따라서 구조적 언어로 작성한 미니명세서 (c)를 보여주고 있다.

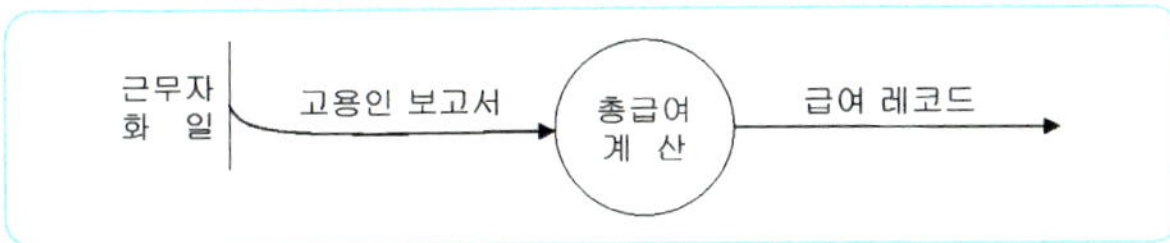

(a) 자료 흐름도

PAYMENT-TYPE = ["WEEKLY"|"SEMI-MONTHLY"|"MONTHLY"]

EMPLOYEE-RECORD = EMPLOYEE-NAME + EMPLOYEE-ADDRESS + EMPLOYEE-NUMBER + PAYMENT-TYPE +
[ANNUAL-SALARY|WEEKLYPAY-DATA]

PAY-RECORD = EMPLOYEE-NAME + EMPLOYEE-ADDRESS + EMPLOYEE-NUMBER + GROSS-PAY

WEEKLY-PAY-DATA = HOUSE-WORKED + REGULAR-WAGE + OVERTIME-WAGE

(b) 자료사전

```
For each Employee Record
        Select the case based on Payment Type
              Case 1("Weekly")
                   If the Hours Worked 〉 40
                        Reg Hours = 40
                        Reg Pay = Reg Hours ×Reg Wage
                        OT Hours = Hours Worked-40
                        OT Pay = OT Hours ×OT Wage
                        Gross Pay = Reg Pay + OT Pay
                   Otherwise
                        Reg Hours = Hours Worked
                        Reg Pay = Reg Hours ×Reg Wage
                        Gross Pay = Reg Pay
                   Case 2("Semi Monthly")
                        Gross Pay = Annual Salary/24
                   Case 3("Monthly")
                        Gross Pay = Annual Salary/12
                   Case 4("Anything else")
                        Issue an error message
Issue Pay Recoded
```

(c) 미니 명세서

[그림 4.35] 급여계산에 대한 구조적 명세서

⦿ 미니명세서의 역할

(1) 지금까지는 하나의 시스템을 서브시스템별로 분할하였고, 서브시스템과 그들 간의 인터페이스를 자료흐름도로 표현하였으며, 각 인터페이스를 자료사전으로 정의한다.

(2) 미니명세서는 자료흐름도 상에서 설명되지 않은 처리과정 자체를 설명하는 것이다.

(3) 자료흐름도 상의 최하위 버블(기능요소) 각각에 대하여 하나의 미니명세서가 작성되어야 한다.

(4) 미니명세서는 입력자료를 출력자료로 변환시키기 위한 업무내용을 기술해야 한다.

⦿ 미니명세서의 작성기준

(1) 미니명세서는 반 페이지 내지 한 페이지 정도의 분량이 되도록 한다.

(2) 따라서 미니명세서의 분량을 염두에 두고 자료흐름도를 분할한다.

(3) 다음과 같은 조건일 때는 상기기준에 얽매지 않고 자료흐름도를 분할한다.

① 미니명세서가 시간적으로 동일하지 않은 두 개의 기능을 수행할 때

② 미니명세서의 명명이 용이하지 않을 때

③ 미니명세서의 분량이 적어짐으로써 사용자의 시스템에 대한 이해가 용이할 때

4.6 요구사항 검증(Requirements Validation)

시스템 요구사항들이 확립되어진 후, 이 요구사항들이 고객이 원하는 시스템의 모습을 정확히 반영하고 있는지를 입증하기 위하여 검증되어야만 한다. 만약 이러한 검증이 불충분

하다면, 요구 정의에 있는 에러는 시스템 설계와 구현 단계로 스며들 것이며 그리고 이러한 에러를 교정하기 위해 비싼 수정비를 지불해야 한다.

요구 정의의 에러는 가능한 한 초기에 발견해야 한다. 시간이 지날수록 에러를 고치는 비용은 훨씬 커진다. Boehm(1974)은 어떤 큰 시스템에서 변경된 사용자 요구사항을 만족시키기 위하여 코드의 95%를 다시 작성했다고 보고했다. 또한 소프트웨어 시스템에서 발견된 에러의 12%가 요구사항에 있는 에러 때문이라고 보고했다. 대부분의 프로그램 유지 보수 작업은 실제로 에러가 있는 코드를 교정하기보다는 시스템 요구사항의 변경을 수용하거나 또는 원래의 시스템 요구사항의 에러를 교정하기 위한 코드 수정이다.

게다가 요구사항 변경으로 인해 시스템을 변경하는데 드는 비용은 설계를 고치거나 에러를 고치기 위한 비용보다도 훨씬 클 것이다. 요구사항 변경은 설계와 구현을 변경하게 만들며 시스템 테스팅과 검증 과정을 반복하게 한다. 이것은 프로그램 버그를 고치는 것 보다 훨씬 비싸다.

요구사항의 검증에서는 다음의 4개의 사항을 검증해야 한다.

① 사용자의 요구사항은 정당해야 한다. 사용자는 시스템이 어떤 기능을 수행하기 위해 막연히 필요하다고 생각한다. 그러나 보다 깊은 생각과 분석은 서로 다른 기능을 식별할 것이며 추가적인 기능을 찾아낼 것이다. 또한 시스템은 다양한 사용자를 가지고 있기 때문에 어떠한 요구사항들을 사용자들 간의 타협안일 수 있다.

② 요구사항은 일관성이 있어야 한다. 어떠한 요구라도 다른 요구와 충돌(Conflict)을 일으켜서는 안 된다.

③ 요구사항은 완전해야 한다. 요구 정의는 모든 기능과 제약 사항을 포함해야 한다.

④ 요구사항은 현실적이어야 한다. 현존하는 하드웨어와 소프트웨어 기술을 사용하여 해결할 수 있는 요구사항인지를 예측해야 한다.

만약, 요구사항 검증에 추상적인 접근이 채택된다면, 요구사항이 사용자의 필요성을 만족하고 있는지를 검증하기가 매우 어렵다. 요구 정의와 명세서를 읽음으로써 사용자는 시스템의 동작을 그려보며 그리고 그 시스템이 그들의 작업에 얼마나 적합한지를 상상한다. 숙련된 컴퓨터 전문가조차도 이러한 종류의 추상적 분석을 수행하는 것이 매우 어렵다. 더군

다나 사용자에게는 이것이 거의 불가능할 것이다. 그 결과 많은 시스템이 사용자의 필요를 만족하지 않는 시스템을 양도하거나 양도 후 시스템을 단순히 버리는 결과를 낳는다.

검증이란 반드시 요구 문서가 완성된 후에 수행되는 과정은 아니다. 사용자와 소프트웨어 엔지니어가 참여하는 정규적인 요구 검토는 요구 정의가 형식화되는 동안 필수적이다. 이러한 검토 동안 개발팀은 각각의 요구 사항의 의미를 설명하여 고객에게 시스템을 이해시키며 갈등과 모순을 끄집어내어야 한다.

사용자 요구 검증의 문제를 해결하기 위하여, 프로토타입(Prototype) 개발에 기반을 둔 접근이 채택되어질 수 있다. 이것은 요구 정의 과정의 초기 단계에서 시스템의 버전을 개발하여 실험적인 테스트를 위하여 이것을 사용자에게 넘기고, 새로운 요구사항이 식별될 때 프로토타입을 수정하는 과정을 포함한다.

요구사항 검토는 요구 문서에서 이상(Anomaly)과 누락을 검사하기 위하여 고객과 계약 스텝진들의 여러 명의 사람들이 모여 수작업으로 검토한다. 요구사항 검토는 일반적으로 요구 정의에 있는 에러를 많이 찾아내면 성공이다. 요구사항 검토는 요구사항의 완전성을 체크할 수 있는 유용한 접근이다. 그러나 요구의 일치성은 몇몇 자동화된 도구를 사용함으로써 보다 더 잘 검사될 수 있다. 그러나 자동화된 검사는 요구가 형식 언어로 표현되어 있을 때에만 반드시 가능하다.

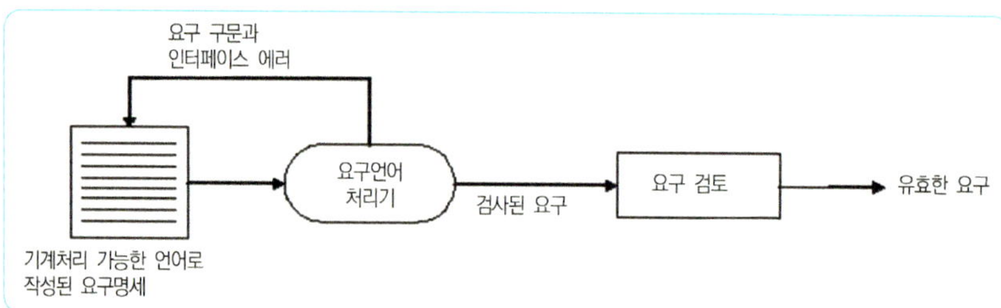

[그림 4.36] 요구사항의 자동화된 검증

Ada 언어와 같은 표기법으로 요구사항을 표현하면 인터페이스 불일치성 여부를 체크할 수 있다. 인터페이스 불일치성 체크는 어떠한 시스템을 막론하고 일반적으로 가장 중요하다. 만약 이것이 논리에 기반을 둔 표기법을 사용하여 시스템의 기술을 표현한다면 행위적인 불일치성은 검사 도구를 사용하여 찾아낼 수 있다.

또한, 어떤 경우에는 시스템 시뮬레이터를 구축함으로써 요구사항의 실현을 데모해 볼 수 있다. 시스템 시뮬레이션의 기술은 비기능적인 요구사항을 만족할 수 있는지를 데모하기 위하여 특별히 유용하다. 요구 명세 언어 RSL과 함께 사용되는 도구중의 하나가 시뮬레이터 생성기이다. 이 도구는 RSL 정의를 분석하며 자동적으로 시스템 시뮬레이터를 파스칼 언어로 생성한다. 각각의 기능적인 정의를 시뮬레이션하는 프로시저는 요구 정의의 부분으로서 명세자에 의하여 제공된다. 그러나 시뮬레이션의 문제는 Davis와 Vick(1977)에 의하여 지적되었다. 그들은 복잡한 시스템에 대해서, 시스템 시뮬레이터를 개발하는 것이 시스템 자체를 개발하는 만큼 비싸고 시간을 소비한다고 지적했다. 그 결과 시뮬레이션이 요구사항 에러를 상당히 감소시키는 결과를 가져왔음에도 불구하고, 큰 시스템의 요구사항을 검증하는데 폭 넓게 사용되지 않고 있다.

4.7 프로토타이핑(Prototyping)

새로운 소프트웨어 시스템을 정의하는데 참여하는 사용자가 직면하는 근본적인 문제는 그 시스템이 현재 일에 얼마만큼의 영향을 주는지 평가하기 어렵다는 것이다. 시스템이 구축되어 실제 사용되기 이전에 이러한 평가를 하기란 아마 불가능할 것이다.

이러한 이유로 시스템 개발에 있어서 실험적 프로그래밍(Exploratory Programming) 접근이 채택될 수 있다. 이 접근은 사용자에게 시스템을 제시하여 시스템이 불완전하다는 것을 알게 한 후 사용자의 실제 요구사항을 받아들여 그 시스템을 수정하고 보완해 나가는 것을 의미한다. 다른 방법으로서, '사용하고 버리는(Throw-away)'프로토타입을 고려해 볼 수 있다. 이 방법은 하드웨어 개발에서 폭넓게 사용되는 방법으로서 프로토타입은 초기 요구사항을 식별하기 위해 구축되며, 실험 후 향상된 명세서를 형성한다. 그러고 나서 프로토타입을 버리고 질 좋은 시스템을 개발한다.

이들 두 접근 간의 차이는 다음과 같다. 실험적 프로그래밍은 시스템 요구사항의 모호한 이해상태에서 시작하며 새로운 요구사항이 발견될 때 시스템을 증가시킨다. 거기에는 시스템 명세서 같은 것이 없으며, 그러한 방법에 의하여 개발된 시스템은 명세할 수 없을 것이다. 반대로, 프로토타이핑 접근은 프로토타입 개발 단계의 출력으로서 명세서를 얻어내는데 있다.

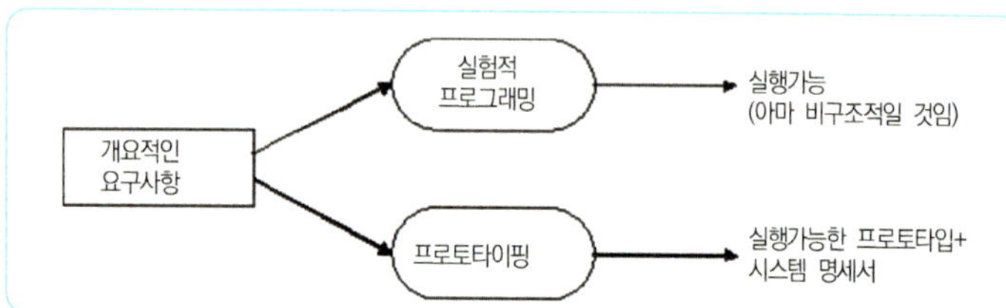

[그림 4.37] 실험적 프로그래밍과 프로토타이핑

초기의 프로토타이핑 단계에 기반을 둔 소프트웨어 개발 과정 모델이 다음 [그림 4.38]에 제시되어 있다. 이 접근은 전체 생명주기 비용을 줄일 의도로 요구사항 분석 과정을 확장하고 있다.

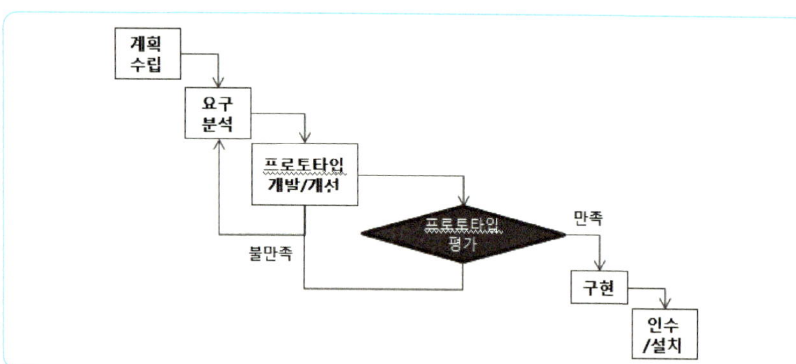

[그림 4.38] 소프트웨어 개발과정에서의 프로토타이핑

소프트웨어 생명주기의 요구 분석과 정의 단계 동안에 프로토타입 시스템을 사용하는 이점은 다음과 같다.

① 시스템 기능을 데모함으로서 소프트웨어 개발자와 사용자 간의 오해를 줄일 수 있다.

② 누락된 사용자 서비스를 찾아낼 수 있다.

③ 사용하기 어렵고 혼란스러운 사용자 요구를 찾아내어 정제시킬 수 있다.

④ 소프트웨어 개발 스텝진은 프로토타입을 개발할 때 불완전하거나 일관성 없는 요구들을 찾아낼 것이다.

⑤ 비록 제한적이기는 하지만 프로토타이핑에 의하여 만들어져 작동하는 시스템은 응용 프로그램의 타당성이나 유용성을 데모하기에 유용하게 이용 가능하다.

⑥ 프로토타입은 좋은 시스템 개발을 위한 명세서 작성의 기준으로서 이용된다.

다음 [그림 4.38]에 있는 개발과정 모델은 프로토타입이 몇몇 개요적인 시스템 명세서로부터 개발되어 진다고 가정하고 있으며, 실험에 넘겨지고 그리고 고객이 그 기능성에 만족할 때까지 수정되어 진다.

그러나, 프로토타입으로부터 명세서를 이끌어내기 보다 '시스템 명세서가 프로토타입 실행 자체이다'라고 종종 주장하는 경우가 있다. 소프트웨어 계약자에게 단순히 '이와 같은 시스템을 작성하시오'라고 주문할 수 있다. 이것은 다음과 같은 이유로 인하여 위험한 사고방식이다.

① 중요한 시스템 특징들은 빠른 구현을 단순화하기 위하여 프로토타입에서 신중히 해야 한다. 사실 안정성 특징과 같은 시스템의 가장 중요한 몇몇 부분을 프로토타입하는 것은 거의 불가능하다.

② 구현이 고객과 계약자 간의 계약을 위한 적절한 기준이 거의 될 수 없다.

③ 신뢰성, 강건성 및 안전성과 같은 비기능적 요구들은 프로토타입 구현에서 적절하게 표현할 수 없다.

④ 사용자는 실제 시스템을 조작하는 것처럼 프로토타입을 이용할 수 없을 것이다. 이것은 시스템과 덜 익숙해진 것에 기인하거나 또는 프로토타입의 몇몇 고유한 특성들 때문일 것이다.

완전한 프로토타입을 완전하게 다시 구현하는 것은 장기간 사용되는 시스템을 위해 권고된다. 재구현은 다음 이유로 추천한다.

① 성능, 보안성, 강건성, 신뢰성과 같은 중요한 시스템 특성들이 빠른 구현을 개발하기

위하여 프로토타입 개발 중에 무시될 수 있다.

② 프로토타입 개발 동안에 프로토타입은 사용자의 요구를 반영하기 위하여 변경되어질 수 없으며, 그리고 이들 변경들은 통제되지 않는 방식으로 만들어 질 수 있다. 이것은 프로토타입 코드만이 설계 명세로서 존재하는 것을 의미하며 이것은 장기간의 유지 보수를 위해 부적절한 기준이다.

③ 프로토타입 개발 동안에 만들어진 변경은 시스템 구조를 퇴화시킨다.

실험적 프로그래밍과 대규모 개발을 위하여 필요한 제어의 결합을 시도하는 대안으로서의 소프트웨어 개발 모델이 Mills(1980)에 의하여 보고되어 졌다. 이것은 진화적인(Evolutionary) 개발이라고 이름 부르며 점진적인 방식으로 요구를 개발하는 것과 시스템을 양도하는 것을 포함한다[그림 4.39]. 그래서 시스템의 부분이 양도되어지면 사용자는 이것을 실험할 수 있으며 그리고 시스템의 나머지 부분에 피드백을 제공한다. 이것은 매우 분별 있는 접근이지만 계약상의 문제가 발생할 수 있기 때문에 고객이나 계약자의 몇몇 부류에만 단지 적합하다. 프로토타이핑에 대한 주요한 논쟁은 프로토타입 개발의 비용이 전체 시스템 비용 중 큰 부분을 차지한다는 것이다. 사용자에게 이해할 기회를 제공하는 것과 최종 시스템이 구축되기 전 사용자의 필요를 다듬는 것보다는 파악되지 않는 필요성을 만족하기 위하여 완성된 시스템을 수정하는 것이 훨씬 경제적이다. 그러나 양도 후 시스템 유지 보수비용은 매우 크다.

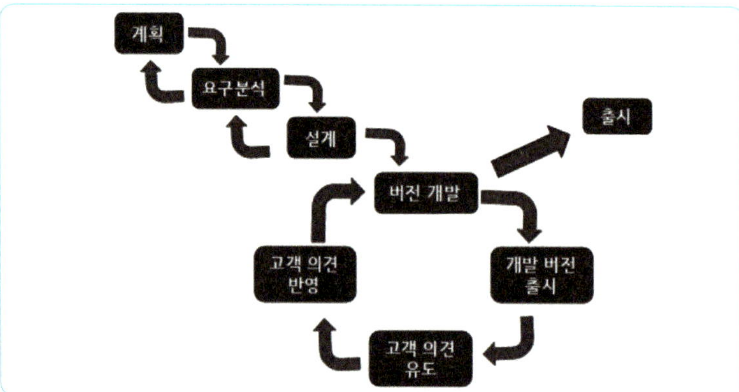

[그림 4.39] 진화적인 개발

4.8 객체지향 분석방법론

분석은 어떤 행동을 취하기 전에 선행되는 문제 영역에 대해 연구하는 것으로 외부적으로 관찰 가능한 행위의 명세서를 작성하는 과정이다. 즉, 시스템의 요구사항을 추출하는 과정으로 일반적으로 문제 영역에 대한 이해, 사용자와 개발자 간의 대화, 개발 과정에서 계속적인 변화에 대한 대처, 재사용 지원 등이 이루어진다. 분석에서 가장 핵심적이고 어려운 작업은 문제 영역에 대한 연구와 그에 대한 이해로 분석 결과는 분석된 요구사항을 설명하기 위해 간략하게 상품화될 수 있어야 하며 다음으로 사용자로부터 요구사항과 문제 영역에 대한 정보를 추출하기 위해 효과적인 대화가 이루어져야 한다. 분석 과정에서는 생산된 소프트웨어가 주어진 명세와 일치하는지를 확인하는데 필요한 모든 계획된 일련의 활동인 품질 보증(QA : Quality Assurance)이 중요하다. 품질 보증은 요구사항과의 일치 여부와 전체적인 목표를 만족시키는지를 알아보는 검증(Verification)과 설명된 내용과 요구사항이 실제로 사용자의 요구사항과 일치하는지를 알아보는 확인(Validation)으로 나눌 수 있다.

문제 영역에 대한 이해와 요구사항에 대한 이해를 사용자가 확인하기 위해서는 반복적으로 수행되어야 하며 개발 환경에 맞게 사용자 요구사항의 변경을 유도할 수도 있다. 시스템의 요구사항은 항상 변경이 가능한 상태이다. 따라서 개발자는 변화에 융통성 있게 정책과 표기법을 구성하여야 함과 동시에 안정된 상태를 유지할 수 있도록 유도하여야 한다. 분석을 크게 목표지향 분석과 문제지향 분석으로 분류하여 도식화하면 [그림 4.40]과 같다.

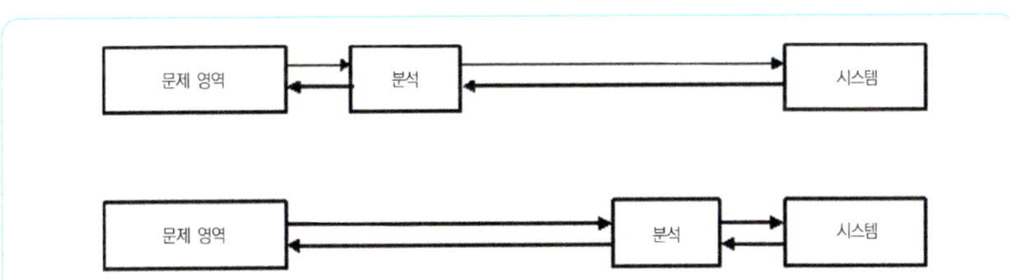

[그림 4.40] 문제지향 분석/목표지향 분석

기존의 방법론에서 분석은 문제 영역에서 사용자의 인식보다는 설계에 대한 구조적인 지식을 중요시함으로 환경의 변화에 능동적으로 운용할 수 없으며 설계적 결정이 내포되어 있는 목표지향으로 개발자가 사용자의 이해를 위해 부가적인 노력이 요구되었다. 객체지향 분석은 실세계 문제 기술에 적합하고 사용자가 이해하기 쉬운 모델링 언어를 이용하여 시스템 구축을 위해 필요한 전반적인 지식과 시스템, 전체 환경에 대한 요구사항 등을 고려한 문제 지향적으로 문제 영역 내의 사용자의 인식에 더욱 가까운 방법으로 표현되고 있으므로, 사용자와 개발자 간의 대화가 용이한 장점을 지니고 있다. 객체지향 분석은 시스템 내에 있는 속성과 연산을 추상화하여 캡슐화함으로써 객체를 형성하고 분류하여 메시지를 교환할 수 있는 기법을 정의함으로 클래스를 설계할 수 있도록 하는 과정으로 분석의 결과를 모델링하는 것을 객체 모델링이라 한다.

분석은 먼저 사용자의 요구에 의한 개념을 바탕으로 문제 해결을 위해 사용자 관점에서 실세계 객체와 행위를 분석한 후, 모델링 기법을 이용하여 정형적 방법으로 요구사항을 추출한다. 소프트웨어 개발에 있어 실세계의 개념 표현과 작성의 방법은 소프트웨어의 품질에 많은 영향을 미치므로 개발 방법론에 대한 연구 활동이 활발하였다. 그러나 문제 영역과 컴퓨터 영역의 객체들은 서로 상이한 목적을 가지며 추상화의 정도가 다름에도 불구하고 동일한 객체지향 개념과 표기법을 사용하고 있음으로 인하여 동일한 클래스가 변경 없이 각 개발 단계로 전달되며 구현에 필요한 세부사항이 이미 포함된 상태임을 알 수 있다.

분석과 설계가 그 목적을 분명히 달리함에도 불구하고 대부분의 객체지향 방법론에서는 그 경계를 명확하게 정의하지 못하고 있다. 실세계 객체를 이해하는 분석에 대한 충분한 검토의 과정을 거치지 않고 설계에만 치중하는 경향이 있어 시스템을 그릇된 방향으로 유도할 수 있는데, 이는 시스템 전반에 걸쳐 치명적일 수 있다. 또, 실제로 풍부한 문제 영역에 대한 정보를 가진 개발자라 할지라도 반드시 객체지향 분석과 설계에 대한 충분한 지식을 가지고 있다고는 할 수 없으므로 이는 분석과 설계의 구분을 더욱 어렵게 하고 있다.

분석 과정이 중요성을 더해 가는 이유 중 하나는 분석 과정에서 오류를 발견하고 수정하는 것이 시스템이 완성되었을 때 수정하는 것보다 경제적이기 때문이다. 분석 과정에서 오류가 발생하면 설계 및 구현 과정까지 파급되어 오류 검출이 어렵고 비용이 많이 들기 때문에 분석 과정에 보다 많은 고려가 요구된다. 특히 실시간 시스템의 경우, 시스템의 복잡성과 위험성으로 인하여 분석 과정에서부터 개발될 시스템에 대한 신뢰성, 정확성, 안정성 등의 검증이 요구된다.

4.8.1 Object Oriented Analysis and Design(OOAD)

Booch가 제안한 객체지향 분석 및 설계 기법은 객체지향 소프트웨어 개발 방법론 중 가장 먼저 제안된 방법론으로 초기에는 설계 단계만 지원하다가, 최근에는 분석 단계까지 지원을 하고 있다. 이 방법론에서는 개발 단계를 위해 객체 및 클래스의 구조 분석을 위한 자료흐름도(DFD : Data Flow Diagram)를 사용하여 객체로 분해하고 이들 객체들 간의 인터페이스를 찾아 이것들을 Ada 프로그램으로 변화시키는 방법을 제안하고 있다. 즉, 문제 영역을 소프트웨어로 구현하기 위해 객체와 그 특성을 식별하여 객체에 대한 프로세스와 특성을 식별한 다음 객체들 간의 가시성과 인터페이스로 연결되는 것으로 구현한다. 분석과 설계 단계를 분리하지 않고 분석 동안에 이용한 객체 모델을 설계 단계에 그대로 적용한다.

[그림 4.41]는 OOAD에서 제공하는 모델로서 각각 클래스 다이어그램, 객체 다이어그램, 상태 전이 다이어그램, 타이밍 다이어그램, 프로세스 다이어그램을 나타낸다.

- **클래스 다이어그램** : 정의된 클래스와 클래스 간의 관련성을 시스템의 논리적 설계 명세의 한 표현으로 제공한다.
- **객체 다이어그램** : 시스템 내의 어떤 객체가 존재하는지를 보여주고 객체 간의 관련성을 정의하며 동적 메시지 전송 관계를 표현할 수 있다.

Meyor가 제안한 상태 모형을 기반으로 하는 상태 전이 다이어그램은 클래스가 가질 수 있는 상태와 이들 간의 전이 관계를 보여준다.

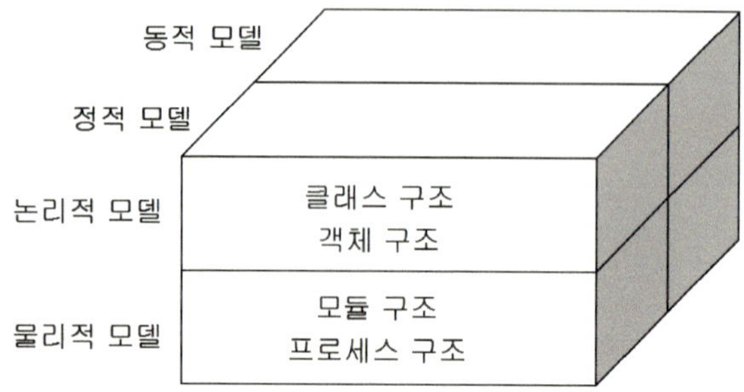

[그림 4.41] OOAD의 각 모델

- **타이밍 다이어그램** : 객체의 메시지 전송 간의 특성을 표현함으로 제어 흐름을 표현하며 모듈 다이어그램은 물리적 설계에 해당하는 것으로 클래스/객체를 서브시스템으로 구분되어 관리되는 모듈로 할당한 다음 그 결과를 보여준다.
- **프로세스 다이어그램** : 모듈이나 프로세스를 실제 처리기인 프로세서에 할당하는 것을 나타낸다.

OOAD는 전체 시스템의 가시화와 실시간 처리에 유용하며 설계를 위한 문서화 기법을 강조하고 있다. 그러나 설계를 위한 방법론으로 분석 과정이 취약하고 모델의 구현에 종속적인 개념들을 많이 포함하고 있다. 또한 설계 과정이 너무나 경험에 의존적이며 반복적이므로 규모가 큰 프로젝트 수행시 과정이 복잡하고 구현 언어에 제한되고 객체, 클래스, 메시지, 속성 등의 정의 방법이 취약하다. 다음[그림 4.42]는 OOAD에서 제공되는 각 표기법이다.

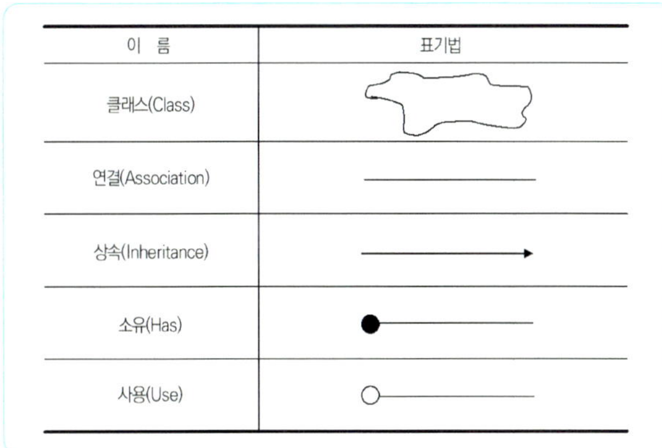

[그림 4.42] OOAD 표기법

4.8.2 Object Modeling Technique(OMT)

객체 모델링 기법은 Rumbaugh가 제안한 방법론으로 소프트웨어 구성 요소들을 그래픽 표기법을 이용하여 객체를 모델링한다. 시스템의 분석, 설계, 구현 단계 전 과정에 추상화, 캡슐화, 모듈화, 계층화 등 일관된 객체지향 개념을 적용한다. 객체 모델링(object modeling), 동적 모델링(dynamic modeling), 기능 모델링(functional modeling) 등의 세 가지 모델로 분석 모델이 설정된다. OMT는 정보 모델(information model), 구조적 분석(structure analysis)과 설계(structure design) 방법과 유사하다.

- **객체 모델** : 시스템을 구성하는 객체의 정적 특성을 표현하는 모델로 식별자, 속성, 이벤트로 객체와 그 관계성을 확장된 엔티티 관련성 다이어그램(EERD : Enhanced Entity Relational Diagram)으로 나타낸다.
- **동적 모델** : 객체 모델을 구성하는 각 객체의 동적 특성을 표현하는 것으로 Harel 상태 차트를 이용하여 기존의 상태 전이 다이어그램의 복잡성을 줄이기 위한 중첩 상태 전이 다이어그램을 사용한다.
- **기능 모델** : 기존의 자료흐름도에 제어 흐름을 표현할 수 있도록 확장하였다.

OMT는 모델의 일관성 결여와 모델을 구축하는 전이 과정이 자연스럽지 못하다는 지적을 받고 있다. 각 모델은 전 단계의 모델과 연관성을 밀접하게 갖지 않으며 객체 모델링에서는 추상적으로 객체를 추출하며 객체의 오퍼레이션을 추출하는 동적 모델링에서는 오퍼레이션을 추출하기 위한 제공된 정보가 없으므로 요구사항 명세서로 되돌아가야 한다. 기능 모델링은 앞에서 정의된 객체 모델과 동적 모델을 기반으로 하지 않고 요구사항 명세서에서 데이터에 따른 출력을 만드는 과정을 분석하는 것으로 객체 모델과 동적 모델이 객체 중심의 분석인 반면, 기능 모델은 시스템 전체를 기능적으로 다시 분할하는 과정이다. [그림 4.43]은 OMT에서 제공되는 표기법이다.

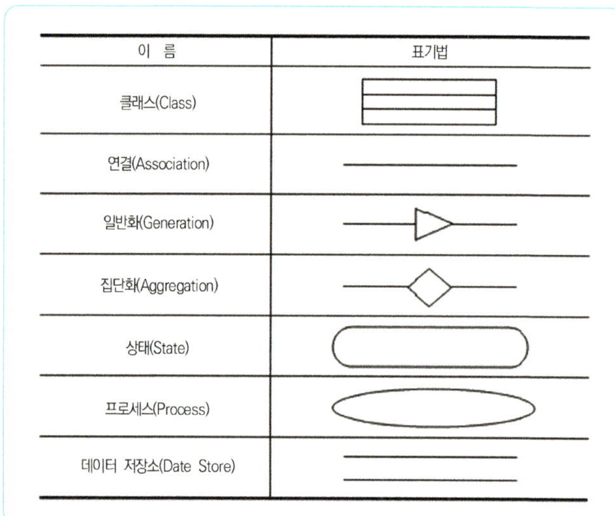

[그림 4.43] OMT 표기법

4.8.3 Object Life Cycle(OLC)

정보 모델링을 기본으로 분석에 중점을 둔 Shlaer/Mellor의 방법론은 모델링만을 지원하는 방법으로 모델 작성 중 일관성이 결여되거나 새로운 사항이 발견되면 앞 단계의 모형에 수정이 이루어지는 반복, 순환적 과정을 가정한다. 기본적으로 정보 모형 구축 단계에서는 해당하는 문제 영역을 분석한 결과를 바탕으로 모형 작성을 유도한다. 정보 모델(information model), 상태 모델(state model), 프로세스 모델(process model)의 3단계로 구성되며, 그 각각의 모델은 다음과 같다.

- **정보 모델** : 첫 단계로, 시스템화할 영역에서 객체의 식별과 속성 정의, 객체 간의 관계성을 설정한 후, 공통된 속성에 따라 서브타입과 슈퍼타입을 정의한다. 엔티티와 이를 구성하는 속성, 엔티티 간의 관계성을 표현하는 E-R 다이어그램인 정보 구조 다이어그램, 포함된 각 정보에 대한 기술서로 객체와 속성 기술서, 관련성 다이어그램을 제공한다. [그림 4.44]는 OLC에서 제공되는 표기법이다.

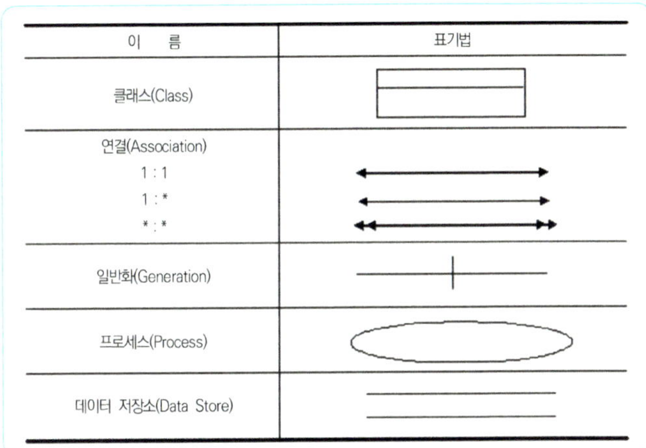

[그림 4.44] OLC 표기법

- **상태 모델** : 사건 발생에 따른 객체들의 활동을 기술하는 단계로 상태 전이 다이어그램(STD : State Transition Diagram), 상태 전이 테이블(STT : State Transition Table), 각 객체마다 상태 모형 간의 사건 송 · 수신 관계나 외부 객체들의 교류 관계를 나타내는 OCM(Object Communication Model)을 제공한다.
- **프로세스 모델** : 객체의 흐름을 나타내는 것으로 구조적 방법에서 사용된 데이터 흐름 다이어그램을 수정한 객체들의 활동과 상호 통신에 대한 설명을 흐름도상에 기술하는 활동 데이터 흐름 다이어그램(ADFD : Action Data Flow Diagram)으로 나타낸다.

분석 단계에서 데이터 모델링을 중요시하고 대형 프로젝트 개발 시에 시스템 분해성이 우수하여 실시간 처리와 시뮬레이션에 적합하다. 그러나 객체들의 반복 처리가 부족하고 설계 및 구현의 세부사항이 제시되지 않으며 표기법이 혼란스럽다.

4.8.4 Object Oriented Analysis(OOA)

정보 모델링, 지식 공학, 객체지향 프로그래밍 개념 중 가장 우수한 개념을 혼합하여 제안된 Coad/Yourdon의 객체지향 분석 방법론은 정보 모델링에서 속성, 인스턴스 간의 관계성, 일반화/상세화 개념을, 지식 공학과 객체지향 프로그래밍 언어에서 속성의 캡슐화, 독자적 서비스 제공, 메시지를 통한 객체 상호 간의 통신, 상속 개념을 도입하였다. 주제 단계, 클래스 및 객체 단계, 구조 단계, 속성 단계, 서비스 단계의 5가지 개발 단계로 구성되나 서로 명확하지 않고 중첩되는 부분이 많다. 체계적인 방법이 아닌 대화적인 방법으로 개발을 진행함으로 비교적 순수한 객체지향 모델 구축 방법으로 분석 단계에서 E-R 다이어그램을 이용한 의미 데이터 모델링(semantic data modeling)과정을 통한 객체와 클래스 간의 관계성을 상속과 집단화 관계로 표현한다. 즉, 객체 구조, 속성, 서비스의 표현과 객체 간의 송신을 메시지 인터페이스로 표현한다. [그림 4.45]는 OOA에서 제공되는 표기법이다.

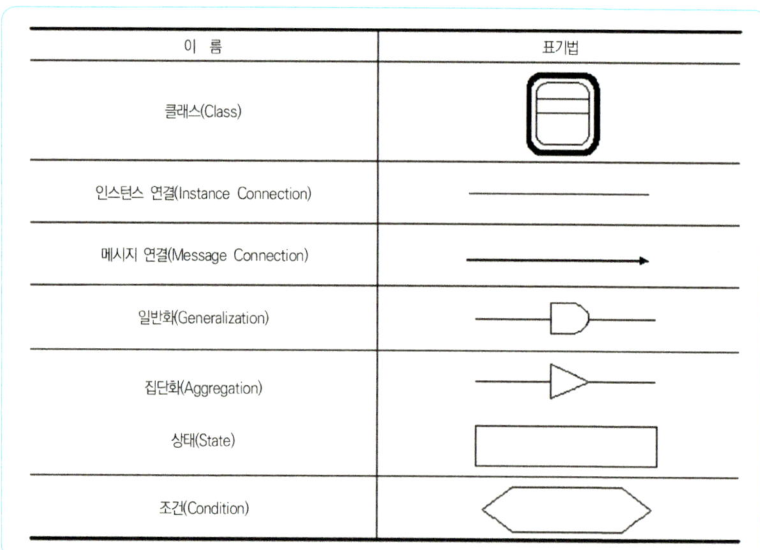

[그림 4.45] OOA 표기법

객체지향 분석 방법론 중 기존의 구조적 방법론이나 정보공학이 제공하는 분석 방법론에서 사용된 모델링 기호를 사용하지 않음으로써 보다 객체지향 개념을 명확히 하였다. 다른 방법론에 비해 지원하는 개념이나 다이어그램이 적은 반면, 하나의 다이어그램으로 문제를 쉽게 파악할 수 있는 장점이 있다. 그러나, 객체 간의 통신 지원 개념이 취약하고 규모가 작은 개발에 더 적절하다.

4.8.5 Object-Oriented System Analysis(OOSA)

객체지향 시스템 분석은 Embley가 제안한 것으로 소프트웨어 시스템의 설계 및 구현을 위한 적절한 정보를 얻을 수 있도록 분석 단계를 지원하는 접근이다.

이 방법론에서는 시스템의 이해와 문서를 강조함으로 개발을 원하는 시스템의 개념적 모델을 구축하고자 한다. OOSA는 객체 관계 모델(object relationship model), 객체 행위 모델(object behavior model), 객체 상호작용 모델(object interaction model)로 구성된다.

- **객체 관계 모델** : 객체와 객체 간의 관계를 나타내기 위한 것으로 모델의 구성 부분에 따라 객체, 관계, 객체 클래스, 관계 집합, 제한 등으로 표현된다.
- **객체 행위 모델** : 시스템 내 객체의 상호작용, 기능, 행위 등의 방법을 이해하고 문서화하기 위한 것으로 작업 설명서와 유사하다. 객체 행위 모델의 기초 요소인 상태망은 상태, 트리거, 활동 등을 이용하여 객체 클래스 내 객체의 공통된 행위를 설명한다. 또한 객체 클래스는 객체 인스턴스 행위를 설명하는 템플릿으로 하나 이상의 객체가 다른 시스템 객체를 가지고 동시에 같은 행위를 보일 수도 있다. 객체 행위 모델은 독립적으로 객체의 행위를 설명한다.
- **객체 상호작용 모델** : 객체 간의 관계를 설명하기 위한 모델이다.

OOSA는 분석 특징 지원이 우수하나 표기법에 있어 다른 방법론들에서 공통적으로 사용된 기호가 다른 의미로 사용됨으로 혼란을 가져오고 전반적으로 복잡하여 지원된 분석된 특징을 효과적으로 나타낼 수 없으며 전체 모델을 이해하기 어렵다. [그림 4.46]은 OOSA에서 제공되는 표기법이다.

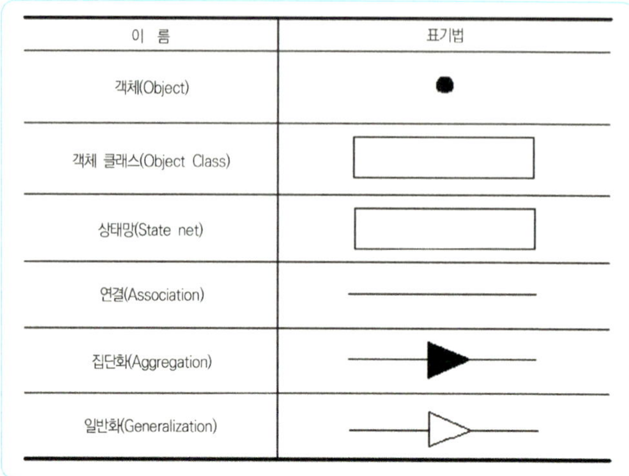

[그림 4.46] OSA 표기법

4.8.6 UML(Unified Modeling Language)

OMT, OOAD, OOSE(Object Oriented Software Engineering)를 중심으로 다른 여러 방법론의 장점을 통합한 것으로[그림 4.47] 개발 중인 객체지향 시스템의 결과들을 명시하고 가시화하며 문서화한 것으로 사용자의 경험을 바탕으로 객체지향 분석과 설계의 정의 영역에서 표준화를 시도함으로, 1997년에 그 기반을 구축하였다[그림 4.48].

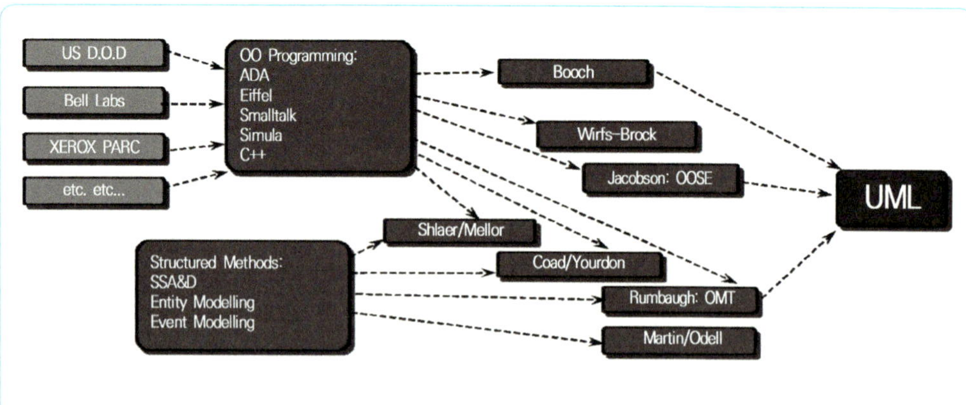

[그림 4.47] UML의 통합배경

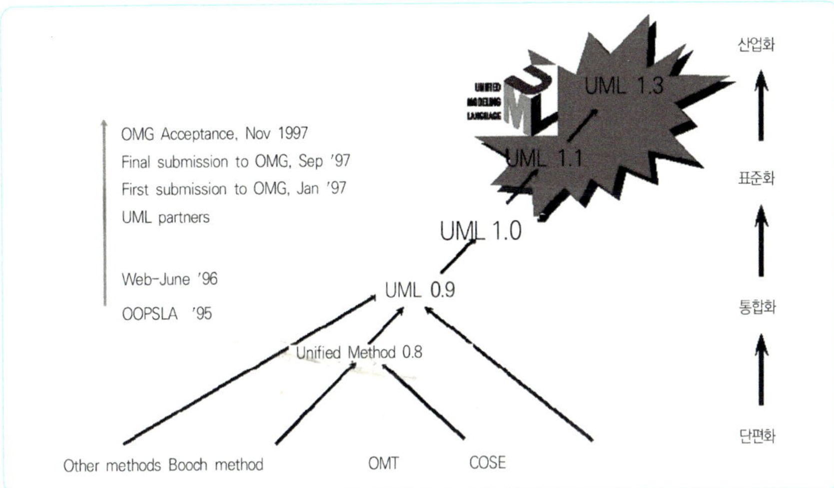

[그림 4.48] UML의 전개

UML은 OOS(Object-Oriented System)을 modeling하기 위한 표준 다이어그램들과 표기법들을 규정하며 이들 다이어그램과 기호들의 의미와 관련된 기본적인 의미론을 기술한 것으로 기본적으로 9가지 다이어그램을 제공한다.

- Use Case Diagram : 업무 process를 모형화
- Sequence Diagram : 객체들 간의 message 전달을 모형화
- Collaboration Diagram : 객체 상호작용을 모형화
- State Diagram : system내의 객체들의 행위를 모형화
- Activity Diagram : Use Case나 객체 또는 연산(Operation)의 행위를 모형화
- Class Diagram : system내의 class들의 정적 구조를 모형화
- Object Diagram : system내의 객체들의 정적 구조를 모형화
- Component Diagram : component들을 모형화
- Deployment Diagram : system의 분포(Distribution)를 모형화

[그림 4.49]는 UML에서 제공되는 표기법이다. 이는 Rational사의 ROSE 툴에서 제공되는 것을 표현한 것이다.

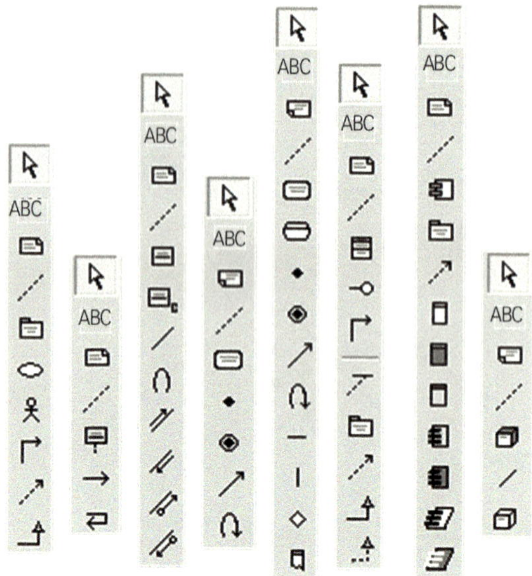

[그림 4.49] UML 표기법

4.9 컴포넌트 기반 소프트웨어 분석

4.9.1 컴포넌트 정의 및 특징

컴포넌트는 특정 기능을 수행하기 위해 독립적으로 개발되고 잘 정의된 인터페이스를 가지며 다른 컴포넌트와 조립되어 응용시스템을 구축하기 위해 사용되는 소프트웨어의 단위를 의미하는 것으로 컴포넌트에 대한 다양한 관점들이 존재하며 이에 따른 정의들도 매우 다양하다. 기존의 컴포넌트에 대한 정의들은 다음과 같다.

- 잘 정의된 아키텍처 상에서 어떠한 기능을 수행하는 시스템의 독립적이면서 대치 가능한 부분으로, 컴포넌트는 인터페이스들의 집합에 대한 물리적인 구현을 제공한다.
- 동적으로 바인드할 수 있는 하나 이상의 프로그램들을 하나의 단위로 관리하는 패키지로서 실행시간에 발견될 수 있는 인터페이스를 통해 접근이 가능하다.
- 계약상으로 명시된 인터페이스들과 명시된 인터페이스들과 명확한 문맥 의존성을 가진 컴포지션의 단위이다.
- 소프트웨어 구현에 대한 패키지로서 독립적으로 개발되고 보급될 수 있고, 컴포넌트가 제공하는 서비스들에 대해 명확하고 잘 명시된 인터페이스들을 가지며, 자신들의 속성을 커스터마이즈함으로써 다른 컴포넌트들과 결합할 수 있는 특성을 갖는다.

컴포넌트에 대한 이런 여러 정의를 요약하여 볼 때, 컴포넌트가 지니는 공통적인 특징은 [그림 4.50]과 같이 요약할 수 있다. 컴포넌트는 여러 도메인에서 컴포넌트의 속성을 변경하지 않고 하드웨어처럼 플러그 앤 플레이(Plug & Play)하여 소프트웨어를 구성할 수 있는 모듈성, 블랙박스 형태의 재사용 단위로 개발 시스템에서 컴포넌트를 사용하기 위해 컴포넌트에 의해 제공되는 서비스를 인터페이스로 정의하여 내부 구현 모듈을 인식할 필요 없이 컴포넌트 외부 인터페이스만을 알면 되는 인터페이스, 플러그 앤 플레이(Plug & Play) 할 수 있는 컴포넌트는 인터페이스를 통해 컴포넌트를 조립할 수 있는 컴포지션, 개발자가 컴포넌트를 사용하여 애플리케이션을 개발할 때 컴포넌트의 속성을 변경하여 개발하려는 시스템에 컴포넌트를 적절하게 끼워 넣을 수 있는 커스터마이즈 등과 같은 특징을 가지고 있다.

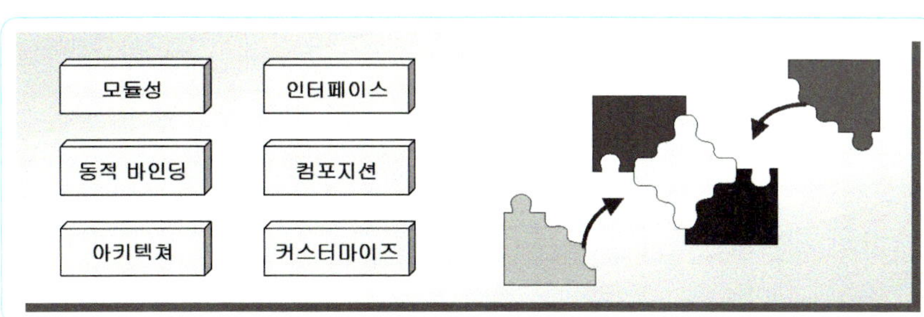

[그림 4.50] 컴포넌트의 특징

4.9.2 컴포넌트 개발 프로세스

오늘날 소프트웨어에 대한 사용자의 요구사항이 다양해짐에 따라 이를 만족하는 소프트웨어의 구조도 점차 복잡해지고 크기도 방대해지고 있다. 특히 하루가 다르게 요구사항이 급변하는 현재의 추세로 볼 때 적시에 최적의 소프트웨어를 제공하는 일이 무엇보다 중요해지고 있다. 또한 언제, 어디서나, 누구나 필요한 정보를 쉽게 얻을 수 있는 인터넷 환경이 보편화되고, 이기종 컴퓨터 간 연동기술의 발전으로 인터넷상의 다양한 소프트웨어 부품을 기종에 상관없이 'Plug & Play' 형태로 조립하여 사용하려는 노력이 급증함으로써 새로운 소프트웨어 개발 방법론이 절실히 요구되고 있다.

이에 따라 소프트웨어의 품질을 보증하고 재사용을 통한 소프트웨어 개발 생산성을 향상시키기 위한 방법으로 소프트웨어를 부품화하고 이를 조립, 합성하여 애플리케이션을 개발하는 CBD(Component Based Development)가 최근에 각광받고 있다.

컴포넌트 기반 개발 즉, CBD는 컴포넌트의 개발은 물론, 최적의 컴포넌트를 선택하고 이를 조립하여 시스템을 생성하는 새로운 소프트웨어 개발 방법론으로서 낮은 비용으로 빠르게 애플리케이션을 개발하는 최선의 방법으로 간주되며, 기존 컴포넌트의 재사용을 통하여 소프트웨어 개발 생산성을 향상시킬 수 있을 뿐만 아니라 소프트웨어의 품질 또한 보증할 수 있다. 또한 CBD 방법론으로 개발된 애플리케이션은 산업계에서 빠르게 부각되고 있는 최신 분산객체 기술과 자연스럽게 조화될 수 있다.

따라서 CBD는 이미 개발되어 있는 컴포넌트들을 조립함으로써 애플리케이션을 만들 수 있으므로 개발 시간이 단축되고, 소프트웨어의 유지보수에 대한 관리가 쉬워진다. 또한 모든 테스트를 끝낸 컴포넌트만 판매되기 때문에 품질이 보증될 뿐만 아니라 각 기능들이 컴포넌트화되어 개발되었기 때문에 해당 컴포넌트들만 따로 변경, 업그레이드할 수 있고, 따라서 전체적인 개발비용이 감소하게 되는 장점을 가지고 있다.

[그림 4.51]은 컴포넌트를 기반으로 소프트웨어를 개발하는 CBD 프로세스를 나타내며, CBD 프로세스는 개발하려는 도메인에 적합한 컴포넌트를 저장소로부터 검색하여 추출하고, 추출된 컴포넌트의 메타정보를 통해 개발 시스템을 설계하며 컴포넌트 저장소로부터 해당 컴포넌트를 개발 시스템에 통합하여 설계한다.

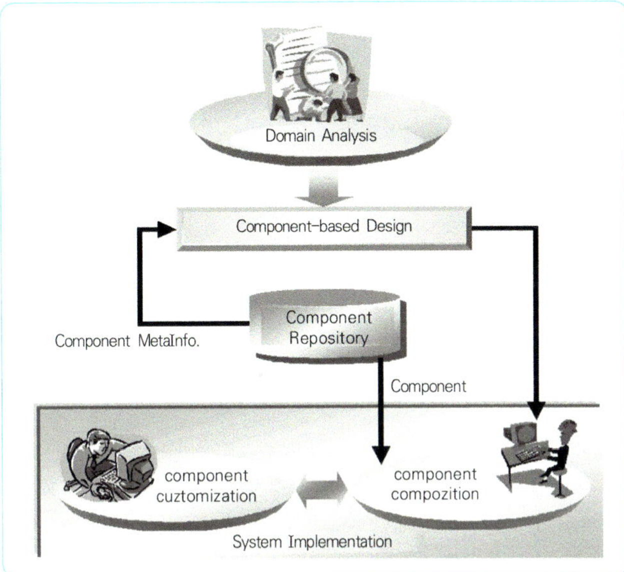

[그림 4.51] CBD process

이렇게 설계된 컴포넌트는 시스템 구현 시 저장소로부터 추출하여 통합하고, 도메인의 요구사항에 맞게 컴포넌트의 속성이나 서비스를 사용자가 커스터마이즈할 수 있다. 그리고 CBD 프로세스는 기존의 소프트웨어 개발 프로세스와는 다르게 컴포넌트의 조립 과정이 필요하다. 즉, 컴포넌트와 개발 시스템 간의 플러그 앤 플레이 할 수 있는 매개체로 컴포넌트의 인터페이스가 중요한 역할을 담당하며 이러한 인터페이스를 통해 컴포넌트를 개발 시스템에 맞도록 커스터마이즈할 수 있다.

4.9.3 컴포넌트 명세

UML은 객체지향 분석과 설계를 위한 모델링 언어로, 표기하려는 대상을 다이어그램을 사용하여 나타내고, 그 대상에 의미를 부여한다. 방법론이 아닌 방법론에 따른 설계에서 사용되는 언어이며 공식적인 표기법으로 사용된다.

UML을 이용한 명세는 패키지의 스테레오 타입으로 컴포넌트를 정의하며 UML에 의한 컴포넌트 명세는 기존 모델링 기술에 스테레오 타입(컴포넌트 타입), 인터페이스 클래스,

실현관계를 추가하고 이를 이용하여 컴포넌트를 기술하게 된다.

[그림 4.52]는 사용자 주문에 따른 스테레오 타입의 컴포넌트 타입을 나타낸 것으로, 사용자와 주문, 그리고 상품은 컴포넌트 타입이며, 각각 하나의 인터페이스를 가지고 있으며 점선은 이들 간의 의존성을 나타내고 아래쪽의 상품 그룹들은 컴포넌트 명세서로 상품 컴포넌트 타입에 의존되어 있음을 나타내고 있다.

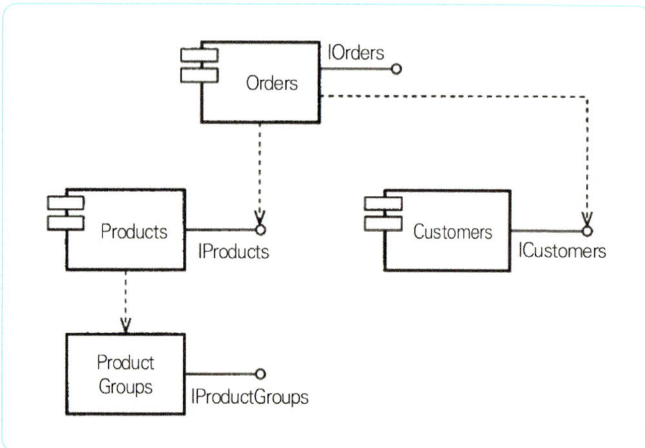

[그림 4.52] UML에서의 컴포넌트 다이어그램 명세

4.9.4 컴포넌트 모델

(1) CORBA

OMG(Object Management Group)에 의해 90년대 초반에 작성된 미들웨어로 객체 사이의 통신을 위한 표준 형태이다. [그림 4.53]에서처럼 ORB를 통해 객체의 위치가 로컬이나 네트워크상에 관계없이 서비스를 요청하고 응답받을 수 있도록 지원하고 있으며 CORBA의 애플리케이션은 객체의 조합으로 이루어진다.

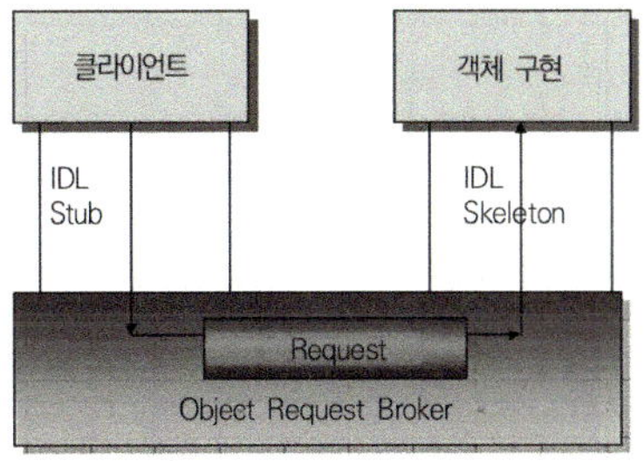

[그림 4.53] CORBA의 구조

(2) COM/DCOM/COM+(Distributed COM)

플랫폼 독립적이며, 분산 환경의 객체 지향적 시스템으로, 상호 동작 가능한 바이너리 소프트웨어 컴포넌트로서 하나이상의 관련 함수를 통해 객체의 데이터를 정확하게 처리한다. DCOM은 COM의 구현을 네트워크상에서 사용할 수 있도록 확장한 형태이며, [그림 4.54]에서처럼 COM+은 COM의 확장형으로 트랜잭션과 디렉토리 서비스, 로딩 균형과 메시지 큐잉을 지원하는 컴포넌트 형이다.

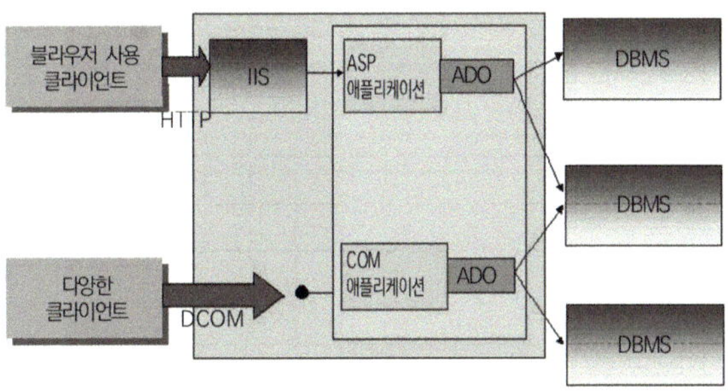

[그림 4.54] COM+의 구조

(3) EJB(Enterprise Java Beans)

[그림 4.55]에서처럼 다중 클라이언트와 서버로 된 분산 시스템을 구축하는 서버 측면의 컴포넌트로서 Java에서만 제공되는 모든 플랫폼에서 상호동작이 가능하다. 특징으로 지속

성, 재사용성을 지니며, 전개(Deployment)라는 특별한 프로세스를 통해 컨테이너 컴포넌트로 구현가능하고 컴포넌트는 세션빈과 엔티티빈 두 가지의 인터페이스로 구현되어진다.

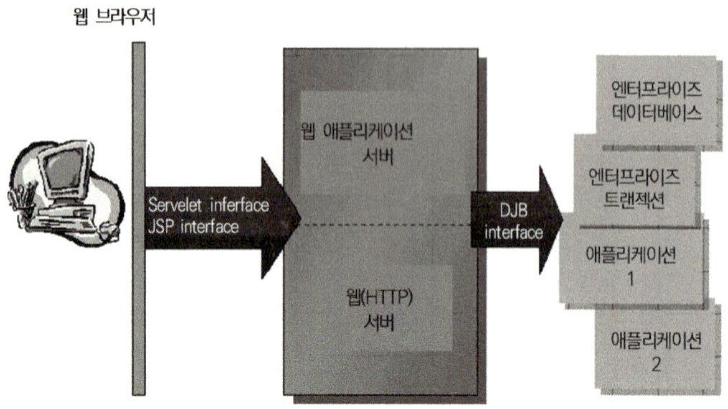

[그림 4.55] EJB 구조

(4) .NET

기존의 C/C++ 애플리케이션뿐만 아니라 새로이 .NET 컴포넌트를 동작하기 위해 풍부한 편의를 제공하는 마이크로소프트사의 통합 환경으로 제시되었다. 일반 언어의 런 타임과 같은 때에 개발되어 관리되어진 코드로서 저급 레벨 프로그래밍의 파워를 지니고 있으며, 자연스러운 인터페이스, 범용 캔버스, 정보 에이전트, SmartTags를 제공한다. [그림 4.56]은 .NET의 통합 환경의 계층적인 구조를 나타낸 것이고, [그림 4.57]은 .NET 프레임워크의 구조를 나타낸 것으로, 공용 언어 수행과 기본 클래스, 그리고 데이터 및 XML(eXtensible Markup Language)으로 이루어진 계층으로 사용자와의 서비스를 UI(User Interface)를 통해 제공한다.

[그림 4.56] NET 환경

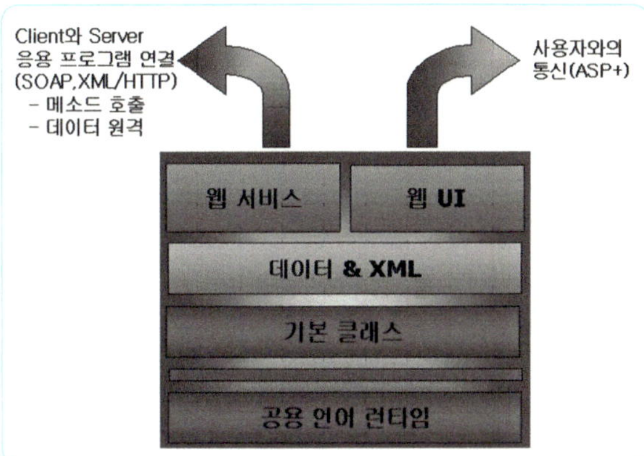

[그림 4.57] .NET 프레임워크 구조

(5) 컴포넌트 모델 간의 비교분석

위에서 제시한 CORBA, COM, EJB, 그리고 .NET 4가지의 분산 환경에서 제공되는 컴포넌트 형태를 처리방법, 처리 환경, 정보 형태, 지원 언어와 장/단점을 비교하여 [표 4.11]과 같이 제시하였다.

[표 4.11] 기존 분산 환경에서의 분산 객체 간의 비교

특징	COM	EJB	CORBA	NET
성격	동적	동적	동적	동적
분산 환경	DCOM	RMI/IIOP	CORBA IIOP	SOAP, COM+
기업 서비스	COM+	EJB/J2EE	CORBA 서비스	NET 서비스
정보 형태	모든 유형	JAR형의 ejb	CPRBA형 객체	모든 유형, XML
객체 매핑	레지스트리	RMI레지스트리	리파지토리	리파지토리
제공 언어	C,C++, JAVA, VB, ADA	JAVA	C++, SmallTalk, Ada95, JAVA, COBOL	C++, VB C#
단점	확장성 결여	상호동작 부족	성숙도 낮음	
장점	다양한 개발	기업 로직 제공	프로그램 사용성	통합된 환경

이는 미들웨어 기반의 분산 객체 및 컴포넌트를 제공하는 기반 환경들로 비교를 통해 가장 보편적이고 대중적인 분산 컴포넌트의 유형 및 사용자에게 편리한 분산 컴포넌트 형태를 살펴볼 수 있도록 한다. 컴포넌트 명세의 분산 환경으로는 COM의 측면과 유사하며, 명세의 전체 내용은 모든 정보를 받을 수 있는 비즈니스 측면의 컴포넌트 유형이라고 할 수 있다.

1. 요구 사항 명세서가 갖추어야 할 특성에 대하여 설명하시오.

2. 요구의 검증 과정에서 반드시 검증되어야 할 4가지 항목에 대하여 설명하시오.

3. 프로토타이핑에 의한 개발과 전통적인 폭포수형 개발과의 차이점을 설명하시오.

4. 요구정의와 시스템 분석단계의 activity를 중심으로 하여 설명하시오.

5. 타당성 분석의 프로젝트 계획과 기본 설계 다음에 수행하는 개발계획의 activity는 어떻게 다른지 설명하시오.

6. 객체지향 분석의 특징 및 기존의 방법론에 대해 논하라.

7. 컴포넌트에 대한 정의를 내리고, 그 특징을 나열하여라.

8. Component Based Development란?

9. UML(Unified Modeling Language)에 대해서 간단히 논하시오.

10. 컴포넌트 모델 각각을 비교 분석하시오.

참고문헌

1. 권용래, *한글 사용환경 하의 소프트웨어 개발 기술에 관한 연구*, 과학기술처 보고서, N 158-2511-7, 1986.
2. M. Alfard, "SREM at the age of Eight : The Distributed Computing Design System", Computer Journal, Vol.18. No.4, pp 36~46., 1985.
3. B. Liskov, s. Zilles, *An Intro. to formal Specifications of Data Abstractions, Current Trans in Programming Methodology,* Vol. 1, Prentice-Hall, pp. 1~32. 1977.
4. R. S Pressman, *Software Engineering*, 2nd ed., McGraw-Hill, 1987.
5. TRW, *REVS Users Manual*, SREP Final Report, Vol. 1, 2, 1977.
6. C. R. Vick, C. V. Ramamoorthy, *Software Engineering*, pp. 519~543., 1984.
7. Ivica Crnkovia, Magnus Larsson, "Component-Based Development-a New Approach in Software Development,"pp. 122-128, 5, 2001.
8. Gopalan Suresh Raj, "A Detailed Comparison of CORBA, DCOM and Java/RMI,"Web Cornucopia, http : //www.exexpc.com/, 2000.
9. Sun, *Designing Enterprise Application with the JavaTM 2 Platform*, Enterprise Edition, May, 2000.
10. Michael Herman, "공동작업이 가능한 Microsoft .NET 솔루션 개발,"http : //www.microsoft.com/, 2000.
11. Wilkes, Lawrence, *Understanding Component Based Development*, Addison-Wesley, June, 2000.
12. John E. Mann, "Rules for E-Business,"Avaliable by web server from http : //www.psgroup.com, April, 2000.
13. Mikio Aoyma, "New Age of Software Development : New Component-Based Software Engineering Changes the Way of Software Development,"*1998 International Workshop on Component-Based Software, ICSE,* pp 124-128, 1998.
14. Jeff Sutherland, "The Emergence of a Business Object Component Architecture,"Available by web server from http : //jeffsutherland.org/ oopsla99/, 1999.
15. 장영범, "전자상거래와 정보 시스템, http : //www.inhub.co.kr/,11,1998.
16. Mike P. Papazoglou, "Agent-Oriented Technology in support of e-business,"*Communication of the ACM,* pp 250-254, April, 2001.
17. Paul Allen, *Realizing e-Business with Components*, Addison-Wesley, 2001.
18. Popkin Software & Systems, *Modeling System with* UML, 1998.
19. Craig Larman, *Applying UML and Patterns*, Prentice Hall, 1998.

05 Chapter 소프트웨어 설계의 기본 이론

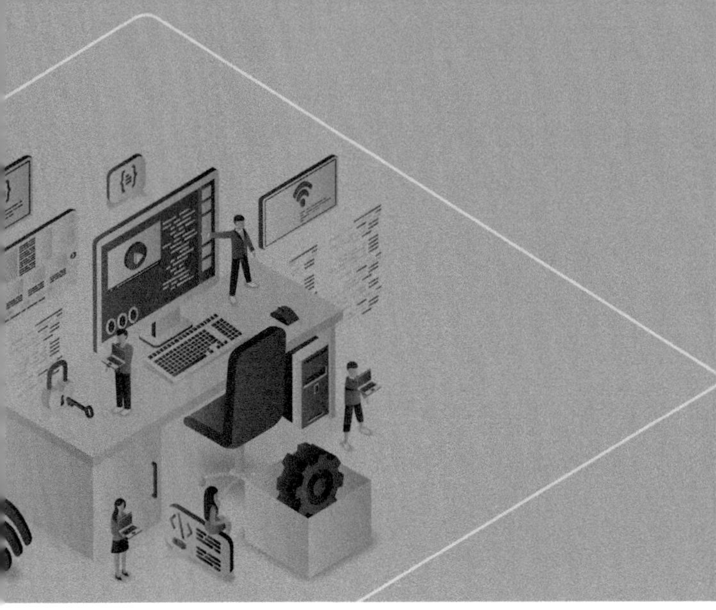

5.1 개 요

소프트웨어 설계는 요구분석에서 정의된 결과로 얻은 소프트웨어 요구 명세를 기초로 하여 소프트웨어 속성 즉, 기능, 성능 등을 가장 적합하게 실현시킬 수 있는 알고리즘과 그 알고리즘에 의해서 처리될 자료구조의 특성을 찾아내서 이들을 명세화하는 것이다. 즉, 일반적인 공학적 개념을 도입하여 소프트웨어 제품을 생산할 목적으로 시행하는 개발 단계의 최초작업이며 장치, 프로세서 그리고 시스템을 명확하고 자세하게 정의하며 실질적으로 실현 가능하도록 관련된 기술과 원칙을 적용하는 과정이다. 또한 소프트웨어 설계는 소프트웨어 대상이 되는 시스템이 갖는 문제구조를 조사하고 문제를 해결하기 위하여 시스템의 전체구조를 다음과 같이 구성하고 이를 문자나 도형으로 표현하는 과정이다.

- 시스템의 구성과 이에 필요한 데이터를 추상화한다.
- 시스템의 각 부분 사이에 있는 인터페이스를 확립하고 제어와 데이터의 연결을 명확히 정의한다.
- 목표한 시스템의 품질을 보증하기 위한 여러 가지 설계상의 장단점을 찾아낸다.

5.1.1 소프트웨어 설계의 개념

소프트웨어에 요구되는 기능과 성능 조건들을 만족하는 소프트웨어의 내부 기능, 구조 및 동적 행위들을 모델링 하여 표현, 분석, 검증하는 과정 혹은 그러한 과정의 산출물을 의미한다. 이 단계에서는 "무엇을"으로부터 "어떻게"로 관점이 바뀌며 구현할 소프트웨어의 청사진을 만드는 것이 목적이다. 또한, 체계적인 소프트웨어 설계를 위해서는 설계 언어, 설계 방법 및 설계 도구가 필요하다. 복잡한 시스템의 성격을 갖는 소프트웨어는 어떠한 설계 전략이나 설계 방법을 사용하더라도 단 한 번의 시도만으로 완벽한 설계를 얻기가 어렵고 반복적이고 점증적인 설계 과정을 거치게 된다.

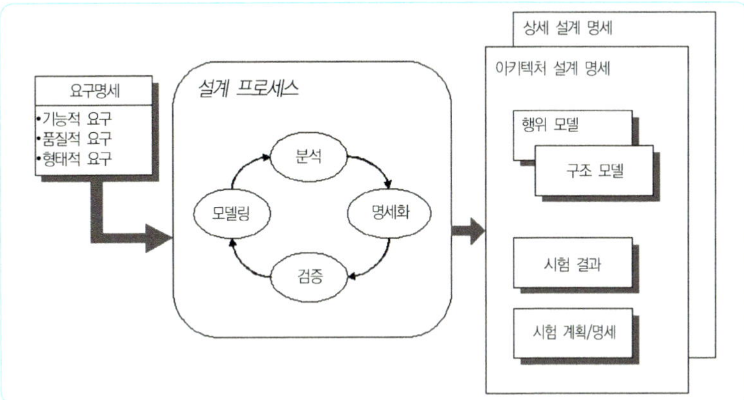

[그림 5.1] 소프트웨어 설계 모델링

따라서 소프트웨어의 설계 언어, 설계 방법 및 설계 도구들은 설계 명세에 대한 변경이 용이하도록 유연성을 지녀야 한다. 소프트웨어 설계 과정을 완전하게 정형화, 규격화, 자동화하는 것은 불가능하다. 설계자에게 전문 지식, 개발 경험, 통찰력, 창의성 등이 요구된다. 소프트웨어 설계는 요구 명세를 만족할 수 있는 소프트웨어의 구조와 행위를 모델링, 분석, 명세화, 검증하는 과정을 반복함으로써 [그림 5.1]과 같이 수행된다.

5.1.2 소프트웨어 설계 대상

(1) 구조와 행위 모델링

소프트웨어의 설계에 포함되는 내용은 모델링 관점에 따라 [표 5.1]과 같이 구조 모델과 행위 모델로 구분할 수 있다.

- 구조 모델은 소프트웨어를 구성하는 컴포넌트들의 유형, 인터페이스, 내부 설계 구조 및 이들의 상호 연결 구조를 모델링 한다.
- 행위 모델은 소프트웨어의 구성 요소(컴포넌트)들의 기능들과 이들이 언제, 어떠한 순서로 기능을 수행하고 상호 작용하는지를 모델링 한다.

[표 5.1] 설계 모델의 유형 및 개요 내용

모델 유형	개 요	내 용
구조모델 (structure models)	시스템의 구성 요소들과 이들 사이의 구조적인 관계와 특성들을 모델링	구성 요소 : 프로시저, 데이터 구조, 모듈, 파일 구조 시스템 구조 : 구성 요소들의 연결 구조, 포함 관계
행위 모델 (behavior models)	시스템의 각 구성 요소들의 기능적인 특성들을 모델링	입력 데이터, 출력 데이터, 데이터 흐름, 데이터 변환, 데이터 저장 등
	시스템의 구성 요소들이 언제 어떠한 순서로 수행되는가와 같은 동적인 특성들을 모델링	상태 전이, 데이터 흐름 경로, 사건 발생 순서, 실행 경로 등

또한, 구조 모델과 행위 모델은 각각 시스템 수준과 컴포넌트 수준의 설계 모델들로 [그림 5.2]와 같이 구성된다.

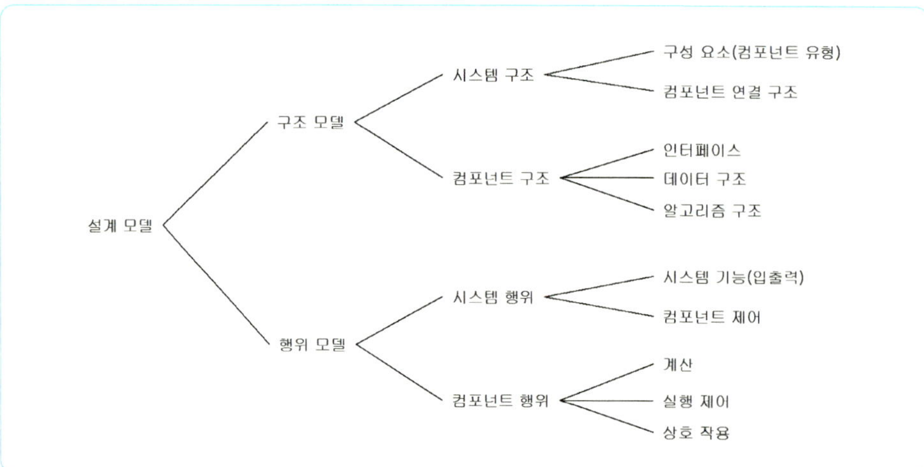

[그림 5.2] 소프트웨어 설계 모델의 구성

소프트웨어 설계에서 구조 모델은 행위 모델이 실제로 작동할 수 있는 틀(framework)과 장치 요소들(facilities)을 제공한다. 소프트웨어 설계에서 행위 모델은 구조 모델에 표현된 특성들이 소프트웨어에 요구된 기능과 행위들을 수행하는데 어떻게 기여하는가를 보여준다. 구조 모델과 행위 모델 사이에 불일치하거나 모순되는 사항이 발견되면 이들이 일치되도록 구조 모델이나 행위 모델을 수정, 보완하여야 한다.

(2) 소프트웨어 설계 모델의 정적 요소와 동적 요소

모든 설계 명세는 다음 [표 5.2]와 같이 정적인 요소와 동적인 요소로 분리할 수 있다.

[표 5.2] 설계 모델에서 정적 요소와 동적 요소

	정적(Static) 요소	동적(Dynamic) 요소
구조 모델 (Structure model)	· 구성 요소의 유형 및 유형 계통 · 구성 요소들의 배열, 결합 관계 · 구성 요소들의 인터페이스 · 구성 요소들의 상호 작용 채널	· 다이내믹 생성 및 소멸 · 동적 결합/연결 · 위치 이동, 복제
행위 모델 (Behavior model)	· 입력 데이터, 출력 데이터 · 입출력 mapping · 데이터 흐름 채널	· 제어 · 상호 작용 프로토콜 · 상호 작용 실행 경로 · 상태 전이 · 처리 순서, 입/출력 순서, 알고리즘

정적인 설계 요소들은 시간이나 순서에 관계없이 성립하는 특성들을 표현한다. 한편, 동적인 설계 요소들은 시간이나 순서가 중요한 특성들을 표현한다. 구조 모델은 주로 정적인 요소와 특성들을 표현하지만 동적인 요소들도 포함한다. 행위 모델은 주로 동적인 요소와 특성들을 표현하지만 정적인 요소들도 포함한다. 구조 모델에서 동적 요소는 실행 시 생성, 복제, 이동, 변형, 소멸되는 다이내믹 구조를 표현한다[그림 5.3]. 행위 모델에서 정적 요소는 실행 시간이나 순서에 관계없이 입력과 출력의 매핑으로 정의되는 함수적 행위를 표현한다. 정적 요소와 동적 요소는 상호 보완적이고 상호 의존적이면서 양립적인 설계 요소이다.

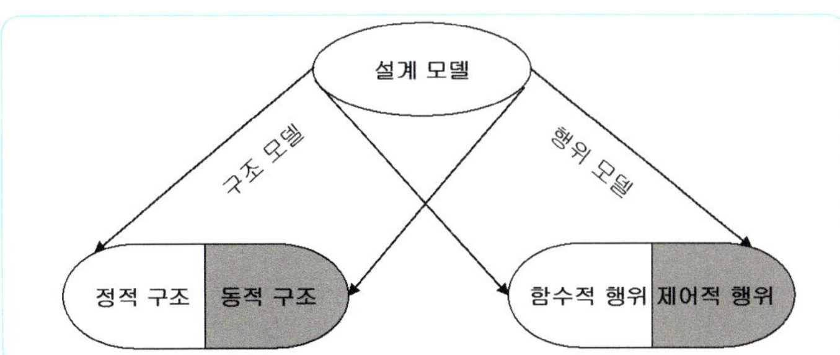

[그림 5.3] 요구사항 명세와 설계 명세 간의 관계

5.1.3 소프트웨어 설계 프로세스

(1) 요구 명세로부터 설계 명세로의 이전

컴퓨터 프로그램은 시스템 실행 시 사용자에게 보여지는 행위의 일부이다. 요구 명세는 소프트웨어에 요구된 기능적, 품질적, 형태적 행위들을 명시한다[그림 5.4]. 구조는 행위를 구현하는데 필요한 재료와 장치를 제공한다. 소프트웨어 설계에서의 행위 모델은 요구된 외부 행위들을 실현하는 소프트웨어 내부 행위 또는 동작 메커니즘들을 표현한다. 소프트웨어 설계에서의 구조 모델은 행위 모델에 표현된 소프트웨어의 행위들을 실제로 수행하는데 필요한 소프트웨어의 구조, 구성 요소, 구성 요소들의 기능과 역할, 구성 요소들 사이의 관계 등과 같은 소프트웨어 장치와 틀을 표현한다[그림 5.5].

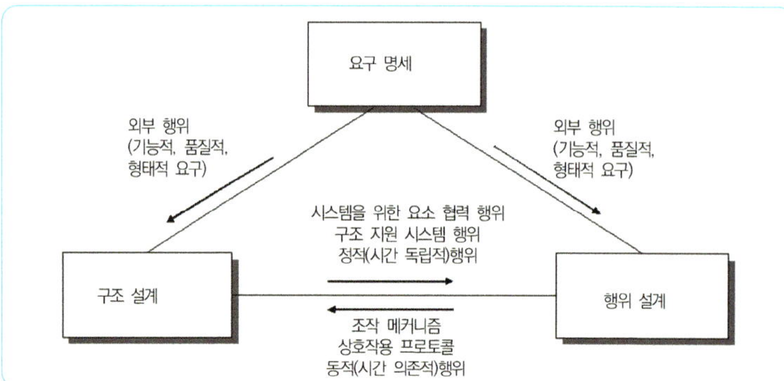

[그림 5.4] 요구사항 명세와 설계 명세 간의 관계

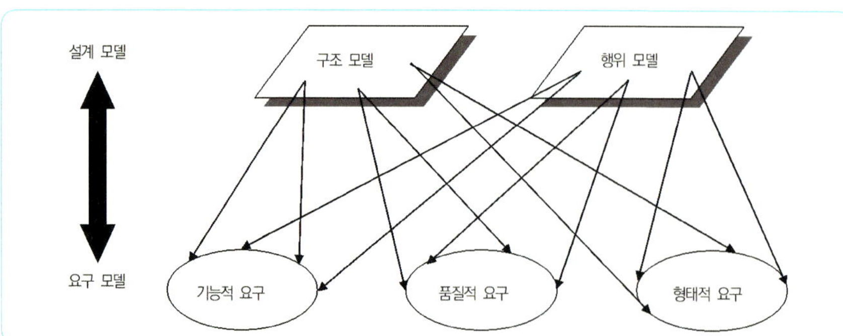

[그림 5.5] 요구사항 모델과 설계 모델

(2) 아키텍쳐 설계와 상세 설계

설계 모델은 모델에 표현된 내용의 추상화 수준에 따라서 [표 5.3]과 같이 아키텍쳐 설계와 상세 설계로 구분할 수 있다.

- 아키텍쳐 설계는 시스템 수준에서의 소프트웨어의 아키텍쳐에 대한 설계이다.
- 상세 설계는 아키텍쳐 설계에 나타난 컴포넌트들에 대한 설계이다.

[표 5.3] 아키텍쳐 설계와 상세 설계

설계 수준	개 요	내 용
아키텍쳐 설계 (Architecture design)	• 예비 설계(preliminary design) 또는 상위 수준 설계(high-level design)라고도 부름 • 시스템의 전체 구조, 구성 요소들 및 동적 행위들을 결정	• Vertical partitioning (subsystems) • horizontal partitioning (layers) • module hierarchy • 모듈 (기능, 역할, 입출력, 인터페이스 등) • 모듈 사이의 연결/결합 관계 • system behavior (상태 전이, 모듈 상호 작용 패턴, 모듈 상호 작용 프로토콜 등)
상세 설계 (Detailed design)	• 모듈 설계(module design) 또는 하위 수준 설계(low-level design)이라고도 부름 • 시스템의 각 구성 요소(모듈)의 내부 구조 (자료 구조와 알고리즘), 동적 행위 등을 결정	• 모듈의 내부 구조 (자료 구조와 자료 처리의 구성 요소) • 모듈의 내부 행위 (알고리즘, 오퍼레이션, 실행 순서 등)

(3) 소프트웨어 설계 절차

소프트웨어 설계 절차는 다음 [그림 5.6]과 같이 크게 아키텍쳐 설계, 상세 설계, 설계 명세의 세 부분으로 나누어진다.

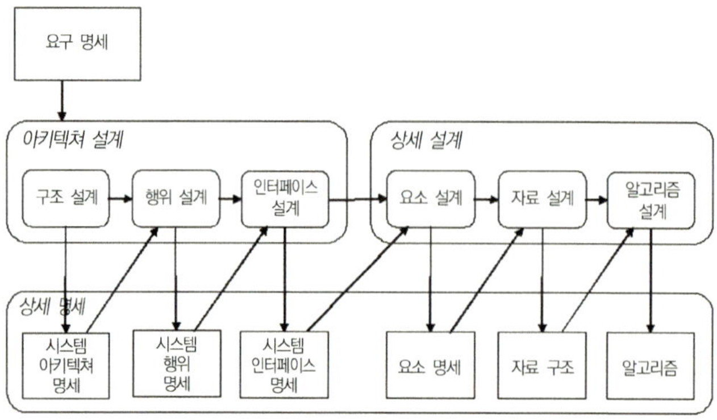

[그림 5.6] 설계 절차와 그 유도가능성

5.1.4 소프트웨어 설계 방법

소프트웨어 설계는 소프트웨어를 구성 요소들로 분해하는 기준에 따라서 다음 [표 5.4]와 같이 3가지 유형의 방법들로 분류할 수 있다.

- 절차기반 분해 방법
- 자료중심 분해 방법
- 객체지향 분해 방법

[표 5.4] 소프트웨어 설계 방법 유형

설계 유형	개요	특징
절차기반 분해 방법	소프트웨어에 요구된 기능, 자료 처리 과정, 알고리즘 등을 중심으로 시스템을 분해하여 설계하는 방식	구조도로 표현 요구명세 내용의 성격에 따라 변형분석과 처리분석으로 구분
자료중심 분해 방법	소프트웨어에서 저장 및 처리되어야 할 자료의 구조들을 중심으로 시스템을 분해하여 설계 하는 방식	JSD 구조도, Warnier 다이어그램 등으로 표현
객체지향 분해 방법	자료와 자료에 요구되는 오퍼레이션들을 분리하지 않고 하나의 모듈 단위로 보고 시스템을 분해하여 설계하는 방식	class 다이어그램, 객체 다이어그램, 상태 다이어그램으로 표현

5.2 모듈화

5.2.1 개 요

모듈은 프로그램을 하나의 큰 명령집합으로 하는 것이 아니고 여러 개의 작은 명령군들을 포함한 체계적인 집합에서의 작은 명령을 말한다. 즉, 프로그램을 구성하는 구조에 관해서 분할하거나 프로그램의 설계, 코딩, 실행 메모리상의 상주 및 시스템 기능별로 구별하여 분할하는 것이다. 이 점의 설명을 위해 인간의 문제 해결 절차를 관찰하여 얻은 다음과 같은 논증을 관찰해 보자.

C(x)는 문제 x에 대해 인식된 복잡도를 정의하는 함수이고 E(x)는 문제 x를 해결하는데 필요한 노력을 정의하는 함수라 하자. 이때 두 문제 p1, p2에 대해 C(p1) 〉 C(p2)라 하면 일반적으로 E(p1) 〉 E(p2)가 된다. (즉, 어려운 문제를 해결하는 데 더 많은 시간이 필요하다.) 또한 프로그램 p1과 p2를 하나로 만들었을 때의 복잡도가 각 프로그램을 분리하여 만들었을 때의 복잡도보다 크게 되어 다음과 같은 결론을 얻게 된다.

$$E(p1 + p2) > E(p1) + E(p2)$$

이 식은 복잡한 문제를 해결하는데 있어서 하나의 문제로 처리하기보다는 문제가 내포하고 있는 특성을 감안하여 다루기 좋은 크기로 분할하여 처리하는 것이 더 쉽다는 것을 의미한다. 만약 무작정 소프트웨어를 다루다 보면 다른 문제들이 발생한다. [그림 5.7]에서 보는 바와 같이 모듈수가 증가함에 따라 개개의 소프트웨어 모듈을 개발하는데 드는 비용은 감소하지만 그 모듈들 간의 접속관계를 정의하고 기술하는 노력이 증가된다. 모듈당 비용과 접속관계 소요비용 그리고 총 소프트웨어 개발비용을 나타낸다. 여기서 소프트웨어 개발비용이 최소가 되게 하는 최적의 모듈수 M을 예측하는 방법이 없으므로 우리는 소프트웨어를 모듈화 할 때 거의 M에 가깝게 하도록 노력하여야 한다.

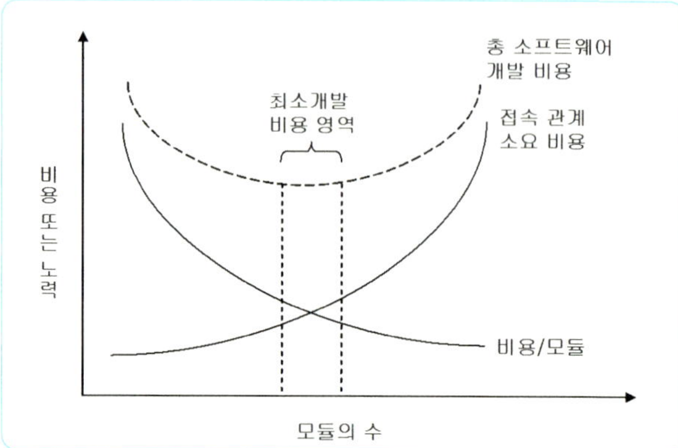

[그림 5.7] 모듈당 비용과 접속관계 소요 비용

5.2.2 모듈화 동기

소프트웨어의 모듈화 동기나 이유 중에서 가장 중요한 목표는 다음의 두 가지이다.

- 복잡도 해소
- 다수의 작업자에 의한 시스템의 병행 생산

위의 목적은 소프트웨어의 품질을 고려하여 달성해야 한다.

(1) 복잡도 해소

인간은 정보처리 능력이 한정되어 있다. 따라서 문제를 그 요소로 분할해서 취급하는 주된 이점은 작업자가 취급해야 할 정보량을 경감시킬 수 있는 것이다. 인간의 사고능력, 특히 상세한 사항의 동시조작 능력은 극히 한정되어 있다. 인간의 두뇌는 적고 연속적으로 많은 사항을 생각해야 하는 경우에 빨리 피로하거나 적당한 결과를 내어버리는 경우가 있다. 실제로 대규모 시스템을 단일 프로그램 모듈로서 만드는 것은 불가능하다.

이와 같은 경우를 피하려면 몇 가지 단계를 거쳐서 문제를 취급해야 하는데 개인이 갖는 추상화의 능력과 분할지배 설계의 수행을 깊이 생각하고 사물의 분리 등을 이용한다. 또 명심해야 할 것은 시스템을 관리할 수 있을 정도의 크기로 구분할 것과 복잡도의 경감을 도모해야 한다는 것이다.

모듈화는 크고 복잡한 시스템을 설계할 때 채택하는 방법으로서 정당성과 보수성에 관해서 매우 효율적이다.

- **정당성(collectability)** : 문제를 이루기 쉬운 크기로 분해할 수 있다는 것이 모듈화의 주된 이점이 된다. 이것은 또한 소프트웨어의 설계에 대한 정당성을 평가한다는 관점에서도 이점이 된다. 프로그램의 정당성을 증명하는 프로그램이 커지면 커질수록 일반적으로 복잡하게 되고, 대개 명세서는 각 부분을 독립적으로 조사한 다음에 전체를 조사하는 방법을 취하고 있다. 따라서 문제가 잘 분할되어 있으면 증명하기가 쉽다.
- **보수성(maintainability)** : 소프트웨어의 에러를 분석하고 그 위치를 찾아서 수정하는 경우, 방법론상에서 변경이 이루어지는 경우 및 부가 기능이 있는 경우에 모듈화는 큰 도움이 된다. 높은 모듈성이 있으면 변경이나 수정의 범위가 국소화된다. 또한 모듈성이 높으면 어떤 모듈보다 좋은 기능을 모듈로 쉽게 바꿀 수가 있다. 요구정의와 모듈간의 참고표를 만들어 사용하면, 변경된 요구사항에 관한 모듈을 찾아서 수정하기가 편리하다.

이 밖에도 다음과 같은 장점을 생각할 수가 있다.

- 여러 개의 과정으로 된 프로그램 작성이 쉬워진다.
- 서브세트(subset)가 쉽게 구성된다.
- 확장이 쉽다.
- 프로그램 군을 구성하기가 쉽다.

(2) 작업부담의 분할

담당자 사이에서 작업을 효과적으로 분할할 수 있다는 것이 모듈화의 두 번째 이점이 될 수 있다. 모듈에 대한 대략의 주장은 "한 사람이 거대한 프로그램을 작성하는 것을 생각하는 경우에 이것은 불가능하다. 그러기 때문에 복수의 인원으로 분담하도록 프로그램을 분할하는 것이다"라는 것이다. 물론 이것은 복잡도를 제어한다는 주목적에 이어지는 두 번째의 이유이다. 이것이 반대로 되면 잘되지 않는다는 것에 주의해야 한다. 즉, 분담작업을 위하여 모듈화를 한다는 것이 지나치게 중요시되면 무의미한 모듈구성이 될 염려가 있다.

5.2.3 모듈의 작성

모듈화의 중요한 사항으로서 모듈구조의 결정과 개개의 모듈작성이 있으며, 이에 관해 여러 가지 기법이 있다. 또 이 기법 중에는 하향식, 상향식, 아웃사이드 인(outside in), 인사이드 아웃(inside out) 등 여러 방법이 포함되어 있다.

(1) 기능에 따른 모듈화

모듈작성 기법으로서 가장 널리 알려져 있는 것은 시스템 또는 프로그램을 기능적인 부분으로 나누는 시스템의 분해이다. 초기의 모듈러 프로그래밍법에서는 이와 같은 접근방법을 많이 채용하였다. 대개 허용 범위를 넘어선 복잡도를 가진 프로그램에 대해서 애매한 제어논리를 간단하게 하려는 목적으로 모듈러 프로그래밍법을 채택하게 되었다. 모듈러 프로그래밍법은 기본적으로 분할지배에 기초를 두고 있다. 특히 다음의 두 가지 방법이 중요시되고 있다.

- 구성요소 모듈을 유도하기 위한 기능적인 분리를 생각하는 것이다.
- 중심이 되는 제어모듈을 작성한다는 사고방식이다. 이 제어 모듈에 의한 실현 순서의 기원과 설계에서의 기능분할이 발생하는 것이다.

기능분할은 기능 고유의 상위점을 명시함으로써 요소를 명확히 해 나가는 과정이다. 따라서 입출력 장치에 대한 개개의 형이나 처리모듈을 개별적으로 취급하기 쉽기 때문에 각각 별개의 요소로 분해된다. 이 방법으로 유도된 요소는 가끔 상호 관련성이 적어지는 일이 많아서 개개로는 독립적으로 설계된다. 즉, 기능적으로 다른 요소는 독립적 또는 병행해서 설계하는 것이다. 이것은 잠재적인 변경 가능성을 증가시키는 데도 연관된다. Chapin은 기능분할을 위하여 다음과 같은 지침서를 만들었다.

① 기능의 외부 특성을 설계의 내부 특성과 연결하도록 파싱한다.
② 실행하는 순서를 정해주도록 파싱한다.
③ 기능 대체를 선택하도록 파싱한다.
④ 기능을 반복하도록 파싱한다.
⑤ 입력 및 출력 처리를 명확히 구별하도록 파싱한다.
⑥ 처리 절차 동작에 관한 기능은 하위에 두고, 판단결정 기능은 상위에 오도록 파싱한다.
⑦ 설계상의 선택은 하위 기능으로 나뉘어져 있는 동안에는 하향방향이 되도록 파싱한다.
⑧ 기능 사이의 데이터를 주고받는 것은 가능한 한 적게 하도록 한다.
⑨ 각 기능별로 입출구가 되도록 파싱한다.
⑩ 부분기능에서 추상화의 레벨마다 전부를 클리어(clear)하는 것과 같이 파싱한다.

①은 각 레벨에서 부분기능이 가능한 것을 부여하고 있다. 그러나 이들 부분기능 사이의 구성은 하지 않는다. 다음에 ②,③,④는 부분기능의 선택과 편성수단을 주고 있으며, 빠져 있는 기능부분이 있는 경우에는 이를 명시하는 것을 돕고 있다. 또한 기능부분의 재기술이나 재그룹화하는 것을 돕고 있으며. 이것들은 시스템의 구조를 주는 기본적인 것이다. ⑤~⑧은 그 구조를 세련되게 하는 데 기여한다. 이것들은 부분기능과 이들 사이의 관계를 명확히 하며, 결정과 설계 선택에 관련시켜서 부분기능의 위치와 역할을 명시한다. 또한 기능 사이의 자료흐름을 정상적인 것으로 조정한다. 이들 4가지 지침서는 설계의 명료도, 보수성, 독립성, 효율, 통합 등에 기여한다. 마지막 ⑨,⑩은 기능의 논리적인 중첩을 가능하게 하거나, 다음 과정의 분해를 할 때 생각해야 할 사항을 설명하고 있다.

이 밖에도 여러 가지로 기능분할을 하기 위한 추상적인 순서가 명시되어 있으나, 그 과정은 결코 기계적으로 되는 것은 아니다. 즉, 기능분할은 주관적인 것이며 타당성, 신뢰성이 결여되어 있는 직감적인 기능을 가지고 이루어지는 것이다.

(2) 추상화와 상세화

추상화는 다른 몇 가지 성분의 집합에서 상세한 개개의 성분보다도 단순한 공통적 개념을 생성하는 활동이다. 예를 들면, 입출력 채널은 여러 개의 입출력 장치 기능에 대한 추상화라 할 수 있다.

추상화에 대응하는 것은 상세화이다. 이것은 보다 일반적인 성분의 가능한 실현으로서, 상세한 부분을 요구하거나 선택하는 과정이다. 예를 들면, 어셈블러의 기호표의 메카니즘을 설계하는 데 있어서는 대부분 해시(hash)요소와 이진탐색 요소가 상세화의 결과로서 명시될 것이다. 상세화의 방법으로 잘 알려진 것에는 단계적 상세화(stepwise refinement)가 있다.

단계적 상세화에서는 도중의 레벨에서 프로그램은 어떤 연산자나 피연산자의 실현을 제외하고 전체적인 형식으로 표현된다. 제외된 연산자나 피연산자는 마치 기술언어에서 조립한 것과 같이 기입하며, 이를 추상명령이라고 한다. 추상데이터의 예로는 스택(stack)의 경우를 들 수 있다. 스택이라는 데이터형의 선언, Push, Pop이라는 연산자의 기술을 앞에 두고, 뒤의 단계에서는 실제의 스택 표현과 Push, Pop의 실행절차가 기술되는 것이다. 이와 같은 사고방식은 Dijkstra에 의하여 논의되었으며, 이를 제안하게 된 주요인은 프로그램의 정당성과 설계에서의 융통성을 얻기 위해서였다.

5.3 모듈의 독립성

모듈 독립성의 개념은 모듈화, 추상화 그리고 정보은닉과 직접적인 관계가 있으며 이는 효율적인 모듈화를 실현하는 소프트웨어 개발의 지침이 된다. 즉, 독립된 모듈은 기능 분리가 가능하고 접속관계가 단순해지기 때문에 개발이 용이하다. 또한 독립된 모듈은 설계 및 코드 수정에 의한 연쇄적인 수정, 교정 작업과 오류의 파급효과를 최소화할 수 있다. 모듈의 독립성은 다음 두 가지 요소에 의해 측정한다.

- 결합도
- 응집도

5.3.1 결합도(Coupling)

한 모듈과 다른 모듈 간의 상호의존도 또는 두 모듈 사이의 연관도의 관계를 말하며 가능한 모듈 상호간에 낮은 결합력을 갖는 것이 바람직하다. 모듈이 낮은 결합도를 가지면 체계가 잘 분할되어 서로 관계없는 모듈은 분리되어 존재한다는 것을 의미한다. 낮은 결합도가 가지는 장점으로는 다음과 같다.

- 한 모듈 내의 오류가 다른 모듈에 영향을 미치게 되는 파급효과(Ripple Effect)의 최소화 가능
- 한 모듈의 변경이 다른 모듈에 큰 영향을 미치지 않고 모듈의 유지보수 및 변경 가능
- 특정 모듈의 내부 상황을 자세히 알지 못해도 관련된 다른 모듈의 효과적 취급 가능

낮은 결합도의 성취방법은 먼저 불필요한 관련성을 제거하고 필요한 인터페이스의 수를 가능한 줄여서 필요한 관계를 용이하게 연결한다. 결합도에는 다음과 같은 종류가 있다.

약한 결합 ↑ ↓ 강한 결합

① 자료 결합성(Data Coupling)
② 스탬프 결합성(Stamp Coupling)
③ 제어 결합성(Control Coupling)
④ 공통 결합성(Common Coupling)
⑤ 내용 결합성(Content Coupling)

(1) 자료 결합성(Data Coupling)

단일 파일 또는 동종(Homogeneous) 테이블을 매개변수(parameter)로 통신하는 모듈 간의 결합성을 말하며, 모듈 간에 통신이 존재하는 경우 자료 교환은 불가피하게 발생하는 것이

며 이때 가능한 한 불필요한 자료교환이 없도록 인터페이스를 줄이는 것이 바람직하다. 다음 [그림 5.8]은 자료 결합성의 예를 나타낸다.

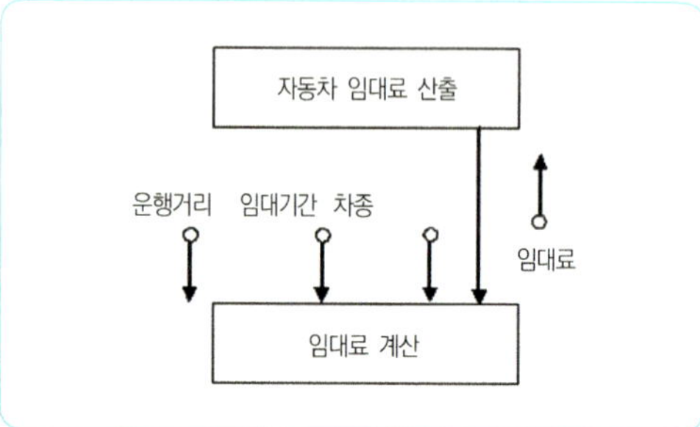

[그림 5.8] 자료 결합성의 예

자료 결합성에서 발생되는 병리현상으로 목적 없이 체계 주위를 돌아다니는 정보의 일부로서 대부분의 모듈에서 처리 없이 통과하는 자료를 방랑자료(trap data)라 하며 이는 실제 사용되지 않는 많은 모듈을 거쳐 전송되며 모듈 간에 불필요한 자료 결합성을 야기한다. 즉, 방랑자료가 체계에 존재하는 경우 모듈 구성이 잘못되었음을 나타낸다. [그림 5.9]는 방랑자료 예를 나타낸다.

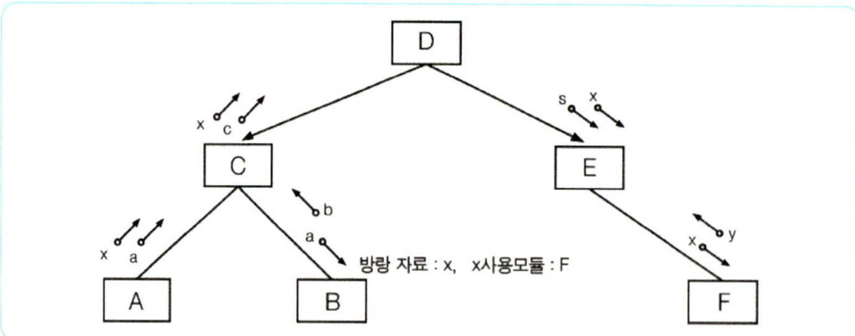

[그림 5.9] 방랑 자료 예

(2) 스탬프 결합성(Stamp Coupling)

두 모듈이 동일한(non-global) 자료구조를 조회하는 경우의 결합성이며, 자료구조의 어떠한 변화 즉, 포맷이나 구조의 변화는 그것을 조회하는 모든 모듈 및 변화되는 필드를 실제로 조회하지 않는 모듈에까지도 영향을 미치게 된다. 스탬프 결합성에서의 고유 문제점은 다음과 같다.

- 관련이 없는 모듈 간에 의존성 발생
- 불필요한 레코드(dummy record) 존재
- 필요이상의 자료가 모듈에 제공

다음 [그림 5.10]은 스탬프 결합성(Stamp Coupling)의 예를 나타낸다.

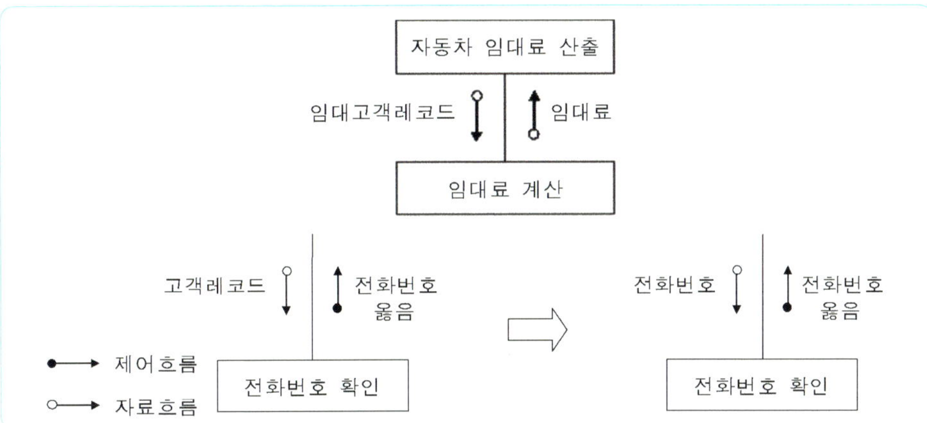

[그림 5.10] 스탬프 결합성의 예

스탬프 결합에서 자료구조 전송 시 유의사항은 먼저 전체 자료구조가 전송되어 단지 일부 자료만이 사용되는 경우이다. 즉, 고객 레코드 구조에서의 개별적인 변화는 고객 레코드를 통해 스탬프 결합되는 모든 모듈에 영향을 준다. 자연스런 자료구조의 이용은 높은 스탬프 결합성의 극복방법이며 가능한 한 모듈이 단순해지도록 구성하도록 한다. 그림은 전체 자료구조가 전송되어 단지 일부만 사용되는 경우를 나타낸다.

(3) 제어 결합성(Control Coupling)

어떤 모듈이 다른 모듈의 내부 논리 조직을 제어하기 위한 목적으로 제어신호를 이용하여 통신하는 경우이며, 제어 결합성을 갖는 모듈 간에서 하위 모듈은 더 이상 블랙박스가 아니게 된다. 또한, 하위 모듈에서 상위 모듈로 제어신호가 이동하여 상위 모듈에게 처리 명령을 부여하는 권리 전도현상(Inversion of Authority)이 발생하게 된다. 제어 결합성의 발생 원인은 처리 기능이 두 모듈 간에 분리가 되어 존재하는 경우와 상위 모듈이 그 하위 모듈의 자세한 내부 논리 조직을 알아야 하는 경우 그리고 하위 모듈이 상위 모듈의 특정한 상황능력을 알아야 하는 경우에 발생한다.

(4) 공통 결합성(Common Coupling)

두 모듈이 동일한 전역 변수를 공동으로 조회하는 경우에 발생하며 공통 결합성의 문제점으로는 먼저 전역 변수 모듈의 보호 영역 내에 있지 않으므로 전역 변수를 이용하는 어떤 모듈에서의 오류는 전역 변수를 조회하는 다른 모듈에서도 오류가 전파된다. 전역 변수를 조회하는 모듈은 선언된 이름(explicit name)에 의해 사용하여야 하며 전역 변수의 심한 남용에 의해 프로그램 이해에 어려움이 있다. 또한 많은 전역 변수를 조회하는 프로그램을 유지 보수 프로그래머가 이해하기 힘들며 자료의 변경 시 어떤 모듈을 변경시켜야 할지 찾아내기 어렵다. 공통 결합 시 지침은 다음과 같다.

- 가능한 한 지역 변수(local variable)를 사용할 수 있는 프로그래밍의 특징을 이용
- 가능한 한 모듈을 단순하도록 작성

다음 [그림 5.11]은 공통결합 예를 나타낸다.

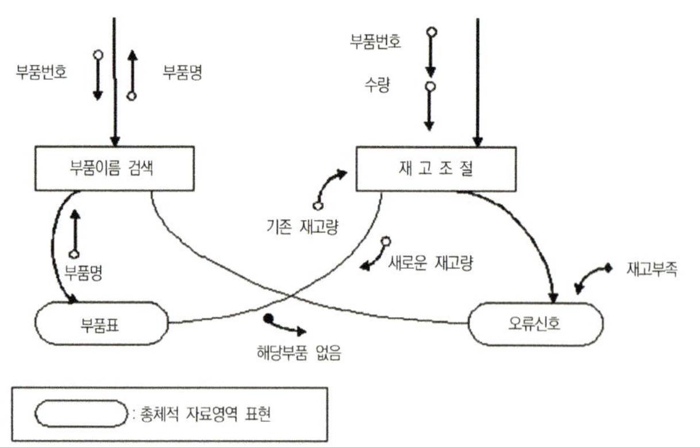

[그림 5.11] 공통 결합성의 예

(5) 내용 결합성(Content Coupling)

한 모듈이 다른 모듈의 내부 기능 및 그 내부 자료를 조회하는 경우이며, 내용 결합성이 발생하는 경우는 다음과 같다.

- 한 모듈에서 다른 모듈의 내부로 제어 이동 시
- 한 모듈이 다른 모듈 내부 자료의 조회 또는 변경 시
- 한 모듈이 다른 모듈 내부의 시행문 변환 시
- 두 모듈이 동일한 문자의 공유 시

내용 결합성의 문제점으로는 먼저 한 모듈의 작은 변화가 시스템에 존재하는 다른 모듈에 중대한 영향을 초래하며 시스템의 다른 부분에 존재하는 문제점을 지닌 모듈을 시스템 내의 또 다른 부분에서 사용할 가능성이 존재한다. 다음은 내용 결합성의 예를 나타낸다.

```
Module A
SRCH : MOVE 1 TO REG 0

Module B
JUMP TO SRCH
```

5.3.2 응집도(Cohesion)

한 모듈 내부의 처리 요소들 간의 기능적 연관도를 나타내며, 모듈 내부요소는 명령어, 명령어의 모임, 호출문 특정작업수행 코드 등이다. 응집도는 시스템을 모듈 단위로 얼마나 잘 분할했는지를 알려주는 지침이 되며, 모듈 간의 결합도를 최소화함으로써 시스템 내의 모든 모듈의 양호한 응집도를 성취할 수 있다. 응집도에는 다음과 같은 종류가 있다.

강한 응집도 ↕ 약한 응집도

① 기능적 응집성(Functional Cohesion)
② 순차적 응집성(Sequential Cohesion)
③ 통신적 응집성(Communicational Cohesion)
④ 절차적 응집성(Procedural Cohesion)
⑤ 일시적 응집성(Temporal Cohesion)
⑥ 논리적 응집성(Logical Cohesion)
⑦ 우연적 응집성(Coincidential Cohesion)

(1) 기능적 응집성(Functional Cohesion)

모듈 내부의 모든 기능 요소들이 단지 단일 문제와 연관된 처리 기능으로서 그 상위 모듈을 위해 수행하는 경우이다. 단일 처리 기능을 수행하는 것으로 모든 모듈을 볼 수 있으나 단일 문제와 연관된 처리 기능으로 상위 모듈의 요약이 불가능하여 다른 업무를 수행하는 것으로써 간주할 수 있는 많은 모듈이 존재할 수 있다. 그 예로는 제곱근 계산 모듈, 트랜잭션 레코드 입력 모듈, 그리고 미사일 궤도 계산 모듈들을 들 수 있다.

(2) 순차적 응집성(Sequential Cohesion)

모듈 내부의 한 기능 요소에 의한 출력 자료가 다음 기능 원소의 입력 자료로서 제공되는 형태의 기능 요소로 이루어진 경우이며, 모듈 내의 요소들 사이의 응집도가 매우 높고 비교적 좋은 결합도를 유지하나 동일 모듈 내에 여러 처리 기능이 존재하므로 완전히 이상적인 경우는 아니다. [그림 5.12]는 순차적 응집성의 예를 나타낸다.

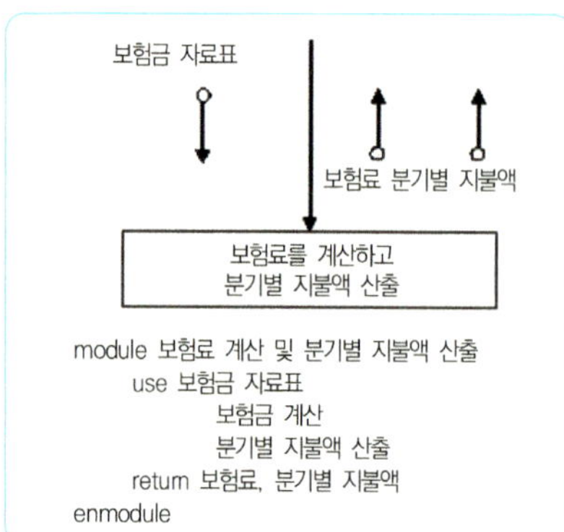

[그림 5.12] 순차적 응집성의 예

(3) 통신적 응집성(Communicational Cohesion)

동일한 입력 또는 출력 자료를 이용하여 서로 다른 기능을 수행하는 기능 요소들로 구성된 경우이며, 처리 가능 코드의 중복이 발생될 수 있고 처리 요소들 간의 코드 공유가 있을 수 있다. 이를 해결하는 방안으로는 통신적 응집성을 갖는 모듈을 별도의 기능적 응집성을 갖는 모듈로 분리하는 것이다. [그림 5.13]은 그 한 예를 나타낸다.

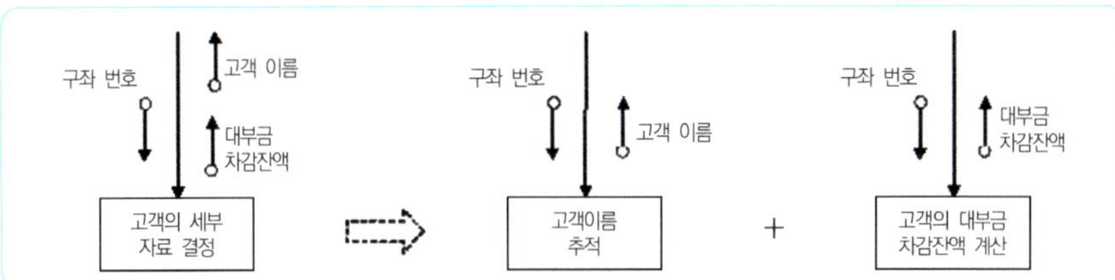

[그림 5.13] 통신적 응집성을 기능적 응집성을 갖는 모듈로의 분리

순차적 응집성과의 유사성은 본래의 문제 내에 포함되는 자료를 통하여 구성된 기능 요소를 포함하고 두 응집성 모듈 모두 기능 요소들 중의 적은 부분만이 다른 모듈내의 기능 요소들과 연결되므로 좋은 결합도를 유지할 수 있고, 차이점으로는 순차적 응집성 모듈은 부품결합선(assembly line)과 같이 동작하므로 그 각각의 처리 요소는 특정 순서에 맞게 수행하는데 비해 통신적 응집성 모듈 내에서 시행 순서는 중요하지 않다. [그림 5.14]는 두 응집성 간의 비교를 나타낸다.

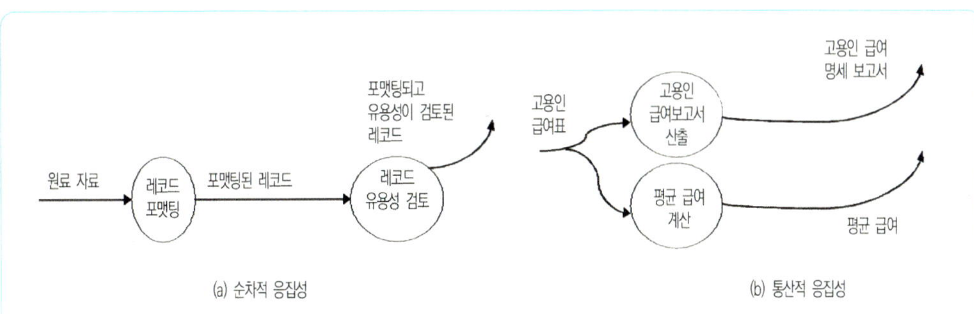

[그림 5.14] 순차적 응집성과 통신적 응집성 비교

(4) 절차적 응집성(Procedural Cohesion)

모듈 기능 요소들이 다르고 또한 가능한 한 서로 연결이 없는 처리 속에 포함되며 단지 모듈 내부에서 제어신호가 한 단위처리에서 다음 단위처리로 이동하는 경우이다. 절차적 응집성의 특성은 다음과 같다.

- 단일 문자와 관련한 처리 기능에 의하기보다는 시행 순서에 의해 연결
- 모듈 내부 처리요소가 어떤 시간 속에서 특정 순서대로 수행된다는 점 외에는 서로 어떠한 연결 관계도 지니지 않는 처리기능들로 구성
- 모듈 내부에 여러 처리기능의 부분 내지 분할된 요소를 지님
- 전달자료와 반환 자료 간의 무관련
- 부분결과, 플래그(flags), 스위치(switch) 등의 전달
- 한 기능요소와 다음 기능요소 간에 자료는 이동되지 않음

다음 [그림 5.15]는 절차적 응집성의 예를 나타낸다.

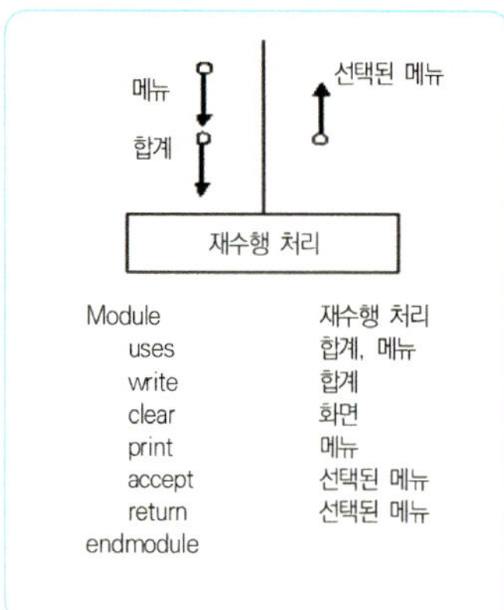

[그림 5.15] 절차적 응집성의 예

(5) 일시적 응집성(Temporal Cohesion)

모듈의 기능요소들이 시간에 의해 연결되는 단위처리에 포함되는 경우이며, 일시적 응집성의 특성은 다음과 같다.

- 모듈의 기능요소들이 서로 다른 기능처리에 속함
- 특정 플로차트 구현에서 볼 때 거의 같은 시간에 처리되는 요소들이라는 점이 기능요소들 간의 유일한 연관관계
- 많은 다른 처리 기능들의 초기화 및 최종 처리과정을 주로 포함
- 무관련 요소들은 서로 분리한다는 원칙에는 위배되지만 프로그래머가 코드를 공유할 수 있는 기회 부여

다음 [그림 5.16]은 일시적 응집성의 예를 나타낸다. 절차적 응집성과의 유사점은 두 응집성을 지닌 모듈 모두 플로차트를 임의로 끊어 놓음으로써 생성이 가능하고 블랙박스의 정도 및 색깔로 구분해 볼 때 두 응집성 모듈 모두 짙은 회색에서 밝은 회색까지 변화가능하며, 두 응집성 모듈과 다른 모듈 간의 결합도 측면에서 볼 때도 중간정도의 수준에 해당한다.

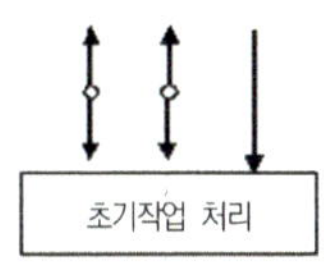


```
Module   초기작업
           updates a-counter, b-counter
           rewind 테이프-A
           set   a-counter=0
           rewind 테이프-B
           set   b-counter=0
endmodule
```

[그림 5.16] 일시적 응집성의 예

한편 절차적 응집성과의 차이점은 기능 요소의 시행순서는 절차적 응집성에 비해 중요성이 덜하며, 일시적 응집성 모듈은 많은 단순 코드들로 주로 구성되며 이에 반해 절차적 응집성 모듈은 루프나 처리 기능들 간의 의사결정을 공유한다.

(6) 논리적 응집성(Logical Cohesion)

모듈의 기능 요소들이 일반적으로 같은 성질의 단위 기능업무를 처리하는 경우이며, 모

듈 내에 동일한 일반 종류의 많은 단위 기능을 포함하고 그 모듈을 이용하기 위해서는 필요한 부분을 골라내는 작업이 필요하다. 문제점으로는 여러 기능을 수행하는 요소가 동일한 모듈 내에 있게 되므로 버퍼, 코드, 상수, 입출력 변수 등을 공유하게 되어 유지에 문제점을 초래하고 모듈 내의 한 기능의 변경은 큰 혼란을 초래할 수 있으며 코드 공유에서 생기는 복잡한 문제를 플래그나 스위치 등을 이용하여 해결하는 경우에 발생한다. 다음 [그림 5.17]은 논리적 응집성의 예를 나타낸다.

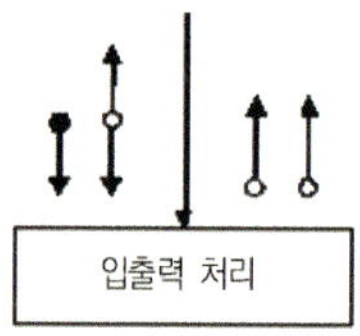


```
module      입출력처리
  uses      입력신호
            출력레코드 갱신
            입력레코드 1의 크기=80,
            입력레코드 2의 크기=120으로 정의
  if        입력신호=1
  then      새로운 마스터 파일에 출력레코드 출력
            트랜젝션 파일 1을 입력레코드 1에 입력함
  elseif    입력신호=2
  then if   출력레코드=spaces
  then      트랜젝션 파일 1을 입력레코드 1에 입력
  endif
  elseif    입력신호=3
  then      트랜젝션 파일 1을 입력레코드에 입력
            마스터 파일 1을 입력레코드 2에 입력
            마스터 파일 2를 출력레코드에 입력
  endif
  retrun    입력레코드1, 입력레코드2
  endmodule
```

[그림 5.17] 논리적 응집성의 예

(7) 우연적 응집성(Coincidential Cohesion)

서로 간에 어떠한 의미 있는 연관관계도 지니지 않은 기능 요소로 구성되는 경우이며, 서로 다른 상위 모듈에 의해 호출되어 처리상의 연관성이 없는 서로 다른 기능을 수행하는 경우로서 가장 낮은 결합성을 가지고 있고 일단 모듈의 개념을 상실했다고 볼 수 있다. 주로

코딩 후에 임의로 모듈을 구성한 경우에 발생한다. [그림 5.18]은 우연적 응집성의 예를 나타낸다. 우연적 응집성과 논리적 응집성의 유사점은 두 응집성을 지닌 모듈 모두 하위 모듈의 처리 기능 선택을 위해 상위 모듈에서 모듈 내부 기능의 인식이 필요한 것이며 둘 다 블랙박스 개념을 상실한다. 차이점으로는 논리적 응집성은 같은 범주의 업무처리 성격을 띠나 우연적 응집성 모듈은 서로 다른 범주의 업무처리로 구성된다.

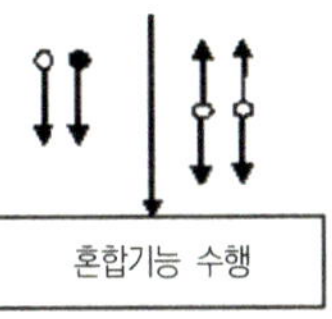


```
module      혼합기능 수행
  uses      기능신호, 작업자 신호
            행렬 및 개정번호 갱신
  if        기능신호=1
  then      행렬=0, 개정번호=1
  elseif    기능신호=2 또는 기능신호=3
  then      rewind 테이프-B
  if        기능신호=2
  then      제목출력
  endif
  else      작업자 신호 표시
endmodule
```

[그림 5.18] 우연적 응집성의 예

5.3.3 모듈명에 의한 응집성 구분

(1) 기능적 응집성

모듈명이 단일 동사와 목적어로 구성되어 한 가지 기능만을 수행토록 구성된 경우

예 READ CUSTOMER TRANSACTION RECORD

(2) 순차적 응집성

여러 개의 연속적인 기능을 수행하도록 구성된 경우

예 READ AND EDIT TRANSACTION

(3) 통신적 응집성

모듈명이 동일한 자료를 이용한 여러 개의 비순서적 기능을 수행하도록 구성된 경우

예 CALCULATE AVERAGE AND MAXIMUM EMPLOYEE SALARY

(4) 절차적 응집성

모듈명이 절차적 또는 플로차트적 성격을 갖는 경우

예 LOOP ROUTINE 또는 SWITCH MODULE

(5) 일시적 응집성

모듈명이 시간적 개념을 갖는 경우

예 START-UP, END-OF-JOB

(6) 논리적 응집성

모듈명이 일반적인 목적을 나타내는 경우

예 INPUT-ALL, EDIT-MODULE

(7) 우연적 응집성

모듈명이 특정한 의미를 갖지 않는 경우

예 PROCESS-ROUTINE

다음 [그림 5.19]는 응집성 구분을 나타낸 흐름도이다.

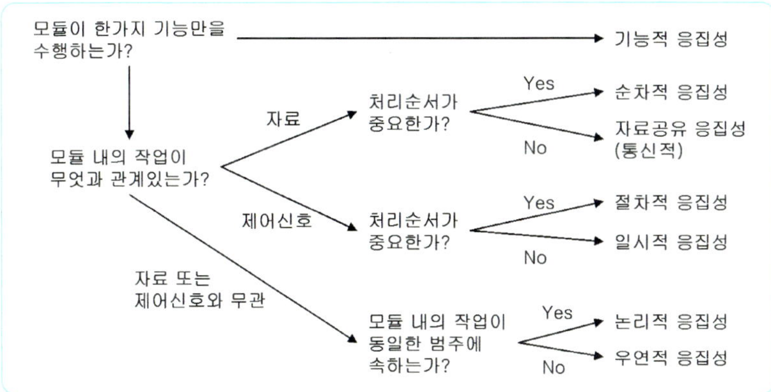

[그림 5.19] 응집성 구분 흐름도

5.4 추상화

추상화(Abstraction)는 개념들의 특수 경우와는 분리하여 개념들을 다루도록 하는 도구이다. 요구 사항 정의 및 설계 기간 동안에 추상화는 시스템의 개념적 측면과 구현내역을 분리하도록 한다. 예를 들면, 큐의 FIFO 성질과 스택의 LIFO 성질을 스택 혹은 큐를 구현하는데 사용되는 표현 체제를 알지 않고서 이를 기술할 수 있다. 마찬가지로 자료구조를 처리하는 루틴들의 특징을 루틴의 알고리즘 내역을 알지 않고서 기술할 수 있다.

소프트웨어를 설계하는 동안에 추상화는 구조적 특징, 자료 흐름, 자료 저장소가 설정될 때까지 구조상의 고려 사항 및 상세한 알고리즘 상의 고려사항을 순연시킴으로써 사고과정을 구성하고 집중화하도록 한다. 구조적인 고려사항은 알고리즘 내역을 고려하는 것보다 앞서서 본격적으로 착수된다. 이러한 방식은 설계과정에서 어떤 특수지점에서 다루어져야 하는 복잡도를 감소시킨다.

설계 사양은 시스템의 기능 및 구조적인 속성이 강조되는 소프트웨어의 모형이다. 상세 설계 시에 구조는 구현 내용으로 상세화 된다. 따라서 설계는 추상화의 고려로부터 상세한 표현에 이르는 과정이다. 이는 구체적인 상황의 모임으로부터 추상화되는 과학이나 수학에서의 추상화 개념과 좋은 대조를 이룬다. 즉, 아직 존재하지 않는 실체들의 추상으로부터 이들 실체들을 현실화하는 것이다.

소프트웨어의 설계에서 사용되는 대표적인 세 가지 추상화 메커니즘은 다음과 같다. 기능 추상화(functional abstraction), 자료 추상화(data abstraction), 제어 추상화(control abstraction)가 이것이다. 이러한 메커니즘은 체계적으로 추상적인 것으로부터 구체적인 것으로 만드는 설계 과정의 복잡도를 제어하도록 한다.

기능 추상화는 매개 변수를 갖는 서브프로그램을 사용하도록 한다. 서브프로그램을 매개 변수화하고 그 서브프로그램에 대한 상이한 매개 변수값을 묶도록 하는 기능은 강력한 추상화 메커니즘이다. 기능의 추상화는 그룹이라고 하는 서브프로그램들의 모임으로 일반화시킬 수 있다. 하나의 그룹 내에 어떤 루틴은 가시적인 성질을 지니며, 이는 타 그룹에 있는 루틴에 의해서 사용하도록 허용한다. 가시적인 성질을 갖지 않는 루틴들은 타 그룹으로부터는 은폐되며 동등 그룹 내에서만 사용될 수 있다. 따라서 하나의 그룹은 가시적인 루틴이 타 그룹과 통신하고 은폐된 루틴은 가시적인 루틴을 지원하기 위해서 존재하는 기능의 추상화를 제공한다.

자료 추상화는 대상에 대한 연산을 정의함으로써 자료형 혹은 자료 대상들을 정의하는 것이다. 즉, 표현 및 처리내용은 은폐시킨다. 따라서 "스택"은 루틴 NEW, PUSH, POP, TOP 그리고 EMPTY가 상호작용하는 LIFO 메커니즘을 추상적으로 정의할 수 있다. CLU 및 Ada와 같은 여러 가지 프로그래밍 언어는 추상화 자료형을 제공한다. 이들 언어에서 예를 들면 스택의 대상들은 형의 정의 시 기술된 연산에 따라 만들어지고 처리된다. "추상 자료형(abstract data type)"은 하나의 자료형 선언을 나타내는 데 사용되는데, 이 자료형으로부터 여러 경우가 만들어질 수 있다.

[리스트 5.1] 추상 자료형 STACK의 정의와 사용

```
package STACK-TYPE is
        type STACK is limited private;
procedure PUSH(I : in INTEGER; S : in out STACK);
procedure POP(I : in INTEGER; S : in out STACK);
function EMPTY(S : in STACK) return BOOLEAN;
function PULL(S : in STACK) return BOOLEAN;
        STKFULL, STKEMPTY : exception;
private
        type STACK is
                record
                        INDEX : INTEGER range 0.. 100 : = 0;
                        STORE : array(1.. 100) of INTEGER;
                end record;
end STACK-TYPE;
STACK1, STACK2 : STACK;
 : : : : :
PUSH(X, STACK1);
POP(Y, STACK2);
B : = EMPTY(STACK1);
 : : : : :
```

추상 자료형은 자료 항목 상세 표현과 자료 항목을 처리하는 함수의 상세 구현이 추상형(abstract type)을 구현하는 그룹 안에 은폐된다는 의미에서 추상이다. 이 추상을 이용하는 타 그룹은 추상 대상의 상세한 내부를 엑세스하지 못한다. 추상형 대상은 이들에 따라 실행할 수 있는 기능에 의해서만 알려진다. 상세 설계 중에 추상대상에 따라 처리되는 가시적인 기능이 정의된다. 자료 대상은 기능의 알고리즘 내역에 대한 표현의 정의는 상세 설계 기간까지 미룬다. [리스트 5.1]은 스택 추상에 대해서 Ada 패키지의 가시적인 부분과 사유 부분(private part)의 예를 보인 것이다.

자료 추상화만이 스택과 큐와 같은 자료항목을 기술하는 데 유용하다는 것을 간단한 예제로부터 추측하지는 말아야 한다. 예를 들면, 블럭 구조형 프로그래밍 언어에 대한 그래픽

디스플레이 화면 혹은 실행 시간 동작에 대한 내용은 그 대상에 따라 허용되는 연산에 관해서 정의된 추상형 대상이 될 수 있다. 하나의 추상 자료형은 타 추상형에 관해서 정의될 수 있다. 이는 계층형 자료형의 설계를 허용하는 것이다. 물론 기본 자료형은 정의의 순환을 피하기 위해서 제공되어야 한다.

제어 추상화는 제어의 정확한 메커니즘을 정의하지 않고 원하는 효과를 정의하는 데 이용된다. IF 문과 WHILE 문은 현대 프로그래밍 언어에서 조건부 JUMP 명령어를 포함하는 기계 코드 구현의 구상이다.

제어 추상화의 또 다른 예는 병행 프로그래밍에 대한 제어 추상화인 모니터 구조이다. 즉, 연산자에 대한 구현은 구조 안에 은폐되어 있다. 제어 추상화는 구현에 대한 정확한 내용과는 상관없이 순차적 서브프로그램, 예외 상황(exception handlers), 그리고 Coroutines 및 병행 프로그램을 허락한다.

5.5 단계적 명세화

시스템을 상위 레벨에서 보다 기본적인 레벨로 분해하는 하향식 기법을 단계적 명세화(stepwise refinement)라 한다. 이는 "단계적 프로그램 개발"혹은 "계통적 명세화(successive refinement)"로 알려져 있다. Wirth가 최초로 제시한대로 단계적 명세화에는 다음과 같은 활동이 있다.

- 설계의 결정을 기본적인 레벨로 분해
- 실제로 상호 의존적이 아닌 설계 형태를 분리
- 가능한 한 표현 내용에 관한 결정은 연기
- 명세화 과정에서 각각의 연속적인 단계가 이전 단계를 충실히 확장한 것인가를 주의 깊

게 고찰

단계적 명세화 과정의 각 단계에서 세부 내용이 점차 증가하는 것은 가능한 한 설계 결정을 지연시키며, 최종 소프트웨어 제품이 설계 사양과 일치하다는 것을 설계자가 자신 있게 주장하도록 허용한다.

단계적 명세화는 요구사항 분석 및 기본 설계 기간 중에 생산된 사양과 함께 시작된다. 문제는 우선 논증적으로 문제를 해결할 몇몇 주요 처리 단계로 분해된다. 이 과정은 시스템의 각 부분이 충분히 분해되어 실행 가능한 프로그래밍 언어로의 구현이 간단해질 때까지 반복된다.

명확한 표현 기법은 단계적 명세화에서는 규정되지 않는다. 그러나 구조도 프로시저의 사양 및 의사 코드의 사양은 계통적 명세화와 일치하며, 명세화의 초기 단계는 명세화가 진행됨에 따라 보다 명확하게 되는 비형식적인 의사 코드로 정의된다. 그 설계 결과는 구현 언어의 문장과 매우 근사하며 실제로는 이들로 결합될 수도 있다.

계통적 명세화는 소프트웨어 제품 내에 있는 개별 모듈들의 상세 설계를 하는 데 이용될 수 있다. Wirth로부터 채택한 다음의 예는 계통적 명세화에 의한 상세 설계의 예를 보인 것이다. 이 루틴은 처음부터 N개의 소수를 파일 F에 출력하는 것이다. N은 루틴에서 형식적인 매개변수이며, F는 광의적으로 알려져 있다. 루틴의 초기 버전은 다음과 같을 수 있다.

```
The initial version of the routine might be :
        Initial version : procedure PRIME(N : integer);
                var I, X : integer;
                begin rewrite(F); X : =1;
                for I : = 1 to N do
                begin X : = "next prime number"
                        write(F〈X)
                end :
                end(PRIME) :
```

다음 단계는 문장 X : = “next prime number”를 명세화하는 것으로서, 부울 변수 PRIM을 사용해서 문장은 다음과 같이 표시할 수 있다.

```
Refinement 1 : repeat X : = X + 1;
                PRIM : = "X is prime number"
      until PRIM;
```

첫 번째 소수(2)를 제외한 모든 소수는 홀수이다. 따라서 2는 특수경우로 취급할 수 있으며, 반복문에서 X를 2씩 증가시킨다.

```
Refinement 2 : begin rewrite(F) ; X : = 1;
                if N>=1 then write(F,2);
                for I : = 2 to N do
                begin
                          repeat X : = X + 2;
                                PRIM : = "X is a prime number"
                          until PRIM;
                          write(F,X)
                end
          end;
```

다음 명세화는 X가 소수가 되는가를 결정하는 것인데, X는 1과 그 자신으로만 나누어떨어질 때 소수이다.

```
Refinement 3 : repeat X : = X + 2; K : = 2;
                repeat
                          K : = K + 1;
                          PRIM : = "X is not divisible by K"
                          until not(PRIM) or (K = X-1)
                until PRIM;
```

함수 mod는 X가 K에 의해서 나누어떨어질 수 있는가를 결정하는 데 사용될 수 있다.

```
Refinement 4 : PRIM : = (X mod K) = 0;
```

이때 프로시저 구조는 다음과 같게 된다.

```
procedure PRIME(N : integer);
        var I, X, K : integer;
        PRIM : boolean;

procedure PRIME(N : integer);
        var I, X, K : integer;
        PRIM : boolean;
        begin rewrite(F); X : = 1;
                if N 〉=1 then write(F,2);
        for I : = 2 to N do
        begin
                repeat X : = X + 2; K : = 2;
                repeat K : = K + 1;
                        PRIM : = (X mod K) = 0;
                until not(PRIM) or (K = X-1);
                until PRIM;
        write(F〈X)
        end
        end;
```

처음부터 N개의 소수를 계산해서 이를 파일 F에 출력하는 프로시저가 완성되었다. 각 명세화는 이전 형태로부터 논리적으로 이어지기 때문에 논증적으로 정확하다. 각 의사 코드문이 실행 가능한 원시코드로 명세화됨으로써 완성된 것이다. 그러나 프로그램의 효율은 여러 가지 방법으로 다양하게 개선될 수 있다. 예를 들면, X가 3과 X−1 사이에 있는 모든 수 K에 의해서 나누어떨어지는가를 조사할 필요가 없다. 모든 소수가 아닌 수는 소수들의 곱으로 표시할 수 있으므로, X가 비소수 K에 의해 나누어떨어지면 K의 소수원으로 나누어떨어진다. 따라서 배열 P에 이미 계산된 소수를 기억시킬 수 있으며, P의 원소들로 나누어떨어지는가를 조사하기만 하면 된다. 결국 최종 결과는 다음과 같게 된다.

```
Refinement 5 : X : = 1; P[1] : = 2; LIM : = 1;
               for I : = 2 to N do
               begin
                         repeat X : = X + 2; K : = 2; PRIM : = true;
                         while PRIM and (K 〈 LIM) do
                         begin
                               PRIM : = (X mod P[K]) 〈〉 0;
                               K : = K + 1;
                         end;
                         until PRIM;
                         P[I : = X; LIM : = LIM+ 1;
               end;
```

여기서 Wirth는 설계와 효율성을 고려한 명세화를 혼합하여 사용하고 있다. 또한, 이 방식은 우선 정확한 프로그램을 개발하고 난 후 효율성을 높이기 위하여 프로그램을 수정하였다.

설계의 기법으로서 단계적 명세화의 주요 이점은 다음과 같다.

- 하향식 분해
- 점진적인 세부 사항의 추가
- 설계 결정사항의 연기
- 계속적인 일관성의 검증(형식적 혹은 비형식적)

단계적 명세화를 사용하면 하나의 문제는 관리 가능한 작은 단위로 분리되며, 임의의 특정 시간에 다루어야 하는 상세 내역의 양은 최소화될 것이다. 이러한 방식으로 설계자의 사고 과정은 적절한 시기에 적절한 관점으로 모아진다. 그러나 전통적 명세화는 문제 해결의 일반적인 방법으로 사용되는 설계 기법이 아니라는 것을 주의해야 한다.

1. 다음 개념들을 설명하라.

(1) 추상화

(2) 계층적 구조

(3) 모듈

(4) 결합도 및 응집도

2. 다음 서술되는 함수 모듈의 응집력이 어떤 것인지 밝히고 이유를 설명하라.

(1) Update record on file and read next transaction

(2) Update, add or delete a record on the master file

(3) Initialize the work area

(4) Fild customer loan balance

3. 다음과 같은 문제에 대한 알고리즘을 개발하기 위해서 단계적 명세화 기법을 사용하라.

(1) 선형 방정식 해의 풀이

(2) 부동 소수점의 문자 스트링 표현을 내부 표면으로 변환

4. 급료 지불 정보를 가지고 있는 입력 자료파일의 구조를 정의하기 위해 JSD 표기법을 사용하여 표현하라.

5. 각 종업원에 대한 급료 정보를 가지고 있는 출력 보고서 구조를 정의하기 위해 JSD 표기법을 사용하여 표현하라.

6. 다음 파일 레코드 구조를 가지고 있는 입출력 보고서를 작성하기 위해 JSD와 Warnier-orr 방법을 이용하여 설계하라.

사원이름	주소				주민등록번호	성별		급여타입	
	읍, 동	구, 군	시, 도	우편번호		남	여	원금	시간급

7. 다음의 문제 정의에 대하여 기능 지향 설계 변화 흐름과 거래 흐름 변환으로 구분하여 소프트웨어 설계 구조도를 작성하라.

〈문제정의〉

(1) 엔진 구동계 샤시에 위치하는 변화기를 사용하여 아날로그신호로부터 디지털 신호로 변화(A/D 변화)하여 데이터를 받아들이는 마이크로 인터페이스를 가진다.

(2) LED패널에 의해 데이터를 표시한다.

(3) 속도계(mph), 주행 거리계, 1갤런당 주행거리(mpg), 1마일당 비용, 주행 코스, 기타 선택적 기능을 가진다.

(4) 기준속도 55mph와 현재 속도를 비교하여 55mph이상 속도 시 경보를 울린다.

(5) 푸시 버튼에 다음과 같이 기능을 분리한다.

버 튼	선 택 기 능
1	점화시동 순서 개시
2	레이다 탐지기 작동(법적으로 허용한 범위에서)
3	오일의 압력이나 온도 등 엔진기능 표시
4	주행에 관한 데이터 입력과 결과의 표시
5	주행계 초기화
6	이전이 키 작동 취소

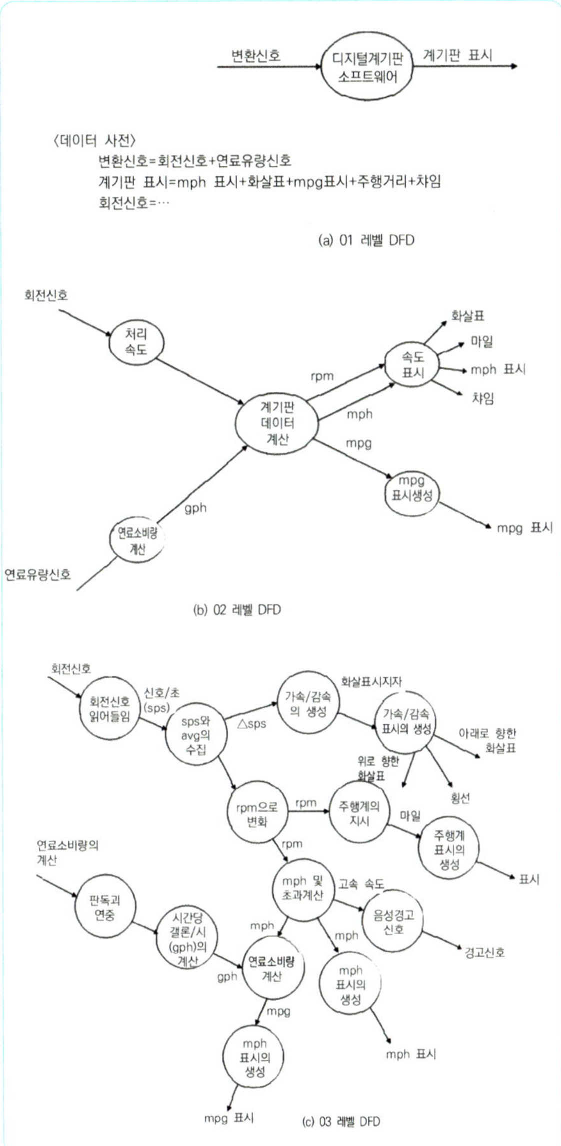

[그림 5.37] 디지털 계기판 소프트웨어

참고문헌

1. 임춘봉 외 3인, *구조적 설계*, 홍릉과학출판사, 1985.
2. T. DeMacro, *Structured Analysis and System Specification*, Prentice-Hall, 1979.
3. M. A. Jackson, *Principles of Program*, Academic Press, 1975.
4. I. A. Jackson, *System Development*, Prentice-Hall, 1983.
5. S. Pressman, *Software Engineering*, McGraw-Hill, 1987.
6. E. L. Yourdon, *Structured Design*, Prentice-Hall, 1979.
7. Yourdon, *Structured Analysis and Design for Real Time Systems*, Ed. 3.0, 1984.
8. Ian Sommerville, *Software Engineering*, Addison-Wesley, 6th Edition, 2002.
9. Berzins, V.M., M. Gray and D. Naumann, "Abstraction based Software Development", Communication of the ACM, Vol. 29. No.5, pp. 405~415, 1986.
10. Cameron, J.R, "An Overview of JSD", IEEE Transaction on Software Engineering, Vol. 12, No.2, pp. 222~240, 1986.
11. Cross, N., *Development in Design Methodology*, Wiley, New York, 1984.
12. Gerhart, S.L. and L.Welowitz, *Observations of fallibility in Application of Mordern Programming Methodologies*, IEEE Transaction on Software Engineering, Vol. 2, No. 9, pp. 195~200, 1976.
13. Hoare, C.A.R, An Overview of Some Formal Methods for Program Design, Computer, Vol. 20, No. 9, pp. 85~90, 1987.
14. Pranas, D.L, "Designing Software Ease of Extension and Contraction", IEEE Transaction of the ACM, Vol. 5, No. 2, pp. 128~138, 1979.
15. Mills, H.D., and R.C.Linger, "Data Structured Programming", IEEE Transaction on Software Engineering, Vol. 12, No. 2, pp. 192~197, 1986.
16. Parnas, D.L., P.C Clements, "A Relational Design Process : How and Why to fake it", IEEE Transaction on Software Engineering, Vol. 12, No.2, pp. 251~257, 1986.
17. stevents, W., G.Myers, and L.Constatine, "Structured Design", IBM system Journal, Vol. 113, No. 2, pp. 115~139. 1974.

Chapter 06 사용자 인터페이스 설계

6.1 사용자 인터페이스 설계

외부설계란 소프트웨어와 조작환경과의 인터페이스를 설계하는 과정이다. 조작환경이란 소프트웨어의 입장에서 보면 외부환경에 속하는 것으로서, 하드웨어, 다른 소프트웨어, 사용자들을 말한다[그림 6.1].

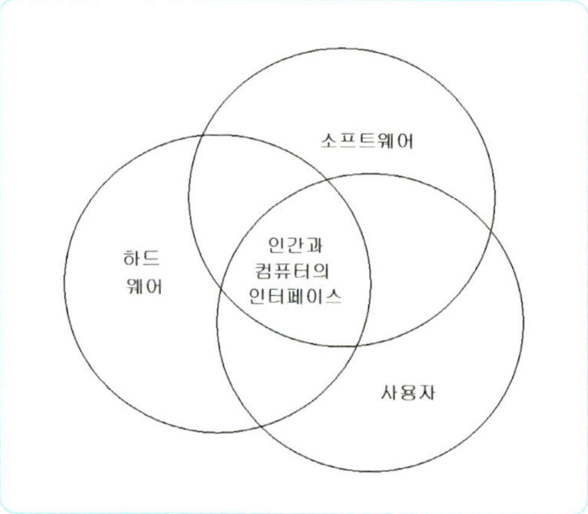

[그림 6.1] 인간과 컴퓨터의 인터페이스

하드웨어나 다른 소프트웨어, 즉 파일시스템, 운영체제 등과의 인터페이스도 중요한 것이기는 하지만, 인터페이스 방식이 어느 정도는 미리 정해져있고, 또한 그다지 복잡하지는 않기 때문에, 외부설계는 이러한 외부환경 중에서도 특히 변화요인이 많은 사용자와의 인터페이스에 중점을 둔다. 따라서 여기에서는 외부설계를 사용자 인터페이스의 설계로 간주한다. 사용자 인터페이스는 사용자와 소프트웨어 사이에 대화가 설정되는 장치로서, 소프트웨어 중에서 사용자에게 직접 보이는 부분, 사용자에게 직접 보이지는 않지만 사용자의 사용용이성, 안전성 및 생산성에 영향을 미치는 부분을 말한다.

사용자 인터페이스는 소프트웨어를 이용하여 문제를 해결하고자 하는 경우에 사용자가 소프트웨어와 접하는 부분이기 때문에, 사용자가 쉽게 배울 수 있고, 쉽게 사용할 수 있으며, 사용자를 혼동시키지 않아야 하며, 사용자의 실수를 관대히 용서하여, 사용자가 자연스러운 리듬을 타고 소프트웨어와 상호 작용할 수 있는 편리성을 제공할 수 있어야 한다. 사용자는 소프트웨어의 기능성에 관심이 있는 것이 아니라, 소프트웨어가 얼마나 사용하기 편리한가라는 사용성에 관심을 가진다. 이러한 이유로 인터페이스 설계과정에서는 사용자에 대한 여러 가지 사항을 조사해야 한다. 우선은 사용자의 경험과 지식 배경을 조사해야 한다. 경험이 많은 사용자와 경험이 적은 사용자, 지식이 많고 적은 사용자에 따라 인터페이스가 갖는 성질이 달라져야 하며, 자주 사용하는 사용자와 그렇지 않고 가끔 사용하는 사용자에 따라 인터페이스의 성질이 달라야 한다. 다음은 사용자의 심리를 파악해야한다. 사용자가 선호하는 형태와 싫어하는 형태, 오류가 발생하기 쉬운 요소 등을 고려해야 하기 때문이다.

인터페이스 설계의 전형적 산출물은 파일 정의, 시스템 서비스 호출에 대한 구문, 하드웨어 명세, 조작적 절차의 기술, 명령어 정의, 메뉴 구조, 화면 배치 등이다. 또한 키보드 템플릿, 모형 터미널, 다른 인터페이스 장치 등도 생성할 수 있으며, 사용자가 제품을 사용하는 동안에 발생하는 오류의 분류 리스트, 오류 메시지, 오류에서의 회복 절차, 도움말 정보 및 제공수단 등도 포함된다.

6.1.1 사용자 및 과업에 대한 조사

인터페이스의 설계에 앞서서, 사용자 또는 소프트웨어의 과업에 대한 자료를 조사하고, 이를 바탕으로 인터페이스를 설계해야만 좋은 인터페이스를 제공할 수 있다.

(1) 사용자의 특성에 대한 조사

사용자가 누구인가? 사용자의 심리적 특성은 무엇인가? 사용자가 새로운 컴퓨터기반 시스템과의 상호작용을 어떻게 배우는가? 사용자는 시스템이 제공한 정보를 어떻게 해석하는가? 사용자가 시스템에게 기대할 것이 무엇인가? 사용자의 경험과 배경은 어느 정도인가? 등에 대해서 조사한다.

우선은 사용자들의 지각작용에 대해서 조사해야 한다. 사용자들은 보통 시각적, 촉각적,

청각적 감각기관을 사용하여 정보를 받아들인다. 하지만 현재의 컴퓨터 기술로 볼 때, 시각적인 경우가 대부분이다. 이때에는 눈과 두뇌가 함께 작용하여 시각적인 정보를 받아들이고 해석을 하게 된다. 즉 시각적 통신을 하게 되는데, 크기, 모양, 색깔, 위치와 방향, 이동 등의 특성에 기반하여 정보를 받아들이고 해석하게 된다. 따라서 문장의 크기, 자형, 문장 길이, 대소문자, 위치, 색깔 등이 사용자의 지각활동에 영향을 미친다.

인터페이스로부터 얻은 정보는 나중에 꺼내어 사용할 수 있도록 저장을 하게 된다. 그리고 명령어 조작 순서, 오류상황 등의 지식도 저장을 하였다가 필요한 때에 꺼내어 사용하게 된다. 시각적, 촉각적, 청각적인 감각적 입력은 버퍼에 놓여지고, 즉시 재사용하기 위해서 단기 기억장소에 저장된다. 이 때 버퍼의 크기와 재사용이 일어날 수 있는 지속기간에는 제한이 있다. 한편 우리가 배우는 지식, 명령어에 대한 구문 및 의미론 등은 장기 기억장소에 저장되며, 필요에 따라 꺼내어 사용하게 된다. 하지만 장기 기억장소에 있는 정보를 꺼내는 시간은 단기 기억장소에 있는 것에 비해 많은 시간이 소요된다. 따라서 단기 기억장소에 기억될 내용과 장기 기억장소에 저장될 내용을 조사하여야 한다.

문제가 발생하였을 때 대부분의 사용자는 연역 또는 귀납적 방법을 사용하여 추론하기보다는, 이전에 경험했던 유사한 경우를 이용하여 문제를 해결하려 한다. 따라서 다른 또는 이전의 인터페이스와 유사하게 사용될 수 있는 부분을 조사해야 한다.

각 사용자에 따라 숙련의 정도가 다르고, 개성이 다르며, 어떤 사건에 대한 행위가 다르다. 이러한 특성에 따라 지각작용 및 경험적 지식의 적용 등에서 차이가 발생하므로 각 사용자에 대한 숙련정도, 개성, 행위적 특성을 조사해야 한다. 사용자의 지식을 말할 때, 일반적인 지식보다는 문맥 또는 영역에 관련된 지식에 초점을 두어야 한다. 예를 들면, 똑같은 소프트웨어에 대한 인터페이스라도 일반적인 지식은 부족하지만 컴퓨터에 능숙한 프로그래머에 대한 것과 일반적인 지식이 많지만 컴퓨터에 능숙하지 못한 변호사에 대한 것이 달라야 한다.

(2) 작업에 대한 조사

소프트웨어 사용자가 수행하는 작업에 대해서도 조사하여야 한다. 사용자가 소프트웨어를 이용하여 수행할 작업은 무엇인가? 사용자가 얼마나 자주 이러한 작업을 수행할 것인가? 작업이 얼마나 중요한가? 등에 대해서 조사가 이루어져야 한다. 문제 해결을 전산화하는 것은 작업을 보다 훌륭하게, 신속하게, 효율적으로, 저렴하게 수행하기 위함이다. 그러나 작업을 수행하는 방법에 있어서는 수작업 또는 이전의 반자동 작업과 새로운 방법이 크게 차이가 나서는 안 된다. 작업의 조사방법은 사용자가 현재 수작업 또는 반자동으로 수행하는 작업을 조사하거나 요구명세서의 내용을 조사하여 사용자의 작업들을 찾아낸다.

자주 수행되는 작업은 수행하기 쉽도록 해야 하며, 가끔 수행되는 작업은 수행과정을 쉽게 기억할 수 있도록 하거나 수행과정을 지원할 수 있도록 해야 한다. 중요한 작업은 결함을 견딜 수 있도록 해야 하며, 복잡하고 긴 작업은 관리가 가능한 작은 작업들로 분할하여 수행될 수 있도록 해야 한다.

6.1.2 인터페이스에 대한 사용자의 심리적 요구

사용자가 인터페이스에 대해 [표 6.1]과 같은 심리적 요구사항을 가진다. 객체에 대한 어떤 행위를 하고자 할 때는, 이러한 객체를 화면상에 나타내고, 객체에 대한 행위도 화면상에 나타나도록 한다. 이와 같은 방식은 실세계에서의 처리와 유사하므로 직접조작이라 한다. 이러한 방식을 이용하면, 사용자는 실세계에서 하던 방식대로 처리하면 되므로, 혼동되거나, 잘못 이해하거나 혹은 잘못을 저지를 가능성이 줄어들게 된다.

[표 6.1] 인터페이스에 대한 요구

(1)	사용자들은 객체를 직접, 자연스러운 방식으로 다루길 원한다.
(2)	대화 방식으로 언어를 사용하려고 한다.
(3)	가능한 한 단기 기억 내용으로 작업하려 한다. 즉, 특별히 어떤 내용을 기억해내지 않고, 현재 떠오르는 생각만으로 처리하려 한다.
(4)	상호작용하는 인터페이스와 지속기간을 제어하길 바란다.
(5)	긴 업무를 처리하기 쉬운 단위로 나누길 원한다.
(6)	최종 행위를 하기 전에 시험해보고 싶어한다.

(7)	적절하다고 생각되는 동안만 기다리려고 한다.
(8)	객체, 프로세스, 생각들을 논리적 그룹으로 조직하려 한다.
(9)	문맥 속에서 비교에 의해 값을 판단하려 한다.
(10)	반응시간을 제어하거나, 최소한 예측하려 한다.
(11)	일관성 있고, 합리적인 환경이기를 바란다.

사용자들은 일방적으로 컴퓨터에 명령을 하거나, 컴퓨터로부터 요청하는 대로만 입력을 하는 형태를 싫어한다. 이러한 것보다는 사용자가 컴퓨터에 명령을 하면, 컴퓨터가 그 명령을 해석하여 실행하고, 실행도중에 컴퓨터가 사용자에게서 얻어야할 정보는 메시지를 보내어 입력을 받아들이는, 상호 대화적인 방식으로 일을 처리할 수 있기를 바란다. 사용자가 컴퓨터에게 명령을 내리는 경우에, 명령어로서 자연어를 사용한다면 명령어를 배우지 않아도 되고, 복잡한 명령도 내릴 수 있는 장점이 있으나, 자연어가 갖는 모호성 때문에 문제가 된다. 현재의 하드웨어/소프트웨어 기술로는 준 자연어, 혹은 정형언어를 이용할 수밖에 없는 형편이다.

사람의 기억구조는 단기 기억과 장기 기억으로 구분되며 장기 기억장소에 저장된 정보는 단기 기억장소에 기억된 정보를 꺼낼 때보다 15배 이상 시간이 걸린다. 그러므로 인터페이스는 꼭 필요한 경우가 아니면 장기 기억장소의 정보를 사용하지 않고, 단기 기억장소에 있는 내용만을 가지고 작업을 처리할 수 있도록 해야 한다. 단기 기억장소에는 한꺼번에 7개 이상의 항목이 들어갈 수 없으며, 기억되는 시간도 2초 이내이다. 따라서 인터페이스는 바로 전에 처리한 정보와 연관된 것은 다음에 처리할 수 있도록 하는 형태를 취해야 한다.

사용자들은 한꺼번에 큰 작업을 처리하려고 하지 않는다. 부작업들로 나누어서 처리하는 시간이 한꺼번에 처리하는 것보다 시간이 더 걸릴지라도, 관리 가능한 부작업 단위로 나누어서 처리하기를 원한다. 즉 하나의 부작업을 처리하고는 잠시 쉬었다가 다음 부작업에 대한 의사결정을 하고 난 다음에 다음 부작업으로 진행하기를 원한다. 이에 따라, 인터페이스는 미숙한 사용자를 위해 큰 작업을 작은 작업 단위로 부작업을 분할하여 처리할 수 있도록 지원하여야 하며, 능숙한 사용자를 위해 부작업들을 모아 한꺼번에 처리할 수 있는 기능도 제공할 수 있어야 한다.

사용자들에게 소프트웨어의 요구에 대해 지나치게 빨리 반응하도록 해서는 안 된다. 이런 경우에는 오류의 발생 가능성이 매우 높아지게 된다. 물론 오류의 수정이 용이한 경우라면 문제가 심각하지 않지만, 오류의 수정이 어렵고 그 영향이 큰 경우에는 사용자가 충분히 생각하여 의사결정을 할 수 있는 시간을 주어야 한다. 메시지, 메뉴, 화면, 재확인에서의 피드백 정보도 또한 적당한 양, 적당한 시간 내에 처리되어야 한다. 능숙한 사용자에게는 가능한 한 빠른 시간 내에 정보가 나타나야 하지만, 미숙한 사용자에게는 시간은 지체되어도 자세한 정보가 나타나야 하는 것이다.

사용자들은 새로운 시스템을 배우는데 있어서, 시험을 통해서 배우는 것을 좋아한다. 즉, 한 번 시도해 보고 틀렸으면, 다른 방식으로 시도해 보는 방식으로 시스템을 배운다. 따라서 인터페이스의 기능 중에는 이전의 명령에 대한 취소, 재시도 명령 및 이전의 상태로 돌아갈 수 있는 명령이 준비되어야 한다. 사용자는 자신의 행위에 대한 시스템의 반응을 어느 정도까지는 기다리지만, 적당하다고 생각하는 시간 이상은 기다리려고 하지 않는다. 어떤 작업에 대해서도, 사용자가 적당하다는 시간이 있게 마련인데, 가능하면 이 시간 내에 반응을 나타내어야 되고, 그렇지 못할 때에는 '작업이 조금 길어집니다. 조금만 기다려 주십시오!', 또는 '이 작업은 약 몇 분이 소요될 것입니다!'등의 메시지를 출력하여, 사용자로 하여금 시스템이 잘못된 것이 아니고 작업을 처리하고 있다는 것을 확신시켜 주어야 한다. 그렇지 않으면, 사용자는 시스템이 잘못되는 것으로 오인하여 불필요한 저장, 재부팅 등을 할 것이다.

조직은 우리가 처리할 수 있는 정보보다 더 많은 것을 다룰 수 있도록 하는데, 보통은 개별적 항목이나 정보를 논리적으로 모아 집단화하고, 집단이름을 붙여서 사용한다. 예를 들어, [그림 6.2(a)]를 보자. 이 정보를 한 번 보고 기억해낼 수 있기란 여간 힘들지 않다. 그러나 이것을 [그림 6.2(b)]와 같이 조직했을 때와 [그림 6.2(c)], [그림 6.2(d)]와 같이 조직했을 때를 생각해 보라. 특히, [그림 6.2(d)]와 같이 조직되었을 때, 대한민국 사람이라면 누구나 쉽게 기억할 수 있을 것이다. 반대로 [그림 6.2(d)]를 기억한다면, 이어서 [그림 6.2(a)]를 복원하는 것은 아주 간단한 일이다. 이와 같은 것은 소프트웨어 공학에서 자주 사용하는 추상화 개념의 필수적인 것이다.

000001100100010101000011011001010000									(a)
0000	0110	0100	0101	0100	0011	0110	0101	0000	(b)
0	6	4	5	4	3	6	5	0	(c)
				064 - 54 - 3650					(d)

[그림 6.2] 정보의 조직과 이해

어떤 수치가 크냐? 작으냐? 하는 문제는 해당되는 문맥상에 놓이기 전에는 분명하지 않다. 가령 체중 '70킬로그램'이 많이 나가느냐? 적게 나가느냐? 는 단적으로 말할 수 없다. 그 집단에 소속된 사람들 대부분의 체중이 '50킬로그램'전후라고 한다면 '70킬로그램'의 체중은 많이 나가는 것이 될 것이고, 반대로 대부분의 사람들의 체중이 '77킬로그램'전후라고 한다면 적게 나가는 것이다. 따라서 어떠한 수치는 전체적인 문맥에서 보기 전에는 그 대소를 말할 수 없다.

각 사용자들은 자신들이 시스템을 제어하기를 바라며, 자신의 행위에 대한 시스템의 반응을 정확하게 예측할 수 있기를 바란다. 시스템이 자신이 하고자 하는 대로 따라주지 않으면, 사용자들은 당혹감을 보이고 그 시스템을 배척하려 한다. 그리고 시스템의 반응이 자신이 생각한 것과 같지 않을 때, 사용자들은 당황하게 되고, 시스템을 믿지 못하게 된다. 시스템에 대한 사용자의 불신은 여러 가지 비효율적인 행위를 초래하게 된다. 불필요한 백업, 재부팅, 작업의 종료 또는 명령에 대한 반감을 가지게 된다. 인터페이스의 일관성 및 합리성은 사용자의 생산성에 상당한 영향을 미친다. 또한 인터페이스는 사용자가 생각하는 것과 너무 동떨어져서는 안 된다. 사용자의 생각과 차이가 있을 때는 그만한 합리적인 이유가 있어야만 사용자가 수긍을 하여 불편을 초래하지 않을 것이다.

6.2 인터페이스 설계 원리

인터페이스는 사용자가 문제를 해결하는 과정에서 접하는 부분으로 사용자가 볼 수 있는 것은 인터페이스뿐이다. 인터페이스 설계는 사용자 또는 사용자가 수행하는 작업에 중점을 두어서 설계되어야 한다. 이전의 인터페이스 설계는 소프트웨어 공학인 중심의 설계 경향이 있어 구현하기 쉬운 방식으로 설계되었다. 이 때문에 소프트웨어 사용자는 금방 싫증을 내게 되고, 오류가 많이 또 자주 발생하게 되어 생산성이 저하되었다. 따라서 기술적인 문제에 대해 신경을 쓰는 것에 못지않게 사용자 및 작업에 대해 많은 신경을 써야 한다.

인터페이스 설계 원리는 [표 6.2]에 보이고 있다.

[표 6.2] 인터페이스 설계의 원리

(1)	사용자의 심리적 요구를 충족시켜야 한다.
(2)	개별 사용자의 능력에 맞추어야 한다.
(3)	일관성이 있어야 한다.
(4)	사용자가 생각하는 모습과 닮아야 한다.
(5)	사용자가 편하게 사용할 수 있어야 한다.
(6)	반응시간이 적절해야 하며, 편차가 적어야 한다.
(7)	오류를 적절히 처리할 수 있어야 한다.
(8)	도움말의 기능이 갖추어져야 한다.

첫째, 사용자의 심리적 요구사항을 만족시켜야 한다. 사용자는 인터페이스에 대해서 여러 가지 심리적 요구사항을 가지게 되는데, 인터페이스는 가능한 한 많은 부분을 충족시킬 수 있어야 한다.

둘째, 개별 사용자의 능력, 숙련정도, 지식에 맞춘 인터페이스를 설계해야 한다. 소프트웨어를 사용자에게 맞추어야지 사용자를 소프트웨어에 맞추도록 해서는 안 된다. 사용자들 중에는 시스템에 대한 지식이 많고 자주 시스템을 접하는 사람에서부터 지식은 많으나 가끔 시스템을 접하는 사람, 경험과 지식이 부족한 사람 등 여러 가지 유형의 사용자가 있다. 훌륭한 인터페이스라면 이러한 사용자 각자에 맞도록 지원할 수 있어야 한다.

- 경험이 부족한 사용자에게는 인터페이스가 용이하고, 단순해야 하며, 배우기 또한 쉬어야 한다.
- 가끔 시스템을 접하는 사용자는 인터페이스를 사용하는 구문을 생각해 내야 하는 경우가 많기 때문에, 이에 대한 적절한 도움을 줄 수 있어야 한다.
- 경험이 많은 사용자에게는 사용하기는 복잡해도 응답이 빠르고, 융통성이 뛰어난 인터페이스를 제공해야 한다.
- 지식이 부족한 사용자에게는 어려운 전문용어보다는 쉬운 용어를 사용하도록 해야 한다.

인터페이스를 모든 사용자의 수준에 맞출 수는 없지만, 많은 사용자가 만족할 수 있도록 설계되어야 하며, 특히 사용자 집단의 대표적인 사용자들의 수준에 맞추도록 하여야 한다.

셋째, 인터페이스는 일관성이 있어야 한다. 즉, 여러 가지 환경 하에서 유사한 동작을 하는 경우에는 인터페이스가 제공하는 형태, 매개변수의 순서, 개수 등이 동일해야 하며, 동일한 명령어가 다른 환경에서 다른 의미를 갖도록 하는 것은 좋지 않다. 이것은 사용자의 부주의 또는 습관으로 인해서 오류의 발생빈도가 높아지며, 사용자가 의미해석상의 혼란을 초래할 수 있다. 반면에 일관된 인터페이스의 경우는 사용자가 유추학습이 가능한 장점도 있다. 더 나아가 인터페이스를 표준화시키면, 개발자에게는 기존의 인터페이스 모듈들을 재사용하여 효율적으로 인터페이스를 개발할 수 있으며, 사용자는 익숙한 인터페이스를 사용함으로써 문제 해결에서의 생산성을 향상시킬 수 있는 장점이 있다.

넷째, 업무를 전산화하는 것은 지금까지 수작업 또는 반자동으로 처리해 오던 것을 보다 효율적으로 처리하기 위함이다. 그러나 사용자가 이제까지 해오던 작업 방식을 모두 버리고 새로운 방식으로 처리해야 된다면 많은 혼란과 저항감이 발생한다. 따라서 인터페이스는 사용자가 지금까지 해오던 작업 방식과 유사해야 하며, 항상 사용자가 소프트웨어에 대해서 생각하는 작업 방식과 소프트웨어가 실제로 처리하는 작업 방식이 유사할 수 있도록 인터페이스를 설계해야 한다.

다섯째, 시각적 통신을 함에 있어서 사용자들은 문서의 크기, 자형 등에 따라 정보를 받아들이고 해석하는데 차이를 보인다. 그렇기 때문에 사용자들이 받아들이기 쉬운 문서의 크기, 길이, 사용하는 자형, 밝게 하기, 깜박이 등을 제공할 수 있도록 해야 한다. 또한 가능하면 사용되는 명령어의 개수를 줄이도록 하고, 매개변수 및 선택 사양의 수도 줄여서 인터페이스를 단순하도록 하여야 한다.

여섯째, 사용자가 생각하는 적절한 시간 내에 소프트웨어는 반응하여야 한다. 이것이 충족되지 않으면 사용자는 당황하고, 불안스러워 하며, 불필요한 반응을 보이게 된다. 또한 반응시간에서의 편차가 적어야 한다. 어떠한 행위에 대한 반응시간이 다른 것에 대한 반응시간보다 길어지면 사용자가 생각하는 적절한 시간에 대한 부정적 반응이 나타난다.

일곱째, 사용자는 잘못을 쉽게 저지른다. 이것은 지식의 부족, 부주의 또는 습관에 의한 것인데 인터페이스는 이러한 잘못을 충분히 예견하고 적절한 처리를 제공할 수 있어야 한다. 또한 오류에 대한 메시지를 적절하게 구성하여 사용자에게 제공할 수 있어야 한다.

여덟째, 인터페이스는 내장된 '도움말'기능을 가져야 한다. 사용자는 업무를 수행하기 위한 정보를 충분히 받아야 하는데, 바로 '도움말'기능이 이와 같은 측면을 지원한다. 이 경우에도 사용자의 경험과 지식에 따라 '도움말'의 표현과 범위가 조절될 수 있어야 한다.

6.3 인터페이스 설계 과정

인터페이스의 설계는 복잡하면서도 충분히 이해되지 않는 부품, 즉 사용자에 대한 것이기 때문에 조심스러운 명세와 설계만으로는 적절하지 않다. 또한 사용자의 심리 및 요구는 다른 어떤 것보다 변화가 많기 때문에, 인터페이스의 설계는 반복적인 절차가 필요하다. 따라서 인터페이스의 설계는 소프트웨어의 내부설계와 분리하는 것이 좋다. 그래야 인터페이스 부분에서의 변화를 다른 부분에는 영향을 미치지 않으면서 쉽게 처리할 수 있다. 인터페이스의 이러한 특성 때문에 인터페이스의 설계는 단일 설계자 또는 단일 설계팀이 담당하는 것이 좋다.

인터페이스는 소프트웨어의 다른 모듈들과 독립된 모듈로 존재하는 것이 좋다. 즉, [그림 6.3(a)]와 같은 형태의 인터페이스는 좋지 않다. 왜냐하면, 인터페이스의 설계가 다른 소프트웨어 모듈들의 설계 속에 포함되어 있어, 그 모듈에 변화가 생길 때 인터페이스에도 영향을 미칠 가능성이 높기 때문이다. 또한 인터페이스에 변화가 생기면 소프트웨어 모듈에도 영향을 미치게 된다. [그림 6.3(b)]와 같은 형태의 인터페이스가 바람직하다. 이 인터페이스는 다른 소프트웨어 모듈들과 독립되어 있어서 인터페이스 상에서의 변화가 소프트웨어 모듈에 별 영향을 미치지 않기 때문이다. 입력자료는 사용자에서 인터페이스로, 인터페이스에서 소프트웨어 내부로, 출력자료는 소프트웨어 내부에서 인터페이스로, 인터페이스에서 사용자로 흐르는 방식이 좋다.

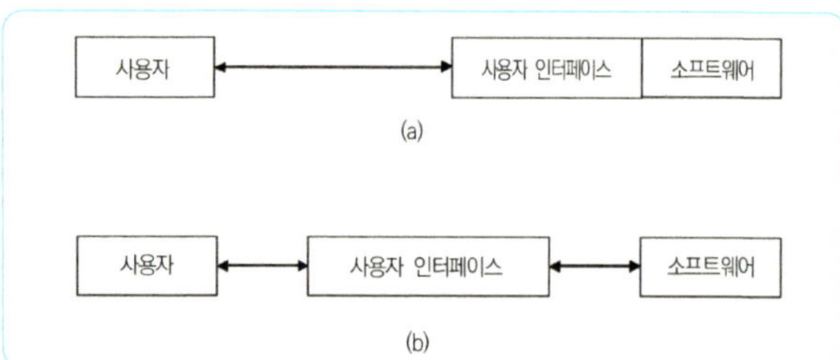

[그림 6.3] 사용자 인터페이스 형태

인터페이스는 사용자를 중심으로 설계되어야 하는데 사용자의 심리 및 능력들에 대한 가정이 잘못되었을 때, 이를 기반으로 한 인터페이스는 사용자에게 실망을 안겨주며, 오류의 발생가능성이 높아져서 사용되기가 어렵다. 따라서 다른 부품의 개발과정과는 달리 인터페이스의 설계 만큼은 프로토타이핑(prototyping) 기법을 사용하는 것이 좋으며, 현재까지는 인터페이스의 설계의 유일한 방법이라고 할 수 있다. [그림 6.4]는 인터페이스의 설계 및 평가과정을 나타낸 것이다.

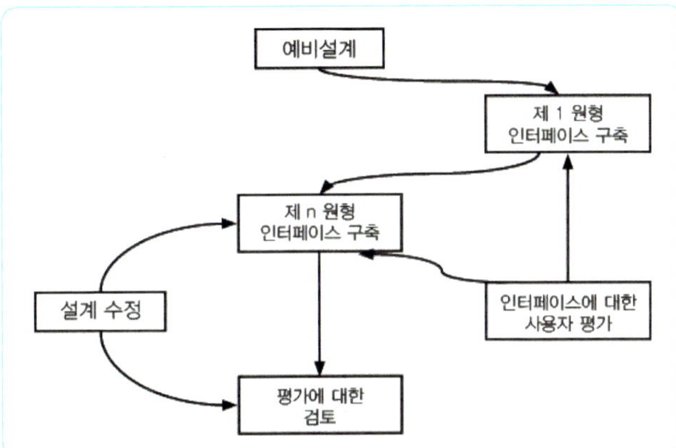

[그림 6.4] 인터페이스 설계 및 평가

예비설계가 완료된 후 첫 단계의 원형(프로토타입)이 생성된다. 사용자가 원형에 대해서 자신이 원하는 것인지를 평가하고 그 의견을 개발자에게 제출한다. 이때의 사용자는 개발자가 임의로 추출한 사용자일 수도 있고, 실제로 개발되는 시스템을 사용할 사용자 대표일 수도 있다. 원형의 평가에 있어서도 직접 사용자들이 사용 의견을 수집하는 것 이외에 설문지 등을 이용하는 정형적 평가 방법이 있다. 질적인 자료를 얻기 위해서 설문지를 사용하게 되는데, 여기에는 단순한 예/아니오 응답, 수치적 응답, 주관적인 등급 반응 등을 사용한다. 예를 들면, 다음과 같다.

- 명령어가 기억하기 쉬운가? (예/아니오)
- 얼마나 많은 명령어를 사용했는가? (수치)
- 시스템의 기본적인 조작을 배우는데 얼마나 쉬웠는가? (1~5까지)
- 사용해봤던 다른 인터페이스에 비해서 이 인터페이스에 등급을 매긴다면?

(상위 1%, 상위 10%, 상위 25%, 상위 50%, 하위 50%)

양적인 자료를 얻기 위해서는 보통 시간 연구분석을 수행하게 된다. 사용자가 원형 인터페이스와 상호 작용하는 동안에 표준시간 내에 사용자가 정확하게 완료한 작업의 수, 명령어 사용 빈도, 명령어의 순서, 표시된 내용을 살펴보는 시간, 오류의 개수, 오류의 형태, 오류회복 시간, 도움말을 사용하는 시간, 표준시간 동안 도움말을 요청하는 횟수 등의 자료를 수집한다.

사용자가 제출한 의견 및 설문지 등을 통한 자료를 분석하여 다음 단계의 원형 인터페이스를 작성한다. 더 이상 수정할 것이 없을 때까지 이와 같은 과정을 반복하여 인터페이스 설계를 마무리한다.

6.4 인터페이스 양식

사용자가 소프트웨어와 접하는 방식도 하드웨어 및 소프트웨어 기술이 발전함에 따라 변화되어 왔다. 컴퓨터의 초기 단계에서는 명령어 방식만이 가능하였으나, 현재는 다중 윈도우 및 후면 작업(background task)을 처리할 수 있는 인터페이스를 선호하고 있다.

6.4.1 명령어 방식

이것은 소프트웨어 시스템과 사용자 사이에 약속된 명령어를 사용하도록 하는 방식이다. 명령어는 자연어에 가까운데, 보통은 원하는 기능을 표현하는 키워드(동사)와 선택사양(option : 매개변수, 신호를 위한 플래그(flag))으로 구성된다. 이러한 명령어 방식은 컴파일러의 기법을 이용하여, 사용자가 입력한 명령을 해석하고 실행한다. 명령어 방식의 장 · 단점은 다음과 같다.

장점

- 인터페이스가 단순하고 저렴한 영 · 숫자 디스플레이(display)로 구현될 수 있다. : 대부분의 직접조작 방식에서는 아이콘을 위한 그래픽 장치와 위치지정 장치가 필요하게 되어 구현이 복잡하고 비용이 많이 든다.
- 명령어 처리기를 저렴하게 만들 수 있다. : 다른 방식은 구현이 복잡하여 많은 비용이 소요되지만, 명령어 처리는 기존의 컴파일러 기법을 잘 이용할 수 있다.
- 명령어 프로그램이 가능하다. : 개별 명령어들을 결합하여, 여러 가지의 기능을 한 줄에 표현할 수 있으며, 명령어들을 묶어서 매크로로 표현할 수 있기 때문에 상황에 따른 융통성이 뛰어나다. 경험이 있는 사용자에게 아주 유용하다.
- 명령어 압축으로 인한 이득이 있다. : 자주 사용하는 명령어에 대해서는 단일 키 또는 몇 개의 키로 처리할 수 있다.

단점

- 사용자는 명령어를 배워야 한다. : 사용자가 명령어를 사용하는 구문규칙을 배우고 기억해야만 한다. 하지만 어떤 명령의 경우는 선택사양이 많아 아주 복잡하여 기억하기 어려우며, 전체의 명령어 중 사용자가 자주 사용하는 것은 20%밖에 되지 않으므로 노력의 낭비가 발생할 수 있다.
- 다른 방식에 비해 오류발생 가능성이 크다. : 자연어 명령은 자연어가 가지는 모호성 때문에 사용되기 어렵고, 준 자연어인 경우는 인공적이기 때문에 자연스럽지 못하다. 따라서 사용자가 조금만 부주의해도 오류가 발생하고, 오류발생의 탐지와 오류회복에 낭비가 많다.
- 키보드만이 가능하다. : 대부분의 사용자들은 키보드에 익숙하지 못해서 조작의 어려움이 있다.

이외에도 명령어 방식에서 고려되어야 할 사항들은 많다.

첫째, 조합 가능한 명령어들을 선정하고 조합 규칙을 정해야 한다. 명령어들을 조합하여 여러 명령을 한 줄에 처리할 수 있는 것이 경험이 있는 사용자에는 바람직한 일이지만, 이러한 것을 지원하기 위해서는 많은 노력이 요구된다.

둘째, 명령어에 대해 적절한 이름을 붙여야 한다. 명령어는 그 자체로서 분명한 의미를 가져야 하고, 전 시스템에 걸쳐서 일관되게 사용되어야 한다. 또한 사용자의 편의를 위해 동의어를 준비해야 한다. 사용자 각자가 선호하는 이름이 다르기 때문에 사용자에 따른 명령어 조정이 가능하도록 하는 것이 좋다.

셋째, 사용자의 경험에 따라 명령어를 조정할 수 있어야 한다. 익숙한 사용자는 명령어의 압축, 기능키 또는 제어키, 쉬프트키와 동시에 사용하는 등의 지원을 할 수 있어야 한다. 또한 조건에 따른 명령을 사용할 수 있도록 지원해야 한다.

넷째, 명령어 사용에 대한 '도움말'을 재고하여야 한다. 명령어 방식은 다른 방식과 달리, 장기기억의 내용을 바탕으로 한다. 따라서, 사용자가 원하는 정보를 '도움말'의 형식으로 제공할 수 있어야 한다.

6.4.2 단순 메뉴 방식

메뉴 방식의 인터페이스는 [그림 6.5]와 같이 시스템이 제공하는 여러 가능성 중에서 사용자가 원하는 기능을 선택하는 방식이다. 메뉴의 한 항목을 선택하는데는 여러 가지 방법이 있다. 즉, 항목의 첫 자를 치는 것, 제어키를 사용하는 것, 키보드를 이용하여 원하는 항목으로 커서 이동하여 선택하는 것 등이다.

```
CATAEGU                   [학 사 행 정]                    2002/07/24
              1. 교무처 업무             11. 출강부확인
              2. 학생처 업무             12. 동창회관리
              3. 사무처 업무
              4. 기획처 업무
              5. 연구정보처 업무

              6. 단과대학/학과 업무
              7. 대학원 업무
              8. 교수정보
              9. 학생정보(학부)
             10. 학생정보(대학원)

  선택⇒8
 ----------------------------------------------------------------
  F4) 종료   F11) 업무목록   F12) 초기화면
```

[그림 6.5] 단순 메뉴 방식

이러한 단순 메뉴 방식의 인터페이스의 장 · 단점은 다음과 같다.

장점

- 사용자는 개별 명령어의 이름을 알 필요가 없다. 필요한 명령들이 메뉴상에 나타나기 때문에, 사용자는 필요한 항목을 선택하기만 하면 된다. 따라서 배우기 쉽고 사용하기 쉽다.
- 키보드를 치는 노력이 최소화된다. 사용자는 메뉴상의 항목을 단일 키 또는 커서를 이용하여 선택하면 된다.
- 사용자가 오류를 범할 가능성이 희소하다. 사용자는 메뉴상의 항목을 선택하는 일 이외에는 다른 방법이 없으므로 오류의 여지가 없으며, 항목선택의 잘못은 시스템에 의해서 받아들여지지 않는다.
- 문맥인식(context-sensitive) 도움말이 가능하다. 현재의 문맥에 따라 필요한 정보를 제공할 수 있다.

단점

- 어떤 선택에는 논리적 연결이 필요하여, 메뉴방식으로 처리할 수 없다. 메뉴항목의 두 가지 이상을 조합해야 하는 경우, 시스템이 그러한 기능을 제공하지 않는 한 불가능하다.
- 한 메뉴의 항목이 많아지면 이를 효율적으로 조직해야만 한다. 메뉴에는 하나 이상의 항목이 들어가는데, 지나치게 많으면 사용자에게 혼란을 야기한다. 항목은 최대 8개로 하는 것이 좋다.
- 경험이 있는 사용자에게 있어서, 메뉴방식은 명령어 방식보다 늦다. 메뉴방식은 화면상에 메뉴가 나타날 때까지 기다리고, 나타난 항목을 살펴본 후에 원하는 항목을 선택해야 한다.

하나의 메뉴에 8개 이상의 항목이 들어가는 것은 바람직하지 못한데, 이것은 사용자의 단기 기억 능력 때문이다. 단기 기억은 지금 현재 생각하는 것들을 포함하며, 8개 이내의 항목을 저장하며 2초 이내 동안 저장된다. 사용자들은 단기 기억의 내용을 가지고 작업을 진행하기를 원한다. 따라서 메뉴의 항목이 지나치게 많은 것은 바람직하지 못하며, 이때에는 메뉴 항목들을 조직화해야 하며, 메뉴의 연속은 이전 것과 관련된 것으로 한정해야 단기 기억의 조건을 충족하게 된다. 한편 조직은 보통 트리 구조인데, 깊이가 깊고 넓이가 넓을 때에는 현재의 위치를 알려줄 수 있는 메뉴 맵(map)이 필요하다.

6.4.3 제 3세대 인터페이스

WIMP(Windows, Icons, Menus and Pointing)를 가지는 인터페이스이다. 이것은 다중 윈

도우 시스템에 의해서 처리되는 객체 또는 처리 그 자체를 나타내는 아이콘, 풀다운 또는 팝업 메뉴, 마우스 등의 위치지정 장치 등을 가진다. 풀다운 메뉴는 메뉴의 표제가 항상 화면에 나타나고, 이들 중 어느 하나를 선택하면 그에 해당되는 메뉴가 나타나는 시스템이다. 한편 팝업 메뉴는 사용자가 메뉴표시 요청을 하면 현재 커서가 있는 위치에 메뉴가 나타나고, 선택이 완료되면 메뉴가 사라진다. [그림 6.6]은 3세대 인터페이스의 예이다. 이 중에는 다중 윈도우와 아이콘, 풀다운/팝업 메뉴가 모두 들어 있다.

[그림 6.6] WIMP 인터페이스

이러한 인터페이스의 장 · 단점은 다음과 같다.

장점

- 다른 유형의 정보를 동시에 화면에 나타내고, 사용자로 하여금 다른 작업과의 시각적 연결을 유지하면서 문맥을 전환할 수 있도록 한다. 즉, 화면 편집 윈도우에서 원시코드를 작성하다가, 다른 윈도우로 가서 이전에 실행했던 프로그램의 결과를 확인하든지, 아니면 또 다른 윈도우로 가서 데이터베이스에서 자료를 검색할 수 있다. 이 때, 원래의 윈도우인 화면 편집 윈도우의 내용이 화면에서 제거되지 않고 남아있기 때문에, 원하면 다시 그 윈도우로 가서 남은 작업을 계속할 수 있다.
- 여러 가지 작업을 풀다운/팝업 메뉴를 통하여 수행할 수 있다.
- 메뉴방식이 갖는 장점들을 가지며 메뉴 방식보다는 사용자가 훨씬 편리하게 사용할 수 있다.

단점

- 메뉴 방식들이 가지는 단점을 극복하지 못하며, 윈도우 수가 많아지면, 오히려 사용자에게 불편을 초래할 수 있는 문제점도 가지고 있다.
- 구현하기도 단순 메뉴 방식에 비해 복잡하고, 많은 비용이 소요된다.

6.4.4 제 4세대 인터페이스

제 3세대의 모든 속성을 모두 포함하면서, 하이퍼텍스트(Hypertext) 및 다중 태스킹을 지원한다[그림 6.7]. 하이퍼텍스트란 텍스트가 선형이기보다는 계층적으로 조직되어 있는 것을 말하며, 도움말 기능에서 유용하다.

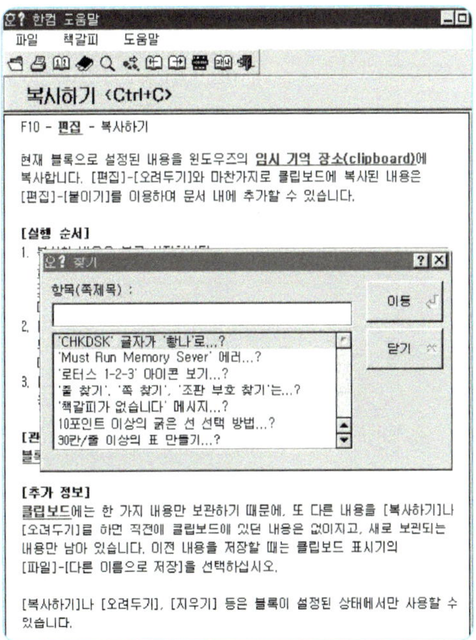

[그림 6.7] 하이퍼텍스트를 지원하는 제 4세대 인터페이스

한편 다중 태스킹은 여러 가지의 작업을 동시에 수행할 수 있는 능력을 말한다. 물론 컴퓨터가 직접 다중 태스킹을 지원할 수는 있으나, 보통은 단일 프로세서에 의해 시분할 방식으로 처리되지만 사용자는 여러 작업들이 동시에 처리되는 것처럼 느끼게 된다. 따라서 사

용자는 한 윈도우에서 작성된 프로그램에 대한 컴파일을 수행하도록 해놓고는, 다른 윈도우로 가서 새로운 프로그램을 작성할 수 있다. 이때의 컴파일 작업은 후면작업(background task)으로 수행된다.

6.4.5 Touch Screen

터치스크린은 화면을 건드려 사용자가 건드린 위치를 찾아내는 화면을 말한다. 이 용어는 일반적으로 손가락이나 손으로 기기의 화면에 접촉하는 것을 가리키는 용어이다.

다시 말해서 터치스크린 패널은 스크린에 사용자가 손가락이나 펜 등으로 화면을 누르거나 접촉하면, 그 위치를 인지하여 시스템에 전달하는 입력장치로서, 스마트폰의 보급에 힘입어 널리 확대되고 있는 기술이다. TSP는 터치패널, 컨트롤러IC, 드라이버SW 등으로 구성되어 있고, 터치패널은 투명전극(Indium Tin Oxide, ITO)이 증착된 상판과 하판(Film 또는 Glass)으로 구성되며, 접촉이 발생하거나 전기적 용량 변화에 따른 신호발생 위치를 파악한다. 기존에는 사용자가 명령어를 직접 입력하거나 주어진 메뉴를 선택함으로써 컴퓨터와 인터페이스를 주고받았으나, 현재는 많은 입력 장치가 터치스크린으로 변화하는 추세이다.

자료 출처 : https://www.inirnc.com:40126/prop/bbs/board.php?bo_table=ini_column&wr_id=20&page=4

[그림 6.8] Touch Screen

6.5 바람직한 인터페이스의 특성

인터페이스를 전체, 입력, 출력 인터페이스로 나누어서, 각 인터페이스가 가져야 할 특성에 대해서 이야기한다. 언급되는 내용은 성질상 인터페이스 설계 원리와 중복되어 나타나는 것이 많지만, 인터페이스를 다른 각도에서 살펴볼 수 있는 관점을 제공할 것이다.

6.5.1 일반적 특성

다음에 기술되는 인터페이스가 가져야 할 일반적 특징은 입력, 출력 인터페이스가 가져야 할 특성 및 시스템 제어의 특성과 겹쳐진다.

- 일관성이 있어야 한다. 메뉴의 선택, 명령어 입력, 자료 표시등의 인터페이스 상의 모든 기능에 대한 형식이 일관성이 있어야 한다.
- 의미 있는 피드백을 제공해야 한다. 사용자와 인터페이스 사이에 양방향 통신이 설정되어 있음을 확신시키기 위하여, 시각적 또는 청각적 피드백을 사용자에게 제공해야 한다.
- 사소하지 않은 파괴적 행위에 대해서는 재확인할 수 있어야 한다. 만일 사용자가 중요한 파일을 삭제하는 요청 또는 시스템을 종료하는 요청을 할 때는, '… 확실합니까?'등의 이에 대한 확인을 할 수 있어야 한다.
- 대부분의 행위에 대해서 쉽게 취소할 수 있어야 한다. UNDO 또는 REVERSE와 같은 기능을 제공하여, 잘못된 명령을 쉽게 취소할 수 있어야 하며, 이전의 상태로 갈 수 있도록 지원해야 한다.
- 사용자가 하는 행위들 간에 기억하여야 할 정보의 양을 최소화해야 한다. 사용자가 시스템에 대해 어떠한 행위를 요청하는데 있어서, 많은 양의 정보를 알아야 한다면, 그로

인해 단기 기억장소에 저장된 정보를 잃게 될 뿐만 아니라, 정신적으로도 많은 부담을 갖게 된다.

- 대화, 동작 및 사고에 있어서 효율성을 보여야 한다. 키를 치는 횟수 및 양을 최소화하여야 하며, 마우스를 사용할 때도 선택 사이의 거리를 최소화시킬 수 있어야 한다. 그리고 사용자가 작업을 수행하다가 '이것이 의미하는 바가 무엇인가?'라는 상황이 생기지 않도록 해야 한다.
- 실수를 용서할 수 있어야 한다. 사용자의 실수로 인해서 시스템이 실패하는 일이 없도록 예방하여야 한다.
- 행위들을 기능에 의해 분류하고, 화면을 지리적으로 적절하게 조직해야 한다. 한 메뉴에 나타나는 항목들을 유형에 따라 분류하고, 화면에 나타나는 정보들이 유형에 따라 위치하도록 하여 응집력을 높여야 한다.
- 문맥 인식적인 도움말 기능을 제공하여야 한다.
- 명령어에 이름을 붙이는데 있어서 가능하면 단순한 행위동사 또는 짧은 동사구를 사용하여야 한다. 긴 명령어 이름은 인식하기 어렵고, 기억하기 어려우며, 기억해 내기도 어렵다. 또한 긴 명령어는 메뉴 리스트에서 불필요하게 많은 공간을 차지하게 될 것이다.

6.5.2 입력 인터페이스의 특성

사용자가 시스템 내부로 자료 또는 명령어를 입력할 수 있는 입력 인터페이스가 가져야 할 특성은 다음과 같다.

- 사용자에게 요구하는 입력 행위의 횟수를 최소화해야 한다. 특히 사용자가 치는 키의 양을 줄여야 하기 때문에, 가능하면 명령어 방식보다는 메뉴 방식을 사용하도록 해야 하며, 미리 정해진 입력 중에서 마우스로 선택할 수 있도록 지원해야 한다. 적절하게 기능키, 쉬프트 및 제어키를 사용하여 키를 치는 량을 줄인다. 비율 값을 입력할 때에는 슬라이딩 스케일(sliding scale) 방식을 사용하도록 하고, 순차적으로 수행되는 여러

명령들을 매크로화 하여 단일키로 처리할 수 있도록 하여야 한다.

- 정보의 표시와 자료의 입력 사이에 일관성을 유지하여야 한다. 텍스트의 크기, 색깔, 위치 등의 표시에 대한 시각적 특성을 고려하여야 한다.
- 사용자로 하여금 입력을 맞춤화(customize)할 수 있도록 해야 한다. 능숙한 사용자는 명령어에 대한 재명명, 압축키의 사용 등 맞춤화된 명령을 만들어서 사용하는 것을 선호하며, 경고 메시지가 나타나지 않기를 원하며, 행위에 대한 검증을 하지 않기를 바랄 수도 있기 때문에, 이러한 것을 지원할 수 있어야 한다.
- 상호 작용에 융통성이 있어야 하지만, 사용자가 선호하는 입력 모드로 조정될 수 있어야 한다. 사무적인 사용자는 키보드를 통한 입력을 좋아하는 반면에 관리적인 사용자들은 마우스와 같은 입력장치를 선호할 수 있기 때문에, 이러한 것을 지원할 수 있어야 한다. 또한 메뉴항목을 문자키, 마우스, 쉬프트/제어키 등을 사용하여 선택할 수 있도록 지원하여야 한다.
- 현재의 문맥에서 적절치 않은 명령은 활성화되지 않도록 해야 한다. 사용자의 오류를 최대한 방지한다는 의미에서 현재의 문맥에서 적절하지 않은 명령은 선택될 수 없도록 지원해야 한다.
- 사용자로 하여금 상호 작용 흐름을 제어하도록 해야 한다. 사용자로 하여금 불필요한 행위는 건너 뛸 수 있도록 지원해야 하며, 행위를 요청하는 순서도 사용자가 바꿀 수 있도록 하며, 프로그램에서 빠져나가지 않고도 오류에서 회복할 수 있도록 지원해야 한다.
- 모든 입력행위에 연관된 도움말을 제공하여야 한다.
- 시시콜콜한 입력을 회피하여야 한다. 자료를 입력할 때마다, 자료의 단위를 제시하도록 한다든지, 소수이하의 0을 반드시 붙이도록 하는 따위의 방식은 회피해야 한다.
- 적절하게 자료가 입력되는지를 점검해야 한다. 만일 사용자가 숫자를 입력해야 하는 곳에 숫자 이외의 문자를 입력한다면, 화면에 나타내지 않으면서 경고를 할 수 있어야 한다.
- 항목의 선택을 위해서 제어키 또는 쉬프트키와 문자키를 같이 사용할 때 문자키가 어떤 의미를 갖도록 해야 한다. [그림 6.8(a)]는 좋지 않은 방식이며 (b)와 같은 방식이 좋다.

이외에도 사용자가 일정시간 이상 망설일 때, 시스템이 메뉴를 표시하는 방식도 바람직하다.

(a)	(b)
Type A to Delete	Type A to Append
Type B to Append	Type B to change Buffers
Type C to change Buffers	Type C to Copy
Type D to Copy	Type D to Delete
Type '1' for 'Yes'	Type 'Y' for 'Yes'
Type '0' for 'No'	Type 'N' for 'No'

[그림 6.9] 메뉴항목과 문자키

입력 인터페이스가 직접조작 방식을 지원한다면, 사용자들이 편리하게 작업을 수행할 수 있다. 직접조작 방식은 보통 그래픽 장치와 마우스와 같은 위치선정 장치를 가질 때 가능하며, 사용자로 하여금 실세계에서 작업하는 것과 같은 효과를 가지게 한다. 예를 들자면, [그림 6.10]의 입력양식에서 사용자는 실제의 양식에 기입하는 것과 같이 항목들을 채울 수 있다. 특히, 이러한 예는 사용자가 기입순서를 자유로이 조절할 수 있어 더욱 바람직하다.

```
PR0101
                    【 기   본   신   상   1 】

  성명 ⇒ 한은주
  ----------------------------------------------------------
  주민번호   ⇒                 보직1     ⇒
  성명(한)   ⇒                 보직2     ⇒
  성명(영)   ⇒                 보직3     ⇒

  성별       ⇒                 직급      ⇒
  국적       ⇒                 호봉      ⇒      호 잔여월 ⇒
  담당과목   ⇒                 처실      ⇒
                                소속      ⇒

  세부전공   ⇒
  최종학력   ⇒                 임용번호  ⇒
  DESK       ⇒                 재직구분  ⇒
  직열       ⇒                 임용일자  ⇒

  직무       ⇒                 퇴직일자  ⇒
  ----------------------------------------------------------

Ctrl-W) 도움말    F4) 종료
```

[그림 6.10] 직접 조작 예

이러한 직접조작 방식의 장 · 단점은 다음과 같다.

장점

- 처리과정이 자연스럽다. 직접조작 방식은 실세계의 업무를 모방하기 때문에 사용자는 일상생활에서와 같은 감각으로 처리하면 되므로 사용법을 따로 배우지 않아도 되고, 오류발생 빈도가 낮다.
- 사용자가 컴퓨터를 제어한다는 감각을 가진다. 사용자는 대화의 순서와 속도를 임의로 조절할 수 있어 만족을 느낄 수 있다.
- 잘못 사용되면 즉시 오류가 탐지되며 오류회복이 가능하다.

단점

- 직접조작의 대상에 한계가 있다. 실세계의 모든 업무를 직접조작 방식으로 처리할 수는 없다. 실세계의 어떤 업무는 추상적이어서 컴퓨터 세계로의 자연스러운 매핑이 어렵다. 실세계의 객체를 아이콘(Icon)으로 나타내는데, 어떤 객체는 아이콘으로 나타내기 어렵다. 또한 아이콘을 해석하는데 있어서도 상황에 따른 차이가 있다.
- 화면상의 제약이 있다. 화면은 대개가 25*80의 문자 또는 640*400의 픽셀(pixel) 만을 나타낼 수 있다. 하지만 이러한 크기는 사용자의 요구에 비하면 아주 작은 경우가 많다.

6.5.3 출력 인터페이스

소프트웨어가 출력하는 정보를 사용자에게 출력하는 역할을 한다. 이러한 정보에는 소프트웨어의 사용자에 대한 요구사항, (중간)결과, 오류 메시지 등이다.

- 현재의 문맥에 관련된 정보만 표시하여야 한다. 사용자가 어떤 정보를 얻는데 있어서 지나치게 많은 자료, 메뉴, 도형이 나타난다면 효율적으로 처리할 수 없다.
- 사용자가 자료에 파묻히지 않도록 해야 한다. 사용자가 신속하게 이해할 수 있는 형태로 자료가 표현되어야 한다. 예를 들어, 갑이라는 상품에 대한 월별 판매량을 [그림 6.10(a)]와 (b)처럼 나타냈다고 하자. 물론 (a)와 같이 정확한 값을 제공하도록 하는 경우도 있으나, 많은 경우에 (b)와 같이 전체적인 모습을 알아볼 수 있는 형태를 선호한다. 물론 (b)의 경우에 필요하면 정확한 값을 표현할 수 있다.

월별	1월	2월	3월	4월	5월	6월	7월	8월	9월	10월	11월	12월
판매량	3721	5923	2958	6103	4162	5194	4482	5283	4162	3721	6103	3721

(a)

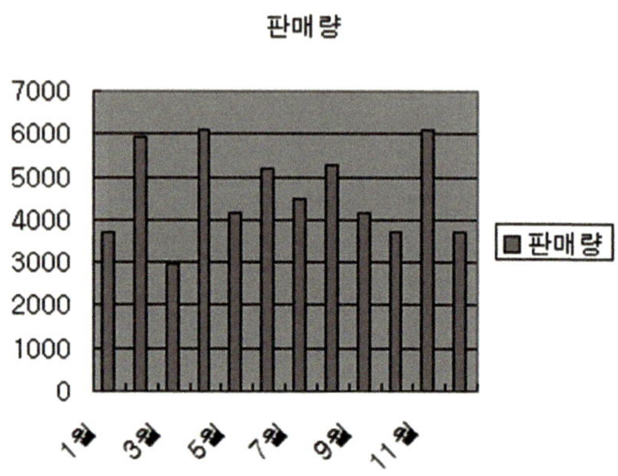

(b)

[그림 6.11] 월별 판매량의 표현

- 일관성 있는 레이블, 표준적인 압축, 예측 가능한 색깔을 사용하여야 한다. 표시된 내용에 대한 의미는 다른 곳을 참조하지 않아도 분명하게 이해될 수 있어야 한다.
- 사용자가 시각적 문맥을 유지할 수 있도록 지원해야 한다. 도형적으로 나타난 것을 확대/축소할 경우에도, 원래의 도형을 화면 어디엔 가는 나타나 있어야 한다.
- 오류가 발생하였을 때는 의미 있는 오류 메시지를 생성하여야 한다.
- 사용자의 이해를 위해서 대/소문자, 들여 쓰기, 텍스트의 집단화, 여러 자형 등을 사용하여야 한다. 현재까지의 대부분의 인터페이스는 시각적 통신을 제공하기 때문에 사용자의 시각적 이해를 도울 수 있는 방식으로 출력정보가 표시되어야 한다. 특히 사용자가 중요한 정보를 쉽게 발견할 수 있도록 해야 한다.
- 다른 유형의 정보를 분할하기 위해서 윈도우를 사용해야 한다. 한 화면에 여러 가지 유형의 정보가 표시되어야 한다면, [그림 6.11]과 같이 다중 윈도우를 사용하여 관련된 정보들은 일정한 윈도우에만 나타나도록 하여 불필요한 스크롤 및 재생을 피하도록 한다.

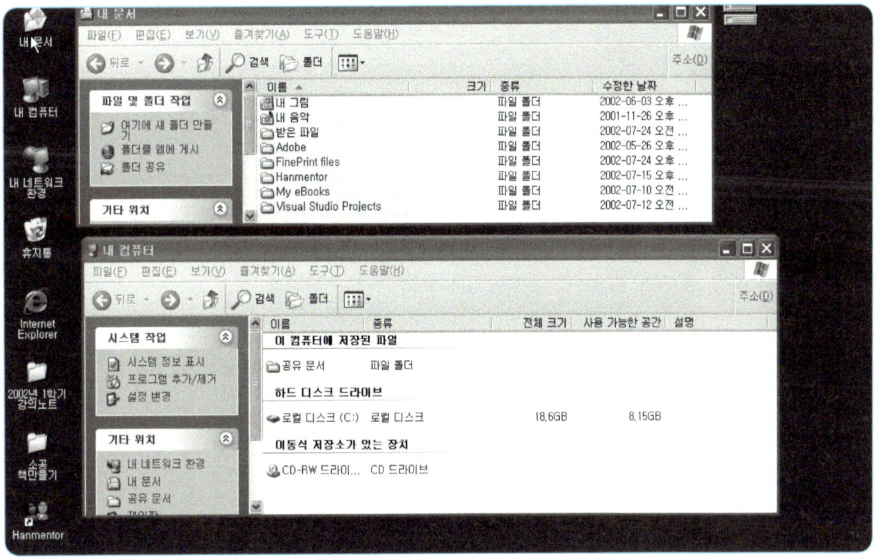

[그림 6.12] 다중 윈도우 사용 예

- 아날로그형으로 나타낼 수 있는 정보는 사용자의 이해를 돕기 위해서 도형으로 나타내도록 한다. 예를 들어, [그림 6.12]의 (a)와 (b)의 경우를 보자. (a)인 경우에 현재 고도와 현재 속도의 값 자체를 비교하는 것은 무의미하다. 중요한 것은 현재 고도 및 현재 속도가 전체적인 문맥에서 갖는 의미이다. 그러나 (a)인 경우에는 아무런 단서도 제공하지 않는다. 물론 이 자료를 읽는 사람은 그 의미를 파악할 수 있겠지만, 그러나 (b)인 경우에는 현재 고도와 현재 속도에 대한 정확한 값을 살펴보지 않아도 현재 고도는 상당히 낮은 편이며, 현재 속도는 상당히 빠른 편이라는 것을 쉽게 알 수 있다. 이와 같은 정보는 시간의 흐름에 따라 변하는 값을 도형으로 표현한다면 아주 큰 도움이 될 것이다. 덧붙여서, 어떤 값을 넘어가거나 어떤 값 이하로 떨어질 때는, 청각적 신호 및 색깔을 이용하거나 깜박이를 이용한다면 더욱 효과적일 것이다.

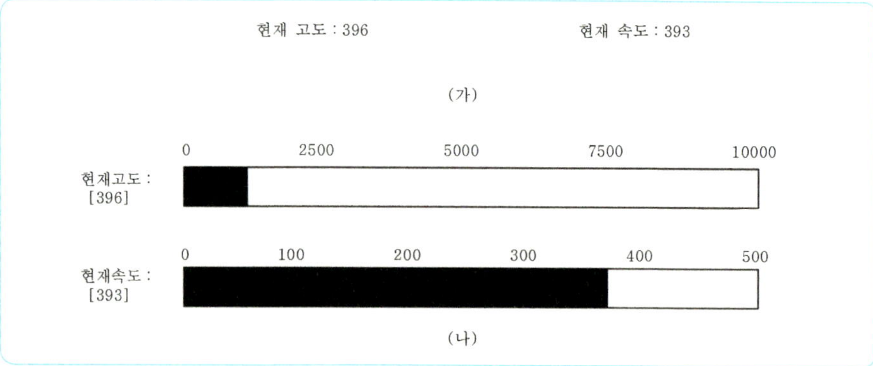

[그림 6.13] 아날로그형의 정보표시

- 화면의 지리적 특성을 고려하여 효율적으로 사용하여야 한다. 다중 윈도우를 사용할 때, 윈도우 사이의 여백이라든지, 윈도우의 크기 등을 효율적으로 이용될 수 있도록 해야 한다. 또한 메시지가 출력될 위치 등에 대해서도 충분한 고려를 해야한다.

이외에도, 다중 메뉴/윈도우 시스템인 경우, 사용자가 지나온 곳을 추적할 수 있도록 메뉴/윈도우를 겹쳐서 표시되도록 하며, 상위 메뉴/윈도우와 연관시킨 표제를 붙여서 사용자가 현재 어느 위치에 있는지를 알 수 있도록 해야 한다.

6.6 도움말 설계

도움말에 대한 요청은 사용자의 행위가 오류를 발생시키고, 사용자가 제공된 오류 메시지를 제대로 이해하지 못했을 때, 사용자가 시스템에 대해서 알고 싶을 때 발생하며 그 외에 시스템이 제공하는 경우가 있다. 시스템이 도움말을 제공하는 경우는 사용자가 무엇을 할 것인지 몰라서 망설이고 있을 때 시스템이 그것을 감지하고 도움말을 제공하는 것인데 상당히 드문 경우이다.

대부분의 도움말은 위의 첫 번째 및 두 번째 이유로 제공된다. 이것을 달리 표현하면, '도움말!, 현재 어려움에 처해있다', '도움말? 정보가 필요하다'는 형태가 된다. 물론 시스템은 이러한 부류의 도움말을 제공할 수 있어야 하며, 이 두 가지 부류의 도움말은 연결되어야 한다. 물론 사용자는 문제가 발생하여 도움말을 요청하게 되지만 문제를 해결하려고 하다 보면 오류 메시지에 대한 자세한 설명뿐만 아니라 다른 정보도 요구하게 된다. 따라서 도움말 시스템은 사용자가 들어갈 수 있는 입구를 여러 군데 만들어 둘 수 있다. 즉, 어떤 것은 오류가 발생하였을 때의 입구, 어떤 것은 사용자가 시스템을 이해하고자 할 때 선택하는 입구 등 여러 입구를 제공할 수 있어야 한다는 것이다. 따라서 도움말 시스템은 네트워크 형태의 구조를 가지게 되며, 상위부분에서는 일반적인 정보를, 하위부분에서는 상세한 정보를 나타낸다. 그러나 이러한 네트워크 형태의 구조는 오류 발생으로 인한 경우와 같이, 사용자가 꼭대기가 아닌 중간에서 도움말 시스템으로 들어간 다음 필요한 도움말을 찾기 위해서 탐색할 때 문제가 발생한다. 사용자는 필요한 정보도 얻지 못한 채 중간에서 길을 잃어 다시 시작해야 하는 경우가 생긴다.

이러한 문제는 다중 윈도우를 사용함으로써 어느 정도는 완화시킬 수 있다. [그림 6.14]는 다중 윈도우를 사용하는 도움말 시스템의 한 예이다. 첫째, 윈도우는 사용자가 실질적으로 도움을 받게 되는 정보 리스트를 나타내고 있으며, 여러 개의 단추가 있어서 필요한 정보를 추가적으로 찾을 수 있도록 한다. 둘째, 윈도우는 첫 번째 윈도우에서 사용자가 질의하는 항목을 클릭 하면 그 상세 정보를 보여준다. 이는 인터페이스 방법 중 제 4세대 방법인 하이퍼텍스트를 기반으로 사용자의 탐색 항해를 지원한다. '하이퍼텍스트' 시스템은 텍스트가 계층적으로 구조화되어 있는 시스템으로, 메시지의 일부를 선택함으로써 쉽게 계층구조를 탐색할 수 있다.

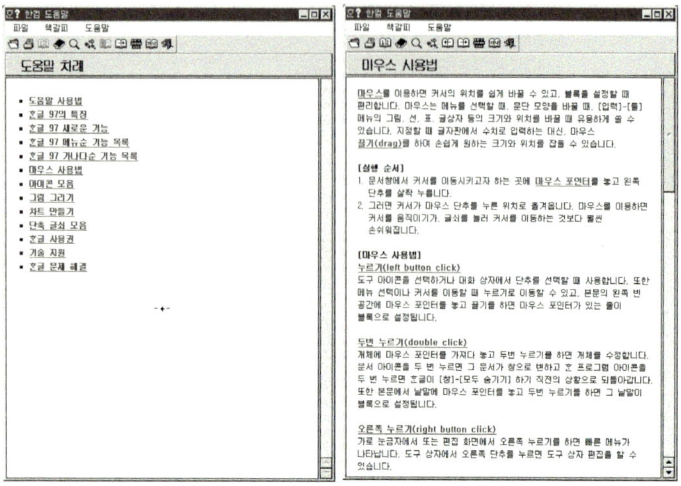

[그림 6.15] 다중 윈도우를 이용한 도움말 표시

도움말 시스템은 온라인이면서 문맥 인식적인 것이라야 한다. 소프트웨어의 개발 초기부터 도움말에 대한 사항들을 고려하여, 소프트웨어 설계 속에 도움말 시스템 설계를 포함시켜야 한다. 이렇게 되어야만 사용자는 문제가 발생하였을 때 인터페이스를 떠나지 않고도 현재의 문맥에서 필요한 정보를 획득할 수 있어서 사용자의 생산성을 향상시킬 수 있고 사용자에 친숙한 시스템을 제공할 수 있다.

도움말 시스템을 설계 할 때는 다음과 같은 사항들을 고려해야 할 것이다.

- 모든 시스템 기능에 대해서 도움말을 제공할 것인가? 아니면 시스템 기능 중 일부에 대해서만 도움말을 제공할 것인가?
- 시스템이 상호작용 모드에 있을 때는 항상 도움말을 제공할 수 있도록 할 것인가 ?
- 사용자가 어떻게 도움말을 요청할 것인가? – 도움말 메뉴를 사용할 것인가? 특별한 기능키를 이용할 것인가? 도움말에 대한 명령어를 사용할 것인가?
- 도움말을 어떻게 나타낼 것인가? – 분리된 윈도우, 인쇄된 문서에 대한 참조, 고정된 화면 위치에서 한 두 줄에 나타나는 제시사항 등의 어떤 것을 이용할 것인가?
- 사용자가 어떻게 정상적인 상호작용으로 돌아갈 것인가? – 화면에 나타난 리턴 단추, 기능키, 제어키, 알파벳 키 어떤 것을 사용할 것인가?

- 도움말 정보를 어떻게 구조화시킬 것인가? – 키워드에 의해 액세스 되도록 평평한 구조, 점차 자세한 사항을 제공하는 계층적인 구조, 하이퍼텍스트의 사용 등의 어떤 것을 이용할 것인가?
- 도움말의 수준을 어떻게 할 것인가? – 사용자가 도움말의 수준을 조정, 초보자를 가정한 도움말, 익숙한 사용자를 가정한 도움말 등의 어떤 것을 사용할 것인가?

6.7 오류 메시지 설계

사용자가 오류를 범하는 것은 지극히 당연한 일이다. 특히 미숙한 사용자는 더욱 그러하다. 이때는 오류를 탐지하고, 원인 분석을 하여, 오류에서 회복해야 하기 때문에, 오류의 발생은 사용자를 짜증나게 하고 많은 노력의 낭비를 초래하게 된다. 가장 좋은 방법은 사용자가 오류를 범할 기회를 줄이는 것이다. 그리고 오류가 발생되면, 적절한 오류 메시지를 출력하여, 사용자가 신속하고 용이하게 오류의 원인을 찾고 오류에서 회복할 수 있도록 하여야 한다.

오류를 방지하기 위해서는 발생 가능한 오류의 종류를 파악하여 적절한 대책을 세워야 한다. 명령어를 사용할 때 발생하기 쉬운 오류는 다음과 같다.

- '모드'오류이다. 이것은 잘못된 모드에서 명령을 사용할 때 나타나는 오류를 말한다. 사용자로 하여금 현재의 모드가 무엇인지를 상기시킬 수 있도록 해주면 줄일 수 있는 오류이다. 또한 모드들 간에 유사한 행위를 할 때는 유사한 명령을 사용하도록 한다.
- '묘사'오류이다. 이것은 명령어를 잘못 구성한 경우에 발생하는 오류이다. 메뉴방식이나 직접조작 방식의 인터페이스를 제공하면 줄일 수 있는 오류이다. 또한, 명령들의 매개변수 또는 선택사양을 기술하는 사용규칙을 일관성 있게 하고, 명령에 대한 여

러 가지 동의어를 사용할 수 있도록 하고, 동의어의 선정도 사용자가 결정할 수 있도록 한다.

- '습관적 오류'이다. 이것은 일반적으로 사용되는 명령과 유사하면서 약간의 차이를 보이는 명령을 사용할 때 발생하는데, 표준과 비표준 명령이 구분되는 지점에서 많은 피드백 정보를 제공함으로써 오류 발생 가능성을 줄일 수 있다. 명령이 중대한 결과를 야기할 경우에는, 명령어의 구성을 어렵도록 만들어서 사용자의 각성을 환기시키는 한 방법이다.
- 사용자가 하고자 하는 것을 잊었을 때 발생하는 '활성화 오류'이다. 괄호의 사용에서처럼 쌍으로 처리되어야 할 명령에서, 사용자가 나머지 한 짝을 잊어버린 경우에는 시스템이 남은 한 짝을 제공할 수 있다. 명령어의 순서를 잊어버리는 것에 대비해서는, 시스템이 사용법을 가르쳐 줄 수 있다. 또한, 시스템이 식별할 수 있는 작업이 시작되었을 때 템플릿을 제공하는 것이다.

오류 메시지는 정중하고, 간결하며, 일관성 있어야 한다. 또한 사용자가 오류에서 쉽게 회복할 수 있는 건설적인 내용을 제공해야 하며. 오류를 범한 사용자를 나무라는 형태가 되어서는 안 된다. 따라서 사용자가

갑돌이의 기록을 인쇄하시오.

같이 '출력'을 '인쇄'로 잘못 명령했을 때, 시스템이

***** 오 류 ***** 인식할 수 없는 명령을 사용했음.

과 같은 오류 메시지를 출력하는 것은 바람직하지 않다. 사용자는 위의 오류 메시지에서 무엇이 잘못되었고, 어떻게 하면 오류를 회복할 수 있는지에 대한 정보를 얻을 수 없다. 오히려 다음과 같은 메시지가 바람직하다.

명령 '인쇄'는 시스템에서 알지 못합니다.

처리될 수 있는 명령어의 리스트와 어떻게 이 명령을 사용하는지는 '도움말(F1 키)'을

요청하십시오.

잘못된 부분이 무엇이며, 회복 방안은 무엇인지를 분명하게 제공해야 한다. 오류 메시지는 사용자가 이해할 수 있는 용어로 문제를 기술해야 한다. 사용자가

갑돌이의 기록을 출력하시오.

라는 명령에 대해서 시스템이

***** 오 류 ***** 사원 식별자가 틀렸음.

이라고 하여, 사용자가 쉽게 이해할 수 없는 '사원 식별자'를 사용하고, 오류의 원인을 시스템이 단적으로 판단하기보다는

사원 갑돌이는 시스템에서 찾을 수 없습니다.

갑으로 시작되는 사원 이름은 다음과 같습니다.

1. 갑돌이
2. 갑순이
.....

번호를 치면, 번호에 해당하는 사원에 대한 기록을 출력합니다.

처리될 수 있는 명령어의 리스트와 어떻게 이 명령을 사용하는지는 '도움말(F1 키)'을
요청하십시오.

과 같이 사용자의 용어를 사용하고, 오류의 원인을 사용자가 판단할 수 있도록 하는 것이 좋다.

오류 메시지는 사용자의 경험과 능력의 정도에 따라 조정할 수 있어야 한다. 미숙한 사용자에게는 자세하게, 익숙한 사용자에게는 간결하게 오류 메시지를 제공하여야 한다. 오류의

발생을 알리기 위해서는 하이라이트, 깜박이 등의 시각적인 자극이나 "삑"하는 소리 등의 청각적 자극을 동반해야 한다.

6.8 색깔의 사용

인터페이스에서 색깔을 사용할 수 있다는 것은, 매우 복잡한 정보를 효율적으로 나타낼 수 있음을 의미한다. 특히 기계 등의 설계도면을 나타내는 경우에, 색깔을 사용함으로써 이전에는 이해하기 힘들었던 내용을 나타낼 수 있다. 또한 안전을 다루는 시스템에서 색깔을 사용함으로써 사용자는 중요한 사건이 발생했음을 쉽게 감지할 수 있다.

색깔을 사용하는 것은 좋은 것이지만, 잘못 사용되면 오히려 더 불편할 수도 있다. 인터페이스 설계자가 색깔을 의미 전달을 위한 수단으로 사용하는 경우를 생각해 보자.

- 사용자 중 많은 사람이 색맹이라서 색깔이 의미하는 내용을 받아들일 수 없다.
- 사용자 각자가 색깔을 받아들이는 감각에서 차이가 있으므로 사용자에 따라 정보를 잘못 해석할 수 있다.
- 색깔이 갖는 의미에 대해서 표준화가 안 되어 있다. 어떤 곳에서는 빨간색을 위험한 것이라 하는 반면에 또 다른 곳에서는 뜨거운 것 등으로 해석할 수 있기 때문에 일관적인 해석이 어렵다. 따라서 색깔에 어떤 의미를 부여하기에는 시기상조인 것 같지만, 색깔을 사용자의 주의를 끌기 위해서 사용하는 것은 바람직하다.

색깔을 사용하는 지침은 다음과 같다.

- 많은 색깔을 사용하지 말아야 한다. 한 화면에 4~5가지 색깔 이상을 사용하지 말 것이며, 전체적으로도 7가지 색깔 이상을 사용하지 않는 것이 좋다.

- 사용자가 수행하고자 하는 작업을 지원하기 위한 색깔지정(color coding)을 사용하라. 사용자의 역할이 화면에서 비정상적인 경우를 식별하는 것이라면, 이러한 경우를 강조(highlighting)하라. 또한 유사성이 발견되거든, 이것을 다른 색깔을 사용하여 강조하라.
- 색깔의 지정에 대해 제어권을 사용자에게 주라. 안전에 민감한 시스템이 아닌 경우라면, 사용자가 선호하는 색깔을 사용할 수 있도록 해야 한다.
- 흑백인 경우를 먼저 생각하고, 나중에 표시를 개선하기 위하여 색깔을 사용하라. 흑백 표시가 비효율적인 경우에만 색깔을 사용하는 것이 좋다.
- 색깔지정을 일관되게 사용하라. 시스템의 한 부분에서 오류 메시지를 빨간색으로 나타내었다면, 다른 곳에서도 오류 메시지는 빨간색으로 나타내어야 한다. 그렇지 않으면 사용자가 잘못 해석할 수 있다.
- 색깔의 조합에 주의하라. 사람의 눈은 빨간색과 파란 색을 동시에 초점을 맞출 수 없으며, 파란색 배경에 빨간색으로 표시된 정보에 대해서는 눈의 피로가 빨리 온다. 또한 다른 색 중에서도 함께 사용하면 읽기 어려운 경우가 있으므로, 이러한 색깔의 조합을 피해야 한다.
- 시스템의 상태가 변하면, 색깔도 변하는 것이 좋다. 표시색깔이 변하면 중요한 사건의 발생을 의미하도록 한다.
- 색깔 출력장치는 흑백 출력장치보다 해상도가 떨어지기 때문에, 많은 정보를 나타낼 경우에는 색깔을 사용하지 않는 것이 좋을 수도 있다.

6.9 인터페이스의 표준화와 구현 도구

요즈음에는 다중 윈도우, 아이콘, 위치지정 장치를 사용하는 4세대 방식의 인터페이스를 염두에 두고 인터페이스를 설계하는 경향이 있다. 하지만 이러한 방식의 인터페이스는 다른 방식에 비해 많은 비용이 들기 때문에 어려움이 있다. 이러한 어려움 중에서도 소프트웨어적 측면의 비용은 인터페이스가 표준화된다면 상당히 감소시킬 수 있다. 인터페이스의 표준화는 인터페이스의 개발자와 사용자 모두에게 이익을 준다.

인터페이스의 개발자는 신속하면서도 고품질의 인터페이스를 만들 수 있는 기존의 인터페이스 모듈들을 재사용할 수 있다. 사용자는 이전에 사용하던 방식대로, 새로운 소프트웨어를 이용하여 원하는 일을 수행할 수 있어서, 소프트웨어의 조작에 대한 것을 새롭게 배울 필요가 없다.

인터페이스를 표준화시킨다면, 인터페이스 지원도구를 사용할 수 있다. UIDS(User Interface Development System) 또는 UIMS(User Interface Management System)는 윈도우, 메뉴, 장치 상호작용, 오류 메시지, 명령어 등을 쉽게 생성할 수 있는 모듈이나 객체를 제공한다. 이러한 도구의 내장 수단은 다음과 같다.

- 키보드나 마우스 같은 입력장치의 관리
- 사용자 입력의 검증
- 오류의 처리 및 오류 메시지의 출력
- 도움말 및 프롬프트 제공
- 윈도우 및 영상면 처리, 윈도우 내에서의 스크롤
- 응용 소프트웨어와 인터페이스 사이의 연결
- 인터페이스 관리기능에서 응용을 분리
- 사용자로 하여금 인터페이스를 맞춤화 할 수 있도록 지원

1. 사용자 인터페이스의 설계를 소프트웨어의 내부적인 설계와 분리해야 하는 이유에 대해 설명하라.

2. 직접 조작 방법의 장·단점을 설명하라.

3. 각 인터페이스 양식의 장·단점을 설명하라.

4. 다중 윈도우, 아이콘, 메뉴를 포함하는 임의의 화면을 설계하라.

5. 윈도우 생성을 지원할 수 있는 프로그램을 작성하라.

6. 간단한 인터페이스 원형을 개발하고 평가해 보아라.

7. 다음과 같은 응용 소프트웨어들 중 하나를 개발한다고 가정하자.

1) 탁상 출판 시스템

2) CAD 시스템

3) 인테리어 설계 시스템

4) 대학에서의 등록 시스템

5) 도서 관리 시스템

6) 가정-은행 시스템

7) 기타

첫째, 명령어를 나열해 보아라.

둘째, 메뉴를 설계해 보아라.

셋째, 도움말을 설계해 보아라.

넷째, 오류 상황을 가정하고, 오류 메시지를 설계해 보아라.

다섯째, 위의 네 문제에 대한 고객화 방안을 제시하라.

참고문헌

1. G. W. Jones, *Software Engineering*, John Wiley & Sons, 1990.
2. R. S. Pressman, *Software Engineering 3th ed.,* McGRAW-HILL, 1992.
3. Shneiderman, B., *Designing the User Interface,* Addison-Wesley, 1987
4. Sommerville, I., *Software Engineering,* Addison-Wesley, 1989.
5. D. Bell, I. Morrey, J. *Pugh Software Engineering-A Programming Approach,* 2nd ed., Prentice-Hall, 1992.

07

개발 실무 중심의 **소프트웨어 엔지니어링**

Chapter

객체지향

분석과 설계

본 절에서는 시스템 모델링 즉, 분석설계에 대한 개념과 객체지향과 구조적 분석과 설계에 대한 차이점에 대하여 살펴본다.

학습목표

- 분석과 설계에 대하여 알아본다.
- 객체지향과 구조적 분석설계의 차이점에 대하여 알아본다.
- 클래스에 대하여 알아본다. 객체지향 기술의 개념, 발전을 알아본다.
- 객체지향 기술의 필요성과 효과를 알아본다.

우리는 보통 어떠한 업무영역을 어플리케이션을 통하여 개발하려고 할 때 우선 해당 업무를 분석하는 일을 먼저 생각하게 되고, 이러한 일들을 분석이라고 한다. 분석은 "문제(problem)를 조사하는 것과 "시스템이 무엇을 해야 하는가?"에 관심을 두고 있다.

예를 들면 새로운 고객관리 시스템을 만들고자 할 때, 다음과 같은 분석에 관련된 일들을 하게 된다. 먼저 고객관리의 문제 영역 조사와 사용자들의 요구사항을 분석하고, 고객의 신용관리, 각종 통계자료 출력 등 앞으로 고객 관리 시스템이 어떤 업무 프로세스를 수행하고, 어떤 일들을 하게 되는지를 조사하게 된다.

분석을 통해서 조사된 문제 영역을 어플리케이션을 통해서 개발하려고 할 때, 요구 사항들을 어떻게 해결하는가에 대한 논리적인 솔루션을 만들어 가는데, 이것을 설계라고 한다. 설계된 산출물은 궁극적으로 소프트웨어와 하드웨어로 완전하게 구현되어야 한다.

what	분석	문제조사 시스템 연구
how	설계	요구의 해결 논리적 솔루션

분석과 설계의 차이점

객체지향 분석과 설계

객체들을 기반으로 분석과 설계에 접근하는 방법을 객체지향 분석과 설계라고 말한다.

즉, 프로세스, 데이터, 개념 등을 객체로 표현하여 분석에서는 실세계에 존재하는 객체들을 찾고, 설계에서는 논리적인 프로그래밍 언어를 통해서 객체와 클래스의 속성과 행위를 상세히 정의하고, 서로의 관계성을 찾아낸다. 분석과 설계를 통해서 정의된 객체는 객체지향 프로그래밍 언어와 객체지향 데이터베이스로 모델에 변경 없이 시스템으로 바로 구현되게 된다. 그러나 객체지향 방법론에서는 분석단계와 설계단계의 구분이 명확하게 구별되지 않는 것이 특징인데, 이것은 반복, 점진적인 개발 프로세스를 사용하는 점과 객체 모델링에 순서가 순환되는 특성 때문이다.

어떤 시스템을 모델링할 때, 일반적으로 업무의 복잡성 때문에 주로 기능을 분해(decomposition)하는 일을 하게 된다. 전통적인 구조적 분해 방법에서는 일반적으로 기능을 몇 가지로 분할하고, 분할된 기능에서 프로세스들을 세분화 하는 작업을 하게 된다.

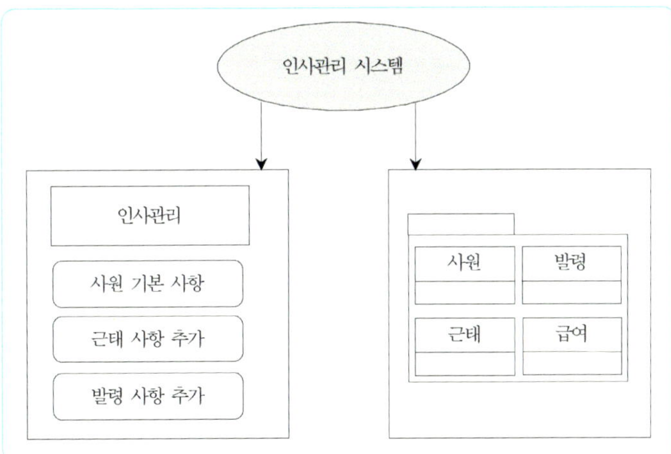

객체지향과 구조적 방법의 업무 분해

객체지향에서는 위 그림처럼 복잡한 업무를 기능과 프로세스의 분해를 통해서 세분화하지 않고 실세계의 현상을 그대로 객체로 추출하고 객체들을 이용하여 여러 개의 계층으로 추상화시킴으로써 시스템을 단순화하고, 독립적으로 운영하게 하여 재사용이 가능한 모델로 만들어 간다.

객체지향 분석 방법은 구조적 분석과 같은 프로세스 중심 방법론들에 대해서는 급진적인 변화를 가져온 것이지만, 정보공학과 같은 데이터 중심 방법론들에 대해서는 점진적인 변화만을 가져온 것이라고 결론을 내렸다. 프로세스 중심 방법론들은 모델링 과정 동안 객체들의 본질적인 특성들에 대해서는 별 관심을 가지지 않으며, 객체지향의 3가지 필수 원칙인 캡슐화, 객체들의 분류, 상속성에는 벗어나는 문제 영역의 모델을 이끌게 된다.

간단히 말해, 구조적 분석은 요구 사항들에 대한 별개의 입력-프로세스-출력 관점을 갖는다. 데이터는 데이터를 변환하는 프로세스와는 별도로 고려된다. 구조적 분석에서 시스템 행위는 중요하지만 보충적인 역할을 담당한다. 구조적 분석 접근법은 기능 분해를 주로 사용한다. Fichman과 Kemerer[FIC92]는 기존의 분석 방법과 객체지향 분석방법을 비교하는데 사용할 수 있는 11개의 "모델링 차원(modeling dimension)"을 다음과 같이 제안했다.

① 개체들의 식별/ 분류
② 일반-특수 그리고 전체-부분의 개체 관계들
③ 다른 개체 관계들
④ 개체들의 속성에 관한 서술
⑤ 대규모의 모델 분할
⑥ 상태와 상태들 간의 전이
⑦ 기능에 대한 세부적인 명세
⑧ 하향식 분해
⑨ 프로세싱 순서
⑩ 배타적인 서비스 식별
⑪ 개체 통신(메시지 또는 이벤트를 통해서)

7.1 객체지향의 기본 개념

7.1.1 객체지향의 기본 개념들

객체지향은 분석/설계 방법, 프로그래밍 언어, 개발 도구, 데이터베이스, 운영체제, 코드의 라이브러리/프레임워크 등의 기술적 문제를 해결하는 방법으로만 제한하지 않고, 실세계의 비즈니스를 모델링하고 시스템 문제를 해결하는 데 더 많이 적용되고 있다.

즉, 실세계의 객체들을 통해서 비즈니스와 소프트웨어 모델들을 시스템화 한다고 볼 수 있다. 그러면 객체 지향적 접근방법을 통해서 기본적으로 사용되는 용어 및 개념을 알아보기로 하겠다.

객체 지향적 접근법은 문제 영역에서 시스템들을 기능 위주로 보지 않고 각 시스템에 포함되어 있는 객체들을 분석하여 행위와 데이터를 찾아내는 방법을 취한다.

예를 들어, 판매 시스템에서는 기본적으로 "제품", "주문"등의 클래스를 가지고 있다(객체, 클래스에 대한 정의는 뒤에서 설명하고 있다.)

"제품"객체는 "제품 이름", "제품 단가"등의 데이터(속성)를 가지고 있으며, "제품을 등록한다.", "제품 내역을 작성한다."등의 행동(행위)을 취한다. "주문"객체는 "주문 수량", "주문 일자"등의 데이터와 "주문을 등록한다.", "주문 수량을 작성한다."등의 행동을 취한다.

"제품"객체가 주문된 제품의 수량을 알고 싶다면 "주문"객체에게 "주문 수량을 알려줌"이라는 메시지를 보내면 "주문"객체는 주문 수량을 "제품"객체에게 알려주게 된다.

이와 같이 문제 영역에 포함된 비즈니스 객체들을 찾아내어 데이터와 행위를 정의하고, 객체들 사이의 필요한 정보들을 메시지를 통해 서로 요구하고, 제공하게 함으로써 시스템을 만들어 가는 것이다. 이러한 객체지향 시스템의 큰 장점은 모델과 코드를 재사용할 수 있다는 것이다.

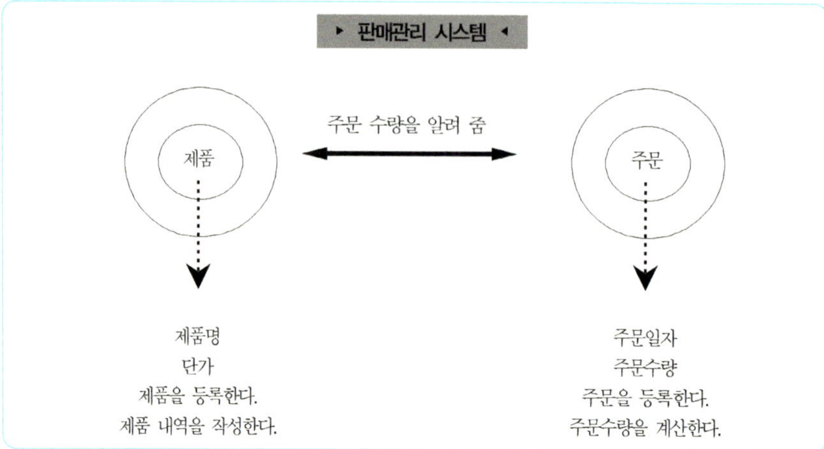

[그림 7.1] 객체지향 개념 예

만일 A사의 판매 시스템은 자사에서 생산된 제품 외에 타사의제품도 판매한다고 했을 때 "타사 제품"이라는 또 하나의 클래스가 필요하게 된다. 이때 "제품"이라는 클래스(상위 클래스)의 데이터와 행위를 "타사 제품"이라는 클래스(하위 클래스)에 그대로 상속시켜 재사용하게 하고, "타사 제품"클래스의 특징이 되는 데이터와 행위만 새롭게 정의하면 "제품"클래스의 모든 것(데이터, 행위)을 그대로 사용한 확장된 개념의 새로운 클래스를 만들 수 있다.

다음 절에서는 지금까지 설명한 예를 들어, 판매 시스템에서 사용된 용어, 즉 객체(Object), 클래스(Class), 메시지(Message), 계승(Inheritance), 상위 클래스 / 하위 클래스 등을 중심으로 객체지향 기술의 기본 개념과 구성요소를 설명하겠다.

7.1.2 객체(Object)

객체는 객체지향에서 기본적인 사고의 단위이며, 실세계 어떤 것들(things)을 실체화하여 표현한 것을 말한다.

객체는 데이터(속성) 값과 객체가 하는 일을 나타내는 행위들(behavior)로 구성되어 있고, 이들은 정보 은닉(캡슐화)의 원리로 보호되어 있다. 또한 객체는 식별자(identity)를 포함하는데, 시스템 안의 객체들 사이에서 유일성을 나타내고 있다.

객체의 행위는 자신의 데이터를 조작하는 전용 메서드(Private Methods)와 다른 객체와 통신을 하기 위한 공용 메서드(Public Methods)로 구분되어 있다.

객체는 다른 객체와의 통신 수단으로 오직 메시지(Message)만을 사용하는데, 다른 객체의 공용 행위에게 메시지(message)를 보내 원하는 정보를 얻게 된다.

실세계에서 발견할 수 있는 객체를 예로 들어 보면 "송장", "사원", "급여", "기차", "기차엔진", "객차", "컨테이너 차", "차", "컴퓨터", "컴퓨터 키보드", "마우스", "마우스 패드", "스크린", "스크린 안의 아이콘", "부서", "사무실"등 다양하게 볼 수 있다.

이 객체 중에서 기차는 "기차엔진", "객차", "컨테이너 차"등으로 구성 되어 있고, 승객들이 이용하는 "객차"객체의 경우 "창문", "의자"등 여러 개의 객체들로 이루어져 있음을 알 수 있다. 여기서 우리는 또, 한 가지 사실을 발견하게 되는데, 객체는 또 다른 객체들로 구성되어 있다는 점과, 실세계의 모든 것을 객체로 표현할 수 있다는 것이다.

여기서, 클래스들이 계층 구조로 관계되어져 있을 때, 어떤 한 클래스를 기준으로 하여 그 기준 클래스의 바로 위의 클래스를 슈퍼클래스(super class), 아래의 클래스를 서브클래스(subclass)라고 한다. 예를 들면, 군의 슈퍼 클래스는 도, 서브클래스는 읍, 면이다.

7.1.3 속성(Attribute)과 행위(Behavior)

객체들은 나름대로 특징을 나타내는 요소들을 가지고 있다. 예를 들면 "학생"이라는 객체는 이름, 학번, 키, 몸무게, 특기, 취미, 성별 등의 항목을 가지고 있으며, 학생이라는 객체는 여러 개의 독립된 특성인 속성(데이터)으로 표현되어 진다.

다르게 표현하면 속성은 데이터 항목(Variable)이며 각각의 객체들은 자신의 값들을 가지고 있다. 속성들은 숫자, 문자 등 서로 다른 데이터 타입을 가지고 있으며, 객체지향 프로그래밍 언어들은 풍부한 데이터 타입을 제공하고 있고 개발자들은 스스로 데이터 타입을 정의할 수가 있다.

객체 중에서 다른 객체들을 참조하고 있는 속성들을 가지는 객체가 있는데 이것을 복합객체들(Compound Objects)이라고 하며, 앞에서 기차 객체로 설명되었으므로 설명은 생략한다.

객체들은 행위들을 포함하고 있는데, 객체들은 메시지를 통하여 다른 객체의 행위들을 호출하여 서로 정보를 교환한다.

행위는 기능상 함수(Function)와 매우 비슷하다. 그러나 중요한 다른 점이 있다. 행위는 오직 메시지 전달(Message-Passing Paradigm)방식을 취한다는 점과 오직 자신의 데이터만을 사용하고 데이터 전달은 파라미터(parameter)에 의해서만 이루어진다는 점이다. 또한 객체의 관련된 기능들이 데이터와 함께 객체 안에 존재하여 행동한다는 점에서 객체지향에서의 행위가 기존의 함수와 또 다른 의미를 찾을 수 있다.

행위들은 여러 가지 용어로 표현이 되는데 예를 들면 메서드(methods), 메시지의 구현(message implementation), 오퍼레이션들의 집합(set of operation)들로 불리어지며, 프로그래밍 언어에서는 C++ 경우 멤버 함수(member function), smalltalk 경우 메서드(method)로 사용된다.

7.1.4 캡슐화(Encapsulation)와 정보 은닉(Informaion hiding)

캡슐화란 객체 내의 데이터와 행위를 같이 포장하는 방식을 말하며, 포함된 행위로 인해 데이터가 조작 또는 변경된다. 또한 캡슐화는 다른 객체로부터 데이터를 은닉, 보호하는 역할을 하게 되는데, 정보은닉은 한 객체가 다른 객체로부터 자신은 데이터들을 은닉하기 때문에 객체들은 오직 메시지를 보내는 방법에 의해서만 다른 객체의 정보를 얻을 수가 있는 것이다.

7.1.5 메시지(Message)

앞에서 설명했듯이 메시지는 객체간의 정보를 전달하기 위한 유일한 수단이며, 객체지향 프로그래밍에서도 유일한 프로그램 표현 방식이다.

객체는 정보은닉의 원리가 작용하고 있어서 자기 자신의 객체만을 조작할 수 있기 때문에 다른 객체에서 정보를 참조하기 위해서는 메시지를 통해 공용 행위를 호출해야만 한다. 그러므로 객체의 공용 행위는 메시지에 의해 선택된다고 볼 수 있다. 메시지는 다른 모듈을 호출한다는 차원에서는 전통적인 절차적 언어에서 사용된 함수 호출에 해당된다고 볼 수 있다.

객체지향에서의 정보 교환은 객체와 메시지라는 이 두개의 요소로 처리가 가능하다는 점이며, 이러한 특징은 객체지향 기본 원리를 이해하는 데 많은 도움을 준다.

7.1.6 클래스(Class)

클래스란 동일한 데이터 구조(속성)와 공통의 행위(behavior), 공통의 관계들, 그리고 같은 의미를 가지는 객체들의 모음을 추상적으로 표현한 형태(Type)를 말한다.

객체는 클래스로부터 생성이 되어 지는데, 이러한 클래스 형판에 의해 생성되는 객체들을 다른 말로 클래스의 인스턴스(instance)라고 불리어진다. 그래서 보통 클래스를 객체를 생성하는 형판(Template)이라고 말하며, 객체와 같이 속성과 행위들을 갖는다.

예를 들어 보면, 학원관리 시스템에서 교과목은 클래스이다. "교과목" 클래스는 데이터 구조와 행위를 갖게 되며, 개별적인 객체들을 생성하게 되는 형판(Template)의 역할을 수행하게 된다. 교과목 클래스는 국어, 영어, 수학, 과학 등과 같은 인스턴스(객체)들을 생성하게 되는 것이다.

각각의 클래스 안에 있는 객체는 같은 속성들과 행동 양식을 가지고 있다. 대부분 객체들은 그들의 속성들에 대해 서로 다른 값들을 가지나, 일부 객체들은 동일한 속성값들과 공통의 행위를 허용하기도 한다.

객체들 간의 유일한 통신 수단인 메시지를 이해하는 것이 객체지향의 기본 원리를 공부하는 데 많은 도움이 되듯이, 객체와 클래스를 이해하고, 그들의 관계를 파악하는 것은, 객체지향 기술을 통해 시스템을 모델링하고, 구현하는 전반적인 과정에서 매우 중요한 역할을 하게 된다.

클래스는 동일 부류의 객체들을 추상화했다고 말할 수 있는데 계속해서 추상화에 대해서 알아보기로 하겠다.

7.1.7 추상화(Abstraction)

추상화를 간단하게 말하면 "복잡성을 줄여서 단순하게 표현한 것"이다. 실세계에서 사고의 기본 단위인 객체를 추출하여, 객체의 특성들을 개략 화시켜 클래스로 정의하는 과정들을 추상화한다고 말한다.

객체지향 개념을 현실 세계에 적용하여 얼마나 추상화를 잘하느냐에 따라 복잡성을 단순화시키고, 재사용에 대한 확신을 가질 수 있게 한다. 시스템을 분석하는 과정에서 성공적인 추상화는 시스템 구축에 중요한 성공 요소이다.

클래스에는 추상(abstract) 클래스와 구체적(concrete) 클래스가 있는데, 추상 클래스는 하위 클래스의 공통된 특성들을 추출하여 생성된 클래스이며, 자신의 인스턴스는 생성하지 않는 것이 특징이다.

클래스와 클래스 사이에 정보를 공유하는 방법은 클래스를 추상화하는 정도에 따라서 계층화하여 하위 클래스는 상위 클래스의 성질을 상속받음으로써 가능하다.

7.1.8 상속(Inheritance)

클래스와 클래스 간에도 정보를 분산하는데, 그 방법은 클래스를 사이에서 공통되는 성질과 공통되지 않는 성질을 나누고, 그 공통된 성질을 취하여 클래스를 만들고(상위 클래스), 상위 클래스가 가지고 있는 공통적인 성질을 그대로 상속받는 하위 클래스를 정의함으로써 이루어진다.

예를 들면 어떤 회사에서 근무하는 사원이 정규 사원과 임시 사원이 있다고 하자. "정규 사원", "임시 사원"두 클래스는 회사의 직원이라는 공통된 특성을 가지고 있다. 이러한 공통된 특징의 데이터 구조와 행위는 "사원"클래스가 가지고 있어서, 두 개의 하위 클래스는 상위의 "사원"클래스로부터 특징의 전부를 상속받게 된다.

앞에서 설명한 것과 같이, 상위 클래스와 하위 클래스에서 정보를 공유하는 방법으로 상속을 사용하는데, 상속은 객체지향 시스템에서 재사용 측면에서 중요한 역할을 한다.

상속은 복잡한 비즈니스 모델을 설계와 개발 차원에서 단순화시키고, 복잡성을 해결한다. 개발자에게도 여러 가지 혜택을 주는데 프로그래밍 언어 차원에서 코드를 재사용하게 하고, 수정이 필요할 때 상위 객체의 행위를 수정함으로써 하위 객체들은 상속을 통해서 수정된 부분들을 그대로 사용하게 되는데 이러한 방법으로 수정사항들을 쉽게 해결할 수 있다.

상속은 두 개 이상의 상위 클래스로부터 상속을 받는 하위 클래스가 있는데 이러한 상속을 다중 상속이라고 말한다.

예를 들면 대학교에서 조교로 활동하는 사람은 주로 대학원 학생들이 많은데 그러면 "조교"는 교직원이면서 학생이 된다. 이러한 경우 "조교"클래스는 "직원"클래스와 "학생"클래스에서 모든 특성을 상속받게 된다.

다중 상속은 실세계에서 많이 일어나는 현상이며, 객체지향에서는 이 부분에 대한 모델링도 가능하게 한다. 하지만 객체지향 프로그램 언어 중에서는 다중 상속을 지원하는 언어(C++)와 지원하지 않는 언어(Java)가 있다. 다중 상속은 구현상 몇 가지 어려움으로 인해 구현에 있어 신중을 기해야 한다.

상속을 더욱 향상시킬 수 있는 방법은 객체지향의 중요한 특징 중 하나의 다형성(Polymorphism)을 통해서 유연성과 재사용성을 높일 수 있다.

7.1.9 다형성(Polymorphism)

다형성은 같은 종류의 행위들에 대해 하나의 이름으로 사용을 허락하는 것을 말한다. 즉, "삼각형을 그린다.", "사각형을 그린다.", "원을 그린다."라는 행위들을 하나의 "그린다."라는 행위로 사용할 수 있다. 다형성은 이처럼 하나의 행위로 여러 개의 결과를 출력할 수 있게 한다. 좀 더 구체적으로 설명하면, 같은 메시지에 대하여 이 메시지를 수신하는 객체에 따라 다르게 행동하는 것을 말한다.

상위 클래스로부터 상속된 행위들을 제거할 수 없으나 대신 하위 클래스들은 차별화된 버전을 가질 수 있어, 클래스 구조를 확장할 때 도움이 된다. 이것은 상위 클래스와 동일한 이름으로 가지고 있지만 설계적으로 새롭게 정의하여 사용할 수 있음을 알 수 있다.

프로그래밍에서 다형성을 사용하면 우리가 많이 사용하던 IF ELSE, CASE 등이 불필요하게 되며, 또한 상속의 개념을 향상시켜 사용할 수 있다.

예를 들어 급여 시스템에서 상위 클래스인 "급여"클래스와 하위 클래스인 "정기급여"와 "상여"가 있다고 하자. 다른 객체로부터 급여를 "계산하다"라는 메시지를 각 객체들(정기급여, 상여)에게 보내면 각각의 객체들은 같은 이름의 행위를 수행하지만, 내부적으로 서로 다른 계산 방식으로 결과를 산출하게 된다.

비록 같은 상위 클래스에서 상속되어 같은 이름의 행위를 가지고 있지만 동일한 이름으로 재정의함으로 각각의 하위 클래스에서는 다른 내용을 수행하게 된다. 이러한 다형성은 상속을 통한 하위 클래스들을 더욱 특화(specialization)하여 사용할 수 있도록 한다.

7.2 UML

7.2.1 모델링 개요

(1) 모델링 개념

모델(Model)이란 현실의 단순화, 가시화를 통해 개발할 시스템에 대한 계획/구상에 대한 내용을 나타낸 것이다. 모델링(Modeling)은 양질의 소프트웨어를 개발하기 위해 모델을 만드는 작업에 들어가는 모든 활동이라고 볼 수 있다.

(2) 모델링 역사

80년대 말부터 나타나기 시작한 객체지향 모델링 방법은 OMT(Object modeling technique), 부치 방법론(Booch method), OOSE(Object oriented software engineering), RDD(Responsibility driven design) 등 50여 가지 정도 있었다. 그 중 가장 많이 사용된 방법으로 OMT, 부치 방법론, OOSE 가 대표적이었다. 94년 말에 OMT방법론의 제임스 럼버(James rumbaugh) 박사가 부치 방법론의 그래디 부치(Grady booch)가 있는 래쇼날 소프트웨어(Rational software)사로 합류하였고 95년에는 OOSE의 이바 야콥슨(Ivar jacobson) 박사도 같이 합류하여 객체지향 분석/설계 표준화를 시작하게 된다. 마침내 97년 1월에 세 명의 노력으로 OMT, 부치 방법론, OOSE 세 방법론이 융화된 UML 1.0을 발표하게 된다. 이듬해 UML 1.1을 발표하여 기술표준 기구인 OMG에 표준인증을 받게 된다. 1999년에는 UML 1.3을 발표하고 2001년에는 UML 1.4를 발표하게 된다. 2003년에는 UML 2.0 최종 승인을 받고 현재 계속 업데이트 중이다.

(3) 모델링 방법

여러 가지 방법이 있겠지만 그중 가장 대표적인 제임스 럼버의 OMT, 그래디 부치의 부치 방법론, 이바 야콥슨의 OOSE, 최근 가장 각광받는 래쇼날 소프트웨어사의 UP(Unified Process), 새롭게 등장하고 있는 OMG의 MDA, 켄트 백, 워드 커닝험의 XP 등의 방법론에 대해서 알아본다.

① 제임스 럼버의 OMT(Object modeling technique)

제임스 럼버가 일했던 GE(General electric)에서 개발된 방법이다. OMT는 시스템 분석에 다음 세 가지 모델을 이용하여 시스템이 요구하는 객체를 완벽하게 기술할 수 있다.

- **객체 모델링(Object modeling)**: 시스템에서 필요한 객체를 찾아내고 객체의 속성과 객체들 사이의 관계를 규명한다.
- **동적 모델링(Dynamic modeling)**: 객체 모델링에서 나타낸 객체들의 행위와 상태를 포함하는 라이프 사이클을 나타낸다.

• **기능 모델링(Functional modeling)**: 각 객체의 변화로 인해 다른 상태로 전이 되었을 때 수행되는 동작들을 기술한다.

② 그래디 부치의 부치 방법론(Booch method)

부치는 '시스템은 몇 개의 뷰(View)로 분석된다.'고 생각했고 뷰는 모델 다이어그램으로 나타내었다. 거시적 개발 프로세스와 미시적 개발 프로세스를 모두 포함하고 단계적 접근과 자동화 도구를 지원한다.

실제로 여러 가지 다른 방법론을 통합하여 하나의 방법론으로 만들었는데 분석보다는 설계 쪽에 더 많은 중점을 두고 있다. 또한 부치 방법론은 객체지향 방법론에 대한 광범위한 이론적 배경을 제시하여 더 넓게 바라볼 수 있는 안목을 제공했다.

③ 이바 야콥슨의 OOSE(Object-orient software engineering)

야콥슨에 의해 만들어진 OOSE는 유즈케이스(Use case)를 강조한다. 유즈케이스는 외부 액터(External actor)와 상호 작용하는 시스템의 요구사항을 정의한다. 이렇게 정의된 유즈케이스는 개발, 시스템 테스트, 시스템 검증 단계에서 사용된다. OOSE는 실제로 방법론이 복잡하고 내적인 연관성이 강해서 초보자에게는 어려움이 있다. 하지만 큰 규모의 시스템 개발에는 강한 면모를 가지고 있어서 큰 시스템 개발에는 이점을 가지고 있다.

④ 래쇼날 소프트웨어사의 UP(Unified process)

UP는 현재 가장 많이 쓰이는 객체지향 방법론 중의 하나로 미국의 래쇼날 소프트웨어사에서 개발했다. 객체지향적으로 소프트웨어를 개발하는 프로세스를 정의한 방법론으로서, 소프트웨어를 개발하기 위한 일련의 활동과 작업, 그리고 산출물들을 작성하는 방법을 제시한다. 이바 야콥슨의 유즈케이스 중심적(Use-case driven) 방법을 사용하며 요구사항 식별로부터 분석, 설계, 구현, 테스트 등의 개발단계를 반복적으로 점진적으로 사용함으로써 완성도 높은 시스템을 개발할 수 있으며 아키텍처 중심적 설계가 특징이다. UP 역시 소프트웨어 개발을 위한 하나의 방법이지만, 다양한 유형의 소프트웨어, 다양한 문제 도메인 및 조직, 그리고 프로젝트 규모에 따라 적절히 확장하거나 수정해서 적용할 수 있는 유연한 구조를 제공한다.

⑤ OMG의 MDA(Model driven architecture)

MDA는 OMG에서 추진해온 OMA(Object management architecture)와 UML이 조합되어 만들어진 방법론으로 2001년 3월에 공식 발표되었다. MDA는 먼저 비즈니스 로직과 데이터 정의로 구성된 플랫폼 독립적 모델(PIM, Platform Independent Model)을 만든다. 이 PIM은 계속 수정 보안되며 J2EE와 같은 특정 미들웨어 플랫폼에 특화한 플랫폼 의존적 모델(PSM, Platform Specific Model)로 변환된다. 이 PSM을 이용하여 최종 어플리케이션 코드를 생성하게 된다. 따라서 MDA는 PIM을 이용하여 플랫폼에 상관없이 모델링 할 수 있으며 PSM을 사용하여 특정 플랫폼에 맞는 시스템을 개발할 수 있다는 장점이 있다.

⑥ **켄트 백, 워드 커닝험의** XP(eXtreme programming)

1996년 켄트 백(Kent Back)과 워드 커닝험(Ward Cunningham)이 만든 애자일(Agile) 방법론 중의 하나로, 소프트웨어 개발에 있어서 단순성(Simplicity), 소통(Communication), 피드백(Peedback), 존중(Respect), 용기(Courage)의 다섯 가지 가치 추구를 통해, 고객의 비즈니스 가치 실현을 최고의 목표로 하는 실천적인 개발 방법론이다. 요구사항을 적는 유저스토리(User story)와 위험성 있는 문제를 찾아낼 수 있는 간단한 프로그램인 스파이크 솔루션(Spike solution)을 만든다. 일정 주기마다 주기 계획을 세우고 주기별 개발을 하여 최단시간 내에 요구사항이 수렴된 시스템을 만드는 것이 XP의 목표이다. 요구사항 등의 변화가 자주, 많이 있거나 개발자가 소규모(10명 내외)이고 같은 공간을 사용하는 경우에 높은 효과를 볼 수 있다고 알려져 있다.

7.2.2 UML 개요

(1) UML 정의

UML은 소프트웨어 청사진을 작성하는 표준 언어로서, 소프트웨어 중심 시스템의 산출물을 가시화하고, 명세화하고, 구축하고, 문서화하는데 사용될 수 있다.

① **가시화 언어** : UML은 소프트웨어의 개념모델을 가시적인 그래픽 형태로 작성하여 참여자들의 오류 없고 원활한 의사소통이 이루어지게 하는 언어이다.

② **명세화 언어** : UML은 소프트웨어 개발과정인, 분석, 설계, 구현 단계의 각 과정에서 필요한 모델을 정확하고 완전하게 명세할 수 있게 하는 언어이다.

③ **구축 언어** : UML 언어는 다양한 객체지향 프로그래밍 언어로 변환 가능하다. 따라서 UML로 명세된 설계 모델은 구축하려는 프로그램 코드로 순변환 하여(순공학이라고 함) 구축에 사용가능하다. 또한 기 구축된 코드를 UML 모델로 역변환(역공학이라고 함)하여 분석을 하게 할 수도 있다.

④ **문서화 언어** : UML은 여러 개발자들 간의 통제, 평가, 및 의사소통을 위한 문서화를 위한 언어이다.

(2) UML 역사

80년대 후반과 90년대 초반 등장하기 시작한 객체지향 적 분석 및 설계방법론들 간의 치열한 경쟁 속에서 가장 유력한 방법론이었던 제임스 럼버의 OMT, 부치의 부치 방법론, 이바 야콥슨의 OOSE가 UML이라는 하나의 모델링 언어로 통합되게 되고 1997년 9월 래쇼날사는 UML버전 1.1을 발표하고 OMG에 의해 표준표기법으로 받아들여지게 된다. [표 7-1]은 UML의 역사를 요약한 것이다.

[표 7.1] UML 역사

시기	내용
1980년대 말~ 90년대 초반	50여 가지의 다양한 표현기법과 방법론 존재
1995년	부치의 부치 방법론과 제임스 럼버의 OMT 방법론 통합 OOPSLA'95 에 발표
1996년	이바 야콥슨의 OOSE 방법론이 추가 통합 UML 0.9 정의
1997년	1월 : UML 1.0 발표 9월 : UML 1.1 발표 (OMG에 표준화안 상정) 11월 : OMG 표준 인증
1999년	UML 1.3 발표
2001년	UML 1.4 발표
2003년	UML 2.0 승인
2011년	UML 2.4.1 발표
2012년	UML 2.5 발표

(3) UML 필요성

소프트웨어 시스템을 만들기 전에 모델을 만드는 것이 빌딩을 만들기 위한 설계도처럼 아주 중요한 역할을 한다. 따라서 소프트웨어 시스템을 만들기 위해서도 어휘와 규칙을 두어 시스템을 개념적/물리적으로 표현하는 모델이 필요하게 되었다. 이 모델로써 시스템의 구조적 문제와 프로젝트 팀 내의 의사소통, 그리고 소프트웨어 구조의 재사용 문제를 해결할 수 있게 되었다. 이로써 성공적으로 시스템을 만들기 위해서는 객체지향적인 분석과 설계를 위한 표준으로 인정받은 모델링 언어인 UML이 필요하게 되었다.

7.2.3 UML 구조

(1) UML 구성요소

UML은 모델의 기본 요소를 구성하는 '사물(Thing)'과 사물들 간의 관계를 나타내는 '관계(Relationship),'그리고 관련성이 있는 사물들 간의 관계를 도형 형태로 표현한 '다이어그램(Diagram)'의 3가지 구성요소로 이루어져 있다. [그림7.2]는 UML 구성요소를 그림으로 나타낸 것이다.

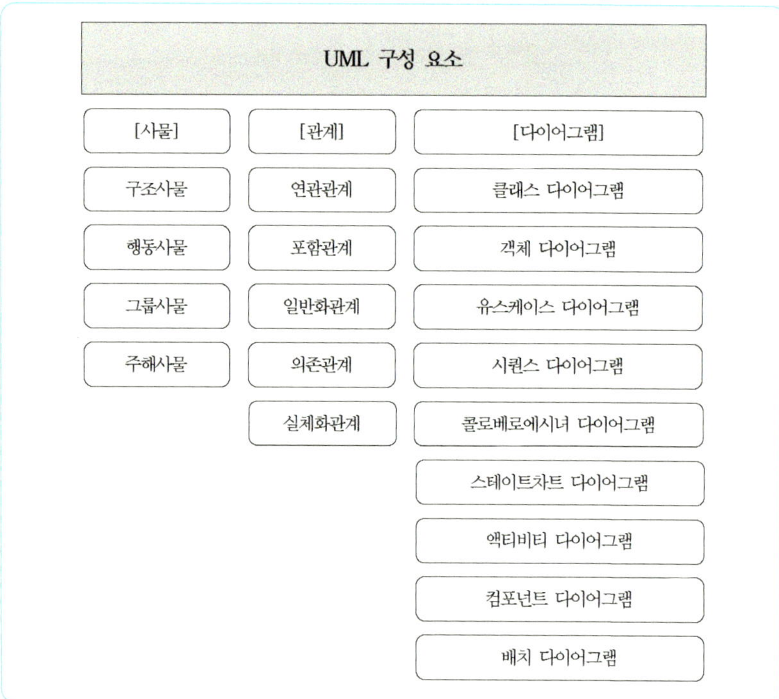

[그림 7.2] UML 구성요소

① **사물(Things)**

사물은 추상적 개념으로써 모델 구성의 기본요소가 된다. 시스템의 구조, 행위를 표현하고, 개념들을 그룹화 하는 것, 부가적인 설명을 위한 것들이 있다.

- 구조를 표현하는 사물
  - 클래스(Class): 동일한 속성, 오퍼레이션, 관계, 의미를 공유하는 객체 표현
  - 인터페이스(Interface): 외부적으로 가시화되는 요소의 행동표현
  - 객체(Object): 클래스의 인스턴스
  - 유즈케이스(Use case): 시스템이 행위자에게 제공하는 기능 표현

· 액티브 클래스(Active class): 쓰레드나 프로세스를 갖는 클래스를 표현
· 컴포넌트(Component): 물리적으로 관리되는 요소들의 패키지를 표현
· 노드(Node): 실행 시 나타나는 컴퓨터나 주변기기 등을 표현
- 행위를 표현하는 사물
· 인터랙션(Interaction): 객체 사이의 메시지, 활동순서, 연결을 표현
· 상태머신(State machine): 객체의 상태와 변화순서 표현
- 그룹화 하는데 사용하는 사물
· 패키지(Package): 요소를 그룹으로 묶어 표현
- 부가적으로 개념을 설명하는 사물
· 노트(Note): 주석 및 제약을 표현

② 관계(Relationships)

사물 간의 연결 관계를 추상화 한 것으로 다음 종류가 있다.

- 연관관계(Association): 구조적 관점에서의 사물들의 연결표현
- 포함관계: 사물 사이의 포함관계를 표현
- 일반화관계(Generalization): 사물간의 특수화, 일반화 관계 표현
- 의존관계(Dependency): 사물간의 영향을 미치는 관계표현
- 실체화관계(Realization): 사물의 수행하기로 되어있는 계약을 명세화

③ 다이어그램(Diagrams)

UML에는 다음과 같이 여러 가지 종류의 다이어그램이 존재하는데 이는 관련이 있는 사물들의 상호관계를 도형형태로 표현한 것이다.

- 요구 모델링에 사용되는 다이어그램
· 유즈케이스 다이어그램(Use case diagram): 외부 행위자, 즉 액터와 시스템을 사용하는 다양한 경우, 즉 유즈케이스의 관계를 구조적으로 표현한 다이어그램
- 구조 모델링에 사용되는 다이어그램
· 클래스 다이어그램(Class diagram): 시스템을 구성하는 클래스, 인터페이스 사이의

구조적 연관 관계를 표현한 다이어그램

· 객체 다이어그램(Object diagram): 특정 시점의 객체들의 구조적 상태를 표현한 다이어그램

· 컴포넌트 다이어그램(Component diagram): 소프트웨어의 물리적 단위의 구성과 의존관계를 표현한 다이어그램

· 배치 다이어그램(Deployment diagram): 노드에 존재하는 컴포넌트의 물리적 구성을 표현한 다이어그램

- 행위 모델링에 사용되는 다이어그램

· 시퀀스 다이어그램(Sequence diagram): 시스템 외부 이벤트를 처리하기 위하여 시스템 내부 객체 간에 주고받는 동적 메시지를 시간의 흐름에 따라 표현한 다이어그램

· 콜레보레이션 다이어그램(Collaboration diagram): 시퀀스 다이어그램과 동일한 내용을 객체 상호 관계의 관점에서 표현한 다이어그램

· 액티비티 다이어그램(Activity diagram): 시스템 내부의 활동 흐름을 표현한 다이어그램

· 스테이트 머신 다이어그램(State Machine Diagram): 시스템 내부의 상태전이를 표현한 다이어그램

(2) UML 메커니즘

분석 설계 내용을 쉽게 알 수 있도록 UML에서는 다음 방법을 이용하여 산출물을 작성한다

① 명세(Specification)

모든 UML 구성요소의 그래픽 표기에는 표준화된 명세법이 있어서 정확한 구문과 의미를 전달 할 수 있다. 예를 들어 클래스의 명세 표기법은 클래스의 이름, 속성, 오퍼레이션 등을 표현하는 방법을 제공한다.

② 장식(Adornment)

UML의 각 요소들은 요소의 중요한 특징을 표현하기 위해 고유한 그래픽 표기를 가지고

있다. 예를 들면, [그림 7.3] 에서 삼등분 되어있는 사각형은 클래스의 이름, 속성, 오퍼레이션을 그래픽하게 표현한 장식의 한 예이다.

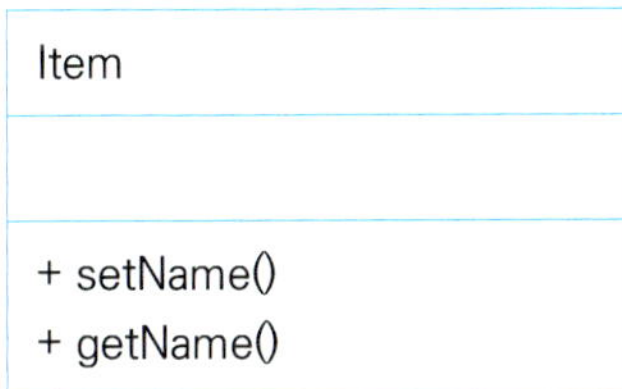

[그림 7.3] 장식

③ **공통분할(Common division)**

객체 지향 모델링에서는 클래스와 객체, 인터페이스와 구현과 같은 공통 분할의 개념이 있다. 예를 들어, [그림 7.4]에서 (a)에 있는 Student 개념을 표현한 클래스이고 (b)는 이 Student 개념을 구체화시킨 객체를 두 가지 형태로 표현한 것이다. (b)의 위의 Student 객체는 인스턴스 이름을 '김영훈'이라고 명시한 것이고, 아래의 객체는 명시하지 않은 것이다.

(a) 클래스 (b) 객체

[그림 7.4] 클래스 / 객체 공통 분할

UML에서도 이와 같은 클래스/객체 형태의 공통분할을 지원한다. 먼저, 클래스에 대하여 클래스 인스턴스인 객체가 존재하고 [그림 7.4]의 예와 같이 표현도 가능하다. 뿐만 아니라 유즈케이스에 대하여 유즈케이스 인터턴스가, 컴포넌트에 대응하여 컴포넌트 인스턴스가, 노드에 대한 노드 인스턴스가 존재한다. 또한 UML에서는 인터페이스/구현과 같은 형태의 공통분할도 지원한다. [그림 7.5]와 같이 인터페이스/구현에 표현이 가능하다.

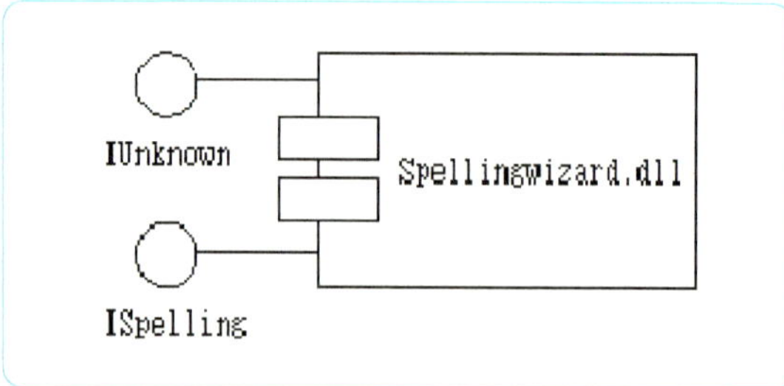

[그림 7.5] 인터페이스/구현 공통분할

④ **확장메커니즘(Extensibility mechanism)**

UML은 소프트웨어 모델을 표현하기 위한 표준화된 언어 표현 방법을 제공한다. 그러나 모든 종류의 모델을 모두 표현하기는 부족하기 때문에 다음과 같은 세 가지 통제된 형태로 부족한 부분을 확장하는 방법을 제공하고 있다.

- 스테레오타입(Stereotypes): UML의 기본적 요소 이외의 새로운 요소 만들어 내기 위한 확장 메커니즘이다. 형태는 기존의 UML의 요소를 그대로 사용하나 내부의미는 다른 목적으로 사용하도록 확장한다. 스테레오 타입 객체는 《 》 기호를 사용하여 표현한다.
- 꼬리표값(Tagged values): UML 구성 요소가 갖는 속성을 확장하여 구성요소의 명세서에 새로운 정보를 추가하기 위한 메커니즘이다. {tag = value} 기호를 사용하여 표현한다.
- 제약(Constraints): UML 구성 요소에 있는 이전의 규칙을 수정하거나 새롭게 생성하기 위한 메커니즘이다. { } 기호를 사용하여 표현한다.

[그림 7.6]은 확장 메커니즘의 예이다. 패키지에 스테레오 타입을 적용시켜서 서브시스템을 나타냈다. 또한 꼬리표를 사용하여 Billing 시스템의 버전을 표현하였다. 서류에 있는 은행계좌는 비밀이어야 하며 은행계좌는 법인 혹은 개인에 속해있다. OCL로 나타낸 제약을 보면 자신의 아내는 여성 이어야 하며 남편은 남성이어야 한다.

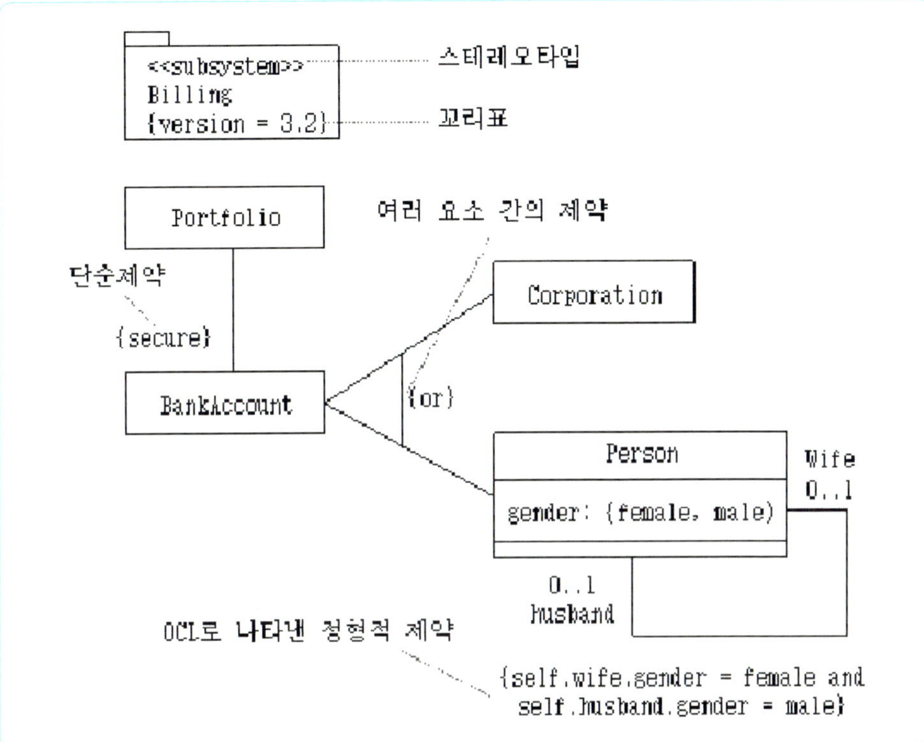

[그림 7.6] 확장 메커니즘

(3) UML 아키텍처

모델링 대상인 시스템의 소프트웨어 아키텍처를 여러 관점, 즉 뷰(View)에서 표현하기위하여 UML 다이어그램을 사용할 수 있다. [그림 7.7]은 소프트웨어 아키텍처를 나타내는데 일반적으로 많이 사용되는 유즈케이스 뷰를 중심으로 한 4+1의 구조를 나타낸 그림이다.

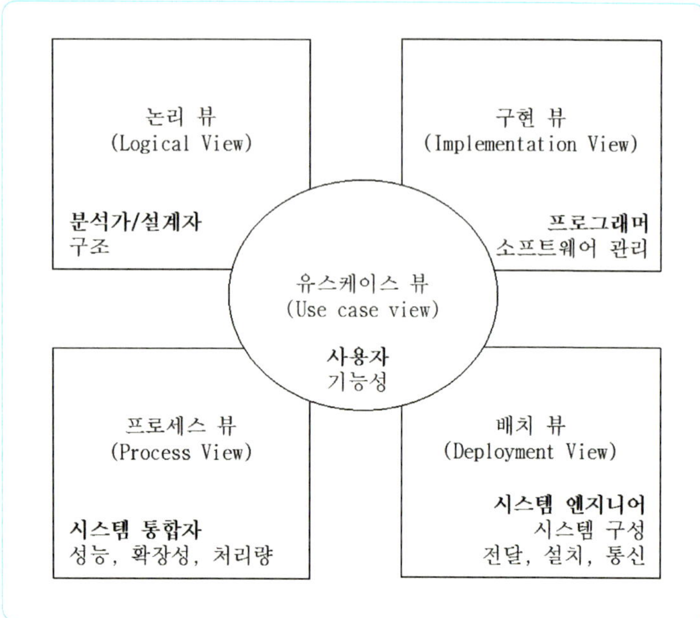

[그림 7.7] 4 + 1뷰 소프트웨어 아키텍쳐

- **유즈케이스 뷰(Use case view)**: 외부 액터에 의해 인식되는 시스템의 기능 요구사항을 보여주는 뷰이다. 유즈케이스 다이어그램에서는 유즈케이스 뷰의 정적인 모습을 표현하고 인터랙션 다이어그램, 스테이트 머신 다이어그램, 액티비티 다이어그램에서는 유즈케이스 뷰의 동적인 모습을 표현한다.

- **논리 뷰(Logical view)**: 기능적 또는 비기능적 요구사항을 달성하기위하여 시스템의 내부가 어떻게 설계되었는지를 보여주는 뷰이다. 논리 뷰의 정적인 모습은 클래스 다이어그램과 객체 다이어그램에서 표현하고, 동적인 모습은 인터랙션 다이어그램과, 스테이트 머신 다이어그램, 액티비티 다이어그램에서 표현한다.

- **프로세스 뷰(Process view)**: 시스템의 효율성 및 처리량 향상을 위하여 쓰레드나 프로세스를 사용하는 경우 발행하는 통신 및 동기화 등의 문제 등을 다루는 뷰이다. 정적/동적인 모습을 논리 뷰에서와 같은 종류의 다이어그램으로 나타낸다. 그러나 쓰레드와 프로세스를 표현하기 위해서는 액티브 클래스를 사용한다.

- **구현 뷰(Implementation view)**: 시스템의 구현 형태를 나타내기 위하여 컴포넌트와 같은 구현모듈과 그들 사이의 관계를 보여주는 뷰 이다. 정적인 부분은 컴포넌트 다이어그램으로, 동적인 부분은 인터랙션 다이어그램, 스테이트 머신 다이어그램, 액티비티 다이어그램으로 표현한다.

- **배치 뷰(Deployment view)**: 물리적 시스템의 구성을 노드와 그들 사이의 관계로 표현한 뷰이다. 정적인 부분은 배치 다이어그램에서 나타내고, 동적인 부분은 인터랙션 다이어그램, 스테이트 머신 다이어그램, 액티비티 다이어그램에서 나타낸다.

7.2.4 사물

사물은 모델의 구성 기본 요소로서 모델을 구성하는 추상적 개념이나 물리적 개체를 나타낸다. 사물은 구조사물, 행위사물, 그룹사물, 주해사물로 분류된다([그림 7.8] 참조).

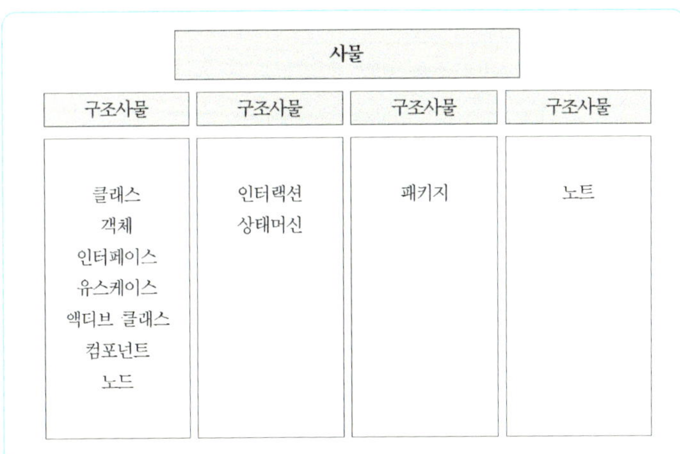

[그림 7.8] 사물의 분류

(1) 구조사물(Structural Things)

구조사물은 UML의 명사형으로 표현되며 모델의 정적인 부분을 나타내며 개념적/물리적 요소들을 표현한다. 구조사물에는 클래스(Class), 인터페이스(Interface), 콜러보레이션(Collaboration), 유즈케이스(Use case), 액티브 클래스(Active class), 컴포넌트(Component), 노드(Node) 가 있다.

① 클래스(Class)

동일한 속성, 오퍼레이션(Operation), 관계, 의미를 공유하는 객체의 집합으로써 객체지향에서 의미하는 클래스를 말한다. 프로그램에서 실행되기 위해서는 실제로 클래스에서 생성되는 객체를 필요로 하는데 동일 클래스에서 생성되는 이 객체들은 모두 동일한 속성, 오퍼레이션을 가지고 있다.

표기법

UML에서는 클래스를 [그림 7.9]와 같이 직사각형에 클래스명, 속성, 오퍼레이션을 나누어 표시한다. 클래스, 속성, 메서드 모두 표현할 수도 있고, 경우에 따라서는 속성이나 메서드를 생략하여 표현할 수도 있다.

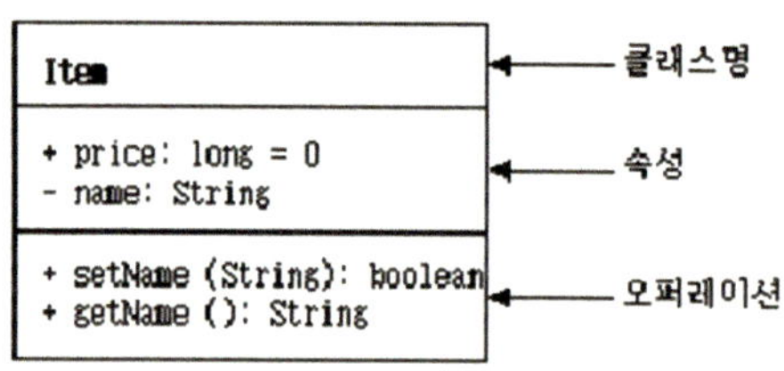

[그림 7.9] 클래스 표기법

- 클래스명: 클래스명에는 단순명과 경로명이 있다.
  · 단순명: 클래스의 자체 이름만을 표현한다. Customer
  · 경로명: 클래스가 속한 패키지명까지 표현한다. java::io::File
- 속성: 속성은 클래스가 지녀야 할 정보를 표현하는 것으로서, UML에서 속성을 표기하는 표기법은 다음과 같다. 가시성에는 4가지인 +(public), (private), #(protected), ~(package) 형태가 있다. +(public)은 외부 객체로부터 속성에 대한 직접적인 접근을 허용한다.
- (private)는 외부 객체로부터 속성에 대한 직접적인 접근을 허용하지 않는다. #(protected)는 같은 패키지 내의 객체와 속성이 #으로 선언된 클래스를 상속받은 하위 클래스로부터 속성에 대한 직접적인 접근을 허용한다. 그리고 ~(package)는 같은 패키지 내의 객체로부터 속성에 대한 접근을 허용한다. 속성명은 속성의 이름을 나타내며 속성타입은 float, String과 같은 속성 타입을 표현한다. 초기값은 초기에 할당되는 속성의 값을 표현한다. 다중성이나

속성 타입, 초기값, 그리고 프로퍼티는 생략 가능하기도 하다.

가시성(Visibility) 속성명[다중성] [:속성 타입] [=초기값][{프로퍼티}]

오퍼레이션(메서드): 오퍼레이션은 클래스가 지니고 있는 속성을 가지고 뭔가 작업을 수행하는 행위를 말한다. UML에서 오퍼레이션을 표기하는 표기법은 다음과 같다. 가시성에는 속성과 동일하게 3가지인 +(public), −(private), #(protected) 형태가 있다. 오퍼레이션명은 오퍼레이션 이름을 표현한다. 매개변수명은 오퍼레이션에서 처리해야 할 인자값을 표현하며 반환 타입은 리턴값의 타입을 표현한다.

가시성(Visibility) 오퍼레이션명[(매개변수명:매개변수타입) [: 반환 타입] [{프로퍼티 }]

- 추상클래스: 추상 클래스의 오퍼레이션들 가운데 구현이 없는 가상 함수는 함수명을 이탤릭체로 표현하게 되며, 이를 상속 받아서 구현한 하위 클래스들에서는 이 함수를 보통체로 표현하게 된다.

② 객체(Object)

클래스의 인스턴스로써 추상적인 개념의 클래스를 실제 프로그램에서 사용할 수 있는 형태로 구체화 시킨 것이다. 같은 클래스에서 생성된 객체는 속성, 오퍼레이션이 같다.

표기법

클래스의 표기법과 동일하게 직사각형에 객체명, 속성, 오퍼레이션을 나누어 표시한다. 객체명은 [그림 7-10]과 같이 콜론으로 연결하여 클래스명과 같이 적으며 밑줄을 그어 객체임을 표시한다. 속성이나 메서드를 생략하여 표현할 수도 있다.

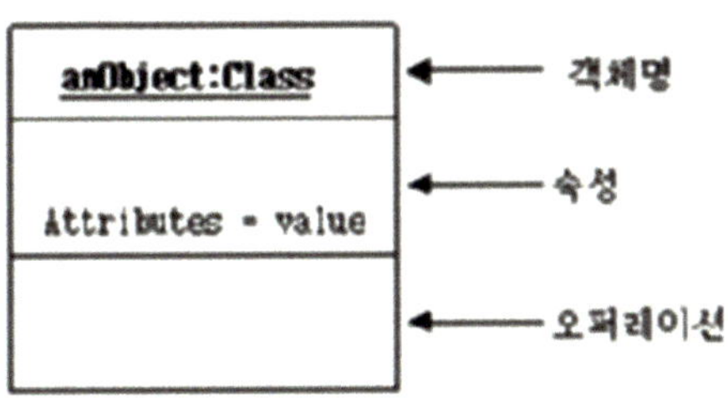

[그림 7.10] 객체 표기법

- 클래스명: 클래스

③ 인터페이스(Interface)

인터페이스란 클래스나 컴포넌트가 제공하는 서비스들을 나타내는 오퍼레이션들의 집합을 나타내는 클래스의 일종이다. 따라서 인터페이스에는 함수들의 시그너처(Signature)만 명세할 뿐 함수 구현은 전혀 존재하지 않는다. 상태 값도 존재할 수 없다. 인터페이스의 구현은 인터페이스를 상속한 클래스에서 한다. 인터페이스도 추상 클래스처럼 객체를 생성할 수 없으며, 인터페이스는 추상 클래스와 달리 속성이나 함수 구현은 전혀 가질 수 없다. 그리고 인터페이스와 인터페이스 간에는 일반화 관계가 이루어지나, 인터페이스와 클래스 간에는 일반화 관계가 이루어질 수 없다. 클래스와 인터페이스 간에는 실현(Realization) 관계로 표현한다.

표기법

원으로 표현하고 인터페이스명을 아래쪽에 표시하거나 클래스 형식으로 표현하고 스테레오타입으로 〈〈interface〉〉를 사용할 수 있다. 인터페이스명에는 단순명과 경로명이 있다.

· 단순명: 인터페이스 자체 이름만을 표현한다. → ItemServiceIF

· 경로명: 패키지명까지 표현한다. → Service::ItemServiceIF

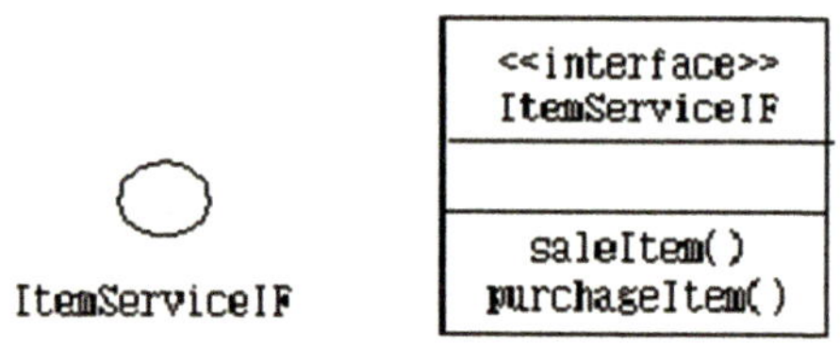

(a) (b)

[그림 7.11] 인터페이스 표기법

④ 유즈케이스(Use case)

유즈케이스는 시스템이 액터에게 제공하는 기능을 표현한 것이다.

표기법

실선으로 타원을 표현하고 원 내부에 유즈케이스명을 표시한다. 유즈케이스명에는 단순명과 경로명이 있다. 자세한 설명은 7.2.6절에서 다룬다.

· 단순명: 인터페이스 자체 이름만을 표현한다.
· 경로명: 패키지명까지 표현한다.

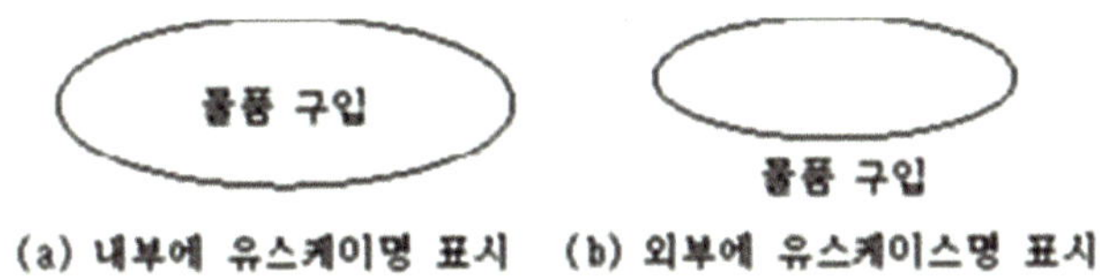

[그림 7.12] 유즈케이스 표기법

⑤ 액티브 클래스(Active class)

객체가 하나 또는 그 이상의 프로세스(Process)나 쓰레드(Thread)를 갖는 클래스를 표현한다. 이 클래스의 객체는 다른 요소들과 동시적으로 발생할 수 있으며 제어활동도 할 수 있다.

표기법

클래스와 같이 직사각형에 표시하며 테두리의 선을 굵게 표시한다.

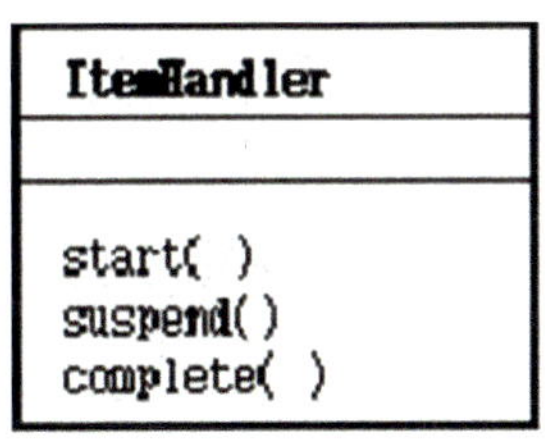

[그림 7.13] 액티브 클래스 표기법

⑥ **컴포넌트(Component)**

시스템에서 물리적으로 관리되는 클래스, 인터페이스, 콜레보레이션 등의 요소를 패키지화 한 것을 나타낸다.

표기법

두개의 작은 직사각형이 붙은 직사각형으로 표현하고 내부에 컴포넌트명을 표시한다. 컴포넌트명에는 단순명과 경로명이 있다.

· 단순명: 컴포넌트 자체 이름만을 표현한다.
· 경로명: 패키지명까지 표현한다.

– 꼬리표 값을 추가하여 정보 추가 가능
– 의존, 연관, 일반화 표현 가능하다.
– 컴포넌트를 연결하는 수단으로 인터페이스를 사용한다.

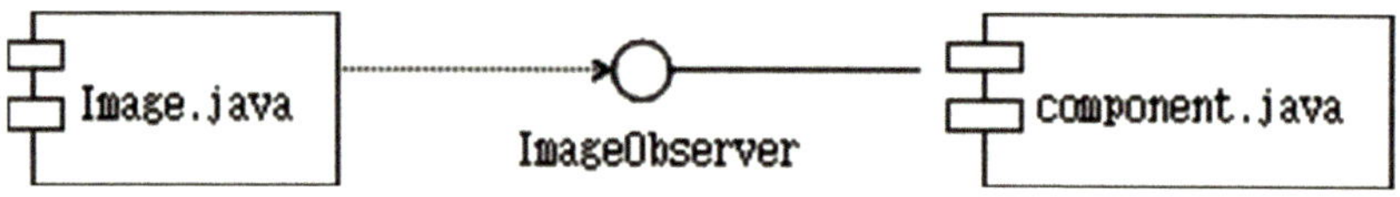

[그림 7.14] 컴포넌트 표기법

⑦ **노드(Node)**

실행 시에 존재하는 물리적 요소이며 컴퓨터나 네트워크 기기 등을 나타낸다.

표기법

육면체로 표현하고 겉면에 노드명을 표시한다.

[그림 7.15] 노드 표기법

(2) 행동사물(Behavioral things)

행동사물은 UML 모델의 동사형으로써 주로 모델의 동적인 부분을 나타내며, 시간과 공간에 따른 행동을 표현한다. 행동사물에는 인터랙션(Interaction)과 상태머신(State machine)이 있다.

① 인터랙션(Interaction)

지정된 목적을 완성하기 위하여 특정 문맥에 속한 객체들 사이에 주고받는 메시지(Message)들로 구성되어 있다. 객체 사이의 메시지, 활동 순서, 객체 사이의 연결 등을 표현한다.

표기법

화살표로 표현하며 화살표 위에 인터랙션명을 표시한다.

[그림 7.16] 인터랙션 표기법

② 상태머신(State machine)

상태머신은 객체 혹은 인터랙션에 발생하는 이벤트에 대한 객체의 상태와 상태의 변화 순서를 나타낸다.

표기법

모서리가 둥근 직사각형으로 표현하고 내부에 상태 머신명을 표시한다.

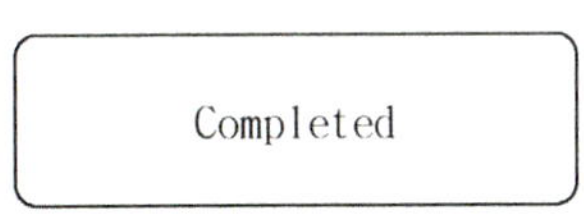

[그림 7.17] 상태머신 표기법

(3) 그룹사물(Grouping Things)

그룹사물은 UML 모델의 다른 사물들을 그룹화 하는 기능을 한다. 그룹사물에는 패키지(Package)가 있다.

- 패키지(Package)

패키지는 요소를 그룹으로 묶는 기능을 한다.

표기법

작은 직사각형이 붙은 직사각형으로 표현하고 패키지명을 표시한다. 직사각형 내부에 포함되는 요소들을 직접 표시할 수 있다.

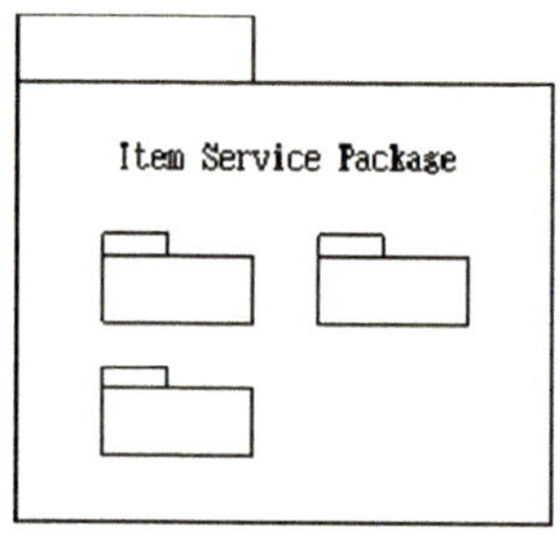

[그림 7.18] 패키지 표기법

(4) 주해사물(Annotation things)

주해사물은 UML 모델을 설명하는 부분으로써 모델의 다른 사물들의 이해를 돕는다. 주해사물에는 노트(Note)가 있다.

- 노트(Note)

노트는 첨부되는 주석 또는 제약을 기술하는 기호이다.

표기법

우측 모서리가 접힌 직사각형으로 표현하고 문자 또는 그림을 사용하여 표현한다.

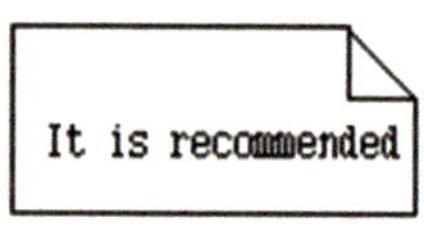

[그림 7.19] 노트 표기법

7.2.5 관계 (Relationships)

관계는 사물간의 의미 있는 관계를 표현한다. 관계에는 연관관계, 포함관계, 일반화 관계, 의존관계, 실체화 관계가 있다.

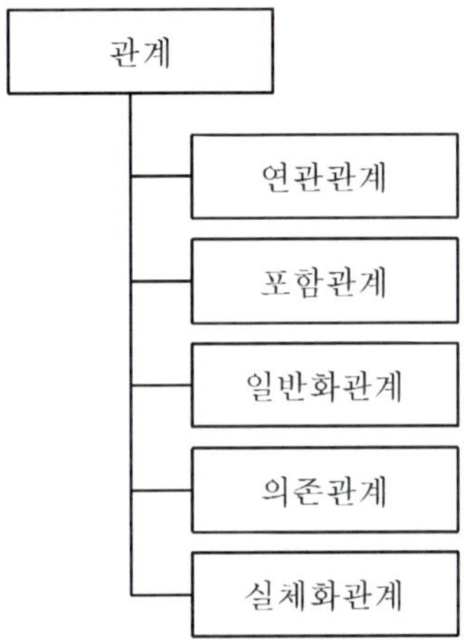

[그림 7.20] 관계의 분류

(1) 연관관계(Association)

연관관계는 일회성이 아닌 지속적으로 유지되는 구조적 관계로서 사물 객체들 간의 연결 관계를 나타낸다.

표기법

실선으로 표현하고 연관관계가 양방향인 경우에는 화살표를 표시하지 않고 단방향일 경우만 표시 한다

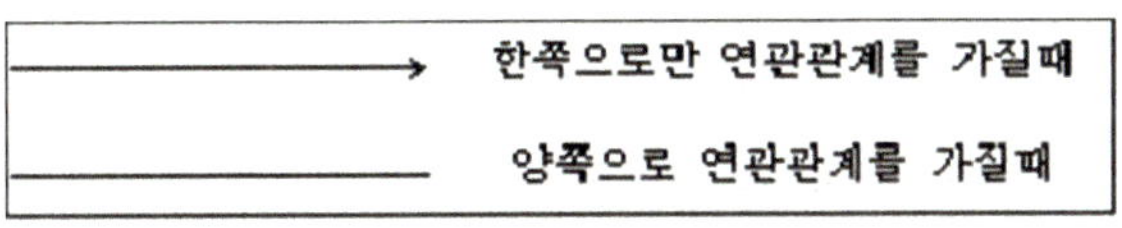

[그림 7.21] 연관관계의 방향

연관관계의 양쪽 끝에 연관관계에 있는 클래스의 인스턴스(객체)들의 대응 관계를 표현할 수 있는데, 이를 다중성(Multiplicity)라고 한다. 이 다중성은 개체 관계도(Entity Relationship Diagram:ERD)에서 말하는 Cardinality와 Modality 개념을 의미한다. 또한 연관관계의 양쪽 끝에 각각의 클래스가 해당 연관관계에서 지니는 역할 명을 표현할 수도 있다. 예를 들어, [그림 7.22]에서 교수와 학생은 일대다의 연관관계이다. 교수 한 명당 배정된 학생 수는 한명 이상이고 교수의 역할은 teacher, 학생의 역할을 student이다. 교수가 학생에게 가르치기 때문에 연관관계 방향이 학생 쪽으로 향하고 있으며 연관관계명은 teach로 하였다

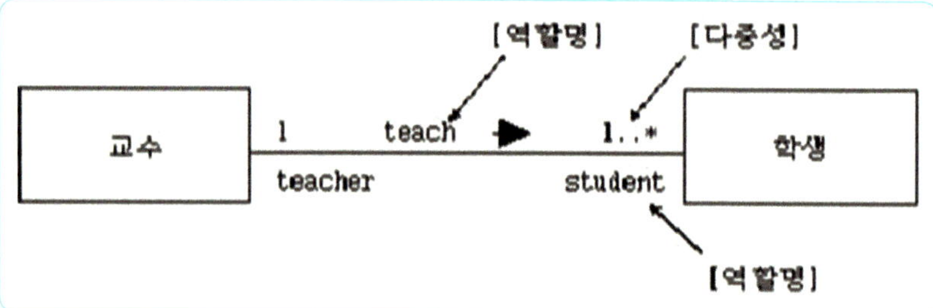

[그림 7.22] 연관관계의 표기법

(2) 포함 관계

연관관계의 특수형태로 사물 사이의 포함관계를 나타낸다. 포함관계에는 다음과 같은 두 가지 종류가 있다.

① 집합연관(Aggregation)

'part-of' 관계로써, 한 사물이 또 다른 사물을 포함하는 전체와 부분간의 구조적 관계를 의미한다. 포함되는 사물(부분)이 없이는 포함하는 사물(전체)의 객체가 완성되지 않는 것이다. 예를 들어, 자동차와 바퀴 관계를 보면 된다. 자동차 객체가 완성되려면, 바퀴라는 객체를 포함하지 않고는 완전한 자동차 객체가 생성되지 못하는 것이다.

② 합성연관(Composition)

합성연관은 집합연관과 비슷하게 사물간의 포함관계를 표현한다. 그러나 차이점은 합성

연관이 집합연관 보다 더 강한 포함 관계를 지닌다. 여기서 강하다는 의미는 집합연관에서는 부분은 한 사물뿐만 아니라 다른 사물에도 포함될 수 있지만, 합성연관에서는 부분은 단지 하나의 사물에만 포함 되어야 한다. 따라서 집합연관에서는 전체 객체가 소멸되어도 부분 객체는 소멸되지 않고 존재할 수 있지만, 합성연관에서는 전체 객체와 부분 객체가 생명주기를 같이하기 때문에, 전체 객체가 생성될 때 동시에 부분 객체가 생성되고 전체 객체가 소멸될 때에 동시네 부분 객체가 소멸된다. 즉, 부분은 전체에 종속되어 전체 없이는 부분도 있을 수 없다.

표기법

연관관계의 한 종류 이므로 실선으로 표현하되 집합연관은 전체 쪽에 속이 흰 다이아몬드로 표현하고 합성연관은 전체 쪽에 속이 검은 다이아몬드로 표시한다.

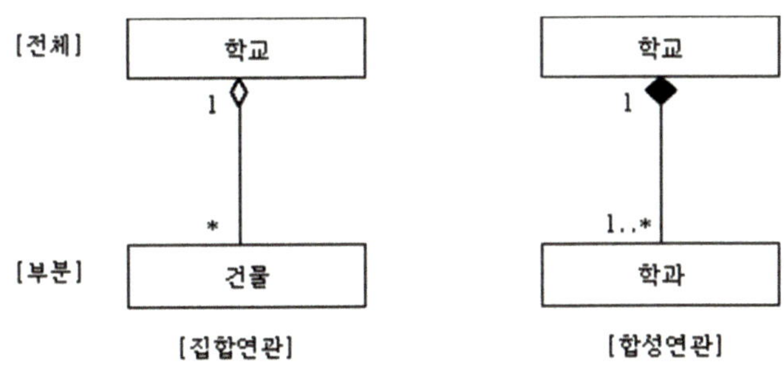

[그림 7.23] 집합 / 합성 연관관계의 표기법

(3) 일반화관계(Generalization)

일반화관계는 'is–a kind–of' 관계로써 특수화, 일반화된 사물간의 관계를 표현한다. 클래스와 클래스, 유즈케이스와 유즈케이스 사이의 상속 관계를 표현한다.

표기법

특수 사물에서 일반 사물 쪽으로 향하는 속이 빈 삼각형이 있는 실선 화살표로 표현 한다

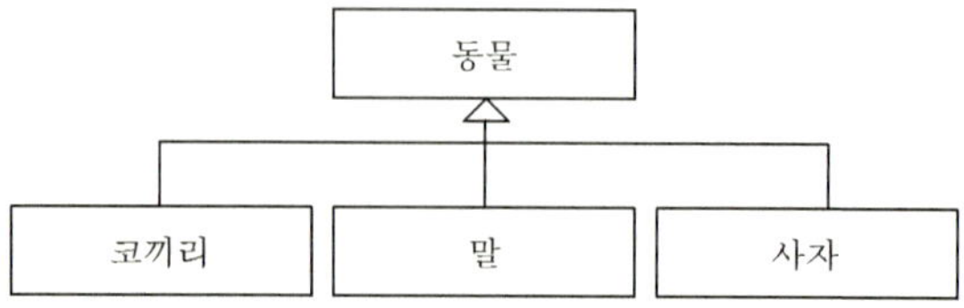

[그림 7.24] 클래스간의 일반관계 표기법

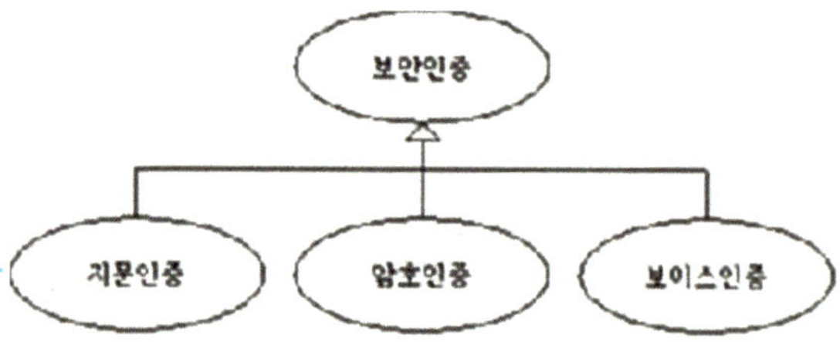

[그림 7.25] 유즈케이스의 일반관계 표기법

(4) 의존관계(Dependency)

의존관계는 두 사물간의 의미적 관계로서, 한쪽 사물의 명세의 변화가 다른 사물에 영향을 주는 관계를 표현한다.

표기법

의존 관계 방향으로 점선 화살표를 사용하고 표현한다. 필요할 경우 선위에 설명을 넣는다.

[그림 7.26] 의존관계 표기법

(5) 실체화관계(Realization)

분류자간의 의미적 관계이다. 한 분류자가 다른 분류자가 수행하기로 한 계약을 명세 한

다. 인터페이스-클래스, 인터페이스-컴포넌트 간의 관계에 나타낼 수 있다.

표기법

일반화관계와 의존관계를 합쳐서 인터페이스 쪽에 빈 삼각형이 있는 점선으로 표현한다.

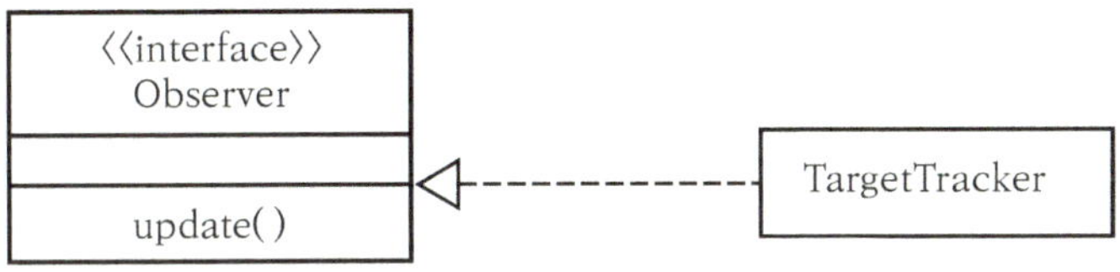

[그림 7.27] 실체화 계 표기법

7.2.6 UML 다이어그램들 소개

[그림 7.28] 다이어그램의 분류

(1) 클래스 다이어그램(Class diagram)

클래스 다이어그램은 시스템을 구성하는 클래스와 인터페이스 사이의 유지하는 지속적인 정적인 관계를 나타낸 다이어그램으로서 객체지향 시스템 모델링에서 가장 많이 사용되는 다이어그램이다. 클래스 다이어그램은 시스템의 논리 뷰를 모델링할 때에도 사용되고 컴포넌트 다이어그램과 배치 다이어그램의 기초가 된다. 순/역공학을 통해 시스템을 구축하고 분석하는데도 사용된다.

관련된 표기법은 앞에서 설명하였으므로 여기서는 생략한다. [그림 7.29]는 클래스 다이어그램의 한 예이다. 학교는 0명 이상의 학생으로 구성된 집합연관이고 학생은 여러 수업을, 수업은 여러 명의 학생을 수용할 수 있는 다대다 관계이다. 교수 한명 당 0개 이상의 수업을 담당한다.

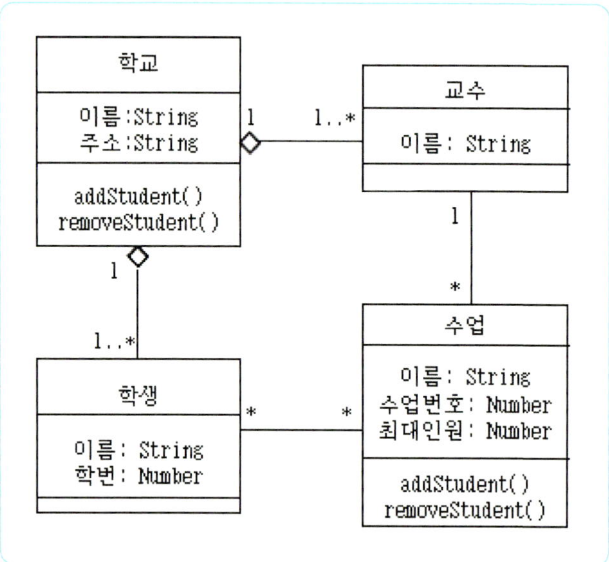

[그림 7.29] 클래스 다이어그램 예

(2) 객체 다이어그램(Object diagram)

객체 다이어그램은 클래스 다이어그램에 포함된 사물의 인스턴스를 모델링하는데 특정 시점의 객체와 객체 사이의 관계로 표현한다. 시스템의 정적 디자인 뷰나 정적 프로세스 뷰를 모델링할 때 객체 다이어그램을 사용한다. 관련된 표기법은 앞에서 설명하였으므로 여기서는 생략한다. [그림 7.30]은 객체 다이어그램의 한 예이다. 학교 클래스의 객체인 sc1은 이름, 주소라는 속성을 가지고 있는데 현재 이름은 "우리학교"라는 문자열 값이, 주소는 "한국"이라는 문자열 값을 가지고 있다. 학생 클래스의 객체인 st1은 이름, 학번이라는 속성을 가지고 있는데 현재 이름은 "김용"이라는 문자열 값을, 학번은 001463이라는 숫자값을 가지고 있다.

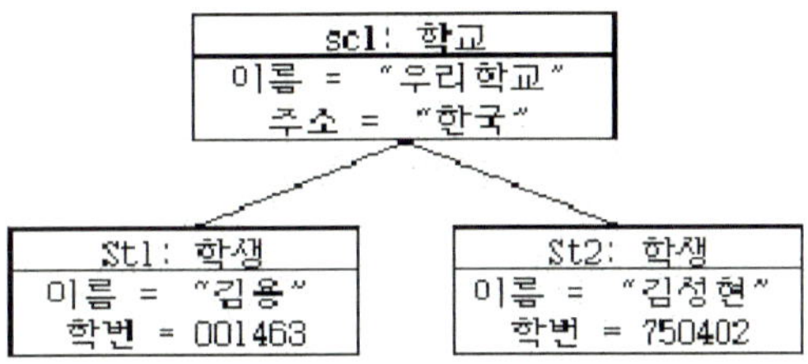

[그림 7.30] 객체 다이어그램 예

(3) 유즈케이스 다이어그램(Use case diagram)

UML에서는 시스템의 요구사항을 보다 효율적으로 도출하기 위한 장치로 유즈케이스 다이어그램을 제공하고 있다. 유즈케이스 다이어그램에서는 요구사항들 가운데서 기능적인 요구사항을 유즈케이스란 단위로 표현하고 액터와 이들 사이의 관계를 표현한다. 유즈케이스 다이어그램은 다음과 같은 요소들로 구성되어 있다.

① 액터(Actor)

액터는 시스템 외부에 존재하는 개체로서 시스템과 관련하여 시스템을 접근하는 사용자의 역할 명을 액터로 표현하기도 하고, 시스템 외부에 존재하는 타 시스템이나 타 데이터베이스 서버 등을 표현하기도 한다.

표기법

[그림 7.31] 과 같이 스틱맨으로 표시하고 하단에 액터의 이름을 명시한다.

액터

[그림 7.31] 액터 표기법

② **유즈케이스**

유즈케이스는 액터가 특정 목표를 달성하기 위하여 해당 시스템에서 수행해야 하는 일련의 행동들로서, 시스템에서 제공해야 하는 독립적인 기능군을 의미한다. 따라서 한 유즈케이스는 데이터베이스의 트랜잭션 개념처럼 일단 유즈케이스가 실행되면 그 유즈케이스는 완전히 해당 기능에 대한 수행을 종결시켜야 한다. 예를 들어, '회원 가입'이란 유즈케이스의 경우를 살펴보자. 액터가 시스템에 회원 가입을 요청하면, 시스템은 액터에게 회원 정보 입력을 요청하게 될 것이고, 액터가 회원 정보를 입력하면, 입력된 정보들에 대해서 제대로 정보들이 입력되었는지 검사하고, 오류가 없으면 새로운 회원 정보를 하나 생성하여 데이터베이스에 등록하고 등록 결과 메시지를 액터에게 보여 줌으로써 '회원 가입'이란 유즈케이스의 수행을 마무리 짓는다.

③ **연관관계(Association)**

유즈케이스 다이어그램에서 연관관계는 액터와 유즈케이스 간의 관련성을 표현하는 장치이다. 일반적으로 액터가 시스템 내의 기능인 유즈케이스를 접근하기 때문에 연관관계 표현에 있어서 액터에서 유즈케이스로 화살표가 향하게 된다. 이러한 액터를 다른 말로 능동적 액터(Active Actor)라고도 하는데 일반적으로 능동적 액터에 대한 연관관계의 화살표는 생략 가능하다. 그러나 때로는 반대로 유즈케이스에서 액터로 화살표가 향하게 되는 경우도 있다. 이러한 경우는 해당 유즈케이스를 수행하는 도중이나 혹은 수행 후의 정보가 액터로 보내져야 할 경우이다.

예를 들어, [그림 7.32]에 표현된 것처럼 인터넷 쇼핑몰에서 '결제'유즈케이스와 같은 경우를 보자. 해당 쇼핑몰에서 '결제'유즈케이스를 수행하는 도중에 카드 결제인 경우에 카드 정보를 카드 회사 서버인 카드 결제 시스템 액터로 보내져야 한다. 이러한 경우에 있어서는 유즈케이스에서 액터로 화살표가 표현되게 된다.

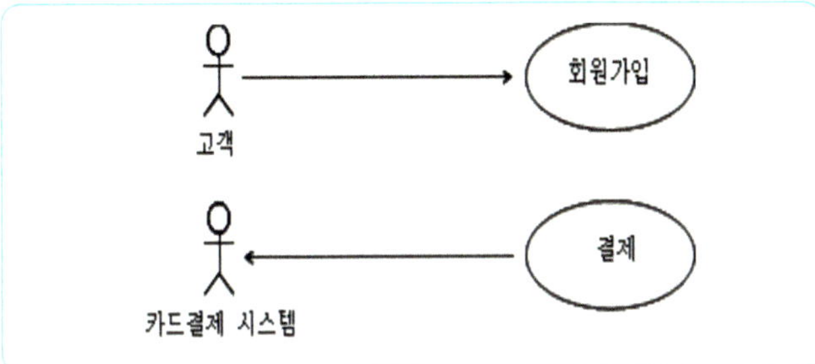

[그림 7.32] 액터와 유즈케이스간의 연관관계 표기법

④ **포함관계(include)**

유즈케이스 다이어그램에서 유즈케이스들 간의 관계를 표현하는 장치로는 include 관계와 extend 관계가 있다. include 관계는 여러 유즈케이스들에서 중복적으로 나타나는 기능들에 대해서 이러한 기능들을 별도의 유즈케이스로 추출하여 관련된 유즈케이스와 연결을 맺어줄 때 표현하는 장치이다. 따라서 include 관계를 맺는 유즈케이스는 여러 유즈케이스들에서 중복적으로 사용된다.

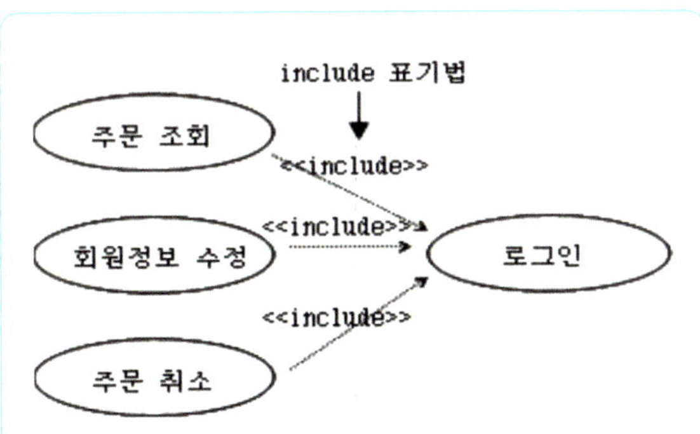

[그림 7.33] include 표기법

⑤ **확장관계(extend)**

extend 관계는 특정 한 유즈케이스 내에서 유즈케이스 내의 흐름이 특정 시점에서 여러 가지 형태로 분류 될 경우에 표현하는 장치이다. 따라서 extend 관계에 있는 유즈케이스는 include 관계처럼 여러 유즈케이스에 걸쳐서 중복적으로 사용되지 않고, 한 유즈케이스로만 파생되어 표현된다.

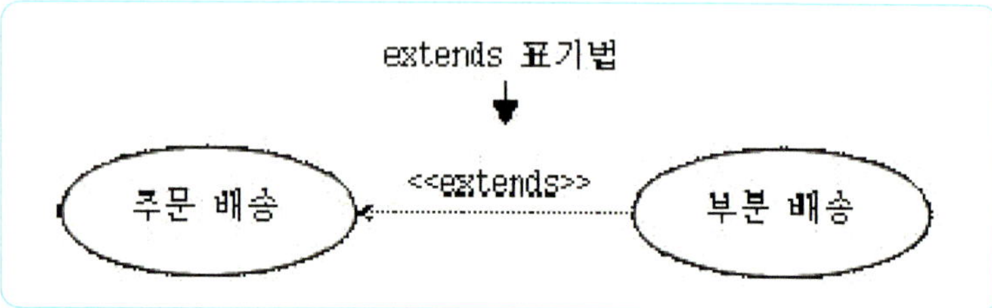

[그림 7.34] extends 표기법

[그림 7.35]는 유즈케이스 다이어그램의 한 예이다.

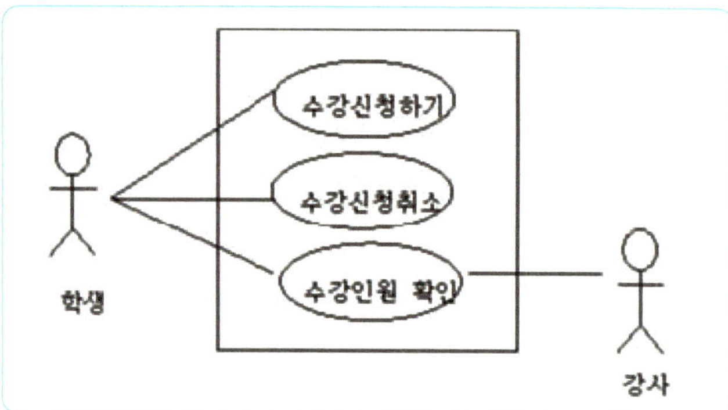

[그림 7.35] 유즈케이스 다이어그램 예

(4) 시퀀스 다이어그램(Sequence diagram)

시퀀스 다이어그램은 시스템 내부에서 일어나는 동적인 면을 표현하는 다이어그램이다. 객체와 객체 간의 관계와 객체들 간의 주고받는 메시지 교환을 나타낸다. 콜레버레이션 다이어그램과 유사하지만 시퀀스 다이어그램은 객체들 사이의 주고받는 메시지의 순서를 강조한 다이어그램이다.

표기법

① (객체): 상호작용에 참여하는 개체

② ⋮ (생명선): 객체의 존재하는 시간을 표현

③ (함수호출, 제어흐름: Procedure call, Flow of control): 다른 객체의 함수 호출이나 시그널과 같은 메시지를 보냄

④ → (비동기메시지: Asynchronous message): 다른 객체로의 제어흐름의 이동

⑤ (재귀메시지): 객체 자신의 함수를 호출

⑥ → (리턴) : 호출객체에 값을 되돌려준다

⑦ ✕ (소멸) : 객체를 소멸시키는 것으로 객체는 자기 자신을 소멸시킬 수도 있다.

[그림 7.36]은 POST(Point of Sale Terminal) 시스템에서 물품 판매과정 중 일부분이다. POST 객체는 enterItem(upc,qty)의 파라미터로 upc코드와 qty(수량)을 입력받는다. POST 객체는 Sale 객체를 생성하고 Sale 객체는 SalesLineItem 객체를 생성한다. POST는 ProductCatalog의 specification(upc)함수를 사용해 upc코드에 해당하는 물품의 상세정보를 얻는다. 얻는 과정에서 ProductCatalog는 ProductSpecification의 find(upc)함수를 호출하게 된다. POST 객체는 Sale의 makeLineitem(spec,qty)함수를 사용하여 sl:SalesLineItem을 생성하고 SalesLineItem 객체의 add(sl)함수를 사용하여 추가한다.

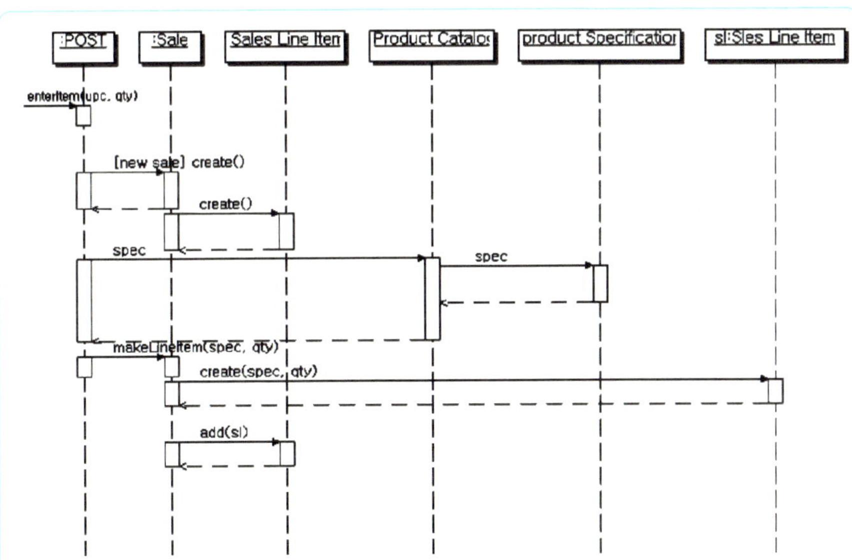

[그림 7.36] 시퀀스 다이어그램 예

(5) 커뮤니케이션 다이어그램(Collaboration diagram)

커뮤니케이션 다이어그램은 시퀀스 다이어그램과 마찬가지의 객체들 사이의 메시지 교환의 순서를 표현한다. 하지만 커뮤니케이션 다이어그램은 객체와 객체들 사이의 관계표현에 더 효과적이다.

표기법

① ▭ (객체): 상호작용에 참여하는 개체
② ___ (링크): 객체간의 의미적 연결, 메시지 전달 경로
③ ↩ (재귀메시지): 객체 자신의 메시지 호출
④ ⟶ (메시지): 객체 간 정보 전달 규약
⑤ 1.1 (메시지 전달 순서): 메시지 전달 순서를 나타내며 1, 1.1, 1.2 와 같이 단계별로 순서가 적용된다.

[그림 7.37]은 [그림 7.36]의 시퀀스 다이어그램에 대한 커뮤니케이션 다이어그램이다.

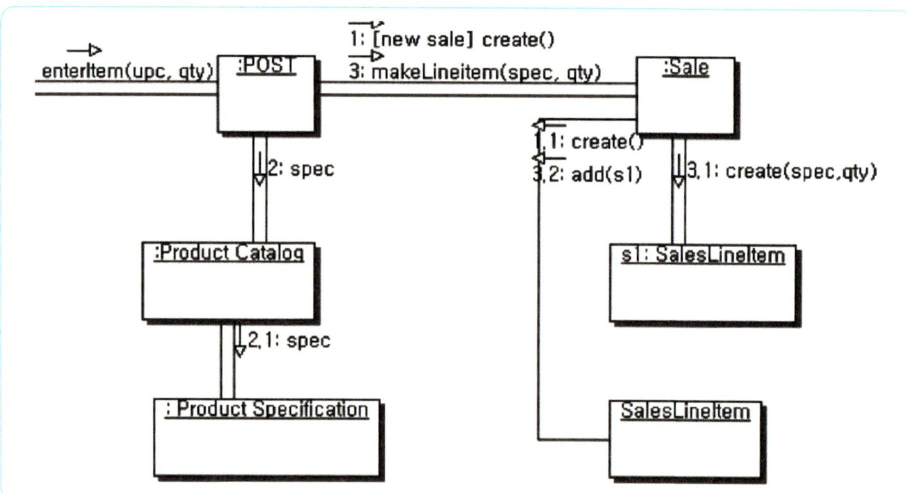

[그림 7.37] 커뮤니케이션 다이어그램 예

(6) 스테이트 머신 다이어그램(State Machine diagram)

시스템의 동적인 모습을 나타내는 스테이트 머신 다이어그램은 사건에 따라 순차적으로

발생하는 한 객체의 상태변화를 표현한다.

표기법

① ▭ (상태): 객체의 상태, 특정한 속성의 값으로 표현 가능
② ● (시작): 객체의 상태변화가 시작되는 곳
③ ◉ (종료): 객체의 상태변화가 종료되는 곳
④ ⟶ (전이): 다른 상태로 변화하는 것
⑤ ⮐ (재귀전이): 어떤 상태에서 자신의 전이를 호출

[그림 7.38]은 스테이트 머신 다이어그램의 한 예이다. 대기상태에서 수강신청을 하기 위해 수강신청 페이지에 접속한다. 로그인을 하고 과목목록을 확인한 뒤 과목을 선택한다. 선택한 과목의 수업을 선택하면 수강신청이 완료된다.

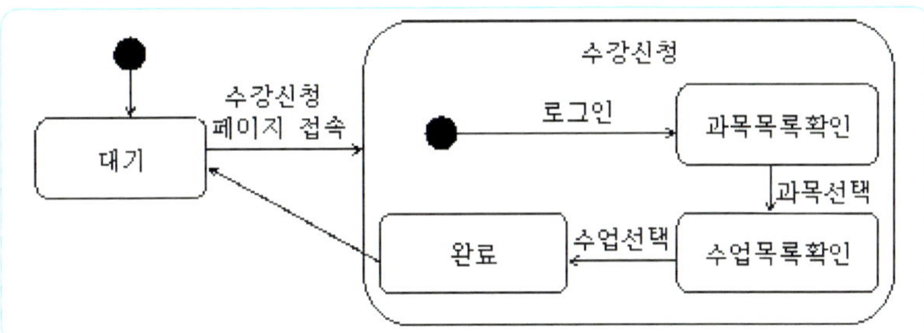

[그림 7.38] 스테이트 머신 다이어그램 예

(7) 액티비티 다이어그램(Activity diagram)

액티비티 다이어그램은 시스템 내부의 활동의 흐름을 표현한다. 플로우차트(Flowchart)와 비슷하여 제어흐름을 표현하는데 적합하다. 하지만 기존 플로우차트와 차이점은 행위에 따라 변화하는 객체의 상태를 표현할 수 있다는 것이다.

표기법

① ▭ (상태): 객체가 가질 수 있는 조건이나 상황
② ⬭ (액티비티): 행위나 작업을 의미
③ ● (시작): 상태변화가 시작되는 곳, 객체의 생성시점이 시작상태

④ ◉ (종료): 객체 상태변화가 종료하는 곳, 객체의 소멸시점
⑤ ⟶ (전이): 하나의 상태에서 다른 상태로 변화하는 것
⑥ ⮐ (재귀전이): 어떤 상태에서 자기 자신의 전이를 호출하는 경우
⑦ ▬ (동기화): 병행처리가 시작되거나 모이는 곳
⑧ ◇(분기): 논리식의 결과 값에 따라 분기가 일어남
⑨ ▭ (스윔레인:swinrain): 역할에 따른 구분이나 조직에 따른 구분 등으로 사용가능하다.

[그림 7.39]는 액티비티 다이어그램의 한 예이다. 수강신청 페이지에 접속하여 과목을 선택한 뒤 수업을 선택하여 잔여좌석을 확인한다. 잔여좌석이 없을 경우 과목선택부터 다시 시작한다. 잔여좌석이 있을 경우 수업등록을 하고 완료하게 된다.

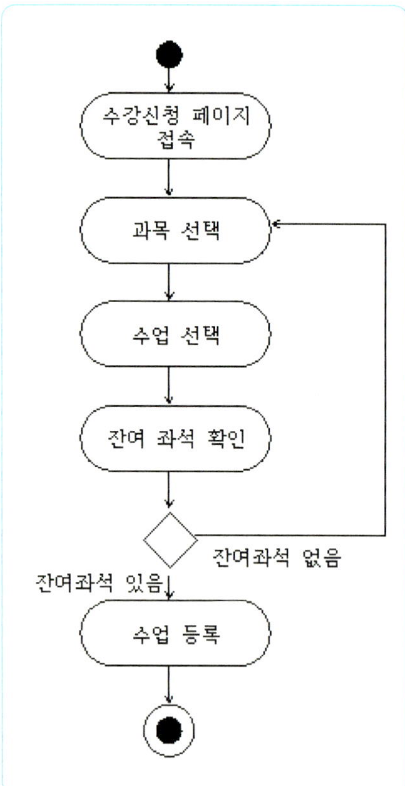

[그림 7.39] 액티비티 다이어그램 예

(8) 컴포넌트 다이어그램(Component diagram)

컴포넌트 다이어그램은 실제 구현된 모듈인 컴포넌트들 간의 관계를 표현해 주는 모델로서 4+1 뷰에서는 배치 다이어그램과 함께 구현 뷰를 표현하는 장치로 분류된다. UML에서 논리적인 설계는 유즈케이스 다이어그램, 클래스 다이어그램, 상호 작용 다이어그램(Interaction Diagram), 상태 다이어그램, 활동 다이어그램 등과 같은 다이어그램들로 표현되는 반면에 이러한 논리적 설계에 대한 구현은 컴포넌트 다이어그램과 배치 다이어그램을 이용하여 완성하게 된다.

표기법

① (컴포넌트): 물리적이며 교체 가능 한 시스템의 부분
② (패키지): 요소들을 그룹으로 묶어서 표현
③ ·····› (의존관계): 사물간의 영향관계 표현

[그림 7.40]은 컴포넌트 다이어그램의 한 예이다. 도서관 관리시스템과 학사관리 시스템의 변동사항은 증명서 발급시스템에 영향을 준다.

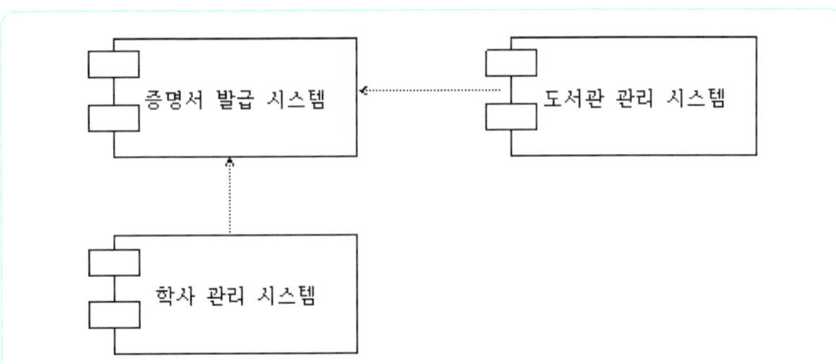

[그림 7.40] 컴포넌트 다이어그램 예

(9) 배치 다이어그램(Deployment diagram)

노드와 노드에 존재하는 컴포넌트들의 물리적 구성을 표현한다. 컴퓨터와 부가장치, 연결 상태 등의 하드웨어적인 내용과 설치된 소프트웨어를 표현한다.

표기법

① (노드): 하드웨어를 표현
② —— (커넥션): 노드 사이의 물리적 연결을 표현
③ (컴포넌트): 물리적이며 교체 가능한 시스템의 부분
④ → (의존관계): 사물간의 영향관계 표현

[그림 7.41]은 배치 다이어그램의 한 예이다. 학사 관리 시스템 서버와 도서관 관리 시스템 서버는 콘솔로 연결되어 있다.

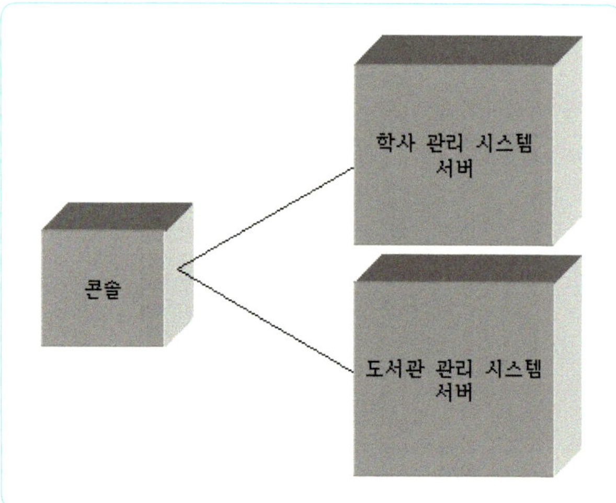

[그림 7.41] 배치 다이어그램 예

(10) 패키지 다이어그램(Package diagram)

패키지란 일종의 관련된 모델링 요소들을 묶는 장치이다. 자바와 같은 객체지향 언어에서는 클래스들을 그룹화 하는 장치로서 패키지가 사용되지만, UML에서는 패키지는 그 용도가 단지 클래스들만을 그룹화 하는 장치뿐만 아니라 유즈케이스, 컴포넌트 등과 같이 관련 있는 모델링 요소들을 그룹화 하는 장치로 확대되어 사용되고 있다. 그러나 일반적으로는 클래스들을 그룹화 하는 용도로 많이 사용되고 있다.

표기법

① ▤ (클래스)
② 🗀 (패키지): 요소들을 그룹으로 묶어서 표현
③ → (의존관계): 사물간의 영향관계 표현

UML에서는 [그림 7.42]에서처럼 패키지 표기법을 제공하고 있으며, 패키지는 독립성이 높은 모듈이기 때문에 패키지와 패키지들 간의 관계는 의존 관계로 표시한다. 물론 패키지 내에 또 다른 패키지가 포함될 수도 있다. 그러나 이를 집단 연관과 합성연관 표기법을 사용하여 표현하지는 않는다.

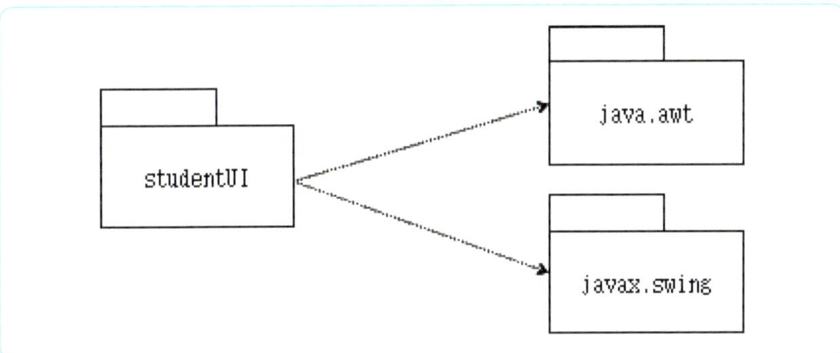

[그림 7.42] 패키지 다이어그램 예

7.3 요구 모델링(Requirement Modeling) 이해

7.3.1 개요

(1) 요구사항의 중요성

요구사항은 구축하여야 할 시스템이 어떤 기능을 제공해야 하는지를 표현하고 있으므로 프로젝트 전 단계에서 참조해야 할 절대적인 이정표라 할 수 있다. 따라서 프로젝트 초반에 정확하고 완전하게 요구사항을 정의하지도 않은 채 선불리 분석, 설계, 개발단계를 강행한다면 시스템 구축에 큰 장애요소로 작용될 수 있을 뿐 아니라 그로 인해 프로젝트 전 단계에 걸쳐 막대한 영향을 끼칠 수 있다는 점에서 그 중요성을 찾아 볼 수 있다.

즉, 요구사항을 명확히 이해하지도 않고 분석, 설계, 개발단계를 진행하여 얻은 결과물은 부정확하고 완성도가 떨어져 사용자의 불신을 얻을 가능성이 클 뿐만 아니라 설령 나중에 정확히 요구사항을 이해하여 해당 영역을 정정하더라도 발생한 에러를 수정하는데 따른 부담은 프로젝트에 치명적 영향을 끼칠 수 있다.

여러 연구기관에서 발표한 통계자료에 따르면 프로젝트에서 발생한 대부분의 에러는 요구사항 정의단계인 프로젝트 초반에 발생하고 에러를 찾아 정정하는데 소요되는 비용은 소프트웨어 개발공정 후반으로 가면 갈수록 기하급수적으로 증가한다는 것을 수치로 나타내어 요구사항의 중요성을 다시 한번 일깨워주고 있다.

게다가 프로젝트에 참여하는 모든 이해당사자(Stakeholder)에게 공통적으로 연관된 부분이 바로 요구사항 영역이고 요구사항 명세서(SRS, Software Requirements Specification)라는 형태로 정형화되어 발주자와 수행자간 계약기준이 됨과 동시에 프로젝트 중 수행되는 각종 테스트 기준 그리고 프로젝트 완료 후에는 검수 및 인수인계의 기준이 된다는 점에서 요구사항의 중요성은 아무리 강조해도 지나치지 않다고 할 수 있다.

이런 의미에서 요구사항 정의단계에서는 사용자와 합의하여 요구사항을 작성하는 것이 좋고 합의된 요구사항 명세서를 사용자가 확인하고 승인하는 절차를 통해 사용자의 프로젝트 참여도를 높일 수 있음은 물론 개발 후반부에 발생할 수 있는 요구사항의 추가, 변경에 따른 분규의 소지를 어느 정도 완화 시킬 수 있다.

(2) 요구사항 유형

시스템 요구사항은 기능 요구사항과 비기능 요구사항으로 분류될 수 있다. 기능 요구사항은 시스템이 수행해야 하는 행위를 구체화한 것으로 향후 유즈케이스 모델을 통해 분석되고, 비기능 요구사항은 행위와 관련된 제약사항으로써 시스템이 가져야 하는 기능 이외의 요구사항(성능, 신뢰성, 편의성, 유지보수성, 보안 및 인증체계, 외부 인터페이스, 설계 제약 사항, 시스템 특성 등)을 의미한다.

[그림 7.43]은 비기능 요구사항의 체계적인 분류와 분류에 따른 세부 항목을 나타내고 있는데 파악된 비기능 요구사항 이외에 누락된 비기능 요건이 있는지를 점검하는 기준으로 활용한다.

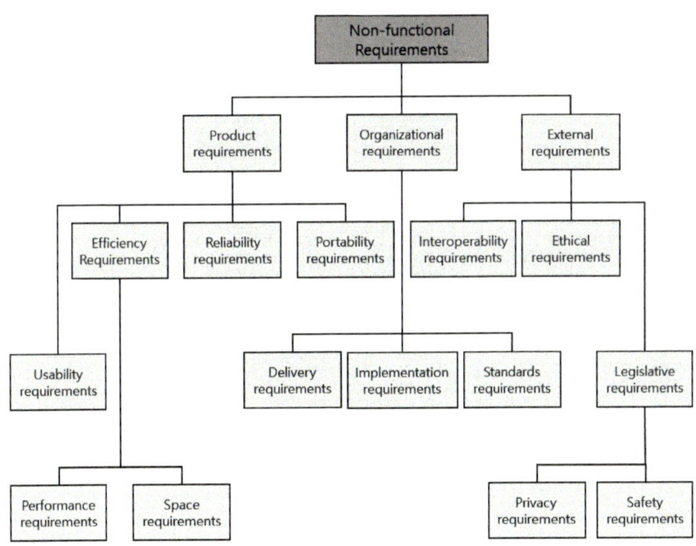

[그림 7.43] 비기능 요구사항 분류

한편, 일반적인 요구사항 유형분류와는 다른 관점으로, 'FURPS + Model'을 참조하여 요구사항을 파악하는 것도 좋은 방법이라 할 수 있다.

위에서 파악된 요구사항 중 기능 요구사항은 소프트웨어 개발주기의 분석단계 수행의 기준이 되는 반면, 비기능 요구사항은 아키텍처 정립과 설계단계에서 주로 고려된다. 즉, 분석단계는 시스템 구현관점을 배제한 시스템이 제공할 기능만을 대상으로 수행되며, 설계단계는 편의성, 신뢰도, 성능, 지원성 등의 비기능 요구사항을 추가적 고려하여 분석단계에서 작성된 산출물을 더욱 구체화하는 것이다.

(3) 요구사항 범위

IEEE에서 정의한 소프트웨어 요구사항 범위는 요구공학 프로세스, 추출, 분석, 명세, 검증, 유지보수를 포함하고 있으며, 요구사항도 일반적인 소프트웨어 개발 프로세스와 마찬가지로 나름대로의 프로세스를 정의함으로써 각 단계별 주요 활동을 명시하고 있다.

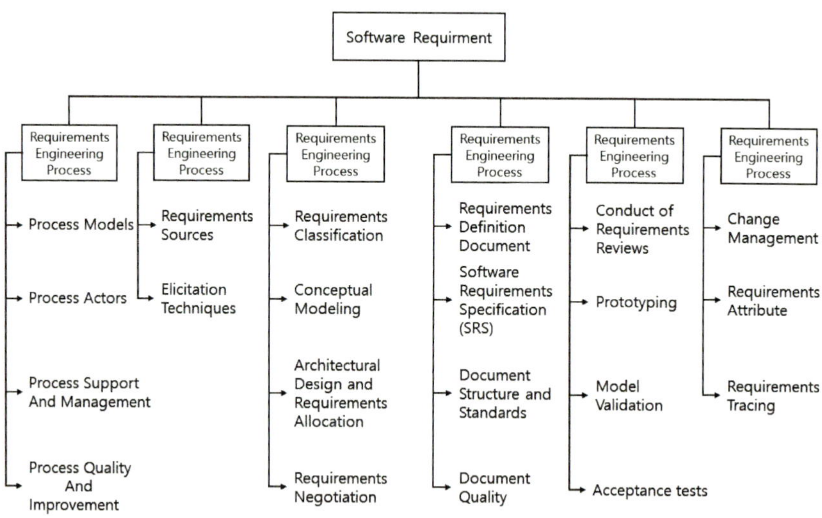

[그림 7.44] 요구사항 범위 (출처:SWEBOK, IEEE, 2001]

(4) 요구사항 프로세스

소프트웨어 개발 생명주기의 요구분석 단계 목표는, 개발하고자 하는 시스템이 어떤 기능과 특성을 가져야 하는지, 그리고 제약요소는 무엇인지 등을 파악하고 분명히 명세화 하는 것이다. 그러나 산업구조가 복잡해지고, 대형화, 다양화됨에 따라 사용자 요구를 분석하고 기술하는 일 또한 복잡해졌으며, 설령 요구분석이 명확하다 하더라도 그 후 설계, 구현, 테스트, 이행에 이르는 공정을 진행하면서 변화되는 요구사항의 형상을 추적, 관리하는 일은 더욱 복잡하고 어려워졌다고 할 수 있다.

시스템 개발에서 이러한 복잡성과 어려움이 발생되는 주된 원인은 애매모호하고 부정확하며, 불완전하고 지속적으로 변화하는 요구사항의 특성 때문이라 할 수 있으며, 이러한 이유로 파생되는 개발범위의 혼돈은 비용 증가, 납기 지연 등을 유발하여 결국은 고객의 불만족 및 프로젝트 실패로 이어질 수 있음을 간과해서는 안 된다.

결론적으로 이러한 문제점들은 사용자 요구사항과 관련된 일련의 활동이 체계적으로 이루어지지 않는데 기인하므로 시스템 개발에 참여하는 모든 이해당사자가 요구사항 관련 프로세스를 명확히 이해하여 수행할 수 있어야 하고 각 활동의 원활한 수행을 위한 기법을 활용할 수 있어야 하며 변경되는 형상 또한 지속적으로 관리할 수 있어야 할 것이다.

요구사항 관련 프로세스는 [그림 7.45]에서 보는 바와 같이 요구사항 추출(Elicitation), 분석(Analysis), 명세(Specification), 검증(Validation), 유지보수(Maintenance)의 다섯 단계로 나눌 수 있고 프로세스의 각 단계에 대해 간략히 살펴보도록 하겠다.

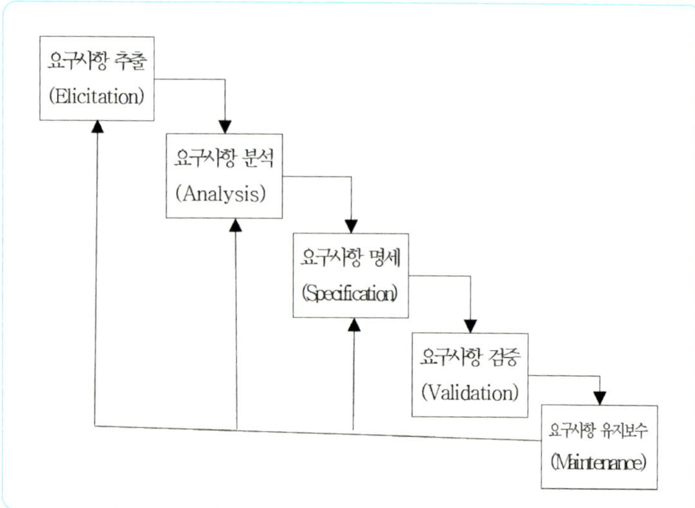

[그림 7.45] 요구사항 프로세스

① 요구사항 추출

요구사항 추출이란 고객, 시스템 사용자, 그리고 시스템 개발에 관련된 이해당사자들과 서로 의견을 교환함으로써 실제로 개발하고자 하는 시스템에 대한 요구들을 찾아내는 공정으로 이후의 다른 단계들보다 선행되는 단계이므로 더욱 중요한 과정이라 할 수 있겠다.

요구사항 추출은 특정분야의 지식뿐 아니라 응용분야의 유기적이고 조직적인 지식을 필요로 한다. 이 공정은 사용자가 원하는 것이 무엇인지를 알아내며, 조직과 응용분야의 주의 깊은 분석과 개발될 시스템이 어떻게 사용되어야 하는 가에 관한 내용들을 포함한다. 그러나 사용자들이 구축될 시스템으로부터 어떤 서비스를 받기를 원하는지 정확히 알지 못하거나 동일한 요구사항에 대해 서로 다른 표현을 사용하는 등의 문제들이 상존하고 있으므로 이런 문제를 해소하기 위한 다양한 기법을 적기에 활용하여 사용자의 요구사항을 효과적으로 추출할 수 있어야 한다.

② 요구사항 분석

요구사항 분석은 사용자가 필요한 것을 알아내고, 여러 제약사항들을 정리하는 공정으로, 어떻게 시스템을 만들 것인가 보다는 어떤 시스템을 만들 것인가를 분석하는 단계이다. 이 공정에서는 여러 가지 다양한 분석 기법을 활용하여 내재된 요구사항을 이해하고 문제들을 도출함으로써 요구사항 중에 중복, 상충, 불명확, 비현실적인 것뿐만 아니라 아직 파악되지 않은 것도 파악하여 총체적으로 분석한 뒤 협상하고 평가하여 요구사항을 개선하고 정제하는 과정을 통해 구축할 시스템 범위 내 요구사항을 결정하게 된다.

요구사항 분석 방법에는 객체지향 중심 분석 방법인 OOA(Object- Oriented Analysis), 자료와 프로세스 관계를 중심으로 분석하는 방법인 FOA(Function-Oriented Analysis) 등이 있다.

OOA는 대체로 반복, 점진적으로 수행된다. 또한 FOA는 일반적으로 계층이 트리 구조로 형성되는데 상위 계층은 시스템과 입, 출력 관계를 추상적으로 나타내며, 하위 계층으로 가면 갈수록 더욱 세분하여 구체적으로 나타내게 된다. 특히 DFD(Data-Flow Diagram)는 FOA 중 일반적으로 많이 활용되는 대표적인 방법으로 자료의 흐름이 어떻게 흘러가는지를 계층적으로 표현한 도식기법이다.

요구사항 분석단계는 기존의 요구공학 공정 중 케이스 도구의 지원을 가장 많이 필요로 하고, 실제로도 많은 도구에서 다양한 기능을 지원하고 있어 사용자가 필요한 것을 파악하여 문서화하고, 문제 해결을 위한 여러 제약사항들을 정리하기 위한 편의성을 제공하고 있다.

③ 요구사항 명세

요구사항 명세는 분석된 요구사항을 명확하고, 정확하게 기록하여 문서화하는 공정이며, 명세 하는 방법으로는 자연어에 의한 방법과 정형화 기법(Formal method) 등이 있다.

자연어에 의한 방법은 보편적으로 산업체에서 많이 사용하는 방법으로 사용자와 개발자 모두 이해 할 수 있다는 장점이 있으나 명확성 및 검증에 문제점이 있으며, 반면 정형화 기법(예를 들어 ASM: Abstract State Machines, LOTOS: Language of Temporal Ordering Specifications, VDM: Vienna Development Method, Z notation 등)은 위의 문제점을 해결할 수 있으나, 이러한 기법에 대한 사전지식이 없으면 일반 사용자들은 그 의미를 명확하게 이해 할 수 없고 대형과제에 응용 사례가 적다는 다른 문제점을 가지고 있다.

④ 요구사항 검증

요구사항 검증은 사용자들의 요구사항에 맞게 정확하고, 완벽하게 그리고 추적성 있게 명세화되었는지를 점검하는 단계로 두 가지 작업을 통해 검증할 수 있다.

첫째로는 요구명세서가 내부적으로 일관성을 유지하고 있는지와 형식에 맞게 작성 되었는지 그리고 품질기준에 적합한지를 확인하기 위하여 요구사항에서의 생략(Omission), 충돌(Conflict), 그리고 모호성(ambiguity) 등을 검사하는 것이고, 둘째는 외부적으로 사용자나 고객이 명세서를 검증하는 것으로 검증의 어려움이 예상될 경우, 요구사항을 미리 확인해 보기 위해 프로토타입 기법을 사용하기도 한다.

⑤ 요구사항 유지보수

요구사항 유지보수는 새로운 요구사항 출현과 빈번한 변경이 발생함에 따라 이를 체계적으로 관리하는 활동을 말하며 요구사항 변화관리, 요구사항 간의 추적성 관리 및 관련양식의 표준화 준수 여부 등이 주요 관리대상 영역이라 할 수 있다.

특히 기업 본래 사업영역을 초월하는 비정형화된 비즈니스의 등장과 인터넷을 활용한 업무 복잡성 증가, 그리고 인터넷 발전으로 글로벌 시장이 누구에게나 열려져 있는 현 시장상황을 고려한다면 고객이라는 정의가 불투명해지고 사용자 요구 또한 다양화 되는 것이 필연적이라 할 수 있으므로 인터넷 기반의 비즈니스 요구사항은 날로 더 크고 복잡해져 유지보수의 어려움은 더욱 가중될 것이다.

게다가 소프트웨어 개발 및 운영환경 또한 급변하고 있는 최근에는 변경된 요구사항에 대한 신속한 처리 및 대응이 절실히 요구되는 바, 요구사항 유지보수가 중요한 이슈로 대두되고 있어 요구사항 변경 시 이와 관련된 이해당사자와 시스템 전반에 어떤 영향을 미치는가를 파악하기 위해 효과적으로 요구사항을 관리해 주는 많은 상용 도구들이 제품화되어 판매되고 있기도 하다.

(5) 요구사항 관리방안

요구사항 관리의 목적은 프로젝트 요구사항을 소프트웨어 개발 생명주기 전 과정에 걸쳐 관리하여 사용자가 원하는 품질의 제품을 정해진 기한 내에 인도하기 위함이며, 관리의 핵심은 전 단계를 통해 추적성(Traceability)을 보장하는 것이다.

요구사항은 고객이 필요로 하고 원하는 것과 문제제기를 통해 제시된 영역을 대상으로 시스템 구축을 위한 형상이 정의되고, 그 형상은 더욱 구체화 되어 요구사항 명세로 정리되며, 분석 및 설계단계를 거쳐 구현에 이르는 일련의 과정을 통해 사용자가 사용할 수 있는 시스템으로 가시화 된다.

즉, 요구사항 추적 관리는 프로젝트 진행 동안 고객의 요구사항이 반영되고 시스템화 되는 과정을 효과적으로 관리할 수 있는 중요한 활동이다. 이는 변경 요청의 영향을 평가하고 분석하기 위해서도 반드시 필요하며, 요구사항 변경 관리 및 구성관리와 연계되어 개발된 소프트웨어 제품을 검증하는데도 많은 도움과 소요시간 절감을 가져온다.

또한 철저한 요구사항 추적관리는, 각 산출물이 서로 연계되어 체계적으로 관리되고 있음을 가시적으로 보여줄 수 있어 고객에게 프로젝트 신뢰도와 만족도를 높일 수 있는 충분한 계기가 될 수 있으므로, 요구사항 추적 계획을 철저하게 수립하여 지속적으로 관리하여야 한다. 요구사항의 추적에는 각 요구사항 간의 관계 추적과 순방향 및 역방향 추적이 있는데 추적 계획은 모든 추적을 고려하여 수립하여야 한다.

7.3.2 요구사항 수집 및 명세

요구사항 정의는 사용자가 원하는 것을 명확하게 파악하여 시스템 요구사항으로 정의하는 체계적인 활동이며, 요구사항 수집은 요구사항 정의에 앞서 시스템이 제공해야 하는 기능들이 무엇인지를 도출하는 과정이라 할 수 있다.

요구사항 수집 작업의 대부분은 사용자의 적극적인 참여와 협조가 전제 되므로 사용자가 자연스럽게 참여할 수 있는 여건을 조성하는 것이 무엇보다 중요하다. 아울러 요구사항 수집활동의 효과를 높이기 위해 치밀한 계획과 철저한 일정관리가 요구되며, 특히 프로젝트 관리자는 요구사항 수집 작업 일정이 계획대로 완료될 수 있도록 지속적인 관심과 노력을 기울여야 한다.

(1) 요구사항 수집기법

요구사항을 수집하려면 먼저 개발 시스템과 관련된 조직 및 사용자를 파악하는 것이 우선이며, 파악된 사용자를 중심으로 요구사항 수집에 필요한 자료 확보 계획을 수립하고, 사용자 및 상황별로 적절한 수집기법을 활용하여 사용자의 요구사항을 명확히 이해하고 파악함으로써 얻어진 관련정보를 유형별로 분류하여 문서화하게 된다.

이때, 사용자가 필요로 하고 원하는 요구사항을 효과적으로 수집하기 위해 다양한 수집기법이 활용될 수 있고, 각 수집기법이 가지는 특성을 충분히 인식하여 적재적소에 필요한 기법을 사용할 수 있어야 한다.

요구사항 수집기법별 적용상황과 수행 단계는 [표 7.2]과 같이 정리해볼 수 있다.

[표 7.2] 요구사항 수집기법

기 법	적용 상황	단 계
Interview	· 상위 요구사항을 도출 할 때 · 사용자 필요(Needs)를 파악하고자 할 때 · 사용자 문제를 효과적으로 이해하고자 할 때 · 의사 결정자들의 프로젝트에 대한 관심과 신임을 고조시키고자 할 때	추 출
Questionnaire	· 시스템에 대한 전체 의사가 필요한 경우 · 현 시스템의 문제점을 파악하고자 할 때 · 사용자가 원격지에 있을 때	
Role Playing	· 사용자의 문제를 효과적으로 이해하고자 할 때	
Workshop	· 요구사항 추출을 촉진시켜 요구사항 범위를 확정 하고자 할 때 · 단기간에 집중적인 노력을 들여 요구사항을 추출, 피드백을 받아 확정하고자 할 때 · 실 사용자의 개선된 의사결정 및 책임의식을 기대할 때	
Brainstorming	· 짧은 시간 내에 많은 양의 아이디어를 획득하고자 할 때 · 판단과 비판을 유보하여 창의성을 극대화할 때	
Use case Modeling	· 사용자 참여도를 높이고자 할 때 · 사용자와 효과적인 의사소통이 필요할 때	분 석
Data Modeling	· DBMS를 중심으로 업무를 파악하고자 할 때	
Prototyping	· 사용자의 정확한 피드백을 얻고자 할 때 · 기술 검증이 필요할 때 · 위험 관리가 중요할 때 · 고객의 이해 증진과 공유를 위해 · 정확한 개발계획 수립이 필요할 때	

기 법	적용 상황	단 계
Review	• 고객과 함께 검토하고자 할 때	검 증
Inspection	• 사용자 요구사항이 정확히, 완벽하게 그리고 추적성 있게 정의되었는지 점검할 때	
Walk-Through	• 객관성을 확보하기 위해 제삼자가 점검할 때	

(2) 요구사항 명세방법

요구사항 명세서는 분석 및 설계자에게 충분하고 자세한 수준의 정보를 제공할 수 있고, 시스템 테스트에 필요한 정보를 줄 수 있는 소프트웨어 요구사항의 모든 것으로 각 요구사항은 유일한 ID와 함께 기술하여 향후 요구사항 관리를 위한 추적성을 보장할 수 있도록 작성 되어야 한다.

일반적으로 요구사항 명세의 문제점은 사용자의 경우 소프트웨어 개발 공정에 대해 충분히 알지 못하여 자신의 요구사항을 잘 표현하지 못하고 개발자는 사용자 업무에 대해 충분히 이해하지 못해 요구사항을 잘 기술하지 못하는데 있으므로 요구사항 명세는 사용자와 개발자가 함께 만드는 것이 가장 좋은 방법이라고 할 수 있다.

① 요구사항 명세화 절차

요구사항 명세화는 먼저 현행 시스템 사용자 지침서나 인터뷰 결과와 같은 요구사항 관련 문서를 수집하여 이를 토대로 기술서 개요를 작성하되 프로젝트 목적과 기능 및 비기능 요구사항을 파악하여 기술하고 가정과 위험요소, 용어와 데이터 정의 및 사용자 인터페이스 식별 등의 절차를 거쳐 명세화한다.

② 요구사항 명세 속성

잘 정의된 요구사항 명세서는 정확성, 명확성, 완전성, 일관성, 수정용이성, 추적성 등의 속성들을 갖추어야 하는데 이러한 속성을 고려하여 명세하여야 하고 작성된 명세서 또한 이런 속성을 만족하는지를 점검하여 명세서의 완성도를 높일 수 있어야 한다.

[표 7.3] 요구사항 수집기법

명세 속성	내 용
정확성 (Correctness)	명세화 된 요구사항이 실제 시스템 구현 시 필요한 것인지 알 수 있도록 정확해야 한다.
명확성 (Clarity)	혼돈스럽지 않게 단 한가지로 해석 되어야 한다.
완전성 (Completeness)	시스템이 구현될 때 필요하고 요구되어진 모든 것이 표현 되어야 한다.
일관성 (Consistency)	요구사항들 간에 충돌이 없어야 한다.
수정용이성 (Modification)	구조와 스타일의 일관성이 유지되면서 요구사항 변경이 용이하여야 한다
추적성 (Traceability)	각각의 요구사항들이 그들 간에 관련 있는 다른 요구사항과 유기적으로 연결되어 있어야 한다. 이것은 요구사항 변경이나 유지 보수에 매우 중요한 속성이다

③ 요구사항 명세서 포함 항목

요구사항 명세서는 요구사항 유형에서 살펴 본 바와 같이 기능 요구사항과 비기능 요구사항을 중심으로 작성하도록 한다. 한 가지 유념해야 할 점은 기능 요구사항에 치중하여 작성하다 보면 상대적으로 비기능 요구사항 세부항목이 누락되기 쉽고 누락된 비기능 요구사항 항목이 프로젝트 종료시점에 이슈화 되는 경우 프로젝트를 어렵게 하는 요인이 될 수 있으므로 사전에 이러한 항목을 빠짐없이 파악하여 요구사항 명세서에 포함시켜야 한다.

요구사항 명세서에 포함해야 할 주요 항목은 [표 7.4]과 같다.

[표 7.4] 요구사항 수집기법

대구분	소구분	포함 항목
개 요	프로젝트 목표, 범위, 용어 및 정의, 약어, 참고 문헌 등	
일반사항	사용자 특성, 제약 사항, 가정, 위험요소 등	
기능 요구사항	업무기능	각 업무별 제공기능을 온라인, 배치, 보고서 유형별로 분류하여 기술

대구분	소구분	포함 항목
비기능 요구사항	시스템 기본요건	· 성능:시스템이 만족시켜야 할 처리 응답시간 수준(Local 및 Romote로 분류하여 정의) · 신뢰성:오류가 발생하지 않으면서 시스템이 동작할 확률 · 편의성:조작의 편리성과 사용의 편리성 · 유지보수성:이식 및 추가, 변경용이성 및 효율성 · 보안 및 인증체계:사내외 보안 및 인증정책 · 가용성:사용자가 시스템을 사용할 수 있는 가용시간 및 기간 · 복구성:시스템 장애발생시 업무재개를 위해 요청되는 시스템 기능 및 데이터 복구 방법 · 마이그레이션: 유형 및 범위(대상,데이터량) · 사용자인터페이스:방식, 표준화 요건 · 산출물:산출물 종류 및 각 산출물별 갖추어야 할 요건
	기술 요구사항	· 하드웨어:플랫폼, 서버, 클라이언트, 주변기기 · 소프트웨어:O/S, 미들웨어, DBMS, 지원도구 · 네트워크:네트워크 구성방식, 프로토콜, 장비
	인터페이스 요구사항	· 인터페이스 기능: 디바이스, 연동해야 할 내부 및 외부시스템 · 인터페이스 시점 · 전달하는 데이터 유형 및 포맷 · 전달받는 데이터 유형 및 포맷

(3) 요구사항 관련 산출물

요구사항과 관련된 산출물은 프로젝트에 참여하는 모든 이해 당사자들에게 구축해야 할 시스템이 어떤 기능을 제공해야 하는지에 대한 동일한 목표를 제시한다. 다시 말해 작성된 산출물을 통해 사용자는 궁극적으로 자신들이 요구한 내용이 충분히 반영 되었는지를 확인할 수 있고, 개발자는 개발범위를 명확히 인식할 수 있으며, 프로젝트 관리자는 이해당사자들의 요구사항이 적절히 시스템 구축에 반영 되었는지를 검증하는 기준으로 활용할 수 있다.

특히 요구사항 단계에 참여한 당사자와 분석 및 설계단계, 개발단계를 수행하는 주체가 다른 경우 요구사항 단계에서 작성한 산출물을 기반으로 분석, 설계, 그리고 개발단계가 진행되므로 그 내용의 정확성과 완전성이 더욱 요구되어진다고 할 수 있다.

① 요구사항 관련 산출물 종류

요구사항과 관련된 산출물 종류는 비전기술서(Vision Statements), 요구사항기술서(Requirements Statements), 그리고 소프트웨어 요구사항명세서(SRS, Software Requirements Specification), 시스템 특성 명세서(System Feature Specification) 등이 있다.

이들 산출물은 프로젝트 특성에 따라 선택적으로 작성될 수 있고, 이들 중 필수적으로 작성해야 할 중요 산출물로는 기존 시스템이 가지고 있는 문제점 및 해결방안 그리고 시스템 상위 수준 요구사항을 기술하고 프로젝트 목적을 각 이해당사자들의 관점으로 작성한 비전기술서와 결정된 요구사항을 기능 및 비기능 유형으로 분류하여 기술한 요구사항 명세서라 할 수 있으며 부가적으로 수집된 모든 요구사항을 정리한 요구사항 기술서와 시스템 특성과 관련된 요구사항을 정리한 시스템 특성명세서도 필요한 경우 선택적으로 작성될 수 있다.

7.3.3 유즈케이스 모델링

소프트웨어 개발의 성공 여부는 요구사항을 정확히 파악할 수 있는지에 달려있다고 해도 과언이 아니며 소프트웨어 프로젝트가 실패하는 주된 원인을 찾아보아도 대부분이 사용자 요구사항을 정확히 파악하지 못한데서 기인한다.

설령 요구사항의 중요성과 문제점을 인지한다 하더라도 다양한 사용자 요구사항을 주어진 기간 내에 완벽하게 도출하기는 매우 어려운 게 사실이다. UML에서는 이러한 요구사항을 더 쉽고 효과적으로 도출할 수 있도록 유즈케이스 다이어그램을 제공하고 있다.

유즈케이스 다이어그램은 크게 2가지 목적으로 사용될 수 있다. 첫째는 사용자 요구사항이 제대로 도출하였는지를 검증하기 위한 용도로 사용되고, 둘째는 개발하고자 하는 시스템의 기능들을 제대로 이해하여 식별하였는지를 파악하기 위한 용도로 사용된다. 유즈케이스 다이어그램은 UML을 처음 제정한 3인 가운데 한 사람인 이바 야콥슨에 의해 처음 개발된 다이어그램으로써 이 다이어그램은 UML의 다른 다이어그램들처럼 객체 지향 개념에 기반을 두기 보다는 오히려 기능 중심에 초점을 둔 다이어그램이라고 볼 수 있다. 따라서 유즈케이스 다이어그램은 사용자 요구사항들 가운데 주로 기능 요구사항을 유즈케이스라는 단위로 표현한다.

(1) UML 표기법 및 유즈케이스 모델링 절차

앞장에서 유즈케이스 모델링과 관련된 UML 표기법에 대해 살펴봤지만 주요한 표기법을 다시 정리해 보면 [그림 7.46]과 같다.

대구분	소구분	표기법
구성요소 (Elemente)	액터 (Actar)	
	유스케이스 (Use Case)	
	시스템 경계 (System Boundary)	
관계 (Relationehipm)	일반화 (Generalization)	
	연관관계 (Association)	
	포함 (Include)	《include》 
	확장 (Extend)	《extend》 

[그림 7.46] 요구사항 프로세스

유즈케이스 모델링 절차는 [표 7.5]와 같고 이후의 설명은 제시된 모델링 절차에 의해 예시된 지문을 중심으로 설명하도록 하겠다.

[표 7.5] 유즈케이스 모델링 절차

주요 단계	세부 절차
1. 액터 식별	· 액터를 먼저 도출하고 그 역할을 정의한다.
2. 유즈케이스 식별	· 사용자가 시스템을 통해 얻으려고 하는 기능을 유즈케이스 단위로 식별한다.
3. 유즈케이스 다이어그램 작성	· 액터와 유즈케이스 간 관계를 설정한다. · 유즈케이스들 간 관계를 설정한다. · 유즈케이스 다이어그램을 검토한다.
4. 유즈케이스 명세서 작성	· 유즈케이스명, 액터명 및 개요를 기술한다. · 사전 및 사후 조건과 제약사항들을 식별한다. · 작업(정상, 대치,예외)흐름과 시나리오를 도출한다. · 유즈케이스 흐름에서 포함(include)이나 확장(extend) 유즈케이스로 구조화한다.
5. 사용자 승인	· 사용자 리뷰를 통해 확인하고 승인을 득한다
6. 추적성 보장	· 변경사항을 관리하고 그 이력을 관리한다.
7. 유즈케이스 실체화	· 유즈케이스를 인터랙션 모델로 실체화한다.

(2) 액터 식별

액터는 시스템 외부에 존재하는 사람 또는 사물로써 시스템을 접근하는 사용자 및 사물의 역할 명을 액터로 표현하고 시스템 외부에 존재하는 타 시스템이나 타 데이터베이스 서버 등을 표현하기도 한다.

따라서 액터의 명칭은 특정 사람의 이름을 사용해서는 안되며 사람의 역할 명(Role Name)이나 외부 시스템 명으로 기술해야 한다.

액터는 요구사항 명세서에서 시스템에 이벤트를 주거나 시스템으로부터 정보를 받게 되는 외부 개체에 해당하는 사람 또는 사물로 식별할 수 있다.

⊙ 실습

제시된 예제 인터넷 쇼핑몰에서 '고객'이나 '직원', '카드승인 시스템'등이 액터로 추출될 수 있다. 특히 '카드승인시스템'은 인터넷 쇼핑몰에서 개발될 시스템이 아니라 카드회사에서 개발되는 시스템이기 때문에 외부 시스템이 되는데 이러한 타 시스템의 경우도 개발될 시스템과 정보를 주고받게 되면 액터로 식별하여야 한다.

[그림 7.47] 액터 식별 예

(3) 유즈케이스 식별

유즈케이스는 사용자 입장에서의 기능 요구사항이며 액터가 특정 목표를 달성하기 위하여 해당 시스템에서 수행해야 하는 일련의 행동들로써 시스템에서 제공해야 하는 독립적인 기능 군을 의미한다. 또한 외부시스템과 상호작용하는 행위들의 집합으로써 시스템 또는 서브시스템의 필수 행동 및 범위를 표현하여 최종 사용자 또는 고객과의 의사소통 수단을 제공한다. 따라서, 유즈케이스는 대상 행동 자체만을 명세 하는 것이며, 행동에 대한 구체적인 수행방법은 규정하지 않는다고 할 수 있다.

유즈케이스를 식별하기 위해서는 먼저 개발할 시스템의 기능 요구사항 명세서를 보고 이전 작업에서 식별된 액터를 중심으로 액터가 시스템에 대해 원하는 기능들이 무엇인가 찾아서 이를 유즈케이스로 추출하여야 한다.

여기서 유의할 사항은 하나의 유즈케이스는 하나의 독립적인 일을 마무리 지을 수 있는 단위로 표현되어야 하며 기존 시스템의 화면이나 단위기능(Function) 수준으로 식별하지 않아야 한다. 또한 추출된 모든 유즈케이스들이 기능 요구사항 명세서에 기술된 기능들을 모두 반영하고 있는지를 반드시 확인해 보아야 한다. 예를 들어, 기능 요구사항 명세서에는 10개의 기능이 기술되어 있는데, 유즈케이스에는 8개의 기능만 반영하고 있다면 유즈케이스가 완전하게 식별되었다고볼 수 없다. 물론 유즈케이스의 개수와 기능 요구사항 명세서의 기능의 개수가 동일할 필요는 없다.

⊙ 실습

예제의 경우, 인터넷 쇼핑몰에서 제공하여야 할 주요 기능인 회원등록, 회원로그인, 물품구매, 배송조회, 본인확인, 신용 카드 지불 등이 유즈케이스로 추출될 수 있다.

다만 본인확인 유즈케이스의 경우 다른 유즈케이스에서 공통적으로 사용할 수 있는 기능

군임을 고려하여 별도의 유즈케이스로 도출하였고, 신용 카드 지불 유즈케이스의 경우에도 카드승인시스템에서 처리하는 일련의 기능을 제공하기 위해 유즈케이스로 도출하였다.

[그림 7.48] 유즈케이스 식별 예

(4) 유즈케이스 다이어그램 작성

하나의 유즈케이스와 관련 있는 하나 이상의 액터를 관계로 식별하여 유즈케이스 다이어그램에 표현한다. 이때 식별된 액터와 유즈케이스의 관계는 액터와 유즈케이스 간에 정보교환이 있음을 의미한다.

① 액터와 유즈케이스 간 관계 설정

액터와 유즈케이스와의 관계를 설정하기 위해서는 해당 액터와 이벤트를 보내거나 받는 유즈케이스를 찾아서, 액터와 유즈케이스 간의 연관 관계를 맺도록 도식한다.

② 실습

예제의 경우, 인터넷 쇼핑몰에서 고객이 회원등록 유즈케이스를 수행한다는 관계를 다음과 같이 표시할 수 있다.

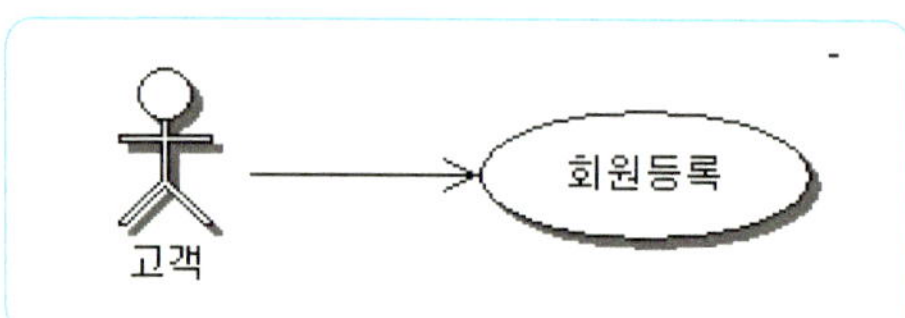

[그림 7.49] 액터와 유즈케이스 간 관계 설정 예

③ 유즈케이스들 간 관계 설정

유즈케이스 다이어그램에서 유즈케이스 간의 관계는 의존성(Dependency)으로 표현되며, 스테레오타입으로 그 관계를 명확하게 표현한다. 유즈케이스 간의 관계는 〈〈include〉〉와 〈〈extend〉〉로 표현하며, 이는 각 유즈케이스 간에 포함(include)관계 및 확장(extend)관계로 이루어져 있음을 나타낸다.

⊙ include 관계 실습

include 관계는 여러 유즈케이스들에서 중복적으로 나타나는 기능들에 대해서 이러한 기능들을 별도의 유즈케이스로 추출한 뒤 관련된 유즈케이스와 연결을 맺어줄 때 표현하는 장치이다. 따라서 include 관계를 맺는 유즈케이스는 여러 유즈케이스들에서 중복적으로 사용되며 반드시 include 하는 유즈케이스를 포함하는 형태로 상위 유즈케이스가 실행된다.

예제의 경우, 회원로그인 유즈케이스가 수행되거나 물품구매 유즈케이스가 수행될 때 반드시 본인확인 유즈케이스가 수행(포함)되어야 한다는 의미로 본인확인 유즈케이스를 회원로그인 유즈케이스와 물품구매 유즈케이스에서 include 하는 관계로 표시하였다.

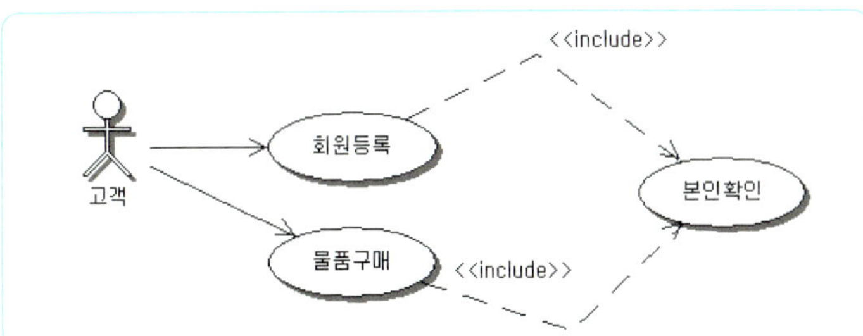

[그림 7.50] include 관계 예

⊙ extend 관계 실습

extend 관계는 특정 한 유즈케이스 내에서 유즈케이스 내의 흐름이 특정 시점의 특정 조건에서 여러가지 형태로 분류 될 경우에 표현하는 장치이다. 따라서 extend 관계에 있는 유즈케이스는 include 관계처럼 여러 유즈케이스에 걸쳐 중복적으로 사용되지 않고, 특정 조건에서 한 유즈케이스로만 파생되어 표현되며, 확장(extend)하는 유즈케이스는 상위 유즈케이스로부터 어떠한 특정 조건에 의해 수행됨을 의미한다.

예제의 경우, 고객이 물품구매 유즈케이스를 수행할 때 물품구매 결재수단에 따라 일반 포인트인 경우에는 해당 유즈케이스에서 끝나지만 신용카드로 결재하는 경우에는 신용 카드 지불 유즈케이스가 수행되기 때문에 물품구매 유즈케이스로부터 신용 카드 지불 유즈케이스가 확장되는 형태로 이루어져야 하며 신용카드 지불 시에는 카드 승인사에게 카드승인을 요청해야 하므로 카드승인사와의 관계도 설정하여야 한다.

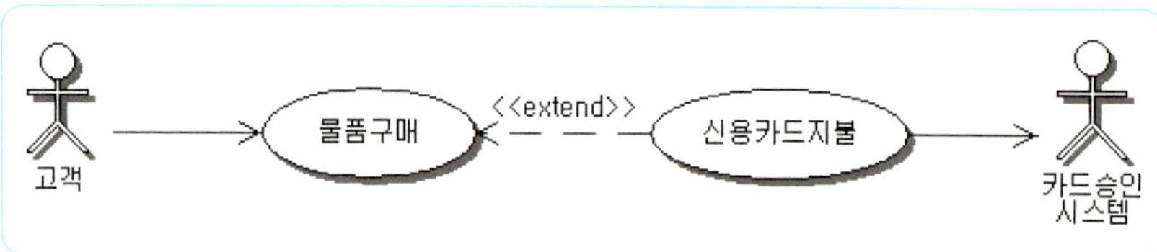

[그림 7.51] extend 관계 예

④ 유즈케이스 다이어그램 검토

⊙ 실습

위의 요구사항 명세서로부터 액터와 유즈케이스를 추출하고, 액터와 유즈케이스의 관계 및 유즈케이스간의 관계를 다이어그램을 통해 작성하면 다음과 같다.

- 고객은 회원등록을 통해 회원가입이 가능하며 이를 통해 로그인을 수행한다. 로그인을 수행할 때에는 본인확인 기능을 통해 본인확인을 수행한다.
- 고객은 물품구매를 수행할 수 있는데 물품 구매 시에도 마찬가지로 본인확인을 하여야 한다.
- 물품 구매 시에는 결재수단에 따라 신용카드의 경우 신용 카드 지불 유즈케이스로 확장할 수 있으며, 신용카드지불이 요청되면 카드승인시스템을 통해 카드승인을 수행한다.
- 고객은 자신이 주문한 건에 대해 배송조회를 수행하며, 직원은 고객이 요청한 주문건에 대하여 배송추적을 할 수 있다.

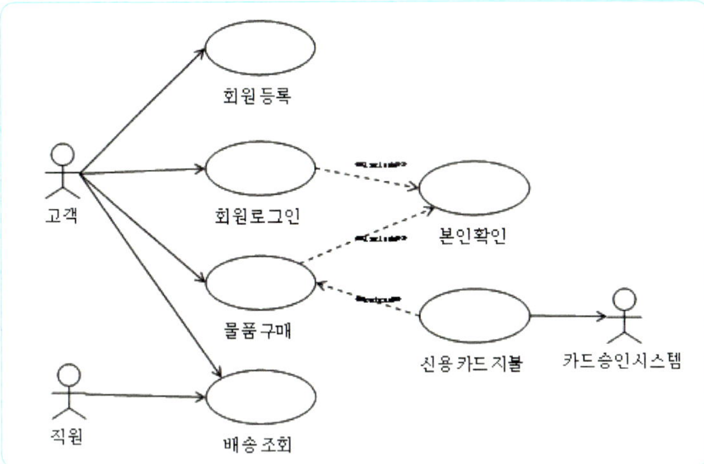

[그림 7.52] 인터넷 쇼핑몰 시스템의 유즈케이스 다이어그램 예

(5) 유즈케이스 명세서 작성

유즈케이스 다이어그램에서 유즈케이스는 시스템이 수행해야 할 기능이 무엇인지 만을 표현한다. 즉, 유즈케이스 내부에 대한 기술은 하지 않고, 다만 유즈케이스명 만을 표현할 뿐이며, 유즈케이스 내부에 대한 기술은 UML에서 유즈케이스 명세서를 통해서 기술할 수 있도록 하고 있다.

유즈케이스 다이어그램에서 유즈케이스는 단지 시스템의 기능이 무엇인지를 표현하는 장치라면 유즈케이스 명세서는 각각의 유즈케이스에 대해서 해당 유즈케이스가 어떻게 수행되는지를 표현하는 수단이라고 할 수 있다.

UML에서는 유즈케이스 명세서를 기술하는 방법이나 양식은 제공하지 않지만, 일반적으로 유즈케이스 명세서에 기술되는 항목들은 다음과 같다. 특히 기술항목 중 시나리오는 유즈케이스의 특정 예를 구체적인 값을 통해 예시하는 것이므로, 가능한 한 다양한 업무유형을 알고 있는 업무 전문가가 작성하여야 하고 이는 시스템 개발 시 테스트 케이스로도 활용되므로 다양하고 신중히 작성하는 것이 좋다.

□ 유스케이스 명

□ 액터 명

□ 유스케이스에 대한 개요(혹은 설명)

□ 사전 및 사후조건

□ 작업 흐름

○ 정상 흐름(Normal Flow) : 해당 유스케이스가 정상적으로 수행되는 흐름을 표현하는 절차이다.

○ 대치 흐름(Alternative Flow) : 유스케이스 내의 작업 흐름이 수행되는 중에 특정 시점에서 여러 가지 선택적인 흐름으로 나뉘어 질 경우에 발생하는 흐름을 말한다.

○ 예외 흐름(Exceptional Flow) : 유스케이스 내의 작업 흐름이 수행되는 도중에 발생할 수 있는 예외 상황이나 오류를 표현하는 흐름을 말한다.

□ 시나리오 : 각 시나리오는 유스케이스의 특정한 예를 나타낸다.

실습

다음은 회원등록 유즈케이스 명세서 예이다.

- 유즈케이스명 : 회원등록
- 액터 : 고객(비회원)
- 설명 : 비회원이 인터넷 쇼핑몰 시스템을 사용하기 위해 회원 가입을 하는 유즈케이스다.
- 사전 조건 : 회원에 가입 되어 있지 않은 상태여야 한다.
- 정상 흐름

액 터	시스템
1. 회원등록을 요청한다. 3. 회원약관에 동의(E-1)한다. 5. 회원정보 항목(비밀번호, 비밀번호 재입력, 이름, 주민등록 번호, e-mail 등)을 입력하고 등록요청을 한다.	2. 회원약관을 보여준다. 4. 회원정보입력항목을 보여준다. 6. 입력된 정보를 확인(E-2)한다. 7. 기존 가입 회원인지를 주민등록번호를 검색하여 확인(E-3)한다. 8. 회원정보를 저장, 등록을 완료한다.

- 대치 흐름 : 해당사항 없음
- 예외 흐름

E-1a. 회원약관에 동의하지 않을 경우, '약관 동의하에 회원가입 가능'오류 메시지

를 보여주고 동의를 요청한다.

E-2a. 회원 정보를 입력하지 않은 항목이 있을 경우 오류 메시지를 띄우고 재입력을 요청한다.

E-2b. 비밀번호가 4~8자리에 해당하지 않을 경우나 특수문자가 입력되었을 경우 오류 메시지를 보여주고 재입력 요청한다.

E-3a. 기존에 가입 되어 있는 회원인 경우 '이미 가입된 회원입니다'라는 메시지를 보여준다.

• 시나리오

물품구매를 위해 홍길동은, 1234, 1234, 홍길동, 123456-1234567, hong@mail.com 내용으로 회원등록을 완료하였다.

(6) 유즈케이스 실체화(Realization)

유즈케이스 실체화에서는 도출된 기능중심의 유즈케이스를 구현시스템의 구성요소로 구체화 시키는 형태로 진행되며, 명세서 중심의 유즈케이스를 유즈케이스 실체화 과정을 통해 구현 시스템의 논리적 구성요소인 클래스(Class)를 식별하고 이의 협력(Collaboration) 관계를 파악하는데 중점을 두는 과정이다.

즉, 유즈케이스 다이어그램은 시스템 외부의 뷰를 표현하는 반면 실체화를 위해 작성하는 인터랙션 다이어그램은 어떻게 유즈케이스들이 실현되는지를 객체들 간의 메시지 흐름의 상호작용으로 설명함으로써 실체화된다고 볼 수 있다.

(7) 유즈케이스 모델링 관련 FAQ(Frequently Asked Question)

① 유즈케이스 크기(Granularity)에 관한 문제

유즈케이스 식별작업을 하다보면 유즈케이스 크기에 대한 기준이 모호하여 개발자간 식별된 유즈케이스 크기 차이가 많은 문제점이 종종 발생한다. 물론 크기에 대한 절대적인 기준이나 원칙은 없지만 어느 정도 그 크기를 맞추는 것이 명세서 작성이나 실체화 과정 등 여러 가지로 유리하므로 크기 결정에 대한 대안을 몇 가지로 제시하고자 하며, 이들 방안을 충분히 이해한 후 프로젝트와 업무 특성을 고려하여 적절한 방안을 선택 하여야 한다.

- 단위 시스템별로 20-30개 정도 추출하는 것이 좋다. 이는 단위시스템의 기능군을 한 그림으로 도식할 수 있는 수준이며, 한눈에 파악할 수 있어 이해의 용이성과 가독성을 고려한 크기 결정방안이다.
- 유즈케이스 하나 당 분석에서 설계, 구현이 2~3주에 걸쳐 이루어질 수 있는 정도의 크기로 단위를 결정하는 것도 좋은 방법이다. 이는 개발자 역량이 고려되어야 하는 방안이며, 단 기간에 수행함으로써 개발 생산성을 극대화할 수 있을 뿐 아니라, 반복과정을 통해 오류를 최소화 하고 일관성을 유지하는데 도움이 되는 방안이다.
- 요구사항 정의서에 도출된 요구사항을 바탕으로 유즈케이스 단위를 정할 수도 있다. 단, 사전에 요구사항 정의 기준이 명확하게 제시되어 있고, 그에 따라 작성이 되었는지를 먼저 검토하는 것이 전제된다.

② CRUD(Create/Read/Update/Delete) 기능의 유즈케이스 추출 문제

하나의 엔티티를 기준으로 본다면 입력, 수정, 삭제, 조회기능은 항상 필요한 기본 기능인데, 각각을 유즈케이스로 분리하여 볼 것인가 아니면 전체를 통합하여 하나의 유즈케이스로 볼 것인가에 대한 문제가 발생한다.

물론 4가지 기능이 각각 다른 목적으로 기능을 담당하고 있어 나누어야 할 것처럼 보이지만 나누게 될 경우 유즈케이스 수가 너무 많아져 작성해야 할 명세서 작업량이 방대해질 뿐만 아니라 제공하는 각 기능이 굳이 설명이 필요 없는 직관적인 기능이므로 나누어서 추출하는 것 보다는 전체를 하나로 묶어 '~관리'라는 유즈케이스명으로 통합하여 추출하는 것이 좋다. 다만, 특정 조회기능이 많은 유즈케이스로부터 포함(include) 관계로 자주 사용된다면 재사용 측면에서 분리하는 것을 고려하면 된다.

이와 유사한 이유로 액터가 관리자 역할을 수행한다면 CRUD를 통합하는 것이 유리하고, 액터가 비즈니스 적으로 중요한 이벤트를 발생시키는 경우라면 각각을 별도로 분리하는 것이 좋다.

7.4 구조 모델링의 이해

7.4.1 개요

인류 역사를 살펴보는 방법에는 한 사건이 시대에 따라 어떻게 진행했는지 경과를 볼 수도 있고(통시적), 다른 한 방법은 특정 시대에 있었던 상황을 종합해서 살펴보는(공시적) 형태가 있다. 모델링도 이와 유사하게 시간에 따른 변화에 중점을 두고 모델을 작성하거나 시간을 고려하지 않은 현상/구조 자체에 중점을 둔 모델을 작성할 수 있다. 전자를 행위적 모델링이라 하고 후자를 구조적 모델링이라 부른다. 우선 구조적 모델링부터 살펴보자.

구조 모델링의 기본은 본질 즉 핵심들을 파악하고 그들 간의 관계를 설정하는 것이다. 그 이후 핵심 토대 위에 행위를 분산시키는 것이다.

그런데 다양한 소프트웨어들을 개발할 때마다 본질 또는 핵심들을 그때그때 파악한다는 것은 매우 힘든 작업이다. 다양한 모델링 기법이 존재하지만 프로젝트 특성, 프로젝트 수행 조직의 역량 등에 따라 어떤 접근법이 더 적절한지를 판단하는 것조차도 쉽지 않다. UML을 활용한다고 해서 모델링의 어려운 점이 사라지지는 않는다. 하지만 UML 모델링 요소나 다이어그램을 이해하고 몇 가지 모델링 기법을 사용해서 초기 모델을 만들고 이를 계속 개선하면서 좋은 모델을 만들어갈 수 있다.

그렇다면 향후 행위 모델링의 토대가 될 구조 모델링을 어떻게 하면 좀 더 체계적으로 만들어갈 수 있을까? 모델링 기법을 알아보기 전에 몇 가지 다음 사항들을 점검하기 바란다. 구조 모델링을 하는데 필요한 UML 모델링 요소에는 어떤 것들이 있는가? UML 다이어그램 표기법은 무엇이 있으며, 구조 모델링에 관계된 다이어그램들은 어떤 특징들이 있는가?

모델링 기법을 습득하려면 표기법과 다이어그램에 대해서는 기본으로 충분히 알고 있어야 하기 때문이다.

7.4.2 클래스 모델링

클래스 모델은 UML을 활용한 구조적 모델링에서 중요한 역할을 한다. 요구사항 모델링 결과를 바탕으로 클래스 다이어그램을 그릴 때 객체지향 방법론에서는 몇 가지 기법을 제시하고 있다. 예를 들면 요구사항이 정의된 문서에서 명사 형용사 동사 등을 분류해서 클래스를 정의하는 형식에 치우친(구문 분석) 방법도 있고, 분산 환경과 반복 개발 특성을 살려 클래스를 3부류(바운더리, 컨트롤, 엔티티)로 나누어 찾는 방법도 있고, 기존 시스템에서 화면과 테이블을 참고삼아 클래스를 찾기도 한다.

여러 접근법들은 나름대로 강점과 약점을 갖고 있다. 앞에서 예로 들은 접근법도 마찬가지이다. 구문 분석법은 요구사항 정의 문서에 너무 의존적이다 보니 문서 내용이 완성도가 높지 못한 경우 좋은 클래스를 찾는 것부터 어렵다. 특히 반복을 적극 장려하는 객체지향 방법론이나 컴포넌트 기반 방법론을 활용한다면 클래스를 정의할 정도로 충분히 정리된 요구사항 문서를 처음부터 만드는 것은 올바른 접근법이 아니다. 따라서 UML을 활용하는 객체지향 방법론과는 잘 어울리지 않는 접근법이다. 하지만 다른 접근에 비해 이론적 토대가 있고 요구사항 정의 관련 도구들을 기본으로 활용하는 기법중 하나이다.

3부류로 나누는 기법을 권고하는 방법론들은 분석과 설계 단계를 구분하지만 그 경계가 엄격하지 않다. 지속적으로 반복을 적용하다보면 설계 단계까지 마친 문서에 새로이 분석 모델을 추가할 수도 있고 기존 내용 중에서 논리적 표현을 개선할 수도 있다. 3분류법은 분석과 설계 개념을 크게 깨뜨리지도 않으면서 분산 환경에 적합한 개념을 제공하기 때문에 가장 현실적인 대안이라고 할 수 있지만, 이론적 토대는 약한 접근 방법이다.

기존 시스템을 근간으로 클래스를 정의하는 방법은 새로운 방법을 도입하거나 아키텍처만을 개선하고자 할 때 객체지향 방법론에 익숙하지 않은 조직과 가장 빠르게 상호작용을 할 수 있는 방법이기도 하다. 하지만 기존 시스템을 기반으로 클래스를 찾는 것은 새로운 요구사항에 관한 것들을 파악하기 어렵고 기존 시스템이 없는 경우라면 이용하기 힘든 접근법이다. 또한 기존 시스템이 화면과 테이블을 잘못 사용하고 있는 상황이라면 심각한 문제를 만들 수도 있는 위험한 접근 방법이라고 말할 수도 있다.

가장 바람직한 방법은 업무나 개발 및 운영 환경을 미리 고려해서 비즈니스, 애플리케이션, 데이터 등을 충분히 이해하고 나서 클래스 모델링을 하는 것이다. 예를 들면 큰 프로젝트는 개발 프로젝트 이전에 ISP(Information Strategy Planning), BPR(Business Process Re-engineering), EAP(Enterprise Architecture Planning) 등을 하게 되는데 이들 작업 결과를 최대한 활용하는 것이다. 하지만 이 접근법을 작은 프로젝트에 적용할 기회는 거의 없고 경험 있는 전문 인력이 부족한 조직이라면 컨설팅 결과가 있는 큰 프로젝트라도 이들을 충분히 이해해서 개발 프로젝트에 활용하는 것은 쉽지 않다.

모든 병에 잘 듣는 약이 없는 것처럼 모든 프로젝트에 적합한 방법은 없다. 따라서 프로젝트 성격에 따라 어떤 접근 방법을 정할지 또는 여러 접근 방법을 병행할지를 결정할 필요가 있다. 다음에 제시하는 클래스 모델링 작업에 대한 몇 가지 기법들을 보면서 프로젝트 별로 가장 적합한 방법은 어떤 것이 될지 신중한 선택을 하기 바란다.

(1) 개념 클래스 모델링

개념 클래스란 구체적인 클래스이기 보다는 도메인과 시스템에서 중요하다고 생각되는 개념 위주로 찾아진 클래스를 말한다. 개념 클래스로 구성된 개념 클래스 다이어그램은 분석 단계 클래스 다이어그램을 그릴 때 좋은 토대로 사용될 수 있다.

클래스 다이어그램을 그리려면 요구사항 모델을 참조할 필요가 있다. 객체지향 방법론에서 가장 중요한 요구사항 모델로 유즈케이스 다이어그램과 유즈케이스 기술서가 있지만 개념 클래스 모델링에서는 이들을 바탕으로 간략하게 만들어진 '24시 편의점 관리 시스템' 개요를 사용해보자.

① 24시 편의점 관리 시스템 개요

24시 편의점은 고객이 물품을 언제라도 구입할 수 있도록 24시간 운영하는 소매점으로 24시 편의점 관리 시스템은 컴퓨터나 바코드 스캐너와 같은 하드웨어 부품과 매출등록, 결제처리 등을 할 수 있는 소프트웨어로 구성된다.

시스템은 제3자가 제공하는 세금 계산기나 재고관리 시스템과 같은 다양한 외부 시스템과 연계되어 24시간 내내 작동되어야한다.
고객이 편의점에서 물품 구입을 원하면 점원은 바코드 스캐너를 이용해서 물품 판매를 기록하고 영수증을 발급해준다. 이때 고객은 현금 또는 카드를 사용해서 물품을 구입할 수 있다.
편의점에는 고객이 원하는 물건이 있는지 살펴볼 수 있도록 상품 카탈로그(Catalog)가 비치되어있으며 카탈로그에는 상품 설명과 가격이 적혀있다. 편의점 관리자는 금전등록기에 동전이나 지폐가 적정량 있는지 확인하고 남는 금액은 수거한다.

② 클래스 찾기

가장 처음 해야 할 것은 클래스를 찾는 것이다. 이때 주어진 상황에 구문적 접근을 한다고 가정해보자. 앞에서 편의점 관리 시스템을 짧게 설명했지만 그 안에서도 많은 명사들을 찾을 수 있을 것이다. 무턱대고 명사를 고르기보다는 팁(Tip)에 열거된 개념 클래스 후보 가이드를 활용해보자. 익숙한 도메인을 대상으로 프로젝트를 수행한다면 후보 가이드 없이도 좋은 개념 클래스들을 찾을 수 있지만, 후보 가이드를 활용하면 쉽게 개념 클래스 또는 초기 클래스 후보들을 찾을 수 있을 것이다.

팁에 제시된 사항들 대부분은 잘 알고 있는 것들이지만 생소하거나 명확하게 이해되지 않는 것들이 있다. 예를 들어 '트랜잭션'에 해당하는 것을 편의점에서 찾아보면 판매(Sale)에 해당하는 것으로 좋은 개념 클래스이다. '트랜잭션 라인 아이템'이라는 것은 분석 클래스 다이어그램에도 필요한 개념으로 판매 품류(品類) 또는 판매 품목(SaleLineItem)에 해당한다. 이때 편의점이 보유하고 있는 물품 하나는 'Item'에 해당한다. 이들을 연결시켜 설명하면 'Sale'은 여러 'SaleLineItem'을 포함하고 각각의 'SaleLineItem'들은 'Item'들을 포함하는 관계에 있다. 쇼핑몰 시스템처럼 판매와 관련된 시스템이라면 항상 사용할 수 있는 개념 클래스 들이다.

위에 제시된 팁을 활용해서 편의점에서 찾아볼 수 있는 개념 클래스들은 다음과 같다.

장소로 편의점(ConvenienceStore), 고객(Customer), 지불(Payment), 판매(Sale), 판매품목(SaleLineItem), 물품(Item), 점원(Clerk), 편의점 관리자(StoreManager), 상품 카탈로그(ProductCatalog) 등이 있다.

이들 개념 클래스 후보들을 3가지로 분류해보면 일을 하는 주체 개념, 대상 개념 그리고 일 개념이 있다. 개념 클래스를 찾을 때 3가지 분류를 활용해볼 수도 있다.

하지만 앞에서 찾아진 이들 개념 클래스들은 완전하지 않다. 요구사항 모델이나 문제 정의서 등에서도 찾지 못한 개념 클래스들이 있을 수 있다. 또한 클래스 모델링에 대한 경험이 없는 사람들이라면 개념 클래스를 뽑을 때 중요하지 않은 개념들 또는 클래스라기보다는 속성에 해당하는 개념들을 많이 찾는다. 따라서 찾아진 개념 클래스에 부족한 사항들을 추가하거나 필요 없는 개념들을 제거시켜서 중요한 개념을 잘 표현한 개념 클래스 다이어그램을 그려야한다.

'영수증(Receipt)'을 생각해보자. 영수증이 중요한 개념 클래스 인지 아닌지 명확하게 말하기 어렵다. 이런 문제들 때문에 클래스를 추출하는 과정에서 도메인 지식이나 현업에서 수행중인 업무 형태가 어떻게 이루어지는지 항상 확인할 필요가 있다. 만약 영수증을 보여주면 이미 구매한 물품을 돈으로 환불해준다면 영수증은 분명한 역할을 갖는 중요한 개념이다. 하지만 환불이 불가능하다면 영수증은 중요하지 않은 개념으로 개념 클래스 다이어그램에서 제외시켜야한다.

이와 비슷한 다른 예로 자동차와 관련된 시스템을 가정해보자. '엔진'과 '깜빡이 등'을 생각해보자. 엔진은 매우 중요한 부품으로 중요한 개념 클래스이고 깜빡이등은 중요하지 않은 개념 클래스일까? 만약 시스템이 주차장 관리 시스템, 자동차 판매 시스템, 주차 대행 시스템, 대리운전 시스템 등이라면 둘 다 중요하지 않은 개념 클래스이다. 만약 시스템이 자동차 부품 판매 관리 시스템이라면? 엔진은 판매 대상이 되지 않지만 '깜빡이 등'은 많이 팔리는 주요 품목일 것이다. 이처럼 구문 중심으로 클래스를 추출할 경우 반드시 도메인이나 업무 상황에 적합한지 확인하는 과정이 필요하다.

영수증과는 정반대 경우에 해당하는 개념이 있다. 즉 개념인지 아닌지 판별이 어려운 것이 아니라 경험이 없는 사람은 아예 찾지 못하는 중요한 개념이 있을 수 있다. 판매점에서 예를 들면 상품 명세(Product Specification)가 여기에 해당한다. 이는 매우 중요한 개념으로 경험 없는 사람들은 물품(Item)이 상품 명세를 모두 포함하는 개념으로 생각하기 쉽다. 하지만 물품은 실제적인 대상인 반면 상품 명세는 대상을 표현하는 개념이다.

물리적 대상과 이에 대한 논리적 설명서를 분리하여 별도의 객체로 식별하는 것은 중요한 개념이다. 즉, 물리적으로 존재하는 상품과 이에 대한 설명(가격, 용도, 재질 등을 담고 있는 제품설명서)을 별도 객체로 분리하여 모델링하자는 것이다.

클래스 모델링도 데이터 모델링과 마찬가지로 추상화(Abstraction), 지식(Knowledge), 카탈로그(Catalog), 메타(Meta) 레벨에 해당하는 개념은 매우 중요하지만 경험이 없는 경우에는 찾기 어려운 정도가 아니라 찾아진 것을 보고 이해하기도 어렵다. 분석 패턴, 도메인 패턴, 비즈니스 패턴 등으로 알려진 클래스 모델들을 보면 모델링 경험이 있는 사람들조차 해당 분야에 대한 경험이 없다면 이해하기 어려운 사항들이 많이 있다. 이처럼 클래스 모델링을 완성시켜가기 까지는 전문가들 영역이 존재하는 경우가 많다. 실제 프로젝트에서는 새로운 기술이나 개념을 잘 아는 사람보다 해당 분야에서 오랜 경험을 쌓은 사람이 있어야 프로젝트가 잘 마무리되는 경우가 많은 것이다.

앞에서 찾아진 개념 클래스들을 나열하면 다음 그림과 같다.

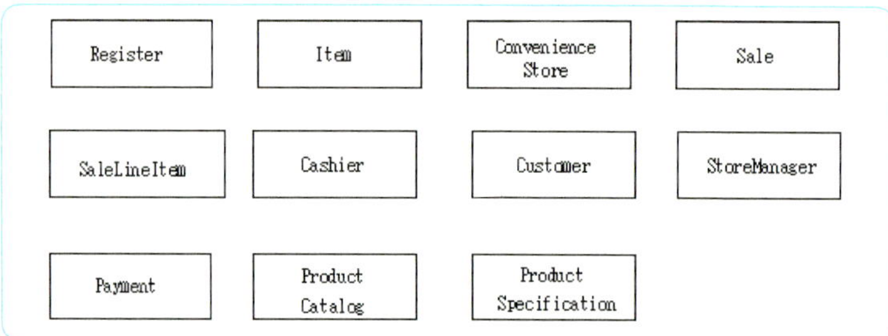

[그림 7.53] 24시 편의점 관리 시스템 개념 클래스들

① **개념 클래스들 간 관계 설정**

클래스들 간 관계는 데이터 모델과는 달리 행위적 관계가 포함된다. 클래스들을 찾는 과정과는 조금 다르지만 관계를 설정하는 것도 클래스를 찾는 것만큼 쉽지 않다. 잘 생각해보면 많은 개념들이 어느 정도는 서로 관련 있는 것처럼 보이기 때문이다. 따라서 관계가 찾아진다고 다이어그램에 모든 관계를 표현하는 것은 복잡할 뿐만 아니라 좋은 모델링 방법이 아니다. 중요하고 본질 관계만을 찾아 표현해야하는데 도메인 지식과 모델링 경험이 많은 경우라면 그리 어려운 문제만은 아니겠지만 그렇지 못한 경우라면 관계 설정이 매우 어려울 수도 있다. 다음 팁은 경험이 많지 않은 사람들을 위한 것이다.

개념 클래스 모델링에서는 UML 관계 표현을 적극적으로 사용하지 않고 어떤 관계인지만을 나타내는 것도 괜찮다. 개념 클래스는 초기에 찾아진 클래스로 현업 사람들 또는 도메인 전문가들과 함께 이야기할 수 있는 모델로 적당하기 때문이다. 현업 또는 도메인 전문가들은 UML 표기법에 익숙하지 않기 때문에 UML 표기법을 아는 사람은 쉽게 생각할 수 있는 표현도 불편하게 느낄 수 있다. 또한 표기법보다는 본질 내용에 집중할 필요가 있다.

앞에서 찾아진 개념 클래스를 바탕으로 중요한 연관들을 나열하면 다음과 같다. 편의상 영문을 사용한다. Sale–SaleLineItem, ProductCatalog–Product Spe cification, Clerk–Register, Store–Manager, Customer– Payment

다음 개념들 사이에는 관계가 없는지 생각해보자. Customer–Item, Customer–Sotre Manager, StoreManager–Convenience Store, Payment –Register 이들 관계를 표현한다고 해서 틀리다고 말할 수는 없다. 하지만 모델 품질 특성 중 '간결성(Simplicity)'이 있다. 즉 모든 것을 표현하는 것보다 의사소통에 필요한 부분만을 표현하는 것이 더 중요하다는 것이다. 비행기 모델을 만들 때 실제 비행기만한 크기로 모델을 만드는 것은 무의미할 것이다. 마찬가지로 개념 클래스 다이어그램에 부각시켜야 할 요소 외에 중요하지 않은 개념 클래스들이나 중요하지 않은 관계까지 모두 표현한 복잡한 모델은 의미가 없다.

관계를 설정하려면 일차적으로 가이드를 활용할 수 있지만 클래스 찾는 과정과 동일하게 도메인 지식과 경험을 최대한 살려서 개념 클래스 다이어그램을 그려갈 필요가 있다. 다음 그림은 관계를 표현한 개념 클래스 다이어그램이다.

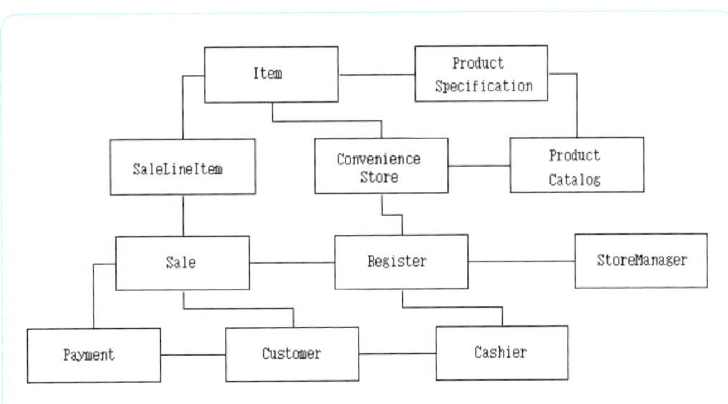

[그림 7.54] 개념 클래스들 간 관계

앞에 제시한 다이어그램은 개념모델 자체로는 아직 완성된 것이 아니다. 특히 관계에 대한 구체적인 이름도 없고, 주요 속성도 찾아지지 않았다. 하지만 모델을 한번에 완전하게 만들기는 어렵다. 또한 여기서 가장 중요한 것은 개념 모델링 전반에 걸친 이해가 아니고 어떻게 하면 중요한 본질에 가까운 개념을 찾는가에 대한 문제이다. 이와 같은 개념 모델 초기 과정은 구조 모델링 특히 클래스 모델링에 반드시 필요한 기본적인 통찰력과 추상화 능력을 키우는데 많은 도움이 된다.

만약 개념 모델링 자체가 목적이라면 이 후 여러 가지 작업을 더 진행할 수 있다. 속성, 오퍼레이션, 다중성, 관계 방향, 관계 이름, 역할 등 기본적인 클래스 다이어그램 표현과 유사한 사항들도 추가할 수 있다. 하지만 이와 같은 추가 사항은 개념을 찾아내는 첫 모델링 과정과는 달리 정해진 기반 위에 필요한 기법을 적용하는 기교적 측면이 강하다. 또한 이 후 사항들은 분석 클래스 모델링에서 다루는 사항들과 크게 다르지 않다.

개념 모델링에서 반드시 배울 사항은, 단지 상황만 주어진 상태에서, 처음으로 모델링 요소가 될 수 있는 본질적인 것을 찾아내는 능력이다. 이는 향후 구조적 모델링에 소개되는 여러 기법들보다 더욱 중요한 것이다. 좋은 개념은 탄탄한 부지와도 같아서 좋은 건물을 지을 수 있지만, 잘못된 부지 선정은 큰 문제를 초래할 수도 있다. 지반이 약하면 건물은 오래지 않아 균열이 생기거나 무너질 가능성까지 있을 것이다.

모델 근본이 계속 바뀌는 상황은 프로젝트를 하는 많은 사람들에게 매우 힘든 일이 될 것이다. 상황이 조금은 다르겠지만, 모든 개발자가 사용하는 라이브러리(JDK, MFC....)가 개발 중에 계속 바뀐다면, 그리고 바뀐 것을 사용해야한다면 개발을 정상적으로 진행하는 것은 어려울 것이다. 클래스 모델링을 언급하기 전에 개념 모델링을 먼저 언급한 것은 모델링에 대한 유사성도 있지만 향후 작업을 위한 토대 마련 작업이 그 만큼 중요한 것이기 때문이다.

② 분석 클래스 모델링

개념 클래스 다이어그램을 그리는 것은 분석 클래스 다이어그램을 그리기 전에 행하는 사전 작업으로 매우 좋은 방법이다. 하지만 UML을 기반으로 분석 클래스 모델링을 하기 위해 반드시 개념 클래스 모델링을 해야 하는 것은 아니다. 개념 클래스 모델링이 중요한 것은 클래스를 찾고 관계를 설정하는데 많은 도움이 된다는 점일 뿐이다.

UML을 사용하는 객체지향 방법론들은 저마다 분석 클래스 모델링을 위한 지침들을 제공한다. 여기서는 특정 방법론에 대한 지침을 제시하지는 않겠고 UML을 활용한 프로젝트들 중 이론적으로도 큰 문제가 없고 실제 활용하기 적당한 방법들 중심으로 분석 클래스 모델링 과정을 살펴보도록 하겠다.

UML을 사용하는 객체지향 방법론에서는 분석 클래스 모델링 작업에 필요한 주요 입력물로 유즈케이스 다이어그램을 포함한 유즈케이스 기술서를 사용한다. 유즈케이스 기술서는 유즈케이스 내부에 있는 업무 흐름 또는 서비스 절차뿐만 아니라 주요 입출력 데이터들이 나타나있다. 구체적인 모델링을 하려면 유즈케이스 기술서 전체가 필요하지만 유즈케이스 다이어그램과 유즈케이스 개요 일부를 먼저 보고 분석 클래스 모델링을 하면서 해당하는 세부 내용을 보도록 하자.

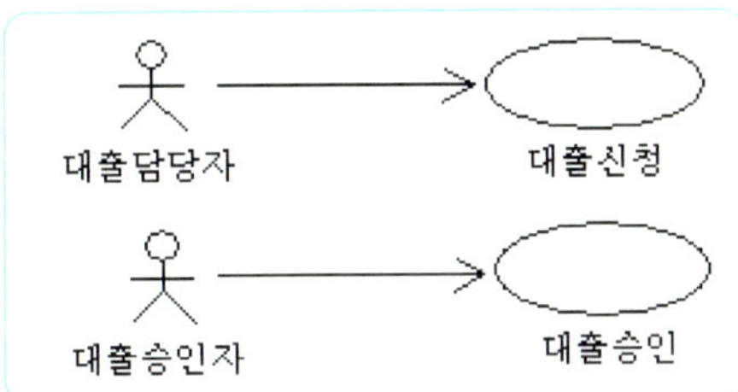

[그림 7.55] 대출 시스템(일부) 유즈케이스 다이어그램

③ 대출 신청 유즈케이스 개요

고객이 대출요청을 하면 대출담당자는 대출관련서류를 안내하고 보험가입 권유를 하며, 대출관련서류를 제출받아 1차 서류심사 및 보험가입현황을 참조하여 대출신청 금액의 타당성을 검토하고 대출신청서에 기재된 내용(채무자(개인/기업/직원) 인적사항, 대출약정사항, 보증인사항, 담보사항 또는 보험사항)을 대출시스템에 입력하여 대출승인을 요청한다.

고객이 연장승인을 요청할 경우 대출담당자는 약정사항을 변경하여 연장요청을 한다.

④ 대출 승인 유즈케이스 개요

대출 승인자는 지점에서 송부된 대출신청서류를 접수하여 필요한 정보를 입력한 후, 대출금품의서를 출력하여 결재권자의 승인을 받고, 관련기관에 의뢰하여 설정 및 공증을 한다. 이후 설정번호를 부여받아 시스템에 등록하여 대출승인을 하고 상위 결재권자는 대출지급을 승낙하는 결재를 한다.

연장신청 시에는 대출담당자가 연장신청을 시스템에 등록하여 연장승인 신청을 하고 상위 결재권자는 연장승인을 허용하는 결재를 한다. 또한 신청현황을 조회할 수 있다.

⑤ 클래스 찾기

개념 클래스를 찾는 방법을 그대로 활용하거나 약간 응용할 수도 있다. 여기에서는 분산환경에 대한 적극적 반복을 가정하고 바운더리(Boundary), 컨트롤(Control), 엔티티(Entity) 3가지 분류 클래스를 파악하면서 클래스를 찾는 방법을 살펴보자.

유즈케이스 다이어그램과 유즈케이스 개요를 보면 대출 시스템에 대한 기본 신청업무와 승인 업무를 이해할 수 있다. 이 두 가지 정보만으로도 초기 바운더리 클래스와 컨트롤 클래스, 일부 엔티티 클래스를 찾는데 충분하다.

바운더리 클래스는 액터가 시스템과 상호작용하는 부분 또는 다른 시스템과 연계되는 부분을 표현한다. 따라서 속성은 화면에 표현된 내용이나 다른 시스템과 연동하기 위한 정보를 가질 수도 있지만 단순 스트링(String)으로 처리할 수 있는 부분이기 때문에 분석단계에서 구체적인 속성을 표현할 필요는 없다. 다만 화면에 입력된 내용을 컨트롤 클래스에 전달하거나 컨트롤 클래스로부터 받은 정보를 화면에 출력하는 오퍼레이션 또는 타 시스템에 정보를 보내거나 받기 위한 오퍼레이션은 나타낼 필요가 있다.

대출 시스템에서 두 액터(대출담당자, 대출승인자)만을 우선 생각해보면 대출신청UI(User Interface)와 대출승인UI라는 두 바운더리 클래스를 찾아볼 수 있다. 이때 UI는 추상적인 개념으로 설계 단계에서 윈도우 화면, 웹 화면 또는 실제로 구현할 수 있는 다른 형태로 바뀐다. 분석 초기에는 바운더리 클래스들 간 관계는 표현하지 않는 것이 더 좋을 수 있다. 만약 바운더리 클래스 간 관계가 중요하다면 노트를 사용하거나 상위 수준 액티비티 다이어그램 등을 사용해서 업무 간 관련성을 표현하는 것도 좋다.

예를 들면 대출 신청 고객이 신규 고객이라면 대출을 신청하기 전에 고객 정보를 등록해야한다. 이때는 고객관리UI가 필요하기 때문에 두 바운더리 간 관련성을 표현할 수도 있다. 하지만 초기 클래스들을 찾을 때는 가급적 단위 업무별로 모델링을 해서 단위 모델들을 정제하는 것이 모델링에 대한 난이도를 낮추는 방법이다. 물론 모델링에 경험이 많은 사람이라면 관련 있는 사항들을 초기부터 함께 표현해도 모델링을 해나가면서 적절한 분류(Classification)를 할 수 있기 때문에 문제될 것은 없다.

컨트롤 클래스를 논리적 개념이 아니라고 생각하는 사람도 있다. 아주 틀린 말은 아니다. 하지만 컨트롤 클래스는 설계 단계에서 한 레이어(Layer)가 될 수도 있고 한 컴포넌트가 될 수도 있고 몇 개의 클래스가 될 수도 있다. 따라서 분석단계에서는 컨트롤 클래스 역할을 바운더리 클래스와 엔티티 클래스와는 다른 역할을 갖는 논리적 클래스로 생각할 필요가 있다. 즉 바운더리 클래스는 액터와 상호작용하는 역할, 엔티티 클래스는 정보를 관리하는 역할, 컨트롤 클래스는 바운더리 클래스와 엔티티 클래스 사이에서 허브(Hub) 역할을 하면서 유즈케이스 행위를 조정하는 역할이다.

분석 단계에서 컨트롤 클래스는 한 유즈케이스 당 컨트롤 클래스를 하나씩 정의해도 충분하다. 대출신청과 대출승인 유즈케이스 당 하나씩 컨트롤 클래스를 정의해보면 대출신청, 대출승인이라는 두 클래스를 정의할 수 있다.

엔티티 클래스는 정보를 관리하는 클래스로, 잘 만들어진 유즈케이스 기술서, 추상 개념 클래스 다이어그램, 운영 중인 시스템에 대한 데이터모델들 중 어느 하나만이라도 있다면 엔티티 클래스를 찾는데 도움을 받을 수 있다. 하지만 엔티티 클래스는 데이터 모델링이 갖는 어려움을 그대로 갖고 있다. 또한 도메인 또는 시스템을 잘 모르면 속성에 해당하는 것도 클래스로 파악할 수 있고, 클래스에 해당하는 중요한 것도 속성으로 파악해버릴 수도 있고, 시스템과는 전혀 관계가 없는 요소 (액터, 프로젝트 범위 외)를 엔티티 클래스로 찾을 수 있기 때문이다. 더구나 확장성, 유지보수성, 유연성 등이 필요한 시스템이라면 엔티티 클래스들에 대한 추상화 과정이 반드시 필요한데 이를 위해서는 업무 패턴이나 모델 구조 패턴 등을 어느 정도는 이해하고 있어야한다.

신청과 승인에 관련된 엔티티 클래스를 찾으려면 앞에서 본 유즈케이스 다이어그램과 유즈케이스 개요 외에 구체적인 정보를 더 알아야한다.

실제 대출신청 유즈케이스에는 신용대출, VIP대출, 연장 대출신청, 임직원대출, 보증보험 대출신청, 대출과 보험 연계 등 다양한 상황에 대한 흐름과 함께 예외(Exceptional) 또는 에러(Error)에 대한 흐름도 표현되어있다.

대출신청 유즈케이스 일부에 드러나 있는 정보만을 참조해서 엔티티 클래스를 찾아보자. 명사를 이용해서 엔티티 클래스를 찾는다면 대출신청 유즈케이스에서만도 수백 개는 충분히 찾을 수 있을 것이다. 하지만 대부분은 단순 속성에 머무는 것이다. 유즈케이스 기술서로부터 비교적 쉽게 찾을 수 있는 중요한 엔티티 클래스로 채무자, 보증인, 약정, 담보라는 4개 엔티티 클래스가 있다. 또한 채무자 부류에 대한 사항을 보면 개인, 기업, 임직원이 있고 이들도 다양한 속성을 갖고 있다. 이들 7개 엔티티 클래스는 주어진 유즈케이스 기술서 상에서 쉽게 찾을 수 있다.

조금 난이도 있는 엔티티 클래스를 찾아보자. '대출담당자'를 찾을 수도 있고 앞에서 제시된 내용에는 없지만 '사용자', '고객'을 엔티티 클래스로 찾을 수도 있다. 이들이 적절한 엔티티 클래스인가? 만약 대출담당자를 찾았다면 잘못 찾은 것이다. 모든 담당자들이 시스템에 관리해야할 클래스로 등록한다면 초기부터 너무 세부적으로 찾은 것이다. 비록 내용에는 없었던 명사이지만 사용자는 적절한 추상화 레벨에 해당하는 좋은 엔티티 클래스이다. 시스템에는 많은 액터가 있고 이들은 적절한 권한을 갖고 있다. 시스템 자원에 접근하려면 적절한 권한 검사를 해야 하고 사용자라는 엔티티 클래스는 충분한 역할을 할 수 있는 클래스이다.

'신청', '승인'은 엔티티 클래스인가? 이미 '대출신청', '대출승인'이라는 두 컨트롤 클래스를 찾은 상태에서 굳이 엔티티 클래스로 등록할 필요가 있는가? 신청은 시스템에서 관리할 필요가 있는 충분한 엔티티 클래스일 뿐만 아니라 '대출담당자', '신청일자' 등의 속성과 관련 엔티티 클래스들을 처리하는 매우 중요한 엔티티 클래스이다. '승인'은 현 상태에서 엔티티 클래스로 정의할 필요는 없고 대출신청에 관한 정보만 알면 승인 업무는 충분한 것처럼 보인다. '신청' 엔티티 클래스에 '승인일자', '대출승인자'만 속성으로 정의하면 되기 때문이다. 중요한 것은 이런 상황은 항상 일어날 수 있는 일반적인 문제이기 때문에 어떻게 이런 형태 문제를 해결할지 생각해 둘 필요가 있다. '신청' 클래스와 같은 상황이 나타나면 혼자서 판단하는 것은 문제를 키우는 것이다. 현업이나 전산담당자와 같이 관련된 사람들에게 의견을 물어보고 판단은 그 이후에 하는 것이다. 만약 전산담당자가 현재 운영 중인 시스템도 '신청'을 별도 관리하지 않는다면 별도 클래스로 뽑을 필요가 없지만, 승인일/승인자/승인금액 등을 별도로 관리를 해야 할 필요가 있는 중요 항목이라면 반드시 별도 클래스로 추가해야할 것이다. 전산담당자와 협의 후 특별히 별도 클래스로 뽑아야할 이유를 찾지 못해서 '신청'은 엔티티 클래스로 정의하지 않았다고 가정하자.

클래스 다이어그램 관련 사항으로 한 가지 더 고려해볼 사항이 있다. 채무자와 관련된 클래스에는 개인, 임직원, 기업들이 있다. 이들을 단순히 대출 신청 클래스 다이어그램에 나열하는 것도 좋지만, 향후 '고객'이라는 패키지를 만들어 공통 업무 쪽에 할당하는 것도 필요할 수 있다. 이런 과정들은 모델에 대한 복잡도를 조절하거나 아키텍처 정의와도 관련된 사항으로 어려운 문제에 속하지만 향후 반드시 고려해야할 사항들이다.

현재 파악된 클래스들을 기반으로 기본 클래스들 간 관계만을 추가한 초기 분석 클래스 다이어그램을 작성한 것이 다음 그림이다. 이번에는 아이콘(Icon) 형태로 표현했다.

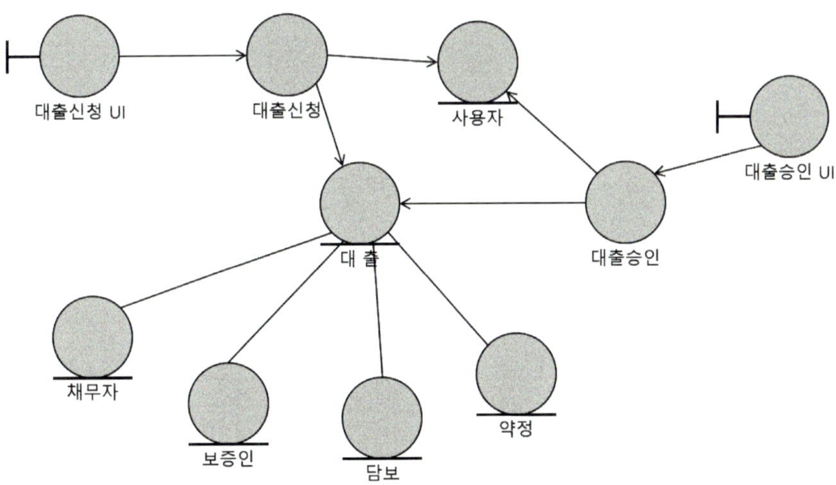

[그림 7.56] 신청, 승인 관련 초기 분석 클래스 다이어그램

관계를 설정하는 것이 먼저인가? 속성을 파악하는 것이 먼저인가? 아니면 오퍼레이션을 파악하는 것이 먼저인가? 상황에 따라 조금씩 달라질 뿐 어떤 것을 먼저 해도 큰 차이는 없다. 방법론들은 대체로 한 가지 방법을 권하지만, 프로젝트 수행 조직의 역량이나 경험에 따라 달리해도 큰 문제는 없다. 업무 프로세스에 익숙하면 관계를 먼저 찾는 것이 쉽고, 데이터에 익숙하면 속성을 먼저 찾는 것이 쉽다. 하지만 다른 정보를 모른 상태에서 관계나, 속성이나, 오퍼레이션만을 상세히 파악하기란 쉽지 않다. 세부 관계까지 표현하려면 기본 속성과 오퍼레이션이 어느 정도는 표현되어 있어야한다. 모델링 경험이 있다면 한 가지 모

델을 완전하게 만들고 나서 다른 것으로 진행하기 보다는 여러 가지를 순환적으로 파악해가면 훨씬 쉽다는 것을 알게 된다. 이 수험서에서는 모델링할 때 특정 순서나 절차를 선호하지 않는다. 내용을 전개하는 순서와는 상관없이 방법론에 따라 다른 순서로 진행할 수 있다는 것을 항상 기억하자. 여기서는 오퍼레이션을 먼저 찾아보도록 한다.

⑥ 오퍼레이션 파악

객체지향 방법론에서 클래스에 정의할 오퍼레이션을 찾는 방법은 유즈케이스 기술서를 바탕으로 한다. 즉 유즈케이스 기술서에 표현된 내부 행위를 오퍼레이션으로 등록하거나, 인터랙션 다이어그램을 그린 이후 인터랙션 다이어그램에 표현된 메시지들을 클래스에 오퍼레이션으로 등록한다. 방법론들이 권고하는 가장 바람직한 방법은 유즈케이스 기술서에 표현된 주요 흐름(시나리오)과 중요한 대안, 예외적 시나리오에 대해 시퀀스 다이어그램을 그리고, 시퀀스 다이어그램에 표현된 메시지를 클래스에 오퍼레이션으로 등록하는 방법이다. 객체지향 방법론에 익숙하지 않은 조직들은 화면을 구체적으로 활용하는 방법도 있다.

앞에서 제시한 대출시스템 관련 내용을 보면 정보 처리에 관한 오퍼레이션이 대부분이고 액터가 입력하는 행위 또는 시스템이 액터에게 필요한 정보를 보여주는 행위 정도가 있을 뿐이다. 엔티티 클래스에서 정보를 처리할 때 속성들에 대한 'get', 'set' 오퍼레이션이나, 클래스가 가진 정보에 대한 CRUD(Create, Read, Update, Delete) 기능은 대체로 생략한다. 당연한 기능이기 때문에 모델에 반드시 표현할 필요는 없다. 심지어는 코드를 생성(Generation)하는 세부 설계 클래스 다이어그램에서 조차 표현하지 않아도 된다. 코드 생성에 관한 스크립트(Script)에서 훨씬 정교하게 제어할 수 있기 때문이다. 다만 모델을 복잡하게 만들 수밖에 없거나, 형식적으로 엄격한 문서화가 필요하거나, 아주 세부적으로 정확하게 표현해야하는 경우에만 표현하자. 정확성에 위배 되지 않는다면 모델은 간결하게 유지하자.

모델이 덜 되어서 또는 부실하기 때문에 간결해 보이는 모델과 필요한 정보만을 표현해서 간결한 모델 간 차이는 모델 자체 또는 모델 간 균형을 보면 쉽게 구분할 수 있다.

주어진 정보만으로 오퍼레이션을 파악해보면 바운더리 클래스들에는 display( ) 오퍼레이션이 있다. 대체로 실수하는 부분이 액터가 요청한 것을 오퍼레이션으로 모두 정의하는 것이다. 하지만 UI가 어떻게 구현될지도 모르는 상황에서 액터 요청을 오퍼레이션으로 등록할 필요가 없다. 또한 시스템에 익숙하지 않은 사람은 조금 생각이 필요하겠지만, 액터는 바운더리 클래스에 이벤트를 보내는 것이지 액터가 오퍼레이션을 직접 호출하는 것은 불가능하다. 이벤트와 오퍼레이션을 혼동해서는 안 된다. 시스템으로부터 받은 정보를 액터에 보여주는 display( )와 같은 오퍼레이션은 정확하게 표현하면 액터에게 이벤트를 보내거나 메시지를 보내는 것이 아니고 시스템에 요청한 결과를 처리하는 내부 함수의 하나이기 때문에 필요하다.

신청 컨트롤 클래스에는 엔티티 클래스들(채무자, 보증인, 약정, 담보, 신청)에 대한 정보관리요청 오퍼레이션(saveX( ), readX( ))들과 checkAuthority( )라는 오퍼레이션이 있다. 이때 정보관리요청 오퍼레이션을 어떻게 정의할지 즉 save("...") 형태로 할지 또는 saveX( ), saveY( )처럼 명시적으로 할지를 고민할 필요는 없다. 설계단계에서 정확하게 표현하면 된다. 분석 클래스 모델링에서는 품질관리자가 적당한 기준을 제시하고 모델링하는 사람은 그 기준을 따르면 그것으로 충분하다.

엔티티 클래스는 신청, 사용자 클래스를 제외하고는 CRUD 오퍼레이션 밖에 없기 때문에 특별히 오퍼레이션을 추가할 필요는 없다. 신청 엔티티 클래스에는 채무자, 보증인, 약정, 담보 정보에 대한 처리 요청 오퍼레이션을, 사용자 엔티티 클래스에는 checkAuthority( ) 오퍼레이션을 추가하면 된다. 다음은 간결하게 표현된 오퍼레이션이 추가된 분석 클래스 다이어그램이다.

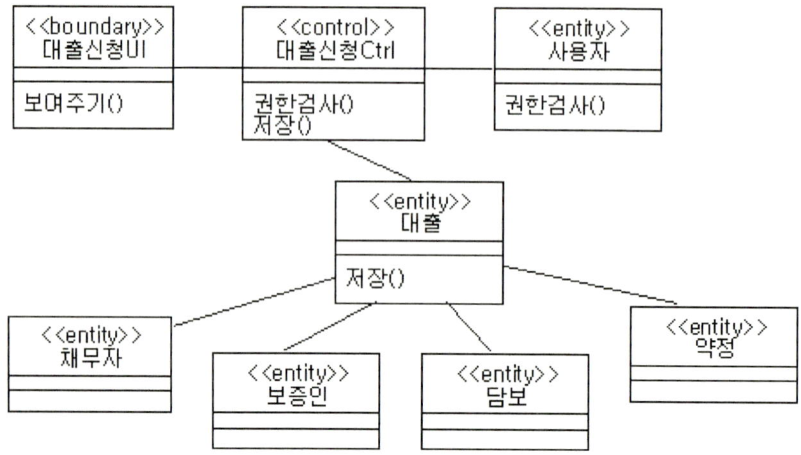

[그림 7.57] 대출 신청 클래스 다이어그램

⑦ 속성 파악

속성은 클래스가 가져야할 정보를 의미하는 것으로 상태를 유지할 필요가 있는 경우 속성 값을 변화시켜 상태를 조정할 수 있다. 속성을 파악할 때 다양한 것들을 참조할 수 있다; 유즈케이스 기술서, 현업에서 사용되는 문서들(예를 들면 기안문서), 업무 매뉴얼, 테이블 정보, 화면 등 유즈케이스 기술서를 참조해서 속성을 파악해보자.

유즈케이스 기술서는 유즈케이스 행위에 따른 입출력 데이터가 표현되어있다. 유즈케이스 행위를 수행하는 주체를 클래스로 정의한다면 행위에 관계된 정보들은 클래스가 갖고 있어야할 속성으로 파악할 수 있다.

모델링 초기에는 바운더리 클래스나 컨트롤 클래스가 가져야 할 속성들을 잘 파악하기 어렵다. 이 부분은 주로 설계단계에서 세부적으로 표현되기 때문에 초기에는 엔터티 클래스들이 갖는 속성에 초점을 맞추어보자.

다음 그림은 속성이 추가된 약정 엔터티 클래스이다.

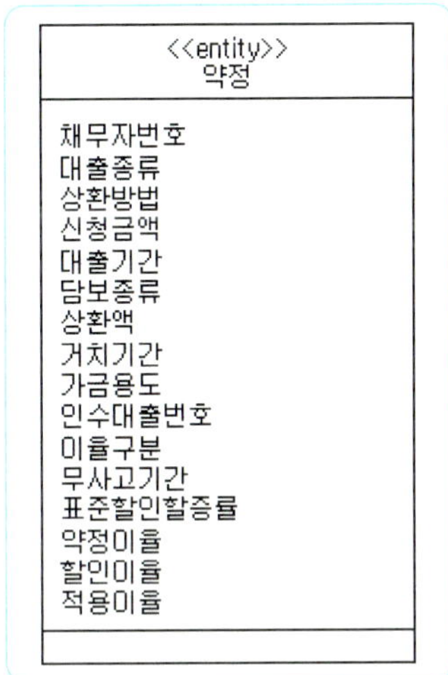

[그림 7.58] 속성이 추가된 약정 엔티티 클래스

단순한 파일럿(Pilot) 프로젝트가 아니라면 실제 엔티티 클래스들은 매우 많은 속성들을 갖고 있을 수 있다. 케이스 도구를 사용한다고 해도, 모든 속성들을 다 표현하면 클래스 몇 개만 표현해도 복잡하게 보일 수밖에 없다. 케이스 도구를 사용해서 속성 또는 오퍼레이션을 입력한 이후 케이스 도구 옵션(Option)을 사용해서 화면에 속성과 오퍼레이션이 안보이도록 설정하면 클래스 다이어그램을 간결하게 유지할 수 있다.

⑧ 관계 설정

클래스들 간 관계는 매우 다양하다. 실세계 객체들이 단순한 관계만을 맺고 있는 경우는 드물다. 예를 들어 '사람'이라는 클래스가 있다면 사람들 간 관계는 수를 헤아릴 수도 없이 많은 관계가 있을 것이다. 하지만 UML 표기법에는 클래스들 간 관계에 대해 단순히 몇 가지만을 지원할 뿐이다. 따라서 클래스들 간 관계는 대표적 관계를 추출해서 관계 이름을 간결하게 나타낼 필요가 있다. 구축할 시스템에 맞는 관계만을 표현한다는 것은 쉽지 않은 일이다. 분석 단계 클래스 모델링에서는 클래스들 간 관계를 바운더리 클래스와 컨트롤 클래스, 컨트롤 클래스와 엔티티 클래스, 엔티티 클래스와 엔티티로 구분해서 설명하겠다. 이후 설계 단계에서는 더욱 다양한 관계들이 표현될 수 있다.

논리적으로 바운더리 클래스가 엔티티 클래스와 관계를 맺는 것이 틀리지는 않는다. 하지만 바운더리 클래스 역할이 액터 요청을 어떻게 수행할 것인 지까지 알고 있을 필요는 없다. 대체로 바운더리 클래스는 액터로 부터 받는 요청 또는 정보를 컨트롤 클래스에 넘기면서 일을 위임(Delegation)시킨다. 따라서 초기에 파악한 클래스 다이어그램에서 보는 것처럼 바운더리 클래스는 단순하게 컨트롤 클래스에 메시지를 보내는 것으로 충분하다. 더 상세히 추가할 사항이 있다면 화살표를 사용해서 방향성(navigation)을 추가하는 것뿐이다. 방향성을 추가하는 것은 메시지 흐름을 명시적으로 표현하는 것으로 상호작용 행위를 클래스 다이어그램에 간접적으로 나타내는 것이다. 화살표가 없다는 것은 모델링이 구체적으로 되지 않았거나 양방향 관계가 있다는 것을 의미한다.

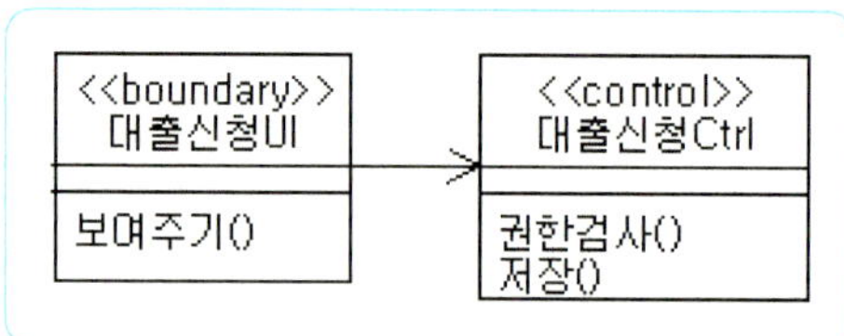

[그림 7.59] 속성이 추가된 약정 멘티티 클래스

컨트롤 클래스는 엔티티 클래스에 일방적으로 메시지를 전달한다. 따라서 이들 사이에 화살표를 추가할 필요가 있다. 컨트롤 클래스는 내부적으로 어떤 엔티티 클래스가 있고 어떻게 일을 처리해야하는지 알고 있어야한다. 만약 단순 업무가 아니라면 컨트롤 클래스들끼리 상호작용이 필요하기 때문에 컨트롤 클래스들 간 방향성도 필요하다.

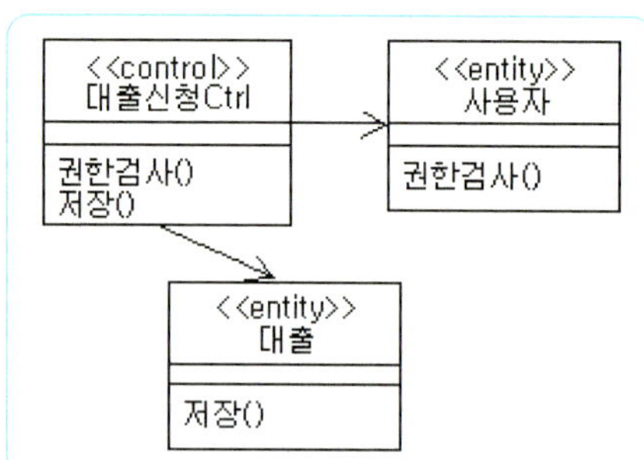

[그림 7.60] 컨트롤 클래스와 바운더리 클래스 간 관계

엔티티 클래스들 간 관계는 상속이나 연관관계를 가질 수 있다. 연관관계는 두 엔티티 클

래스들이 의미적으로 관련 있거나 객체들이 메지시를 전달할 경우이다. 메시지를 전달하는 것은 명확하게 관계를 인식할 수 있지만, 의미적으로 관련이 있다는 판별이 어려운 일로 클래스를 찾는 것처럼 도메인 또는 시스템 상황을 이해하면서 결정해야할 사항이다. 예를 들어 다음 그림을 보자.

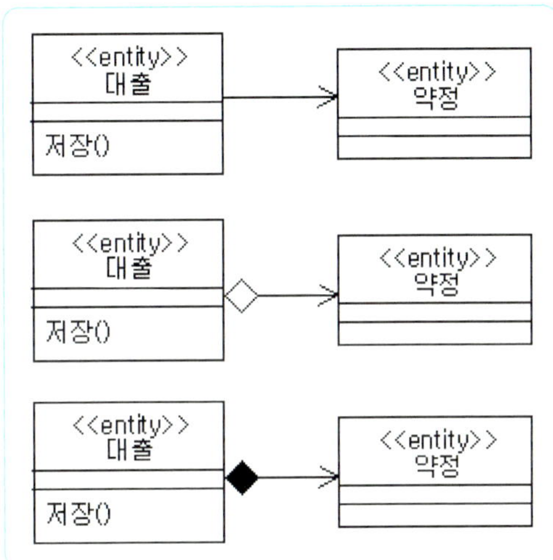

[그림 7.61] 연관 관계 : 관련성 정도

대부분 모델링 관련 책들은 위와 같은 그림을 장황하게 설명한다. 하지만 그렇게 중요한 사항은 아니다. 맨 앞에 있는 다이어그램은 다른 두 관계(Aggregation, Composition)를 의미적으로 포함할 수 있기 때문이다. 이들 관계가 분석단계에서 명확하다면 구체적으로 표현해도 좋지만 명확하지 않다면 분석단계에서 완벽하게 관계를 설정하려고 노력할 필요는 없다. 설계단계에서 구현을 고려하면서 얼마든지 달라질 수 있기 때문이다.

상속 관계는 추상화와 밀접한 관계가 있다. 따라서 더 세부적으로 알려면 보다 정제부분에서 다루는 내용을 참조하기 바란다.

객체지향 모델링을 조금 해본 사람들은 상속을 쉽게 생각하는 경향이 있다. 하지만 요구사항에 맞는 시스템을 개발하려면 모델링을 더욱 신중하게 할 필요가 있다. 일반 모델로는 정상이라고 생각할 수도 있지만 도메인이나 요구사항에 관련된 상황을 고려하면 잘못된 상속이 될 수도 있다. 다음 다이어그램을 보자.

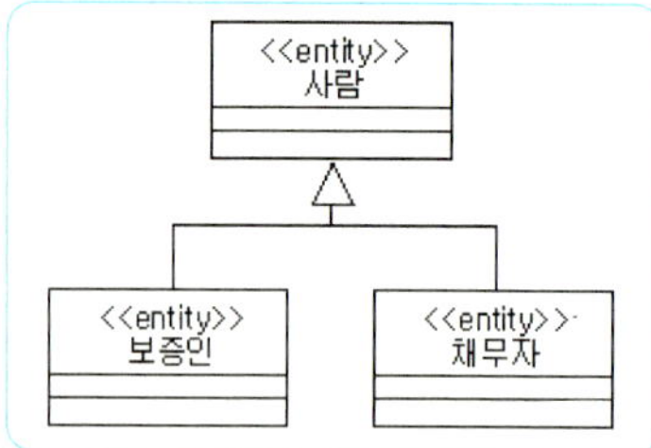

[그림 7.62] 잘못된 성숙

전혀 문제가 없어 보이는데 왜 잘못되었다고 하는 것일까? 만약 채무자나 보증인이 사람이라면 잘못된 것은 아니다. 하지만 앞에서 이미 본 것처럼 현재 다루고 있는 대출 시스템에는 채무자가 개인, 기업, 임직원이라는 3부류로 나누어져 있다. 이처럼 개인 대출 외에 기업 대출도 함께 처리하는 시스템이라면 채무자가 기업이 될 수도 있다. 기업은 사람이 아니다. 따라서 잘못된 상속이라고 할 수 있다. 업무적 특성을 고려한 상속은 다음과 같다.

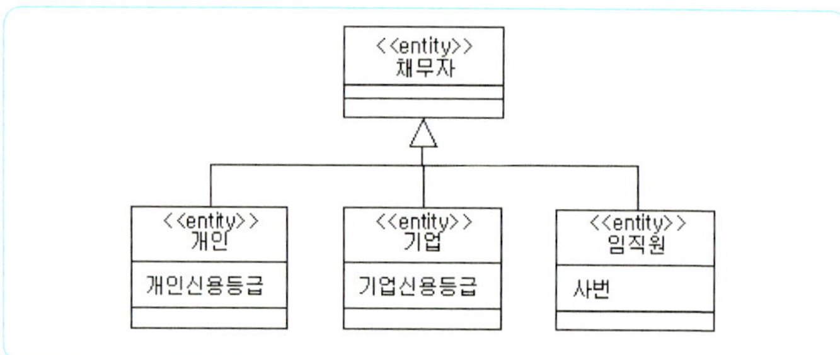

[그림 7.63] 채무자 관련 상속

⑨ 분석 클래스 다이어그램 정제

분석 모델링이 어느 정도 진행되면 클래스들을 정제하게 되는데 이때 분할, 통합, 추상화 작업을 수행한다. 따라서 엔티티 클래스들 간 관계는 지속적으로 개선이 필요한 부분이다. 여기에서는 그동안 미루어왔던 고객을 등장시켜 기존에 파악된 채무자, 기업, 개인, 임직원 클래스와 함께 다루어보자.

고객에는 여러 종류가 있고, 그 중 한 분류가 채무자일 것이다. 이때 대출 시스템에서는 기업, 개인, 임직원이라는 3가지 채무자 분류가 존재한다. 이때 어떤 사람이 직원으로 있었을 때 대출을 받고, 퇴사한 이후 다시 대출을 받았다면 앞에서 보여준 채무자 관련 상속 모델에서는 두 고객을 전혀 다르게 다룰 수밖에 없다. 따라서 여러 번 대출을 받을 수도 있고, 채무자분류가 달라질 수도 있는 다양한 상황을 수용하는 모델이 필요하다. 모델을 범용으로 만들려면 개선할 필요가 있고 그 결과가 다음 그림에 있다.

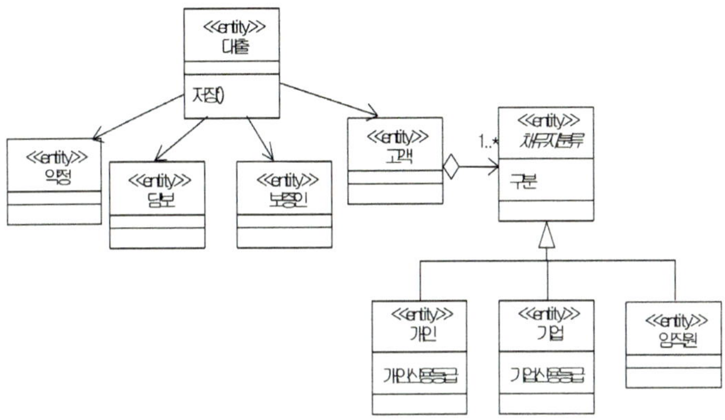

[그림 7.64] 엔티티 클래스와 엔티티 클래스 간 관계

클래스 다이어그램을 개선시키면서 왜 고객이라는 클래스를 등장시켰을까? 이유는 다음과 같다. 모델링 초기에는 대출 업무 자체에 치중했기 때문에 채무자라는 이름이 보다 적절했다고 판단되었지만 여러 회의를 거치는 동안 대출 받고자 하는 개인, 기업, 임직원 모두를 고객으로 분류하는 것이 보다 적절하다는 의견이 나왔다. 즉 시스템에 대한 모델링 관점보다는 업무 관점에서 엔티티 클래스를 분류하는 것이 더 필요했기 때문이다.

그렇다면 왜 채무자 분류라는 추상 클래스를 추가했을까? 이유는 이미 확장성이나 향후를 고려한 모델링이 필요한 상황이 되었기 때문이다. 고객은 대출 업무 상황에 따라 적절한 역할을 수행하는 것으로 파악해 볼 수 있다. 고객 객체는 하나이지만 그 객체가 상황에 따라 다양한 역할을 수행할 수 있다. 그런데 이는 고객이 달라지는 것이 아니라, 고객이 갖는 역할 특성이 달라지는 것이다. 이를 보다 잘 표현하는 방법이 고객을 직접 하위 클래스로 분류하는 것 보다는 고객 역할을 세분화 하는 것이다. 다시 말해서 고객 클래스가 채무자분류뿐만 아니라 채권자분류도 함께 갖고 있게 모델을 만든다면 여수신 전 업무에 대한 고객 통합관리가 가능한 모델로 발전할 수 있다.

조금만 더 설명을 해보자. 고객을 등장시켜 개선한 모델도 향후 개선되거나 진화될 가능성이 많다. 예를 들면, 앞의 모델에는 상세히 표현하지 않았지만 보증인은 고객과 중요한 관계를 갖고 있다. 또한 보증인도 개인, 기업, 임직원의 형태를 가질 수 있다. 이들을 어떻게 통합 관리할 수 있을까? 더 나가서 고객이 웹을 통해 여수신 상황을 파악할 수 있다면 고객은 시스템 사용자가 된다. 그렇다면 또 다시 모델을 변경할 필요가 있다. 뒤에서 설명할 인터페이스 기반 모델링, 분석/설계 패턴 등에서 변화되는 모델을 효율적으로 만들어가기 위한 모델링 전략을 배울 수 있을 것이다. 이후 모델을 아키텍처 단계까지 높여나갈 수 있다면, 이 교재의 범위는 아니지만, 잘 만들어진 고객 컴포넌트 모델로 발전시켜 나갈 수 있다. 컴포넌트 기반 방법론에서 말하는 비즈니스 컴포넌트는 이처럼 많은 모델링 상황에서 발전된 개념을 바탕으로 하는 것이 바람직하다.

모델은 간결성도 유지해야하고 모델링에 관련된 요구사항을 적절히 수용하는 모델로 진화해가야 한다. 이런 사항은 교과서 수준의 지침으로 만들 수 있는 간단한 것이 아니며 상황을 파악하고 최적화시키려는 다양한 모델링 노력을 지속적으로 기울여야 가능한 것이다.

7.4.3 인터페이스 기반 클래스 모델링

인터페이스는 UML 모델링 요소 중 하나이다. C++에는 없지만 Java처럼 90년대 등장한 객체지향 언어들은 클래스뿐만 아니라 인터페이스를 언어 차원에서 지원하고 있다. 인터페이스가 갖는 프로그래밍 언어적인 사항들은 프로그래밍 언어 책 등을 통해 자세히 살펴보도록 하고 본 교재에서는 인터페이스가 모델링에 대해 갖는 의미에 중점을 두어 설명하도록 하겠다.

인터페이스는 구문적으로 시그너처(Signature) 들 집합이라고 간단히 표현할 수 있다. 시그너처는 내부 로직이 정의되지 않은 함수로 반환값, 함수 이름, 매개변수들을 통칭하는 말이다. C 언어의 함수 포인트나 추상클래스를 알고 있는 사람이라면 비교적 쉽게 인터페이스의 의미도 이해할 수 있다.

서비스를 제공하는 프로그램과 서비스를 요청하는 프로그램 사이에 함수 포인터나 추상클래스가 존재한다면 두 프로그램이 직접 관계를 맺지 않아도 필요한 시점에 서비스를 받을 수 있는 유연성이 생긴다. 즉 함수 포인트나 추상 클래스들을 사용해서 프로그램을 만들면 서비스를 요청하는 프로그램을 바꾸지 않고도 실제 구현을 담은 함수나 클래스들을 실행시점(Run-time)에 바인딩 하여 상황에 맞는 서비스를 받을 수 있는 것이다. 인터페이스가 갖는 프로그래밍 언어적인 개념이 부족한 사람은 코딩을 통해서 반드시 인터페이스 기반 프로그래밍 개념을 이해하기 바란다. 또한 인터페이스에 대한 realization이나, 인터페이스에 대한 다중상속은 이미 코딩 레벨에서 알고 있다고 가정하겠다. 인터페이스 기반 프로그래밍을 이해할 수 없다면 이후의 내용은 의미가 잘 안 들어올 것이다.

앞에서 살펴본 분석 클래스 모델링에서도 간단하나마 상속이나 추상클래스를 사용해서 유연성(Flexibility), 확장성(Extendability) 등을 모델에 적용했었다. 인터페이스는 앞에서 본 상속이나 추상클래스를 사용하는 것 이상으로 모델을 개선시킬 수 있는 개념을 제공한다. 이처럼 모델링에 있어 인터페이스는 그 역할이 매우 중요하다. 패턴관련 모델링이나 컴포넌트 모델링에 왜 인터페이스를 사용할까? 이에 대해 깊게 생각해본 사람이 많지는 않겠지만 패턴이나 컴포넌트 모델링은 단순한 모델이 아니기 때문에 다양한 모델링 이슈 사항을 해결할 필요가 있고 이때 인터페이스가 적절한 해결책을 제시할 수 있기 때문에 인터페이스를 사용해서 패턴이나 컴포넌트 모델링을 하는 것이다.

인터페이스를 모델에 그릴 때는 "내가 정의한 인터페이스에 대해 실제 구현하는 클래스가 어떤 종류가 될지 구체적으로 알지 못해도 좋다."는 의미를 갖는다. 실제로 전혀 몰라서는 안 되겠지만, 인터페이스에 정의한 오퍼레이션을 구현하고 있는 사실만 알아도 인터페이스를 구현한 클래스를 사용할 수 있는 것이다. 인터페이스에 대한 의미는 그만하고 인터페이스를 어떻게 모델링에 활용하는지 살펴보자.

(1) 반복되는 특징(오퍼레이션) 추출

클래스 모델링에서 다룬 상속도 반복되는 특징을 추출하는 역할이 있다. 하지만 인터페이스는 속성을 제외한 오퍼레이션에만 중점을 두고 있다. 인터페이스가 오퍼레이션만을 다루는 이유는 객체지향 언어를 만드는 메커니즘과 다중상속이 갖는 문제점을 설명해야하는 어려운 사항이므로 여기에서는 생략하도록 하겠다. 다만 상속을 충분히 이해한다면 그리 어렵지 않게 이 부분을 이해할 수 있을 것이다. 인터페이스에 대한 구현이나 인터페이스에 대한 다중상속은 이미 알고 있다고 가정하겠다.

예를 들어 다음 그림을 보자.

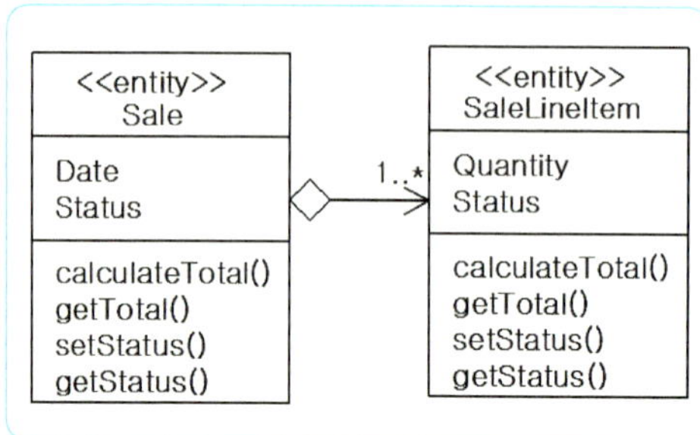

[그림 7.65] 반복되는 오퍼레이션 추출

두 클래스를 보면 총액과 상태에 관한 두 가지 형태의 오퍼레이션이 공통으로 있다. 만약 두 클래스가 공통 의미로 사용되는 공개 오퍼레이션(Public operation)을 갖고 있다면 향후 오퍼레이션이 바뀐다면 함께 두 가지를 중복으로 관리해야만 한다. 이런 사항이 단 두개라면 관리 문제가 등장하지 않겠지만, 유사한 것들이 많은 상황이라면 변화를 지역(Local)으로 축소시키는 것은 소프트웨어 품질에 큰 영향을 주는 요소이다. 그런데 공통 오퍼레이션을 뽑는 방법에는 확장성을 제한적으로 고려한 방법과 확장성을 최대한 고려한 두 가지 방법이 있다. 확장성을 제한적으로만 사용한 방법은 다음 그림처럼 현재 상황만을 고려한 것으로 공통부분만을 뽑아 인터페이스를 만드는 것이다.

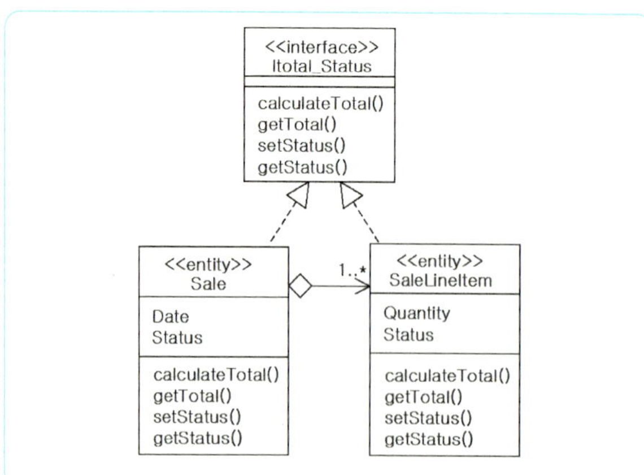

[그림 7.66] 공통 오퍼레이션에 대한 인터페이스 모델링

두 번째 방법은 다음과 같다. 각 클래스 당 하나의 인터페이스를 정의하고 각 인터페이스들이 세부 인터페이스를 다중 상속하는 방법이 있고 세부 인터페이스를 나열하고 클래스들이 필요한 부분만 구현하는 방식이 있다. 다음 그림은 각 방법을 한꺼번에 보여준다.

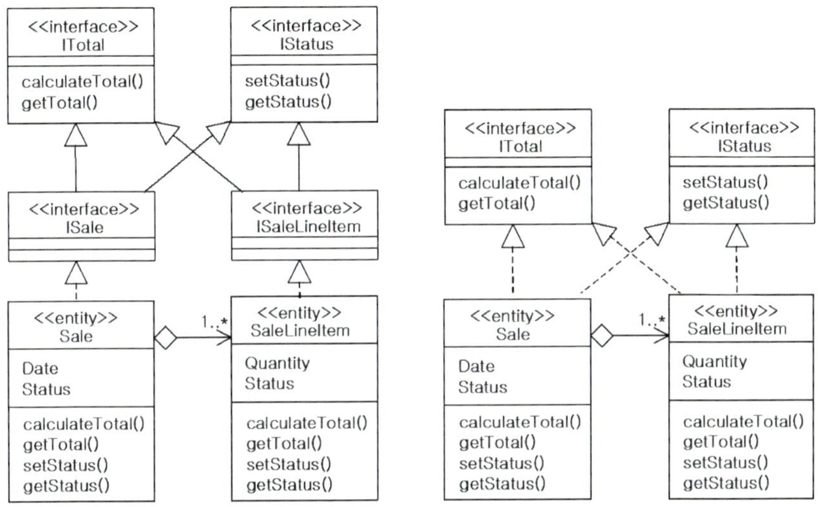

[그림 7.67] 공통 오퍼레이션에 대한 확장성 우수 인터페이스 모델링

이 두 복잡한 모델이 보여주는 내용은 보기보다 간결하다. 왼쪽 모델은 인터페이스 다중 상속과 인터페이스 realization을 함께 사용해서 인터페이스 모델에 대한 복잡도를 클래스로부터 분리한 것이고, 오른쪽은 인터페이스 모델링을 간결하게 하면서 클래스에서 필요한 인터페이스를 realization 한 것이다. 이와 같은 모델링을 통해 두 유사한 클래스가 공통적으로 갖는 오퍼레이션에 대한 관리를 함께 할 수 있다.

클래스 모델링에서 모델의 간결성을 중시했는데 앞 그림에서 보는 모델은 전혀 간결하지 않다. 무엇이 차이점일까? 그 것은 애플리케이션을 모델링하는 것과 컴포넌트나 프레임워크을 모델링하는 것에 대한 차이점이다. 애플리케이션은 고객과 의사소통할 필요가 있는 기회가 많기 때문에 간결성이 상대적으로 중요하지만, 컴포넌트나 프레임워크는 한 고객을 대상으로 하는 것이 아니기 때문에 모델링이 갖는 이점을 최대한 살려야하는 것이다. 인터페이스 기반 모델링은 향후 컴포넌트나 프레임워크 설계에 반드시 필요한 기법을 제공하기 때문에 잘 이해해두면 일반 애플리케이션에 대한 모델링이 아닌 다양한 소프트웨어에 필요한 모델을 만들 수 있는 능력을 갖출 수 있을 것이다.

(2) 재사용 고려

앞에서 본 모델이 복잡해보일지는 몰라도 인터페이스 기반 모델링에서는 가장 단순한 것이다. 이제 재사용을 고려한 인터페이스 모델링에 대해 알아보자. 모델 수준에서 재사용성이란 현재 인터페이스 모델링을 한 결과를 다른 모델링을 할 때 변화 없이 그대로 적용할 수 있다는 것을 의미한다. 예를 들어 다음 그림을 보자.

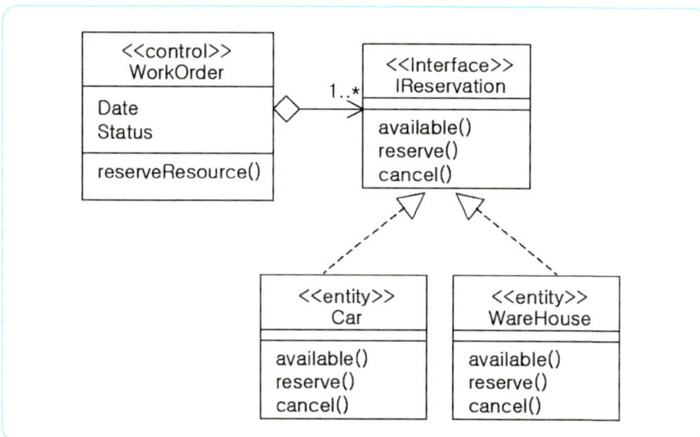

[그림 7.68] 차량 및 창고 예약 관련 모델

작업 지시에 의해 차량 및 창고에 대한 예약 가능 여부를 알아보고 가능하면 예약을 하고 필요할 때 취소를 하는 모델이다. 이때 'IReservation'이라는 인터페이스를 정의했다. 만약 영화 티켓 예매 시스템, 호텔 예약 시스템, 비행기 예약 시스템 등 예약과 관련된 시스템을 만든다면 현재 정의한 인터페이스는 그대로 재사용할 수 있다.

모델링 경험이 적다면 인터페이스 재사용에 대한 느낌을 갖기 어렵다. 하지만, 정교하게 잘 만든 인터페이스 모델들이 많다면 향후 유사 시스템을 새롭게 만들 때 빠르게 원하는 요구에 맞는 모델을 만들면서도 높은 품질을 유지할 수 있다. 큰 제품이 있고, 다양한 수정 요구가 많이 있다고 가정해보자. 인터페이스 모델링이 잘 되어 있다면, 클라이언트 프로그램은 수정사항이 많지 않을 것이고, 인터페이스에 대한 realization 부분만을 바꾸거나 서비스가 다른 인터페이스를 적용하고 적절한 realization을 활용하면 빠른 시간 내에 새로운 제품을 만드는 일이 가능할 것이다.

(3) 확장성 고려

확장성을 고려한 인터페이스 모델링에 대해 알아보자. 확장성을 고려한다는 것은 현재 인터페이스 모델링한 결과에 향후 추가 상황이 발생해도 현재 인터페이스를 사용하는 모델 또는 프로그램에 변화가 일어나지 않는다는 것을 말한다. 예를 들어 다음 그림을 보자.

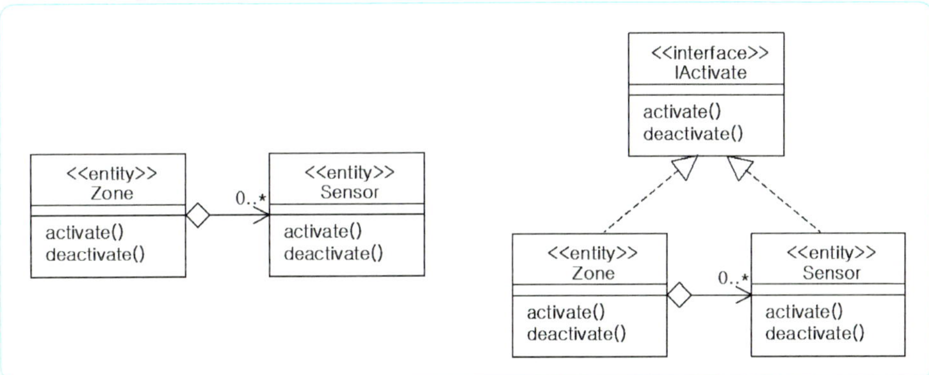

[그림 7.69] 인터페이스 추출

왼쪽 그림은 어떤 영역(Zone)에 여러 센서(Sensor)가 있는 상황이다. 공통 오퍼레이션을 인터페이스(IActivate)로 추출해서 오른쪽 모델을 만들었다. 하지만 오른쪽 모델은 확장성이 고려된 모델은 아니다. 확장성 요구사항이 영역에 센서 외에 다양한 것들이 추가될 수 있다는 것이라면 영역에서 향후 추가되는 어떤 것이라도 포함할 수 있는 모델 구조를 가져야한다. 확장성 있는 모델을 만든 예가 다음 그림이다.

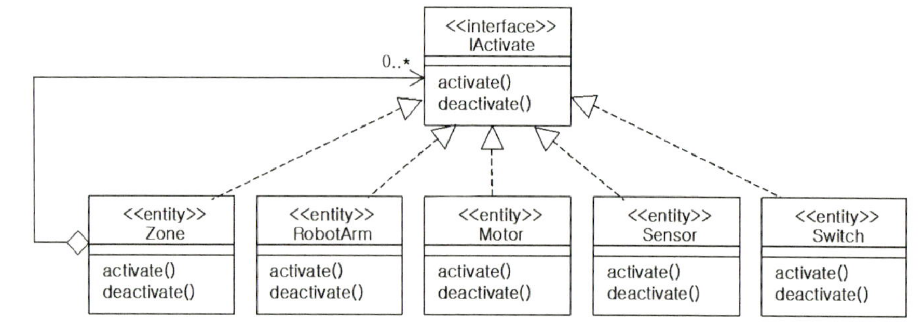

[그림 7.70] 확장성 있는 모델

설계 패턴에서도 등장하는 이 모델은 모든 요소들이 공통된 인터페이스를 구현하고 있으면서 주축이 되는 'Zone'클래스는 다른 요소들을 여러 개 포함할 수 있는 구조로 되어있다. 이 모듈을 사용하는 클라이언트는 'IActivate'라는 인터페이스를 사용해서 상호작용을 하기 때문에 새로운 것이 추가되어도 상호작용하는데 는 아무런 문제가 없다.

90년대 초/중반에 나온 설계 패턴들은 C++언어를 사용한 것이 많았고 추상클래스를 많이 사용했다. 이후 자바언어처럼 인터페이스가 언어 수준에서 지원되기 시작하면서 인터페이스가 추상클래스를 대치하게 되었다. 대체로 추상클래스보다 인터페이스를 사용하면 좋은 점이 많지만 그렇다고 해서 항상 추상클래스 대신 인터페이스를 사용해서 좋은 것은 아니다. 아직 C++ 언어처럼 인터페이스를 지원하지 않는 언어를 쓰는 경우라면 추상클래스를 사용해서 지금까지 언급한 사항들을 구현할 수도 있다. 특히 속성을 전혀 정의하지 않으면서 추상클래스 내의 모든 함수를 순수 가상함수(Pure virtual Function) 으로 만들 경우 인터페이스와 매우 비슷한 효과를 볼 수 있다.

지금까지 본 것처럼 기본 클래스 모델링에서 논리 개념을 효과적으로 표현할 수 있었고 추상클래스 또는 인터페이스 등을 사용해서 재사용, 확장성을 확보할 수도 있었다. 객체지향 장점은 프로그래밍에서도 찾아볼 수 있지만 많은 프로젝트에서 객체지향 방법론을 선택하는 것은 객체지향 모델링이 갖는 강점 때문이다. 90년대 수많은 프로젝트들이 관계형 데이터베이스에 대한 매핑(Mapping) 때문에 고민하면서도 객체지향 방법론을 쓰는 이유가 바로 모델링인 것이다. 따라서 지금까지 보아온 기본 모델링 기법은 중요한 몇 가지를 희생 하면서 까지도 활용할 필요가 있는 중요한 것들이다.

7.4.4 아키텍처 정의

본 절에서의 아키텍처는 소프트웨어 아키텍처 전반에 걸친 내용이 아니라 UML 다이어그램을 사용해서 만드는 기본 아키텍처 관련 모델링만을 말하는 것이다. 즉 패키지를 이용한 상위 수준 클래스 다이어그램, 컴포넌트 다이어그램, 배치 다이어그램에 국한된 내용만을 다룬다. 아키텍처가 무엇인지 정의를 간단히 알아보고 UML과 직접 관련 있는 내용에 – 상위 수준 클래스 다이어그램, 컴포넌트 다이어그램, 배치 다이어그램 – 대해서만 알아보도록 하자. 하지만 아키텍처를 어떻게 만들고 어떻게 활용하는지에 대한 사항은 매우 중요한 이슈들이므로 여기서 언급하지 못하는 사항들에 대해서도 많은 관심을 갖기 바란다.

(1) 아키텍처 정의

아키텍처를 이해하는 것은 대단히 어려운 일이다. 모델링 관련 아키텍처는 시스템 전반이 아닌 소프트웨어 아키텍처에 초점이 맞추어져 있지만 그 것도 쉽지 않다. 우선 UML과 관련 전문가(캐즈만: Kasman, 갈란: Garlan)가 정의하는 아키텍처 정의를 먼저 간단히 살펴보고 IEEE에서 제시하는 아키텍처 정의를 살펴보도록 하자.

① UML에서 말하는 아키텍처

아키텍처는 조직적인 시스템 구조이다. 아키텍처는 반복적으로 작은 부분들로 분할될 수 있고 이들은 인터페이스와 서로 상호작용하며 분할된 부분들을 조립하기 위한 제약사항들도 아키텍처에서 정의한다.

한편 캐즈만은 "소프트웨어 아키텍처는 소프트웨어 컴포넌트 및 외부로 나타나는 컴포넌트의 특성, 관계들로 구성되는 시스템의 구조이다."라고 정의하며 갈란은 "소프트웨어 아키텍처는 프로그램이나 시스템에 대한 컴포넌트, 컴포넌트들 간 상호관계 구조이며 이들을 설계하고 전개하기 위한 지침과 원리이다."라고 정의한다.

앞에서 말하고 있는 사항들을 살펴보면 전체를 구성하는 것, 구성하는 것들 간의 상호작용은 공통으로 이야기기 하고 있다. 또한 개발에 대한 제약사항, 시스템 구성에 대한 지침과 원리 등을 말하고 있다. 하지만 이와 같은 아키텍처는 매우 간결하면서 단편적이기 때문에 아키텍처를 잘 알지 못하면 그 안에 있는 의미를 충분히 이해하기 어렵다. 아키텍처를 더 잘 이해하기 위해 IEEE에서 정의한 아키텍처 개념 모델을 살펴보자. 개념 클래스 모델에 대해서는 이미 앞에서 살펴보았으므로 개념 모델에 대한 설명 없이 중요한 내용만을 언급하도록 하겠다.

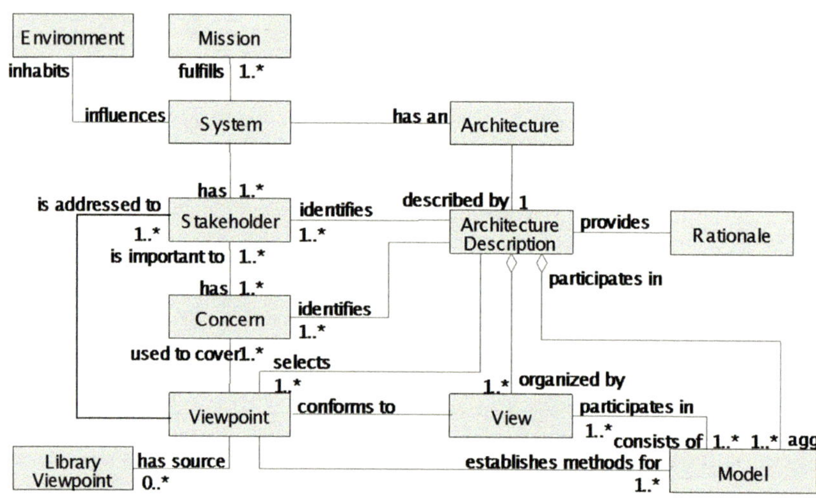

[그림 7.71] 아키텍처 개념 모델 (IEEE 1471-2000)

IEEE 1471에서 정의한 아키텍처 개념 모델을 쉽게 알려면 '24시 편의점 시스템'에 대해 만든 개념 클래스 모델링을 보는 기분으로 살펴보자. 아키텍처(오른쪽 상단)에는 아키텍처는 아키텍처 기술서(오른쪽 상단 두 번째)가 하나 대응 되고 아키텍처 기술서에는 왼쪽에 스테이크홀더(Stakeholder)가 있다. 이들 3개 개념을 이해하면 아키텍처를 더욱 명확하게 이해할 수 있다. 스테이크홀더가 무엇인지 이해하기 쉽도록 예를 들어보자.

아키텍처에 성능에 대한 이슈가 중요하게 제기되었고 아키텍처 기술서에 성능 향상을 위한 방안을 적어야한다. 이때 예산을 2배로 증가해서 고성능 하드웨어(네트워크 환경과 프로세서)를 구입하기로 했다면(다운사이징 목적으로 많이 행해지고 있는 리호스팅이라는 것이 이와 유사한 점이 있다) 예산을 집행하는 부서(스테이크홀더)는 허락해 주지 않을 것이고 운영(스테이크홀더)하는 부서는 소프트웨어를 건드리지 않기 때문에 리스크가 거의 없으므로 대 찬성할 것이다. 이처럼 아키텍처는 전문가 머리에서 나오는 것이 아니고 시스템을 둘러싼 많은 스테이크홀더들 간 이견과 함께 종합되어 만들어지는 것이다. 이처럼 스테이크홀더는 각자 관심 영역(Concern)이 있고, 아키텍처 기술서는 다양한 관점(View)에 대한 여러 모델(Model)을 바탕으로 합리적인 근거(Rationale)를 제시해야하는 것이다.

따라서 아키텍처는 요구사항으로부터 품질 요소를 뽑아내고 해결 방안을 만들어내기 까지 관련된 사람들(스테이크 홀더) 간, 품질 요소 간 의견들을 조율하느라 많은 시간이 소요되지만 올바른 시스템을 만드는데 결정적인 역할을 할 수 있다.

UML과 연계해서 말을 하면 개발자(스테이크홀더)가 만든 결과를 보여주는 것이 컴포넌트 다이어그램이고 운영자(스테이크홀더) 관점에서 컴포넌트들을 물리적 환경에 배치하는 것이 배치 다이어그램이다. 이때 관리자(스테이크홀더)나 프로젝트 리더(스테이크홀더)들은 전체 시스템을 분할하면서 구성 요소들과 그들 간의 상호관계를 이해하면서 일을 배분하고 세부 모델들을 관리하기 위한 목적으로 작성하는 것이 상위 수준 클래스 다이어그램이다. 따라서 UML에서 제시하는 아키텍처 관련 산출물은 매우 제한적이며(일부 스테이크홀더들에 대한 일부 관심사항) 실제 프로젝트에서 필요한 아키텍처 정의를 하기에는 부족할 수밖에 없다.

(2) 상위 수준 클래스(패키지) 다이어그램

상위 수준 클래스 다이어그램을 이해하려면 상향식(Bottom-up) 또는 하향식(Top-down) 개발 방식을 이해할 필요가 있다. 리스트럭처링(Re-structuring)이나 개발 경험이 많은 시스템이라면 상향식 접근을 통해 빠르게 개발할 수 있지만 개발 경험이 적거나 기존 시스템이 없는 새로운 시스템 또는 대형 시스템인 경우 하향식 접근이 바람직하다. 비즈니스 프로세스가 잘 정리되어있다면 이를 토대로 하향식 접근을 하기 좋은데 조직과 업무 형태를 소프트웨어 모델링에 적용하면 초기부터 체계적인 아키텍처를 만들거나 관리에 많은 도움을 받을 수 있다.

객체지향 방법론은 이 두 가지를 적절히 조화하는 방식이라고 할 수 있다. 처음에는 비교적 하향식으로 접근하지만 반복을 해나가면서 객체 중심 상향식 방식을 활용하는 것이다. 이때 상향식이라면 하부 모델 요소들을 분류(Classification)하면서 상위 클래스 다이어그램을 만들어가고, 하향식이라면 상위 모듈을 세부적으로 표현하면서 구체적인 모델 요소들을 상위 모듈 내에 정의한다. 상위 수준 클래스 다이어그램에는 패키지를 주로 사용한다. 패키지는 모든 UML 모델링 요소들을 포함할 수 있는데 주로 패키지 자신 또는 클래스, 유즈케이스같은 모델링 요소들을 포함하면서 상위 표현을 만들어간다.

예를 들어 전체 업무가 기능별로 잘 분류되어있다면 이들 기능을 패키지로 모델링하고, 기능별로 표현된 패키지 단위로 세부 모델을 만들어갈 수 있고, 상위 모델이 없다면 유즈케이스 다이어그램을 파악하면서 유사한 유즈케이스들을 묶어 상위 관계를 파악하고 클래스 다이어그램을 그리면서 관련된 클래스들을 패키지로 묶어 상위 표현을 계속 만들어가는 것이다.

상향식이나 하향식 모두 기존에 다른 사람들이 만들어놓은 아키텍처 스타일/패턴을 적용할 수 있다. 이때 주의할 것은 시스템마다 비기능 요구사항이나 품질 요구사항에 대한 대응 방안이 다르기 때문에 현재 수행하는 프로젝트 상황에 맞는 아키텍처를 선택하는 것이 필요하다. 아무런 이유 없이 레이어 아키텍처(Layer Architecture)를 적용하거나 리파지토리(Repository) 스타일을 적용하면 안 되는 것이다. 방법론들이 제시하는 아키텍처를 따른다면 반드시 방법론에서 가정하고 있는 사항을 확인해야한다.

상향식 모델링에 대해서는 이 책에서 다른 곳에서 기술했으므로 해당 부분에 있는 내용으로 참조하기 바라고, 대신 하향식에 대해 예를 들어 설명하도록 하겠다. 다음 그림을 보자.

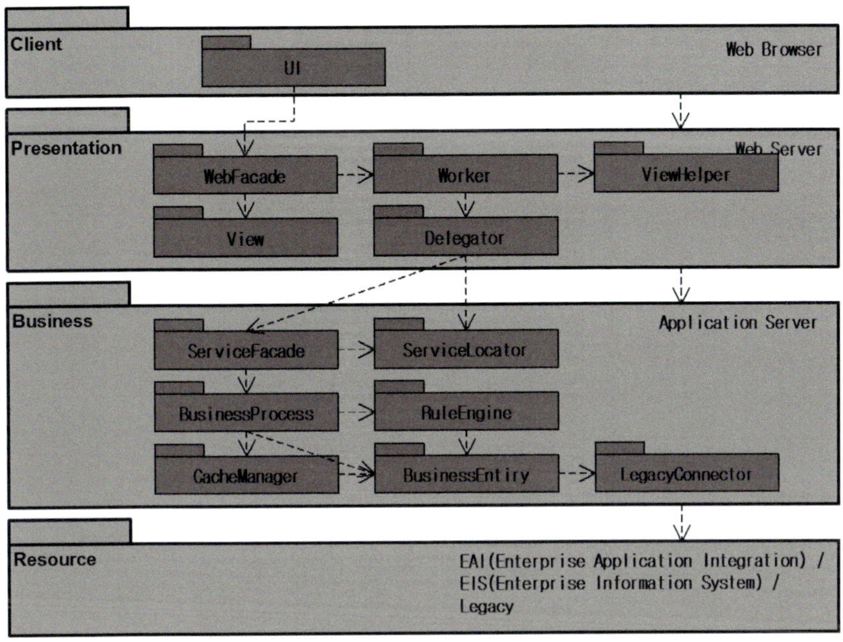

[그림 7.72] 전체 시스템에 대한 클래스(패키지) 다이어그램 - 비기능 중심

앞 그림은 작은 규모 회사의 웹 기반 전사시스템에 대한 상위 수준 클래스 다이어그램이다. 티어(Tier)나 레이어(Layer)를 등장시키지 않고 패키지라는 용어를 사용해서 설명하겠다. 최상위 패키지는 4개이며 각 패키지들은 하나 또는 그 이상의 패키지들을 포함하고 있다. 밑에 있는 리소스(Resource) 패키지는 내부 표현을 생략하였다. 아키텍처 기술서에는 최상위 4개 패키지에 대한 역할 및 특성을 정의하고 각 패키지들 간 의존관계를 정의한다. 참고로 의존관계를 UML 다이어그램을 통해 그려보면 다음과 같다. 각 패키지들을 클래스로 간주하고 시퀀스 다이어그램으로 각 패키지들 간 관계를 나타낸 것이다.

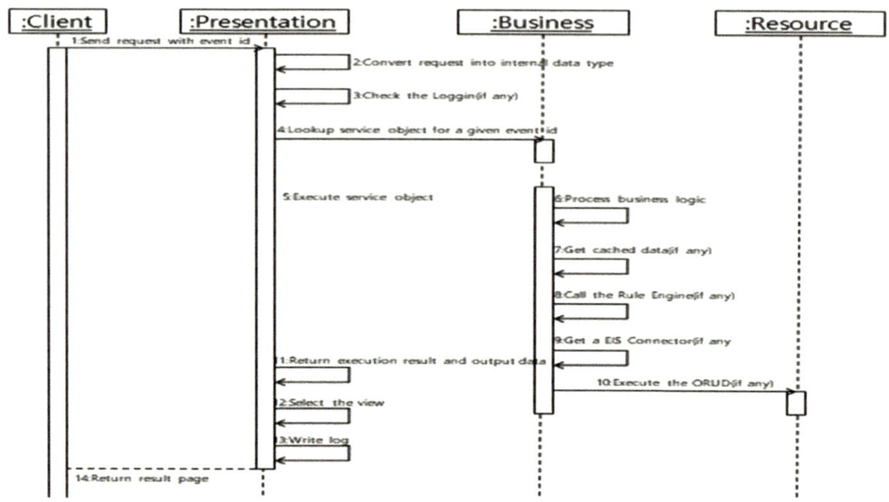

[그림 7.73] 최상위 패키지들 간 관계

앞에서 본 두 그림들처럼 아키텍처를 정의하는 것은 전체를 부분 요소로 나누고 각 요소를 설명하고 요소들 간 관계를 표현하는 것이 기본이다. 이때 프로젝트에 필요한 만큼 계속 상세한 레벨로 모델을 만들면서 아키텍처를 정의하면 된다.

예로 들었던 클래스 다이어그램은 업무를 배제한 비기능/품질속성 중심으로 작성한 것이다. 이 말이 의미하는 바는 내부 패키지들이 비기능 요구사항을 만족시킬 수 있는 패키지들로 정의된 것을 의미한다. 각 패키지에 대응하는 비기능 요구사항, 품질 속성들을 매핑해본 것이 다음 그림에 있다.

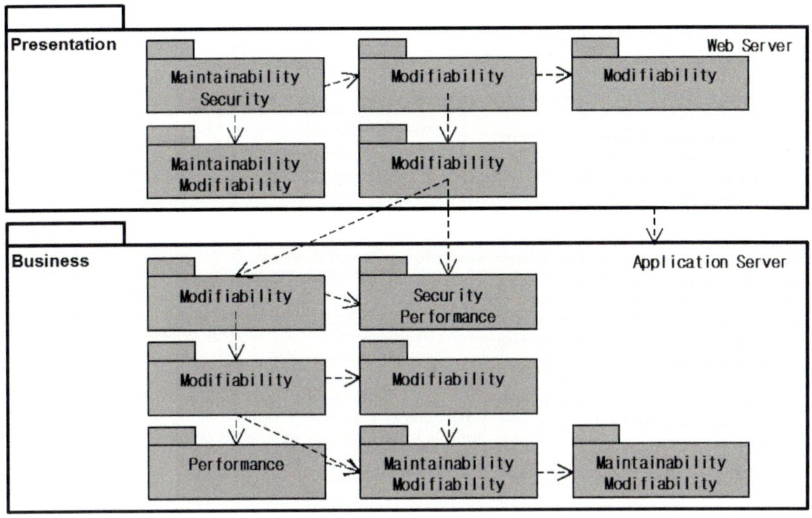

[그림 7.74] 비기능 요구사항과 패키지 간 매핑

물론 패키지에 의미 없이 여러 비기능 요구사항을 매핑한 것이 아니다. 아키텍처 정의에서는 비기능 요구사항을 구현 메커니즘까지 연계시키기 위해 많은 작업을 한다.(아키텍처 관련 서적이 많은 이유가 여기에 있다.) 이와 같은 형태의 클래스 다이어그램은 프레임워크를 만들기 전이나 기존에 만들어진 프레임워크를 개선할 때 바로 적용할 수 있는 모델이다. 이 클래스 다이어그램에 업무 특성을 반영하면 전사시스템에 대한 소프트웨어 아키텍처 개요가 만들어지는 것이다.

(3) 컴포넌트 다이어그램

앞에서 아키텍처에 대한 내용을 다루었기 때문에 컴포넌트 다이어그램은 간단히 설명할 수 있다. 소프트웨어를 보는 관점이 많지만 특히 소스파일이나 바이너리파일 수준에서 구성 요소들과 각 요소들 간 관계를 보고 싶어 하는 스테이크홀더가 있을 수 있다. 모든 모델들이 그렇지만, 컴포넌트 다이어그램을 필요로 하는 사람이 아무도 없다면 컴포넌트 다이어그램은 만들 필요 없는 다이어그램이다. 대체로 컴포넌트 다이어그램이나, 배치 다이어그램 등을 그리면서 왜 그리는지 또는 왜 이런 것이 필요한지 의문을 갖는다. 프로젝트 초기에 필요한 산출물 리스트를 만들면서 방법론에 있으니까 의미 없이 선택한 것이라면 해당 프로젝트는 모델링을 하는 것이 아니라 돈 버는 일을 할 뿐이다. 모델이 간결해야하고 정확히 표현해야하지만 필요한 모델만을 만드는 것은 더욱 중요하다. 모델링을 잘하려면 모델이 갖고 있는 가치를 이해해야하며 본인이 만드는 모델이 잘 활용되지 않고 있다면 반드시 그 이유를 파악해야한다.

컴포넌트는 클래스와 매우 유사한 개념으로 생각할 수도 있지만 컴포넌트는 논리보다는 물리 개념이 강하다. 컴포넌트 다이어그램을 그릴 때는 표현하고자하는 컴포넌트를 먼저 정하고 그들 간 관계를 표현하면 된다. 따라서 컴포넌트 다이어그램을 그릴 때 매우 직관적으로 처리할 수 있는데 모델링에 대해 고민할 것이 거의 없기 때문이다. 중요한 것은 어떤 수준에서 컴포넌트들 관계를 보고 싶은지를 결정하는 것이다. 예를 들어 다음 그림은 실행 파일 수준 컴포넌트들과 관계를 표현한 그림이다. 여기에 관심 있는 컴포넌트는 실행 파일이기 때문에 실행파일들의 버전(Version)과 의존관계를 나타낸 것이다.

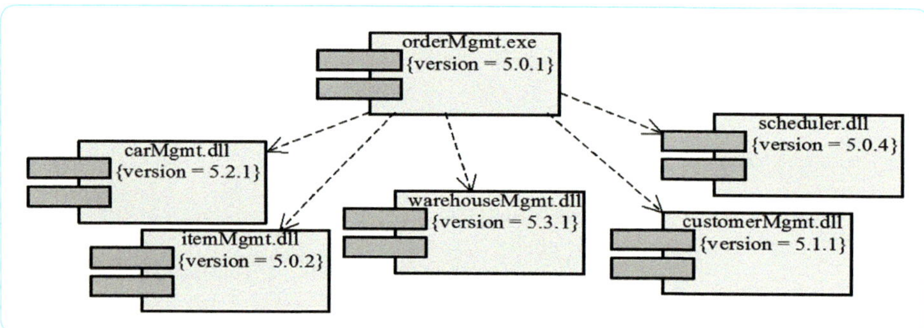

[그림 7.75] 실행 파일 수준 컴포넌트 다이어그램

표현하고자 하는 컴포넌트가 어떤 것인지 명확히 선정하는 것 외에 컴포넌트 다이어그램을 그릴 때 모델링 관점에서 어려운 사항은 없다. 이 컴포넌트 다이어그램이 만들어진 목적을 유추해 보자. 운영팀장이 전체 시스템에 실행파일이 몇 개나 있는지, 관계는 어떻게 되는지, 업무 처리에 대한 프로세스가 최적화되었는지, 데이터 또는 트랜잭션 양을 가정 했을 때 각 실행파일들에 어느 정도 부하(Load)가 걸릴 것인지 등을 알고 싶어 했다. 그리고 그것을 참고해서 향후 각 실행파일들을 어떻게 배치할 것인지를 알아보기를 원했기 때문에 개발팀장이 작성해서 운영팀장에게 전달했다.

(4) 배치 다이어그램

배치 다이어그램은 네트워크, 하드웨어(프로세서, 디바이스 등), 구매 또는 사용가능한 기존 소프트웨어들을 실행 파일 수준 컴포넌트들과 함께 표현한 것이다. 즉 노드라는 것과 노드들 간의 관계를 나타낸 것으로 노드에는 프로세서 또는 디바이스들에 대해 관심 있는 사항을 표현하고 관계에는 네트워크 특성이나 프로토콜 등을 표현한 것이다. 이때 노드에 표현하는 정도는 관심사에 따라 다르지만 대체로 세부적으로 표현하지는 않는다. 예를 들면 컴포넌트 다이어그램에는 파일 수준에서 배치 다이어그램은 네트워크와 하드웨어에 대한 관계만을 표현할 수도 있다. 다음 그림은 세부적이지 않지만 전체 시스템 구성을 표현한 배치 다이어그램이다.

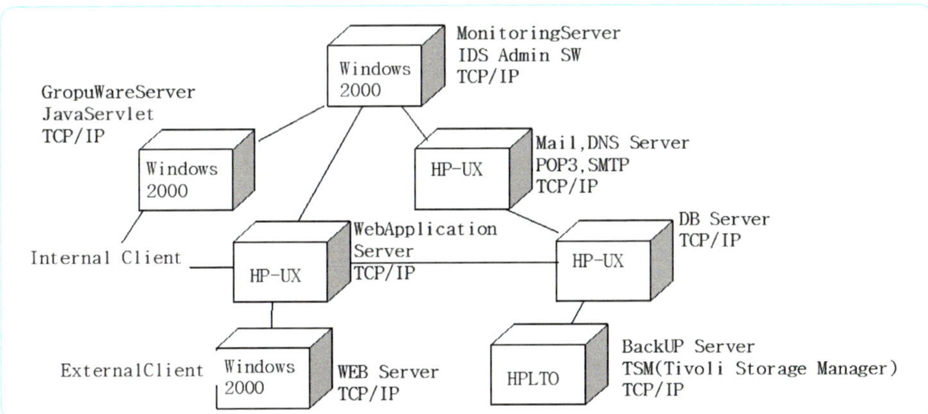

[그림 7.76] 배치 다이어그램

앞 그림을 보면 그룹웨어서버, 메일서버, DNS서버, DB서버, 웹서버, 백업서버 등 다양한 서버와 네트워크 환경 그리고 내부 외부 클라이언트가 표현되어있다. 자세하지는 않지만 기본 운영환경이 잘 나타나 있다.

배치 다이어그램도 컴포넌트 다이어그램과 마찬가지로 모델링하는데 많은 노력이 필요하지 않다. 이런 형태의 다이어그램은 일반 개발자에게 별다른 의미가 없을 수도 있지만 운영환경을 가장 중요하게 생각하는 스테이크홀더라면 많은 유즈케이스 기술서나 클래스 다이어그램들보다 더 중요한 문서가 될 수도 있다. 특히 비기능 요구사항 일부를 검증할 수 있는 중요한 문서가 될 수도 있다.

7.4.5 패턴 적용

만약 앞에서 언급한 내용을 충분히 이해하지 못했다면 패턴 쪽에 대한 내용을 이해하는 것은 매우 어려운 일이다.

패턴에 관한 기본 개념, 종류, 의미를 간단히 살펴보는 것은 모델링에 도움이 될 것이다.

패턴에 대한 내용을 본 교재에 포함시킨 이유는 간단하다. 모델링을 최고로 잘하는 사람들이 가진 노하우(Know-How)를 간접으로나마 배울 수 있기 때문이다. 지금까지 모델링에 관한 내용들을 보면서 모델링이 쉬웠다는 생각이 든다면 이제는 전문가들이 하는 형태를 배우고, 패턴들도 만들어 가야 할 때가 온 것이다.

(1) 패턴 역사

패턴은 90년대 들어 프로그래밍 관련 이슈들 중에서 많은 관심을 끈 개념 중 하나다. 패턴은 그 개념이 소개된 이후 빠르게 퍼져 나갔고 많은 사람들이 패턴을 연구, 발전 시켰다. 좋은 모델에 관한 지침서들이 매우 부족했던 상황에서 실제 적용사례를 바탕으로 한 패턴 등장에 사람들이 관심을 갖기 시작한 것이다.

패턴 역사는 90년대 이전으로 거슬러 올라간다. 패턴이란 개념은 건축가이면서 도시계획가인 크리스토퍼 알렉산더(Christopher Alexander)가 처음으로 쓰기 시작했다. 이후 1987년 워드 커닝햄(Ward Cunningham)과 켄트 벡(Kent Beck)은 크리스토퍼 알렉산더가 제안한 패턴을 도입해서 스몰토크(Smalltalk) 초보자를 위한 다섯 가지 패턴을 만든다. 1991년부터 패턴관련 이슈가 OOPSLA를 통해 널리 퍼지기 시작했고 이때부터 많은 사람들이 패턴 논의에 참여하기 시작한다. 켄트 백과 그래디 부치(Grady Booch) 등이 1994년에 PloP(Pattern Languages of Programs) 컨퍼런스를 구상했고 이듬해 1995년부터 컨퍼런스를 개최하였다. 얼마 후 에릭 감마(Erich Gamma) 외 3인이 지은 '설계패턴(Design Patterns: Elements of Reusable Object-oriented software)' 출간을 통해 대중에게 널리 알려지기 시작하였다.

(2) 패턴 개요

패턴을 간단히 설명하면 "어떤 분야에서 계속 반복해서 나타나는 문제들을 해결해 온 전문가들 경험을 모아서 정리한 것"이라고 할 수 있다. 패턴을 활용하면 전문가들이 이미 검증한 효과 있는 경험들로 문제를 풀 수 있다. 해결해야 하는 문제들은 항상 같지 않기 때문에 적용하는 해결책도 문제마다 조금 씩 달라지긴 하겠지만, 패턴이 제시하는 해결책을 계속 반복해서 재사용할 수 있다.

패턴은 소프트웨어 공학에서도 활발하게 연구하고 있는 주제이다. 유즈케이스, 아키텍처, 설계, 분석, 구현, 배포 같은 기술 분야뿐만 아니라 일정관리, 형상관리, 요구사항관리 같은 관리 분야에서 쌓인 경험도 패턴 개념으로 정리되고 있다. 디버깅 과정을 패턴화한 버그 패턴, 사용자 인터페이스 패턴도 있다. 이렇게 패턴은 소프트웨어 공학에 관련된 전 분야에서 전문가들의 최고 경험을 모아 문제를 해결하는 방법을 정립하는 전문 분야로 발전하고 있다.

패턴의 핵심은 기술이 아니라 문제와 해결책을 문서화하는 문화다. 이런 문화가 널리 퍼지면 두 가지 좋은 현상이 나타난다. 첫째, 어휘가 통일되어 함께 일할 때 효율이 좋아진다. 대화하면 의미가 왜곡되는 일이 줄어들기 때문에 필요 없는 논쟁을 피할 수 있다. 둘째, 경험이 빠르게 전수된다. 전문가가 바로 옆에 없더라도 전문가 경험들이 잘 정리된 문서로 전달된다면 경험이 많지 않은 사람이라도 어느 정도 수준 있는 해결책을 내 놓을 수 있다.

(3) 패턴 구성 요소

다양한 패턴들 문서화 방법도 다양하다. 그렇지만 패턴을 문서화할 때 대체로 다음 사항들은 공통 요소라고 할 수 있다. 이들을 잘 이해하면 모델을 어떻게 사용할 것인지, 내가 만든 모델을 어떻게 다른 사람에게 사용하게 할 것인지에 관한 지식을 얻을 수 있을 것이다.

① 이름(Name)

이름은 한 두 단어만으로 패턴이 다루는 문제와 해결책을 떠 올릴 수 있어야 한다. 이름은 문제 영역을 논의할 때 쓰는 어휘가 되어, 우리 의도를 한 단어로 간단명료하게 표현할 수 있게 도와준다. 말이 많아질수록 오해가 생길 가능성도 커지기 때문에 한 마디로 간단하게 의도를 표현할 수 있다면 의사소통 비용을 크게 줄일 수 있다.

② 문제(Problem)

문제는 패턴이 갖고 있는 의도를 설명해야 한다. 문제는 패턴이 특정 상황(context)과 압박요인(force)을 극복하면서 이루어야 하는 목표를 설명한다. 여기서 상황이란 패턴을 적용할 수 있는 조건을 말하는데, 특정 상황에서는 같은 문제가 반복해서 나타날 수 있고 문제를 푸는 해결책도 비슷하게 반복될 수 있다. 또한 압박요인은 문제가 생기게 된 원인들을 설명하는 것으로, 패턴이 등장하게 된 동기인 시나리오로 표현된다. 압박요인들을 보면 풀어야 할 문제가 얼마나 복잡한지 알 수 있다.

③ 해결책(Solution)

해결책은 원하는 결과를 얻는 방법을 설명한 관계와 규칙이다. 해결책은 패턴 구조, 참가요소, 협력관계를 나타낼 수 있는 그림, 다이어그램, 문장으로 표현하며 패턴이 어떻게 문제를 해결하는지 설명한다. 해결책은 변하지 않는 구성요소들의 관계뿐만 아니라 구성요소들이 모여 상호작용하는 행위도 설명해야 한다.

④ 예제(Examples)

예제는 패턴을 적용해서 문제를 해결하는 모든 과정을 예제를 통해 설명한다. 패턴을 적용해야 할 문제, 이 문제가 나타나게 된 상황과 압박요인, 패턴이 제공한 해결책을 적용한 방법, 해결책을 적용한 결과를 실례를 들어 자세히 설명하기 때문에 패턴을 선택해서 적용할 때 많은 도움을 준다.

⑤ 결과(Resulting Context)

결과는 패턴을 적용했을 때 시스템에 생긴 모든 변화를 설명한다. 패턴을 적용해서 나타난 결과(consequence)와 부작용을 설명한다. 패턴을 적용하면 시스템은 새로운 상태를 가진다. 결과는 이 새로운 상태를 가진 시스템에 생길 수 있는 문제와 이 문제를 해결할 수 있는 또 다른 패턴은 무엇인지 기술한다.

⑥ 원리, 정당성 근거(Rationale)

원리는 문제의 원인인 압박요인을 해결한 방식과 근거가 패턴의 목적, 원칙, 철학에 부합한다는 것을 밝혀서 패턴을 정당화한다. 원리는 상충하는 여러 압력과 제약조건들이 어떻게 서로 조화를 이룰 수 있는지, 패턴이 실제로 동작하는 방식과 이유가 무엇인지, 왜 이 패턴이 좋은지 설명해야 한다.

⑦ 관련 패턴(Related Patterns)

관련 패턴은 이 패턴이 다른 패턴들과 어떤 관계를 맺고 있는지 설명한다. 서로 관계를 맺고 있는 관련 패턴들은 압박요인을 공유하기도 한다. 예를 들면, 한 패턴의 결과 상황이 다른 패턴의 초기 상황이 되어서 한 패턴이 다른 패턴을 이끌어 내는 선/후 관계가 있다. 또는 같은 문제에 다른 해결책을 제시하는 대안 관계와 동시에 적용해야 하는 상호종속 관계도 있다.

⑧ 알려진 사례(Known Uses)

알려진 사례는 누구나 잘 알고 있거나 현존하는 시스템에서 이 패턴을 적용한 사례를 설명한다. 알려진 사례는 패턴이 실제로 반복해서 나타나는 문제들을 해결하고 있다는 것을 증명해서 패턴의 정당성을 입증하는 데 도움을 준다.

(4) 분석 패턴(Analysis Patterns)

분석 패턴은 마틴 파울러(Martin Fowler)가 컨설팅 또는 프로젝트 멘터링(Mentoring)을 하면서 반복으로 발생하는 문제들에 관심을 가졌고 이를 패턴으로 정리해서 책으로 발간한 것이다. 이 책에서는 "패턴은 실제 특정 도메인에 유용하고 다른 곳에서도 유용할 것으로 생각되는 아이디어들이다."라고 정의하고 있다. 여기서 아이디어라고 한 것은 패턴은 어느 것이든 될 수 있기 때문이다. 실제 특정 도메인이라는 말은 패턴이 실제 프로젝트에서 발생한다는 것을 의미한다. 그래서 "패턴은 만들어 지는 것이 아니라 발견되는 것이다."라고 표현하기도 한다.

분석 패턴에서 다루는 분야는 관찰과 측정(Observations and Measurements), 조직 구조(Organization Structure), 역할 처리(Dealing with Roles), 시간에 따라 변화하는 것을 다루는

방법(Patterns for things that change with time), 일정 처리(Recurring events for calendars), 특정 이벤트에 발생하는 사건들 처리(Accounting) 등이 있다. 여기에서는 앞에서 다룬 모델링과 관련 있는 역할 처리 패턴에 대해서만 살펴본다.

기업은 대체로 다른 기업과 관계를 맺고 있다. 서비스나 제품을 다른 기업에 제공하는 공급자(Supplier)가 되거나 다른 기업 제품에 대한 고객(Customer)이 되기도 한다. 물건을 팔아주는 대리인(Agent)이나, 법을 지키는지 감시하는 정부기관(Agency)과 관계를 맺을 수도 있다. 기업 내에서 근무하는 사람들도 기술자, 영업사원, 임원, 회계사 등 여러 가지 역할을 수행한다.

이렇게 '역할'을 모델링 하는 것은 아주 일반화된 것이다. 보통 '역할'에 관련된 객체들은 공통 기능을 갖는 경향이 있기 때문에 객체들이 공통으로 갖는 기능들을 처리하는 방법이 모델링의 중요한 요소로 등장한다.

이러한 상황을 처리하는데 기본 클래스 모델링을 배웠다면 상속이 떠오를 것이다. 물론 상속으로 처리할 수도 있지만 불가능한 상황(한 객체가 여러 역할을 동시에 수행하거나, 객체 역할이 다른 역할로 바뀌는 상황)들이 발생할 수도 있기 때문에 단순히 상속만으로 모든 문제를 해결할 수는 없다. 그렇다면 역할에 관한 모델링 방법에는 어떤 것들이 있을까. 분석 패턴에서는 이를 다섯 가지로 분류하고 있다. 다만 분석 패턴 책에 있는 예를 좀 더 적절한 예로 바꾸어서 설명하겠다. 다음 그림처럼 한 사람(Person)이 여러 역할을 갖고 있다면 역할을 처리하는 모델을 어떻게 만들 수 있을지 하나씩 살펴보자.

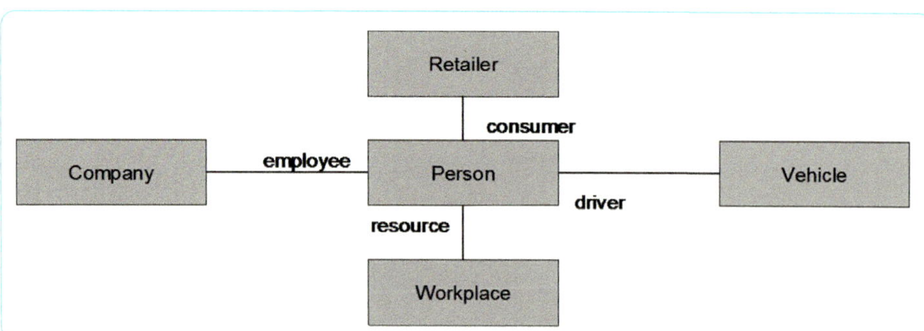

[그림 7.77] 사람이 갖는 다양한 역할들

① 단일 역할 타입(Single Role Type)

앞에서 보는 그림에는 사람이 회사에서는 직원, 소매상에 대해서는 소비자, 차량에 대해서는 운전수, 작업장에서는 자원이라는 다양한 역할을 갖고 있다. 만약 각 역할들을 처리하는 객체가 비슷한 기능들을 가진다면 한 객체로 모든 역할들을 처리하는 것이 좋을 수도 있다. 이처럼 다양한 역할을 처리하는 한 타입을 정의하는 것이 단일 역할 타입이다. 이를 표현한 것이 다음 그림이다.

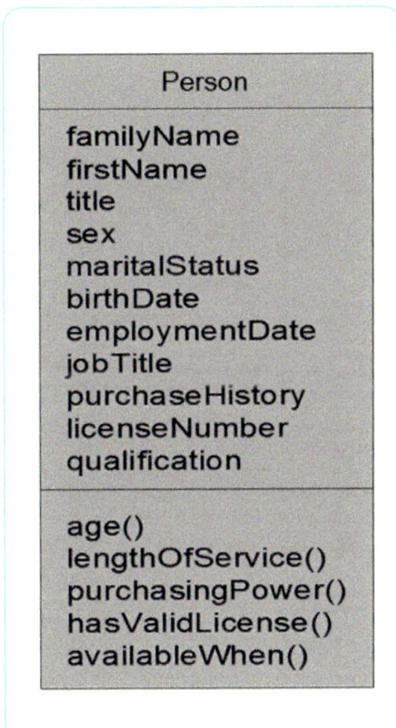

[그림 7.78] 단일 역할 타입으로 표현한 사람(Person) 클래스

단일 역할 타입은 여러 역할에 나타나는 모든 특성들을 한 타입으로 모아서 처리하므로 모델이 간단해지는 장점이 있다. 그러나 각 역할이 갖는 기능들이 다양해지는 경우 역할을 나타내는 타입 객체 자체가 복잡해지는 단점이 있다.

② 다중 역할 타입(Separate Role type)

한 사람이 갖는 역할 기능들이 서로 상이한 것이 많다면 이들 각각을 서로 다른 타입으로 정의해서 처리하는 패턴으로 다중 역할 타입이 있다. 이 방법은 기본 클래스 모델링에서도 많이 사용되어온 방법으로 각 역할을 나타내는 타입이 서로 섞여 혼란을 주는 단일 역할 타입의 단점을 없애준다. 다음 그림이 다중 역할 타입으로 사람의 역할들을 클래스들로 표현한 것이다.

[그림 7.79] 각 역할들을 클래스로 표현한 다중 역할 타입

다중 역할 타입 객체가 여러 역할들을 표현하는 방법은 각 역할들마다 타입을 정의해서 한 타입은 한 역할만을 수행하도록 제한을 두는 것이다. 이렇게 할 경우 각 역할 수행이 명확해진다는 장점이 있다. 그러나 다중 역할 타입은 각 타입들이 갖는 특성들이 중복되어 결과적으로 무결성이 떨어진다는 문제점이 있다. 예를 들어 직원이면서 소비자 역할을 동시에 갖고 있다면 사람은 한 명이지만 두 객체가 생성되어야하고 사람이 공통으로 갖는 이름, 주소, 개인 정보 등 특성들이 두 객체에 중복되어 나타난다. 이렇게 각 타입들이 공통으로 갖고 있는 특성에 변화가 필요하다면 이를 수정하고 관리하는 것이 무척 복잡해진다. 결과적으로 데이터 무결성이 떨어지는 문제가 발생할 수 있다.

③ 역할 하위 타입(Using Subtyping)

사람이 갖는 여러 역할들이 공통기능과 개별기능을 갖고 있다면 다음 그림과 같이 상속개념을 도입하는 것이 가장 명확한 방법이다. 상속을 통해 각 역할이 갖는 공통 특성들은 상위 타입에 정의하고 하위 타입에는 각 역할별 고유 특성만을 갖게 하는 것이다.

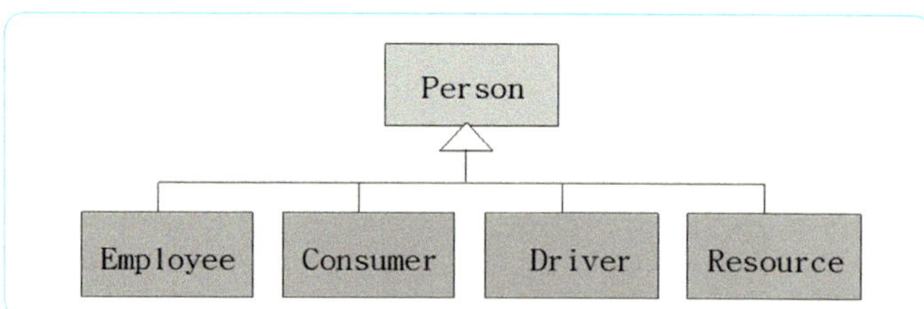

[그림 7.80] 역할 하위 타입

하지만 이 경우에도 모델 상에는 변화가 있었지만 사람이 여러 역할을 수행하거나 역할이 변경되는 경우에 여전히 문제가 있다. 직원이면서 소비자라면 두 객체가 생성되어야하고 다

중 역할 타입에서 나타난 문제들이 근본적으로 해결되지 못했다.

역할 하위 타입 같은 모델은 그동안 클래스 모델링에 가장 흔히 활용된 모델이다. 단순한 시스템은 단일 역할 타입이나 다중 역할 타입으로 문제가 없고 역할 하위 타입도 적절한 모델로서 사용할 수 있다. 하지만 앞에서 본 세 가지 역할 모델링은 근본 문제점을 갖고 있으며 현실적으로 역할 중복 또는 역할 변화에 대응하지 못하는 즉 유연성이 떨어지는 모델들이다. 이것을 극복하려고 동적 타입 언어를 사용하거나 다중 상속을 사용하거나 포함관계를 사용하는 등 많은 시도가 있었지만 C++나 자바처럼 많이 사용하는 언어는 동적 타이핑(Dynamic Typing)을 지원하지 않기 때문에 대안으로 생각하기 어렵다.

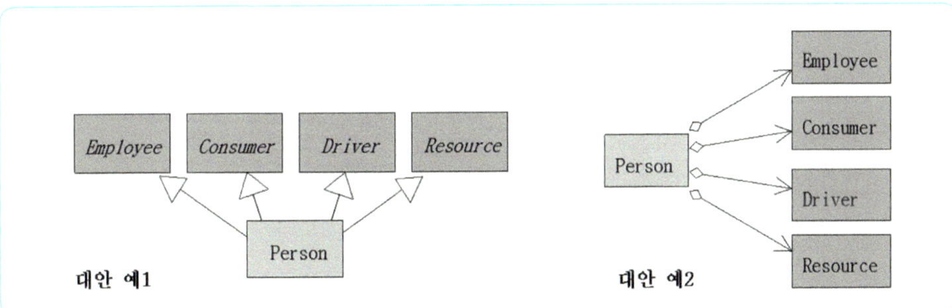

[그림 7.81] 역할 하위 타입에 대한 대안들

그렇다면 앞의 그림에서 보는 것처럼 다중 상속을 사용한다면? 또는 각 역할을 포함한다면? 역할 하위 타입이 안고 있었던 문제들이 해결될까? 구현하는 문제는 제외하고 모델링 관점에서만 이들 대안을 살펴보자.

다중 상속을 하는 경우, 한 사람이 항상 여러 역할을 하는 경우에는 가장 좋은 모델일 수도 있다. 각 역할이 별도 객체로 일 할 필요가 없는 경우이다. 하지만 모든 역할을 갖고 있지 않은 경우라면 단일 역할 타입이 갖고 있는 문제점이 나타난다.

역할을 포함하는 모델은 매우 좋은 유연성을 갖는다. 즉 사람이 역할을 하나 또는 여러 개를 가져도 역할을 수행하는 부분 객체를 생성하면 되고 역할이 변경되는 경우도 쉽게 처리할 수 있다. 단 이렇게 모델링 할 경우 사람 클래스가 역할 클래스를 처리하는 로직이 복잡해지고 모델도 조금은 복잡해진다. 하지만 역할 하위 타입 대안이 될 수 있는 것처럼 보인다.

④ **역할 객체(Role Object)**

역할 하위 타입 대안으로 앞에서 본 두 가지 대안보다 더 좋은 모델이 역할 객체 모델이다. 역할 객체 패턴에서는 직원, 소비자, 운전수, 자원 등의 역할들을 사람이 포함하는 형태로 모델링한다. 즉 사람은 역할을 여러 개(*) 가질 수 있고, 역할에는 직원, 소비자, 운전수, 자원 등이 있다. 이를 클래스 다이어그램으로 표현한 것이 다음 그림이다.

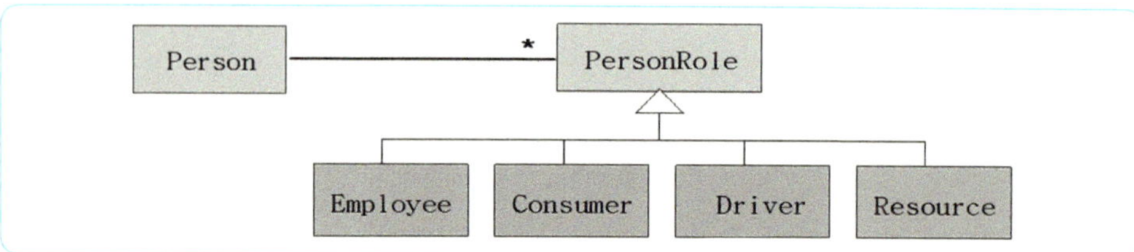

[그림 7.82] 역할 하위 타입에 대한 대안들

앞에 제시한 모델은 데이터 중복 문제를 해결했고, 역할이 중복되거나 역할이 변경되어도 이를 수용할 수 있는 모델이다. 뿐만 아니라 향후 새로운 역할이 추가된다면 역할 객체를 상속받게 해서 일관된 모델을 유지해갈 수 있다. 역할 정의가 필요한 시스템에서 이 정도 역할 모델이라면 대체로 필요 기능을 수행할 수 있는 모델이 될 것이다. 앞에서 살펴본 대출신청 모델에서 고객 클래스와 고객 역할 간 모델링 예를 보았는데, 그것도 역할 객체 패턴을 적용한 것이다.

그런데 동일한 역할이지만 상황에 따라 다른 일을 해야 한다면? 예를 들어 직원이라는 역할을 갖고 있는 사람이 여러 부서를 옮겨 다닐 수 있는데 부서마다 수행한 역할이 다를 경우가 있다. 다음에 소개하는 패턴은 이와 같은 경우를 해결할 수 있다.

⑤ **역할 관계**

역할 관계는 앞에서 언급한 내용과 연관 클래스라는 개념을 이해하면 쉽게 알 수 있는 패턴이다. 다음 그림을 보자

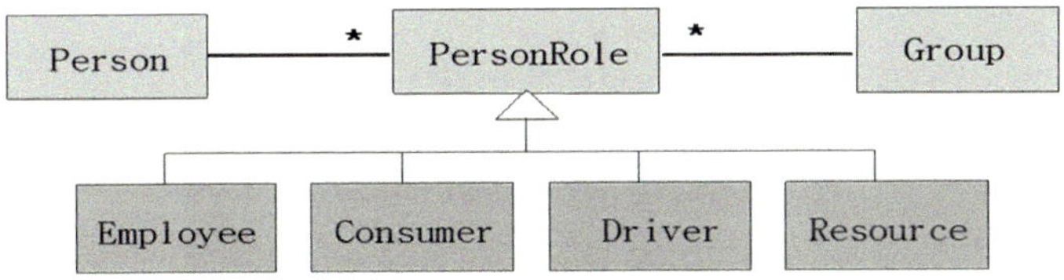

[그림 7.83] 역할 관계

사람과 그룹만을 생각해보면 사람은 그룹과 다대다 관계를 맺을 수 있다. 즉 사람은 여러 그룹에 속할 수 있고, 그룹에는 여러 사람이 대응될 수 있기 때문이다. 이와 같은 다대다의 복잡한 관계를 해결하는 좋은 방법으로 연관 클래스를 생각할 수 있다. 사람과 그룹 간 복잡한 관계를 사람이 갖는 역할 객체로 관계를 맺어 놓으면 특정 사람과 특정 그룹 간 관계가 맺어지는 것이다. 이는 데이터 모델링이나 클래스 모델링 할 때 매우 보편화 된 접근법이다. 다만 연관 클래스로 역할 객체 패턴이 적용된다는 것뿐이다.

⑥ 어떤 역할 모델을 사용할 것인가?

역할에 관련된 사항을 모델링 할 때에는 여러 가지 선택 사항을 항상 고려해야 한다. 역할들 간 다른 점이 없다면 단일 역할 타입으로 처리한다. 이때 유연성을 고려할 필요는 없다. 추후 유연성이 필요하다면 그때 리펙토링을 해도 늦지 않다.

단일 역할 타입과는 반대로 역할들 간 공통점이 없다면 다중 역할 타입으로 처리한다. 이때는 항상 무결성에 관한 사항을 유념해야 한다.

공통 특성과 별개 특성이 고루 나타나고 무결성도 고려해야 하는 경우 역할 하위 타입과 역할 객체를 생각할 수 있다. 역할 종류가 적으면서 새로운 역할이 생길 가능성도 적고, 역할의 조합이나 이동에 대한 규칙이 있는 경우 역할 하위 타입이 적당하다. 그렇지 않고 역할 종류가 많고, 새로운 역할이 생길 가능성이 높다라면 역할 객체가 적당하다.

만약 역할 자체 보다는 객체들 간 연관관계가 주 고려 대상이라면 역할 관계를 사용한다.

(4) 아키텍처 패턴

아키텍처 패턴은 소프트웨어 시스템 기본 구조인 소프트웨어 아키텍처를 구축할 때 적용하는 패턴이다. 아키텍처 패턴은 전체 시스템의 상위 수준 구성 요소들을 정의하고 각 구성 요소들 책임과 구성 요소들 사이 관계를 결정하여 소프트웨어 아키텍처 기본 틀을 제공한다. 아키텍처 패턴은 시스템이 가져가야 할 전체 구조/원칙을 결정하기 때문에 모든 개발 과정은 아키텍처 패턴이 정한 구조와 규칙을 따라야 한다. 즉 특정 아키텍처 패턴을 사용하기로 결정하는 순간 시스템 개발 전체를 지배하는 설계 지침이 정해지는 것이다.

앞부분에서 다루었던 아키텍처 정의에서는 전체 시스템을 패키지를 이용해서 분할한 예를 보여주었다. 이때는 UML 모델링 요소인 패키지만을 사용했지만 실제 아키텍처 정의에서는 UML 모델링 요소가 아닌 서브시스템(Sub-system), 레이어(Layer), 티어(Tier), 프레임워크(Framework), 컴포넌트(Component), 모듈(Module), 라이브러리(Library), 파티션(Partition), 미들웨어(Middleware) 등 다양한 수준과 특징을 표현하는 용어들이 대거 등장한다. UML을 활용해서 모델링을 하려면 UML 모델링 요소들을 잘 이해해야하는 것처럼, 아키텍처 패턴을 잘 이해하려면 아키텍처 관련 요소 용어들부터 이해해야한다. 또한 UML 모델링 요소들을 이용해서 다이어그램을 그리는 것과 기존 아키텍처 패턴을 이해하고 사용해나가는 과정이 많이 다르다. 그런데 본 교재가 초점을 맞추고 있는 사항은 UML을 활용한 모델링에 있기 때문에 아키텍처 패턴을 활용하는 것과는 다소 거리가 있다. 따라서 여기서는 단편적인 아키텍처 패턴 유형만을 소개하도록 한다.

아키텍처 패턴의 한 예로 POSA(Pattern-Oriented Software Architecture: A System of Patterns)에서 소개한 아키텍처 패턴들을 나열해본다.

① 해결 전략이 확실히 없는 문제를 해결해야 할 때 유용한 블랙보드(blackboard) 패턴
② 추상화 수준이 비슷한 것들끼리 모으는 방식으로 시스템을 나누는 레이어(layers) 패턴
③ 데이터의 흐름을 제어하는 시스템에 적합한 파이프와 필터(pipes & filters) 패턴
④ 시스템 구성이나 행위를 실행시점에 바꿀 수 있는 메커니즘을 제공하는 리플렉션(reflection) 패턴
⑤ 시스템을 책임에 따라 나눠 변화에 유연하게 대처할 수 있게 하는 MVC(Model-View-Controller) 패턴과 PAC(Presentation-Abstraction-Control) 패턴
⑥ 분산 환경에서 분산 투명성을 제공할 수 있는 브로커(Broker) 패턴

⑦ 자주 바뀌는 요구사항을 수용할 수 있게 시스템을 핵심부분과 변화부분으로 나누는 마이크로커널(microkernel) 패턴

실제 개발 프로젝트에는 애플리케이션, 업무 솔루션 패키지, 그룹웨어(Groupware), 트랜스레이터(Translator), 프레임워크 등 다양한 소프트웨어들이 있을 것이다. 만약 컴파일러, 트랜스레이터 등을 만든다면 위에 언급한 파이프와 필터 아키텍처 패턴을 따라 명확히 기능하는 필터들을 만들고 입력과 출력용 파이프를 만들 수 있다. 이때 심볼 테이블(Symbol Table)이나 다양한 상태 관리를 효율적으로 처리할 수 있게 부분적으로 리파지토리(Repository) 패턴을 사용할 수도 있다. 기업용 업무 시스템을 개발한다면 레이어 패턴을 적용해 추상화 수준을 애플리케이션 레이어와 프레임워크 레이어로 나누어 개발 할 수도 있다. 이처럼 프로젝트 초기에 전체 시스템이 어떤 구조를 갖고 어떻게 상호작용할 것인지를 파악하면서 적절한 아키텍처 패턴을 선택해서 적용할 수 있다면 이미 나와 있는 아키텍처 패턴들이 갖는 강점을 취하고 약점을 보완하면서 최선의 시스템을 만들 수 있을 것이다.

(5) 설계 패턴

설계 패턴은 아키텍처 정의에서 만든 상위 수준 패키지들을 설계할 때 또는 분석 단계에 만들어진 모델을 설계 단계 모델로 개선할 때 적용할 수 있는 패턴이다.

원래 설계 패턴은 특정 프로그래밍 언어나 프로그래밍 개념에 종속되지 않아야 하지만, 대부분 설계 패턴의 기본이 추상화와 인터페이스이기 때문에 패턴을 적용할 때 추상화와 인터페이스 개념을 잘 지원하는 객체지향 언어와 객체지향 개념을 쓰는 것이 훨씬 편리하다.

실제로 여러 설계패턴 책들이 객체지향 개념을 기반으로 설계패턴들을 설명하고, 아키텍처 패턴에서 소개했던 POSA가 제안한 패턴 시스템 구성요소로 참여하는 설계 패턴들도 객체지향을 기반으로 한다. 분석 패턴이나 아키텍처 패턴과는 달리 설계 패턴에는 매우 다양한 전문가들이 있다. 특히 자바와 관련된 설계 패턴에는 일반 설계 패턴 외에도 EJB관련 패턴, J2EE관련 패턴들도 있다.

설계 패턴 중 제일 유명한 GoF(Gang of Four) 설계 패턴 유형을 간단히 살펴보자. GoF는 설계 패턴을 두 가지 방법으로 나눈다.

첫 번째는 설계 패턴을 목적에 따라 객체 생성을 다루는 생성 패턴, 객체나 클래스 구성을 다루는 구조 패턴, 객체나 클래스가 상호작용하고 책임을 나누는 방법을 다루는 행위 패턴으로 나누는 방법이다.

두 번째는 패턴이 적용되는 범위에 따라 클래스 범위 패턴과 객체 범위 패턴으로 나누는 방법이다. 클래스 범위 패턴은 클래스와 하위 클래스 관계를 다루고 이 관계는 컴파일 시점에 상속으로 결정된다. 객체 범위 패턴은 객체들 사이의 관계를 다루고 이 관계는 실행 시점에 변할 수 있다.

[표 7.6] GoF 설계 패턴에 따른 분류

목적 범위	생 성	구 조	행 위
클래스	Factory Method	Adapter	Interpreter Template Method
객 체	Abstract Factory Builder Prototype Singleton	Adapter Bridge Composite Decorator Façade Proxy	Chain of Responsibility Command Iterator Mediator Memento Flyweight Observer State Strategy Visitor

7.4.6 설계 클래스 모델링

설계 클래스 모델링은 여러 가지로 나눌 수 있다. 가장 기본적인 것은 아키텍처 정의에서 결정된 사항을 반영하면서 분석 모델을 설계 모델 형태로 바꾸는 것이다. 예를 들면 사용자 편이성(Usability)을 고려하면서 UI 부분을 개선하거나 지속성(Persistency)을 고려해서 데이터베이스 연동에 필요한 클래스를 추가하거나 라이브러리 또는 프레임웍을 사용할 수 있다. 또는 성능(Persistency) 개선하느라 클래스를 분할 또는 통합하거나 캐쉬(Cache) 역할 용 클래스를 새로 추가할 수도 있다. 이때 설계 패턴 등을 활용할 수도 있지만 모든 것을 설계 패턴을 활용해서 해결할 수 있는 것은 아니다. 또한 설계 단계에서는 로그(Log), 에러 핸들링(Error handling), 코드(Code)성 데이터 관리, 튜닝에 관련된 이슈, 다중 언어 지원, 풀링, 룰, 비동기(Async), 동시성(Concurrency) 제어, 기존 시스템(Legacy) 연계 등 아키텍처와 직접 또는 간접으로 관련된 여러 가지 사항들을 고려할 수 있다.

하지만 앞에서 언급한 많은 사항들은 비기능 요구사항을 바탕으로 품질 요소들을 뽑고, 품질 요소들에 관한 여러 대응 방안을 검토해서 아키텍처를 정의하고, 메커니즘을 설계하고, 설계 기준, 개발 표준, 제약 사항 등을 문서화하는 대부분 이슈가 이 교재의 범위를 넘어서는 부분이다. 즉 이들은 아키텍처와 관련된 고급 모델링과 관련 있는 내용들이다.

따라서 이 교재에서는 아키텍처 기술서 상에 표현될 수 있는 설계 이슈 모델링 기법을 소개하는 것이 아니라, 기존 분석 모델을 바탕으로 설계 단계에서 모델을 개선할 수 있는 내용 중심으로 진행하겠다. 또한 아키텍처 관련 이슈라 해도 앞에서 이미 언급한 인터페이스 적용이나 패턴 적용 등에 관련된 부분은 추가로 살펴보겠다.

설계 부분에 대한 예제 모델은 기업에 근무하는 사람은 누구나 관심 있는 '급여' 관련 업무를 예를 들어 설명하겠다.

다음 그림은 급여 관련 기본 정보를 처리하는 클래스 다이어그램이다. 급여 기본 정보 컨트롤 클래스를 중심으로 두 컨트롤 클래스가 연관되어 있다. 하나는 직원 정보(Employee Information)를 가져오는 것이고 다른 하나는 수당(Allowance)관련 정보를 가져오는 것이다. 급여 기본 정보에는 호봉(PaymentStep)과 공제(Deduction) 관련 엔티티 클래스를 포함하고 있다.

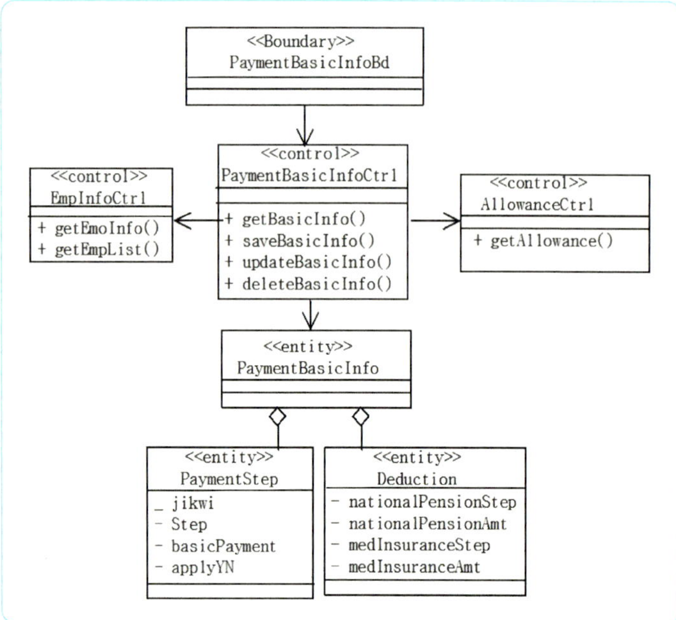

[그림 7.84] 개선 전 분석 모델

(1) 속성 및 오퍼레이션 개선

기존에 작성한 분석 모델들은 속성이나 오퍼레이션의 반환값과 매개변수 타입을 정하지 않았거나 구현환경과는 상관없는 논리 수준에서 정의했다. 하지만 설계 단계에서는 기존 분석 모델에 있는 속성 및 오퍼레이션들을 구현할 프로그래밍 언어 타입에 맞추어 개선해야한다. 또한 속성이나 오퍼레이션 가시성 즉 공개(Public: '+'), 하위 클래스에만 공개하는 반공개(Protected: '#'), 비공개(Private: '–') 또는 패키지 수준 공개(Package: '~')를 표현해야한다.

앞에서 보는 분석 모델을 개선해보자. 우선 바운더리 클래스가 컨트롤 클래스로부터 필요한 정보를 가져왔다면 액터에게 정보를 보여주어야 하고, 단순 서비스만 요청했다면 서비스가 정상적으로 완료되었는지 메시지를 보내주어야 한다. 따라서 바운더리 클래스에는 액터에게 결과를 보여주는 오퍼레이션이 추가되어야한다. 하지만 이와 같은 상황은 단순히 클래스 다이어그램만을 보아서 찾을 수 있는 것은 아니다. 행위 모델은 그 자체로도 의미가 있지만 구조 모델에 대한 보조 역할 또는 구조 모델을 개선하기 위한 역할로 사용할 수 있다.

분석 단계 컨트롤 클래스에 여러 오퍼레이션이 있는데 반환 값이나 매개 변수가 있는 경우 타입을 표현하지 않았다. 설계 단계에서는 반환 값이나 매개변수를 명확히 표현할 필요가 있다. 이때 매개 변수를 정의 하는 방법으로 주고받는 모든 속성들을 매개변수로 전부 나열하는 방법이 있고, 주고받는 속성들을 별도 클래스로 정의하는 방법도 있다. 이때 클래스로 정의하는 방법 중에 VO(Value Object) 또는 DTO(Data Transfer Object)라는 것을 사용하기도 한다. 여기에서는 단순 타입이 아닌 경우에는 VO를 사용해서 필요한 정보를 전달하기로 한다.

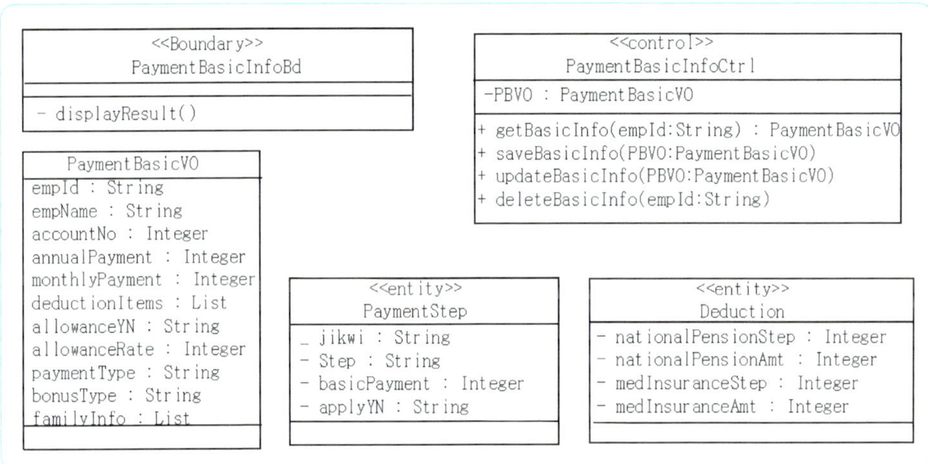

[그림 7.85] 개선된 속성과 오퍼레이션들

(2) 관계 개선

분석 단계에서는 논리 수준에서 필요한 경우 관계 표현을 했다. 설계 단계에서는 이들을 점검하고 개발/운영 환경이 고려된 물리적 수준에서 이들 관계를 다시 검토할 필요가 있다. 예를 들면 방향성, 다중성, 연관 이름, 역할 이름 등을 다시 검토하고 새로 추가 또는 개선된 클래스들과 일관성 있는 모델을 만들어가야 한다. 관계 개선을 하면서 클래스들이 추가되거나 통합 또는 분리될 수도 있다. 예를 들면 복잡한 관계를 개선하느라 연관 클래스를 도입할 수도 있고 단순 상속 관계를 역할 객체를 사용해서 더 유연한 모델로 개선할 수도 있기 때문이다.

앞에서 소개한 분석 모델은 아주 부분적인 업무에 대한 사항이기 때문에 설계 문서로 바꿀 때 관계 개선에 특별한 사항은 없다. 다만 급여 정보를 개선하면서 앞에서 배운 분석 패턴에서 역할 객체를 적용한 예를 보인 그림이 다음에 있다. 다음 모델을 보면 급여(Salary)는 기본(Basic)금, 상여금(Bonus), 성과금(Incentive), 수당(Allowance)으로 분류되며 입사일과 급여날과의 차이 때문에 필요한 소급금(RetroactivePayment)이라는 형태의 급여가 있음을 알 수 있다.

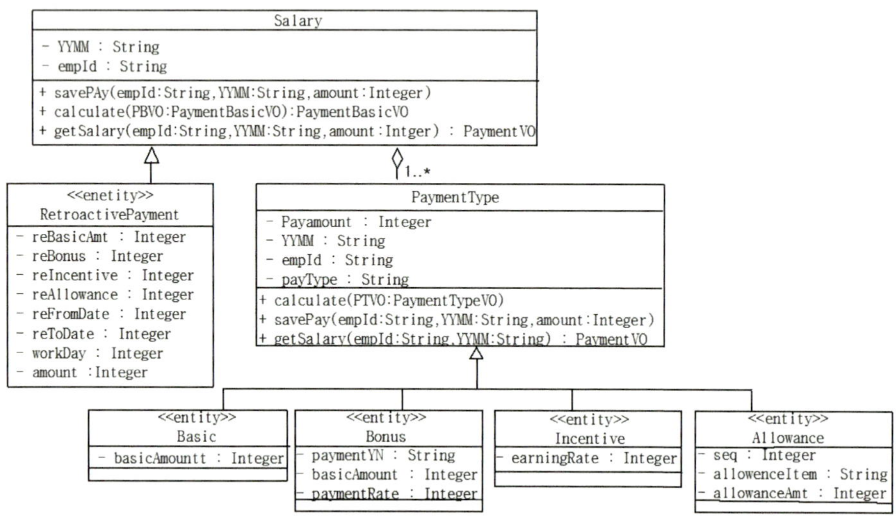

[그림 7.86] 급여 정보 관련 관계 개선과 분석 패턴 적용

(3) 클래스 추가

설계 단계 모델로 개선하면서 가장 흔하게 추가되는 클래스가 앞에서 보여준 VO, DB 연동에 필요한 클래스들이 있다. 급여 정보를 처리하려면 DB 연동클래스가 필요하다. 여기서는 DAO(Data Access Object)라는 클래스를 DB 연동클래스로 정의하겠다.

(4) 인터페이스 기반 모델링 개선

인터페이스를 모델에 추가하는 이유는 여러 가지다. 설계 패턴에서도 클라이언트 프로그램과 서버 프로그램 사이 관련성을 줄이기 위해 둘 사이에 인터페이스를 활용해서 관련성을 약화시키거나 제거한다. 또한 아키텍처에서 클라이언트 티어, 비즈니스 티어, 리소스 티어 등을 정의했다면 관련 모듈들 사이의 관련성을 약화 또는 제거할 필요가 있다. 이때 팩토리(Factory) 개념이 필요한데 얻어야 할 객체들이 다양하지 않다면 구태여 팩토리 패턴까지 쓸 필요는 없고 단순 팩토리 클래스를 추가하고 클래스들이 많다면 팩토리 패턴을 적용시키고 필요하다면 두 팩토리 패턴 즉 추상팩토리 패턴과 싱글톤 패턴을 함께 적용시키는 형태로 발전시킬 필요가 있다.

따라서 예제에는 인터페이스를 적용시키기 좋은 곳이 여러 군데 있는데 기본으로 바운더리 클래스와 컨트롤 클래스 사이, 컨트롤과 엔티티 클래스 사이이다. 컨트롤 클래스가 여러 관련 엔티티 클래스를 처리하지 않기 때문에 컨트롤 클래스과 엔티티 클래스 사이에도 인터페이스와 단순 팩토리를 적용시키는 정도면 충분하게 보인다. 특히 컨트롤 클래스가 모든 엔티티 클래스를 처리하는 것이 아니고 'PaymaneBasicInfo'라는 엔티티 클래스가 포함하고 있는 엔티티 클래스를 직접 처리하는 형태로 모델링했기 때문에 예제에서는 컨트롤 클래스와 엔티티 클래스 사이에 인터페이스와 단순 팩토리 클래스를 적용시켰다. 다음 그림은 언급한 사항을 적용시킨 부분에 대한 모델이다.

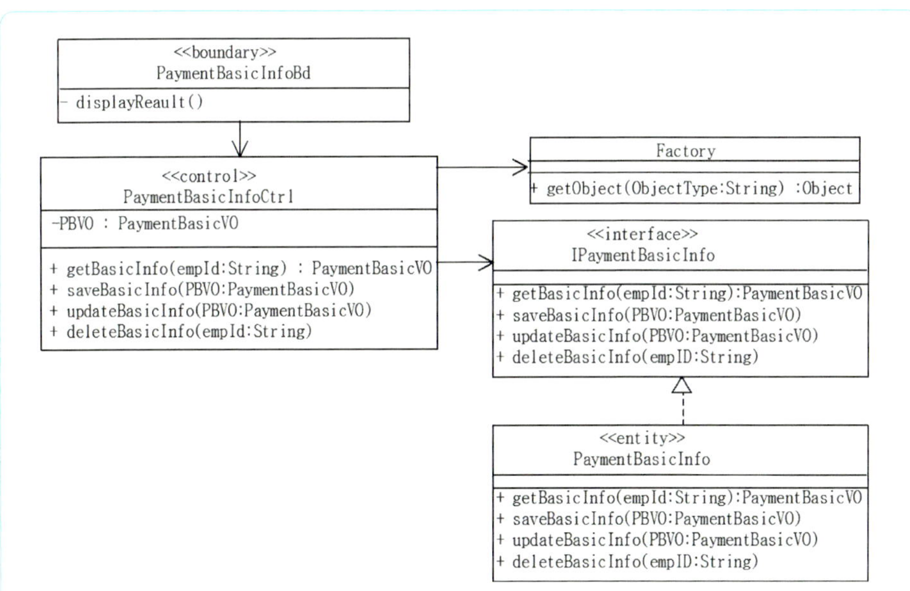

[그림 7.87] 인터페이스와 단순 팩토리 클래스 적용

7.4.7 클래스 모델 검토, 개선, 진화

모델링을 할 때 요구사항에 완벽하게 부합하는 모델을 만든다는 것은 거의 불가능한 일이다. 특히 모델 규모가 커질수록 여러 사람이 함께 작업을 해야 하고 모델을 잘 만드는 것보다 일관된 형태로 만들어 가는 것 자체가 어려운 일이 될 수도 있다. 따라서 지금까지 모델링 자체에 치중했다면, 지금부터는 지금까지 만든 모델을 검토하고, 필요하면 개선하고, 점차 좋은 모델로 만들어가는 과정을 살펴보자. 단 특정 방법론에 따른 내용이 아니기 때문에 방법론과는 상관없이 적용 시킬 수 있는 형태로 내용을 소개하겠다.

(1) 모델 일관성 검토

유즈케이스 모델, 분석 모델, 설계 모델들이 만들어짐에 따라 점차 많은 수의 모델들이 만들어지고 그들 간의 관계도 복잡해지기 시작한다. 모델에 대한 양과 수가 많아짐에 따라 모델을 일관된 형태로 유지하는 일은 전체 프로젝트 품질에 영향을 주는 중요한 작업이다. 시점을 데모 전이나 반복 후반부 또는 적절한 관리 시점에 맞추었다고 가정해보자.

우선 가장 중요한 것은 유즈케이스 모델 점검이다. 유즈케이스는 크게 유즈케이스 다이어그램, 유즈케이스 기술서로 분류한다. 상위 레벨의 클래스 다이어그램이나 액티비티 다이어그램은 중요한 것이지만 일단 고려 대상에서 제외하자. 유즈케이스 다이어그램에 있는 모든 액터와 유즈케이스에 대한 설명이 유즈케이스 기술서에 표현되고, 각 유즈케이스에 대한 내부 흐름, 입출력 데이터, 유즈케이스 관련 특정 업무 규칙, 비기능적 이슈, 화면 프로토타입 등이 잘 표현되었는지 점검한다.

이후 유즈케이스 다이어그램과 유즈케이스 기술서를 바탕으로 클래스 다이어그램을 점검한다. 이때 유즈케이스 다어그램에 표현된 액터와 유즈케이스 기술서 상에 나타나는 내용에 대응되는 클래스들이 어떤 것인지 파악하고, 클래스들에 정의된 속성, 오퍼레이션, 관계를 유즈케이스 기술서를 근간으로 검토한다. 이때 유즈케이스 기술서 내의 흐름에 대한 인터랙션 다이어그램이 있다면 함께 검토할 필요가 있다. 유즈케이스와 클래스간의 상관관계를 나타내는 매트릭스를 만드는 것도 한 가지 방법이다. 추출한 클래스가 어떤 유즈케이스로 부터 식별된 것인지 알 수 있고, 유즈케이스를 실현하는데 충분한 클래스가 식별되었는지 검증할 수 있다.

만약 분석과 설계에 대한 모델이 통합되어있으면 최종 모델을 근간으로 검토하고, 분리되어 있으면 우선 분석 단계 모델부터 점검한다. 이때 부분적으로 너무 세부 표현이 되었거나, 필요 정보가 없는 모델이 있다면 기록을 해놓고 개선사항으로 남겨둔다. 특히 클래스 다이어그램을 검토할 경우에는 찾아낸 클래스 역할이 명확한지를 확인해야한다.

설계 단계 모델들은 가급적 아키텍처 기술서와 같은 문서를 함께 참조할 필요가 있지만, 작은 프로젝트라면 유즈케이스 기술서 내에 표현된 비기능 사항 또는 별도의 비기능 요구사항을 함께 참조해야한다. 보안, 성능 등 여러 아키텍처 사항들이 모델 또는 전략에 빠짐없이 적용되었는지 확인하고 여러 업무들이 있다면 업무들 간 모델링 세부 정도를 파악한다.

모델에 대한 균질화가 많은 사람이 모델링에 참여 했을 때 더욱 중요해지는 이유는 여러 가지이다. 유즈케이스 기술서의 경우 흐름을 표현하는 방식은 표준 가이드가 있어도 달라질 경우가 많다. 동일 개념에 대해서도 선택 단어가 다를 수 있고, 동일 단어라도 다른 의미로 사용할 수도 있다. 이처럼 일관성 없는 기술서를 근간으로 클래스 다이어그램이 작성된 경우라면 클래스에 대한 통합이나 분할이 심하게 일어날 수도 있다. 즉 동일한 역할이지만 서로 다른 단어를 사용해서 다른 클래스로 정의되었을 수도 있기 때문이다. 이처럼 유즈케이스 기술서의 일관성이 클래스 다이어그램의 일관성으로 연결될 수 있다.

모델 일관성 검토를 하면서 필요한 작업이 한 가지 있는데 그것은 용어집이다. 모델에는 액터, 유즈케이스, 클래스 등 중요한 역할을 갖는 UML 모델링 요소들이 있다. 이들에 대한 의미를 용어집에 정리하게 되면 향후에 일어나는 여러 작업에 많은 도움을 줄 수 있다.

지금까지 언급한 사항을 다시 정리하면 시간에 따라 여러 모델들이 다른 모델로 변환 되면서(요구사항 모델 → 분석 모델 → 설계 모델) 일관된 형태를 유지하는지, 각 업무별 동일한 모델들(유즈케이스 기술서들, 분석 모델들, 설계 모델들)에 대한 표현이나 상세 정도가 유사하게 작성되었는지를 파악하고 미진한 부분은 기록해서 반드시 개선하도록 한다.

(2) 클래스 모델의 개선 – 통합, 분할, 제거

만약 각각 팀이 서로 다른 시나리오에 대해 작업을 한다면 하나의 클래스가 여러 가지 이름으로 불릴 수 있을 것이다. 큰 프로젝트는 이런 일들이 많이 일어난다. 만약 용어집이 잘 작성되었다면 용어집을 근간으로 파악을 해볼 수도 있다. 서로 다른 모델들이 서로 같은 이름을 사용하는 경우도 많은데 이런 경우가 많다면 명명규칙 등을 보완해서 모델에는 고유 이름을 사용할 수 있도록 유지하는 것이 중요하다.

여러 모델들을 한꺼번에 검토하다보면 컨트롤 클래스들이 통합되면 좋은 상황이 많이 생겨난다. 특히 유즈케이스를 너무 작게 잡았다면 컨트롤 클래스들 통합은 반드시 필요한 작업이다.

유사 클래스를 통합하거나 모델링이 잘 안된 경우 한 클래스가 너무 많은 일을 수행하는 경우가 있다. 물론 클래스는 응집력이 있어야 하지만 너무 큰 클래스는 의미 없다. 리팩토링에서도 큰 클래스(Large class)는 리팩토링 대상이다. 예를 들면 고객이라는 클래스가 주문내역에 대한 정보까지 갖는 모델이 있다면 고객 클래스는 지나치게 많은 역할 또는 정보를 갖고 있는 것이다. 고객 클래스는 고객 정보만을, 주문 내역은 별도의 클래스로 정의하는 것이 더 바람직할 것이다.

때로는 초기에 단 하나의 속성으로 정의한 것이 모델링을 하다보면 적절한 속성과 행위를 갖게 되고, 독립된 클래스로 정의되어야할 필요가 생긴다. 모델링에 경험이 없는 조직일수록 클래스 분할 작업이 많이 나타날 수 있다.

통합이나 분할도 필요하지만 어떤 경우에는 클래스를 모델에서 제거할 필요가 있는 경우도 있다. 예를 들면 바운더리 클래스, 컨트롤 클래스, 엔티티 클래스로 구분했지만, 성능 또는 다른 이유 때문에 컨트롤 클래스를 제거할 필요도 있을 수 있다. 또는 클래스가 구조나 행위를 갖고 있지 않거나, 클래스가 어떤 유즈케이스에도 관계하지 않는 경우가 있다. 특히 이전 프로젝트나 다른 사람의 유사 모델 등을 토대로 모델링을 하는 경우 상황이 같지 않기 때문에 다른 시스템에서는 필요한 클래스이지만 현재 프로젝트에는 필요 없는 경우도 많다. 심지어는 임시로 만들어본 모델들을 그대로 결과물에 포함시키는 경우까지 있기 때문이다. 프로젝트 관리에서 이런 형태의 모델을 파악하지 못하면 개발에서 무의미하게 시간만 허비하거나 문제를 초래할 수도 있다.

(3) 클래스 모델 진화

클래스 모델링을 복습하는 의미로 클래스 모델을 진화시켜나가는 과정을 살펴보자. 모델은 처음부터 잘하는 것도 중요하겠지만 계속 개선시켜나가는 과정은 더 중요하다. 특히 모델링에 자신이 없거나 경험이 부족한 경우 두려움이 많을 것이다. 여기에 언급한 진화 과정을 보면서 각자 모델을 계속 진화시켜 나가다보면 모델링에 대한 능력을 향상 시킬 수 있을 것이다.

여기에서는 급여계산 업무에 대한 예를 통해 모델을 진화해가는 과정을 소개하도록 하겠다. 몇 가지 상황에 대한 가정을 하면서 모델 진화 과정을 직접 경험하는 형태로 기술 하였다.

① 급여계산 업무 개요

급여는 기본급, 상여급, 성과급, 수당으로 구분된다. 현재 급여 지급은 계약사항에 의해 매우 다양한 형태로 지급될 수 있다. 즉 기본급만을 가질 수도 있고, 성과급만을 가질 수도 있다. 설이나 추석 또는 지정한 달에 계약에 의한 상여금이 지급될 수 있으며, 성과급은 기본적으로 개인 매출액에 계약 비율에 의해 지급된다. 수당은 연월차, 출산보육수당, 직책수당이 있으며 나머지는 기타수당으로 통합한다.

급여를 지급할 때는 소급금이 있는 경우 이를 합산해서 지급하고 공제사항이 있는 경우 이를 제하고 지급한다. 소급금은 급여 계산하는 시점에서 한 달 치 급여 이전에 미지급금이 있는 경우를 말하며 공제 사항은 세금, 압류, 기타사항으로 구분한다.

단 급여에 관련된 정보 중 호봉이나 공제사항 등에 대해서는 급여 기본 업무로 다른 패키지에서 모델링하기로 했다. 따라서 다른 패키지에서 호봉이나 공제사항 등 필요한 정보를 가져와서 급여 계산 업무를 처리해야한다.

② 개념 레벨 클래스 모델링

모델링 초기에 가장 중요한 것은 개념 가시화이다. 즉 모델을 만들 수 있는 초기 발판을 만드는 것이다. 이때는 관련 문서 또는 시스템을 찾아보면서 또는 유즈케이스 기술서를 바탕으로 개념 모델링을 해보는 것이다.

주어진 업무 개요를 보면 급여 관련 중요한 개념들을 찾아볼 수 있는데 여기에는 급여, 기본급, 상여급, 성과급, 수당, 급여 지급, 계약, 소급금, 공제 등이 있다. 모델링이 구체화

되면서 위에 언급되지 않은 사항이 추가될 수도 있고 위에 언급된 사항이 없어질 수도 있다. 주어진 예가 간단하므로 특별히 개념 레벨의 클래스 모델링은 그리지 않았다.

③ 초기 클래스 모델링

앞에서 찾아진 개념들 중 계약, 공제는 타 패키지에서 관리되므로 필요할 때 정보를 얻어오면 되기 때문에 제외시키고, 급여 지급은 계산 업무와 직접적 관련이 없으므로 제외시켰다. 반복을 기반으로 한 프로젝트이기 때문에 품질 관리자는 분석 초기부터 3분류 클래스를 바탕으로 모델링할 것을 요구했고, 이를 바탕으로 초기에 작성한 클래스 다이어그램은 다음과 같다.

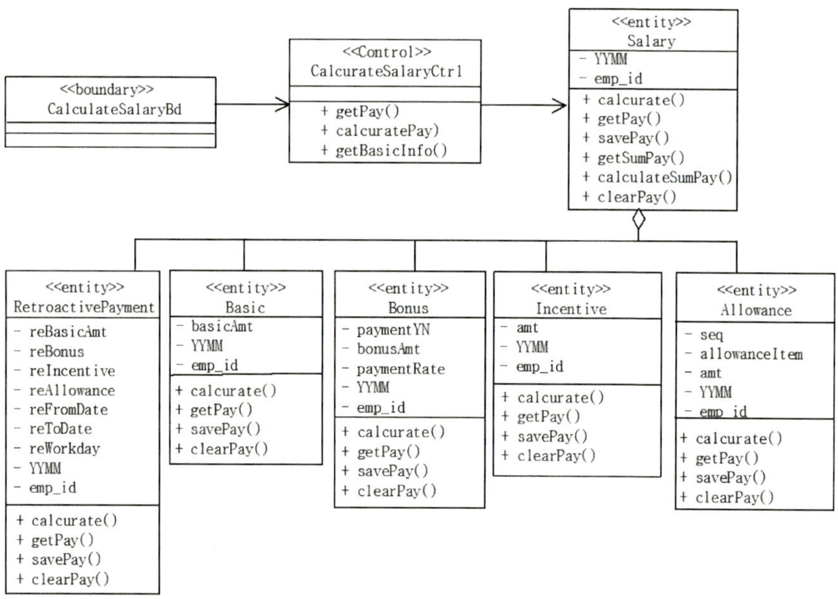

[그림 7.88] 초기 클래스 다이어그램

초기 클래스 다이어그램에는 세 가지 스테레오 타입 클래스들이 모두 표현되었고, 기본 속성과 오퍼레이션이 나타나있고, 급여 클래스와 다른 급여 관련 클래스들이 포함관계로 모델을 작성한 사람은 적절한 수준의 모델이라 판단되었다.

하지만 모델링을 했던 사람과는 달리 품질 관리자는 모델 개선 지시를 내렸다. 기본 사항은 관련 클래스들 사이에 공통 속성이 많다는 것이었고 급여와 소급금에 대한 관계가 적절하지 않다는 지적이었다. 또한 가장 잘못된 부분으로 컨트롤 클래스를 지적했는데, 잘못된 오퍼레이션이 들어가 있었고 필요 정보를 모두 얻으려면 서로 관련 있는 컨트롤 클래스들에 정보를 요청해야한다는 것이었다. 덜 중요한 세부 사항은 아직 검토를 하지 않았다는 말과 함께.

④ 개선된 분석 클래스 다이어그램

품질관리자의 지적을 토대로 클래스 다이어그램을 다시 그렸다. 공통된 속성은 상속을 통해 해결했고, 급여와 소급금 사이의 관계는 포함이 아닌 상속 관계로 개선했다. 대신 컨트롤 클래스가 급여와 소급금 두 클래스에 메시지를 보내야했다. 또한 유즈케이스 기술서를 보고 인터랙션 다이어그램들을 그려보았고, 다른 팀원들과 회의를 통해 컨트롤 클래스가 어떤 클래스들과 상호작용해야하는지를 파악한 후 다시 클래스 다이어그램을 작성하였다. 다음은 개선된 분석 클래스 다이어그램이다.

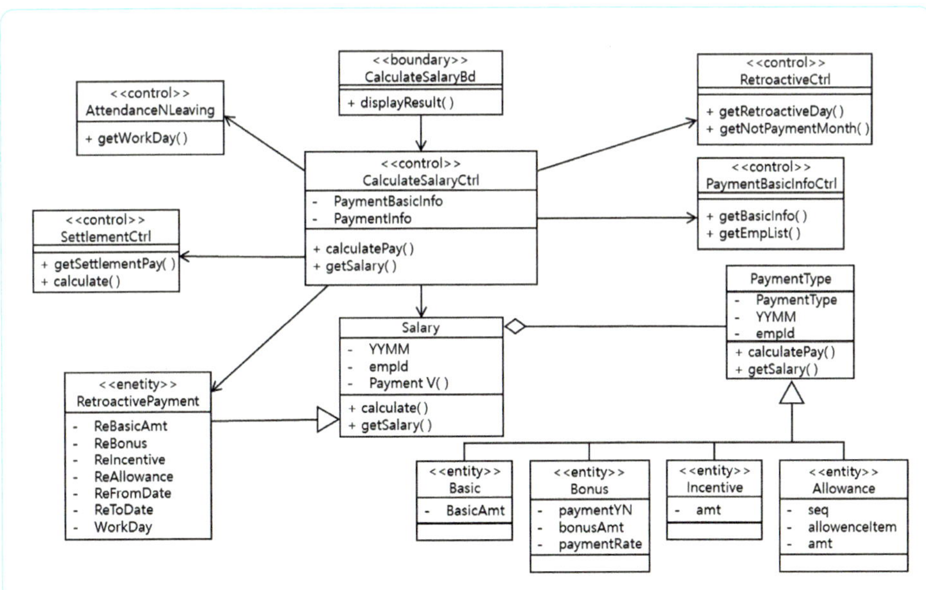

[그림 7.89] 개선된 분석 클래스 다이어그램

⑤ **분석 모델 검토**

초기 모델부터 품질관리자와 모델을 리뷰 했고 주요 개선사항은 거의 보완한 상태라 전체 모델 검토에서 급여 계산 업무 모델은 별다른 지적사항을 받지 않았다.

검토가 끝나고 나서 몇 가지 아키텍처 기술서상의 이슈들을 토의했고 분석 모델에 아키텍처에서 결정된 몇 가지 사항을 적용하면서 설계 모델을 만드는 작업에 들어갔다. 가장 큰 이슈는 데이터베이스 연동부분과 클래스들 간 데이터 교환 문제였다. 필요한 VO를 정의하고, 데이터 연동에 필요한 클래스를 추가하는 작업이 필요했다.

단 데이터 연동 부분은 프레임워크를 만드는 아키텍처 팀에서 만들 것이기 때문에 모델에 표현하지 않아도 된다는 말이 있었다. 또 다른 이슈는 컨트롤 클래스와 엔티티 클래스간 인터페이스를 통한 관계 개선을 할 것과 팩토리 클래스를 통해 필요한 엔티티 클래스를 얻어오는 것이었다. 그 외 사항으로 자바 언어를 토대로 속성과 오퍼레이션 타입 등을 개선하는 작업이 필요했다.

⑥ **설계 모델로의 개선**

분석 모델을 토대로 설계 작업을 시작했고 작업은 세 가지로 나누어 검토하기로 하였다. 우선 메시지에 데이터를 전달하는 VO를 다음과 같이 세 가지로 정의하였다;

지급 급여에 대한 'PaymentVO', 급여 관련 기본 정보인 'PaymentBasicVO', 급여 타입에 대한 'PaymentTypeVO'

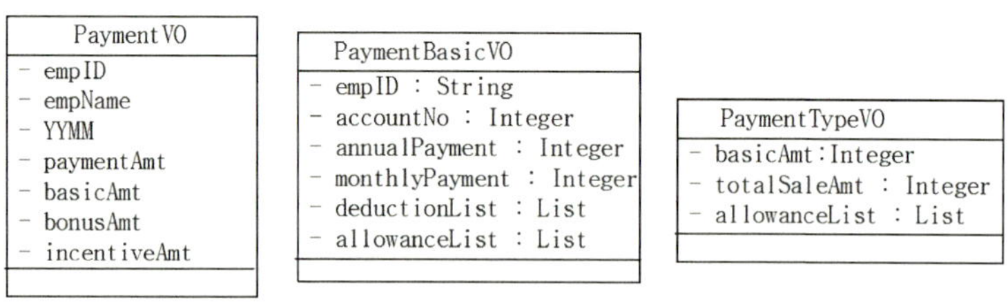

[그림 7.90] 설계 클래스 다이어그램 - VO 정의

컨트롤 클래스가 인터페이스와 상호작용하도록 개선했고, 필요한 객체를 팩토리로부터 얻어올 수 있도록 기본 팩토리를 정의하였다. 이때 팩토리는 공통 팀이 만든 모델을 그대로

채택하였다. 다음은 바운더리 클래스와 컨트롤 클래스 부분이다.

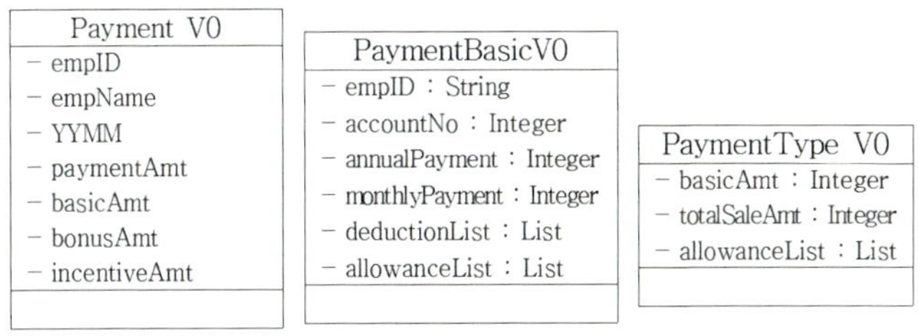

[그림 7.91] 설계 클래스 다이어그램 - 바운더리 클래스와 컨트롤 클래스

이후 엔티티 클래스는 DAO를 추가하였고 급여 클래스는 'ISalary'인터페이스를 realization 하는 형태로 모델을 개선하였다. 다음은 엔티티 클래스 개선 부분이다.

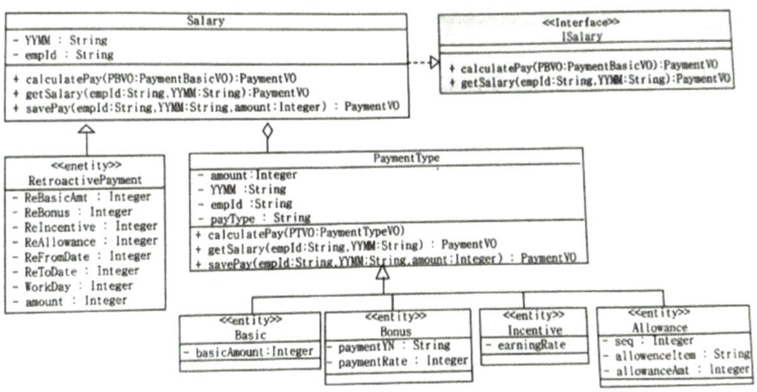

[그림 7.92] 설계 클래스 다이어그램 - 엔티티 클래스

앞에서 작업한 것을 통합해서 품질 관리자에게 검토를 요청했다. 다행히 아주 사소한 것 한 가지만 지적 받았다. 즉 'Salary'와 'PaymentType'간 오퍼레이션이 중복된다는 것이었다.

이때 한 가지 업무 문제가 발생했는데, 모델링을 하면서 미지급금을 매우 제한적으로 생각했었다. 즉 입사하고 나서 급여 계산시점에 한 달이 넘은 경우에는 정규급 한 달과 소급금을 계산하면 되었지만, 미지급금이 한 달 이상 넘는 경우가 발생했기 때문이다. 이를 반영하려면 모델 확장이 불가피해졌다. 즉 미지급금이 여러 달 계속되어도 급여 계산이 원활하게 되도록 모델을 개선할 필요가 있었다. 확장성 있는 모델을 만들려고 급여 부분에 'Total-

Payment'라는 클래스를 추가로 정의하면서 컴포짓(Composit) 설계 패턴을 사용하기로 했다. 앞에서 지적받은 사항과 함께 설계 패턴을 적용해서 만든 확장성 있는 급여 계산 모델이다.

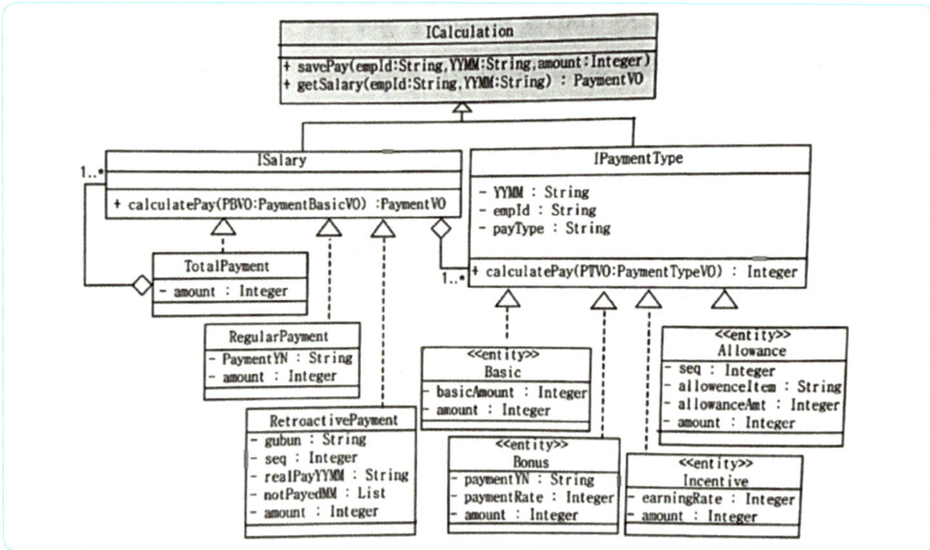

[그림 7.93] 확장성 있는 급여 계산 클래스 다이어그램 - 엔티티 클래스

급여 계산 모델을 만들고 보니 기본 업무에 대한 모델링, 설계로의 전환 역할 객체에 관한 분석 패턴 적용, 확장성을 고려한 분석 패턴 적용 등 많은 개선 사항이 있었다. 한 가지 모델 개선을 하면서 얻은 것은 분석 패턴이나 설계 패턴이라는 말이 중요하지 않다는 것이었다. 즉 말은 설계 패턴이지만 복잡한 미지급금 처리를 모델에 적용하려고 개선한 것이기 때문에 업무 패턴으로 설계 패턴을 사용했기 때문이다. 결국 모델링 기술 보다는 언제 필요한 개념을 도입해서 좋은 모델을 만들 것인지에 대한 상황 판단이 더욱 중요했다.

이후 이 모델은 분산 환경에 맞도록 다시 몇 번 더 개선 요청이 있었지만 별다른 어려움 없이 모델을 진화해갈 수 있었다. 모델의 기본 사항이 잘 되어있으면 변화에 크게 어려움이 없다는 것을 배울 수 있었다.

7.5 행위 모델링

객체 지향 시스템에서 일을 수행하는 주체는 객체이며, 객체들은 메시지를 주거나 받음으로써 서로 상호작용을 한다. 시퀀스 다이어그램은 객체들 간 상호작용을 시간적인 흐름으로 하나씩 나열한 것이며, 커뮤니케이션 다이어그램은 객체들 간 주고받는 메시지들을 함께 표현하면서 상호작용하는 형태를 일괄적으로 보여준다. 객체들이 서로 상호작용을 할 때 주고받는 메시지는 객체 내부 상황을 변화 시키는데, 메시지에 따른 객체 내부 상황 변화에 중점을 둔 다이어그램이 스테이트 머신 다이어그램이다. 이 때 메시지에 대한 오퍼레이션이 복잡할 경우 이를 액티비티 다이어그램으로 복잡한 내부 로직을 자세히 표현한다.

따라서 행위 모델은 객체가 어떻게 서로 상호작용하면서 내부 상태를 유지 또는 변화시키는지를 구체적으로 표현하는 것이다.

(1) 시퀀스 다이어그램

시퀀스 다이어그램은 유즈케이스 다이어그램, 유즈케이스 기술서, 클래스 다이어그램, 아키텍처 기술서 등을 기반으로 액터와 여러 객체들 간 이벤트 또는 메시지 흐름을 시간적인 순서로 나열한다. 이때 메시지 이름에는 얻고자하는 정보 또는 서비스에 대한 구체적인 사항을 잘 표현해야하며, 필요한 경우에는 매개변수나 반환값을 함께 표현한다.

분석 단계에는 각 객체들이 액터로부터 어떤 이벤트를 받고 어떤 메시지를 전달하는지에 대한 표현이 중요하지만, 설계 단계에서는 얼마나 효과적으로 상호작용하는지를 나타낼 필요가 있다. 즉 분석단계에서는 유즈케이스가 수행하는 기능에 대한 논리 수준 상호작용이 중요하다면 설계단계에서는 실행 환경을 바탕으로 때로는 가장 단순한, 때로는 가장 체계적인 행위 표현이 중요하다. 분석단계에는 액터로부터 관련된 모든 객체들을 나열하는 것이 일반적이며 설계 단계에서는 전체를 표현할 수도 있지만, 관심 영역에 대한 부분 모델링도 필요하다. 따라서 행위 모델을 만들기 전에 어떤 행위 표현이 필요한지를 명확히 이해하고 목적에 맞는 모델을 작성해야한다.

① 초기 시퀀스 다이어그램

분석 모델링 초기에 작성하는 시퀀스 다이어그램은 클래스 모델이 구체화되기 전이기 때문에 클래스 모델로부터 객체를 파악할 수는 있지만, 구체적인 흐름은 유즈케이스 기술서 내부에 표현된 액터와 시스템 간 상호작용을 근간으로 해야 한다. 클래스 모델링을 하지 않은 시점이라면 액터와 시스템 간 상호작용하는 형태만을 나타낼 수도 있다. 그렇지만 구조 모델에서 본 것처럼 액터와 유즈케이스로부터 바운더리 클래스와 컨트롤 클래스를 정의하고 유즈케이스 기술서 내부 데이터들을 후보 엔티티 클래스로 정의하는 것은 매우 단순한 작업일 수 있다. 따라서 초기라고 해도 가급적 액터, 액터와 상호작용하는 바운더리 클래스, 액터의 요청을 시스템 내부 요소들에 전달하는 컨트롤 클래스, 관련 엔티티 클래스들을 나열하면 시퀀스 다이어그램을 더욱 구체적으로 표현할 수 있다. 클래스 모델은 계속 개선되고 분할/삭제/통합되기 때문에 초기 시퀀스 다이어그램에 나타난 메시지가 어떤 객체에 대한 것인지는 그리 중요하지 않다. 초기 시퀀스 다이어그램에서 중요한 것은 유즈케이스 기술서에 있는 텍스트(Text) 중심 표현을 객체들 간 주고받을 수 있는 메시지들로 파악해내는 것이다.

다음 그림은 구조 모델에서 살펴보았던 급여 업무관련 내용 중 급여 기본 정보 조회에 대한 시퀀스 다이어그램 예이다.

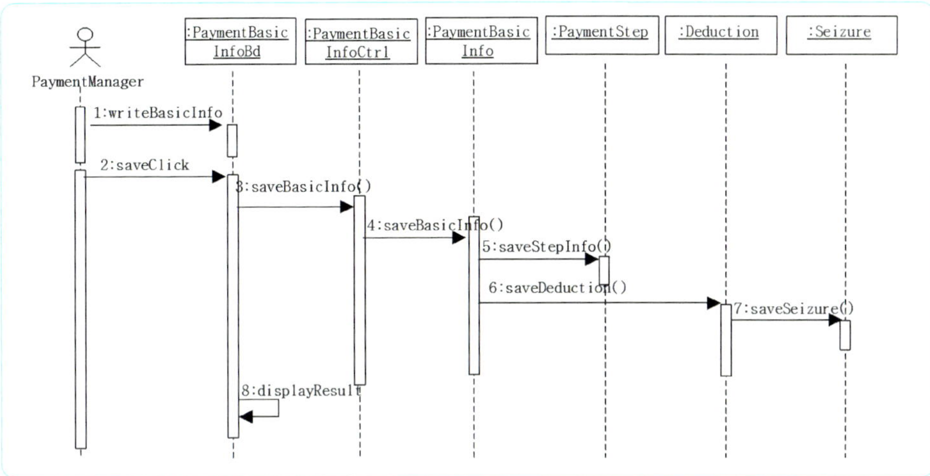

[그림 7.94] 급여 기본 정보 조회 시퀀스 다이어그램

많은 사람들이 액터와 바운더리 클래스와의 관계를 잘 이해하지 못한다. 이는 객체지향 시스템을 배울 때 처음부터 제대로 개념을 배우지 못해서 일수도 있지만, 명확한 의미에 대한 자료도 부족했던 탓일 듯 싶다. 반드시 명심해야할 것은 액터는 시스템 내에 구현되는 객체가 아니라는 것이다. 이름도 객체를 나타내는 형식이 아니다. 객체들 간 메시지는 시스템 내부에서 함수 콜(Function call) 형태로 구현되지만, 액터는 시스템 외부에 있기 때문에 객체에게 메시지를 보내는 것은 불가능 하고 단지 이벤트를 보낼 수 있을 뿐이다. 예를 들어 액터가 키보드를 쳐서 데이터를 입력하거나 마우스를 움직여서 클릭을 하는 행위는 시스템에 이벤트를 발생시키는 행위에 불과하다. 따라서 바운더리 클래스가 이벤트에 반응하면서 어떤 로직 또는 오퍼레이션을 수행한다고 해서 액터가 직접 그 로직을 수행하게끔 한 것이 아니라는 것이다. 중간에 운영체제(OS)가 개입한 것이다. 다만 논리적인 관점에서 액터가 바운더리 클래스에 메시지를 보내는 것처럼 표현할 뿐이다.

그렇다면 액터에서 바운더리 클래스에 보내는 이벤트를 어떻게 표현할 것인가? 여기에는 어느 정도 표현에 대한 자유가 있다. 데이터를 입력하는 것과 요청을 하는 것을 두개 메시지 형태로 나누어 표현해도 좋고, 입력 데이터를 메시지에 매개변수처럼 표현해서 한 메시지 형태로 표현해도 좋다.

액터에서 바운더리 클래스가 아닌 바운더리 클래스에서 액터로 표현하는 경우는 어떨까? 이 경우도 크게 다르지 않다. 하지만 논리적인 수준에서 생각한다 해도 바운더리 클래스가 액터에게 정보나 메시지 등을 보여주는 행위가 명백한 내부 오퍼레이션 또는 로직이기 때문에 재귀 형태의 메시지로 표현하는 것이 더 바람직하다. 분석단계라면 바운더리 클래스가 액터에 메시지를 보내는 또는 리턴 하는 형태를 취해도 좋지만 설계단계 시퀀스 다이어그램이라면 바운더리 클래스의 재귀 메시지 형태로 표현하는 것이 더욱 올바른 시퀀스 다이어그램 작성 방법이다.

② 시퀀스 다이어그램 작성 요령

분석이나 설계 모델은 몇 가지 점에서 차이가 있지만, 일반적으로 시퀀스 다이어그램을 작성하는 요령은 몇 가지 단계를 거칠 필요가 있다. 먼저 상황을 이해하는 것이다. 주어진 상황에 유즈케이스 다이어그램이나 유즈케이스 기술서와 같은 요구사항 모델이 있는지 클래스 다이어그램과 같은 구조 모델이 있는지를 파악한다. 요구사항 모델만 있다면 이를 토대로 초기 분석 시퀀스 다이어그램을 그릴 수 있고, 분석 구조 모델이 있다면 시퀀스 다이어그램을 분석 단계에 필요한 수준까지 그릴 수 있고, 설계 구조 모델과 아키텍처 또는 품질 관련 이슈에 대한 정책이 있다면 구체적인 설계 수준의 시퀀스 다이어그램을 그릴 수 있다.

예를 들어 개발환경을 고려한 수준에서 특정 유즈케이스에 대한 내부 상호작용을 시간 흐름에 따라 파악하고 싶다고 가정해보자. 이 경우에 모델링 작성을 위해 파악한 상황은 급여기본사항관리 유즈케이스 기술서와 함께 다음과 같은 모델들을 보면서 상황을 이해할 수 있다.

[그림 7.95] 주어진 상황 1 - 유즈케이스 다이어그램

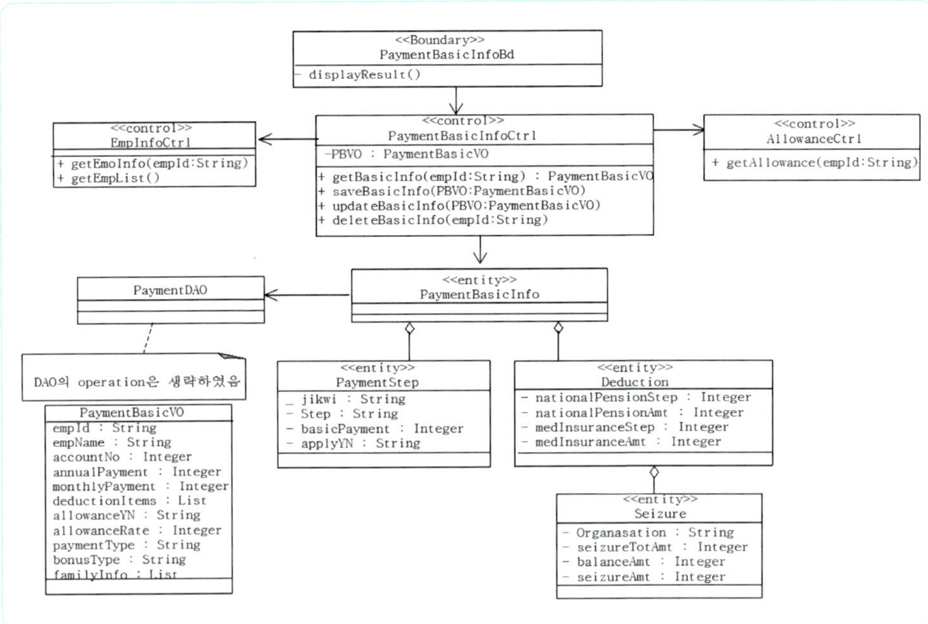

[그림 7.96] 주어진 상황 2 - 설계 클래스 다이어그램

둘째는 주어진 상황에서 UML 모델링 요소들을 파악하는 것이다. 액터, 유즈케이스, 클래스 등은 시퀀스 다이어그램을 그릴 때 가장 기본적인 요소이다. 만약 설계 단계 시퀀스 다이어그램을 그린다면 아키텍처 정의에 나타난 레이어나 티어 또는 컴포넌트 등 아키텍처에서 고려된 UML 모델링 요소에 속하지 않은 요소들도 파악해야한다.

예로 들었던 모델에서 파악한 상황은 요구사항에 대한 것과 설계 수준 구조 모델이다. 이 경우에는 설계 수준의 구조 모델에 이미 요구사항이 충분히 반영되어 있지만, 관련된 액터는 없다. 따라서 유즈케이스 다이어그램에서는 액터가 필요한 모델링 요소이고, 클래스 모델에서는 바운더리 클래스, 컨트롤 클래스들, 엔티티 클래스들 모두가 모델 작성에 필요한 모델링 요소들이다.

세 번째는 목적에 맞는 모델을 작성하는 것이다. 상황에 대한 이해와 파악된 모델링 요소를 근간으로 목적에 맞는 시퀀스 다이어그램에 꼭 필요한 모델링 요소를 나열하고, 그들 간의 메시지 전달 과정을 시간 순으로 표현하는 것이다. 모델링 목적이 논리적인 수준에서 액터로부터 시스템 내부를 구현하는 여러 클래스들 간 행위를 특정 시나리오에 대해 표현하는 것이라 가정해보자. 이 경우에는 유즈케이스 다이어그램과 클래스 다이어그램에 표현된 모델링 요소들 중 특정 시나리오와 관련 있는 액터와 클래스들을 배치하고 유즈케이스 기술서 또는 클래스 내부에 표현된 오퍼레이션을 기반으로 메시지를 표현한다. 주어진 모델에 없지만 특정 시나리오에 대한 흐름을 표현할 때 필요한 메시지가 있다면 시퀀스 다이어그램에 추가적인 메시지를 표현한다.

여러 다양한 업무에 대한 클라이언트들에 필요한 업무라면 모든 클라이언트들에 대한 행위를 표현할 필요까지는 없다. 이 경우에는 모델링 목적이 클라이언트 상황과는 상관없이 비즈니스 레이어 내부 흐름에 대한 특정 업무에 대한 구체적인 행위만을 표현하는 것이 될 것이고 레이어 내부에 있는 모델링 요소(인터페이스, 클래스 등)만을 선택해서 시퀀스 다이어그램을 그린다. 반대로 특정 업무를 구현한 여러 업무 로직이 있고 클라이언트는 내부 업무 로직 구현이 어떤 것이 되어도 상관없이 일을 해야 한다면 액터로부터 내부 로직 전까지만 표현 할 필요가 있다.

예로 들었던 업무를 생각해보자. 필요한 모델링 요소를 앞에서 이미 찾았고, 목적에 맞는 다이어그램을 그리려면 개발 환경을 고려한 메시지 표현이 필요하다. 이들을 근거로 시퀀스 다이어그램을 작성한다면 다음과 같을 것이다.

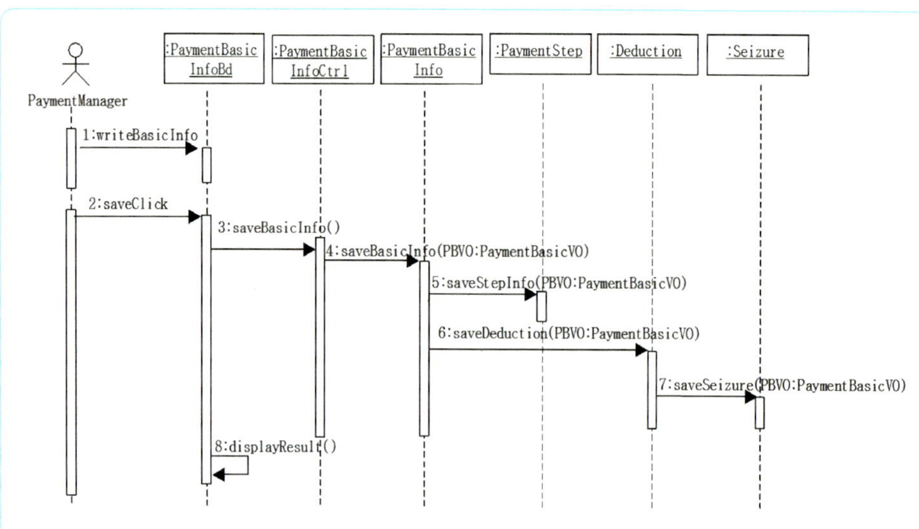

[그림 7.97] 개발 환경을 고려한 시퀀스 다이어그램

앞 그림을 보면 메시지에 매개변수 VO가 표현된 것을 알 수 있다. 이와 같은 시퀀스 다이어그램은 설계 수준에서 전체적인 상호작용을 파악하기 쉬운 모델이다.

예에서 목적만을 조금 바꾸어보자. 만약 상위수준 클래스 다이어그램에서 비즈니스 모듈을 별도로 분리했고 아키텍처 관련 이슈 중 클라이언트 로직과 서버 로직 개발 환경을 달리 했다 가정하자.

이런 경우는 많은데, 예를 들면 클라이언트는 델파이(Delphi)로 서버는 C++(Visual C++)로 구현하는 경우를 말한다. 또한 개발 환경이 동일하다 해도 개발할 팀이 다르다면 시퀀스 다이어그램을 클라이언트 쪽과 서버 쪽을 분리해서 작성할 필요가 있다.

실제 프로젝트에서 애플리케이션 개발 팀과 아키텍처 팀, 컴포넌트 팀으로 구분해서 애플리케이션 팀은 주로 고객이 직접 활용하는 업무 기능을 구현하고, 아키텍처 팀은 기존 시스템에 대한 통합 모듈과 공통 기능 프레임워크를 개발하면서 표준을 설정하고, 컴포넌트 팀은 마케팅 조직과 상호작용하면서 외부 조직에 개발 판매까지도 가능한 서버 로직을 구현하는 역할을 맡을 수 있다. 이런 경우 모델을 별도로 분리해서 개발팀에 적합한 인터랙션 다이어그램을 설계 수준에서 모델링할 필요가 있다. 다음 그림은 애플리케이션 개발팀과 서버 쪽을 개발하는 팀에 필요한 설계 수준 시퀀스 다이어그램들이다.

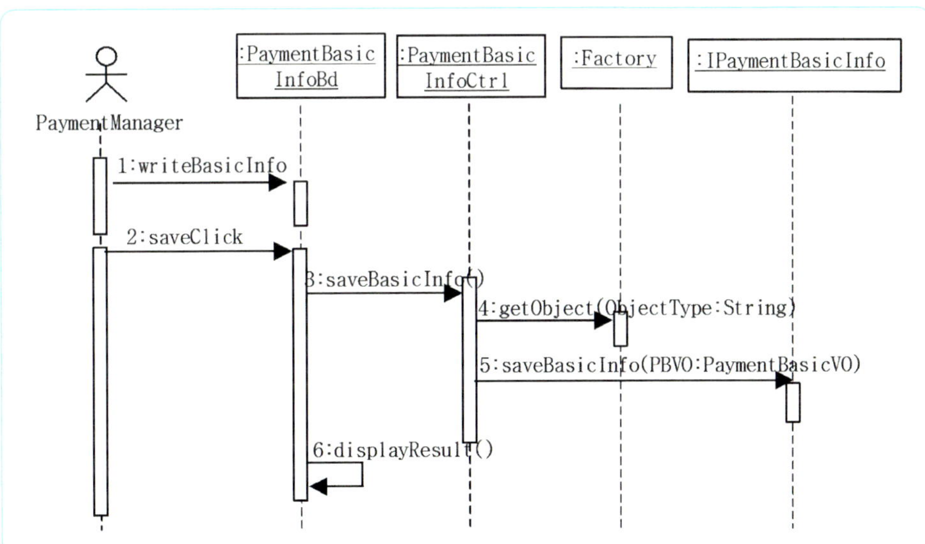

[그림 7.98] 개발 팀을 고려한 시퀀스 다이어그램 1

앞 그림은 클라이언트 관련 환경에 맞춘 시퀀스 다이어그램으로 애플리케이션 수준 시퀀스 다이어그램이라고도 말한다. 다음 그림은 서버 쪽 환경에 맞춘 시퀀스 다이어그램으로 컴포넌트 수준 시퀀스 다이어그램이라고도 말한다.

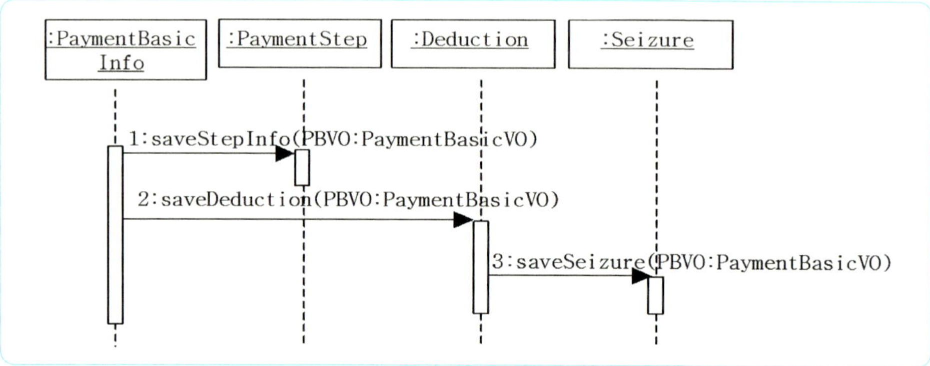

[그림 7.99] 개발 팀을 고려한 시퀀스 다이어그램 2

③ **시퀀스 다이어그램 모델링 예**

앞에서 시퀀스 다이어그램에 대한 목적과 작성 단계를 보았다면 다음 예를 통해 시퀀스 다이어그램 모델링에 대해 이해를 충분히 했는지 확인해보기 바란다.

급여 계산이라는 업무에 관한 행위 모델을 논리적 수준으로 만들려고 한다. 특히 내부 구성 요소들이 시간에 따라 어떤 상호작용을 하는지 파악하고 싶다면 먼저 주어진 상황이 어떤 것인지, 활용할 수 있는 모델에는 어떤 것이 있는지 파악한다. 요구사항 모델과 관련된 상황은 다음 그림에 표현된 유즈케이스 다이어그램과 관련된 유즈케이스 기술서가 있다고 가정하자.

[그림 7.100] 행위 모델에 주어진 상황 1

또한 다음 그림과 같은 분석 수준 클래스 다이어그램이 주어졌다고 가정하자.

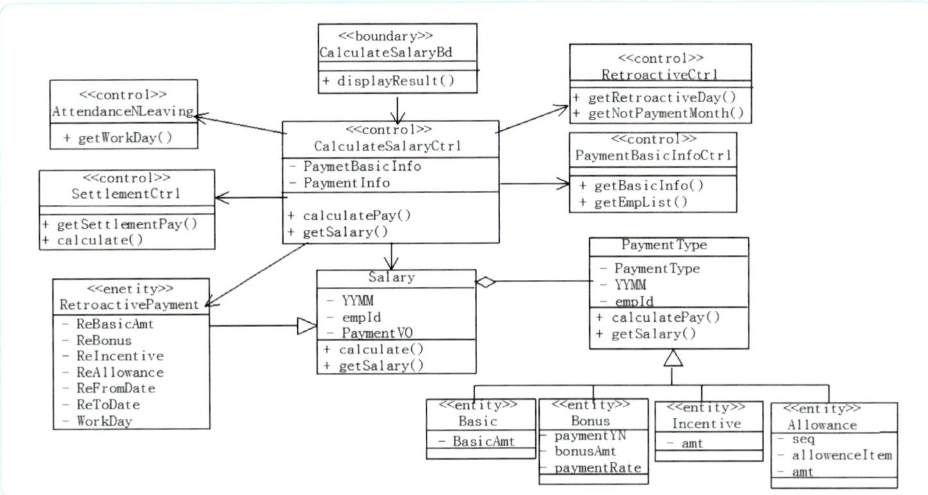

[그림 7.101] 행위 모델에 주어진 상황 2

이들 상황에 대해 필요한 모델링 요소를 파악해보면 유즈케이스 다이어그램과 클래스 다이어그램에 나타난, 액터, 바운더리 클래스, 컨트롤 클래스들, 엔티티 클래스들 모두가 필요한 UML 모델링 요소들이다. 이를 기반으로 목적(논리 수준)에 맞는 분석 시퀀스 클래스 다이어그램을 작성한 것이 다음 그림이다.

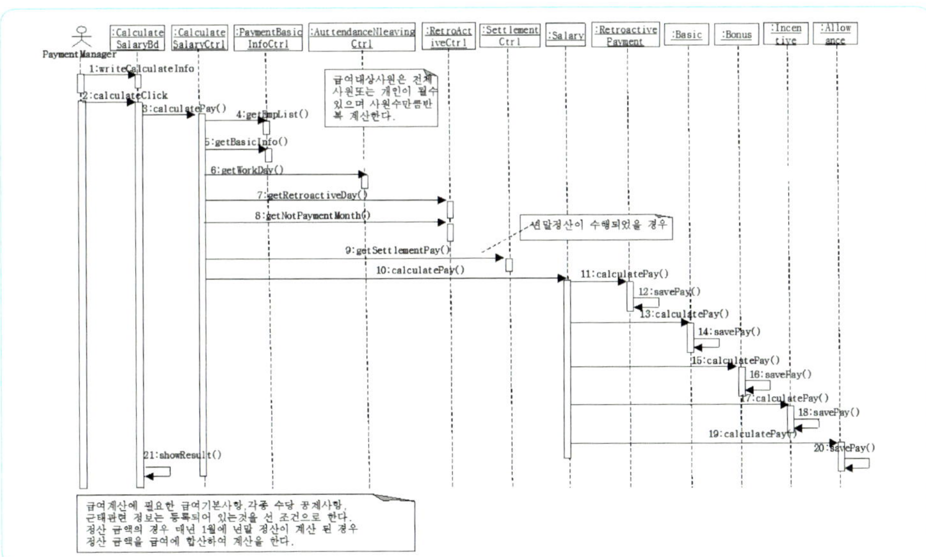

[그림 7.102] 논리 수준 시퀀스 다이어그램

이후 아키텍처가 정의되면서 클라이언트 팀과 서버 팀에 필요한 설계 수준 시퀀스 다이어그램이 필요하게 되었다 가정하자. 이때 주어진 상황은 기존에 제공된 모델과 설계 수준 클래스 다이어그램들이다.

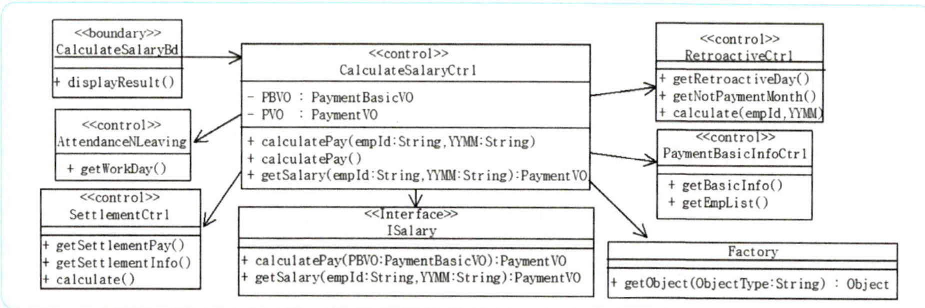

[그림 7.103] 추가로 제공된 클래스 다이어그램 1

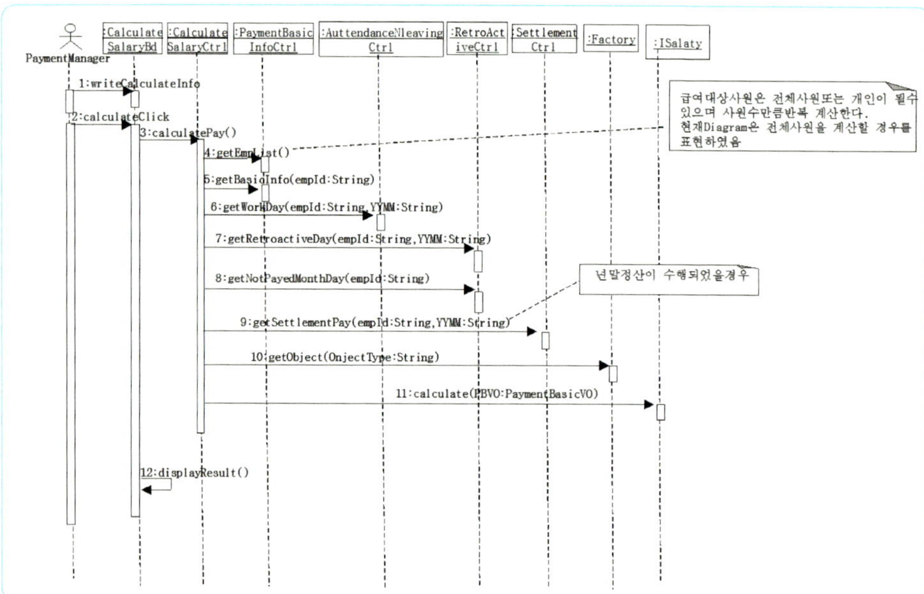

[그림 7.104] 개발 팀에 맞게 모델링 된 설계 수준 시퀀스 다이어그램 1

시퀀스 다이어그램이고 다음 그림은 개발 환경이 적용된 클래스 다이어그램과 컴포넌트 수준 시퀀스 다이어그램이다.

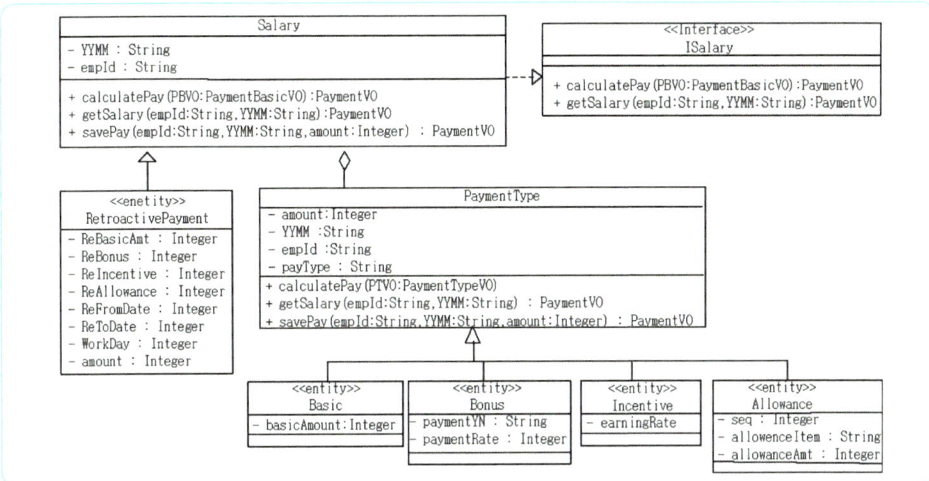

[그림 7.105] 추가로 제공된 클래스 다이어그램 1

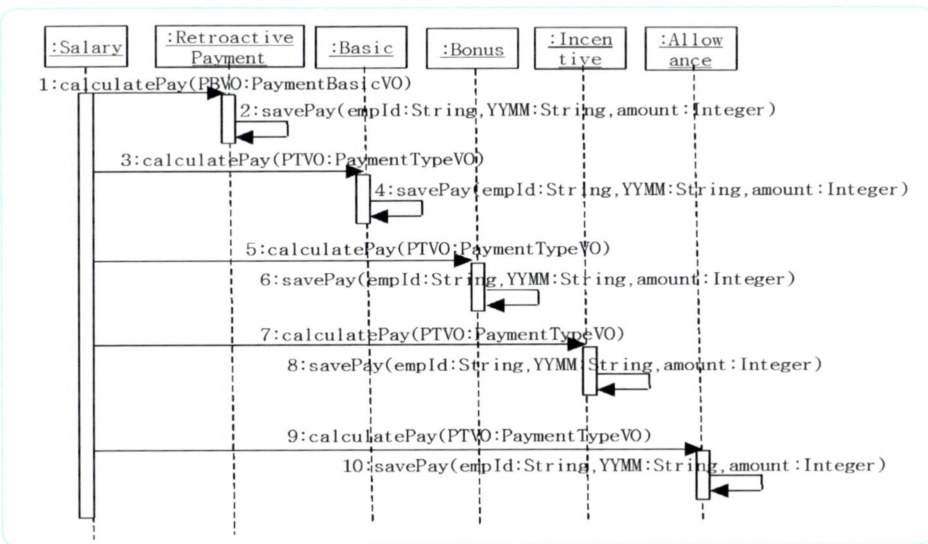

[그림 7.106] 개발팀에 맞게 모델링 된 설계 수준 시퀀스 다이어그램 2

이상과 같이 시퀀스 다이어그램에 대한 모델링 목적, 과정 예를 살펴보았다. 행위 모델은 객체지향 시스템에 대한 이해를 근간으로 작성하는 것이며, 주어진 상황을 파악하면서 모델링에 필요한 UML 모델링 요소를 찾고, 모델을 작성하는 목표에 적합한 다이어그램을 만들어야한다. 이후에 설명할 커뮤니케이션 다이어그램 작성은 시퀀스 다이어그램과 독립적으로 작성될 수도 있지만 매우 비슷한 목적으로 그릴 수 있는 다이어그램이다. 다음 커뮤니케이션 다이어그램에 대해 알아보자.

(2) 커뮤니케이션 다이어그램

시퀀스 다이어그램과 커뮤니케이션 다이어그램을 함께 인터랙션 다이어그램이라 부르는 것은 이유가 있다. 모델링하는 근본 요소가 객체이면서 상호작용에 대한 표현 정도가 메시지 수준으로 공통적이다. 또한 시나리오를 표현하는 표현력도 매우 비슷하다. 하지만 UML 모델링에 별도 다이어그램으로 존재하는 이유는 분명히 있다. 앞에서 살펴본 시퀀스 다이어그램은 시간적 흐름을 중심으로 메시지를 나열하지만 커뮤니케이션은 객체들 간 메시지들을 함께 표현하면서 객체들 간 상호작용하는 패턴 또는 관계를 한눈에 직관적으로 파악할 수 있게 해준다. 즉 시간 변화에 따른 상호작용 표현이 필요한 것이 아닌 '함께 일하는 상황'에 대한 표현이 필요한 것이다.

이 같은 이유가 있기 때문에 커뮤니케이션은 독자적인 모델로서 존재하는 것이다.

따라서 콜레보레이션을 작성하는 이유는 단지 메시지 교환만을 보고 싶어서가 아닌 협업에 대한 유형 또는 상황을 파악하려는 데 있는 것이고, 구조 모델에 갖고 있는 관계에 대한 체계를 정제하려는 의도까지 함께 내포하고 있는 것이다.

① 초기 커뮤니케이션 다이어그램

분석 모델링 초기에 작성하는 커뮤니케이션 다이어그램은 클래스 모델이 구체화되기 전이기 때문에 시퀀스 다이어그램과 마찬가지로 유즈케이스 다이어그램이나 유즈케이스 기술서 내부에 표현된 흐름을 기반으로 상호작용을 파악해야한다. 커뮤니케이션은 내부 구조에 대한 협업 체계를 보는 것이 중요한 목적이기 때문에 초기라고 해도 액터, 액터와 상호작용하는 여러 클래스들이 함께 나타날 필요가 있다. 하지만 시퀀스 다이어그램처럼 어떤 객체가 메시지를 보내는지에 크게 중요성을 두지 않는 것과는 달리 커뮤니케이션에서는 메시지 교환에 등장한 객체들 유형이 너무 세부적인지 또는 한 객체가 너무 많은 일을 하는지를 파악할 필요가 있다. 협업이란 각자 역할에 따른 일을 해야 하는 것이기 때문에 각 클래스들이 적절한 일을 하는지에 대한 파악은 중요하기 때문이다.

협업을 중시하면서 급여 기본 정보 조회에 대한 커뮤니케이션 다이어그램을 그려본 것이 다음 그림이다.

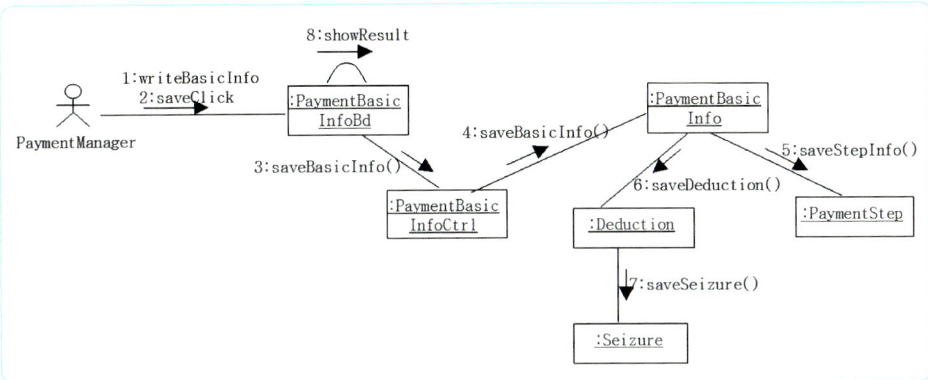

[그림 7.107] 급여 기본 정보 조회 커뮤니케이션 다이어그램

앞에 표현된 사항들 중 액터와 바운더리 클래스에 대한 메시지 표기는 시퀀스 다이어그램에서 언급했던 사항과 동일하다. 액터가 보내는 이벤트에 대한 바운더리 클래스의 반응을 표현하는 방식에는 어느 정도 자유도가 있지만 가급적 분석 또는 설계 상황에 가장 맞는 표현이 어떤 것인지를 생각하면서 모델을 만들어가는 습관을 들일 필요가 있다.

② 커뮤니케이션 다이어그램 작성 요령

커뮤니케이션 다이어그램은 일반적으로 시퀀스 다이어그램을 작성하는 요령과 동일한 작성 단계를 밟으면 된다. 따라서 시퀀스 다이어그램과 마찬가지로 커뮤니케이션 다이어그램을 그리려면 먼저 모델을 그리기 전에 주어진 상황을 이해해야한다.

커뮤니케이션 다이어그램을 그리기 위해 유즈케이스 다이어그램이나 유즈케이스 기술서와 같은 요구사항 모델이 있는지 클래스 다이어그램과 같은 구조 모델이 있는지를 파악한다. 요구사항 모델만 있다면 이를 토대로 초기 클래스 다이어그램을 작성하는 작업을 선행하고, 분석 구조 모델이 있다면 시퀀스 다이어그램을 분석 단계에 필요한 수준까지 그릴 수 있고, 설계 구조 모델과 아키텍처 또는 품질 관련 이슈에 대한 정책이 있다면 구체적인 설계 수준의 커뮤니케이션 다이어그램까지도 그릴 수 있다.

예를 들어 개발환경을 고려한 수준에서 특정 유즈케이스에 대해 객체들이 서로 상호작용하는 유형을 파악하고 싶다고 가정해보자. 이 경우에 모델링 작성을 위해 파악한 상황으로 급여기본사항관리 유즈케이스 다이어그램, 유즈케이스 기술서, 설계 단계 클래스 다이어그램을 확인했다고 가정하자.

다음 단계는 주어진 상황에서 커뮤니케이션 다이어그램을 그릴 때 필요한 UML 모델링 요소를 파악하는 것이다. 여기에는 액터, 바운더리 클래스, 컨트롤 클래스들, 엔티티 클래스들이 있다.

마지막 단계는 목적에 맞는 모델을 작성하는 것이다. 필요한 모델은 액터와 설계 상황에 관여하는 모든 객체들이 나열되어야하고, 메시지에 대한 표현은 구체적인 매개 변수 타입이나 반환 값들이 개발환경에 맞춘 표현 이어야한다. 여기에 해당하는 커뮤니케이션 다이어그램은 다음과 같다.

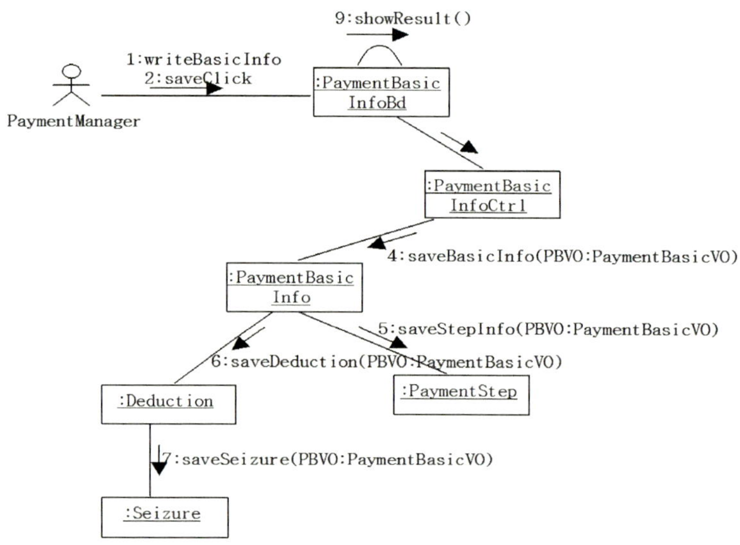

[그림 7.108] 개발 환경을 고려한 커뮤니케이션 다이어그램

앞 그림을 보면 메시지에 매개변수 VO가 표현된 것을 알 수 있다. 이와 같은 커뮤니케이션 다이어그램은 설계 수준에서 어떤 객체들이 서로 어떻게 상호작용하는지에 대한 전체적인 상황을 파악하기 좋은 모델이다.

설계 단계 모듈을 애플리케이션 개발 팀과 서버 개발 팀이 각각 개발한다면 서로 필요한 모델이 다를 것이다. 이런 경우 설계 수준 모델을 별도로 분리해서 개발팀에 적합한 커뮤니케이션 다이어그램을 작성할 필요가 있다. 다음 그림은 애플리케이션 개발팀과 서버 쪽을 개발하는 팀에 필요한 설계 수준 커뮤니케이션 다이어그램들이다.

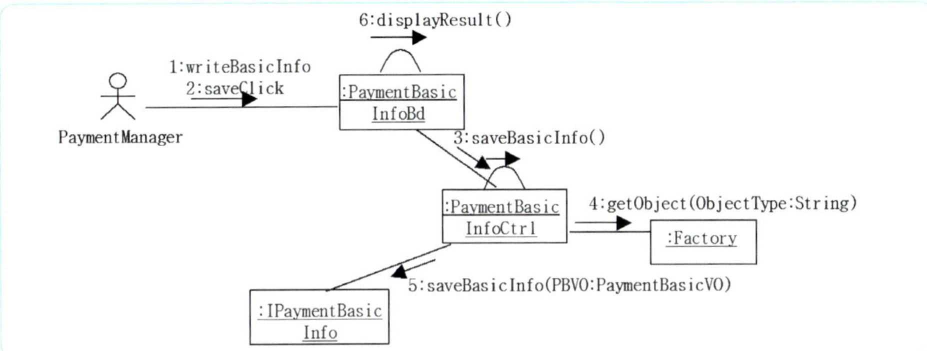

[그림 7.109] 개발 팀을 고려한 커뮤니케이션 다이어그램 1

앞 그림은 클라이언트 관련 환경에 맞춘 커뮤니케이션 다이어그램으로 애플리케이션 수준 커뮤니케이션 다이어그램이라고도 말한다. 다음 그림은 서버 쪽 환경에 맞춘 커뮤니케이션 다이어그램으로 컴포넌트 수준 커뮤니케이션 다이어그램이라고도 말한다.

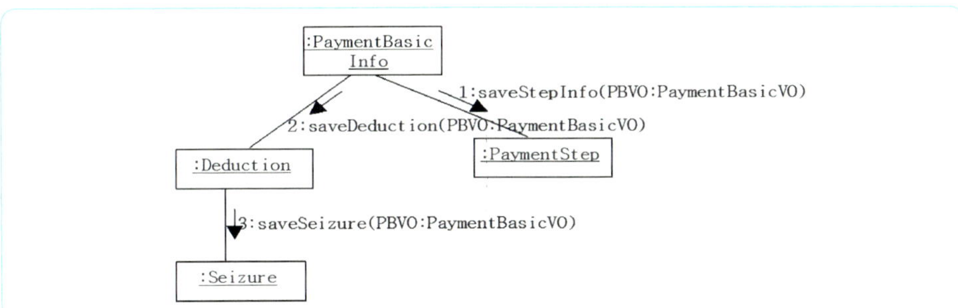

[그림 7.110] 개발 팀을 고려한 커뮤니케이션 다이어그램 2

③ 커뮤니케이션 다이어그램 모델링 예

앞에서 다루었던 동일한 예에 대해 커뮤니케이션 다이어그램을 그리는 과정을 살펴보자. 즉 급여 계산이라는 업무에 대한 행위 모델을 논리적 수준으로 만들려고 한다. 특히 내부 구성 요소들에는 어떤 객체가 있고 이들이 다른 객체들과 어떻게 협업을 하고 있는지 상황을 논리적인 수준에서 파악하고 싶다고 가정하자. 이때 주어진 상황은 유즈케이스 모델과 분석 단계 구조 모델이라고 가정하자.

이들 상황에 대해 필요한 모델링 요소를 파악해보면 유즈케이스 다이어그램과 클래스 다이어그램에 나타난, 액터, 바운더리 클래스, 컨트롤 클래스들, 엔티티 클래스들 모두가 필요한 UML 모델링 요소들이다. 이를 기반으로 목적(논리 수준)에 맞는 분석 커뮤니케이션 다이어그램을 작성한 것이 다음 그림이다.

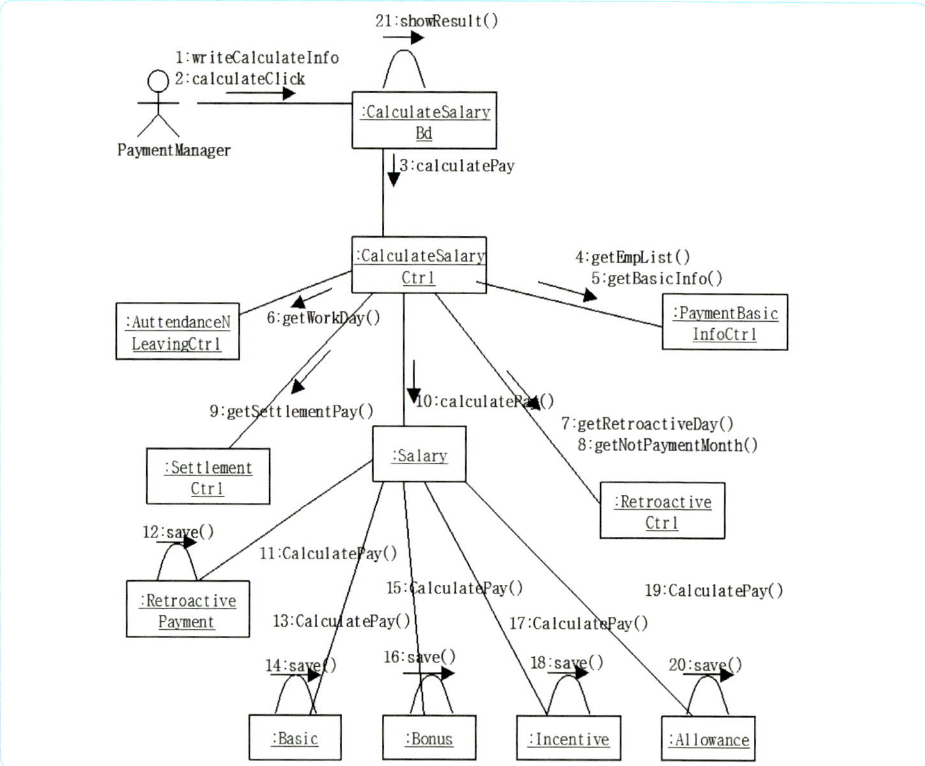

[그림 7.111] 논리 수준 커뮤니케이션 다이어그램

이후 아키텍처가 정의되면서 클라이언트 팀과 서버 팀에 필요한 설계 수준 커뮤니케이션 다이어그램이 각각 필요하게 되었다 가정하자. 이때 주어진 상황은 기존에 제공된 모델과 설계 수준 클래스 다이어그램들이다. 다음 그림은 각 개발 팀이 원하는 설계 수준 커뮤니케이션 다이어그램이다.

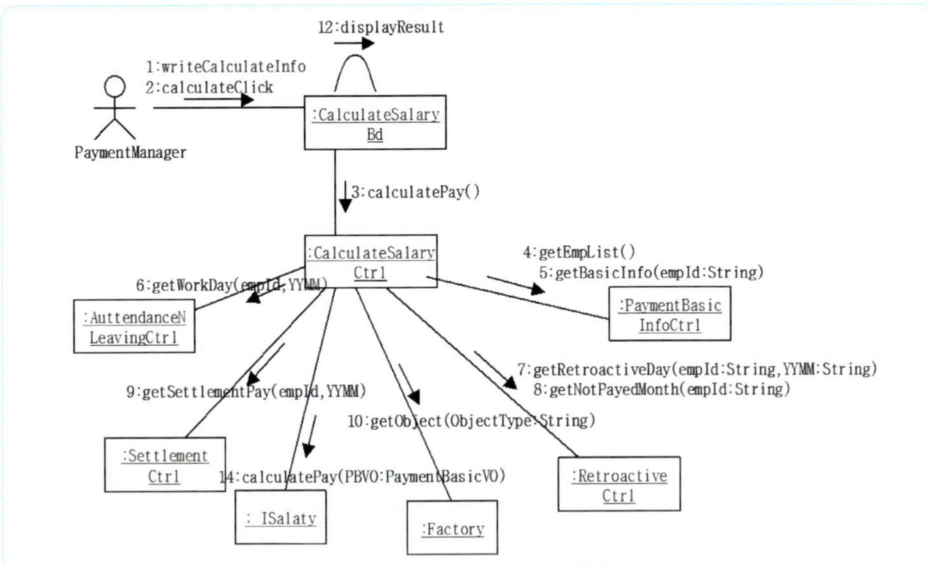

[그림 7.112] 개발 팀에 맞게 모델링 된 설계 수준 커뮤니케이션 다이어그램 1

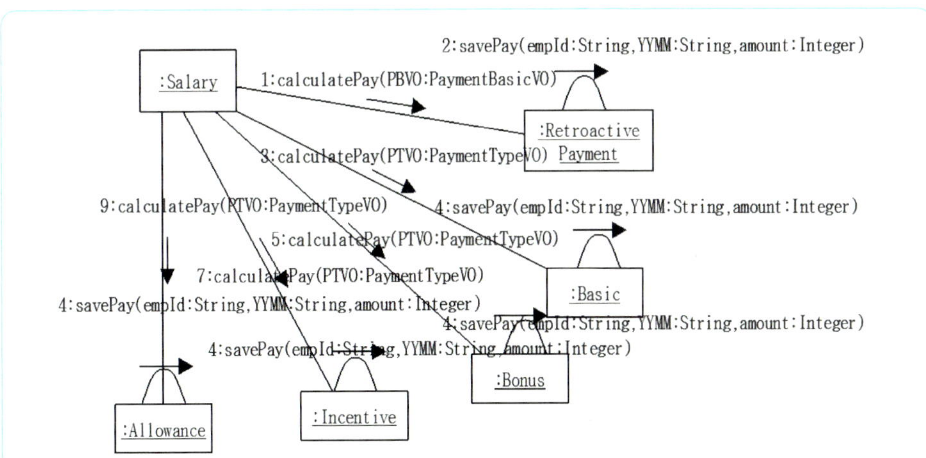

[그림 7.113] 개발 팀에 맞게 모델링 된 설계 수준 커뮤니케이션 다이어그램 2

이상과 같이 커뮤니케이션 다이어그램에 대한 모델링 목적, 과정 예를 살펴보았다. 앞에서 살펴본 두 다이어그램은 분석 또는 설계 수준 구조 모델이 있는 경우 매우 좋은 모델들이다. 만약 구조 모델이 없는 경우 행위 모델이 필요하거나 구조 모델 중 클래스 다이어그램에 표현된 오퍼레이션 내부를 표현하고 싶다면 이들 다이어그램을 적절히 표현하기가 어려울 것이다. 구조 모델이 없거나 아주 세부적인 표현이 필요한 경우에 액티비티 다이어그램은 가장 적합한 모델이 될 수 있다. 지금부터 액티비티 다이어그램 작성 방법을 알아보기로 하자.

(3) 액티비티 다이어그램

액티비티 다이어그램은 예전부터 사용해왔던 흐름도(Flow-chart)와 매우 유사한 모양을 띄고 있다. 흐름도는 어떤 행위에 대한 워크플로(Workflow)를 표현하는 대표적 수단이지만 특정 객체에 대한 행위를 나타낼 수 없기 때문에 객체지향 관련 모델링에는 적합하지 않다. 이를 객체지향 스타일로 개선시킨 형태가 액티비티 다이어그램인데, 객체지향 스타일 모델을 상위 수준뿐만 아니라 하위 수준으로도 표현하기 위해 객체나 조직 또는 역할에 대한 행위를 표현할 수 있도록 스윔레인(Swimlane)을 추가했다. 이때 액티비티 다이어그램에 표현된 행위를 액티비티라고 하는데 액티비티란 어느 정도 시간이 걸리는 행위를 말하는 것이다.

프로젝트 초기에는 주로 유즈케이스 수준 또는 그 상위 수준에서 비즈니스 프로세스를 표현하고, 분석 단계에서는 유즈케이스 내부에 대한 구체적인 흐름을 표현한다. 또한 설계 단계에서는 클래스 내부 오퍼레이션에 대한 알고리즘이나 구체적인 로직을 표현할 수도 있다. 따라서 액티비티 다이어그램을 잘 활용하면 다양한 목적에 대한 모델을 만들 수 있다.

이처럼 액티비티 다이어그램은 시퀀스 다이어그램이나 커뮤니케이션에서 표현하기 어려운 상황을 묘사하거나 보완적인 사항을 묘사하는 다이어그램이다. 또한 액티비티 다이어그램은 이후에 설명할 스테이트 머신 다이어그램과도 많은 관련을 갖고 있는 다이어그램이다.

① 액티비티 다이어그램 작성 요령

액티비티 다이어그램도 행위 모델에 속하기 때문에 앞에서 설명한 일반적인 행위 모델링 작성 요령과 매우 유사하다. 하지만 다양한 목적에 액티비티 다이어그램을 작성할 수 있기 때문에 앞에서 다룬 모델들과는 다른 특성들이 있다. 따라서 액티비티 다이어그램에 대한 작성 요령은 모델을 작성하는 목적 별로 나누어 언급하도록 하겠다.

② 유즈케이스 상위 수준 액티비티 다이어그램 작성

액티비티 다이어그램을 작성할 때 다른 행위 모델을 만드는 과정과 가장 다른 특징 중 하나는 요구사항을 정의하는 단계에 활용할 수 있다는 것이다. 즉 유즈케이스 다이어그램을 그리는 시점과 유사하게 비즈니스 프로세스를 파악하면서 액티비티 다이어그램으로 표현하는 것은 중요한 작업이 될 수 있다.

요구사항을 정의하는 시점은 UML 기반 모델이 만들어지기 전이거나 유즈케이스 모델이 만들어지고 있는 시점이다. 따라서 참조할 수 있는 근거/상황도 UML 관련 모델이 아니라 컨설팅 결과, 업무 매뉴얼, 현행 시스템 등 다양한 것들이 될 수 있고 인터뷰와 같은 보다 적극적인 활동도 필요할 수 있다. 이점이 여태까지 소개했던 행위 모델 작성 요령과 근본적으로 다른 부분이다.

유즈케이스 상위 수준 액티비티 다이어그램을 만들거나 모델링을 더욱 명확하게 하려면 현업에 종사하는 사람들 또는 시스템 사용자들과 지속적으로 대화하면서 UML로 만들어지지 않은 다른 관련 자료들을 보아야한다. 따라서 일반적인 모델링 기법보다는 업무에 대해 잘 알거나 커뮤니케이션(Communication) 기술이 뛰어난 사람이 유즈케이스 상위 수준 액티비티 다이어그램을 작성할 필요가 있다.

만약 컨설팅 결과나 업무 매뉴얼 등에 작성하고자 하는 모델과 유사한 것이 있다면, 이들을 토대로 액티비티 다이어그램을 그리고 현업 또는 사용자에게 확인하는 방법을 사용하면 쉽고 명확하게 유즈케이스 상위 수준 액티비티 다이어그램을 작성할 수 있다.

예를 들어보자. 급여 처리 업무를 담당하던 사람이 퇴사를 하게 되어 업무를 인계받을 새로운 사원이 입사했고, 새로운 사원은 급여 처리 관련 업무 매뉴얼을 보면서 기존 사원에게 업무를 인수인계 받았다고 가정하자. 이때 급여처리 시스템을 재구축하는 프로젝트가 진행되고 있었고, 급여 업무 관련 프로세스를 파악하기 위해 유즈케이스 상위 수준 액티비티 다이어그램을 그려야하는 상황이 되었다. 기존 사원은 곧 퇴사할 예정이라 비협조적이고 신입사원은 잘 모르기 때문에 별 도움이 안 되는 상황에서 업무 매뉴얼은 아주 좋은 참고 자료가 될 것이다. 이처럼 유즈케이스 상위 수준 액티비티 다이어그램을 그릴 때 업무 관련 자료,

기존 시스템, 현업과의 협력 등이 필요한 사항들이다. 다음 그림은 업무 매뉴얼을 참조해서 그린 급여 업무 관련 유즈케이스 상위 수준 액티비티 다이어그램 예이다.

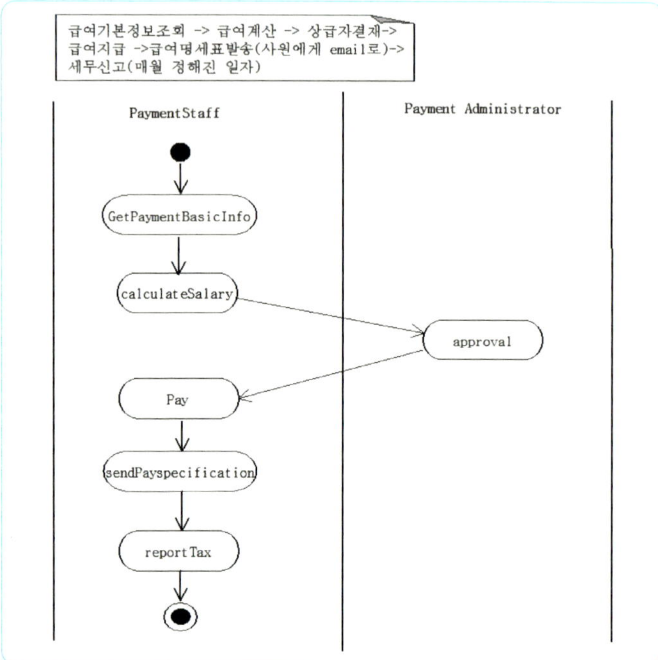

[그림 7.114] 유즈케이스 상위 수준 액티비티 디이어그램

③ **유즈케이스 수준 액티비티 다이어그램 작성**

대체로 유즈케이스 수준 액티비티 다이어그램을 모든 유즈케이스에 대해 그릴 필요는 없다. 업무 흐름이 비교적 복잡하거나 중요한 유즈케이스에 한해 그리는 것이 바람직하다. 유즈케이스 모델링에는 유즈케이스를 파악한 이후 구조화를 하거나 중요도를 파악을 하는 절차가 있는데 이 결과를 바탕으로 모델 작성 여부를 결정하면 된다.

액티비티 다이어그램 작성을 결정하는 사항은 중요도뿐만 아니라 유즈케이스 크기와도 관련된 문제이다. 유즈케이스 모델링에 있어 액터에게 의미 있는 일의 단위라는 말은 매우 모호한 경우도 많고, 어떤 액터에게는 매우 간단한 일도 한 단위가 되지만 어떤 액터에게는 여러 업무가 하나로 묶여지지 않으면 의미 있는 일의 단위가 안 되는 경우도 있기 때문이다. 이런 이유로 아주 사소한 정보 관리는 조회, 생성, 갱신 등 여러 업무를 통합해서 한 유즈케이스로 만들기도 하고 한 유즈케이스에 여러 유즈케이스를 포함(Incluce)시키기도 하는 것이다.

따라서 한 유즈케이스에 대해 여러 유즈케이스가 관계를 맺고 있거나 한 유즈케이스 기술서 내용이 아주 많아 이를 한눈에 파악하기 어려운 경우가 있다면 유즈케이스 수준 액티비티 다이어그램을 작성할 필요가 있다. 다음 그림은 급여정보관리 유즈케이스에서 하는 행위 일부를 표현한 것이다.

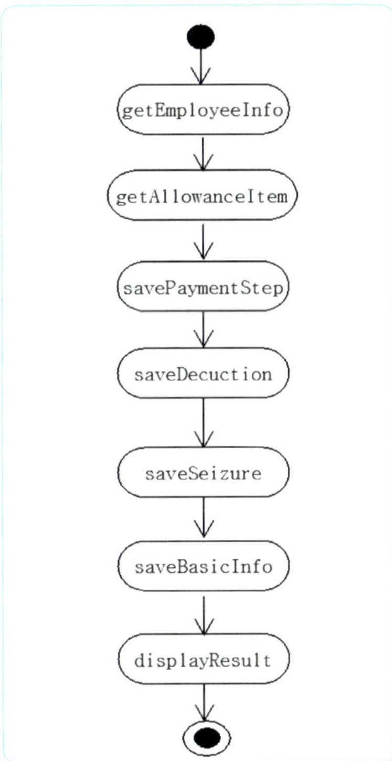

[그림 7.115] 유즈케이스 수준 액티비티 다이어그램

④ 클래스 수준 액티비티 다이어그램

클래스 수준 행위 모델은 상황에 따라 스테이트 머신 다이어그램으로 표현하는 것이 더 좋을 수도 있고 액티비티 다이어그램을 사용하는 것이 더 좋을 수도 있다. 하지만 시퀀스 다이어그램과 커뮤니케이션 다이어그램이 매우 유사한 행위 모델을 표현하지만 각 모델들이 갖는 의미가 있듯이 액티비티 다이어그램과 스테이트 머신 다이어그램도 나름대로 의미를

갖고 있다. 그 차이는 하나는 액티비티 중심이고 하나는 스테이트 중심이라는 것이다. 하지만 많은 사람들이 액티비티 흐름과 상태의 변화에 대한 파악 자체를 이해하지 못하거나 둘 간의 차이에 대해 충분히 인식하지 못한다.

액티비티 다이어그램은 이벤트나 클래스가 갖는 속성에는 크게 관심을 두지 않는다. 하지만 객체들이 상태를 유지하거나 상태를 변경시킬 수 있는 것은 속성과 속성 값을 변화시킬 수 있는 오퍼레이션 때문이다. 또한 이벤트들이, 결과적으로, 속성과 관련 있는 오퍼레이션들을 실행시키는 역할을 한다. 따라서 상태 변화를 일으키는 주요인이 이벤트이기 때문에 스테이트 머신 다이어그램에서는 속성과 이벤트에 대해 매우 큰 관심을 둔다. 이처럼 액티비티 다이어그램과 스테이트 머신 다이어그램이 이론적으로 약간의 차이가 있다. 하지만 두 다이어그램들은 다양한 표현력을 갖고 있기 때문에 두 다이어그램 모두 자세한 행위 모델을 만들 수 있다.

클래스 수준에서 작성되는 액티비티 다이어그램은 클래스에 정의된 오퍼레이션 수준에서 액티비티들을 표현한다. 따라서 인터랙션 다이어그램처럼 여러 객체들의 행위 활동보다는 한 클래스가 행하는 일만을 구체적으로 알고 싶을 때 액티비티 다이어그램을 사용하면 좋다. 다음 그림은 급여정보관리 엔티티 클래스가 하는 행위를 표현한 것이다.

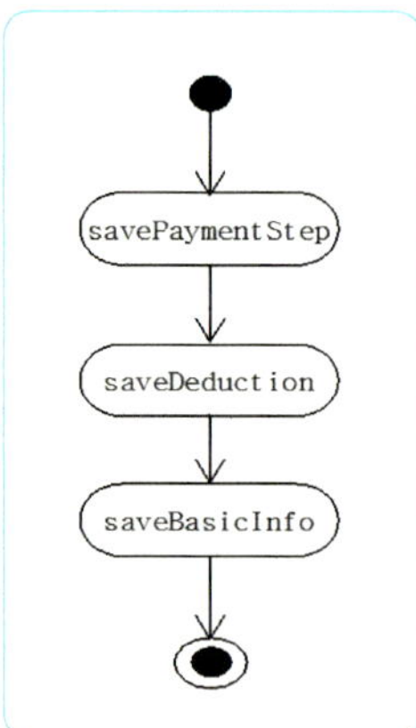

[그림 7.116] 클래스 수준 액티비티 다이어그램

⑤ 액티비티 다이어그램 모델링 예

인터랙션 다이어그램에서 예로 들었던 급여 계산을 생각해보자. 급여 계산 유즈케이스는 급여 업무의 일부이기 때문에 '유즈케이스 상위 수준 액티비티 다이어그램 작성' 부분에서 보았던 예와 동일하다. 여기서는 유즈케이스 수준 액티비티 다이어그램부터 살펴보자.

급여 계산 유즈케이스는 급여 관련 업무 중 가장 복잡한 유즈케이스에 해당한다. 따라서 유즈케이스에 대한 액티비티 다이어그램을 통해 더욱 구체적인 계산 처리 과정을 살펴볼 필요가 있다. 다음은 급여 계산 유즈케이스에 대한 액티비티 다이어그램이다.

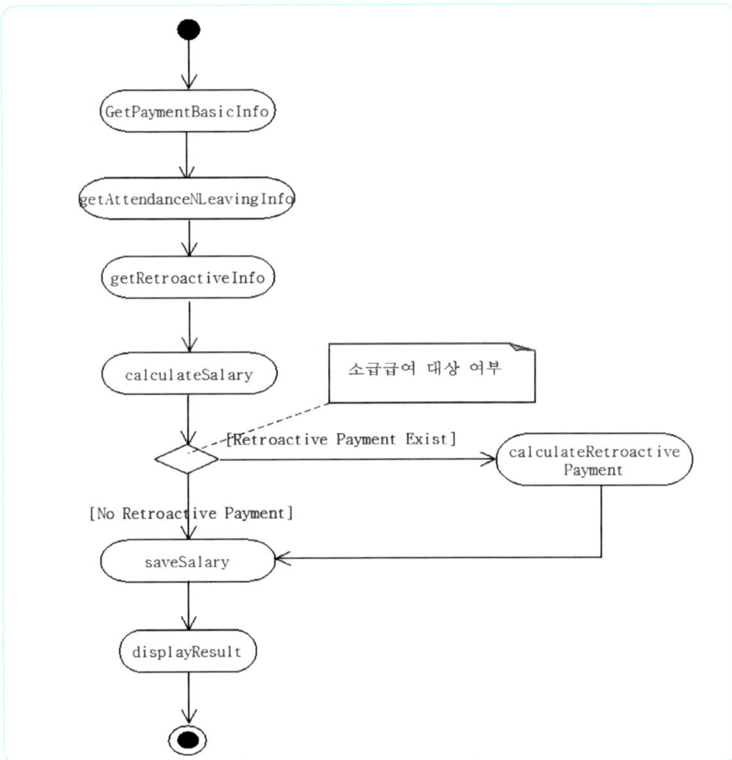

[그림 7.117] 유즈케이스에 대한 액티비티 다이어그램

그림에 있는 액티비티 다이어그램을 보면 급여계산을 위해 어떤 정보들이 필요하고 소급금에 대한 처리 과정이 필요하다는 것과 계산 후 결과를 저장한다는 것까지 알 수 있다. 따라서 여러 객체들 간 상호작용에 대한 내용과는 상관없이 급여 계산 처리 흐름만을 살펴볼 수 있다. 즉, 일에 대한 실행 주체가 어떤 객체인지 알 필요가 없는 것이다. 이때 급여 계산 액티비티는 다른 액티비티에 비해 중요한 오퍼레이션이기 때문에 더욱 자세히 살펴볼 필요가 있다면 클래스 수준에서 액티비티 다이어그램을 그려볼 필요가 있다. 다음은 클래스 수

준에서 살펴본 액티비티 다이어그램이다.

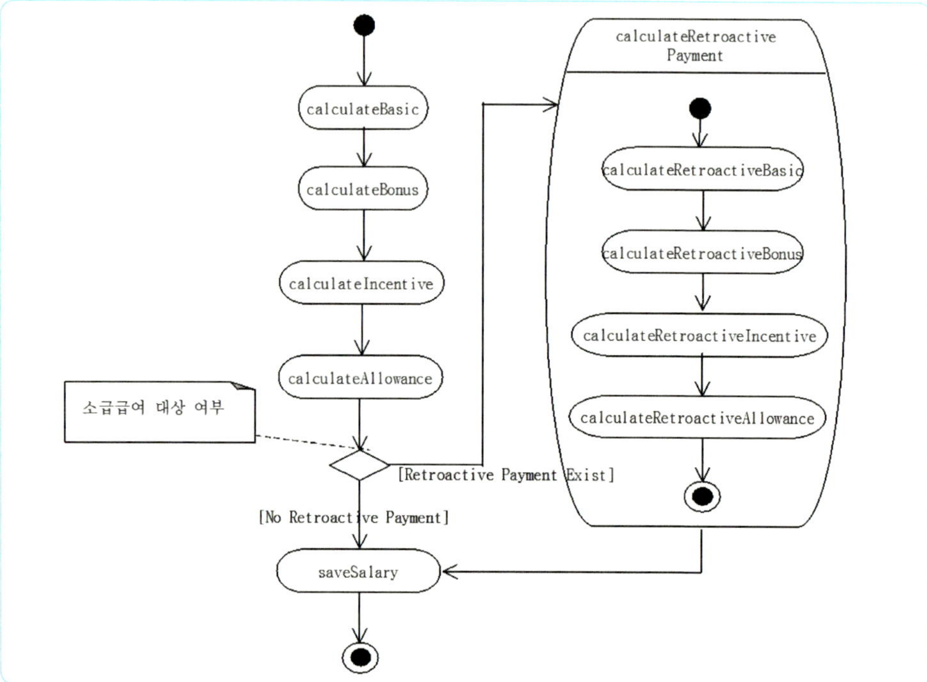

[그림 7.118] 클래스 수준 액티비티 다이어그램

이때 한 가지 주목할 것은 클래스 수준 액티비티 다이어그램의 내용이 유즈케이스 수준 액티비티 다이어그램에 표현된 액티비티 하나에 대한 내용과 꼭 들어맞는 것은 아니라는 것이다. 클래스 수준 액티비티 다이어그램 전체가 유즈케이스 수준 액티비티 하나보다 더 작을 수도 있고, 유즈케이스 수준 액티비티 몇 개를 포괄할 수도 있다. 이유는 유즈케이스 수준으로 작성된 액티비티 다이어그램이 객체들 간 상호작용에 초점을 맞춘 그림이 아니기 때문이다. 즉 한 클래스에 유즈케이스 행위를 어느 정도까지 포함시킬지는 클래스 역할을 정의하는 사항인 것이다. 따라서 유즈케이스 수준 액티비티 다이어그램의 액티비티가 한 클래스가 갖는 전체 역할이라고 생각하면 안 된다.

(4) 스테이트 머신 다이어그램

스테이트 머신 다이어그램은 앞에서 소개한 여러 행위 모델들과 많은 관련이 있다. 특히 클래스 수준 액티비티 다이어그램과 표현 형식은 다르지만 표현 수준은 매우 비슷하다.

스테이트 머신 다이어그램은 주로 클래스가 수행하는 행위 관점을 표현하지만, 유즈케이스 수준 또는 서브시스템, 컴포넌트 등에 대한 상태 변화를 표현할 수도 있다. 이처럼 스테이트 머신 다이어그램은 특정 요소가 외부 요소들로부터 다양한 이벤트를 받는 경우 복잡한 상태 변화를 일목요연하게 보여주는 역할을 한다.

대체로 스테이트 머신 다이어그램은 가장 활용빈도가 낮은 모델이다. 또한 행위 모델이 갖는 특성이나 모델링에 대한 일반적인 접근은 앞에서 많이 다루었다. 따라서 스테이트 머신 다이어그램에 대해서는 자세한 모델링 기법을 살펴보기보다는 기본적인 사항 중심으로 알아보도록 하겠다. 특히 클래스 수준에 대한 스테이트 머신 다이어그램에 국한시켜서 알아보자.

① 스테이트 머신 다이어그램 작성 요령

스테이트 머신을 작성할 때 파악해야할 상황으로 가장 중요한 것은 클래스와 클래스가 갖는 속성들이다. 구조 모델이 적절하게 진행되었다면 대부분 클래스가 맡은 역할을 수행하기 위해 필요한 속성들을 이미 파악했을 것이다.

스테이트 머신 다이어그램을 그릴 때 가장 먼저 해야 할 것은 상태를 표현이 필요한 클래스를 선정하는 것이다. 대체로 복잡한 처리 절차나 많은 속성을 갖는 클래스들이 선정되는데, 스테이트 머신 다이어그램을 그리면서 상태 관리에 필요한 속성 또는 오퍼레이션을 추가로 찾기도 한다. 스테이트 머신 다이어그램 작성에서 가장 어려운 점은 파악해야할 상태 수준이 어떤 정도인가 하는 것과 상태 변화를 일으키는 이벤트 파악이다. 특히 상태를 어느 정도로 자세히 표현할 것인지는 모델을 작성하는 목적에 따라 다르다.

만약 클래스가 갖는 속성 및 오퍼레이션을 검증하기 위한 목적이 강하다면 가급적 자세한 상태 표현이 필요하지만, 클래스가 취할 수 있는 주요 상태들을 참고하는 것이라면 상위 수준의 상태 표현만으로 충분할 수도 있다. 하지만 클래스 수준 스테이트 머신 다이어그램을 그릴때는 대체로 세부적인 표현까지 필요한 경우가 많다. 따라서 클래스가 가질 수 있는 모든 하부 상태를 파악하고 상태 전이에 관련된 이벤트와 조건을 모두 파악하는 수준으로 스테이트 머신 다이어그램을 표현하는 것이 필요하다.

기본급여정보에 대한 엔티티 클래스를 예를 들어보자. 정보를 처리하는 역할이 대부분인 엔티티 클래스라면 상태 관리는 할 필요도 없다고 생각하는 경우가 많다. 하지만 이 경우에도 충분히 자세한 스테이트 머신 다이어그램을 그릴 필요도 있고, 이를 바탕으로 클래스 모델을 보다 개선시켜볼 수도 있다.

다음 그림은 엔티티 클래스에 대한 스테이트 머신 다이어그램 예이다. 이를 그릴 때 가장 먼저 어떤 수준에서 상태를 표현할 것인지를 결정한다. 우선은 저장에 대한 상태관리만이 필요하고 정상적인 경우와 정상적으로 저장되지 않았을 때 롤백이 필요한 사항을 표현해야 한다고 가정하자.

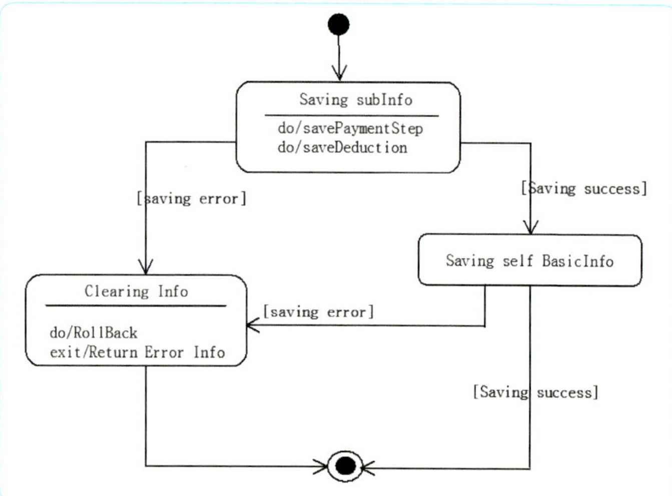

[그림 7.119] 급여 클래스에 대한 스테이트 머신 다이어그램

앞 그림을 보면 급여를 계산하는 상태에서 여러 관련 액티비티를 수행하는 것을 표현하였다. 그리고 조건(성공, 실패) 별로 해당 상태로 전이하는 것도 표현하였다.

7.6 행위 모델 검토 및 개선

구조 모델은 주로 클래스 다이어그램이라는 한 다이어그램을 중심으로 대부분의 내용이 다루어졌다. 이와는 달리 행위 모델은 시퀀스 다이어그램, 커뮤니케이션 다이어그램, 액티비티 다이어그램, 스테이트 머신 다이어그램 등 여러 다이어그램을 다루었다. 따라서 행위 모델을 검토, 개선, 진화시키는 것은 훨씬 더 복잡하다. 요구사항 모델이나 구조 모델 내용을 기반으로 행위 모델을 만드는 것이 많기 때문에 각 모델들마다 갖는 고유 목적뿐만 아니라 모델들 간의 연관 관계도 충분히 이해해야하기 때문이다.

행위 모델 검토, 개선에서는 행위 모델이 갖는 특성에 맞추어 개괄적으로 알아보도록 하겠다.

(1) 행위 모델 검토

구조 모델도 검토가 필요했지만, 행위 모델에서도 적절한 메시지들이 전달되고 필요한 서비스, 기능이 이루어지는지 검토할 필요도 있다. 특히, 유즈케이스 기술서에 나타난 액터와 시스템 간 상호작용과 유즈케이스 내부 흐름이 행위 모델에 제대로 표현되었는지 검토할 필요가 있다. 행위 모델을 보다 자세히 검토하려면 행위 모델의 특성을 충분히 이해해야 어떤 부분을 검토해야 할지 명확히 알 수 있다.

대부분의 행위 모델은 시간적 흐름에 따른 사항을 표현한다. 또한 이벤트나 메시지와 같은 오퍼레이션 관련 요소들이 주요 검토 대상이다. 이 때 이들 행위 모델을 크게 두 가지로 구분해볼 수 있는데, 하나는 객체를 중심으로 한 모델과 객체를 중심으로 하지 않은 모델로 나눌 수 있다. 객체를 중심으로 한 모델인 경우에는 구조 모델과 매우 밀접한 관계를 갖고 있기 때문에 구조 모델과 상호 보완적인 특성이 있고, 객체를 중심으로 하지 않은 모델은 유즈케이스 모델과 밀접한 관계를 갖고 있거나 클래스 내부에 국한된 사항일 수 있다.

먼저 가장 상위 수준에서 유즈케이스 상위 수준 액티비티 다이어그램이 있다면 업무관련

사항들(매뉴얼, 기존 시스템,...)과 유즈케이스 다이어그램을 보면서 비즈니스 프로세스를 확인하고 비즈니스 프로세스를 수행하기 위한 주체가 스윔레인에 적절히 표현되었는지 확인한다.

유즈케이스 수준 액티비티 다이어그램을 검토할 때는 유즈케이스 기술서를 바탕으로 액터와 시스템 간 상호작용에 대한 주요 내용이 액티비티로 충분히 표현되었는지 확인한다.

인터랙션 다이어그램은 유즈케이스 다이어그램과 구조 모델을 기반으로 액터 및 객체가 찾아졌는지 확인하고, 유즈케이스 기술서에 있는 시나리오대로 표현되었는지 순서대로 메시지들을 따라가 본다. 인터랙션 다이어그램은 시나리오대로 따라가는 것 외에 또 필요한 사항이 있다. 행위 모델에 충분한 표현이 되었어도, 구조 모델에 반영이 안 된 사항이 있다면 이를 반영해야한다. 즉 필요한 시나리오가 인터랙션 다이어그램에 표현되었다면 인터랙션 다이어그램에 정의된 메시지가 클래스 다이어그램에 오퍼레이션으로 정의되었는지 메시지를 주고받을 수 있는 관계가 설정되었는지 확인해야한다.

스테이트 머신 다이어그램이나 클래스 수준 액티비티 다이어그램은 한 클래스에 해당하는 사항이다. 하지만 스테이트 머신 다이어그램에 표현된 상태 내부에 액티비티가 정의되어 있는 경우, 해당 액티비티가 정의된 다른 클래스를 확인해야한다. 대체로 상태 내부 액티비티는 해당 클래스로부터 생성한 객체가 다른 클래스로부터 생성된 객체에게 메시지를 보내기 때문이다. 또한 특정 이벤트에 의해 상태가 변경될 경우 이벤트가 별도의 오퍼레이션 형태로 구현되어야한다면 해당 클래스에 오퍼레이션이 정의되었는지도 확인해야한다.

클래스 수준 액티비티 다이어그램도 스테이트 머신 다이어그램과 매우 유사한 확인 절차를 거칠 필요가 있다. 액티비티 다이어그램 내부에 표현된 액티비티들이 적절한 오퍼레이션으로 정의되어있는 확인해야한다.

(2) 행위 모델 개선

행위 모델을 개선한다는 것은 행위 모델 검토에서 나온 문제점이 있을 때 문제점에 대한 해결 방안을 마련하는 것이다. 하지만 문제점들이 요구사항 모델 또는 구조 모델과의 불일치에 있다면 단순한 행위 모델만 개선해서 해결되지 않는 사항도 있을 것이다. 따라서 행위 모델을 개선하기 위해서는 반드시 다른 관련 모델 간 관계를 파악하고 필요하다면 함께 모델을 개선해 나가야한다.

대체로 행위 모델에 대한 검토가 완전히 끝나서 개선사항이 없다 해도 구조모델이 계속 개선되는 경우, 행위 모델을 개선하거나 새로 만들어야하는 경우가 생겨난다.

7.7 객체지향 설계 사례

객체지향 설계 사례는 12장에 있는 프로젝트 사례에 상세 설명이 되어있다.

Software Engineering on practical software development

08

Chapter

소프트웨어 구현

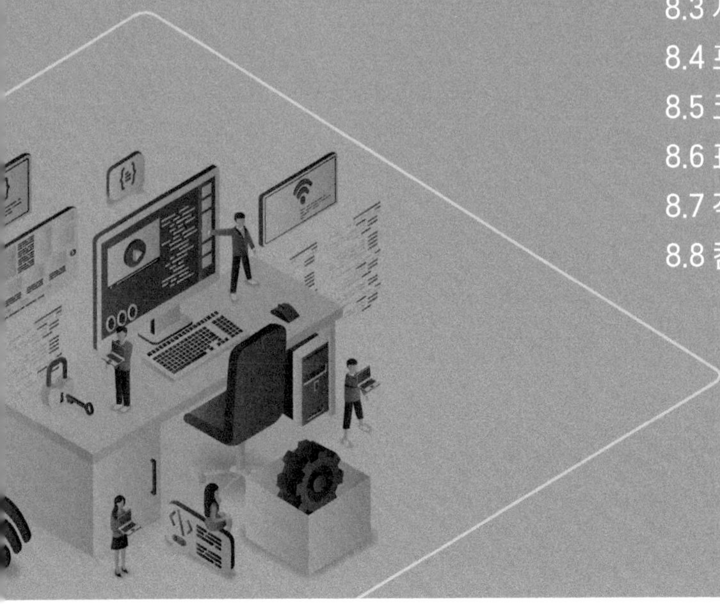

8.1 개 요

소프트웨어 개발의 코딩 단계는 구현 또는 프로그래밍 단계라고도 하며 설계 단계에서 작성된 명세서를 이용하여 원시코드로 변환시키는 단계 즉, 모듈의 내부 설계 과정에서 작성된 모듈 내부 설계 사양서를 "언어"로 기술함으로써 변환하는 작업이다. 이 단계에서의 주요 목표는 명세와 코드가 일치하는지 점검하며 테스트와 변경을 용이하게 하는 원시코드와 내부문서를 작성하는 것이다. 이와 같은 목표를 성취하기 위해서는 가능한 한 원시코드를 간결하고 명료하게 작성하여야 하며 특히 원시코드를 작성하는 프로그램 언어의 선택이 중요하다.

8.2 프로그램 언어 선택

코딩 단계에서 프로그램 작성자가 프로그래밍 언어를 선정할 때 고려하는 요소를 살펴보면 다음과 같다.

- 프로그래머가 그 프로그래밍 언어를 이용할 수 가 있어야 한다. 아무리 좋은 프로그래밍 언어가 개발되었다 하여도 번역기가 없다든지, 지금 장비로는 부적합하다면 장비를 새로 구입한다던가 번역기를 개발한다든지 하는 것은 사실상 보편성이 없다고 보기 때문에 누구나 쉽게 접근할 수 있어야 하고 습득이 가능해야 할 것이다.

- 프로그래머들이 프로그래밍 언어들의 수와 사용이 통일되기를 원하고 있다. 너무 많은 프로그래밍 언어들이 난립한다면 프로그래밍 언어마다 프로그래머를 두고 이들의 훈련 경비와 소프트웨어 유지보수에 훨씬 큰 경비를 부담해야 하며 추가로 필요한 노력과 인력이 요구될 것이다.
- 어느 기계에나 쉽게 설치될 수 있어야 한다. 일반적으로 고급 언어는 기계와는 무관하게 설치되고 사용되지만 설치하는 데 까다로운 문제가 있다면 이것은 곧 효율 면을 해쳐 언어 자체가 원활하게 사용될 수 없게 된다. 따라서 어떤 언어가 쉽게 기종에 관계없이 어디서나 설치될 수 있다면 서로 다른 기종에서도 사용될 수 있기 때문에 사용기술의 보급이 광범위하게 이루어지며 프로그래머들은 여러 가지 편리를 제공받게 될 것이다.
- 프로그래머들은 효율을 고려하게 될 것이다. 어떤 언어가 어떤 기계에 효율적이고 어떤 언어가 비효율적인지 생각해야 한다. 효율이란 시간과 기억장소의 양을 나타내는데 시간효율도 처리시간과 번역시간으로 나누어서 생각할 수가 있다. 번역시간이 짧은 경우도 있고 처리시간이 짧은 경우도 있다. 만약 번역기로 인터프리터를 쓰면 기억장소가 적게 든다. 일반적으로 인터프리터는 컴파일러보다 적고 원시 프로그램만 취급하므로 팽창된 목적 코드를 취급할 필요가 없다. 반면 컴파일러를 쓰면 실행 면에서는 월등히 빠르다고 볼 수가 있지만 번역시간이 길고 기억용량도 많이 필요하게 된다.
- 프로그래머들은 응용 목적에 맞는 프로그래밍 언어를 선정할 것이다. 프로그래밍 언어는 응용 목적에 따라 각기 설계되어 있기 때문에 같은 언어가 여러 가지 응용에 가장 적합하다고 말할 수는 없다. FORTRAN은 계산을 위주로 구성되어 있고, COBOL은 데이터 중심으로 언어가 구성되어 있으며, APL 등은 행렬들의 계산을 목적으로 구성하고 있다고 보기 때문에 응용에 알맞은 언어를 프로그래머들은 선정해야 할 것이다.
- 개인적인 선호라고 볼 수 있다. 사용목적이 유사한 정도이고, 효율면에서도 비슷하면 선호에 따라서 프로그래밍 언어가 선정될 것이다. 그러나 실제로 살펴보면 목적이나 효율에 있어서 유사한 프로그래밍 언어는 거의 있지 않음을 깨달아야 할 것이다. 목적이나 효율에 있어서 비슷한 언어가 탄생할 기회는 많지 않기 때문이다. 선호도가 작용한다면 이는 프로그래머의 선호도를 배경과 연관시켜 개인적인 편의를 따르는 경우로 해석할 수 있으며 실제로 이러한 면이 무시되지 않고 있음을 흔히 볼 수 있다.

8.3 자료 추상화

자료 추상화(data abstraction) 또는 자료 캡슐화(data capsulation) 개념은 특정 관심 있는 자료를 class, cluster, flavor, form, module, package 그리고 structure라는 이름으로 여러 프로그램 언어에서 구현되었으며 이는 자료를 수행할 연산과 함께 선언 가능하다는 점, 그리고 정보은닉 개념을 도입하여 프로그램을 쉽게 읽을 수 있고 유지보수를 용이하게 하는 점등의 중요한 관점을 가진다. 즉, 프로그래밍 언어에서 추상화라는 개념은 유사성을 표현하고 차이점을 삭제함으로써 관련된 사항들을 묶어 하나로 표현하는 방법이다. 프로시저는 무엇이 수행되는가를 기술하지 않고 어떻게 수행되는가를 추상화시켜 주는 시간 중심의 연산 추상화 기법이다.

최근에 자료형을 추상화하려는 기법의 필요성이 인정되어 다수의 프로그래밍 언어에서 자료 추상화를 기술하는 진보된 방법을 제공하고 있다. 자료형은 여러 객체들의 집합과 이들 객체들에 적용되는 연산들의 집합이다. 이러한 연산에는 객체들을 실체화(instance)하고, 구축하고, 소멸시키고, 그리고 분리해내는 작업들이 포함되어 있다.

프로그래밍 언어에서의 자료 추상화란 자료형의 표현과 그에 관련된 연산들을 함께 묶어 캡슐화하는 기법이다. 이런 캡슐화는 부적당한 사용으로부터 자료형을 보호하기 위한 벽을 형성한다. 그러나 이것은 또한 사용자가 잘 정의된 방법으로 이를 호출하여 사용하는 것을 허락하는 "창문(window)"을 제공해야 한다. 창문을 통해서 외부에 알려주는 부분을 공개부(public part) 또는 가시부(visible part)라 부르고 벽으로 보호하는 부분을 전용부(private part)라 부른다. 공개하는 행위를 방출(export)한다고 하며, 다른 모듈 프로그램에서 방출된 객체들을 사용할 수 있도록 연결하는 행위를 도입(import)한다고 한다.

그러므로 자료 추상화 설비는 Pascal에서 제공하고 있는 레코드, 배열, 집합 또는 파일 등의 자료형을 정의하는 방법 그 이상인 것이다. 즉, 새로운 자료형을 정의하고 그 자료형의 변수를 선언하여 사용하게 하는 것 외에도 그 자료형의 표현을 보호하고 그 자료형에 사용될 연산을 구축하는 것을 제공한다.

8.4 프로그램 언어의 분류

프로그래밍 언어의 발전은 포트란과 코볼에서부터 시작하여 [그림 8.1]과 같은 계층적인 관련성을 가지면서 발전해 왔다. 프로그래밍 언어는 그 구조적인 면, 기능적인 면 또는 자료구조를 처리하는 방법에 따라서도 구별할 수 있지만, 정보처리 수단으로 이용하는 면에서 보면 성형문법(formal grammar)을 중시하는 전통적 언어(imperative language)와 응용 위주의 응용언어 또는 기능적인 언어로 구분한다.

전통적인 언어도 FORTRAN에서는 컴파일러가 프로그램의 모든 변수를 처음에 할당하고 프로그램의 수행 시에는 어떤 변수에 대해서도 기억장소를 할당하지 않은 정적인 모델과, 파스칼이나 ALGOL에서처럼 스택을 사용하여 프로그램의 수행시에 기억장소를 할당하는 동적인 모델의 특징으로 나눈다. 정적인 모델이 기억장소의 낭비가 많은 반면, 동적인 모델에서는 기억장소를 절약할 수 있는 장점을 갖는다. 최근에 와서는 구현모델(implementation model)을 항상 염두에 두고 소프트웨어를 설계하게 되므로 구현방법이 간편한 해석기(interpreter) 이용이 점차 늘고 있으며, LISP이나 APL과 같은 해석기가 응용 프로그래밍 언어로 개발되면서 종래의 전통적인 언어와 구별되는 것도 이런 점에 근거를 두고 있기 때문이다.

FORTRAN에서 수식표현, ALGOL 60의 블럭구조 및 데이터형 선언, 그리고 COBOL에서 편리한 데이터 표현기법을 총망라해서 개발한 언어가 PL/1 이다. PL/1 을 위시해서 Pascal, C 및 Ada와 같은 언어에서 구조적 기법의 도입으로 소프트웨어 개발에 생산성을 증가시키기 시작했고 구조적 언어의 발전과 함께 응용기능에 특징을 둔 특수 언어가 발전하기 시작했다. 배열과 벡터처리가 편리한 APL, 컴파일러나 OS를 개발하는데 편리한 BLISS, 마이크로 소프트웨어 개발에 효과적인 FORTH, 스트링 처리가 편해서 패턴 일치에 효과적인 SNOBOL, 그리고 기호나 리스트 처리 기능이 강해서 인공지능과 정리 증명에 이용할 수 있는 LISP 그룹이 개발되고 있다. 각 언어가 개발된 시기를 보면, FORTRAN, ALGOL 60 및 COBOL을 필두로 해서 PL/1, ALGOL 68 및 BASIC이 다음 세대에 개발되었다. 그러나 이 중에서도 BASIC은 가장 쉽게 배울 수 있으나, 이 역시 전문가의 입장에서 본 것이고, 일반 사용자에게는 더 쉬운 언어의 개발이 요청되고 있다. 지금까지 설명한 언어를 모두 3GL(generation language)이라 하며, 앞으로는 새롭게 비절차적인 언어의 표현이 강력하게 요구되고 있다. 즉, 컴퓨터의 보급이 늘어감에 따라서 비전문가인 사용자도 쉽게 프로그램을 작성할 수 있는 툴을 말한다. 이러한 언어를 4GL이라고 하는데, 소프트웨어의 생산성을 향상시키기 위한 방법으로 도입하고 있는 것이 현재의 추세이다. 그리고 새롭게 개발 중인 지식기반언어인 5GL도 소프트웨어의 생산성을 크게 향상시켜 줄 전망이다. 4GL이 처음 선보인 것은 1973년이지만 실제로 사용하기 시작한 것은 최근의 일이다. 이 언어는 그 형태가 이때까지의 다른 어떤 언어보다도 영어에 가깝다고 말할 수 있다. 다시 말해서, 배우기가 쉬운 언어이다. 일반적으로 COBOL의 경우에는 10배의 생산성이 있다는 보고가 있다.

DBMS용 4GL을 채용했을 경우, 종래의 COBOL을 사용했던 수작업 코딩을 4GL 프로그램으로 수행하여 4GL DBMS가 목표하는 DBMS에 연결시켜 준다. 이러한 프로세서의 목표는 자동으로 문서화한 다음, 이로부터 프로그램을 자동으로 작성하는 기능을 갖는 것이다. 그러므로 소프트웨어 부품(모듈 혹은 서브루틴 등)을 재사용하는 방법과 문서를 보고 어셈블리나 기계어로 번역하는 기능을 부여한다.

최근에는 구조적인 언어의 대표인 C를 기반으로, C++, VC++이 언어 시장에 대부분을 차지하고, VC++을 만든 MS사와 대등하게 SUN사에서는 JAVA라는 언어를 선보여 소프트웨어 업계에서 주류를 이루고 있다. 또한, 이러한 JAVA 언어와 유사한 C# 언어를 MS사에서 내놓으므로 프로그래머들의 혼란을 가중시키고 있다.

그리고 스크립트 언어로 ASP, PHP 등이 웹상에서의 언어로는 확고한 자리매김을 함으로 웹상에서 시스템을 구축하기 위해서는 이러한 스크립트 언어를 간과할 수 없다.

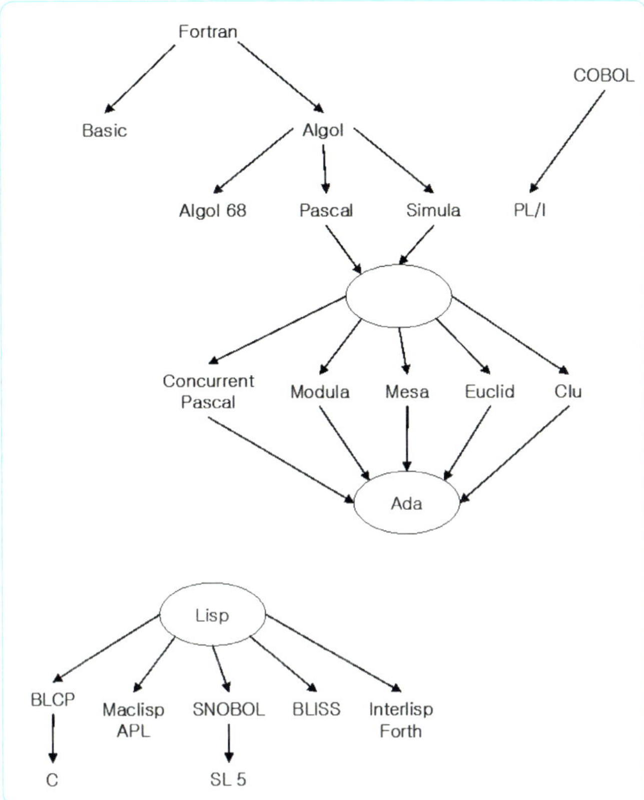

[그림 8.1] 언어의 개발 과정

8.5 코딩 스타일

원시 코드가 생성되면 설계 명세서를 참조하지 않고도 모듈의 기능을 명확히 알 수 있도록 하여야 한다. 즉 코드를 읽고 이해할 수 있도록 작성해야 한다. 코딩 스타일은 단순하고 간결성에 역점을 두는 코딩원칙을 따라야 한다. 스타일을 결정하는 요소에는 구조적 코딩, 문서화 자료선언 그리고 문장의 작성 방법 등이 포함된다.

8.5.1 구조적 프로그래밍

구조적 프로그래밍은 신뢰성 있는 소프트웨어의 생산과 코딩의 표준화 등을 위해서 개발된 방법으로서 PASCAL의 블록 구조가 이 기능을 가지고 있으며, FORTRAN도 FORTRAN 77에서 채택하고 있다. 구조적 분석 및 설계기법에 입각하여 코딩하는 기법으로, COBOL로 코딩되는 Jackson 방법도 이 기법을 도입하였다.

구조적 프로그램의 다이어그램에 따라 코딩하는 데 있어서 그 특징은 다음과 같다.

- 구조화 프로그래밍 기법을 적용한 일종의 기능양식이다.
- 자연언어인 한글로 기술할 수 있다.
- 프로그램의 생산성, 신뢰성 및 유지보수성을 향상시킨다.

다음 [리스트 8.1]의 다이어그램에 따라서 프로그램을 작성하는 방법을 부문별로 설명하면 다음과 같다.

[리스트 8.1] 구조적 다이어그램

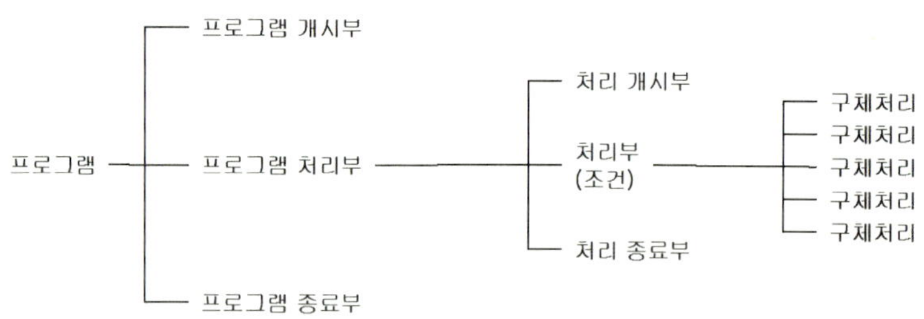

- **프로그램 개시부** …… 프로그램 처리가 가능하도록 하는 사전준비 처리로서, 예를 들

면, 파일의 개방, 초기치 처리 등이다.

- **프로그램 처리부(조건)** …… 가장 큰 처리기능으로서 가장 큰 단위로 반복작업을 하는 부분이 된다. 예를 들면, 파일이 끝날 때까지 갱신작업을 하는 등의 일이다.
- **프로그램 종료부** …… 프로그램을 마무리하는 부분이다.
- **처리 개시부** …… 처리부의 전제조건이 되는 처리기능으로서, 예를 들면, (key)값의 설정이라든가 레코드의 저장 및 처리 스위치의 설정 등 기본처리를 행하는 부분이다.
- **처리부(조건)** …… 프로그램의 구체적인 기능을 수행하는 부분이다.
- **처리 종료부** …… 다음 처리에 필요한 데이터 등을 준비한다. 예를 들면, 입력파일을 읽는 작업등을 말한다.
- **구체처리** …… 코딩에 대응하는 처리기능이다.

프로그램의 기본 구조는 [그림 8.2]에서와 같이 세 가지로 구분된다.

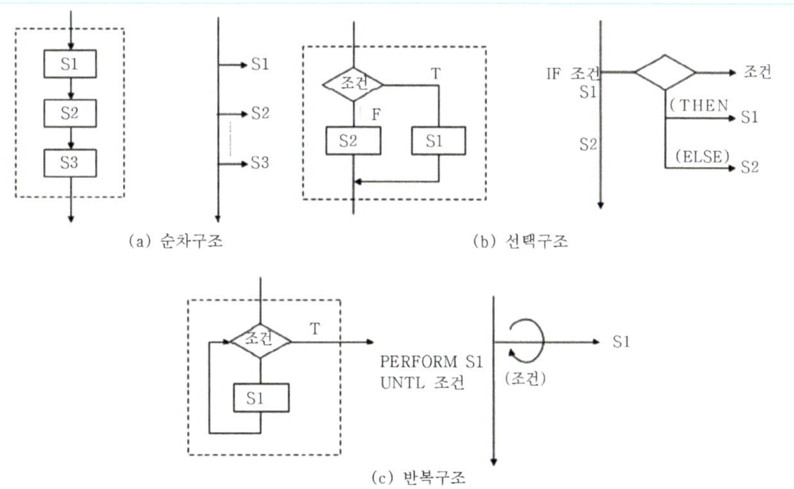

[그림 8.2] 프로그램의 기본구조

즉, 순차구조, 선택구조 및 반복구조인데 순차구조는 몇 개의 프로세서가 순서적으로 연속된 구조이고, 선택구조는 어떤 조건에 따라서 두 가지 이상의 흐름 중 한 개를 선택하여 수행하는 구조이다. 반복구조는 어떤 조건을 만족할 때까지 프로그램의 수행을 반복하는 루틴을 나타낸다.

기본구조를 응용하면 여러 가지 구성 형태를 취할 수 있다. 먼저 선택 방법에 따라 구별할 수 있는 구조는 7가지로 생각해 볼 수 있다. [그림 8.3]은 7가지 모두 if-then-else 구조를 여러 가지로 변화시켜 놓은 것이다.

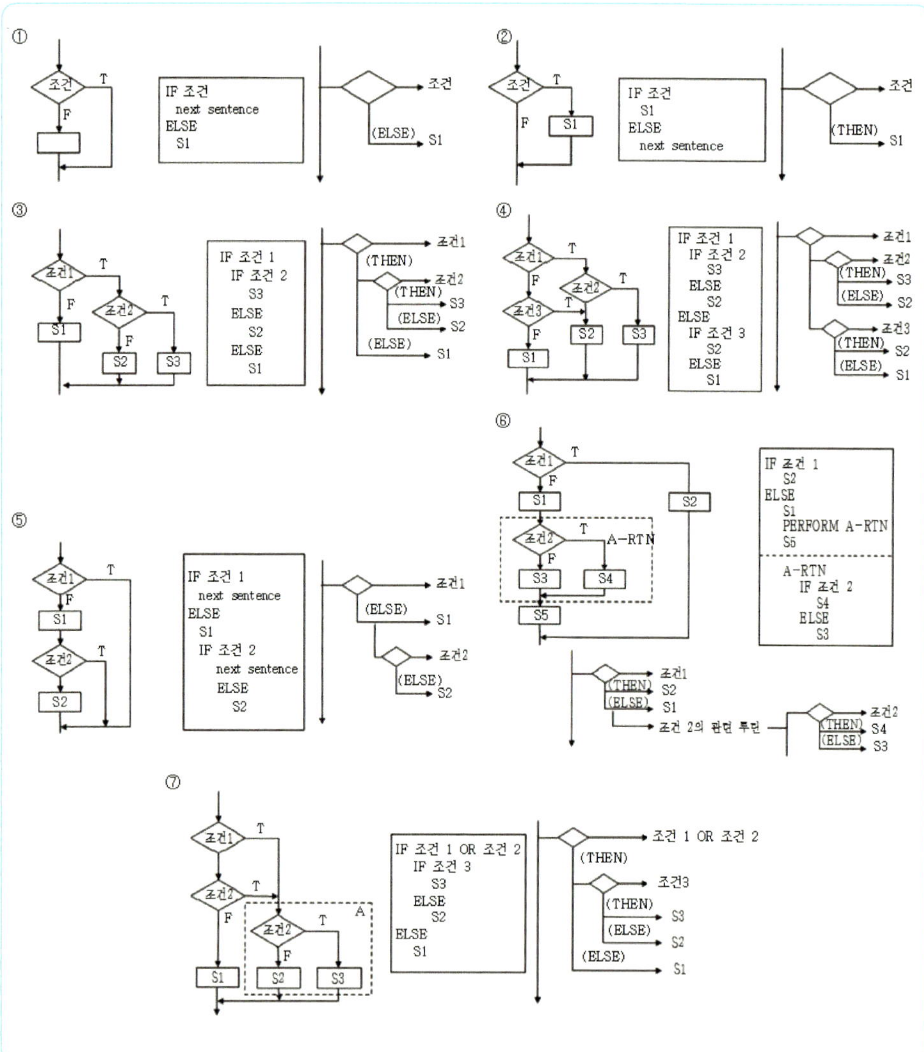

[그림 8.3] if-then-else 구조

다음 [그림 8.4]는 반복 구조를 나타내는 도식이다. 다음에 반복구조의 응용은 세 가지 형태로 구분할 수 있다. COBOL의

PERFORM S1

UNTIL 조건

은 PASCAL에서 WHILE DO 혹은 UNTIL DO 구문으로 표현된다.

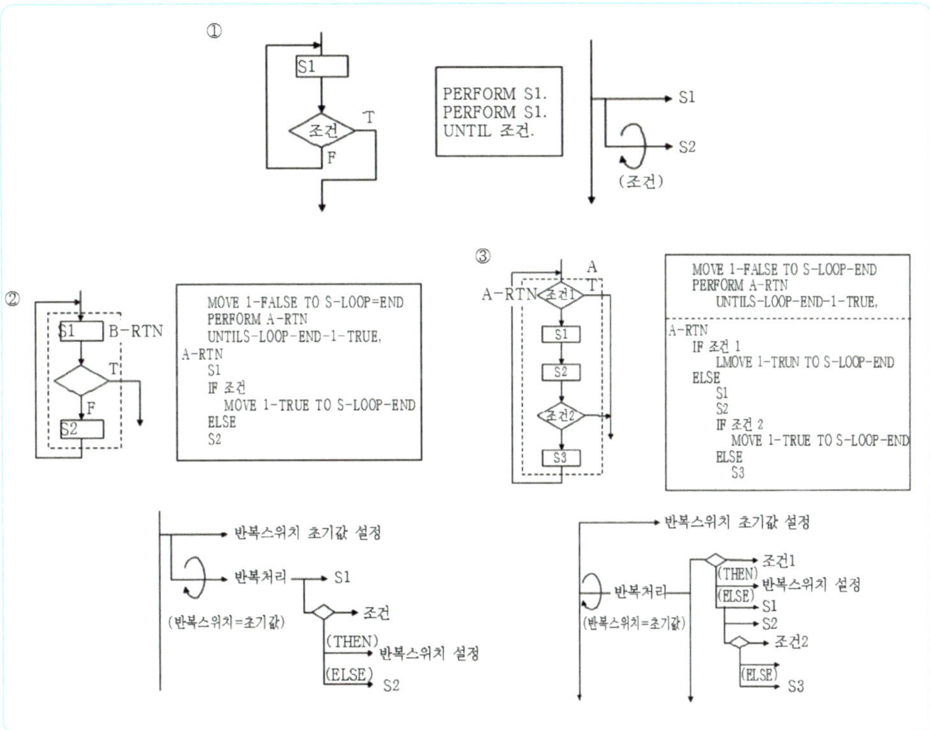

[그림 8.4] 반복구조

8.5.2 코드의 문서화

원시코드의 내부 문서화는 식별자 명칭의 선택, 비실행 문장의 참조 프로그램의 외형까지 모두 포함한다. 식별자의 명칭은 그 자체가 뜻을 갖게 하는 것이 바람직하다. 그러나 특정 언어에서는 그 식별자나 라벨 크기를 몇 개의 문자로 제한하기 때문에 뜻 전달이 분명하

지 않다.

```
D=V*T
DIST=HORBEL*TIME
DISTANCE=HORIZONTAL. VELOCITY*TIME.    TRAVELED .IN. SECS;
```

BASIC 언어의 산술식은 지나치게 간결하여 D=V*T의 뜻은 사전 지식을 갖고 있지 않으면 이해하기 어렵다. ALGOL 문장으로 된 위의 계산식의 뜻은 이해하는 데 별로 어려움이 없다. 위의 예는 식별자의 선택이 코드의 문서화에 쓰이는 경우를 보이고 있다.

단어가 긴 산술식의 표현은 논리적인 흐름과 수정작업을 어렵게 한다는 주장이 있기도 하다. 따라서, 식별자의 선택은 상식 범위 내에서 처리한다. 몇 가지 연구결과를 보면 작은 규모이건 큰 규모의 프로그램이든 간에 뜻이 있는 식별자를 사용함으로써 프로그램의 인식을 용이하게 한다는 것이다.

일반 범용 프로그래밍 언어는 원시코드의 부분으로 프로그램 내에 자연어로 비실행 주석문(Comment)을 사용하도록 허용하고 있으나 다음과 같은 의문을 제기하게 된다.

- Comment는 어느 정도가 충분한가?
- Comment는 어느 장소에 쓸 것인가?
- Comment를 사용하면 논리적 사고를 방해하지는 않는가?
- Comment가 프로그램을 읽는 사람으로 하여금 잘못 이해하도록 하지는 않는가?
- Comment는 정비가 가능한가?

위의 예문에 대한 답변은 어렵지만 한가지 분명한 것은 소프트웨어는 반드시 문서화가 되어 있어야 한다는 것이다. 주석(comment)은 소프트웨어 생명 주기의 최종 단계인 유지보수에서 프로그램의 이해를 보장하는 지표이다. 프로그램의 서두 부분에 쓰이는 서언 비실행문은 아래의 형식이 바람직하다.

- 모듈에 관한 설명
- 접속관계의 설명
    ; 호출순서

; 인수에 관한 설명

; 하위급 모듈의 목록

- 주요 변수의 설명과 사용, 제한사항, 관련자료
- 모듈의 개발 역사 자료

; 모듈의 설계자(Author)

; 검토자 및 일자

; 변경 일자와 변경 내용

내부 문서화(internal documentation)는 각 프로그램의 단위와 컴파일 단위에 대한 표준 프롤로그, 원시코드의 자기 문서화 양상 그리고 코드 내의 내부 주석으로 구성되어 있다. 프롤로그의 전형적인 형식은 [리스트 8.2]와 같다.

[리스트 8.2] 서브루틴 프로그램과 컴파일 단위의 프롤로그에 대한 전형적인 형식

ⓐ 저자명 :
ⓑ 컴파일 일시 :
ⓒ 실행할 기능 :
ⓓ 사용할 알고리즘 :
ⓔ 변경자/일시/목적 :
ⓕ 매개 변수와 이의 전송 모드 :
ⓖ 입력 단정 :
ⓗ 출력 단정 :
ⓘ 광역 변수 :
ⓙ 부작용 :
ⓚ 주요 자료 구조 :
ⓛ 호출 루틴 :
ⓜ 피호출 루틴 :
ⓝ 시간 제약 사항 :
ⓞ 예외 조치 방안 :
ⓟ 가정 :

앞에서 언급한 바와 같이 시스템을 구현하는 데 사용되는 프로그래밍 언어의 구문은 [리스트 8.2]에 정의된 몇몇 정보를 포함할 수도 있다. 예를 들면 Ada에서 각 루틴은 형식 매개 변수에 대한 전송 모드를 정의해야 하며, 사용자 정의 자료형은 매개 변수의 문제 영역 속성을 나타내기 위해서 명명될 수 있다. FORTRAN에서 매개 변수의 전송 모드는 항상 "call by reference" 이어야 하며, 매개 변수들은 미리 정한 형 이어야만 한다. 따라서 매개 변수의 문제 영역 특징과 전송모드는 FORTRAN 루틴의 프롤로그에서 문서화되어야 한다.

대부분의 프로그래밍 언어는 호출 루틴에서 제공되어야 하는 실제 매개 변수의 전송 모드와 관련된 정보를 요구하지는 않는데, 이러한 정보는 피호출 루틴에 의해서 야기된 분명치 않은 부작용을 설명함과 아울러 호출 루틴의 프롤로그 내에 제공되어야 한다.

Ada와 PL/1은 자기 문서화 예외 조치 메커니즘을 제공하기 때문에 Ada와 PL/1 루틴에 대한 프롤로그의 예외 조치 부분은 어셈블리 언어 내에 있는 대응되는 정보보다도 간결하게 될 것이다. 표준 프롤로그는 구현 언어와 프로젝트의 필요성에 맞도록 하기 위해서 각 프로그래밍 언어와 각 프로젝트에 대해 설계되어야 한다.

어떤 경우에는 컴파일 단위가 개별 서브프로그램과 대응되는 반면에 타 경우에는 컴파일 단위가 여러 루틴을 포함하기도 하고 전체 서브시스템을 포함하기도 한다. 하나의 컴파일 단위가 여러 루틴을 포함할 때 이는 서브프로그램별 프롤로그 내에 있는 정보의 성분을 분해해서 이들을 컴파일 단위별 프롤로그에 놓음으로써 프롤로그 내에 있는 정보의 중복을 제한시키는 것이 가능할 수도 있다. 예를 들면, Ada 패키지에서 대부분의 프롤로그는 패키지 내에 있는 모든 서브프로그램 간에 공동일 수 있어서 각 서브프로그램에 유사 정보를 반복시켜야 하는 필요성을 줄일 수 있다. 프롤로그의 정확한 형식과 내용은 각 구현 언어와 각 프로젝트에 대해서 정의되어져야 하며, 소프트웨어 설계와 구현이 하향식으로 전개될 때는 프롤로그 내에 있는 대부분의 정보가 구현이 시작되기 전에 정의될 것이다.

표준 프롤로그, 구조적 프로그래밍 구조, 훌륭한 코딩 스타일, 그리고 사용자 정의 자료형, 변수, 부울 문자, 매개 변수 및 서브프로그램을 나타내기 위해서 의미 있는 식별자를 사용하는 것은 원시코드의 가시성을 증진시켜 주며, 내부 주석의 필요성을 경감시켜 준다. [리스트 8.3]은 내부 주석달기를 위한 몇몇 지침들이다.

[리스트 8.3] 서브루틴 프로그램과 컴파일 단위의 프롤로그에 대한 전형적인 형식

ⓐ 다음을 사용하여 주석의 필요성을 최소화할 것
- 표준 프롤로그
- 구조적 프로그래밍 구조
- 훌륭한 코딩 스타일
- 사용자 정의 자료형, 변수, 형식 매개 변수, 부울 문자, 서브프로그램, 파일등에 대한 문제 영역으로부터의 기술적인 명칭
- 사용자 정의 예외, 사용자 정의 자료형, 자료 캡슐화와 같은 구현 언어의 자기 문서화 양상

ⓑ 다음과 같은 기능을 갖는 코드 블록에 주석을 달 것
- 주요 자료 처리의 실행
- goto 문을 사용하여 구조적 제어 구조를 가장
- 예외 조치를 실행

ⓒ 주석 내에 문제 영역 관련 용어를 사용할 것
ⓓ 주석을 부각시키기 위해서 빈줄, 테두리, 그리고 만입을 사용할 것
ⓔ 변경과 개정 사항 등은 맨 우측에 위치하도록 할 것
ⓕ 분명하지 않은 복잡한 문서를 코드화하기 위해서 긴 주석을 사용하지 말고 코드를 재작성할 것
ⓖ 주석과 코드는 서로 일치하며, 요구 사항과 설계 사양과도 일치하는가를 항상 확인할 것

8.5.3 자동 프로그래밍

최근의 소프트웨어 프로그래밍은 설계 데이터베이스와 추상화 데이터로 설계된 소프트웨어 부품 데이터베이스를 검색하여 번역을 자동적으로 하여 프로그램을 작성한다. 이는 일반적으로 자동프로그래밍이라 하며 그 구조는 [그림 8.5]와 같다.

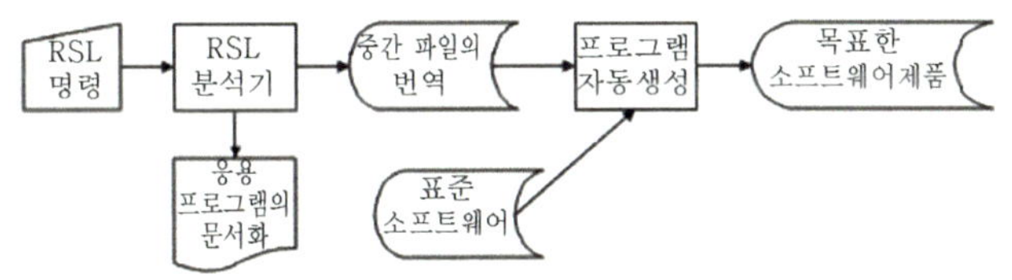

[그림 8.5] 프로그램 작성

코드생성기(code generator)는 자동프로그래밍을 실행해주는 도구(tool)로서 CASE (Computer Aided Software Engineering) 환경에서 사용한다. CASE는 생명주기에 동원되는 도구의 모임으로서 Upper-CASE와 Lower-CASE로 나뉘어진다. Upper-CASE는 front-end 도구로서 분석과 설계 사이의 결합을 연결시켜 주는 도구이다. Lower-CASE는 back-end 도구로서 코드생성기를 말한다. 1988년부터 새로 개발되기 시작한 것은 CASE의 다음 세대 생성기로서 front-end 도구와 back-end도구를 결합시킴으로써 통합 CASE의 기능을 갖도록 개발되고 있다. 이는 중앙 집중 설계 저장소(repository)나 사전(encyclopedia)에 의해서 통합기능을 발휘 할 수 있다. [그림 8.6]은 이와 같은 코드 생성기의 역할을 설명하고 있다.

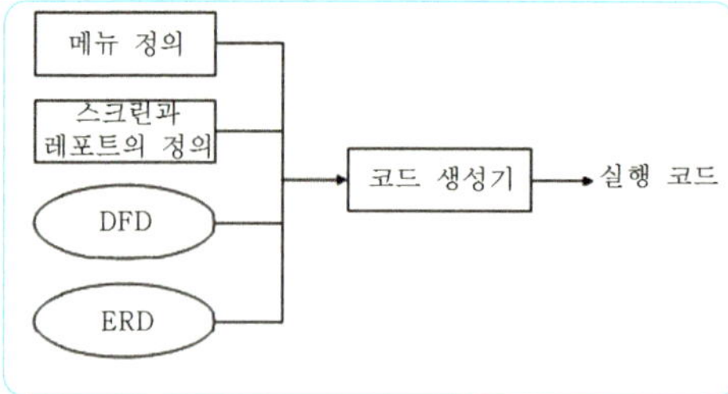

[그림 8.6] 코드 생성기의 역할

또 다른 CASE의 통합[그림 8.7]은 프레임웍(Framework)이나 'Bridge'를 채택한 것이다. 이 방법은 여러 개발자들이 제공한 도구를 표준화된 인터페이스 양식에 의해서 설계 데이터베이스를 만들어 수행한다. 이러한 접근방법은 X-윈도우와 같은 환경을 이용하면 더욱 효과적이다.

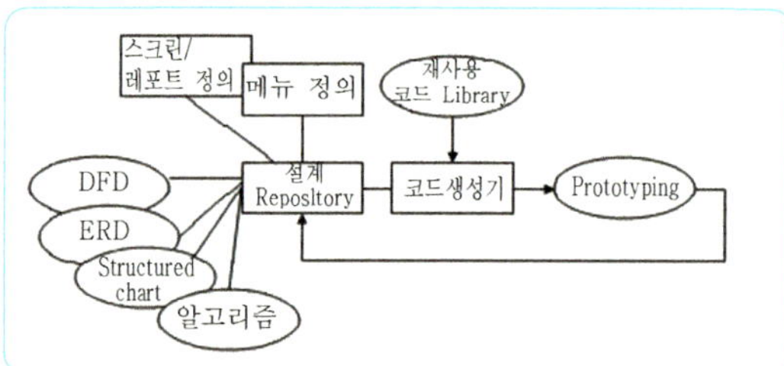

[그림 8.7] 통합된 CASE 환경

현재 개발된 코드 생성기는

- 4GL
- 코드 생성기
- 응용 생성기

등이 있다.

4GL은 비절차 언어로서 레포트의 작업, 레포트의 검색과 편집 등의 기능을 컴파일 시키지 않고 번역(interpreter)하거나 label-driven 언어의 형식을 취하므로 테스팅이나 프로타이핑을 훨씬 빨리 수행할 수 있다. 따라서 COBOL과 같은 컴파일러를 채용하는 것보다는 4~5배의 빠른 처리를 할 수 있다.

코드 생성기는 4GL과 비슷한 고급 인터페이스이지만 3세대 언어의 호환코드나 시스템 코드를 만들어 준다. 실제로 프로그램 언어들은 프로그램 사이의 상호작용이 복잡해서 [그림 8.8]과 같은 코드 생성기를 좋아하지 않는다.

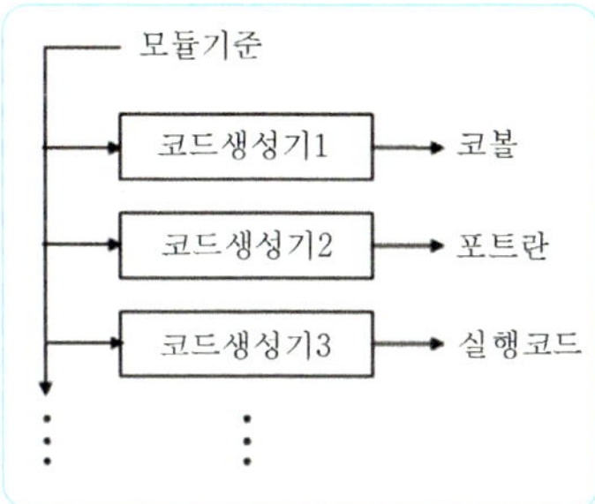

[그림 8.8] 코드 생성기

[그림 8.9]와 같은 응용 생성기는 특정 분야의 응용 소프트웨어를 만들어 준다.

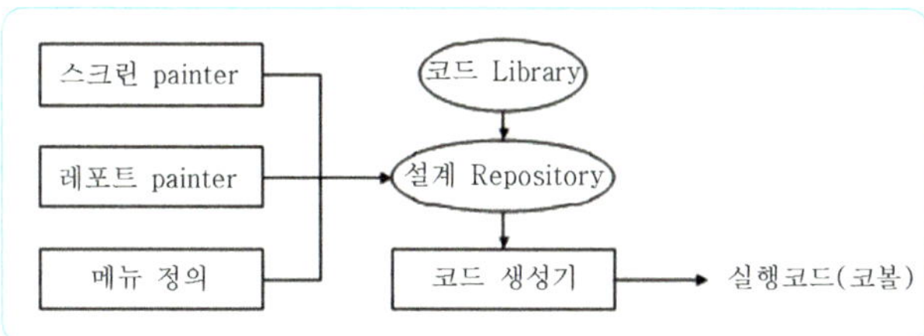

[그림 8.9] 소프트웨어 응용 생성기

따라서, 표준화된 자료 사전(data dictionary)와 사용자 인터페이스를 사용해야 된다. 개발 환경은 다음과 같은 표준화된 문서환경을 제공한다.

- 입출력 시스템 흐름도
- 물리적 설계 설명서(액세스 방법, 레코드 길이, 파일 형식 등)
- 스크린과 레포트 출력 형식(screen map)
- 필드(field) 정의와 속성
- 중간 생성된 항목의 정의
- 메뉴 항해 트리(menu navigation tree)
- 자료항목 요소들의 논리적 관계
- 자료항목과 모듈을 설명한 레포트

8.6 표준화

코딩 표준은 선호하는 코딩 스타일에 대한 정의이며, 효과를 얻기 위한 방법이 선택되면 선호하는 방법이 정의된다. 코딩 표준은 흔히 프로그래머의 창조적인 문제 해결 기술을 억제하고 있는 메커니즘으로 프로그래머는 간주하는데, 이러한 주장은 훌륭한 코딩 스타일의 의의를 이해하지 못하는 프로그래머에 의해서 제기된다. 창조력은 흔히 기본적인 표준 체제 내에서 발생하는 것이다. 예술가는 구조와 분해의 기본 주의를 따르며, 시인은 언어의 리듬과 운율을, 음악가는 기본적인 화음 진행을 사용한다. 활동을 안내할 수 있는 표준 구조 없이는 창조력은 무의미한 불협화음이 되고 만다.

따라서 소프트웨어 프로젝트에 참여하는 모든 프로그래머는 일정한 질의 코드가 생산될 수 있도록 유사한 코딩 스타일을 채택하는 것이 바람직하다. 이것이 모든 프로그래머가 똑같이 생각해야 한다거나 똑같은 방법으로 모든 알고리즘을 독창력 없이 구현해야 한다는 것을 의미하지 않는다. 특히 프로젝트에 참여하는 각 프로그래머의 개별 스타일은 프로그래밍 스타일 표준을 엄격하게 지켜진 것이 관찰되었다 하더라도 식별 가능하다.

"프로그래밍 표준"보다는 "프로그래밍 지침"이라는 용어를 선호하는 경향이 있는데, 프로그래밍 표준에는 다음과 같은 항목을 정의할 수 있다.

- goto 문이 사용되지 않을 것이다.
- 프로그램 구조의 중첩 깊이는 5레벨을 초과하지 않을 것이다.
- 서브루틴의 길이는 30라인을 초과하지 않을 것이다.

그런데 지침은 다음과 같은 방법으로 이러한 정의를 바꾸어 표현할 수 있다.

- goto 문의 사용은 평상적인 환경에서는 피해야 한다.
- 프로그램 구조의 중첩 깊이는 평상적인 환경에서는 5 이하이어야 한다.
- 서브프로그램 내의 실행가능한 문장의 수는 평상적인 환경에서는 30을 초과하지 말아

야 한다.

- 평상적인 환경으로부터의 이탈은 프로젝트 리더의 승인을 필요로 한다.

어떤 사람들은 표준은 기계가 체크할 수 있는 특성(후진 goto, 적절한 만입, 루틴의 크기)으로 분류하고 지침은 인간 활동에 의해서 검증해야 하는 것으로 분류한다.

여러 가지 조건은 프로그래밍 지침을 자발적으로 따르도록 하고, 그 지침이 사실상 지켜지고 있는가를 확신하는 데 필요하다.

- 프로그래머는 프로그래밍 지침의 가치를 이해해야 한다.
- 프로그래머가 지침 수립 시 참여할 수 있는 기회가 제공되어야 한다.
- 지침이 성가시게 느껴질 때는 이를 재조사하여 개정시켜야 한다.
- 특수 환경에서 지침을 위반해도 되는 메커니즘이 있어야 한다.
- 자동화구도는 지침의 준수여부를 체크하기 위해서 사용되어져야 한다.

일반적인 법칙으로서 프로그래밍 지침의 준수 여부를 수작업으로 검열하는 것은 불가능하며, 자동 체크가 실행되지 않으면 그 지침은 가치가 없는 것이다. 따라서 앞에서 언급한 조건하에서 프로그래밍 지침은 소프트웨어의 질을 증대시키기 위해서 개발되어야 한다.

8.7 객체지향언어

소프트웨어 공학 측면에서의 프로그래밍 방법으로 1970년대를 휩쓴 용어가 구조적 프로그래밍(structured programming)이라면 1980년대에 유행한 용어는 객체 지향 언어(object-oriented programming : OOP)이라 할 수 있다.

이러한 프로그래밍 방법의 변화는 하드웨어가 매우 빠른 속도로 발전하며 생산성과 재사용성이 높은데 비하여 상대적으로 소프트웨어는 그렇지 못하기 때문에 또 다른 방법을 모색한 데서 비롯되었다.

객체 지향 프로그래밍 방법은 인간이 문제를 해결하는 방법과 유사한 점이 많아 대형 프로그램의 작성이 용이하며, 구조적 프로그램보다 프로그램을 읽기가 쉽다는 장점이 있다.

객체 지향 프로그래밍은 계산에 의한 방법이 아니라 처리 방법과 자료가 하나의 묶음으로 이루어져 자료 추상화의 개념을 이용한 방법으로서 절차 언어, 함수 언어, 논리 언어 등에 의한 기존의 프로그래밍 방법을 통틀어 절차 지향 프로그래밍(procedure-oriented programming)이라고 하는 의미와 대비해 보면 이해하기가 쉽다. 절차지향 프로그래밍은 프로시저가 주체이고 자료가 객체가 되어 프로시저의 호출, 자료의 전달, 프로시저의 실행으로 문제를 해결하는 데 반하여 객체 지향 프로그래밍(OOP)은 객체(object)가 주체가 되어 객체들 사이에 메시지 전달(message-passing)로 문제를 해결한다는 이른바 '행위자 이론(actor-theory)'에 그 이론적 배경을 두고 있다.

객체 지향이란 말은 Norway의 Kristen Nygaard가 Simula 67 프로그래밍 언어를 개발하면서 객체라는 개념을 사용한 데서 유래하였다. Simula 67에서는 전체 프로그램을 여러 객체들의 집합이라고 정의하고 있으며, 객체들의 공통적인 특성들을 묶을 수 있는 클래스(class)라는 개념도 사용하고 있다. 이 언어는 시스템 기술과 시뮬레이션의 두 분야에 사용될 목적으로 개발을 시작하는데, 시스템 기술에서 필요한 정보의 자유로운 입출력 기능으로 대화적 프로그램의 수행을 가능하게 하였다. 결국, Simula 67은 여러 응용 분야에서 사용될 수 있는 일반 프로그래밍 언어로 발전하게 되었으며, 그 후 Xerox사에서는 이 개념을 발전시켜 Smalltalk 72와 Smalltalk 80을 개발하였는데, Simula에서 사용되었던 객체, 클래스 그리고 서브클래스(subclass) 등의 여러 개념을 일관성 있고 통일적인 방법으로 정리하고 구현함으로써 객체 지향 프로그래밍의 개념을 확고히 하였다. 현재의 객체 지향 프로그래밍 개념이 여러 변형된 방향으로 연구되고 있지만 객체 지향 프로그래밍 개념의 기본은 Smalltalk에서 출발한다고 볼 수 있다.

"객체의 기본적인 개념은 무엇인가?" 라는 질문에 대하여 Nygaard는 객체를 시스템의 한 구성 요소로서 일정한 행위를 할 수 있는 한 단위라고 보고 있다. 따라서 객체 지향 프로그래밍에서 정보가 처리되는 과정은 "시스템 상태의 변화(transformation)"이며, 객체는 시스템을 구성하는 실체로서 각 객체는 한 구성 요소의 특성과 상태의 변화를 표현하는 한 단위라고 표현한다. 정보 처리에 의한 시스템의 상태 변화는 각 객체들에 의한 행위에 의하여 이루어진다고 보고 있다.

또한 객체 지향 언어를 여러 가지 부류로 구분하는데, 엄밀히 말하면 객체 지향 언어란 객체, 클래스, 그리고 상속(inheritance)의 세 가지 기능을 지원하는 언어를 의미한다. 근본적인 시각에서 이 세 가지 개념의 의미를 관찰할 때, 객체는 캡슐화(encapsulation) 및 자료추상화(data abstraction)를 지원하는 하나의 기법이다. 클래스는 자료형 이론의 한 도구이고 상속은 특수화(specialization)와 일반화(generalization)의 두 원칙에 따라 정보를 표현하고 조직화(organize)하는 방법이다. 그러나 이 세 가지 개념이 유일하거나 필수적인 것은 아니며 다른 형태의 구현 방법이 존재할 수도 있다. [그림 8.10]은 절차지향 프로그래밍과 객체 지향 프로그래밍의 차이점을 나타내고 있다. 객체 지향 프로그래밍의 주요 개념은 추상화, 캡슐화, 상속 그리고 다중기능 등이다.

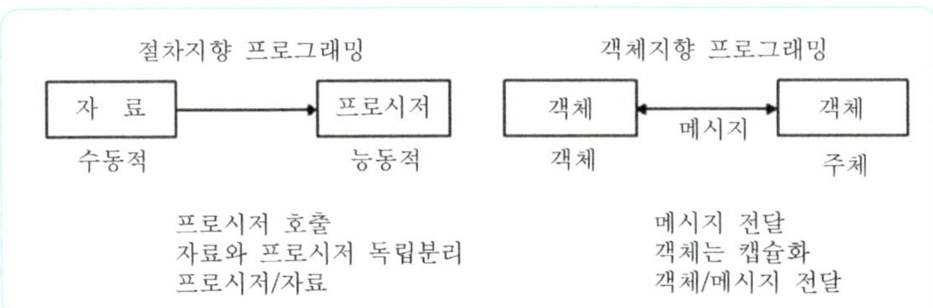

[그림 8.10] 절차형 프로그래밍과 객체지향 프로그래밍의 차이점

8.7.1 추상화(abstraction)

주어진 문제를 해결하기 위하여 우선해야 할 일은 객체를 그 구조, 속성, 기능에 따라 해당 클래스를 분류해야 하는데, 이를 분류(classification)라고 한다. 먼저 객체의 성질을 분해하는 일을 요소 분해(factoring)라 하며 공통된 성질을 추출하여 슈퍼 클래스를 선정하는 일

을 추상화(abstraction)라고 한다. 예를 들면, 자동차와 말이란 클래스에서 '타는 것'이란 클래스를 만드는 일이 추상화에 속한다[그림 8.11].

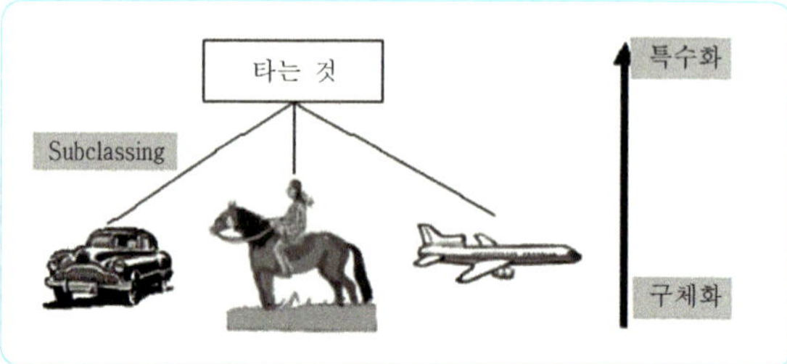

[그림 8.11] 추상화의 예

반대로 '타는 것'에서 비행기라는 클래스를 생각해 내는 것을 특수화(specialization)라고 하며, '타는 것'이라는 클래스에서 자동차, 말, 비행기 등의 여러 개의 서브클래스로 분류하는 것을 서브클래싱(subclassing)이라고 한다.

추상화에는 기능 추상화와 자료 추상화가 있는데, 절차 지향 프로그래밍 언어에서의 기능 추상화는 함수와 같은 부프로그램을 정의하는 것이고, 자료 추상화는 추상 자료형을 정의하는 것이다. 추상 자료형은 시스템 자료형을 이용하여 사용자 정의 자료형(user-defined type)을 정의하는 것뿐만 아니라 조작하는 연산을 함께 정의하는 것도 포함한다. 객체 지향 프로그래밍 언어에서의 기능 추상화는 메소드를 정의하는 것이고, 자료 추상화는 객체가 속하는 클래스를 설정하는 것이다. 결국 클래스는 추상화를 구현하는 기본이라고 할 수 있다.

8.7.2 캡슐화(encapsulation)

객체는 캡슐 단위로 이루어지는데 유사한 객체를 묶어 클래스를 정의하는 데 캡슐화가 사용된다. 캡슐화란 정보은닉(information hiding)에 해당되는 것으로서 사용자에게는 상세한 구현을 감추고 필요한 사항만 보이게 하는 원칙인데, 절차 언어에서 모듈을 블랙박스(black-box)화하는 개념과 같다고 볼 수 있다. 이 캡슐화는 객체의 전용 자료와 메소드를 다른 객체가 접근할 수 없다는 의미로, 회사에 비유하면 자재과에서는 판매과의 조직에 관여하거나 판매과의 업무를 수행할 수 없다는 것이다. 따라서 꼭 필요한 작업의 처리가 요구되면 해당 처리 과정을 가지고 있는 객체, 또는 슈퍼 클래스를 통해서만 이루어질 수 있다는 제약이 가해진다.

문제를 해결하기 위해서 객체는 반드시 캡슐화의 방법으로만 사용하고, 클래스의 실체로서 정의되어야만 한다. [그림 8.12]는 보호막과 부분 보호막의 관계를 나타낸다.

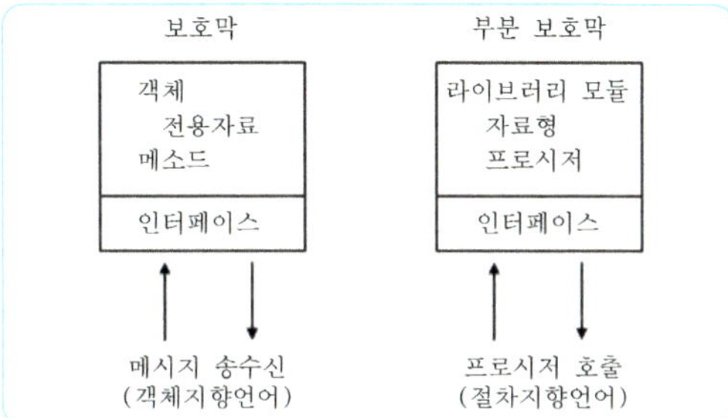

[그림 8.12] 보호막과 부분 보호막의 관계

8.7.3 상속(inheritance)

클래스 계층 구조에서는 상위 클래스로 갈수록 보다 더 추상화된 형태이므로 그 서브클래스들은 상위 클래스가 가진 속성을 그대로 물려받을 수 있다. 이러한 개념을 상속이라고 하는데, 이 말은 슈퍼 클래스가 가지고 있는 속성인 전용 자료와 메소드를 서브클래스에서 접근할 수 있다는 의미이다. [그림 8.13]에서 B1은 A의 C는 B1의 하위 클래스이므로 Bl에는 A의 속성이, C에는 A와 Bl의 속성이 상속된다.

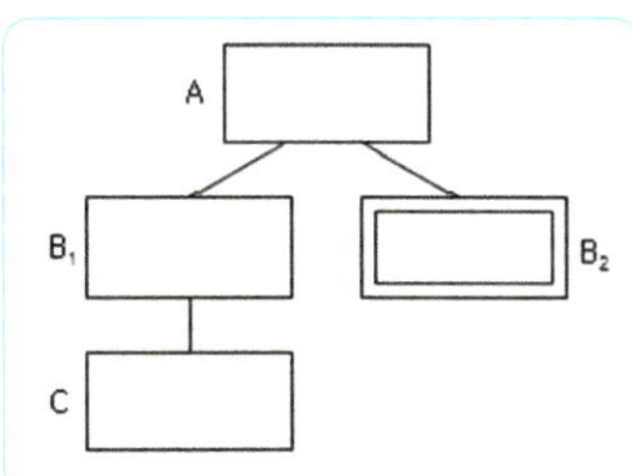

[그림 8.13] 클래스 계층 구조에서의 상속

따라서 하위 클래스의 영역이 넓어지는 의미가 되는 셈인데, 만약 C가 Bl과 B2에서 상속받을 수 있는 경우 즉, 여러 개의 슈퍼 클래스로부터 상속을 허용하는 것을 다중 상속(multiple inheritance)이라고 하며, Smalltalk처럼 오늘날의 많은 객체 지향 언어에서는 이 다중 상속을 허용하고 있다.

이상과 같은 추상화, 서브클래스 개념, 그리고 상속의 성질을 이용하여 메소드가 서로 중첩되지 않도록 함으로써 프로그래밍의 코딩 양과 노력을 절약할 수 있다.

8.7.4 다형성(polymorphism)

하위 클래스에서 상위 클래스의 메소드들 중에서 일부 또는 전부가 상속되는 것을 원하지 않을 때에는 상위 클래스의 동일한 명칭의 메소드를 하위 클래스에서 재정의 할 수 있으며, 이 하위 클래스에서 재정의된 메소드가 상위 클래스의 메소드보다 우선한다. 이것은 블록 언어에서 식별자 영역의 개념과 동일하다. 예를 들어, A, B1, C에 print라는 메소드가 각각 정의되어 있을 때, 객체에 다음과 같이 print라는 메시지를 보내면

```
A print
B1 print
C print
```

들은 각각 자기가 소유하고 있는 print 기능을 수행한다. 이와 같이 동일한 메시지라도 메소드가 정의되어 있는 수신자가 누구인가에 따라 각각 다른 기능을 수행하는 것을 다형성이라 한다. 물론 하위 클래스에서 정의되지 않는 경우에는 상속에 의해 상위 클래스의 메소드를 이용하게 된다. 절차 지향 언어에서는 이러한 성질을 재정의(overloading)이라고도 한다.

8.7.5 객체지향언어

새로운 프로그래밍 기법인 객체지향 프로그래밍(Object-Oriented Programming)을 기존의 프로그래밍 기법인 절차형 프로그래밍(Procedural Programming)과 비교해 보면 [표 8.1]과 같다.

[표 8.1] 객체지향 프로그래밍 대 절차형 프로그래밍 기법의 비교

Procedural Programming	Object-Oriented Programming
프로시저가 주요소이며	데이터가 주요소이며
데이터는 부요소로 취급	프로시저는 부요소로 취급
프로시저는 계층구조를 갖는다	프로시저간의 계층구조는 없다
정보의 집중화	정보의 비집중화
하향식 개발기법	상향식 개발기법

객체지향 프로그래밍의 중요한 개념들은 객체(Object), 클래스(Class), 상속(Inheritance), 다형성(Polymorphism), 추상자료형(Abstract Data Type)을 들 수 있다. 각각에 관한 개념은 객체지향 프로그래밍 언어를 구분하고 이해하는데 중요한 요소이다.

우선, 왜 객체중심으로 소프트웨어 시스템을 구성하는 것이 바람직한가에 관해 알아보면 객체지향 접근법은 기존의 다른 접근법보다 실세계를 자연스럽게 모델링하는 방법이기 때문이다. 즉, 문제영역(실세계)에 존재하는 객체 자체가 문제 해결 영역으로 직접 매핑 되어진다는 것이다. 그러나 기능중심의 프로그래밍에서는 문제영역에서 기능이라는 요소를 추출해내야 하는데 이 결과는 다시 문제영역으로 바로 매핑하기 어렵고 문제영역에서 기능이라는 요소를 추출해내야 하는데 이 결과는 다시 문제영역으로 바로 매핑하기 어렵고 문제영역에 관한 이해를 직접 기술한 것으로 보기는 어렵다. 이를 그림으로 표현해 보면 [그림 8.14]와 같다.

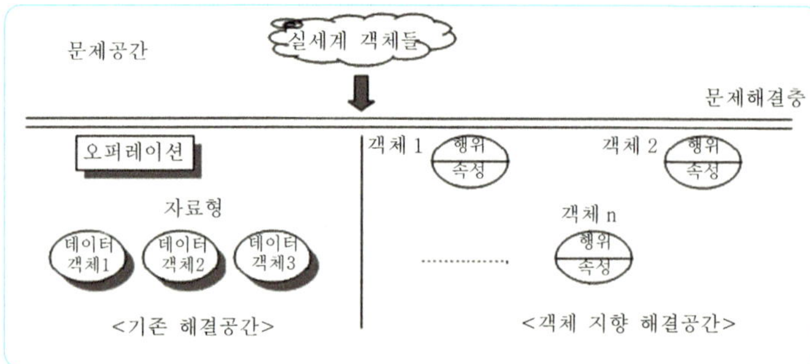

[그림 8.14] 문제 영역으로의 매핑 관계에 의한 관계

앞에서 언급한 바와 같이 80년대 초반부터 다양한 객체지향언어가 등장하기 시작하였다. 이러한 객체지향 언어는 기존의 LISP, FORTRAN, PASCAL과 같은 언어를 확장하여 개발되었는데 이러한 관계를 살펴보면 [그림 8.15]와 같다. 아직까지도 어떤 언어를 객체지향언어로 구분할 것이며, 제외할 것인가에 대한 명확한 정의는 없다. 그러나 객체지향 프로그래밍에 대한 Wegner의 기준에 따라 여러 언어들을 종류별로 구분해 보면 [그림 8.16]과 같다. 이 기준은 가장 널리 알려져 있는 정의이며, 많은 동의를 얻고 있는 분류이기는 하지만 Ada와 같은 좋은 특성을 가진 언어도 상속(Inheritance)의 개념이 없는 이유로 객체지향 언어에서 제외되고 있다.

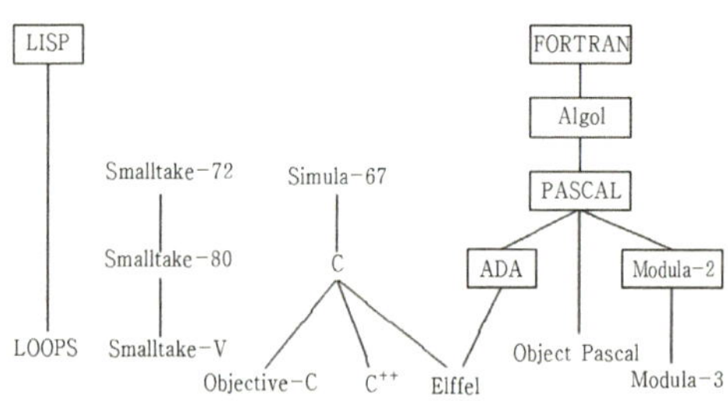

[그림 8.15] 객체지향 언어의 역사

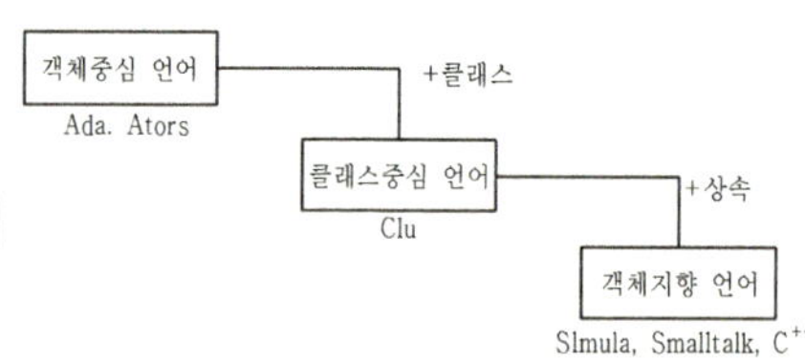

[그림 8.16] 객체지향 언어 구분의 기준

(1) C++

C++는 C에 기반을 둔 언어로 C가 지닌 강력한 기능성(Functionality)과 융통성(Flexibility), 효율성, 경제성 등의 강력한 표현력들의 특성을 그대로 지니고 있으면서 객체지향 프로그래밍을 지원할 수 있는 플랫폼(Platform)을 제공한다. C++는 hybrid 언어로써 문제영역을 해결 시 완전한 객체지향 프로그래밍으로 해결할 수도 있으며, C와 거의 유사한 기능중심의 프로그래밍으로도 해결이 가능하다. C++는 1980년 초에 Bell Lab.의 Bjarne Stroustrup에 의해 개발된 언어로 복잡한 event-driven simulation 응용 프로그램 작성을 지원하기 위하여 개발되었으며 가장 중요한 설계의 요소는 C와의 호환성이었다. 그러므로 지금까지 C로 프로그래밍을 해 온 학생들이라면 C++가 가지는 언어적 특성(문법) 보다는 C++가 가지는 객체지향 패러다임을 통해 문제를 사고하고 해결하는 방법을 익히는 것이 더욱 중요하게 된다.

◉ **객체지향 부분의 확장**

주석문 : C++는 두 가지 형태로 주석문을 나타낼 수 있다. C에서 사용되는 /* */ 뿐 아니라 //을 line delimiter 주석문으로 사용할 수 있다.

```
/* this is a sample program  */
// this is a sample program  //
```

Enumeration 이름 : 구조체 이름이나 Enumeration 이름을 타입의 이름으로 선언 시 구조체 이름이나 enumeration 타입 이름 앞에 'struct'나 'enum' qualifier를 사용할 필요가 없다.

in C	in C++
enum {red, green, amber} traffic_color; enum traffic_color light;	enum {red, green, amber} traffic_color; traffic_color light;

이름 없는 union : 구조체 내에 union의 이름을 선언할 필요가 없다.

in C

```
struct data_rec{
        char *last_name;
        char *first_name;
        int int_number;
        union staff{
                float annual_salary;
                float hourly_usage;
        }
}
struct data_rec my;
my.staff.annual_salary=5000;
```

in C++

```
struct data_rec{
        char *last_name;
        char *first_name;
        int int_number;
        union {
                float annual_salary;
                float hourly_usage;
        }
}
data_rec my;
my.annual_salary=5000;
```

새로운 변수의 선언 : 변수선언의 필요한 장소에서 선언이 가능하다.

in C

```
main()
{
        int i;
        .
        for(i=0; iMAXSIZE; i++)
        {
                .
        }
}
```

in C++

```
main()
{

        .
        for(int i=0; iMAXSIZE; i++)
        {
                .
        }
}
```

Scope Qualifier operator : '::' operator의 사용을 통하여 전역 변수(Global Variable)와 자동 변수 사이(automatic variable)의 이름 마찰(name conflict)의 문제를 해결한다. 예를 들면 자동 변수 ch가 함수 hide_identifier( )에 선언되고, 동일한 이름의 전역변수가 선언된 예제의 경우 C++에서는 ::ch 는 hide_identifier()에서 전역변수로의 액세스를 허용하게 된다.

in C	in C++

char ch='D';
void hide_identifier()
{
    char ch;
    ch='e';
    printf("\n the local value=%c",
ch);
    ch='A';
}
main()
{
    hide_identifier();
    printf("\n the local value=%c",
ch);
}
	char ch='D'; //global
	void hide_identifier()
	{
	    char ch; //local
	    ch='e';
	    printf("\n the local value=%c",
	ch);
	    ::ch='A';
	}
	main()
	{
	    hide_identifier();
	    printf("\n the local value=%c",
	ch);
	}

이를 수행한 결과를 보면

in C	in C++
the local value = e the global value = D	the local value = e the global value = A

inline operator : inline 함수는 컴파일러로 하여금 함수가 호출되는 순간 함수 호출문이 정의된 곳으로 함수 구현부가 대체되게 한다. 이는 함수 호출의 과부하(overhead)는 줄여주지만, 코드의 크기가 증가한다는 단점을 지닌다.

new, delete operator : heap 기억장소에 프로그래머가 정의한 대로 기억장소를 할당(new)하거나 삭제(delete) 한다.

⊙ 객체지향적 확장부분

class 구조 : 'class'구조는 C++ 언어에 있어서 객체지향 프로그래밍의 기본단위이며 객체지향 패러다임의 중요한 특성인 정보은닉과 캡슐화(encapsulation)를 지원하는 구조이다. 캡슐화와 정보은닉은 자료와 이 자료의 조작에 필요한 데이터를 함께 묶어 자료 추상화를 이루며, 자료를 조작하는 권한을 자료와 함께 선언된 프로시저나 함수로 국한한다. 이로써 클래스를 사용하는 외부로부터 자료로의 직접 접근을 엄격하게 제한한다. 객체는 클래스에 의해 생성되는데, 이 객체는 자신의 자료와 프로시저를 갖게 되며 객체에 정의된 자료는 반드시 프로시저를 통해서만 운영된다. 객체의 사용자는 메시지를 보냄으로써 그 객체를 조작할 수 있다. 클래스는 클래스에 의해 생성될 객체의 공통되는 속성(attribute)와 행위(behavior)를 기술하는 것으로, C++에서의 class 구조는 다음과 같다.

```
class class_name_id
{
        private :
                data and member function
        protected :
                data and member function
        public :
                data and member function
};
```

"class"는 C++에 새로운 타입을 선언할 때 쓰이는 키워드이며, 클래스는 크게 "private"와 "public" 부분으로 구분되어진다. "public"부분에는 정의된 클래스를 사용하는 일반 응용프로그래머에게 가시적인 즉, 정의된 클래스로의 접근이 허용되는 정보를 정의하는 것으로 변수와 이를 조작하는 메시지들로 구성된다. "private"부분에 정의된 변수와 메소드는 외부로부터의 접근이 허용되지 않는다. 이를 간단한 C++ 클래스를 통해 알아보면 쉽게 이해할 수 있을 것이다.

자주 사용하는 String을 클래스 형태로 구성해 보자. string이라는 클래스를 작성할 때 먼저 생각해야 하는 것은 이 String 클래스의 가장 기본이 되는 메시지가 무엇인가를 고려해야 한다. 즉, 이 클래스의 외부적 관점을 먼저 생각해야 하는 것이다.

· set_to : string에 어떠한 값을 할당하는 메시지
· length : string의 길이를 구하는 메시지
· read : string의 값을 stdin으로부터 읽어 들이는 메시지
· print : string의 값을 인쇄하는 메시지

String 클래스의 기본 메시지 등으로만 외부관점을 정의했을 경우 다음의 클래스를 생각할 수 있다.

```
class String
{
        private :
                // implementation details
        public :
                void set_to(char *);
                int length();
                int read();
                void print();
};
```

private 부분의 자료표현 부분과 public 부분을 구성하는 정의된 메시지의 구현사항을 초기부터 결정될 필요 없는 사항으로 지연이 가능하다. 이로써 객체지향 언어는 구현 사항의 결정을 설계로부터 지연할 수 있다는 장점을 제공하고 있다. 이러한 외부 구조만이 기술된 클래스를 보고 다른 응용 프로그래머들 자신의 프로그램을 충분히 작성하게 되는데, 이는 객체지향 언어가 public으로 공개된 부분으로 만의 접근을 허용할 뿐, 내부 자료표현이나 구현사항으로의 접근을 제한하기 때문이다. 이러한 클래스를 사용하는 프로그램을 간단하게 작성하면 다음과 같다.

```
#include "string.h"
```

```
#include <stdio.h>
main(int agrc, char *argv[])
{
        String arg, input;
        if(argc == 2)
        {
                arg.set_to(argv[1]);
                printf("argument lenght = %d", arg.lenght());
        }
        printf("\n enter the string : ");
        input.read();
        printf("length is = %d", input.length());
        printf("content of string = %s", inpu.data); //error
        input.print();
}
```

이를 자세히 살펴보면 String이라는 클래스를 일반 int, char과 같은 타입으로 사용하여 arg, input이라는 변수를 선언하고 있음을 알 수 있다. 이것이 바로 객체(object)를 선언하는 방법인 것이다. 또한 arg.set_to와 같이 object_name.message_

name의 dot notation을 통해 생성되어진 객체에 메시지를 보내게 되며 이는 클래스를 외부 인터페이스에 나타난 메시지의 이름을 부르는 것으로 구성된다. 이 예제에서 보면 printf("content of string = %s", input.data); 의 경우 주석문을 통해 error임을 보여주고 있다. 이를 통해 클래스에 정의된 자료로의 접근은 클래스 외부로부터 엄격히 제한됨을 알 수 있다. 실제로 객체 input의 내용을 인쇄하려면 input.print()의 메시지를 이용해야 한다. 그렇다고 클래스의 구현사항이 언제까지 지연될 수는 없을 것이다. 실제 프로젝트를 구성하는 구성원끼리의 모든 의사결정이 완료된 후는 반드시 클래스의 완전한 모습을 갖추어 주어야 한다. 여기서 string 클래스의 완전한 내용을 기술하면 다음의 모습이 될 것이다.

```
const max_length 128
class String
{
```

```
        private :
                char data[max_length + 1];
        public :
                void set_to(char *)
                {
                        strncpy(data, s, ams_length);
                        data[max_length]=0;
                }
int length()
        {
return strlen(data);
}
int read()
{
if(fgets(data, max_length, stdio)==0)
        return 0;
if(data[length()-1]=='\n')
        data[length()-1]='\0';
return 1;
}
void print()
{
fputs(data, stdout);
}
```

한 가지 더 보충하자면 constructor, deconstructor를 통해 객체의 생성과 삭제를 지원한다. Object가 생성될 때마다, 객체의 클래스에 constructor가 정의되어 있다면 자동으로 그 객체에 대한 constructor 메소드를 호출하게 된다. constructor 메소드는 클래스의 이름과 동일한 메소드로 정의된다. destructor 메소드는 ~클래스이름으로 선언되며 객체에 할당된 기억장소를 삭제하는 기능을 갖는다. 다음에 정의된 String 클래스에 constructor 메소드와 destructor 메소드를 추가하여 정의하면 다음만을 추가하면 된다.

```
String()
{
```

```
        data[0]='\0';
}
String(char *a)
{
        strcpy(data, a);
}
~String()
{
        delete data;
}
```

constructor 메소드를 갖고 있는 클래스의 객체를 생성시 초기화라는 부분이 추가되는데 String s; 와 같이 아무 매개변수 없이 객체 s를 선언시 객체 s의 data 값은 NULL 값을 갖게 되며, String s = "HELLO", 혹은 String s("HELLO")와 같이 Object s를 선언 시 HELLO로 초기화된다.

상속 : 어떠한 응용 분야든지 공통되는 기능을 갖는 상호 관련된 클래스들을 갖게 되는데 이럴 때마다 새로운 독립된 클래스를 구성해서 각 클래스마다 공통의 기능을 정의하기보다는 단일 클래스에 공통의 특성을 모으고 이 클래스를 상속관계(Inheritance Relationship) 통해 기존에 개발된 클래스를 재사용하게 된다. 이렇게 공통의 특성을 정의한 클래스를 기본클래스(base class)라고 정의한다. C++에서는 상위 클래스(Parent Class)가 상속의 기본클래스(base class)로 제공되며 상위 클래스(Parent Class)를 수정하는 방법을 제공하게 된다. 이렇게 상속된 하위 클래스(derived class)는 기본 클래스에 정의된 자료구조와 오퍼레이션(메소드)을 상속받으면서 자신이 고유로 갖고 있는 자료와 메시지를 추가로 정의한다. 각각의 객체 지향 언어마다 상속을 구현하는 방법이 서로 다른데, C++에서는 상위 클래스에서 선언된 모든 메소드나 일부 메소드를 상속받을 수 있으며, 또한 상속 클래스 고유의 메소드 추가가 가능하며, 상위 클래스에서 선언된 메소드를 구현 사항을 달리하는 재정의가 가능하다. C++는 단일 상속뿐만 아니라 다중 상속도 지원하고 있다. 상속과 관련된 가장 중요한 점은 상속 클래스에 대한 상위 클래스의 가시성(Visibility)이다. 즉, 하위 클래스는 상위 클래스의 private 부분을 직접 접근할 수 없으며, 반드시 상위 클래스의 public 부분을 통해서만 접근 가능하

다. 단지 다른 사용자와 달리 상위 클래스의 protected로 선언된 부분에 대해서는 접근이 가능하다. 상속의 기본 구조는 다음과 같다.

```
class derived_class_name : [public] parent_class_name
{
        private :
                  .
                  .
        public :
                  .
}
```

C++에는 두 가지 방법으로 상속이 가능한데 이를 명시하는 방법은 public으로 상속하거나 public을 쓰지 않고 private으로 상속하는 두 가지이다. 이들 간의 차이는 예를 들어 살펴보자. 먼저 기본 클래스로 Window 클래스를 정의해 보자. 여기서는 클래스 상속관계를 정의하기 위한 목적으로 Window를 정의하므로 자세한 구현사항은 제외하도록 하겠다.

```
#include "point.h"
#include "string.h"
class Window
{
        public :
                Window(point &upper_left, Point &extent, sting &title);
                ~Window();
                Point upper_left();
                Point lower_left();
                Point extent();
                void clear();
                void move_win(Point &upper_left);
                void change_size(Point &extent);
                Point cursor();
                int character();
```

```
            void add(char a);
            void add(String &str);
      private :
            //data for a Window
}
```

이 Window 클래스를 사용하는 프로그램을 살펴보면, Window라는 constructor 메소드에는 3개의 매개변수, window의 upper_left에 해당하는 point 값, Window의 크기를 결정하는 point 값, Window의 title이 필요하다.

```
Window w = Point(10,2), Point(40,6), “test window”;
```

혹은

```
Window w(Point(10,2), Point(40,6), "test window");
#include "window.h"

main()
{
      Window w(Point(10,2), Point(40,6), "test window");
      w.move_cursor(Point(0,1));
      w.add("this is a test window");
      sleep(2);
      w.clear();
      w.move_cursor(Point(0,3));
      w.add("It will be remove at the\n");
      w.add("end of main()");
      sleep(2);
}
```

가령 이러한 Window 클래스를 갖고 있으면서 Shell_window를 새로 작성하려 한다면 Window 클래스를 기본 클래스로 사용할 수 있을 것이다. Shell_window는 다음의 사항을 제외하고 Window와 동일하다고 가정해 보자.

- Shell_window는 'execute'메소드를 통해 명령어를 실행하고 Window에 결과를 출력한다.
- Shell_window는 항상 40×3 문자크기를 갖는다.
- Shell_window는 다른 Window와의 비교를 위해 title 끝에 !를 첨가한다.

이렇게 정의한 Shell_window를 window의 상속 클래스로 정의하면 다음과 같다.

```
#include "window.h"
class Shell_window : public Window
{
	public :
			int execute(String &command);
}
```

이러한 Shell_window 클래스를 사용하는 응용프로그램을 통해 상속을 통한 가시성의 문제를 살펴보자.

```
#include "Shell_wind.h"
main()
{
	Window w(Point(10,2), Point(40,6), "test window");
	w.move_cursor(Point(0,1));
	w.add("this is a test window");
	Shell_window listing(Point(4,2), Point(14,74), "file listing");
	listing.move_cursor(Point(0,0));
	listing.add("this is a test window");
	listing.execute("ls-1");
}
```

여기서 보듯이 Shell_window 클래스에는 move_cursor나 add와 같은 메소드는 정의되어 있지 않음에서 Shell_window 클래스의 객체인 listing은 move_cursor나 add와 같은 메소드로 메시지를 보내고 있다. 이는 Shell_window 클래스가 Window 클래스를 public으로 상속받았기 때문에 Shell_window 클래스의 인터페이스 즉, 외부관점으로 execute 뿐만 아니라 Window 클래스에 정의된 add, move_cursor, lower_left, upper_left, extend 등의 메소드를 사용할 수 있다. 그러나 non-public으로 상속한 Counter의 예의 경우는 상속받은 하위클래스 limit_count 클래스의 인터페이스에 나타난 메소드만이 호출이 가능하다.

```
class counter
{
        private :
                //data for counter
        public :
                counter()
                void inc();
                void dec();
                unsigned int val()
};
class limit_counter : count
{
        private :
                //data for limit-counter
        public :
                limit_counter(int max);
                void inc();
}
main()
{
        limit_counter my_counter(10);
        for(int i=0; i<10; i++)
        {
                my_counter.inc();
                printf("\n counter = %d", my_counter.val());
                        //error
        }
}
```

동적바인딩 : C++ 컴파일러는 호출되는 메소드의 이름과 호출되는 객체와 매개변수의 타입에 따라 호출될 메소드를 선정한다. 이는 컴파일러로 하여금 메소드의 선정을 run-time시까지 지연 가능하게 하는 기능으로 C++에서는 virtual로 선언된 메소드의 경우 동적 바인딩의 대상이 된다.

(2) Java

⊙ 객체지향 개념과 자바

객체란 실세계에 존재하는 모든 것을 말한다. 즉, 상태(state) + 행위(behavior)로 표현할 수 있는데, 상태는 객체가 가지고 있는 속성 또는 특성을 말하며, 행위는 객체가 가지고 있는 기능 또는 할 수 있는 행동을 나타낸다[그림 8.17].

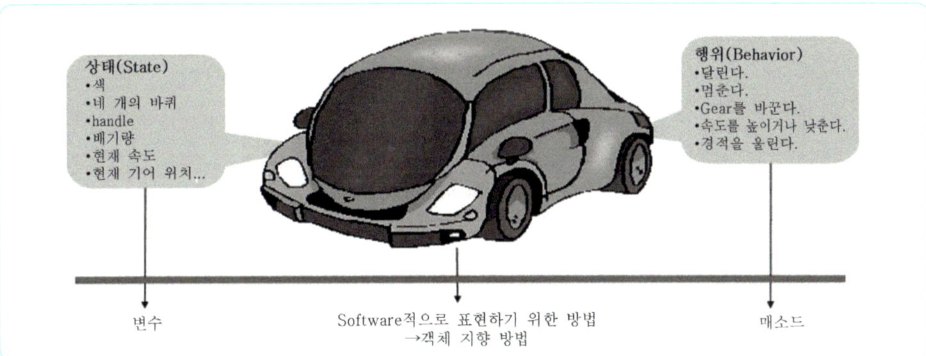

[그림 8.17] 상태와 행위

특징으로는 Encapsulation, Message, Class, Instance, Object, Inheritance, Polymorphism등이 있다.

Encapsulation은 변수와 메소드를 하나의 소프트웨어 묶음으로 캡슐화하는 것으로 소프트웨어 개발자 측면에서의 이점으로는 다음과 같은 것들이 있다.

- Modularity : 하나의 객체를 위한 소스 코드가 다른 객체를 위한 소스 코드와 무관하게 유지될 수 있다는 것

• Information hiding : 접근자(public, private, protected, ·)를 이용하여 정보를 보호

Message는 객체는 message를 다른 객체에게 보냄으로 다른 객체와 통신할 수 있다는 기본 원리를 가진다. 즉, 객체 A는 객체 B에게 message를 보냄으로써 객체 B의 메소드를 수행한다는 것이다. 구성요소로는 message를 받을 객체, 수행을 요청한 메소드의 이름, 메소드에 의해 필요한 매개변수가 있다.

Class는 어떤 특정한 종류의 모든 객체들에 대해 일반적으로 적용할 수 있는 변수와 메소드를 정의하고 있는 소프트웨어적인 설계도(blueprint) 혹은 프로토타입이다. 또한, 실세계에 존재하는 객체들이 가질 수 있는 상태와 행위들에 대해 소프트웨어적으로 추상화(abstraction) 해 놓은 것이다. 예를 들면, 청사진, 벽돌을 찍기 위한 하나의 틀이 해당된다. 클래스는 이러한 예에서도 볼 수 있듯이 재사용성(Reusability)을 기반 한다.

Instance는 실제화(realization)이다. Class를 실제로 사용할 수 있도록 선언하는 것으로 Class에 대한 변수를 선언하는 것 즉, "instance를 생성한다(instantiate)"는 것이다. 이는 생성된 변수를 instance, 메모리 공간을 차지, instance를 이용하여 변수들의 값을 설정 및 변경하는 일련의 일들을 행한다. 즉, 벽돌 틀을 이용하여 벽돌을 찍는 것이다.

Object를 이해하기 위해서 Class는 객체의 상태(or 변수)와 행위(or 메소드)를 정의하고 있는 blueprint 또는 프로토타입이라고 정의한바 있다. 또한, Instance 즉, Object는 Class를 실제로 사용할 수 있도록 변수 선언한 것이라 할 수 있다. 따라서 Object를 이해하기 위해서는 Class와 Instance의 관계를 이해해야 한다.

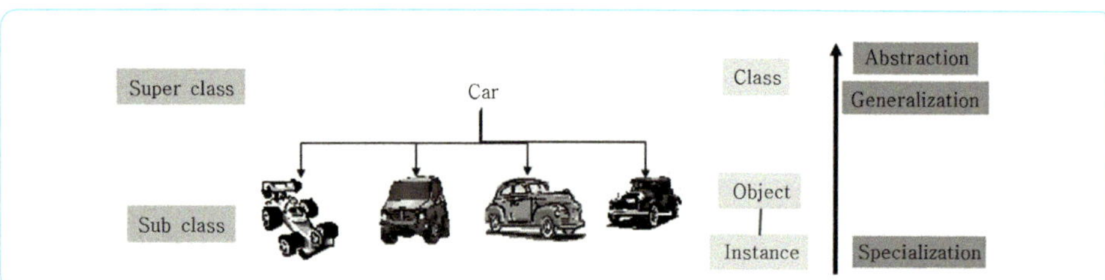

[그림 8.18] Class - Object - Instance

Inheritance는 "Sub class는 super class를 상속한다(inherit)."라는 기본 원리에 기반 하는 것으로 Sub class는 super class가 갖고 있는 모든 특성들을 상속하여 사용할 수 있다는 것이며, Tree로 표현하는데 이를 클래스 계층도라고 한다. inheritance의 장점은 Super class는 sub class들이 가질 수 있는 일반적인 상태와 행위를 정의하고, sub class는 sub class만이 갖는 특별한 상태와 행위를 정의함으로 써 super class들이 재사용 하는 것이다. 또한, 소프트웨어 개발에 드는 비용을 감소시킬 수 있다.

abstract class는 Super class를 일반적인(generalization) 행동을 정의하는 것으로 부분적으로 구현되거나 구현이나 정의가 이루어지지 않을 수도 있는데 이는 sub class를 정의하면서 완성할 수 있도록 가이드라인을 제공해 주는 역할을 한다.

Polymorphism(다형성)은 여러 개의 class가 같은 message에 대해서 각자의 방법으로 적용할 수 있는 능력으로 같은 이름을 갖는 여러 가지 형태가 존재한다는 것이다. 프로그램 측면으로 보았을 때 메소드 다중 정의나 메소드 재정의로 언급된다.

```
Class class_name{
        int method(int x);
        int method(int x, int y);
        int method(float );
        int method(double x);
}
```

◉ Class 정의 및 Instance(Object) 정의

프로그래밍 언어에서 OOP(Object Oriented Programming)이란? 기본적으로 class를 정의할 수 있고 객체 또는 instance를 생성하는 것을 말한다. Class 정의는 다음과 같다.

```
class 클래스이름 {
  // variable 선언부(객체가 갖는 상태)
  ...
  // method 선언부(객체가 갖는 헹위)
  ...
}
```

Class에 대한 instance 또는 object를 선언하고 생성하는 방법은 다음과 같다.

- Class_name class_instance_name = new class_name();
- Class_name class_instance_name
- Class_instance_name = new class_name();

Class를 제공하는 방법은 다음과 같다.

- Class에 대한 변수를 선언함과 동시에 생성하는 방법
- Class에 대한 변수를 선언하고 나중에 필요할 때 객체(또는 instance)를 생성하는 방법
- Class에 대한 변수를 class 참조형 변수(반드시 new() 를 이용, 메모리 공간을 할당)

```
class Point {
 int x, y;
 void setX(int xValue) { x = xValue; }
 void setY(int yValue) { y = yValue; }
 int getX() { return(x); }
 int getY() { return(y); }
 void move(int xValue, int yValue) {
   x += xValue;
   y += yValue;
 }
}

class Circle {
 Point center = new Point();
 int radius;
 void setRadius(int r) { radius = r; }
 void setCenter(int x, int y) {
   center.setX(x);
   center.setY(y);
 }
}
```

```
int getRadius() { return(radius); }
 int getCenterX() { return(center.getX()); }
 int getCenterY() { return(center.getY()); }
 double getArea() { return(Math.PI * radius * radius); }
}
class ClassTest {
 public static void main(String args[]) {
 Circle c1 = new Circle(), c2;
   c2 = new Circle();
   c1.setRadius(5);
   c1.setCenter(10, 10);
   c2.setRadius(10);
   c2.setCenter(20, 20);
   System.out.println("c1(x,y,r) : (" + c1.getRadius() + "," + c1.getCenterX() + ","
    + c1.getCenterY() + ")");
   System.out.println("c2(x,y,r) : (" + c2.getRadius() + "," + c2.getCenterX() + ","
  + c2.getCenterY() + ")");
 }
}
```

⦿ 변수 및 메소드의 접근 제어

객체가 갖는 상태 정보에 대해 접근 및 변경할 수 있는 메소드를 제공해 줌으로써 객체가 갖는 상태에 대한 잘못된 접근 또는 변경을 막을 수 있으며, 상태 정보를 나타내는 변수 또는 행위를 위한 메소드에 대한 접근 권한을 지정해 줌으로써 객체가 갖는 데이터에 대한 정보은닉(information hiding)을 가능하게 한다. 접근지정자에는 Public, Private, Protected 또는 생략할 수도 있다[그림 8.19].

```
접근지정자 변수 선언;
접근지정자 메소드 선언;
```

접근 지정자	동일 class	sub class	동일 package	모든 class
Private	○	×	×	×
Package	○	×	○	×
Protected	○	○	×	×

Public	○	○	○	○

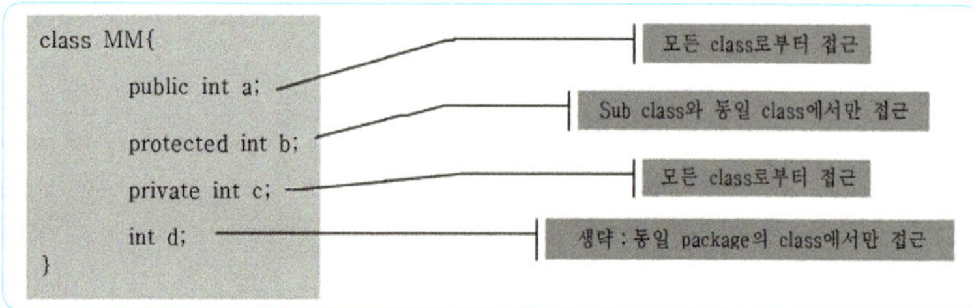

[그림 8.19] 접근 지정자

```
class Point {
 private int x, y;
 public void setX(int xValue) { x = xValue; }
 public void setY(int yValue) { y = yValue; }
 public int getX() { return(x); }
 public int getY() { return(y); }
 public void move(int xValue, int yValue) {
    x += xValue;
     y += yValue;
 }
}

class AccessModifierTest {
 public static void main(String args[]) {
    Point p1 = new Point(), p2 = new Point();
    p1.setX(5); p1.setY(10);
    p1.move(10, 10);
    p2.setX(35); p2.setY(30);
    System.out.println("p1(" + p1.x + "," + p1.y + ")");    // 에러 발생
    System.out.println("p2("+p2.getX()+","+p2.getY()+")");
 }
}
```

⊙ 메소드의 다중정의(Overloading)

같은 이름으로 여러 가지 일을 하는 것을 다중정의라 한다. 이는 동일한 메소드의 이름은 매개변수의 개수와 자료형을 이용하여 구별한다는 원리이다.

```
void f(char n) {...}
void f(int n) {...}
void f(int i, int j) {...}
void f(long n) {...}
void f(float n) {...}
```

메소드 다중 정의에 의해 선언된 메소드는 그 메소드를 호출할 때의 매개변수의 개수 또는 매개변수의 자료형에 따라 동적으로 호출된다. 또한, 메소드를 호출할 때 호출되는 메소드는 실매개변수의 자료형과 가장 가까운 형식매개변수를 갖는 메소드가 호출된다.

```
class MethodOverloadingTest {
 public static void main(String args[]) {
    short i=1;
    long l=2;
    f('A');
    f(1);
    f(i);
    f(l);
    f(3.141592);
 }
// static void f(char n) { System.out.println("    char : " + n); }
    static void f(byte n) { System.out.println("    byte : " + n); }
    static void f(short n) { System.out.println(" short : " + n); }
    static void f(int n) { System.out.println("젌 int : " + n); }
    static void f(long n) { System.out.println("    long : " + n); }
    static void f(float n) { System.out.println(" float : " + n); }
    static void f(double n) { System.out.println(" double : " + n); }
}
```

8.8 컴포넌트 기반 소프트웨어 구현

8.8.1 컴포넌트 저장소

컴포넌트 저장소는 비즈니스 응용 구축을 위해 요구되어지는 컴포넌트를 찾고 공급함으로써 응용 개발을 위한 환경을 지원하는 라이브러리 시스템이다. 따라서 컴포넌트 저장소는 컴포넌트의 분석, 설계 결과물 및 구현 결과물에 이르는 컴포넌트 라이브사이클의 모든 정보들을 정의되어진 아키텍처에 따라 저장, 등록 관리하며 나아가 보다 진보된 검색 서비스 및 정보의 브라우징 기능을 통해 "Reuse With Component"를 지원하는 도구이다.

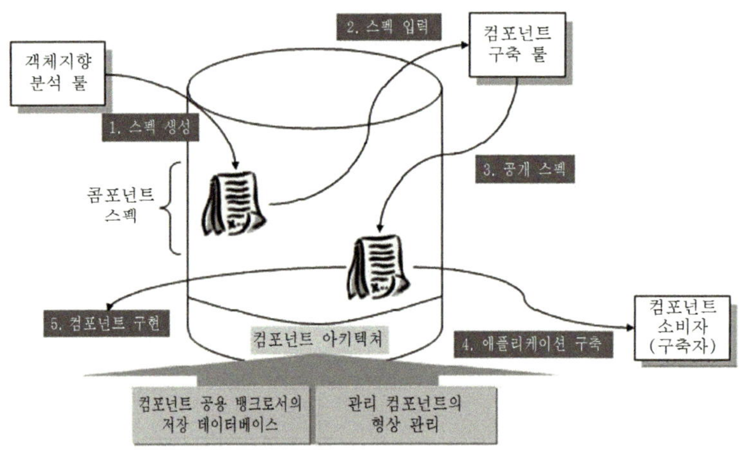

[그림 8.20] 컴포넌트 저장소의 전반적인 개요

컴포넌트 저장소는 [그림 8.20]와 같이 두 가지 관점에서 컴포넌트의 생성과 활용을 위한 중심 매개체로서 도식화될 수 있다. 즉, 정의된 컴포넌트 아키텍처에 바탕으로 둔 컴포넌트의 명세와 구현을 객체지향 도구를 사용함으로써 생성, 저장소에 저장, 관리되고 이는 다시 컴포넌트 고객에게로 새로운 응용 개발에 필요한 요소로서 재사용되기 위해 배포되어 활용된다.

시스템의 생명주기 동안 생산되어진 각 컴포넌트 정보들을 공유하고 통합하기 위한 저장소에 관한 연구는 여러 업체들이 컨소시엄을 구성하여 표준화 방안을 제시하고 이에 근거한 저장소들을 구축하고 있다. [표 8.2]는 현재 제시된 컴포넌트 저장소 구축과 관련된 표준안들이다.

[표 8.2] 컴포넌트 저장소에 관한 표준안

표 준 안	특 징
CDIF(CASE Data Interchange Format)	· CASE 도구간의 정보 공유 위한 언어 명세 · 서로 다른 정보저장소에 있는 정보를 상호 교환
PCTE(Portable Common Tool Environment)	· 소형컴퓨터 LAN환경에서 CASE도구의 이식성을 높이기 위한 인터페이스 표준 · OS와 CASE 도구사이에 수행되는 함수들의 집합 명시
IBM Repository Management/VMS	· IBM의 시스템 생명주기 단계를 지원하는 소프트웨어 도구들과 서비스를 제공하는 핵심 부분 · CALS/EC환경의 모든 정보저장 및 관리
ATIS(A Tools Integration Standard)	· IPSE(Integrated Project Support Environment)를 위한 객체 지향적 정보저장소 인터페이스 · 인터페이스를 사용하여 정보저장소간의 상호통신
SDAI(Standard Data Access Interface)	· STEP 자료 관리를 위한 객체지향적 정보저장소 인터페이스 · 응용들 간에 기능적 인터페이스와 스키마 인스턴스 정의
IRDS(Information Resource Dictionary System)	· 정보저장소의 내용, 사용자 인터페이스와 정보저장소 간에 정보를 이동하기 위한 인터페이스 등을 정의

이러한 표준안에 준하여 각 업체들의 그들이 제시하고 있는 환경적인 통합을 이룰 수 있는 컴포넌트 저장소를 개발, 출시하고 있는 실정이다. 그러나 이러한 것들은 그들 업체들이 허용하는 특정 플랫폼과 컴포넌트 아키텍처, 데이터베이스에 제한적이며 여러 지원 도구들이 생산하는 결과물 역시 다른 도구들과의 호환이 어려운 상태이다.

응용 개발 생명주기 전 과정에서 컴포넌트 공유와 툴 간의 상호 운용성 수행을 목적으로 상용화되어 출시되고 있는 제품들은 다음과 같다.

- MS Repository 2.0 : 컴포넌트 개발 툴이나 메타 데이터 관리, 툴 간의 상호운용성 제공을 목적으로 많은 기업에서 사용 중이다. 특히 소프트웨어 개발, 데이터 웨어하우징, 정보 모델링 등의 공유 메타 데이터 관리를 지원하기 위해서 open information model 사용에 용이하며 Visual Studio 6.0, Visual Basic 6.0 Professional&Enterprise, SQL Server7.0이 함께 탑재되어 제공된다.
- SELECT Component Manager : 컴포넌트 재사용을 위해 SELECT Enterprise 6.0, 5.2를 지원하며 컴포넌트의 배포와 사용, 그리고 관리를 위한 전체 컴포넌트 생명주기를 지원을 목적으로 한다.
- Oracle의 SEDONA : 컴포넌트 기반 애플리케이션을 구축하기 위한 분산 개발 환경을 제공함으로써 표준 컴포넌트 개발, 관리를 목적으로 한다. 시스템은 컴포넌트 프레임웍, 저장소, 명세와 구현, 컴포넌트기반 애플리케이션의 단계별 지원을 위한 비주얼 툴 집합으로 구성된다.

8.8.2 COTS(Commercial-Off-The shelf) 컴포넌트

상용 제품 사용이 증가하면 시스템이 필요로 하는 기능을 이미 수행하고 있는 제품을 적정한 가격에 획득할 수 있을 것으로 기대하고 있다. 이러한 접근방법으로 시스템에 대한 컴포넌트 개발의 어려움을 줄일 수 있다. 이는 값싸게 구현된 컴포넌트를 빠르고 효율적으로 획득하는 것을 보장한다.

이런 접근방법을 활성화하기 위해 전 미 국방장관 윌리엄 페리는 1994년 6월에 국방부 획득사업에서 성능 명세서와 상용 표준을 최대한 활용함으로써 상용제품의 사용기회를 확대하도록 지시하였다. 이후에 미연방 획득법과 국방부 정책 문서(DoD Directive 5000.1 및 DOD Regulation 5000.2)에 반영되었다.

이러한 지침과 법적인 배후에는 몇 가지 근거가 있다.

- 전통적으로 시스템이 갖추어야할 특성을 정의하는 것과 계약자가 그러한 특성을 달성하기 위해 시스템을 어떻게 구축해야 되는가를 정의하는 데 많은 노력을 기울였다. 따

라서 이미 존재하고 있는 시스템이나 컴포넌트 또는 다른 곳에서 거의 같은 능력을 갖춘 것들이 있음에도 불구하고 많은 자원을 사용하였다. 널리 알려진 접근방법은 매번 모든 것을 개발하여 독자적인 시스템을 만드는 것이었다. 그 결과 시스템은 매우 비싸게 되었고 컴포넌트나 시스템의 수명 주기 동안 단지 한 고객만을 위해 개발하고 유지보수하게 되었다.

- 이러한 것을 더욱 나쁘게 한 것은 상용기관들이 기술의 발전을 위해 막대한 투자를 하였지만 전통적인 방법으로 개발한 시스템의 독특한 자질은 선진 기술을 이들 시스템에 사용하지 못하게 하였다.
- 긴 구축기간이 걸리는 유일한 시스템은 새로운 발전을 위해 투자하지 못하게 하였다.

상용 시장 이용을 기반으로 하는 접근방법으로 이동은 여러 가지 매력을 제공한다. 다른 사용자들과 이러한 방법을 공유하고 산업체가 새로운 기술을 만들기 위해 투자를 이끌어내면서 많은 사람들에게 양도할 수 있어서 가격을 낮출 수 있다는 희망이 있다.

결론적으로, COTS라는 용어는 상용제품을 일반적으로 지칭하기 위해 사용하는 약어이다. 통상적으로 사람이 어떤 제조자의 상점 선반(카탈로그나 가격 목록을 통해)에서 이미 만들어진 것을 살 수 있다는 의미이다. 그러나 이러한 용법은 명확하지가 않고 모두가 널리 받아들이는 것은 아니다. 구매를 위해 명확한 정의를 해야 하므로 '상용품'으로 정의하며, 이를 요약하면 다음과 같다.

① 특정 기관(정부 기관)이 아닌 곳에서 일반적인 목적으로 사용하기 위한 자산(부동산은 제외)이면서 일반 대중을 위해 팔거나, 빌리거나, 라이센스를 주는 항목 또는 이를 위해 제의를 하는 항목

② 기술 발전을 통하여 위 ①로부터 진화한 항목으로서 현재 상용으로 나와 있지는 않지만, 요구사항을 만족시키게 되면 바로 사용이 가능한 항목

③ 위 ① 또는 ②를 만족시키지만 상용시장에서 고객의 요구를 위해 수정이 필요하거나 연방정부의 요구를 충족시키기 위해 소규모의 수정이 필요한 항목

④ 위의 ① – ③을 충족하는 항목의 조합

⑤ 설치, 유지보수, 수정, 훈련 등의 서비스. 이러한 서비스가 위의 ① – ③ 항목을 지원하기 위해 구매되는 것으로서 제의하거나 일반 대중 지원을 위해 같은 업무 담당자에 의해 제공되는 것, 또는 상용시장에서 경쟁적으로 판매하는 다른 서비스

⑥ 개인의 경비로 배타적으로 개발한 비개발품(nondevelopmental item)이면서 다수의 주(state)나 지방정부에게 경쟁적으로 판매하는 항목

COTS 제품은 상업 조직에 의해 상용 목적과 일반 대중을 위한 목적으로 개발된다는 것이 요점이다. 대부분의 사람들은 COTS 제품의 의미를 이러한 아이디어에 개략적으로 동의할 것이다. 독특한 특징은 다음과 같다.

- 상용 벤더에 의해 이미 존재하고 있는 것
- 일반 대중에게 가용한 것
- 구매(리스, 라이선스)할 수 있는 것

8.8.3 컴포넌트 기반 소프트웨어 구현 프로세스

(1) 컴포넌트 기반 개발

컴포넌트 도메인 로직 수행을 목적으로 독립적으로 수행 가능한 소프트웨어 부품이며, 잘 정의된 인터페이스를 통해 다른 컴포넌트와 상호 운영될 수 있다. 컴포넌트의 특징으로는 모듈성, 잘 정의된 인터페이스, 참조 아키텍처 등이 있는 있다.

각각의 속성들을 살펴보면 컴포넌트 아키텍처는 관련된 다른 종류의 컴포넌트들을 연관시키기 위한 표준 계층으로 컴포넌트의 획득, 이해, 조립을 위한 레이아웃을 제시하고, 컴포넌트 식별과 커스터마이징의 가이드라인을 제공한다. 하드웨어처럼 플러그 앤 플레이(plug & play)를 가능케 하는 모듈성과 컴포넌트 내부의 구현 로직에 관계없이 외부와의 통신을 위한 인터페이스를 통해 컴포넌트는 합성이 가능하게 된다. 다른 컴포넌트와 함께 조립된 컴포넌트는 동적 바인딩을 통해 다른 컴포넌트, 혹은 컨테이너와 상호 운영되며, 커

스터마이징을 통해 최종 사용자의 목적에 부합하는 소프트웨어 부품으로써의 기능을 수행한다.

컴포넌트기반 개발은 바로 이 컴포넌트를 소프트웨어 부품으로 활용해서 이루어진다. 미리 구축되어 캡슐화된 컴포넌트를 사용함으로써 이전의 코드나 라이브러리보다 재사용의 범위가 확장되고, 컴포넌트 개발자에 의한 컴포넌트 보급을 통해 애플리케이션 개발에 있어서의 적시성과 생산성, 품질 향상 등을 보장받는다. 또한, 완성품 형태의 컴포넌트를 생산, 보급함으로써 소프트웨어 개발의 자동화와 산업화를 가능하게 함으로써 빠른 비즈니스 환경 변환에 적당하며, 이질적인 시스템 연동문제에서도 최상의 해결책이 되는 등의 소프트웨어 개발 패러다임을 점진적으로 변화시키고 있다.

[표 8.3]은 이러한 컴포넌트 기반의 장점을 나타내고 있으며, 이미 국내에서도 KCSC(Korea Consortium for Software Component Promotion)나 컴포넌트 뱅크를 주축으로 컴포넌트 저장소 또는 유통, 판매 사이트가 등장하고 있어 그 유용성을 입증 받고 있다.

[표 8.3] 컴포넌트 기반 개발의 장점

장 점	설 명
개발시간	이미 개발되어 있는 표준 컴포넌트들을 조립함으로써 애플리케이션 개발이 이루어지므로 개발시간이 단축된다.
유지보수	관리가 쉬워진다.
품질	모든 테스트를 끝낸 컴포넌트만 판매되기 때문에 품질이 보증된다.
응용개발 및 업그레이드	각 기능들이 컴포넌트화 되어 개발되었기 때문에 해당 컴포넌트들만 따로 변경, 업그레이드 할 수 있다.
개발 비용	전체적인 개발 비용이 감소된다.

(2) 컴포넌트기반 개발의 구성요소

효과적인 컴포넌트기반 개발을 위해서는 다음과 같은 컴포넌트기반 개발 구성요소가 필요하다.

- **컴포넌트 모델(component model)** : 컴포넌트의 규칙화와 목적, 기능, 서비스 레벨에 대한 레이아웃 제시

- **컴포넌트 구축(component implementation)** : 컴포넌트 모델에 따른 컴포넌트의 구현, 컴포넌트 기반 개발의 기반 프로세스
- **컴포넌트 아키텍처(component architecture)** : 컴포넌트 생성, 획득, 조합을 위한 표준 참조 모델 제공
- **컴포넌트 저장소(component repository)** : 컴포넌트 기반 개발을 위한 통합 관리 도구로서 공용 뱅크(bank) 성격의 관리 시스템과 형상관리를 주목적으로 한다. 따라서 컴포넌트 검색과 제공, 새로운 요구사항의 반영
- **컴포넌트 명세(component specification)** : 컴포넌트의 기능과 목적을 최종 사용자인 애플리케이션 개발자에게 정확하게 이해시키며, 컴포넌트에 대한 각종 메타 데이터가 제공

이상의 각 요소들은 컴포넌트 기반 개발을 원활하게 이루기 위한 필요충분조건들이다. 이러한 각 요소들을 통해 최종 사용자는 컴포넌트를 이해하고, 비즈니스 목적에 맞는 최적의 컴포넌트를 선정, 조립함으로써 효과적인 컴포넌트 기반 개발을 통한 애플리케이션 개발이 이루어진다. 따라서 컴포넌트 기반 개발을 이루기 위한 선결 과제인 컴포넌트 구축은 컴포넌트 공급과 애플리케이션 개발을 위한 소프트웨어 부품화의 핵심 요소라 할 수 있다.

(3) 컴포넌트 추출 및 변환

컴포넌트 기반 개발은 검증된 고품질의 컴포넌트 구축과 컴포넌트 아키텍처 또는 컴포넌트 프레임웍의 용이한 구성으로 완성된다. 일반적으로 컴포넌트 구축에는 두 가지 관점이 존재한다. 애플리케이션과 동일한 목적으로 컴포넌트 모델을 선정하고, 컴포넌트 도메인과 비즈니스 로직에 따라 컴포넌트 분석, 설계, 개발을 이루고 적합한 컴포넌트 명세를 포함하여 컴포넌트 저장소를 통해 유통시킨다. 앞의 일반적인 컴포넌트 개발과는 달리 기존의 애플리케이션을 컴포넌트화하는 관점이 존재한다. 이러한 재사용은 컴포넌트를 개발하기 위해 기존 애플리케이션의 유 · 무형의 자원을 사용할 수 있으므로 스크래치로부터 시작되는 컴포넌트 개발의 각 단계를 부분적으로 제거하거나 감소시킬 수 있다. 또한, 기존 애플리케이션의 운용되던 기업 환경이나 최종 사용자들에게 품질을 검증 받은 상태의 가치 있는 비즈니스 로직을 추출하므로 상대적으로 컴포넌트 품질의 신뢰 향상과 개발 사이클의 감소와

항우 재사용에 따른 부가 가치등 여러 가지 이점을 가진다.

컴포넌트 변환은 기존 애플리케이션의 분석, 설계 정보를 검토하고 이를 통해 결과물인 소스코드, 또는 클래스의 분리를 통해 재사용 가능한 단위들을 분류한다. 이렇게 분류된 재사용 단위들을 목표로 하는 컴포넌트 모델로 변환하기 위해 컴포넌트 모델의 언어적 측면에서 프로그래밍 규칙의 매핑, 플랫폼과 컴포넌트 아키텍처의 조망, 변환후의 컴포넌트의 재사용성 고려 등을 통해 컴포넌트 구축이 이루어진다. 따라서 다음 [그림 8.21]에서 보여지듯 컴포넌트 변환은 재공학의 큰 범주에 속함을 알 수 있다.

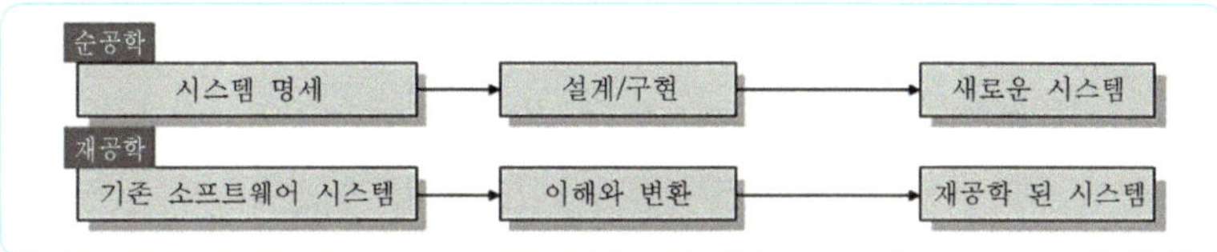

[그림 8.21] 컴포넌트기반 개발의 "순공학과 재공학" 구현 프로세스

소프트웨어 재공학은 기본의 애플리케이션과 관련되어 새로운 비즈니스 요구 반영을 위해 재구축 하거나, 더 나은 유지보수성을 가지도록 한다. 여기에는 재공학 프로세스의 한 행위로써 기존의 시스템을 재문서화하거나 재구조화하는 과정도 포함한다. 또한, 보다 현대적인 언어로 재구현 될 수 있으므로, 분산 플랫폼에 적합한 형태로 변경될 수도 있고, 기존 데이터가 새로운 데이터베이스 관리 시스템으로 이주될 수도 있다. 소프트웨어 재공학은 이미 산업 분야의 유지보수나 시스템 개선 등에 반영되어 다양하게 사용되어지고 있다.

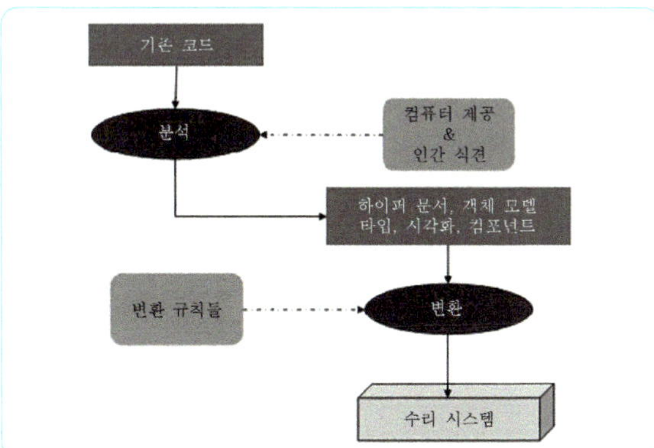

[그림 8.22] 기존 시스템의 분석과 변환

1. 다음 용어를 설명하고 이들 개념이 도입된 언어를 들어라.

(1) Information Hiding

(2) Scope Rule

(3) Exception Handling

(4) Class

2. 다음 [그림 8.23]를 JSP 구조 표현으로 코딩하라.

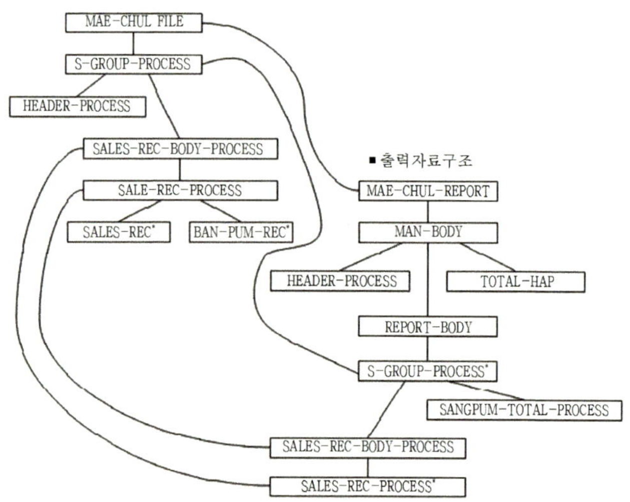

3. C++의 클래스 Pascal의 레코드 그리고 C 언어의 struct의 공통점과 상이점을 논하라.

4. 다음 [그림 8.24] 흐름도에 대해서 구조적 프로그램을 작성하라.

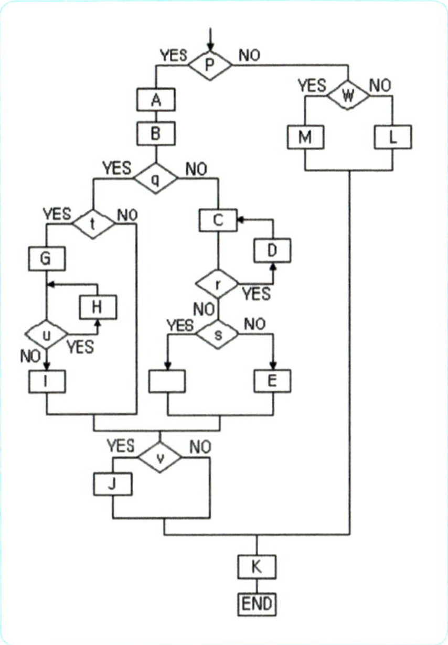

[그림 8.24]

5. C# 과 Java를 비교하시오.

참고문헌

1. Bohem, C., and G. Jacopini, "Flow Diagram, Turing machines and Languages with only Two Formation Rules", Communication of the ACM, Vol.9, No.5, 1966.

2. Kernighan, B., and Plauger, *The Elements of Programming Style*, McGraw-Hill, 1974.

3. Kernighan, Bo, and P. Plauger, *Software Tools*, Addison-Wesley, 1976.

4. G.Booch, *Software Components with Ada*, The Benjamin/Comings, 1987.

5. N. Chapin, "Functional Parsing in Structured Design", Infotech, State of the Art Report, Vol.2, pp. 25~42, 1978.

6. Brad J. Cox, *Object-Oriented Programming*, Addison Wesley, 1987.

7. L.L. Constatine, *Structure Chart-A Guide*, Nov., 1974.

8. P.J. Dening, *A Hard Look at Structured Programming in Structured programming*, State of the Art Report, Infotech International, 1976.

9. E.W. Dijkstra, "The Structure of The Multiprogramming System", Comm. ACM, Vol.11, No.5, pp. 341~346, May, 1968.

10. Hughers Aircraft Company, *IR & D Structured Design Methodology*, FR 76-17-289, 1975.

11. IBM, *HIPO : Design Aid and Documentation TOOL*, IBM, SR 20-9413-0, 1973.

12. http : //www.add.re.kr/infor/journal/j_dti/0110/j0110c10.htm

13. www.javastudy.co.kr

14. java.sun.com

15. 김일민, "알기 쉬운 Java" , 홍릉출판사, 2000.

16. 영진닷컴, Java Bible , 영진출판사, 1998.

17. Ivica Crnkovic, Magus Larsson, *Component-Based Development - a New Approach in Software Development*, MIPRO 2001, Opatija, Croatia, 2001.

18. 김행곤외, 컴포넌트 저장소 형상 관리 시스템 개발, 중간 연구 보고서, 한국전자 통신 연구원, 7, 2000.

19. The Software Revolution, Inc., *Legacy Software Application Reuse Facility*, 1999.

20. Ian Sommertvile, *Software Engineering*, sixth edition, Addison, Wesley, 2001.

09 Chapter

개발 실무 중심의 **소프트웨어 엔지니어링**

소프트웨어 테스팅

9.1 테스팅의 정의

테스팅이란 소프트웨어 개발공정 중에서 가장 노력과 비용이 집중적으로 투자되는 수고스러운 작업으로 기능과 성능을 확인하는 작업이다. 소프트웨어 테스팅은 [그림 9.1]과 같이 소용돌이 형태로 볼 수 있다.

단위 테스팅(unit testing)은 프로그램의 기본 단위인 각 모듈(module)이 내부 설계 명세에 맞도록 작동하는지를 테스트한다. 복잡한 시스템일 경우 여러 모듈들이 모여서 서브시스템을 형성하게 되는데 이 때 이들 간의 인터페이스를 중심으로 테스트하는 통합 테스팅(integration testing)이 이루어진다. 확인 테스팅(validation testing)은 요구분석에 의해 작성된 요구를 소프트웨어가 만족하는가를 확인하는 과정으로 이 때의 요구 명세는 외부설계명세를 의미한다. 마지막으로 시스템 테스팅(system testing)은 다른 시스템 요소(하드웨어, 인력, 데이터베이스)들과 연결된 소프트웨어가 시스템기능 및 성능 등의 사용자요구를 만족하는가를 테스트한다.

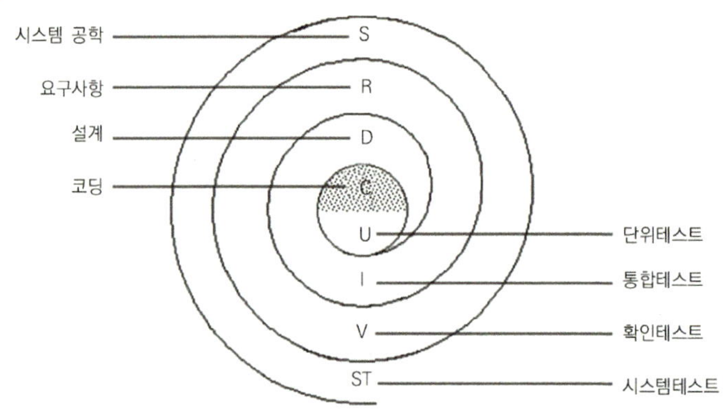

[그림 9.1] 소프트웨어 테스팅

다음 [그림 9.2]는 이상의 4가지 테스팅 방법이 순서적으로 실행되는 절차를 표시한다.

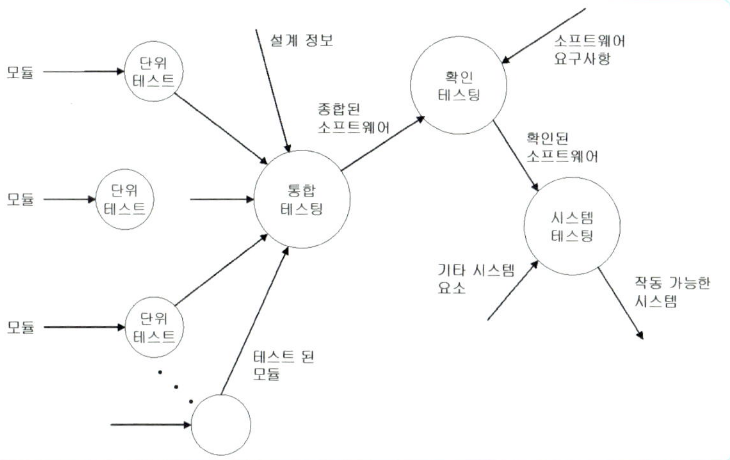

[그림 9.2] 소프트웨어 테스팅 단계

9.1.1 단위 테스팅

단위 테스팅은 소프트웨어 설계의 최소단위인 모듈의 검증에 초점을 맞추어 상세 설계 명세서(detail design description)를 지침으로 중요한 제어 경로들을 테스트한다. 그러므로 단위 테스트는 화이트 박스 테스트라고 말할 수 있으며, 여러 모듈이 병렬적으로 테스트될 수 있다.

(1) 단위 테스트의 고려사항

- **모듈 인터페이스** : 테스트되는 모듈의 내부 또는 외부로 전달되는 정보를 보증하기 위하여 테스트된다. 구체적인 세부 항목은 다음과 같다.
  ① 입력 매개 변수(parameter)수와 인수(argument)의 수가 동일한가?
  ② 매개변수와 인수(argument)의 특성이 일치하는가?
  ③ 광역변수(global variable)의 정의가 모듈을 통과해도 변하지 않는가?

- **지역 자료구조(local data structure)** : 알고리즘이 실행되는 모든 단계동안에 값이 변하

지 않게 일시적으로 저장된 데이터를 보증하기 위해 검사된다. 모듈의 지역데이터 구조를 테스트할 때 다음과 같은 부분에 해당하는 테스트케이스를 설계해야만 한다.

① 부적합한 변수이름 또는 일관성 없는 변수이름

② 잘못된 초기화 또는 잘못된 디폴트(default) 값

③ 부정확한(잘못된 철자 또는 잘려진 철자) 변수 이름

④ 불일치 데이터 타입(type)

⑤ 언더플로우, 오버플로우 등

- **독립 경로(independent path)** : 제어구조를 통하여 기본이 되는 경로들이 모듈 안의 모든 문장들을 적어도 한번 실행하는지 테스트하는 것으로 기본경로(basis path)라고도 한다.

- **에러처리(error handling)** : 에러처리 시에 발생할 수 있는 잠재적인 에러는 다음과 같다.

① 에러의 설명을 이해할 수 없다.

② 발견된 에러와 설명되는 에러가 일치되지 않는다.

③ 에러 설명서가 에러의 원인을 평가하는데 충분한 정보를 제공하지 못한다.

- **경계 조건 테스팅** : 단위 테스팅에서 가장 나중에 테스트하는 중요한 항목은 경계조건에 대한 잘못을 검사하는 것이다.

① n차원 배열의 마지막 요소

② i번 반복되는 루프의 i요소

③ 변수의 최대 또는 최소 허용값

(2) 단위 테스트의 절차

모듈은 독립된 프로그램이 아니기 때문에 단위 테스트를 위해 테스트 드라이버(test driver) 또는 스텁(stub)이 만들어져야 한다.

[그림 9.3]에서 단위 테스트 환경처럼 대부분의 드라이버는 모듈로 전달하며, 관련된 결과를 출력하는 등 단순한 역할을 담당하는 "주 프로그램"기능을 갖는다. 스텁은 테스트되는 모듈에 의해 호출되는 모듈의 가상 부프로그램(dummy subprogram) 역할을 담당한다.

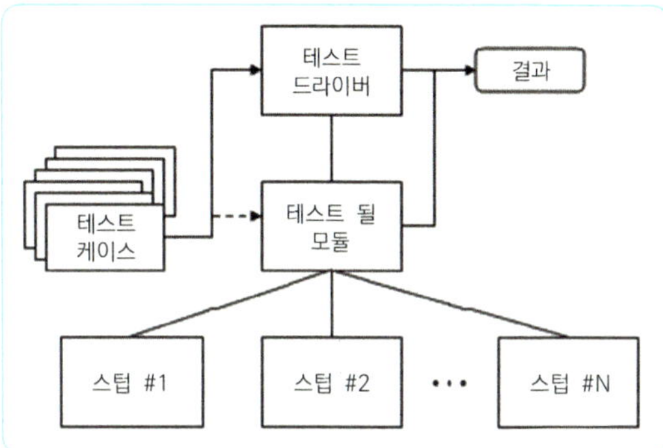

[그림 9.3] 단위 테스팅 환경

드라이버나 스텁은 테스트를 위한 가상프로그램이기 때문에 완성된 소프트웨어 제품에는 포함되지 않는 오버헤드라고 말할 수 있다. 그렇기 때문에 가능한 간단한 드라이버나 스텁을 사용하면 오버헤드를 줄일 수 있지만 대부분의 모듈은 간단한 오버헤드를 가진 충분한 단위 테스트를 이룰 수가 없다.

높은 응집도(cohesion)를 갖는 모듈인 경우는 보다 간단한 단위 테스트를 할 수 있다. 즉, 하나의 기능이 하나의 모듈로 구현될 때는 테스트케이스도 줄어들 뿐만 아니라 보다 쉽게 에러를 예측하고 발견할 수 있다.

9.1.2 통합 테스팅

모듈을 몇 개 결합하여 하나의 시스템으로 완성시키는 과정에서의 테스트로 각 모듈간의 인터페이스를 검사하는 과정이다. 통합 테스팅에서 주로 사용하는 방법에는 [그림 9.4]에서와 같이 하향식 테스트(top-down test)와 상향식 테스트(bottom-up test)가 있다.

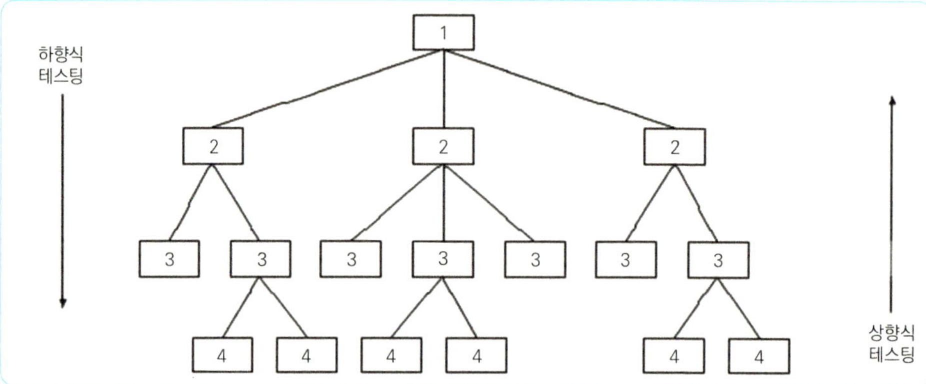

[그림 9.4] 하향식 테스팅과 상향식 테스팅

(1) 하향식 테스트

시스템의 최상위에 있는 주 프로그램 모듈을 먼저 테스트하고, 이 모듈이 직접 호출하는 다음 레벨의 모듈을 테스트하여 점차 하위 레벨로 테스트를 이동하는 방법으로 드라이버 모듈은 필요 없다. [그림 9.5]의 간단한 시스템에서 주 프로그램이 모듈 1과 모듈 2를 호출하므로 주프로그램의 하향식 테스트를 위하여 스텁 1과 스텁 2가 만들어져야 한다[그림 9.5(b)].

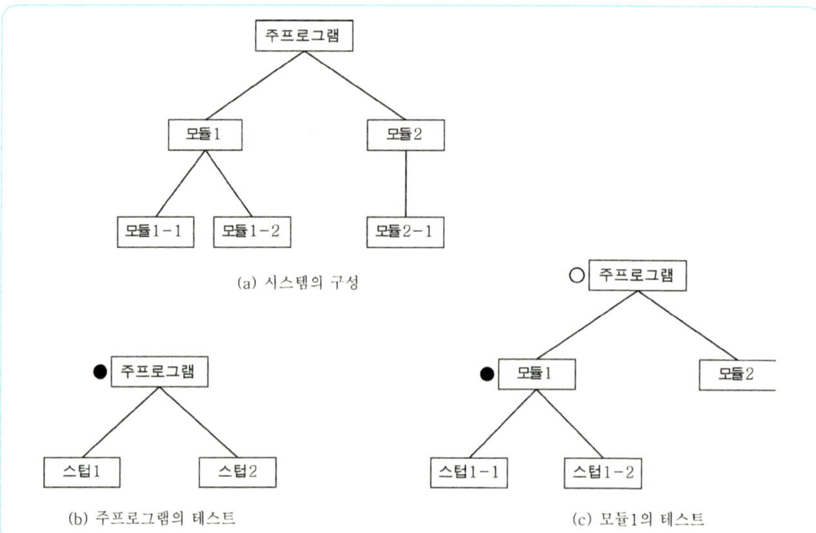

[그림 9.5] 하향식 테스트의 예(●은 테스트 중, ○은 테스트 완료)

주프로그램의 테스트가 끝나면 모듈 1이 테스트되어야 하는데 이를 위하여 모듈 1이 호출하는 두 모듈에 대한 스텁 1-1과 스텁 1-2가 만들어져서 모듈 1과 결합한다. 이 때 모듈 1의 드라이버는 이미 테스트가 끝난 주프로그램이 담당하므로 드라이버 모듈은 필요 없다. 모듈 1의 테스트가 완료되면 스텁 2를 모듈 2로 바꾸어 이를 테스트하면 된다.

하향식 테스트의 장점은 하위 모듈이 테스트 시에 테스트가 이미 끝난 상위 모듈을 이용하기 때문에 시스템의 실제 가동 환경과 유사한 환경에서 테스트가 이루어진다. 또한 테스트의 최초 단계에서 인터페이스의 검증이 가능하다. 그러나 테스트 초기에 병행작업이 곤란하며 시스템 내용에 따라서 스텁의 작성에 많은 노력이 필요하게 된다. 스텁이 갖추어야 할 조건으로는 다음과 같다.

- 스텁은 실행 가능한 것이어야 한다. 즉, 정확하게 컴파일 되고 실행될 수 있도록 프로그래밍 되어야 한다.
- 스텁의 내용은 가능한 간단한 것이 좋다. 그 이유는 스텁을 사용할 시점에서 관심의 대상은 스텁이 아니라 그 상위 모듈이기 때문이다.

(2) 상향식 테스트

시스템 하위 레벨의 모듈로부터 테스트를 진행하는 경우로 스텁은 전혀 필요하지 않지만 각 모듈을 위한 테스트 드라이버가 필요하다. 드라이버는 테스트하는 모듈을 반복 호출하여 여러 테스트 케이스를 입력시킬 수 있는 기능을 갖는 것이 바람직하다.

드라이버는 일종의 가상 프로그램이다. 따라서 각 모듈의 테스트에 있어서 인터페이스의 검증은 시뮬레이션 환경에서 행해지는 것이지 시스템이 실제로 가동할 때와 같은 상황에서 검증되는 것은 아니다. 그러므로 인터페이스의 테스트가 가정인 상태로 행하여지는 단점이 있으나 테스트 초기 단계부터 병행작업이 가능하고 모듈단위의 테스트를 철저하게 할 수 있다. 이밖에도 모든 모듈에 대하여 각기 단위 테스트를 실시하여 단위 테스트가 마쳤을 때 한꺼번에 결합하는 빅뱅(big bang)테스트가 있으며, 상향식 테스트와 하향식 테스트를 종합하여 양방향에서 단위 테스트를 실시하고 중간지점에서 합쳐지는 샌드위치 테스트(sandwich test)가 있다.

9.1.3 확인 테스팅

소프트웨어 확인 테스팅은 사용자 요구사항에 대한 만족여부를 검사하는 블랙박스 테스팅을 통하여 이루어진다. 이때 검사되는 요구사항으로는 기능적 요구, 성능 요구, 문서화의 타당성, 전달용이성(transportability), 에러 회복성, 유지 보수성 등 다양하다.

확인 테스트의 결과로 다음 두 가지 경우가 발생한다.

① 명세에 알맞은 기능 및 성능적 특성

② 명세에 맞지 않는 기능과 성능, 그리고 이에 따른 결함 리스트가 작성된다.

9.1.4 시스템 테스팅

서로 다른 목적을 가진 일련의 테스트들로 이루어지는 시스템 테스팅은 시스템의 모든 요소들이 적합하게 통합이 되고 올바른 기능을 수행하는지를 검사한다.

- **회복 테스팅(recovering testing)** : 고장이 생겼을 때 미리 제안된 시간 안에 회복되는지를 테스트한다.
- **안전 테스팅(security testing)** : 시스템 외부로부터의 보안 기능을 갖고 수행되는 테스트를 말한다.
- **스트레스 테스팅(stress testing)** : 시스템에 과부하(비정상적인 양, 빈도, 부피)가 걸려있는 상황을 테스트한다.
- **성능 테스팅 (performance testing)** : 시스템의 실시간, 응답시간, 처리능력 등 목표된 성능을 만족하는가를 테스트한다.

9.1.5 프로그램 디버깅(debugging)

프로그램 테스팅과 디버깅은 때때로 동일한 과정이라고 생각되지만 명확히 구별되는 과정이다. 즉 테스팅이 프로그램 에러의 존재를 발견하는 과정이라면 디버깅은 프로그램 내에 에러 발생위치를 찾아서 그 에러를 제거하는 과정이다. 그러므로 디버깅은 테스팅 과정의 결과에 따라서 연속으로 실행되는 과정으로 볼 수 있다. 만일 프로그램에 옳지 못한 코드가 있을 때 그 코드는 요구사항에 맞도록 수정되어야 하며, 수정된 뒤에는 올바르게 디버깅 과정이 이루어졌는지를 확인하기 위하여 프로그램 테스팅이 반복되어야 한다. [그림 9.6]은 디버깅 과정을 나타내고 있다. 디버깅의 첫 번째 단계는 에러위치를 파악하는 과정인데 이는 매우 어려운 과정으로 이러한 활동을 지원하는 디버깅 툴들이 개발되고 있다.

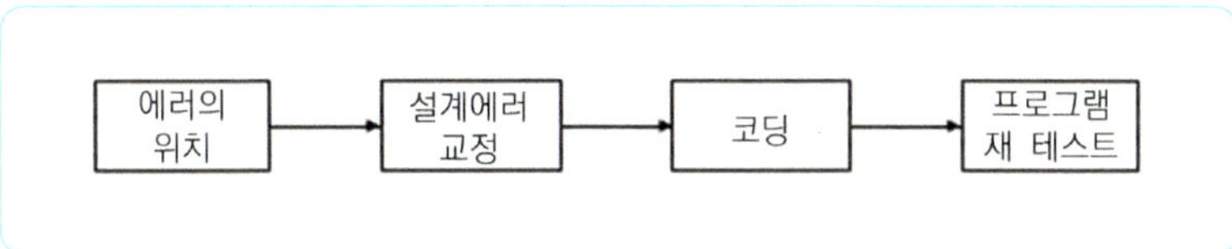

[그림 9.6] 디버깅 단계

디버깅에 경험이 있는 사람은 테스트 결과로부터 에러의 패턴을 찾고 에러에 대한 지식을 통하여 디버깅을 실행한다.

프로그램 내에 에러가 발견된 뒤에는 이를 수정해야 하는데, 만일 단순한 코딩 에러일 경우에는 쉽게 고칠 수 있지만, 설계 에러나 프로그램 요구를 잘못 이해한 결과의 에러는 다른 부분에까지 에러가 전파되어 이를 교정하기 위해서는 많은 노력이 요구된다.

그러므로 이러한 노력을 최소화하기 위하여 프로그램을 독립적인 기능단위별로 만들어서 설계에러가 발생되더라도 그 여파가 해당되는 단위에만 미치게 되어 그 단위만을 재설계하거나 재코딩할 수 있도록 한다.

9.2 테스트 케이스 설계

9.2.1 테스트 케이스의 정의

프로그램 테스팅 과정에서 가장 중요한 일 중 하나는 효과적인 테스트 케이스를 설계하는 것이다. 테스트 케이스 설계 작업이 중요한 이유는 완벽한 테스팅 즉, 모든 에러를 찾는 테스팅이 불가능하기 때문에 프로그램을 테스트할 때는 불완전한 테스팅을 할 수밖에 없으며, 그러므로 테스팅 과정은 가능한 한 불완전성을 줄이는데 초점이 맞추어 진다.

시간, 비용, 컴퓨터 처리 시간 등의 조건이 주어질 때 테스팅의 주요 관심사는 '가장 많은 에러를 검출하는데 높은 확률을 가진 최소한의 테스트 케이스는 무엇인가?'이다.

가장 단순한 방법인 랜덤-입력 테스팅은 가능한 모든 입력값에 대하여 임의의 개수의 입력값을 선택하는 방법이다. 이 방법에 의해 선정된 테스트 케이스는 다량의 에러를 발견하는 최적한 테스트 케이스라고는 말할 수 없다.

그렇다면 최적하고 최소의 테스트 케이스 설계를 위한 전략에는 어떤 방법이 있을까?

여기에는 크게 프로그램의 외부 명세에 근거한 방법(블랙 박스 테스트)과 프로그램 내부의 논리적 명세에 근거한 방법(화이트 박스 테스트)으로 나눌 수 있으며 각각 다음 [리스트 9.1]과 같은 방법들로 세분화된다.

[리스트 9.1] 블랙 박스와 화이트 박스 테스트 분류

- 블랙 박스
  - 동등 분할(equivalence partitioning)
  - 경계값 분석(boundary value analysis)
  - 원인-결과 그래프(cause-effect graphing)
- 화이트 박스
  - 문(statement) 커버 범위
  - 결정(decision) 커버 범위
  - 조건(condition) 커버 범위
  - 결정/조건(decision/condition) 커버 범위
  - 다중조건(multiple-condition) 커버 범위
  - 베이스라인(baseline) 방법

9.2.2 블랙 박스 테스트

프로그램의 논리를 고려하지 않고 프로그램의 기능이나 인터페이스에 관한 외부명세로부터 직접 테스트하여 데이터를 선정하는 방법으로 기능 테스트라고도 한다. 블랙 박스 테스팅에 의해 발견 될 수 있는 에러의 범주는 다음과 같다.

- 옳지 못한 기능이나 누락된 기능
- 인터페이스 기능
- 데이터 구조에서의 오류나 외부 데이터 베이스 액세스
- 성능에러
- 초기 또는 종료에 관한 에러

(1) 동등분할(equivalence partitioning)

동등분할은 프로그램의 입력 도메인을 테스트 케이스가 산출될 수 있는 데이터의 클래스로 분류하는 방법이다. 동등 분할에 의한 테스트 케이스 설계과정 중 첫 번째 과정은 입력

조건에 대한 동등 클래스들을 정의하는 것인데 이때 동등 클래스는 입력 조건에 따라 유효 동등 클래스와 무효 동등 클래스들의 집합으로 나뉘어 진다. 유효 동등 클래스는 프로그램 입력조건에 합당한 입력들을 의미하며 그 이외의 경우를 무효 동등 클래스라 한다.

일반적으로 하나의 입력조건은 고유의 수치값이나 값들의 범위, 값들의 집합 또는 부울 값(Boolean value)으로 나타낼 수 있는데 각 조건에 따른 동등 분할 설정 기준은 다음과 같다.

- **입력조건이 범위를 나타낼 때** : 1개의 유효 동등 클래스와 2개의 무효 동등 클래스가 정의된다.
- **입력조건이 특정한 값일 때** : 1개의 유효 동등 클래스와 2개의 무효 동등 클래스가 정의된다.
- **입력조건이 집합일 때** : 1개의 유효 동등 클래스와 1개의 무효 동등 클래스가 정의된다.
- **입력조건이 부울 값일 때** : 1개의 유효 동등 클래스와 1개의 무효 동등 클래스가 정의된다.

입력조건	유효 동등 클래스	무효 동등 클래스	동등 클래스의 수
범위값 예 : 카운터값이 1 ~ 100	1 ≤ 카운터 ≤ 100	카운터<1, 카운터>100	3
고유값 예 : 카운터 값은 10	카운터 = 10	카운터<10, 카운터>10	3
집합(예) 카운터 = {C,O,U,N,T,E,R}	C,O,U,N,T,E,R 중에 한 요소	C,O,U,N,T,E,R 이외의 요소	2
부울값 예 : 사람의 성별	남·여	남·여 이외	2

동등클래스가 정의된 후 이를 근거로 테스트 케이스를 정해야 하는데 모든 동등 클래스들을 만족하는 테스트 케이스를 만들어 나갈 때 수를 줄이기 위한 다음 단계를 고려해야 한다.

① 각 동등 클래스에 고유 번호를 둔다.

② 모든 유효 동등 클래스가 만족할 때까지 테스트 케이스를 생성한다. 이때 하나의 테스

트 케이스가 가능한 많은 수의 동등 클래스를 커버하도록 한다.

③ 모든 무효 동등 클래스가 만족할 때까지 테스트 케이스를 생성한다.

동등분할에 의한 테스트 케이스 생성은 무작위로 생성하는 것보다는 우수한 방법이지만 테스트 케이스가 많이 발생되는 형태의 문제에서는 누락 될 수 있는 결점을 가진다.

(2) 경계값 분석(boundary value analysis)

입력 조건의 중간값에서 보다도 경계값에서 에러가 발생될 확률이 높다는 점을 이용하여 이를 실행하는 테스트 케이스를 만드는 방법이 경계값 분석이다.

경계값 분석은 동등 분할의 보완적인 기법으로 동등 클래스 내의 임의의 값을 테스트 케이스로 선정하는 방법 대신에 그 클래스의 경계값을 선정하는 방법이며, 입력조건만으로 선정 기준을 두는 것이 아니라 출력조건 까지도 테스트 케이스를 선정하는 기준으로 이용한다. 이 같은 차이점을 제외하면 경계값 분석은 동등분할과 여러 면에서 유사하다고 볼 수 있다. 다음은 경계값 분석에 대한 테스트 케이스 설정 기준이다.

- 입력 조건이 [a, b]와 같이 값의 범위를 명시하고 있으면 a, b 값 뿐만 아니라 [a, b]범위를 약간씩 벗어나는 값들을 테스트 케이스로 선정한다. 예를 들면, 범위가 −1.0 + 1.0일 때 −1.0, 1.0, −1.001, 1.001을 테스트 케이스로 결정한다.
- 입력 조건이 특정한 수를 나타낼 때는 그 수가 가질 수 있는 최대값, 최소값과 최대값보다 약간 큰 값, 최소값 보다 약간 작은값을 테스트 케이스로 한다. 만일, 한 파일이 250개까지의 레코드로 구성된다면 테스트 케이스는 1, 2, 250, 251 이 될 것이다.
- 설정기준 1, 2를 출력조건에 대하여 동일하게 적용한다.
- 프로그램의 입 · 출력이 배열, 순서 파일 또는 리스트와 같이 순서 집합일 때 시작과 마지막 요소를 중심으로 테스트 케이스를 만든다.

대부분 소프트웨어 엔지니어들은 무의식적으로 어느 정도는 경계값 분석에 의한 사항들을 실행하고 있지만, 위의 사항들을 고려하면 에러 검출 효과를 보다 높일 수 있을 것이다.

(3) 원인-결과 그래핑(cause-effect graphing)

경계값 분석과 동등 분할의 단점은 입력부의 조합에 대한 탐색을 하지 못하는 점이다. 그러나 원인 결과 그래핑은 프로그램의 외부 명세에 의해 원인에 해당되는 입력조건과 그 원인으로부터 발생되는 출력 결과를 논리적으로 연결시킨 그래프로 표현함으로써 테스트 케이스를 유도해내는 방법이다.

이때 여러 입력 조건이 조합되어 한 개 이상의 결과를 얻을 수 있기 때문에 경계값 분석에서의 단점을 해결하게 된다.으원인-결과 그래프로부터 테스트 케이스를 구하는 과정은 다음과 같다.

① **프로그램의 명세를 작업 가능한 부분기능으로 분할한다.**
그 이유는 규모가 큰 명세로부터 직접 원인-결과 그래프를 구성하는 것은 다루기 어렵기 때문이다.

② **명세로부터 원인과 결과들을 찾아서 각각 일련 번호를 붙인다.**
즉, 입력조건에 해당되는 원인과 출력 조건에 해당하는 결과를 각각 정의한다.

③ 프로그램 명세가 의미하는 내용을 분석하여 이에 알맞은 원인들과 결과들을 연결하는 부울 그래프를 그린다. 이것이 원인-결과 그래프이다.
이때, 원인과 결과를 연결하는 과정에서 그래프의 복잡성을 줄이기 위해 중간한노드를 이용할 필요가 있다.

④ 원인-결과의 관계에는 외부적 · 구문적 조건으로부터 제한적인 사항이 생기는 경우가 있는데 이러한 제한 조건을 그래프에 표시한다. 제한 조건에서 사용되는 기호는 [그림 9.8]에 나타나 있다.

⑤ 그래프의 각 출력 조건의 상태를 역으로 추적하여 이에 영향을 주는 입력 조건들의 조합을 찾고 이를 근거로 결정 테이블을 작성한다.

⑥ 결정 테이블의 각 열을 조사하여 중복된 부분을 축소시킨다.

⑦ 축소된 결정 테이블의 각 열을 테스트 케이스로 변환시킨다.

원인-결과 그래프를 그릴 때 사용하는 기본적인 기호는 [표 9.1]과 같다.

[표 9.1] 원인-결과 그래프의 기호

기 호	설 명
	X=1 이면 Y=1 X=0 이면 Y=0
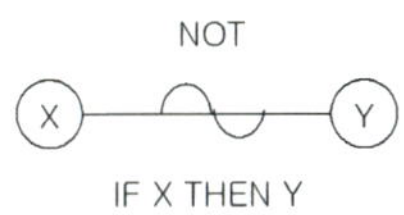	X=1 이면 Y=0 X=0 이면 Y=1
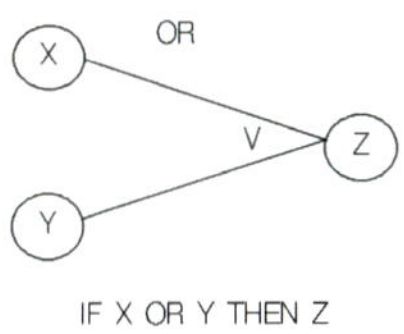	X=1, Y=0 또는 X=0, Y=1 또는 X=1, Y=1 } 이면 Z=1 X=0, Y=0 이면 Z=0
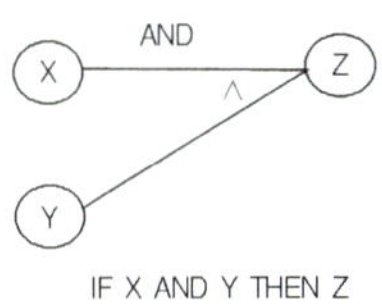	X=1, Y=1 이면 Z=1 X=1, Y=0 X=1, Y=1 X=0, Y=0 } 이면 Z=0

원인-결과 그래프에 의한 테스트 케이스 설계의 간단한 예를 들어보자.

첫 번째 열의 문자가 'A' 또는 'B'이고 두 번째 열이 숫자이면 'Success'라고 인쇄한다. 만일 첫 번째 열에서 잘못이 있으면 'First Error'라고 인쇄하고, 두 번째 열에서 잘못이 있으면 'Second Error'라고 인쇄하라.

위의 입력 조건으로 부터의 원인은 다음과 같다.

- **원인 1** : 첫 번째 열이 'A'
- **원인 2** : 첫 번째 열이 'B'

또한 출력 조건인 결과는 다음과 같이 설정할 수 있다.

- 결과 70 : 'Success' 인쇄
- 결과 71 : 'First Error' 인쇄
- 결과 72 : 'Second Error'인쇄

[표 9.2] 결정 테이블

기 호	설 명
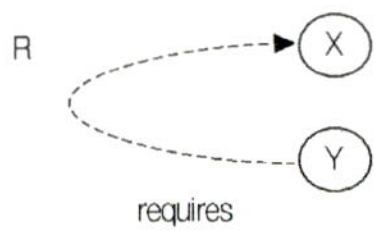	원인 Y가 존재하기 위해서는 반드시 원인 X가 존재한다. 즉, X=1 이면 Y=1 또는 Y=0 (X=0 일 때 Y=0, Y=1은 불가능)
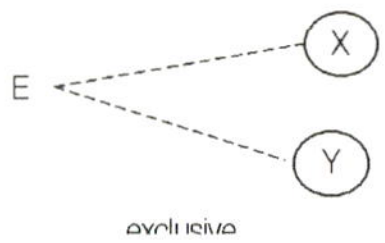	원인 X와 원인 Y는 동시에 존재하지 않는다. 즉, X=1 이면 Y=0 X=0 이면 Y=1 (X=Y=0 가능, X=Y=1은 불가능)
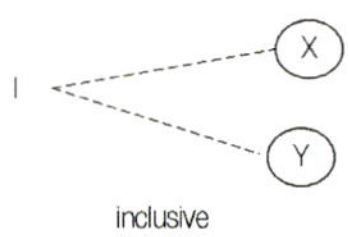	원인 X와 원인 Y는 적어도 그 한쪽이 반드시 존재한다. 즉, X=1 일 때 Y=1, Y=0 Y=1 일 때 X=1, X=0 X=Y=0은 불가능)
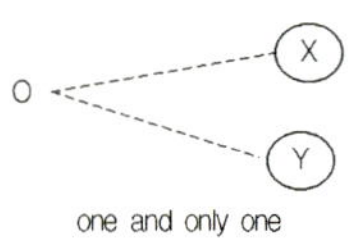	원인 X와 원인 Y는 적어도 그 한쪽이 존재하며, 다른쪽은 존재하지 않는다. 즉, X=1 이며 Y=0 또는 X=0 이며 Y=1 (X=Y=0은 불가능)
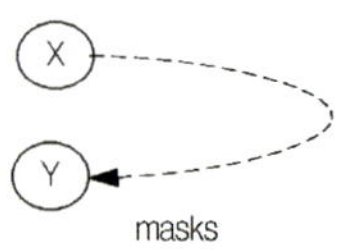	결과 X가 존재하면 결과 Y는 존재하지 않는다. 즉, X=1 이면 Y=0

이상의 원인과 결과로부터 그래프를 구하면 [그림 9.9]와 같다.

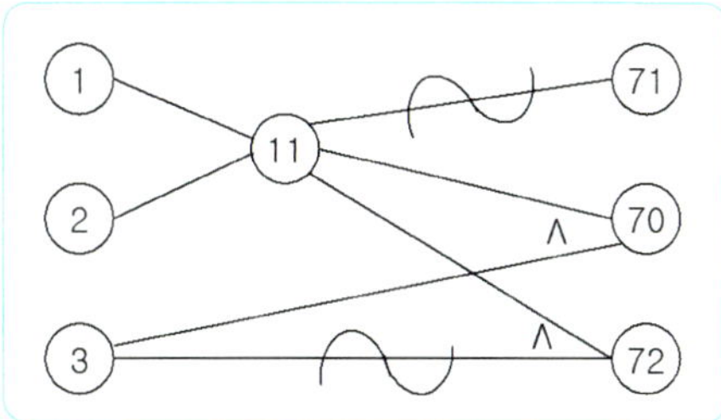

[그림 9.7] 원인-결과 그래프

이 그래프는 모든 경우의 원인들이 표시되고 있으며 이 원인들의 조합에 따라 해당되는 결과와 연결되어 진다. 이때 명세로부터 원인들의 조합 중 불가능한 경우를 찾아서 제한 조건 기호를 붙이는데, 원인 1과 원인 2가 동시에 발생될 수 없는 경우로 제한 조건 'E'로 표시한다. 또한 첫 번째 열에 올바른 값이 온 다음 두 번째 열을 테스트하는 것이므로 원인 3은 원인 1 또는 원인 2가 선행되어야 하며 따라서 제한 조건 'R'로 표시된다[그림 9.8].

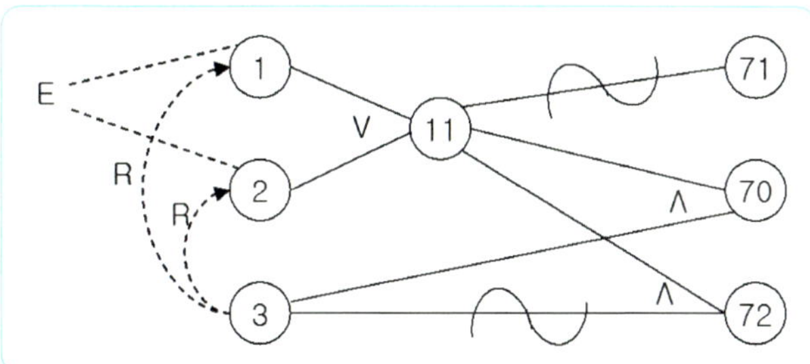

[그림 9.8] 제한조건을 포함한 원인-결과 그래프

더 이상의 제한 조건이 없을 때 결정 테이블을 작성한다. 결정 테이블은 하나의 결과가 발생하기 위하여 어떤 원인들이 관계로 조합되는가를 분석하는 표로서, 70번 결과가 발생하기 위해서는 11번과 3번이 만족해야 하는데 11번은 1번과 2번 원인이 상호 배제의 조건을 갖는 중간 노드로, 결국 1번과 3번 또는 2번과 3번의 원인이 모두 발생하면 70번 결과를 얻을 수 있다(결정 테이블 1, 2열). 결정 테이블 3열에는 3번 원인에 무관하게 1번, 2번 원인이 발생하지 않으면 71번 결과가 일어난다. 최종적인 결정 테이블은 [표 9.3]과 같다. 각 열은 테스트 케이스로 변환되는데 각 열에 해당되는 원인들을 테스트 케이스로 변환하면 이 예제는 5개의 테스팅 케이스를 생성하게 된다.

[표 9.3] 결정 테이블

0 : 원인발생 없음
1 : 원인 발생
× : don't care

1	0	1	0	1	0
2	1	0	0	0	1
3	1	1	×	0	0
11	1	1	0	1	1
70	1	1	0	0	0
71	0	0	1	0	0
72	0	0	0	1	1

원인-결과 그래프는 자연어 명세를 형식 언어로 바꾸는 방법으로 사용될 수 있으며 디지털 논리 회로 설계 및 에러 메시지 디스플레이에도 이용할 수 있다. [그림 9.7]의 그래프에 대한 논리도표는 다음 [그림 9.9]와 같다.

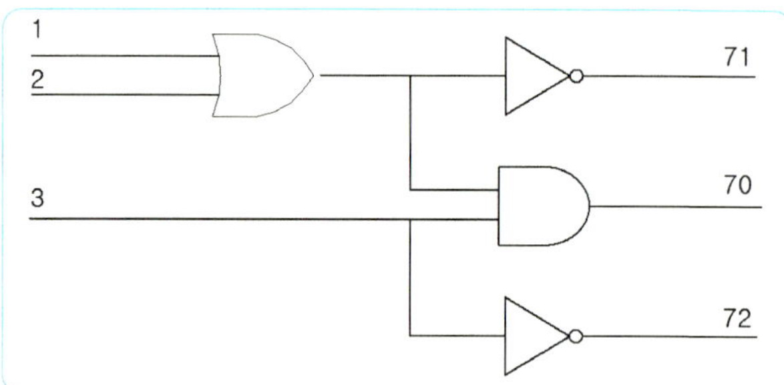

[그림 9.9] 원인-결과 그래프에 대한 논리 도표

9.2.3 화이트 박스 테스트

화이트 박스 테스트는 프로그램 원시 코드의 논리적인 구조를 커버(cover)하도록 테스트 케이스를 설계하는 방법으로 구조 테스트라고도 한다.

화이트 박스 테스트의 궁극적인 목표는 프로그램 내부 구조에 존재하는 모든 경로를 실행하는 것이지만 루프(loop)를 포함한 프로그램에서는 경로의 수가 대단히 크므로 이를 모두 테스트하는 완전 경로 테스팅(complete path testing)은 타당성이 없을 뿐 아니라 불가능하다. 그러므로 완전 경로 테스팅으로부터 후퇴하여 합리적인 방법으로 테스트 케이스를 선정하는 기준이 필요한데, 그 커버 범위(coverage)의 종류는 다음과 같다.

(1) 문장 커버 범위 (statement coverage)

문장 커버 범위는 프로그램 내의 모든 문장들을 한번 이상 실행하도록 요구하는 기준이다. 그러나 이 커버 범위로 테스트 케이스를 선정할 경우 다음과 같은 문제점을 발견하게 된다.

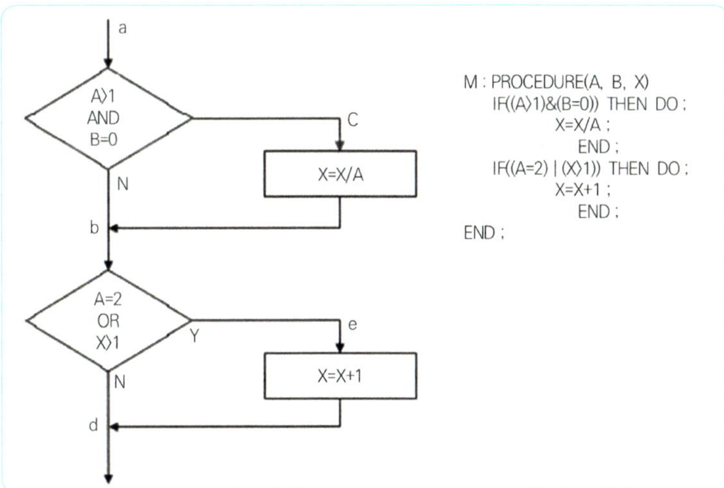

[그림 9.10] 예제 프로그램과 흐름도

[그림 9.10]에서 경로 a c e를 지나는 테스트 케이스로 A=2, B=0, X=3을 선정한다면 모든 문장을 한번씩 실행하는 문장 커버 범위를 만족하게 된다. 그러나 첫 번째 조건문의 AND가 OR로 잘못 작성되었거나 두 번째 조건문에서 X〉1 대신에 X〉0과 같은 에러가 발생할 때 문장 커버 범위의 테스트 케이스로는 이를 발견할 수 없다. 또한 X 값이 변하지 않는 경로 a b d 상에서 에러가 발생하여도 이를 발견하지 못한다. 결국, 문장 커버 범위는 일반적으로 사용하기에는 미흡한 기준이라 볼 수 있다.

(2) 결정 커버 범위(decision coverage)

결정 커버 범위는 분기 커버 범위(branch coverage)라고도 하며, 각 결정의 참(true)과 거짓(false)을 적어도 한번 이상 실행시키는 것을 기준으로 하는 테스트 방법이다. 즉, 프로그램의 모든 분기들이 실행되도록 테스트 케이스를 선정하는 이 기준은 문장 커버 범위보다는 상위 기준이다.

[그림 9.10]에서 결정 커버범위에 의한 두 개의 경로 a c e와 a b d 또는 a c d 와 a b e로 테스트 케이스를 구할 수 있다.

만일 a c d 와 a b e 의 경로를 통과하는 A=3, B=0, X=3과 A=2, B=1, X=1의 두 가지 테스트 케이스를 선택하는 것 대신에, a c e와 a b d의 경로를 선택하였을 때 X 값이 변하지 않는 a b d 경로상에서 에러가 발생한다면 이를 두 경로에 대한 테스트 케이스가 검출할 수 없게 된다. 예를 들면, X〉1의 조건이 X〈1로 잘못 표기되었을 때 이와 같은 경우가 발생된다. 이는 하나의 결정이 두 개 이상의 복합 조건을 갖고 있기 때문이다.

만일 하나의 결정이 여러 방향의 분기를 갖는다면 결정 커버 범위는 마찬가지로 모든 분기들을 커버하도록 테스트하여야 하지만 위에서와 같은 문제점을 가지고 있기 때문에 보다 강력한 기준이 필요하다.

(3) 조건 커버 범위(condition coverage)

각 결정에 대한 분기를 커버하는 결정 커버 범위에 비하여, 결정내에 존재하는 각 조건들의 참과 거짓을 한번 이상 실행하도록 테스트 케이스를 작성하는 조건 커버 범위는 때때로 결정 커버 범위 보다 상위 기준이 된다.

DO K=1 TO 100 WHILE (I * J〉 M)

위와 같은 제어구조가 있을 때 이를 조건별로 구분하면 1≤K≤100 와 I * J 〉 M으로 나눌 수 있으며, 이로부터 조건 커버 범위를 만족하는 테스트 케이스의 설정 범위는 다음의 5가지다.

1≤K≤100, K〈1, K〉100
I * J 〉 M, I * J ≤M

[그림 9.10]에서는A〉1, B=0, A=2, X〉1 등 4가지의 조건이 존재하는데 이를 조건 커버 범위에 맞도록 정리하면 다음과 같다.

a 지점	b 지점
A〉1	A=2
A⩽1	A≠2
B=0	X〉1
B≠0	X⩽1

이들 8가지 조건을 커버하도록 A, B, X 값을 결정하면 여러 값들 중 다음 두 개의 테스트 케이스를 만들 수 있다.

① A=1, B=0, X=3
② A=2, B=1, X=1

그러나 이들은 4개의 결정 분기 중 경로 a b e 에 해당하는 두 개의 결정 분기만 커버할 뿐 첫 번째 결정 분기의 참(true)과 두 번째 결정 분기의 거짓(false)에 해당되는 부분은 커버하지 못하는 문제점을 안고 있다.

(4) 결정/조건 커버 범위(decision/condition coverage)

결정 커버 범위와 조건 커버 범위의 문제점을 해결하기 위하여 결정 내에 존재하는 각 조건들의 참과 거짓을 모두 커버하고 각 결정의 참과 거짓에 해당하는 모든 분기들이 모두 커버될 수 있도록 충분히 테스트 케이스를 만들어 나가는 방법이다. 그러나 이 방법에서도 다음과 같은 문제점을 안고 있다.

[그림 9.11]은 [그림 9.9]에서의 다중조건이 포함된 결정문을 단일조건만으로 구성되도록 변환시킨 것인데 이를 대상으로 결정/조건 커버기준을 적용하면 결정문 H의 결과가 거짓일 때 I의 결과에 무관하게 거짓으로 판단하게 된다. 그 이유는 결정문 H와 I는 and 관계이기 때문이다. 마찬가지로 결정문 J와 K는 or 관계이므로 J 결과가 참이면 K의 결과에 관계없이

참으로 판단하기 때문에 논리식 안에서 에러가 존재할 때 이를 발견하기 어렵다. 이와 같이 어떤 조건이 다른 조건들의 판단결과에 상관없이 미리 판단하는 것을 마스크(mask) 라고 부른다.

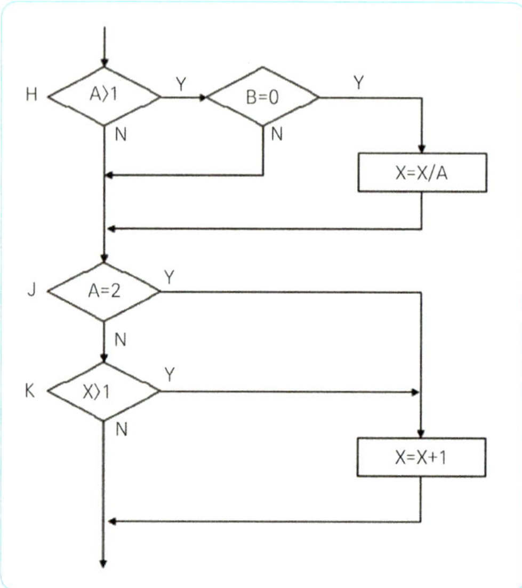

[그림 9.11] 단일 조건을 갖는 흐름도

(5) 다중 조건 커버 범위(multiple condition coverage)

조건과 조건사이에 마스크현상을 해결하기 위하여 각 결정문 내에 존재하는 조건들의 조합으로 나타날 수 있는 모든 결과를 커버할 수 있도록 테스트 데이터를 선정하는 기준이 다중조건커버 범위다. 이 기준에 의해 생성되는 테스트 케이스는 결정 커버 범위, 조건 커버 범위, 결정/조건 커버 범위 등의 기준을 모두 만족할 수 있다.

1. A>1, B=0	5. A=2, X>1
2. A>1, B≠0	6. A=2, X≤1
3. A≤1, B=0	7. A≠2, X>1
4. A≤1, B≠0	8. A≠2, X≤1

이러한 8가지 다중조건은 8가지의 테스트 케이스를 의미하는 것은 아니다. 왜냐하면 이들 조건을 모두 만족하는 최소의 테스트 케이스를 우리는 원하고 있기 때문에 다중조건의 개수보다도 적을 수 있기 때문이다. 위의 8가지 다중 조건을 모두 커버하는 테스트 케이스로 다음 4가지를 살펴보자.

① A=2, B=0, X=4 (조건 1, 5 커버)

② A=2, B=1, X=1 (조건 2, 6 커버)

③ A=1 B=0, X=2 (조건 3, 7 커버)

④ A=1, B=1, X=1 (조건 4, 8 커버)

테스트 케이스의 개수가 프로그램의 구별된 경로와 일치되는 것은 아니다. 위의 4가지 테스트는 각각 ace, abd, abe, abd의 경로를 테스트하는데 abd는 중복되어 테스트하며, 경로 acd는 테스트할 데이터가 존재하지 않는다.

이러한 상황은 루프구조를 갖는 경우, 다중조건 커버 기준에 의한 테스트 케이스 개수가 경로의 수보다 적어진다는 것을 의미하며, 이러한 점이 다중 조건 커버 범위에서 고려해야 할 문제점이다.

(6) 베이스 라인 방법(baseline method)

Tom McCabe에 의해 제시된 기본 경로 테스팅은 실행 경로들의 기본 집합인 기본 경로(basis path)들을 정의함으로써 이들을 최소한 한번 이상 실행하는 테스트 케이스를 설계하는 방법이다.

이 기준은 기본 경로를 정의하는 것과 아울러 기능 설계상의 논리적인 프로그램 복잡도에 관한 척도를 제시한다. 이 기준이 적용되기 위하여 먼저 프로그램에 대한 흐름그래프(flow graph)를 통하여 제어흐름을 알아야 하는데, 이 때 사용되는 그래프의 기본 구조를 살펴보면 [그림 9.12]와 같다.

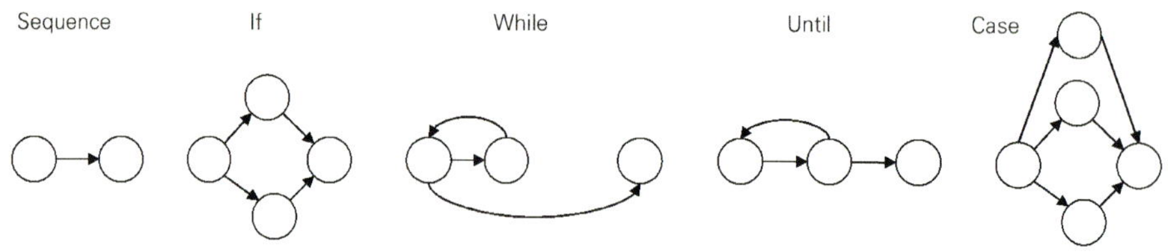

[그림 9.12] 제어 흐름 그래프의 기본 요소

이러한 기본구조를 이용하여 [그림 9.13(a)]에 대한 흐름 그래프는 [그림 9.13(b)]로 표시할 수 있다. 이 때 조건을 포함하는 노드를 프레디킷 노드(predicate node)라 하는데 이 노드는 반드시 두 개 이상의 분기를 포함하여야 한다.

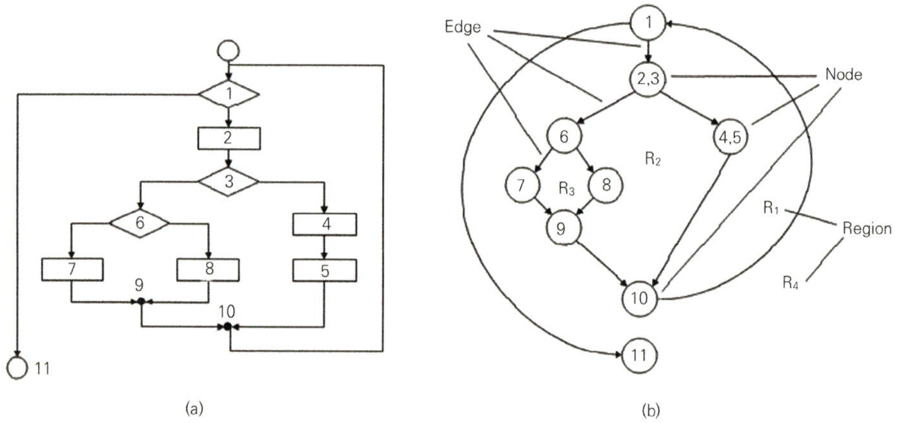

[그림 9.13] (a) 흐름도, (b) 흐름 그래프

프로그램에 대한 부분적인 흐름 그래프가 [그림 9.14]와 같을 때 베이스라인 방법에 의한 기본경로를 찾는 단계를 살펴보자.

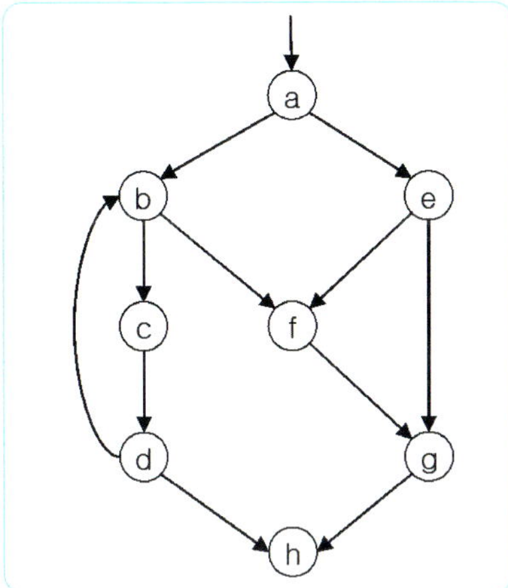

[그림 9.14] 흐름 그래프

단계 1 : 기본경로 중 제일 먼저 베이스라인이 되는 경로를 하나 선택한다. 이 때 선택된 베이스라인 경로는 프로그램의 주요 기능들을 가능한 많이 실행하는 경로를 택하는 것이 바람직한데, 그래프의 프레디킷 노드를 최대한 많이 거쳐가도록 a b c d b f g h 로 선택한다.

단계 2 : 베이스라인 경로의 첫 번째 결정구조인 a의 분기를 바꾸어 새로운 기본 경로를 생성한다. 이 때 가능한 베이스라인 경로와 유사하도록 만드는 것이 필요하다. 테스트되기 위하여 생성되는 기본경로는 a e f g h 이다.

단계 3 : 단계 2에서 생성된 기본 경로의 노드 중 다음 결정 구조인 e 의 분기를 베이스라인 경로와 다르게 하여 생성되는 기본 경로는 a e g h이다.

단계 4 : 베이스라인 경로로부터 결정 구조 a에 관하여 더 이상 새로운 경로를 발견할 수 없으므로 두 번째 결정 구조인 b 에 관하여 같은 방법으로 기본 경로를 구하면 경로 a b f g h 가 생성된다.

단계 5 : 베이스라인 경로 중 마지막 결정 구조 d 에 관하여 새로운 기본 경로를 구하면 a b c d h가 만들어진다.

단계 6 : 더 이상 베이스라인 경로 중 결정 구조가 없으면 기본 경로 생성을 중지한다.

결과적으로 위의 제어 그래프로부터 다음의 5가지 기본 경로를 구할 수 있다.

① a b c d b f g h

② a e f g h

③ a e g h

④ a b f g h

⑤ a b c d h

이 기본 경로들을 테스트하도록 각 경로마다 테스트 케이스를 선정하는 것이 베이스라인 방법이다. 그러면 몇 개의 기본 경로가 프로그램에 존재할까? 이에 McCabe는 프로그램의 논리적 복잡도를 나타내는 사이클로매틱 넘버(cyclomatic number), V(G)의 값과 일치한다고 주장하였다. V(G)의 값은 다음 세 가지 방법에 의해 구할 수 있다.

① 제어 그래프 G에서 영역(region)의 개수

② V(G) = P + 1 (P는 제어 그래프 G에서 프레디킷 노드의 수)

③ V(G) = E − N + 2 (E는 제어 그래프 에지의 개수, N은 제어 그래프 노드의 개수)

V(G)의 값을 통하여 기본 경로의 개수를 알 수 있다면 기본 경로 자체를 구하는데 보다 편리하며, 프로그램의 논리적인 구조 및 복잡도에 관한 내용은 파악할 수 있는 부가적인 효과를 얻을 수 있다.

이외에도 여러 가지 새로운 방법들이 있지만 이들 테스트 방법 중 어느 한쪽만을 사용하여 생성된 테스트 케이스는 나름대로 완전치 못한 점들을 발견할 수 있다. 그러므로 충분한 테스트를 실시하기 위하여, 프로그램의 외적 명세인 기능(WHAT) 면을 테스트하는 블랙 박스 테스트와 프로그램의 논리적인 구조를 따라서 프로그램이 어떻게(HOW) 작성되었는지를 테스트하는 화이트 박스 테스트가 효과적으로 조합이 되어 함께 사용되어야 올바른 테스트가 실시된다고 할 수 있다.

9.3 테스팅 도구

9.3.1 테스팅 도구의 구성

품질보증은 체크 리스트와 도구에 의해서 수행한다. 앞에서 설명한 바와 같이, 소프트웨어 테스트는 기능적 테스트와 구조적 테스트로 나눌 수 있다. 기능적 테스트는 요구정의에 명시된 요구사항을 소프트웨어가 얼마나 만족하는가를 확인하는 것으로서, 요구분석 및 설계, 프로그램 구조과정의 체크 리스트에서도 확인되지만 원시코드를 대상으로 해서도 테스트할 수 있다. 여기에서는 프로그램의 테스팅을 중심으로 하여 설명해 보자. 이러한 테스팅 도구(testing tool)에는 동적 분석(dynamic analysis)과 정적 분석(static analysis)이 있는데, 모두 [그림 9.15]와 같은 구성에 의해서 테스팅의 기능을 자동적으로 수행시켜 준다.

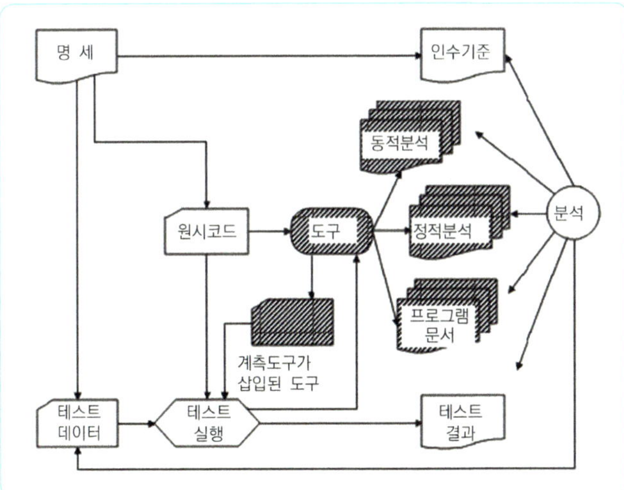

[그림 9.15] 프로그램 테스트 구조와 도구의 기능

동적 분석과 정적 분석의 대상이 되는 프로그램은 구문적인 에러 즉, 컴파일 에러가 없는 것으로 보아야 한다. 이러한 원시프로그램을 입력하여 이를 분석하기 위한 도구를 구성할 때 동적 분석과 정적 분석을 별도 구성하거나 같은 도구 안에서 기능을 분류하여 구성할 수도 있다.

9.3.2 정적 분석기(Static Analyzer)

정적 분석은 소프트웨어 시스템의 실행을 동반하지 않고 그 정당성을 조사하는 것으로 프로그램뿐만 아니라 요구, 설계, 코딩과정에서 생성된 문서를 체크하는 데도 이용되지만 여기에서는 프로그램에 대한 정적 분석만을 다루기로 한다.

에러발생 가능한 프로그램 구조에서 정적 에러 분석에 대한 잘 알려진 한 예로 자료흐름의 변칙을 찾는 것이다. 즉, 프로그램에 있는 문장이 실행될 때 기억장소로부터 어떤 변수의 값을 가져오는 변수의 참조(reference)와 변수에 값을 할당하는 정의(define), 그리고 어떤 변수가 특정지역에서 정의되지 않는 비정의(undefine)들 간의 관계에서 발생할 수 있는 참조의 변칙(reference anomaly)을 발견하는 일이다.

(1) UR(Undefined and then Referenced)

```
main()
{
int x, y, z;
x=3;
y=x+y;
. . .
}
```

정의되지 않은 변수의 참조인 경우로 z가 이에 해당하는 변칙이다.

(2) DU(Defined and then Undefined)

```
main()
```

```
{
int x, y, z;
x=y=z=5;
y=x+y;
printf("%d", x);
}
```

정의되었지만 사용되지 않고 끝난 경우로서 z가 변칙이다.

(3) DD(Double Defined)

```
main()
{
int x, y, z;
x=y=5;
z=x+3;
y=x+4;
z=x+y;
}
```

정의되었으나 참조되지 않고 또다시 새롭게 정의되는 것으로 z가 해당된다.

변수의 UR, DU, DD 상태를 유발시키는 요인들이 [그림 9.16]의 상태 전이도에 나타나 있다.

- U : 비정의상태
- D : 정의는 되었으나 아직 참조되지 않은 상태
- R : 정의되었고 참조된 상태
- UR : 정의되지 않았는데 참조된 상태
- DU : 정의되었고 한번도 사용되지 않은 상태
- DD : 정의되었으나 참조되지 않고 다시 정의된 상태

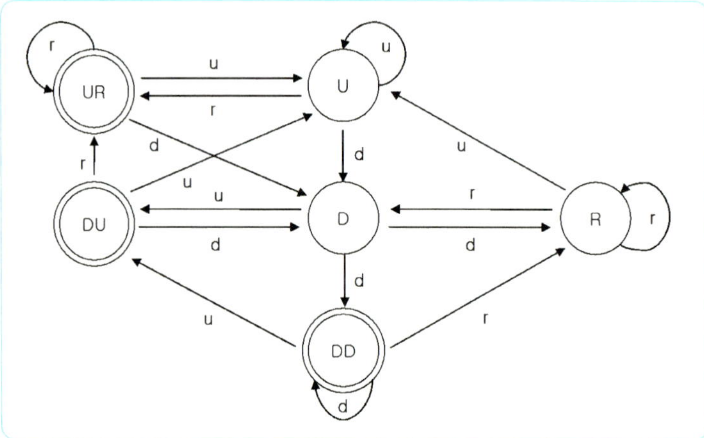

[그림 9.16] 상태전이 함수

정적분석기는 프로그램 구조에 관한 전체적인 정의를 제공해줌으로 논리적 에러를 찾아내는 방법으로 한 프로그램의 모든 제어의 경로(path) 상에서 초기치가 잡혀있지 않은 변수나, 정의되었지만 사용되지 않은 변수, 또는 중복으로 정의된 변수 등을 찾아내는 것을 말한다. 정적 분석기에서부터 얻을 수 있는 정보를 항목별로 나타내면 다음과 같다.

- 에러를 유발시킬 코드
- 타입(type) 별로 문장의 순환 횟수 및 실행되지 않는 문장
- 정의된 변수의 크로스-참조 도표(cross-reference map)
- 정의된 변수가 각 문장에 어떻게 사용되었는가의 해석

(예 : 데이터소스, 매개변수(parameter), 인수(argument), 첨자)

- 매개변수 타입의 불일치
- 매개변수 개수의 불일치
- 배열 첨자의 범위 초과
- 모듈간 인터페이스
- 초기치 잡히지 않은 변수
- 사용되지 않은 변수
- 중복해서 사용되는 변수

이상의 기능을 갖는 정적 분석기는 프로그램 작성 언어에 의존한다. 예를 들면, Fortran 프로그램의 분석 도구로 DAVE, AUDIT, FACES 등이 개발되어 있으며, 대표적인 C 프로그램의 분석 도구로는 LINT가 있다. 이제까지 Fortran을 위한 정적분석기가 많이 개발되었는데, 그 이유는 Fortran 컴파일러가 프로그램의 많은 체크자료를 제공하지 못하기 때문이다.

9.3.3 동적 분석기(Dynamic Analyzer)

동적 분석은 실제 프로그램을 실행하여 요구 정의된 기능이 만족되어 졌는가를 실증하고, 불필요한 기능이 있는지의 여부를 확인한다. 따라서 프로그램의 출력 변수에 대한 최종값이나 어떤 특정 변수의 중간값의 추적 혹은 실시간 시스템의 타이밍 정보 등이 분석 결과로 산출된다. 동적 분석도 정적 분석과 마찬가지로 요구사항, 설계사항 및 프로그램 사항 등에 대하여 테스트하여야 한다. 요구사항에 대한 동적 테스트에서는 테스트 데이터의 시스템 요구를 조사하며, 설계 사항에 대하여는 설계의 각 요소를 테스트하기 위한 테스트 데이터를 선택하며, 프로그램을 기반으로 한 테스트는 원시코드를 분석하여 원시코드의 실행 정보를 제공한다. 여기에서는 프로그램에 대한 동적 분석만을 다루기로 한다.

원시코드의 실행 상태에 관한 자료나 특정한 목표의 달성도를 측정하기 위하여 동적 분석에서는 프로그램 내에 목표에 맞는 적당한 계측도구(프로브 : probe)를 삽입하는 방법을 이용하는데 이러한 작업을 인스트루멘테이션(instrumentation)이라고 한다. 이는 분석을 위한 특별한 코드를 프로그램 내에 삽입하므로 프로그램 실행중에 순간적인 변화를 체크할 수 있도록 한다.

인스트루멘테이션은 계측에 필요한 필수적인 과정인데 이때 주의해야 할 점은 테스트 프로그램의 문장들간 실행순서에 변화를 주어서는 안된다는 점이다. 즉, 프로브가 삽입되더라도 프로그램의 실행순서 및 결과에 영향을 주지 않도록 한다는 것이다. 동적 분석 도구를 설계하는데 있어서 몇 가지 고려해야 할 사항이 있다.

(1) 계측도구의 종류

어떠한 내용의 분석결과를 원하는가에 따라서 각 기능에 알맞은 프로브를 선택한다.

① **카운터(counter)** : 프로그램 경로의 실행횟수를 산출하기 위하여 경로의 주요지점에 다음과 같은 형태의 프로브를 삽입한다.

```
COUNT(i) = COUNT(i) + 1
```

[리스트 9.2] 포트란 SORT 프로그램(인스트루멘테이션 이전)

예
```
SUBROUTINE SORT(A,N)
      DIMENSION A(N)
      DO 100 I=2, N
        DO 100 J=I, 1, 20
        IF(A(J) .GE. A(J-1)) GO TO 100
        T=A(J-1)
      A(J-1)=A(J)
      A(J)=T
  100 CONTINUE
      END
```

[리스트 9.3] 프로브 삽입 후의 프로그램(인스트루멘테이션 이후)

```
                                   SUBROUTINE SORT(A,N)
                                   DIMENSION A(N)
DIMENSION $SORT(6)
$SORT(1)=$SORT(1)+1
                                   DO 100 I=2,N
$SORT(2)=$SORT(2)+1
                                   DO 100 J=I, 1, 20
$SORT(3)=$SORT(3)+1
                                   IF(A(J) .GE. A(J-1)) GO TO 10
```

```
$SORT(4)=$SORT(4)+1
                                        T=A(J-1)
                                        A(J-1)=A(J)
                                        A(J)=T
10 $SORT(5)=$SORT(5)+1
100                                     CONTINUE
$SORT(6)=$SORT(6)+1
                                        END
```

위 문장에서 카운터로 $SORT(I) 가 배열로 사용되었는데 프리프로세서에 의해 인스트우먼트될 때 [리스트 9.3]처럼 왼쪽 부문에 나타나는 것이 카운터 프로브이고 오른쪽에는 원시코드가 표시된다.

② 가설(assertion) : 프로그램의 실행이 끝날 때까지 변수의 최대값, 최소값 또는 지정한 값들과 비교하여 변수의 값을 추적하는 기능에 사용된다.

예 변수 MOVE 의 값을 9보다 작도록 가설을 설정했을 때 다음과 같은 가설의 형태와 실행 결과를 예측할 수 있다.

[리스트 9.4] 가설과 실행결과

```
        EXECUTION                    SPECIFIC EXECUTION DATA
          COUNT
            9                      ASSERTION VIOLATIONS 2
C ASSERT LOCAL (MOVE .LT. 9) LIMIT 10
                                    EXEC NUMBER      VARIABLE
                                   VALUE
                                      6          MOVE       9
                                      7          MOVE       9
```

(a) 가설　　　　(b) 실행결과

프로그램 안에 위와 같은 프로브가 삽입되었을 때(왼쪽), 실행결과가 나타내는 의미는 이 가설이 9번 체크되었고, 6번째와 7번째의 두 가설이 실행될 때 가설이 위반(violation) 되었으며, 위반된 MOVE 변수의 값은 모두 9 값을 나타낸다는 의미이다. 이때 가설의 LIMIT 10에 의하여 위반된 가설이 10회째 나타나면 실행을 멈추도록 한다.

[리스트 9.5, 9.6]은 여러 종류의 가설이 설치된 프로그램과 그 실행결과를 표시한다.

[리스트 9.5] 여러 종류의 가설이 설치된 프로그램

```
        .
        DIMENSION A(10,20)
C       GLOBAL TRACE 10 VIOLATIONS
C       ASSERT VALUES (I,J,K,L) (0 : 100)
C       ASSERT VALUES (II,LL) (−10 : 10)
C       ASSERT VALUES (KK,NN) (2,4,6,8,10)
C       ASSERT SUBSCRIPT RANGE (a(*,3))
C       ASSERT VALUES (X,Y,Z) INVARIANT
        .
        K=K+1
        II=A(L,J)+LL
        .
        K=A(J,K)+I*100
        II=II+2
        NN=KK*(I−J)
        .
        CALL ROUTINEX(X,Y)
        .
```

[리스트 9.6] 가설의 실행 결과

Annotated	Program Listing	Execution Count	Specific Execution Data
102	K=K+1	511	ASSERTION VIOLATIONS 1
			ASSERT VALUE(K) (0 : 100)
			EXEC NUMBER VALUE
			10 101
103	II=A(L,J)+LL	511	ASSERTION VIOLATIONS 3
			ASSERT VALUE(II) (−10 : 10)
			EXEC NUMBER VALUE
			22 20
			ASSERT SUBSCRIPT RANGE(A(*,3))
			EXEC NUMBER VALUE
			5 A(12,3)
			105 A(1,4)
234	K=A(J,K)+I*100	125	ASSERTION VIOLATIONS 4
			ASSERT VALUE(K) (0 : 100)
			EXEC NUMBER VALUE
			52 101
			53 102
			ASSERT SUBSCRIPT RANGE(A(*,3))
			EXEC NUMBER VALUE
			52 A(5,4)
			53 A(6,4)
235	II=II+2	125	ASSERTION VIOLATIONS 1
			ASSERT VALUE(II) (−10 : 10)

			EXEC NUMBER VALUE 50 12
236	NN=KK*(I-J)	38	ASSERTION VIOLATIONS 1 ASSERT VALUE(NN) (2,4,6,8,10) EXEC NUMBER VALUE 20 7
			.
300	CALL ROUTINEX(X,Y)	53	ASSERTION VIOLATIONS 1 ASSERT VALUE(X) INVARIANT VALUE OF CALL PARM X EXEC NUMBER BEFORE CALL AFTER CALL 30 -10 -20

그러나 다수의 카운터를 삽입하고 이를 컴파일하며 실행시키는데는 많은 오버헤드가 발생하므로 가능하면 적은 수의 프로브를 최적합한 곳에 설치하는 방법을 고려해야 한다.

일반적인 프로브 설치 방법은 DD경로(Decision-to-Decision path)상에 삽입시키는 것으로, DD 경로라 함은 시작노드에서 판단노드까지 판단노드에서 다음 판단노드까지 판단노드에서 종료 노드까지를 의미한다. [그림 9.17]의 흐름도에 DD경로를 이용하여 계측도구를 설계하면 다음 [그림 9.18]과 같다.

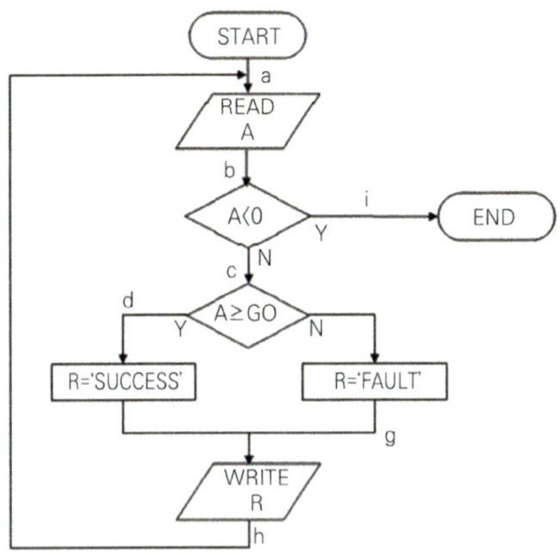

[그림 9.17] 예제 프로그램의 흐름도

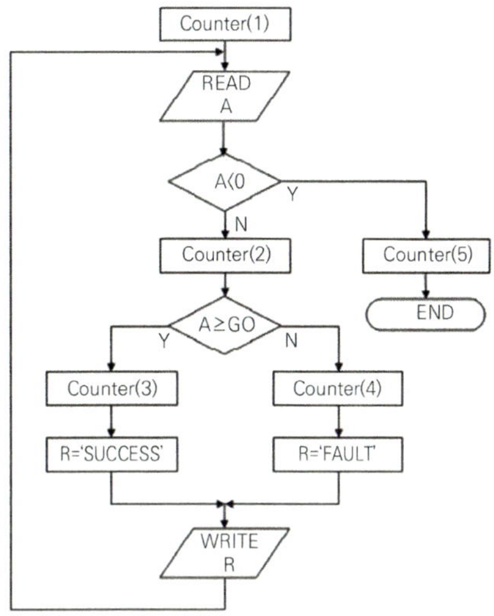

[그림 9.18] DD 경로에 의한 계측 도구의 삽입

이와 같은 기능을 갖는 대표적인 동적 분석 도구를 포트란 프로그램을 분석하는 PET(Program Evaluator and Tester)를 들 수 있다. 또한 코볼 프로그램 분석을 위한 TDGEN, 파스칼 프로그램에 대한 실행흐름을 분석하는 EFS(Execution Flow Summarizer), 테스트 데이터 생성 도구인 ACT, TCAT-PATH 등이 개발되어 사용되고 있다.

9.3.4 기호 실행(Symbolic Execution)

기호실행이란 프로그램 내의 입력변수에 수치값 보다도 기호값을 대입시켜서 프로그램 내의 모든 연산이 입력에 대한 기호로 이루어지도록 함으로써 프로그램을 분석하는 방법이다. 아래의 프로그램에서 I1, I2 가 매개변수 J와 K의 입력값을 나타낸다고 할 때, 문장 1부터 4번째 문장까지 기호 실행 후에 변수 J는 I2−(I1+1)이 되고, 이 경로를 실행하기 위한 제약조건은 I1+1⩽I2 이다.

[리스트 9.7] 기호실행의 예제 프로그램

문장		
1		SUBROUTINE SUB(J,K)
2		J=J+1
3		IF(J .GT. K) GO TO 10
4		J=K-J
5		GO TO 20
6	10	J=J-K
7	20	IF(J .GT. -1) GO TO 30
8		J=-J
9	30	RETURN
10		END

또한 1, 2, 3, 4, 5, 7, 9의 경로를 실행하기 위한 제약조건은 $I1+1 \leqslant I2$, $I2-(I1+1) > -1$ 이 되며 두 개의 제약조건을 만족하는 I1과 I2 의 값을 각각 I1=0, I2=1 로 결정할 수 있다. 이와 같이, 기호실행은 프로그램 내의 경로와 결합되어 그 경로를 지날 수 있는 제약 조건을 생성할 수 있으므로 경로 테스팅에서 테스트 경로를 커버하는 조건을 만들어 냄으로써 이 조건을 만족하는 데이터를 구한다면 이것이 바로 해당 테스트 경로에 대한 테스트케이스가 된다. 즉, 기호실행은 경로테스팅과 결합하여 테스트케이스를 생성하는 중요한 기법으로 볼 수 있다.

9.4 컴포넌트 테스트

본 절에서는 MaRMIⅢ의 미니프로젝트에서의 문서화를 기본으로 컴포넌트 테스트에 대해서 알아본다. 컴포넌트 테스트는 컴포넌트 테스트 준비, 컴포넌트 테스트 수행, 컴포넌트 테스트 검토의 세 부분으로 구분한다.

9.4.1 개 요

(1) 목 적

컴포넌트 테스트에서 개발자는 제품의 부품인 개별 컴포넌트에 대해 내부의 클래스를 테스트한다. 이것은 매 코드 라인(클래스 메소드, 예외 처리, 모든 에러 처리)을 철저하게 테스트하는 것이다. 또한, 테스트계획서를 기반으로 구현된 컴포넌트를 테스트하기 위하여 컴포넌트 테스트 작업계획을 검토하고 컴포넌트 테스트를 위한 테스트케이스와 테스트 절차 등을 정의하여 컴포넌트의 결함을 찾고 수정한다.

(2) 작업 구조

단위 테스트 활동은 3개의 작업과 8개의 절차로 이루어져 있으며, 세부사항은 아래와 같다.

- **컴포넌트 테스트 준비** : 컴포넌트 설계명세서와 테스트계획서를 검토하여 테스트 작업계획을 구체화하고, 구현된 컴포넌트를 대상으로 컴포넌트 테스트를 위한 테스트 케이스를 추출하고, 각 테스트케이스별 테스트 절차를 정의한다.
  ① 테스트 계획 검토
  ② 테스트 케이스 및 데이터 개발

③ 케이스별 절차 정의

④ 테스트 보조 프로그램 개발

- **컴포넌트 테스트 수행** : 각 컴포넌트 테스트 케이스에 대해 테스트 절차에 따라 구현 컴포넌트가 제대로 작동하는지 검사한다. 결과가 예상출력과 다를 경우, 그 오류를 찾아 수정하고 재테스트(retest)를 수행한다.

⑤ 컴포넌트 테스트 수행

⑥ 오류 수정 및 재테스트

- **컴포넌트 테스트 검토** : 컴포넌트 테스트수행보고서를 분석하여, 단위테스트결과보고서를 작성하고 승인 받는 작업이다.

⑦ 컴포넌트 테스트 수행 결과 요약

⑧ 컴포넌트 테스트 결과 승인

(3) 주요 산출물

- **컴포넌트 테스트설계서** : 컴포넌트 테스트 항목에 따른 테스트케이스와 테스트 절차 그리고 컴포넌트 테스트를 위해 필요한 드라이버, 스텁 등에 대한 명세를 포함하는 문서이다.
- **컴포넌트 테스트수행보고서** : 컴포넌트 테스트 수행 작업의 산출물로서, 선정된 테스트 케이스를 이용하여 테스트를 수행하는 과정에서 발생하는 여러 가지 사건들에 대해 기술한다.
- **컴포넌트 테스트결과보고서** : 클래스 테스트 수행 결과에 대한 요약으로서 테스트 결과 승인에 이용된다.

(4) 주요 입력물

- 아키텍처정의서
- 컴포넌트구현설계서
- 컴포넌트 코드
- 테스트계획서

(5) 타 활동과의 관계

- 아키텍처 단계의 점진적 개발계획 활동과의 관계 : 개발계획수립활동을 통해 얻어진 테스트계획서에 따라 컴포넌트 테스트를 준비하기 위한 작업을 수행한다.
- 요구사항 및 아키텍처 정제 활동과의 관계 : 본 미니프로젝트의 요구사항 및 아키텍처 정제 활동의 산출물인 설계명세서 및 아키텍처정의서를 바탕으로 해당 미니프로젝트의 사용사례를 구현하는 데 필요한 컴포넌트를 프로그래밍 언어를 이용하여 구현하게 된다.

(6) 점검사항

- 컴포넌트 설계명세서의 내용을 바탕으로 해당 미니프로젝트에서 구현할 사용사례의 모든 기능들이 프로그래밍 되었는가?
- 추가적으로 필요한 사항은 없는가?
- 해결하지 못한 오류는 없는가?
- 테스트 방법이 컴포넌트 테스트의 특성을 반영하는가?
- 테스트계획서의 테스트 전략에 맞게 테스트 활동을 수행하였는가?
- 재테스트 결과, 컴포넌트 테스트 합격 기준을 충분히 만족하였는가?

9.4.2 컴포넌트 테스트 준비

(1) 개 요

테스트계획서를 검토 및 참조하여, 구현된 컴포넌트를 대상으로 개별 클래스의 메소드와 메소드 간의 호출 관계, 컴포넌트 각 인터페이스의 올바른 작동을 검사하기 위한 테스트 케이스를 선정하고 각 테스트 케이스를 수행할 절차를 정의하며 테스트를 수행하는데 필요한 드라이버 및 스텁 등의 모듈도 개발하는 작업이다. 컴포넌트 테스트는 컴포넌트의 내부 코드를 보는 white box 테스트 기법을 사용한다.

(2) 절차 구성도

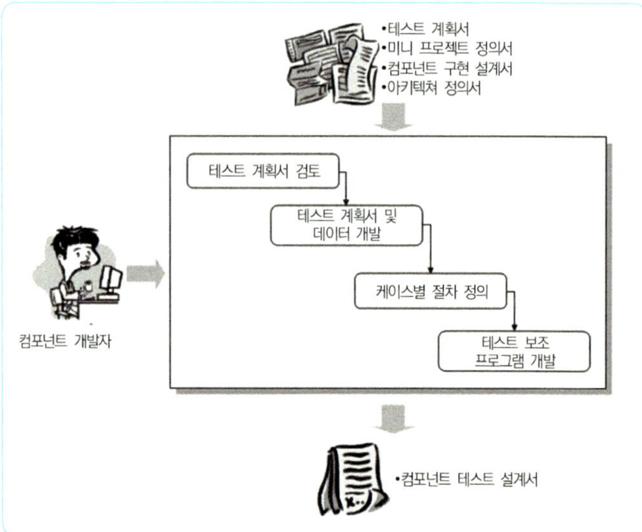

[그림 9.19] 컴포넌트 테스트 준비 단계 계략도

(3) 절차 설명

- **테스트 계획 검토** : 컴포넌트 테스트를 수행하기 위해 필요한 제반 사항, 대상 컴포넌트와 컴포넌트 테스트 방법, 합격 기준, 작업 일정 등을 검토하고 보완한다.
  - 컴포넌트 테스트 전략 검토
  - 컴포넌트 테스트 작업 일정 검토
  - 컴포넌트 테스트 합격 기준 검토
  - 요구환경 구성

테스트 자원 구성 항목을 확인하고, 각 자원들이 사용 가능하도록 준비한다. 준비된 자원들을 이용하여 테스트 환경을 실제로 구성한다. 테스트 도구가 명시되어져 있는 경우, 주어진 환경에 테스트 도구를 설치한다.

- **테스트 케이스 및 데이터 개발** : 테스트계획서에 정의된 테스트 전략에 따라 컴포넌트의 기능성을 테스트할 구체적인 테스트 케이스를 정의한다. 필요한 경우 컴포넌트 테

스트에서는

- 컴포넌트 내 클래스별 단위 메소드의 동작을 확인하는 테스트 케이스를 정의한다. 단위 메소드별로 입력과 예상 출력의 형태로 테스트 케이스를 정의한다. 또한 클래스 내 속성에 대해 적절한 갱신을 확인할 수 있는 테스트 케이스를 정의한다. 모든 입력 필드 타입의 유효성 확인을 위한 테스트 케이스를 정의한다.
- 그리고 모든 코드 라인이 수행되는지도 확인되어야 한다. 컴포넌트 내 클래스의 동작을 다음과 같은 사항에 대한 테스트 케이스가 정의되어야 한다.

  ; 메소드 호출 관계에 따른 기능성

  ; 객체의 상태 변화를 일으키는 임의의 메소드 호출 순서에 따른 기능성

  ; 상속에 따른 클래스의 기능성

  ; 연관관계에 따른 클래스의 기능성
- 컴포넌트의 각 인터페이스에 대한 기능성을 확인할 수 있는 테스트케이스를 정의한다.
- 각 테스트 케이스를 실행하는 필요한 데이터를 정의하여 개발한다.

몇몇 입력은 값에 의해 명세화될 수 있고 상수표나 변동파일 같은 것은 이름에 의해 명세화될 수 있다. 테스트 데이터는 다음의 절차들을 통해서 작성될 수 있다.

; 테스트 단위 기능과 구조를 조명할 수 있는 테스트 데이터를 획득하여 테스트 레코드를 구성한다.

; 테스트 데이터 로드

; 테스트 데이터에 대한 백업과 복구과정을 만듦

; 테스트 데이터 로드 검증

; 테스트 데이터의 보호

◦ **케이스별 절차 정의** : 각 테스트 케이스별로 입력에 따른 예상 출력을 얻기 위한 절차를 정의한다. 이때 테스트 케이스간 의존성이 있을 수 있는데, 그러한 사항은 사전조건으로 명시되어야 한다. 그리고 컴포넌트 테스트 케이스가 실행될 때 발생하는 일들을 단계별로 기술한다. 즉, 로그, 설치, 시작, 처리, 측정, 정지, 재개시, 종료, 저장, 우발성

등의 단계로 구성될 수 있다.

- **특수조건 기술** : 테스트 케이스를 실행시키기 위해 필요한 특수한 요구사항을 정의하는 것으로 선행조건 절차나 특수기술 요구사항, 특수환경 요구사항 등을 기술한다.
  - · 테스트 실행의 결과를 기록하기 위한 특수한 방법이나 형식을 기록한다.
  - · 테스트 케이스의 실행을 준비하고 시작하기 위해 필요한 행동들을 연속적으로 기술한다.
- **테스트 보조 프로그램 개발** : 개발된 컴포넌트 내 클래스를 테스트하거나 컴포넌트의 인터페이스를 테스트할 경우, 테스트의 진행이나 오류를 위치를 정확히 알기 위해서 테스트 드라이버나 스텁을 개발한다.
  - · 클래스 메소드 호출을 위한 드라이버 식별
  - · 클래스별, 클래스 메소드별 필요한 스텁 식별
  - · 드라이버 및 스텁의 명세 작성
  - · 드라이버 및 스텁 코딩

(4) 사용 기법

- 테스트케이스 설계 기법

(5) 입력물/산출물

입 력 물	산 출 물
테스트계획서 미니프로젝트정의서 아키텍처정의서 컴포넌트설계서	컴포넌트 테스트설계서

(6) 지 침

컴포넌트를 코딩한 프로그래머가 컴포넌트 테스트를 준비한다.

자신이 구현한 컴포넌트에 대해 단위 메소드, 상호 메소드, 상호 클래스, 컴포넌트 인터페이스 테스트를 위한 테스트 케이스 및 절차를 정의한다.

컴포넌트 테스트의 항목은 아래와 같은 것이 될 수 있다.

- 비즈니스 객체 또는 컴포넌트
- 공통 하부구조 모듈
- 어플리케이션 프로그램
- 어플리케이션 지원 컴포넌트(외부 인터페이스, 기존 인터페이스, 지속성 인터페이스)
- GUI 요소(windows또는 pane)
- 임무 관리기(task manager)
- 사용자 지원 컴포넌트
- 서비스 컴포넌트
- 일괄처리 업무 컴포넌트 등등

① **컴포넌트 테스트의 유형** : 컴포넌트 테스트는 각 컴포넌트를 개발한 개발자가 테스트로서 5가지 정도의 테스트 유형이 있다. 컴포넌트 테스트 케이스를 정의할 때 이 테스트 유형을 참조한다.

ⓐ **인터페이스 테스트** : 타 컴포넌트와의 인터페이스를 테스트하며, 필요시 타 프로그램, 타 시스템이나 외부 파일과의 인터페이스 테스트도 추가로 수행할 수 있다.

ⓑ **자료구조 테스트** : 컴포넌트 내의 자료구조상에 오류가 없는지를 테스트한다. 잘못된 자료형이나 일관성 결여, 초기화나 디폴트 값의 오류, 변수명의 오류, underflow나 overflow는 잘 처리되는지 등을 테스트한다.

ⓒ **수행 경로 테스트** : 구조 테스트나 루프 테스트 등을 통하여 논리 경로들을 테스트한다. 서로 다른 자료형 간의 비교나 변수 비교의 오류, 기능 연산자 사용 오류, 루프의 종료의 오류, 루프 변수의 수정의 오류 등을 테스트한다. 그리고 모든 오퍼레이션, 모든 경로가 수행되는지도 검사한다.

ⓓ **오류 처리 테스트** : 각종 오류들이 컴포넌트에 의해 적절하게 처리되는 지를 테스트한다. 오류처리를 위한 코드는 작성되고 테스트를 하지 않는 경우가 많기 때문에

반드시 테스트를 하여야 한다. 오류 메세지의 이해의 어려움이나 오류 발생지점에 대한 정보 제공의 불충분, 오류 메세지와 오류와의 일치성, 예외조치의 오류 등을 테스트한다.

ⓔ **경계테스트** : 오류가 발생하기 쉬운 경계치의 값들을 시험사례로 만들어 테스트를 수행한다. n차원 배열에서 n번째 원소의 처리 여부, 루프에서 n번 반복시의 오류, 허용된 최소, 최대값의 처리 여부 등을 테스트한다.

② **테스트 드라이버와 테스트 스텁** : 스텁은 Top-down방식의 개발에서 테스트 대상 모듈이 호출하는 아직 개발되지 않은 모듈로서 테스트 케이스에 적합한 값을 리턴 하도록 개발되는 모듈을 말하며, 드라이버는 Bottom-up방식의 개발과정에서 테스트 대상 모듈을 호출하는 모듈로서 아직 개발되지 않은 모듈을 일컫는다. 일반적으로 테스트 대상 컴포넌트를 호출하는 모듈을 드라이버, 테스트 대상 컴포넌트가 호출하는 것으로서 원하는 값만을 리턴 하도록 임시로 개발된 모듈을 스텁이라고 볼 수 있다.

(7) 팀의 역할

- 컴포넌트 개발자
- 컴포넌트 테스트 케이스 정의
- 테스트 보조 프로그램(드라이버, 스텁) 개발

9.4.3 컴포넌트 테스트 수행

(1) 개 요

프로그래머는 컴포넌트 테스트설계서에 명시된 각 테스트 케이스에 대해 해당 입력에 대해 예상 결과대로 나오는지 확인하고, 오류가 있을 경우 수정 및 재테스트를 수행한다.

(2) 절차 구성도

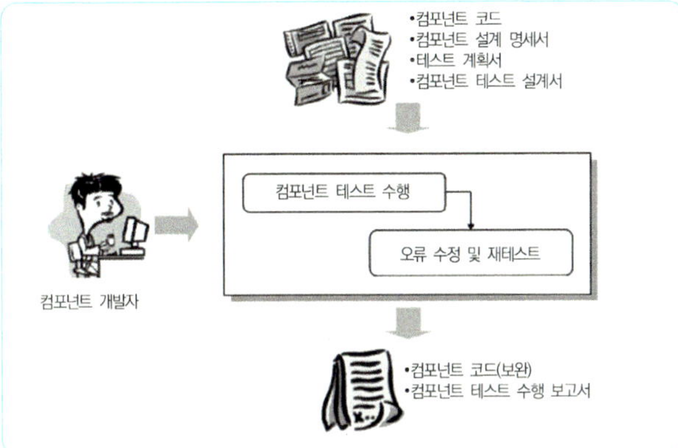

[그림 9.20] 컴포넌트 테스트 수행 단계 계략도

(3) 절차 설명

- **컴포넌트 테스트 수행** : 컴포넌트 테스트설계서에 명시된 테스트 케이스들에 대해 컴포넌트 테스트를 수행한다.
  - 테스트계획서의 테스트 대상, 목표, 합격기준 등을 점검한다.
  - 테스트 케이스별 수행 절차에 따라 컴포넌트 내 클래스 및 컴포넌트 인터페이스에 대해 테스트를 수행한다.
  - 수행 결과와 작업 과정에서의 모든 사건들을 순차적으로 컴포넌트테스트수행보고서에 기술한다.
- **오류 수정 및 재테스트** : 테스트 수행 결과가 합격기준에 부합되는지를 측정하여, 통과되지 못한 경우, 해당 테스트 항목의 오류를 수정하고 재테스트를 수행한다.
  - 각 테스트 레벨에서의 테스트 수행 결과를 테스트 계획 작업에서 설정한 해당 척도에 적용하여 그 결과가 합격기준에 미달되는 경우 오류를 수정한다.

  오류 발견 시 수정 절차는 다음과 같다.

  ; 오류 발견

  ; 오류 상황 파악(재발견을 통한)

  ; 오류 위치 추적

; 해결 방안 고안 및 영향 검토

; 코드 수정

- 수정된 프로그램에 대해 재테스트를 수행한다.

(4) 입력물/산출물

입력물	산출물
컴포넌트설계서 컴포넌트구현설계서 테스트계획서 컴포넌트 테스트설계서 미니프로젝트정의서 컴포넌트 코드	컴포넌트 테스트수행보고서 컴포넌트구현설계서(보완) 컴포넌트 코드(보완)

(5) 지 침

컴포넌트 테스트 수행과 오류 수정 작업은 모두 프로그래머에 의해 수행된다. 컴포넌트 테스트는 프로그래머에 의해 직접 수행되므로, 오류 수정 작업도 해당 프로그래머가 수행한다.

오류 수정에 대한 사건을 컴포넌트 테스트수행보고서에 기록한다. 오류 수정이 이루어질 경우 이에 대한 구체적인 사건 기록도 컴포넌트 테스트수행보고서의 테스트 수행 항목에 기술한다.

재테스트는 이전 테스트에 사용하였던 테스트 케이스를 이용하는 것이 오류를 수정하는 데 효과적이다. 오류수정 결과에 대한 테스트는 이전 테스트와 동일한 테스트 케이스를 이용하는 것이 합리적이다.

재테스트를 수행할 경우 컴포넌트 테스트수행보고서의 이전 테스트 내용에 추가하여 수행 보고서를 작성한다. 재테스트에 대한 수행보고 내용은 이전 테스트의 수행보고 내용 뒤에 이어서 같은 항목들을 가지고 작성한다.

(6) 팀의 역할

- 컴포넌트 개발자
  - 컴포넌트 테스트를 수행함
  - 식별된 오류를 수정함.

9.4.4 컴포넌트 테스트 검토

(1) 개 요

테스트계획서 및 컴포넌트 테스트설계서, 컴포넌트 테스트수행보고서를 반영하여 컴포넌트 테스트결과보고서를 작성하고 테스트 관리자에게 승인을 받는 작업이다.

(2) 절차 구성도

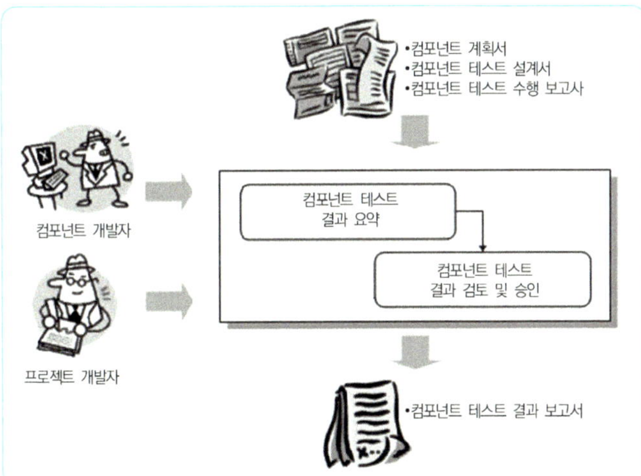

[그림 9.21] 컴포넌트 테스트 검토 단계 계략도

(3) 절차 설명

- **컴포넌트 테스트 결과 요약** : 컴포넌트의 기능성에 대해 어떠한 테스트 케이스로 오류

를 찾았는지와 해당 오류가 수정되었는지의 여부를 요약하고, 테스트계획서와 컴포넌트테스트수행보고서를 이용하여 척도, 합격 기준과 테스트 수행 결과 얻어진 통과율 등을 분석하여 컴포넌트 테스트결과보고서를 작성한다.

- **컴포넌트 테스트 결과 검토 및 승인** : 컴포넌트 테스트결과보고서에 대해 프로젝트 관리자의 승인을 받고, 컴포넌트를 통합 테스트를 위해 통합 테스트 수행자에게 전달한다.
  - 컴포넌트테스트결과보고서에 대해 이 테스트 활동과 관련 있는 승인권자의 승인을 얻는다. 예를 들면 프로젝트 관리자나 품질보증 담당자 등이 될 수 있다.

(4) 사용 기법

- 검토회의

(5) 입력물/산출물

입력물	산출물
테스트계획서 컴포넌트 테스트설계서 컴포넌트 테스트수행보고서	컴포넌트 테스트결과보고서

(6) 팀의 역할

- **컴포넌트 개발자** : 컴포넌트 테스트결과보고서 작성
- **프로젝트 관리자** : 컴포넌트 테스트결과보고서를 검토 및 승인

1. 이미 작성된 프로그램을 이용하여 그것에 대한 하향식과 상향식 테스팅 전략을 생각하라.

2. Pascal, C, Fortran으로 작성된 프로그램 내에 존재하는 에러에 대한 디버깅지침서를 작성하라.

3. 디버깅 문장이 프로그램으로부터 쉽게 제거되거나 포함될 수 있도록 디버깅 툴을 설계해 보라.

4. 상향식과 하향식 프로그래밍 테스트의 장·단점을 말하라.

5. 스텁의 일반적인 형태의 예를 구체적으로 들어 보라.

6. 포트란 언어의 DIMENSION 문장에 대하여 동등 분할 방법으로 테스트케이스를 설계하라.

7. MS-DOS 상에서 파일을 복사하는 COPY 명령에 대하여 원인-결과 그래프 방법에 의하여 테스트케이스를 설계하라.

8. 경로 테스팅에서 다음 그림과 같은 흐름 그래프의 기본경로를 베이스라인 방법에 의해 구하고 사이클로매틱 넘버와 비교하여 보라.

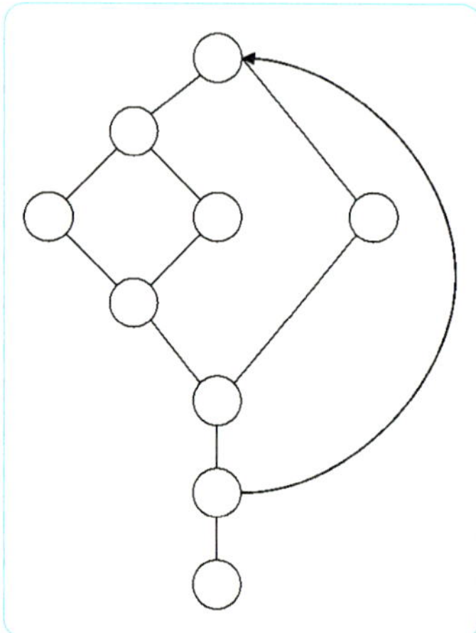

9. 프로그램 텍스트로부터 흐름 그래프로 만들 때 노드와 노드를 구별하는 기준에는 어떠한 것이 있는가?

10. 다음의 조건문에 대하여 다중 조건 커버 범위를 만족하기 위한 조건들을 기술하고 이때 만족하는 경로를 말하라.

```
IF((X=Y) & (LENGTH(Z)=0) & SW)  THEN J=1;
ELSE I=1;
```

11. 정적분석에 의해 모듈간의 인터페이스 분석자료를 얻을 수 있는 도구를 설계하라.

12. 동적 분석에서 계측도구를 카운터로 사용할 경우 이를 인스트루멘테이션 하는 도구를 설계하라.

13. 기호실행에 의한 테스트케이스를 설계하는 과정을 분석하고 이를 도구로 설계하라.

14. UNIX에서 제공하는 동적 및 정적 분석 도구에는 어떠한 것이 있는지 조사하라.

15. 프로브 삽입위치를 선정하는 방법으로 DD 경로 이외에 어떠한 방법이 있을 수 있는가?

16. 컴포넌트 테스트의 3단계에 대해서 간략히 설명하시오.

참고문헌

1. 이경환, 김정종, 황선명, "소프트웨어 개발을 위한 툴", 한국정보과학회지, Vol.2, No.2, 1984.
2. 이경환, 황선명, 권기현, "요구 복잡도 측정을 위한 AMP의 설계 및 구현에 관한 연구", 한국정보과학회 학술발표논문집, Vol.13, No.2, 1986.
3. 이경환, 황선명, 김영길, "프로그램 테스트를 위한 소프트웨어 툴의 개발", 한국정보과학회 논문지, Vol.12, No.2, 1985.
4. 이경환, 황선명, 김윤덕, "C 프로그래밍의 동적 테스팅 툴의 설계 및 실행에 관한 연구", 한국정보과학회 학술발표 논문집, Vol.13, No.1, 1986.
5. 이경환, 김치수, "C 프로그램의 Anomaly 체크를 위한 동적 테스팅 방법에 관한 연구", 한국정보과학회 학술발표논문집, Vol.13, No.2, 1986.
6. 이경환, 황선명, 전준철, "C 프로그램의 품질보증을 위한 Dynamic Assertion Processor의 설계 및 구현", 한국정보과학회 학술발표논문집, Vol.12, No.2, 1985.
7. 이경환, 황선명, 전제인, "Cause-Effect Graphing 모델에 의한 테스트 케이스 생성과 분석에 관한 연구", 한국정보과학회 학술발표논문집, Vol.2, No.2, 1984.
8. 이경환, 황선명, 안금순, "A Study on th Complexity Measure using Scope Metrics", 한국정보과학회 학술발표논문집, Vol.13, No.2, 1986.
9. 이경환, 황선명, "Regular Expression에 의한 프로그램 복잡도 척도에 관한 연구", 한국정보과학회논문지, Vol.13, No.4, 1986.
10. L.J. Arthur, *Measuring Programmer Productivity and Software Quality*, John Wiley & Sons, Inc. 1985.
11. V.R. Basili, and D.H. Hutchens, "An Empirical Study of a Syntactic Complexity Family", IEEE Trans. on SE., Nov., 1983.
12. E.T. Chen, "Program Complexity and Programmer Productivity", IEEE Trans. on Se., May, 1978.
13. L.D. Fosdick, L.T. Osterweil, "Data Flow Analysis in Software Reliability", ACM Survey, Vol.8, No.3, 1976.
14. J.B. Goodenough, and S.L. Gerhart, "Toward a Theory of Testing : Data Selection Criteria, in Current Trends in Programming Methodology", Vol.2, pp. 44~79, 1977.
15. J.C. Huang, "An Approach to Program Testing", Computing Survey, Vol.7, No.3, Sept. pp. 51~58, 1975.
16. ETRI, *마르미방법론III*, ETRI, 2001.

Chapter 10 소프트웨어 품질 관리

10.1 소프트웨어 품질 목표

과거에는 좋은 소프트웨어라고 하는 것은 신뢰성이 높은 소프트웨어라고 생각해왔다. 이 때문에 프로그램의 테스트 기간 중에 가능한 한 많은 에러를 발견하고 이를 제거한 후 출하함으로써 좋은 소프트웨어를 제공할 수 있다고 생각되었다. 소프트웨어의 품질이 좋다 나쁘다고 말하는 것에도, 그 본질 자체가 명확하게 정의되어 있지 않으면 객관적으로 평가할 수 없다.

품질관리용어에서는 품질이라는 것은 「상품 혹은 서비스가 사용목적에 만족되고 있는지를 결정하기 위한 평가의 대상이 되는 고유의 성질 또는 성능」으로 정의하고 있다.

품질 보증은 생산물이 설정된 명세와 일치하는가를 확인하는데 필요한 모든 계획된 체계적인 활동을 말한다. 그런데 품질을 보증하고 평가하는데 있어서의 문제는 각각의 사람들이 품질을 보는 견해가 다른 데 있다. 프로젝트 관리자에게 있어서 품질은 표준에 따라 제한된 비용과 기간 내에 기능적 요구사항을 구현하는 것을 의미할 것이며, 사용자에 있어서 품질이란 것은 사용하기 용이하고 빠른 응답시간을 갖는 것이 될 것이다. 또한 프로그래머에 있어서의 품질은 수행을 올바르게 하고 프로그램 하는 표준에 맞도록 하는 것을 의미한다. 그리고 시스템 유지보수자에 있어서의 품질은 명확한 문서화와 이해가 용이한 코드를 의미할 것이다.

주어진 시스템의 품질에 대한 명백한 서술 없이는 개발자가 어떤 품질을 정착해야 할지 알지 못하고, 품질 보증자 또한 어떤 품질을 주안점으로 시스템을 평가할지 알 수 없으며, 프로그램 관리자 또한 수행될 시스템의 품질의 중요성이 어떠한지를 결정할 수가 없게 된다.

소프트웨어 품질공학은 이러한 문제들을 해결하기 위해 설계된 것으로 다음과 같은 세 가지 요소로 구성된다.

- 시스템의 품질목표를 설정한다. 즉, 시스템에 중요한 품질관점을 확립하고, 그의 우선

순위를 결정한다.

- 이러한 품질목표의 개념을 가지고 시스템을 설계한다.
- 해당 품질목표가 만나는 개발의 각 단계에서 시스템을 평가한다.

10.2 소프트웨어 품질 보증을 위한 접근 방법

소프트웨어 공학의 개념은 세 단계 품질구조를 기반으로 하는데 이는 소프트웨어 품질을 관리적인 측면을 기술적인 관점 및 구현상의 상세 내용으로 구분한다.

최상위 계층은 품질 목표인데 이는 시스템 품질을 관리적인 측면에서 표현한 것이다. 이들 목표들은 [표 10.1]에 나타나 있는데 프로젝트 관리자, 생산 관리자 및 획득 관리자가 시스템 개발의 외곽에서 품질목표를 설정하고 우선순위를 정하면 소프트웨어 개발 관리자에 의해 주어진 품질목표의 순서대로 설계된다.

[표 10.1] 소프트웨어 품질목표

품질목표	정 의
효율성(Efficiency)	최소한의 컴퓨터 시간과 기억장소를 소유하여 요구된 기능을 수행하는 시스템 능력
융통성(Flexibility)	새로운 요구사항에 접하여 쉽게 수정될 수 있는 시스템 능력
완전성(Integrity)	시스템 소프트웨어나 데이터의 독단적인 액세스 및 수정을 제어할 수 있는 시스템 능력
상호운용성(Interoperability)	다른 시스템과 정보를 교환할 수 있는 시스템 능력
유지보수성(Maintainability)	에러가 발견되었을 때 쉽게 정정될 수 있는 시스템 능력

품질목표	정 의
이식성(Portability)	하나 이상의 하드웨어 환경에서 운용되기 위해 쉽게 수정될 수 있는 시스템 능력
신뢰성(Reliability)	정확하고 일관된 결과로 요구된 기능을 수행하는 시스템 능력
정확성(Correctness)	사용자의 요구 기능을 충족시키는 정도
재사용성(Reusability)	시스템의 일부나 전체를 여러 가지 응용부분에서 사용될 수 있는 능력
테스트용이성(Testability)	쉽게 완전하게 테스트될 수 있는 시스템 능력
사용용이성(Usability)	쉽게 배우고 활용할 수 있는 시스템 능력

[표 10.2]는 개발과정에서 측정되는 품질 목표들의 종류들과 이 목표를 달성하기 위해 기울이는 노력 및 투자의 효율성을 나타내고 있다. 정확성, 신뢰성, 유지보수성, 테스트 용이성은 투자 효율이 높고 효율성, 무결성과 상호운용성은 비교적 낮은 것으로 나타난다.

[표 10.2] 품질목표와 생명주기의 관계

생명주기단계 품질목표	개발단계			평가단계	응용및유지보수단계			품질을 위한 투자효율성
	요구분석	설계	구현	시스템시험	운용	수정	변형	
정 확 성	△	△	△	×	×	×		높음
신 뢰 성	△	△	△	×	×	×		높음
효 율 성	△	△	△		×			낮음
완 전 성	△	△	△		×			낮음
사 용 용 이 성	△	△		×		×		보통
유 지 보 수 성		△	△			×	×	높음
시 험 용 이 성			△	×		×	×	높음
유 연 성		△	△			×	×	보통
이 식 성		△	△				×	보통
재 사 용 성		△	△				×	보통
상 호 운 용 성	△	△		×			×	낮음
△ : 품질목표달성도 측정시기, ×: 저품질의 영향이 나타나는 시기								

프레임워크의 두 번째 레벨은 품질 기준이라 불리는 좀 더 기술적인 면의 개념이다. 그 기준은 분석자, 설계자, 프로그래머, 테스터 및 유지 보수자와 같은 소프트웨어 공학자에게 유용하다. [표 10.3]은 품질 목표와 기준간의 관계를 설명하고 있다. 품질목표를 품질기준으로 분해하고 소프트웨어 품질에 따른 각 품질기준들을 결합하여 체크리스트의 집합을 구성하는데, 이는 측정 소프트웨어 기능을 확립하며 그 기준을 만족시키기 위하여 시스템과 시스템 문서들로 합해져야만 한다.

[표 10.3] 소프트웨어 품질목표

품질기준 \ 품질목표	정확성	신뢰성	효율성	무결성	사용용이성	유지보수성	시험용이성	유연성	이식성	재사용성	상호운용성
추적가능성	○										
일관성	○	○				○					
완벽성	○	○									
오류허용성		○			○						
정밀성	○	○									
간단명료성		○				○	○				
기억장치효율성			○								
실행효율성			○								
사용통제성				○							
사용감사성				○							
운용성					○						
교육훈련성					○						
의사전달성					○						
모듈성						○	○	○	○	○	○
범용성								○		○	
확장성								○			
도구설비성							○				
자기기술성							○		○		

품질기준 \ 품질목표	정확성	신뢰성	효율성	무결성	사용용이성	유지보수성	시험용이성	유연성	이식성	재사용성	상호운용성
기계독립성									○	○	
응용독립성									○	○	
통신공통성											○
자료공통성											○
문서적정성											
응답속도성			○								
원시코드독해성						○	○	○	○	○	○
시험적정성		○									
출력결과적정성					○						
처 리 성			○								

이들 체크리스트들의 항목은 품질 프레임워크의 세 번째 레벨에 나타나게 된다. 체크리스트 항목들은 질문하는 형식으로 나타나며 시스템 개발자가 품질 기준을 맞추고 품질기준에 따라 시스템을 평가하는 평가자들에 의해 사용될 수 있다[그림 10.1].

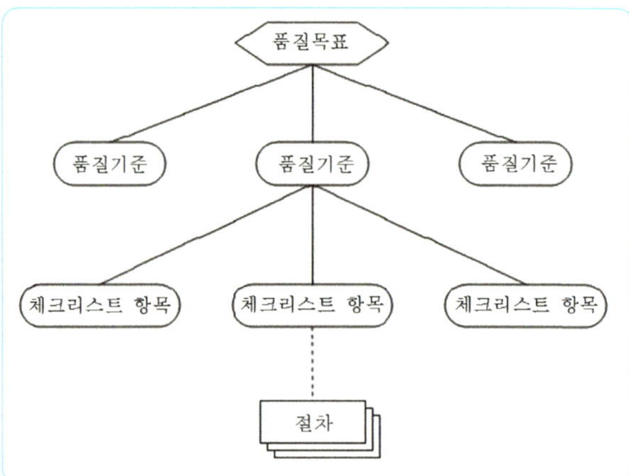

[그림 10.1] 품질 공학의 프레임워크

10.3 국제 표준 기구(ISO)의 품질 목표

국제표준화기구 ISO는 그 산하에 JTC 1 위원회를 두고 그 밑에 SC(Sub Committee)로 구성되었다. 소프트웨어공학의 표준은 SC7에서 맡고 있으며 이는 다시 여러 개의 작업팀(Work Group)으로 나누어진다. 소프트웨어의 품질 보증은 WG6(Software Metrics)과 WG8(Integral life process)에서 협의하고 있다. WG8은 프로젝트관리, 형상관리, 품질보증 VV/T(Verification Validation/Testing)를 주제로 협의하고 있다.

소프트웨어가 제작되는 과정에 관한 전반적인 사항을 문서화하고 관리하는 측면을 강조하고 있다. WG이나 SC의 활동은 모두 ISO 전체의 품질목표를 정하고 이에 준해서 각 품질 활동을 수행하고 있다. 국제 표준기구는 소프트웨어의 품질목표를 6가지로 규정하고 있다.

- **기능성(Functionality)** : 명확한 이용자의 요구를 만족하는 일련의 기능과 특성에 관한 속성(품질기준 : 정확성, 안전성, 호환성, 접속성 등.)
- **신뢰성(Reliability)** : 정해진 기간과 정해진 조건하에서 그 성능수준을 유지하기 위한 능력과 관계있는 속성(품질기준 : 무결함성, 오차허용성, 가용성 등.)
- **사용성(Usability)** : 소프트웨어를 사용하는데 필요한 노력 및 특정 혹은 불특정 사용자의 사용평가에 관한 속성(품질기준 : 이해성, 조작성, 대화성 등.)
- **효율성(Efficiency)** : 정해진 조건 아래에서, 소프트웨어 제품의 일정한 성능과, 자원 소요량의 관계에 관한 속성(품질기준 : 시간 경제성, 자원 경제성 등.)
- **유지보수성(Maintainability)** : 소프트웨어 변경 시 필요한 노력과 관계되는 속성(품질기준 : 수정 용이성, 확장성, 테스트 용이성 등.)
- **이식성(Portability)** : 소프트웨어를 다른 환경으로 이식할 경우에 관계되는 속성(품질기준 : H/W독립성, 소프트웨어 독립성, 도입용이성, 재이용성 등.)

여기에서 한가지 중요한 사실은 소프트웨어 품질특성 중 사용자가 어느 특성을 중요시하는가를 결정해야 하는 것이지, 모든 특성을 고루 갖춘 소프트웨어를 제작할 수는 없다는 것이다. 예를 들어, 기능성, 신뢰성, 사용성, 이식성을 높이면 상대적으로 효율이 떨어지고, 이식성을 높이면 기능성이 적어지는 것이 보통이다. 흔히 디자인이 좋고, 최고의 품질로서, 값이 제일 싼 상품을 고를 수 없는 것처럼, 적정선에서의 선택과 타협이 필요하다[그림 10.2].

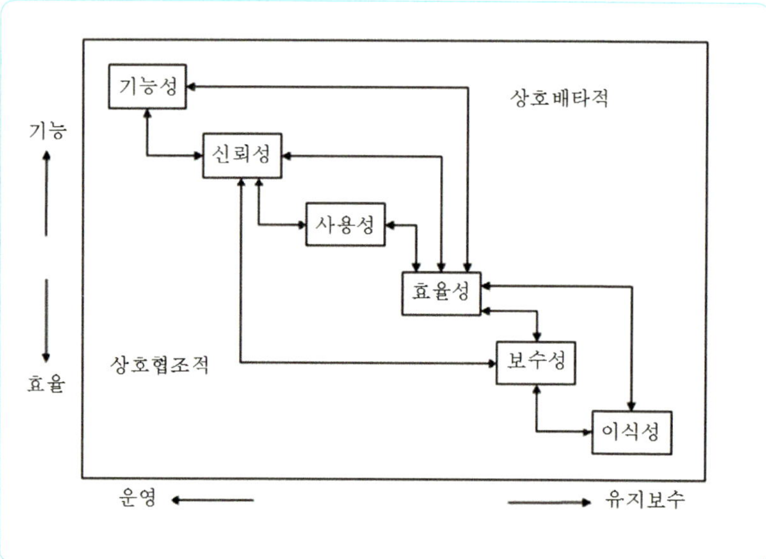

[그림 10.2] 품질 특성의 상호관련

일반 사용자라면 제일 먼저 기능성이 강조되고 그 다음 신뢰성, 사용성이 필요할 것이며, 전문 소프트웨어 하우스에서 여러 기종이 운영 가능한 소프트웨어를 만드는 경우에는 이식성과 유지 보수성이 중시되어야 하며, 경영 환경의 변화에 대처해야 하는 업무 소프트웨어라면 사용성과 유지 보수성을 품질 특성으로 해야 할 것이다.

10.4 품질 기준에 맞는 품질 척도

다음 [그림 10.3]은 Boehm과 McCall이 제시한 품질 척도(quality metric)들 간에 관계를 나타낸 것이다. 여기에서는 부분적으로나마 품질척도의 대표적인 방법들에 대하여 살펴보기로 한다.

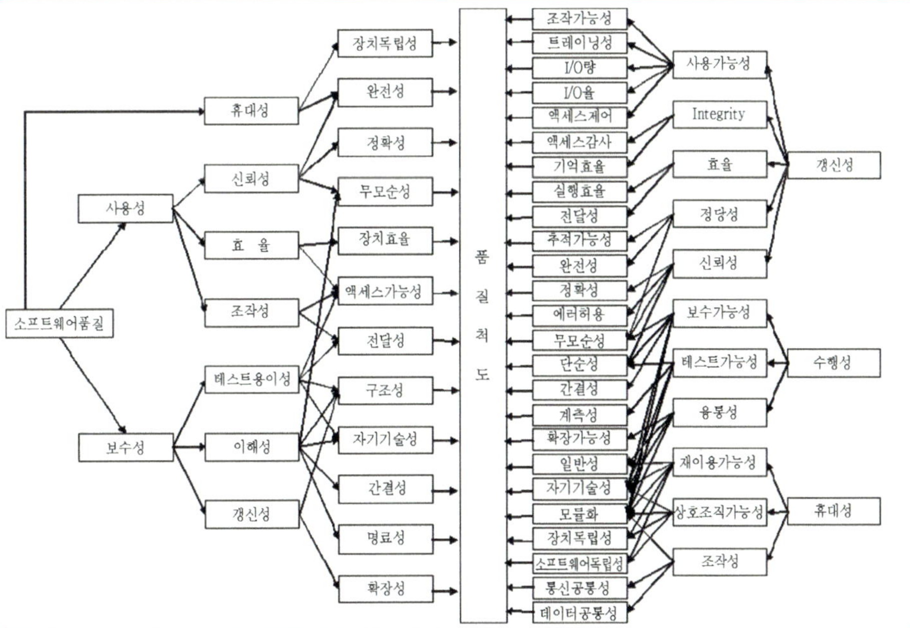

[그림 10.3] Boehm의 모델과 McCall 모델

10.4.1 Halstead의 소프트웨어 사이언스

Halstead가 제시한 소프트웨어 사이언스(software science)는 복잡도를 측정하는 척도로 많

이 알려져 있다. 이 척도는 기본적으로 코드가 만들어진 후 또는 설계가 완성된 후에 측량할 수 있는 방법으로 다음과 같은 요인들로 구성된다.

n_1 : 프로그램 내에 나타나는 연산자의 종류

n_2 : 프로그램 내에 나타나는 피연산자의 종류

N_1 : 연산자의 총 발생 빈도수

N_2 : 피연산자의 총 발생 빈도수

이때, 연산자란 더하기, 빼기, 이동, 비교, 읽기, 쓰기 등의 동사에 해당하는 명령어를 나타내고, 피연산자란 데이터로서 숫자 또는 주기억장치 내의 주소(address) 및 변수 등 명사에 해당하는 것을 의미한다. 이 방법은 프로그래밍 언어와 무관하게 연산자와 피연산자의 수를 셈하여 프로그램에 내재된 논리의 규모를 측정하자는 것이다.

Interchange sort program

```
      SUBROUTINE SORT(X, N)
      DIMENSION X(N)
      IF(N.LT.2) RETURN
      DO 20 I=2, N
        DO 10 J=1, I
        IF(X(I).GE.X(J)) GO TO 10
             SAVE=X(I)
             X(I)=X(J)
             X(J)=SAVE
10    CONTINUE
20    CONTINUE
      RETURN
      END
```

Operators of the interchange sort program

Operator	Count
1 End of statement	7
2 Array subscript	6
3 =	5
4 IF()	2
5 DO	2

6 ,	2
7 End of program	1
8 .LT.	1
9 .GE.	1
n_1=10 GO TO 10	1
	28 = N_1

Operands of the interchange sort program	
Operand	Count
1 X	6
2 I	5
3 J	4
4 N	2
5 2	2
6 SAVE	2
n_2=7 1	1
	22 = N_2

[그림 10.4] Halstead의 연산자와 피연산자의 자료

이러한 요인들을 이용하여 다음과 같은 공식을 유도하였다.

프로그램 길이(length), N = n1 log2 n1 + n2 log2 n2

프로그램 부피(volume), V = N log2(n1 + n2)

프로그램 레벨(level), L = 2/n1 * n2/N2

프로그램 노력(effort), E = V/L

다음 [그림 10.4]에서는 예제프로그램에 대한 연산자, 피연산자의 자료를 보여준다.

10.4.2 McCabe의 복잡도 척도

McCabe는 제어흐름에 의한 그래프를 통하여 사이클로매틱 넘버를 구하여 이를 복잡도로

제시하였다. 제어 그래프(G)에 대한 사이클로매틱 넘버값은 V(G) = e−n+2 이다. 이때 e는 에지(edge)의 수, n은 노드(node)의 수를 의미한다. 각 노드는 원칙적으로 프로그램 문장 하나를 의미하지만 연속으로 실행되는 순차 구조의 문장들을 하나의 노드로 보아도 좋다.

McCabe는 복잡도에 따르는 품질을 다음과 같이 평가하였다.

- **복잡도가 5 이하인 경우** : 매우 간단한 프로그램일 때
- **복잡도가 5~10인 경우** : 매우 구조적이며 안정된 프로그램
- **복잡도가 20 이상인 경우** : 문제 자체가 매우 복잡하거나 구조가 필요이상으로 복잡한 프로그램
- **복잡도가 50 이상인 경우** : 매우 비구조적이며 불안정한 프로그램

다음 [그림 10.5]는 각 흐름그래프에 대한 V(G) 값을 계산한 예들이다.

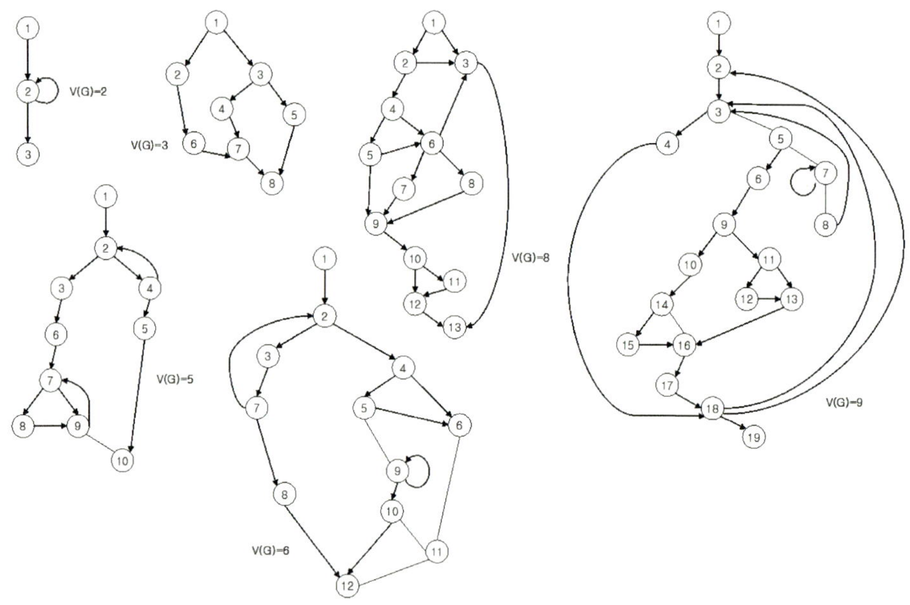

[그림 10.5] McCabe의 복잡도 계산

10.4.3 Knot 카운트

제어구조의 수 측정보다는 제어 흐름의 물리적 위치사이에서 일어나는 관계를 통하여 복잡도를 계산한다. 즉 다음 형태와 같은 제어 구조의 교점을 "knot"라고 하는데 이와 같이 프로그램 내부의 제어흐름 중에 나타나는 knot의 수가 복잡도와 직접적인 관계가 있음을 나타낸다[그림 10.6].

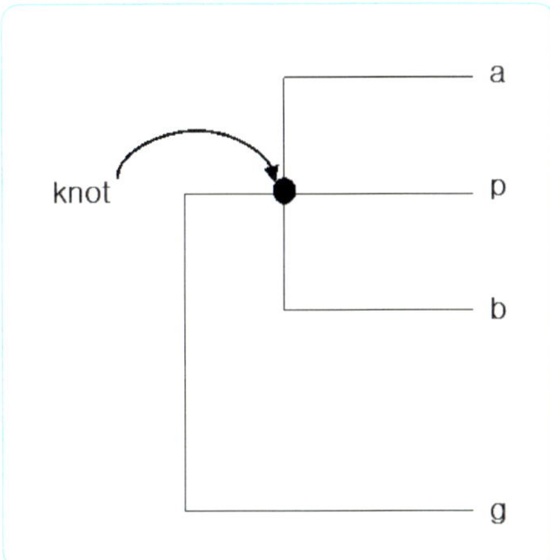

[그림 10.6] Knot의 발생 구조

10.4.4 Chen의 프로그램 복잡도 측정

Chen은 중첩된 결정구조(nested decision)에 민감한 복잡도 측정 방법으로 프로그램의 제어그래프에서 최대 교차된 라인 수(maximal intersect number)를 측정하였다. 최대 교차 라인 수는 [그림 10.7]에서 다음과 같다.

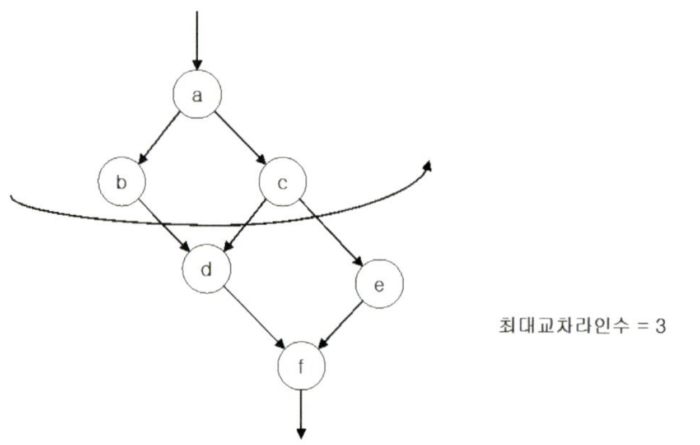

[그림 10.7] Chen의 복잡도

10.4.5 Chapine의 Q측정

제어흐름을 이용한 방법과는 달리 데이터의 아이템이 어떻게 사용되어지는지에 기반을 둔 측정이다. 데이터의 부류는 다음과 같이 4가지로 나눈다.

- P 데이터 부류 : 세그먼트를 배출하는 데 필요한 입력 데이터
- M 데이터 부류 : 세그먼트 내에 생성되거나 변화하는 데이터
- C 데이터 부류 : 세그먼트 내에 "controlling"에 사용되는 데이터
- T 데이터 부류 : 세그먼트 내에 변화되지 않고 사용되는 데이터

즉, Chapine은 각 데이터의 사용이 모듈에 각각 다른 비중을 갖고 복잡도에 기여한다고 생각했다. 각 모듈의 복잡도는 Q = R*W'로써 계산했으나 여기서 W'는 비중 값으로서,

C 데이터 : 3

M 데이터 : 2

R 데이터 : 1

T 데이터 : 0.5

값을 갖는다고 정의했다. R은 Repeat(반복)-exit 요소라고 정의했다. 프로그램의 전체 복잡도는 각 모듈의 복잡도를 더하여 계산된다.

10.4.6 정보흐름(information flow)을 이용한 복잡도 측정

시스템 요소 사이에서의 정보흐름에 기반을 둔 측정이다. 이 척도는 다음과 같이 측정된다.

Length * (fan-in * fan-out) ** 2

- Length : 소스 코드의 라인 수
- fan-in : 가령 A라는 프로시저가 있을 경우, 이 프로시저에 들어오는 정보와 이 프로시저에서 정보를 retrieve하는 수를 더한 값
- fan-out : 프로시저 A에서 다른 프로시저로 흘러나가는 정보와 이 프로시저에서 update가 일어나는 수를 더한 값

이 외에도 데이터 흐름과 제어 흐름관점을 같이 고려한 Ovido의 복잡도 모델과 제어 흐름과 크기관점을 고려한 Hansen의 복잡도 측정 방법 등이 있다.

10.4.7 소프트웨어 신뢰성과 이용가능성 측정

소프트웨어 신뢰도(reliability)의 측정은 하드웨어의 신뢰도를 측정하는 방법에 의해 시도되고 있다. 하드웨어의 신뢰성과 소프트웨어의 신뢰성간에 어떠한 관계가 있는지는 아직도 논쟁거리가 되고 있다. 컴퓨터를 기반으로 한 시스템의 신뢰성을 측정하는 간단한 척도는 MTBF(실패한 평균시간 : Mean Time Between Failure)이다.

MTBF = MTTF + MTTR
(MTTF : 평균실패시간 (Mean Time To Failure))
(MTTR : 평균보수시간 (Mean Time To Repair))

신뢰성과 아울러 소프트웨어 이용 가능성(availability)은 주어진 시점에서 프로그램이 요구에 따라 작동되고 있을 가능성으로 다음과 같이 정의된다.

이용가능성(Availability) = MTTF / (MTTF + MTTR)*100%)

MTBF 신뢰성 척도는 MTTF와 MTTR에 민감하고 이용 가능성 척도는 MTTR에 더욱 민감하며, 소프트웨어 유지 보수성(maintainability)의 척도로 MTTR이 간접적인 영향을 주고 있다.

10.5 소프트웨어 품질 관리

소프트웨어의 품질을 보증하기 위해서는 소프트웨어의 관리의 효율성을 증진시켜야 한다. 즉, 어떻게 좀 더 나은 프로젝트의 수행 계획을 수립할 것인가? 어떠한 형태로 조직을 구성할 것인가? 어떠한 통제 형태로 프로젝트를 수행할 것인가 등의 요소에 대한 결정이 적절하게 이루어져야만 한다.

10.5.1 품질관리를 위한 계획

먼저 프로젝트 수행계획의 수립을 살펴보면 다음의 4 단계를 거쳐 이루어지게 된다.

- 제어점 수립
- 표준화 수립
- 제어 절차 수립
- 스태프 평가 수립

즉, 프로젝트 수행에 있어서 프로젝트를 일련의 단계별로 나누고 각 단계의 끝에서 go/no-go 결정의 제어점을 수립해야 하며 각 제어점마다 go/no-go 결정에 사용되는 제어 절차가 명세 되어 있어야 하며 소프트웨어 프로젝트에 참가할 요원들에 대한 적절한 평가가 이루어져야 한다. 요원에 대한 평가가 잘못 이루어지게 되면 작업 스케줄이 잘못되게 되거나 품질이 나빠지게 되며, 효율성이 저하되고 프로젝트 비용이 증가하게 된다. 표준화 수립의 단계는 명세 표준화안, 문서 표준화안, 프로그램 표준화안이 있고 품질 보증의 관점에서 가장 중요한 품질 보증 계획서가 필요하다. 품질 보증 계획서는 품질 보증단의 주 임무로 다음의 사항을 포함하고 있다.

- 계획의 목적과 범위
- 계획서에서 참조된 문서들
- 조직 구조, 수행될 작업, 생산물의 품질과 관련된 특별한 임무
- 준비해야 할 문서와 그 문서의 적합성을 검토
- 사용될 표준, 규범과 관례
- 검열과 검사
- 형상(configuration) 관리 계획
- 소프트웨어 문제점을 기록하고 추적하여 해결하기 위한 규범과 수행절차
- 품질 보증 활동을 지원하기 위한 특별한 도구와 기법
- 특정 소프트웨어 버전을 유지하고 저장하기 위한 방법과 설비
- 물리적 장치로부터 컴퓨터 프로그램을 보호하기 위한 방법과 설비

- 벤더(vendor)가 제공하거나 하청업체가 개발한 소프트웨어의 질을 확인하는 설비
- 품질 보증 기록을 수집, 유지 그리고 보존하기 위한 방법과 설비

10.5.2 품질 보증 팀의 조직 관리

좋은 품질의 소프트웨어를 생산하기 위해 요원들을 적절하게 조직하고 관리하는 문제는 소프트웨어 프로젝트 관리의 중요한 문제이다. 어떻게 조직을 세부단위로 나눌 것이며, 조직내 서로 다른 단계의 단위에 적절한 책임을 할당할 것인가의 문제를 해결하는 방법으로 프로젝트를 기준으로 조직하거나 기능을 기준으로 조직하거나 이 두 방법을 혼합하여 조직하는 매트릭스 조직의 3가지 방법이 있다.

- **프로젝트 조직** : 의사결정이 빠르고 인터페이스를 최소화할 수 있으나 이 방법은 프로젝트 크기가 작을 때만 적용 가능
- **기능적 조직** : 전문성을 잘 살릴 수는 있지만 인터페이스가 너무 많아지게 된다.
- **매트릭스(matrix)조직** : 프로젝트와 기능적 조직을 혼합한 것으로 책임이 분산되는 경향이 있다.

이러한 조직 구조를 선택하는데 있어서 프로젝트의 크기, 생명주기, 조직사회의 문화 등을 고려하여 적절한 조직을 구성해야 한다.

10.6 소프트웨어 품질 보증 기술과 도구의 도입

다음 [그림 10.8]에서 보인 품질보증과정을 살펴보면 요구분석, 분석 및 설계, 프로그램 구조 설계 과정에서는 체크리스트를 작성하여 테스트하고, 모듈 설계인 코딩 결과에 대한 테스트는 테스트 데이터를 선정하여 자동화 된 툴을 사용한다. 이렇게 테스트한 결과는 그 비중을 평가하여 결함 보고서를 작성하고 그 대책을 마련한다.

즉, 설정한 품질목표와 기준에 의해서 소프트웨어 생명주기의 각 단계별로 체크리스트를 작성한다. 일반적으로 요구분석과 설계과정에서는 체크리스트에 의해서 품질보증을 하지만 프로그램 구조와 모듈설계에서는 테스팅 툴을 사용하는 경우가 많다.

체크리스트는 표준화된 양식을 만들고 이를 토대로 해서 실행양식을 생명주기별로 만들어 사용한다. 모듈의 품질을 평가하는 방법은 체크리스트와 툴을 같이 사용할 수 있다.

소프트웨어 구성 각 단계에서 사용되는 각 기법이나 기술과 여러 가지 도구들은 소프트웨어 구성방법이 소프트웨어 품질에 결정적인 영향을 준다는 점에서 소프트웨어의 품질 보증과 생산성 향상과 밀접한 관련을 갖고 있다. 앞에서 살펴본 품질평가 요인들은 생산물의 평가, 확인, 검증의 단계만으로 이루어지는 것이 아니라 소프트웨어 구성단계에서 이러한 요인들에 대한 고려가 이루어져야만 좋은 품질의 소프트웨어를 얻을 수 있다.

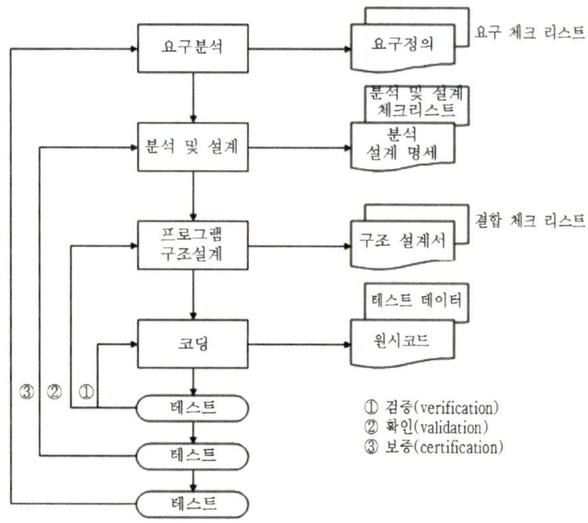

[그림 10.8] 품질보증 과정

즉, 소프트웨어 테스트 기간 중에 발생하는 에러의 원인을 통계적으로 분석한 결과, 코딩 오류보다도 설계의 오류 쪽이 더 많다고 하는 것이 판명되었다. 이것에 의해 신뢰성이 높은 소프트웨어 개발은 코딩 단계보다도 설계 단계부터 고려하는 것이 중요하다고 생각하기 시작했고, 현재는 요구분석, 설계, 프로그래밍, 문서화 등의 기법과 방법론이 품질 향상의 관점에서 많이 실시되고 있다.

10.6.1 요구분석 단계의 품질보증

요구분석 단계에서 올바른 요구명세를 얻기 위해서 제안된 접근법으로 다음의 2가지 방법을 들 수 있다.

산술식 기술방법은 요구 분석단계에서 가장 많이 사용되는 방법으로 응용영역의 제한이 없고 언어의 좋은 표현력을 지니고 있다는 장점이 있으나 형식언어에 비해 애매모호하고 정확성이 떨어진다는 단점을 지닌다.

프로토타입 방법은 시스템의 기능을 미리 알아 볼 수 있다는 장점이 있으나 이해하기 어려우며 표현력이 떨어진다.

요구분석 단계는 다른 단계에 비해 자동화의 정도가 가장 미약한 단계로 정형적인 기법이 정착되지 못했다. 품질보증의 범주에서 볼 때 어느 정도의 정형화된 요구분석 기법을 사용할 경우 요구사항의 일관성, 완전성을 확인하는 툴을 적용할 수 있다. 또한 품질 측정의 관점에서 본다면 요구사항의 복잡도를 입력, 출력, 처리과정의 수나 정제단계의 수로 측정하는 툴을 사용할 수 있다.

10.6.2 설계 단계의 품질보증

설계 단계에서는 많은 방법들이 연구되었으나 4가지 주요 접근법만을 살펴보면 다음과 같다.

(1) 기능적 분해

"divide and conquer"의 규칙에 기반을 두고 최상위 단계의 프로그램을 부프로그램으로 분해해 나가는 과정으로 각각의 부프로그램이 프로그래밍 언어로 구현되어 독립적이며, 간단한 형태를 지닐 때까지 반복하면서 수행한다.

(2) 자료흐름 설계

자료흐름도는 문제를 일련의 자료변환의 과정으로 보는 것으로 자료흐름도의 요소 중 선(line)은 자료의 흐름을 나타내고 원(bubble)은 자료변환 처리과정을 나타내는 것으로 각 원은 "입력", "변형", "출력"의 3가지 모듈로 구현된다.

(3) 자료구조 설계

자료구조 설계방법에서 입력, 출력자료는 그래픽 구조를 사용해 계층 구조로 모델화된다.

(4) 구조적 설계기법과 의사코드(pseudo code)

구조적 프로그래밍 기법은 프로그램의 제어구조를 계층적이며 중첩(nested) 구조로 정의하는 것으로 제어 흐름의 복잡도를 제어하는 기법이다.

의사코드는 프로그램의 중간 과정으로 제어흐름을 구조화된 제어구조로 기술하고 오퍼레이션을 산문형태로 기술한다.

설계단계를 지원하는 자동화된 툴도 유지보수 단계와 같이 품질보증의 범위에서 보면 찾아보기 어렵다. 다만 사용되는 기법에 따라서 설계 정보의 일관성과 완전성의 측정과 모듈의 중첩 정도, 모듈의 fan-in, fan-out 의 측정을 통해 복잡도를 측정해 보는 툴은 개발되었다.

10.6.3 코드의 품질보증

소프트웨어의 품질관리는 품질목표, 품질요인 및 품질의 평가기준에 의해서 체크리스트를 만들고, 이 체크리스트에 의해서 각 개발 단계별로 테스트를 한다. 체크리스트 중에서 만족하지 못한 항목에 대해서는 결함 보고서를 작성하여 수정하도록 한다.

이와 같은 품질 보증 관리는 표준화된 개발관리 방법론(methodology)에 입각하여 수행되므로 소프트웨어의 생명주기별로 추진한다. 그리고 설계명세에 따라서 프로그램을 모듈별로 작성한 다음에 소스 코드를 테스트한다. 테스팅의 수단은 자동화된 툴을 사용한다. 구문에러나 의미론 에러를 찾기 위한 테스트 목적도 있지만, 품질 향상을 위한 목적이 대부분이다. 요구 정의나 분석 및 설계에 대한 테스트는 소프트웨어의 보증(validation)의 의미가 강해서 소프트웨어 제품이 옳게 생산되고 있는가? 즉, 품질기준에 합당한 제품이 생산되고 있는가를 테스트한다.

품질을 검사를 위한 테스트는 다음과 같이 구분한다.

- **단위 테스트(Unit testing)** : 모듈별로 테스트한다.
- **통합 테스트(Integration testing)** : 모듈이나 프로그램 요소 및 서브 시스템간의 인터페이스를 확인하는 테스트이다.

- 외부 기능 테스팅(External function testing) : 외부 모듈이나 서브시스템과 연관된 기능에 관한 요구사항에 합당한가를 확인하는 테스트이다.

품질을 보증하는 테스트는 다음과 같이 구분한다.

- 시스템 테스팅(system testing) : 개발된 제품의 기능이 최초에 제기한 목적에 부합되는가를 테스트하는 것으로 이는 시뮬레이터 환경 하에서는 검사의 기능이 되고, 실제의 시스템 환경 하에서는 보증하는 기능이 될 수 있다.
- 수락 테스팅(acceptance testing) : 사용자의 요구정의에 합당한 기능과 품질을 프로그램이 만족하는가를 확인하여 목적하는 하드웨어에 설치가능하며 목적에 부합된 운영을 할 수 있는가를 테스트한다.

(1) 소프트웨어의 품질 매트릭스(Metric)

소프트웨어의 품질을 향상시키기 위해서는 체크리스트와 자동 툴을 사용한다. 체크리스트와 자동 툴은 소프트웨어의 생명주기 단계별로 설정된 기준(criteria)에 따라서 테스트한다. 이 기준은 대상 시스템에 있어서의 어떤 속성들을 수치적으로 정량화 할 수 있도록 척도를 정해서 설정되는데 이와 같은 척도들을 모두 "매트릭스"라고 말한다. 따라서 매트릭스는 이론적이고 실제적이며 경제적인 관점에서도 타당성을 지녀야 한다.

소프트웨어 품질 매트릭스는 프로젝트의 기술관리와 소프트웨어 품질의 척도를 정하는데 이용된다. 기술관리를 위해서는 소프트웨어의 생산 과정에서 발생되는 데이터를 동원하여 통계적 분석을 하고, 이 결과를 사용하여 소프트웨어 개발의 비용, 노력량 및 필요한 자원을 예측하게 된다.

(2) 도구에 의한 품질관리

소프트웨어의 품질 관리는 개발의 초기단계부터 시작되어야 한다. 요구정의에 의한 분석명세를 작성하면 개발 담당자와 테스트 담당자의 개발 및 테스트 계획이 세워지고 서로 협조하면서 두 가지 기능을 추진시켜 나간다. 설계명세에서 나온 프로그램의 양식은 테스트를 하기 위한 모델링을 지원하고, 모델링의 결과는 프로그램의 양식과 일치해야 된다. 모델링의 보기로는 원인-결과 그래프 모델 등이 있다. 프로그램의 구조도와 기능 행렬, 그리고 소스 코드와 테스트 케이스를 대응시키고 검토회를 통해서 평가한다. 이와 같은 품질관리는 체크리스트나 자동 도구를 통해서 이루어진다.

10.6.4 검증(Verification)과 확인(Validation)

검증과 확인의 목표는 소프트웨어 개발과 수정을 거쳐 생성된 생산물의 품질을 평가하고 향상시키는 것이다.

검증에는 생명주기 검증과 형식적 검증의 두 가지 종류가 있으며, 전자는 개발주기의 각 단계에서 생성된 생산물들이 이전 단계에서 설정된 명세서(specification)를 어느 정도 만족시키는가를 결정하는 과정이며, 후자는 원시코드가 명세서와 일치하는 정도를 수학적으로 증명하는 작업이다. 확인은 소프트웨어 개발 과정 종료 시에 소프트웨어가 요구사항에 맞는지를 평가하는 검증과 확인을 다음과 같이 구별하였다.

검증 : 제품을 만드는 과정이 올바른가?
확인 : 올바른 제품을 만들고 있는가?

원시 코드 테스팅만으로는 고품질의 생산물을 얻을 수 없으며, 원시 코드에러가 유일한 품질 척도가 된다고 하더라도 테스팅만으로는 프로그램에서 에러가 없음을 보장할 수 없다. 프로그램의 에러 수를 줄이는 최선의 방법은 분석과 설계 단계에서 에러를 발견하여 제거함으로써 원시 코드에서는 보다 작은 수의 에러가 존재하도록 하는 것이다. 원시 코드 테스팅은 품질 평가의 중요한 기법이긴 하지만, 이외의 다른 여러 가지 기법들이 존재한다. 검증과 확인은 구현단계 직후에 발생하는 활동이 아니며. 소프트웨어 생명주기 전 단계에서 발생하는 활동으로 검증과 확인은 생산물이 명세와 일치하는 정도를 평가한다.

검증(verification)은 소프트웨어 시스템의 높은 신뢰성을 보장하기 위한 방법으로 제시되었으며 소프트웨어 생명주기의 각 단계에서 생성된 상품의 일관성, 완전성 및 정확성을 검증하는 것이다. 일반적으로 요구에 대한 검증과 설계 명세가 요구 명세를 만족하는가에 대한 검증, 각 모듈이 설계명세를 만족하는가 하는 검증 등을 하게 된다. 검증은 프로그램이 시스템의 실행 테스팅을 하기 전에 프로그램의 요구사항과 설계 명세를 분석하는 것으로 이루어지며 오류가 발견되는 즉시 수정할 수 있도록 개발단계와 병행적으로 수행해야 한다.

10.7 객체 지향적 환경하의 품질평가 방법

최근에 각광받고 있는 객체 지향적 기법에 의해 설계된 객체에 대한 품질 보증과 평가방법에 있어서 기존의 프로그래밍 영역과는 다르기 때문에 소스 코드에 대한 품질 평가방법이 달라져야 한다. 즉, 객체는 ADT로 구현되는데 ADT란 값들(value)의 집합과 그 집합에 적용될 오퍼레이션들의 집합을 함께 캡슐화한 것으로, ADT중심의 메커니즘은 어떠한 언어로도 구현 가능하지만 Ada, Modular, CLU, C++와 같은 언어들은 ADT를 좀 더 쉽게 다루도록 도와준다. 이러한 언어들은 ADT를 캡슐화시키고, ADT에 관련된 어떠한 정보를 외부에서도 접근 가능한 것으로(이하 export라 함) 구성할지, 어떤 정보를 외부에서는 접근 불가능한 것으로(이하 hidden이라 함) 구성할지를 문법적으로 정의할 수 있게 한다. ADT 사용자는 단지 문법적으로 export된 정보만을 사용해야 하고 문법적으로 감추어진 정보는 접근할 수 없게 된다. ADT를 적절히 사용하기 위해 ADT의 특성과 성질을 이해함은 필수적인 일인데, 객체 지향적 프로그래밍 환경하에 ADT 개념을 도입한 소프트웨어를 객체 지향적 프로그래밍 환경하의 ADT 중심 소프트웨어 시스템이라 한다. 이런 환경에서 ADT 메커니즘을 잘못 사용하게 되면 품질이 좋은 소프트웨어를 구성하기보다는 오히려 더 나쁜 품질의 소프트웨어를 만들 수 있다. 그러므로 ADT 중심 소프트웨어를 구성하기 위한 지침이 필요하다. 즉, 기존의 소프트웨어 품질기준이 되었던 모듈 강도와 결합도 같은 기준이 이러한 시스템에서도 필요하게 되었다.

객체 지향적 시스템에서 모듈강도를 측정함은 한 클래스가 어느 정도의 자료 추상화를 이루었는가에 대한 평가라고 볼 수 있다. 자료추상화란 정의된 인터페이스를 통해서만 객체를 조작하게 허용하는 캡슐화에 의해 이루어진다.

캡슐화의 기능을 살펴보면 다음과 같다.

- ADT의 전체 구현 내용을 응용 프로그램에서 분리 가능하다.
- ADT의 구현에 대한 접근은 오퍼레이션을 구현한 루틴의 헤드에 국한된다.
- ADT의 구현 변경은 응용 프로그램에 어떤 영향도 미치지 않는다.

이러한 기능을 갖는 캡슐화를 이룸으로써 최상의 추상화를 이룰 수 있으며, 높은 수준의 자료 추상화를 이룬 클래스는 단일 객체를 갖고, 객체 클래스 내에 속한 클래스에 적용되는 구조를 갖는다. 그러므로 높은 수준의 자료 추상화를 이룬 클래스는 ADT의 주요 장점중의 하나인 모듈의 확장성을 제공한다.

ADT 품질 평가 기준의 또 다른 척도인 결합도를 살펴보자. 기존의 기능 중심의 프로그래밍에서는 서브루틴 호출에 의해 결합도의 단계를 나누었으나, 객체 지향적 프로그래밍 환경하의 ADT 중심 소프트웨어 시스템은 기능 중심의 소프트웨어와는 달리 서브타입(subtype)과 타입 계층(type hierarchy)의 특성을 갖고 있다.

객체 지향적 시스템에서는 상속의 메커니즘을 통하여 클래스들 간의 관계가 성립하고, 상속관계를 통해 객체 지향적 시스템은 코드를 구성하고, 공유하게 된다. 이런 상속 관계는 상속을 받는 고객에게 상세한 구현사항을 드러냄(expose)으로써 캡슐화를 해치게 되며, 또한 소프트웨어 컴포넌트의 구성에서 상속관계의 사용으로 고객에게 정보가 드러남으로 상속계층의 변경이 쉽지 않다. 그러므로 ADT 사용의 이유 중의 하나인 모듈확장의 용이성을 충족시키려면 상속관계에 의해 고객에게 드러내 주는 범위가 작을수록 좋다. 이렇게 볼 때 결합도의 측정은 클래스들 간에 정보의 노출정도로 측정할 수 있다.

10.8 CASE 시스템

10.8.1 CASE의 목표

소프트웨어의 품질과 더불어 생각해야 할 것은 생산성이다. 즉, 좋은 품질의 제품을 가능한 적은 노력과 비용은 들여 얼마나 많이 만들어 내는가 하는 것이다. 이를 해결하는 근본적인 해결책으로 1980년대 후반에 등장한 CASE(Computer-Aided Software Engineering)이다. 간단히 말해서 CASE는 소프트웨어 개발의 자동화라고 정의할 수 있으며 이의 바탕이 되는 기본적인 아이디어는 CASE가 의미하는 말 그대로 컴퓨터의 도움을 받는 소프트웨어 공학 즉, 소프트웨어 생명 주기의 전체 단계를 연결시켜 주고 자동화시켜 주는 통합된 도구들을 제공하자는 것이다.

전통적인 소프트웨어 공학의 기술들은 도구와 방법론이라는 2가지 영역에서 각기 개별적으로 발전되어 왔다. 그러나 CASE 기술은 소프트웨어 구현의 해결책에 초점을 맞추는 것이 아니라 전체적인 소프트웨어 생산성과 신뢰성 문제에 초점을 맞춘다는 면에서 전통적인 소프트웨어 기술과 차이를 보이고 있다. 즉, CASE는 프로그램의 구현과 유지보수 작업뿐만 아니라 분석과 설계 작업을 자동화함으로써 소프트웨어의 생산성 문제를 해결하고자 한다.

CASE 기술의 중추를 담당하고 있는 것은 새로운 개념에 입각한 도구들이다. 이 도구의 상당수는 마이크로컴퓨터상에서 사용되며 사용자 인터페이스를 향상시키기 위한 강력한 그래픽 기능을 사용한다. CASE 도구는 개별적이고 전문적인 소프트웨어 개발자의 생산성에 초점을 맞추고 있기 때문에 단지 최종 사용자가 주로 쓰는 4세대 도구들을 개선시킨 정도로 생각해서는 안 된다.

CASE 시스템이 사용자에게 제공하는 이점으로는 소프트웨어 공학의 개념 적용, 자동화된 검사를 통한 소프트웨어 품질 향상, 프로그램 유지보수가 간편하며, 개발 기간의 단축 및 비용 절감 등을 들 수 있다. 한편, CASE가 앞으로의 소프트웨어 개발에 있어 중추적인 역할을 담당하게 되리라는 것이 일반적인 생각이고 CASE를 사용하여 얻어진 성공 사례가 자주 보고되고 있는 실정이긴 하나 아직까지는 CASE가 표준화되거나 보편화된 기술이 아니고 CASE 시스템 이용의 실패 사례도 상당수 있으며 또한 나타난 효율성도 직접적인 효과가 아니라 간접적인 효과가 상당한 부분을 차지하고 있다는 면을 간과해서는 안될 것이다.

10.8.2 CASE 도구

CASE 도구는 프로젝트 관리를 포함하는 광범위한 소프트웨어 개발 및 유지 보수 작업의 자동화를 지원한다. 이러한 CASE 도구는 시스템 모델, 중앙 데이터베이스 및 개발 기법 등과 유기적으로 통합되어 정보 시스템 개발의 신뢰도 제고에 큰 역할을 하고 있다. 현재 상품화되어 있는 CASE 도구도 있으며, 이제까지 수작업이었던 분석 및 설계부분의 자동화에 중점을 두고 있다. CASE 시스템의 구성요소는 [그림 10.9]와 같다.

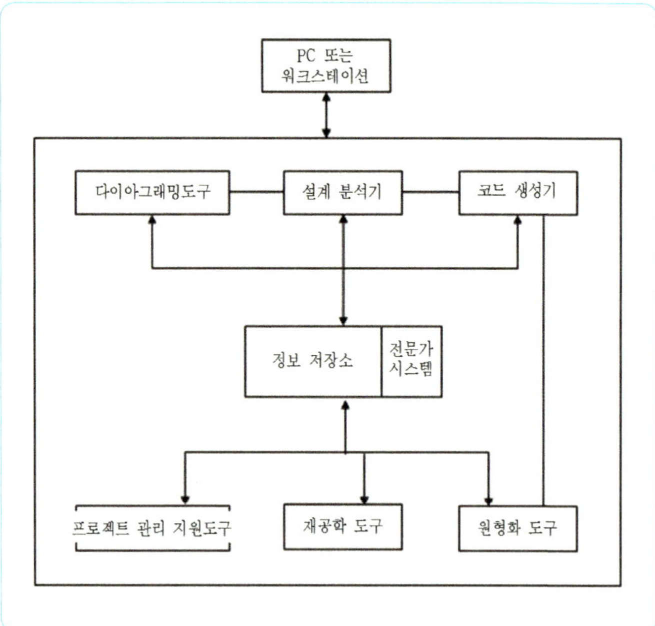

[그림 10.9] CASE 시스템 구성 요소

(1) 다이어그램 작성 도구

사용자나 시스템 설계가가 시스템의 범위와 내용에 관한 내용을 다이어그램 형태로 표현하고, 이해하고, 개선해 나갈 수 있게 해준다. 대부분의 CASE 도구들은 시스템 설계 다이어그램을 생성하는데 있어 CAD/CAP(Computer Aided Design and Programming) 기법을 사용하여 다이어그램 생성의 자동화를 지원한다. 분석가는 화면상에서 다이어그램을 생성하고, 검증하고, 변경할 수 있다. CASE 도구들은 Yourdon−Demarco, Gane & Sarson, Jackson, Warnier−Orr 같은 수작업 지향적인 구조적 기법뿐만 아니라 정형적인 정보 모델에 기반을 둔 최근 기법에 이르기까지 다양한 개발 방법론에 연관되어 있는 다이어그램 기법들을 지원한다.

(2) 설계 분석기

기능은 설계 명세에 있어서의 내부 불일치성, 모호성, 불완전성 등을 자동적으로 검사하는 것이다. 엄격한 일관성과 완전성 검사 기능을 제공하기 위해 설계 분석기는 정형적인 정보 모델에 기반을 두어야 한다. 대부분의 CASE 제품들은 이 기법들의 적절한 사용을 검증하는데 극히 한정된 능력을 제공한다. 그러나 현재 CASE 도구들의 설계 분석기는 효율적인 편집기, 지능 지원, 전문가 시스템 등을 포함하는 방향으로 빠른 속도로 개선되고 있다.

(3) 코드 생성기

다양하고 일관성 있는 명세서로부터 고수준의 프로그래밍 언어로 쓰여진 모듈화된 코드를 생성한다. 그리고 수년간 주로 독립적인 도구로 사용되고 개발되어 왔으며 많은 CASE 도구들이 다른 구성 요소들과 코드 생성기를 통합시켜 나가고 있다.

(4) 전문가 시스템

몇몇 CASE 도구들은 전문가 시스템을 수용하기 시작하고 있다. 이들은 자료와 규칙을 포함하는 지식 베이스에 대한 추론 작업을 수행한다. 현재 전문가 시스템은 CASE 분석 및 설계 도구에 포함되어 일관성과 정확성이 없는 데이터베이스 작업을 탐지하는 수준에서 사용되고 있다. 그러나 전문가 시스템의 사용은 소프트웨어 개발 생명 주기의 전체 단계를 지원하도록 확장될 것이다.

(5) 원형화 도구

생명주기의 초반부를 자동화하는데 중요한 역할을 담당한다. 이 도구는 시스템 요구 사항들을 결정하고 생산되어질 시스템의 작동에 관한 질문에 응답하는데 사용된다.

(6) 프로젝트 관리 지원 도구

프로젝트 관리자로 하여금 소프트웨어 프로젝트에 관한 추적, 보고, 제어 등의 작업 능력을 향상시키도록 도와주며, 효율을 극대화시키기 위해서는 프로젝트 관리 도구가 모든 시스템 정보가 저장되어 있는 CASE 정보 저장소를 액세스하여 정보를 얻을 수 있어야 한다.

(7) 재공학 도구

재공학 도구는 크게 2가지 종류로 나눌 수 있다.

- '스파게티'코드를 잘 구조화된 형태로 재구성해 주는 도구
- 역공학 도구 즉, 존재하는 시스템에 대한 프로그램 구조, 자료모델, 구조도, 자료사전 같은 설계 명세서를 생성해 주는 도구

10.9 워크스루와 인스펙션

에러가 발생되었을 때 가능한 빨리 에러를 검출하는 것이 에러의 전파에 의한 많은 노력과 시간을 줄일 수 있다는 점에서 매우 중요하다. 소프트웨어 생명주기의 공정 중 테스트의 실시는 단위 테스트에서부터 통합 테스트를 거쳐 시스템 테스트로 이어지는 이른바 상향식으로 진행된다.

그러므로 코딩단계의 에러 검출인 단위 테스트 후에 설계 단계의 인터페이스를 중심으로 한 에러 검출인 통합 테스팅이 실시되고 요구분석 설계단계의 에러검출인 시스템 테스트가 마지막에 실시되어 결과적으로 요구단계의 에러가 마지막에 테스트되는 비효율적 방식이 이루어진다.

이것을 방지하기 위하여 워크스루(walkthrough)와 인스펙션(inspection)이 존재하는데 이는 이제까지 툴에 의해 진행되는 품질 보증 방법이 아니라 인간에 의해 진행되는 에러 검출 과정이다.

인스펙션은 여섯 단계로 구성되는데 계획, 개략설명, 준비, 미팅, 재작업(에러수정), 속행(follow up) 등이 그것이다.

워크스루와 인스펙션은 소프트웨어 생명주기 별로 실시되어 에러발생 시 즉시 이를 찾아 수정하는 효과가 있다. 워크스루와 인스펙션의 주된 차이점은 [표 10.4]와 같이 요약되며 [그림 10.10]에서는 인스펙션의 실시 시기를 표시하고 있다.

[표 10.4] 워크스루와 인스펙션의 비교

항목	워크스루	인스펙션
주최자	제품 개발자	모더레이터(moderator)
참가자	설계자, 프로그래머, 테스터, 사용자	모더레이터, 설계자, 프로그래머, 테스터, 사용자
공정	·자료의 사전 배포와 검토 ·미팅 ·수정작업(follow up) 및 분석	·계획, 개략 설명 ·자료 검토 ·미팅 ·수정작업 및 분석
문 서	·제품 설명서	·제품 설명서 ·체크리스트 ·문제 기술서 ·에러 요약 레포트 ·에러 분석 레포트 ·모듈 에러 건수 레포트
시스템 제 어	없음	피드 백(feed back) 피드 포워드(feed forward)

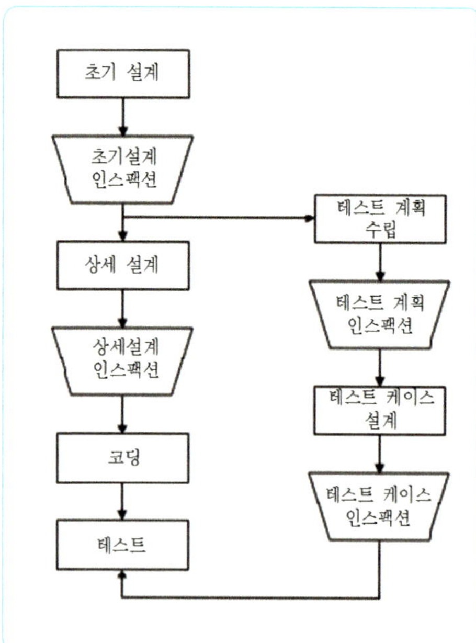

[그림 10.10] 인스펙션 실시 시기

1. 품질 보증을 위한 소프트웨어 개발 공정별 체크리스트를 작성해 보라.

2. 프로젝트 수행시에 워크스루/인스펙션을 실시했을 때와 실시하지 않았을 때의 에러 검출 상황에 대하여 조사해 보라.

3. 소프트웨어 품질 기준 중 다음 세 가지 관점에서 복잡도에 관한 매트릭스에는 어떠한 것들이 있는지 각각 조사해 보라.

   (i) 제어 흐름 중심 매트릭스

   (ii) 자료 흐름 중심 매트릭스

   (iii) 혼합적 매트릭스

4. 인스펙션의 6개 단계별 목적 및 해당되는 대상자는 누구인지 말하라.

5. 모더레이터의 역할을 조사하라.

6. 소프트웨어 개발 자동화를 위한 CASE 시스템의 구성요소 간 인터페이스 설계를 구상하라.

7. 생명주기 단계별로 어떤 품질 보증 방법을 도입할 수 있는가를 설명하라.

참고문헌

1. R.S. Pressman, *Software Engineering : A Precitation's Approach*, McGraw-Hill, 1982.
2. IAN Sommerville, *Software Engineering*, Addison Wesley, 1989.
3. L.J. Arthur, *Measuring Programmer Productivity and Software Quality*, John Wiley & Sons, Inc. 1985.
4. V.R. Basili, and D.H. Hutchens, "An Empirical Study of a Syntactic Complexity Family", IEEE Trans. on SE., Nov. 1983.
5. E.T. Chen, "Program Complexity and Programmer Productivity", IEEE Trans. on Se., May, 1978.
6. L.D. Fosdick, L.T. Osterwill, "Data Flow Analysis in Software Reliability", ACM, Vol. 8, No. 3, 1976.
7. J.B. Goodenough, and S.L. Gerhart, "Toward a Theory Testing : Data Selection Criterial, in Current Trends in Programming Methodology", Vol. 2, pp. 44~79, 1979.
8. J.C. Juang, "An Approach to Program Testing", Computing Survey, Vol. 7, No. 3, pp. 51~58, Sept, 1979.
9. K.W. Lee, "A Program Instrumentation Technique Dynamic Testing", KISS, Oct. 1983.
10. R.M. Lenk, T.L. Booth, and T.T. Wetmore, "An Instrumentation System for Measurement of Software Performance", Computer IEEE, 1982.

Chapter 11

소프트웨어 유지보수

11.1 유지보수의 특성
11.2 보수 작업의 순서
11.3 소프트웨어 변경의 형태
11.4 시스템의 재구성
11.5 소프트웨어 형상 관리
11.6 형상관리 도구
11.7 유지보수 매뉴얼
11.8 문서의 유지보수

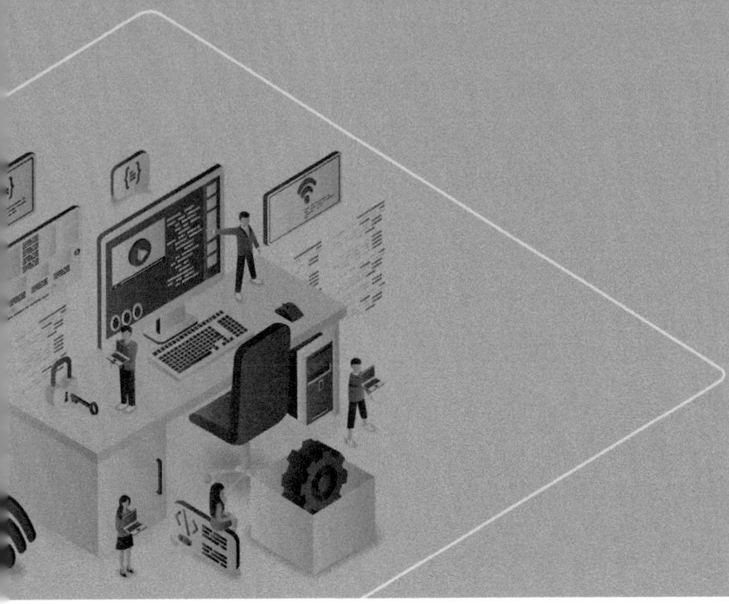

11.1 유지보수의 특성

소프트웨어의 유지보수는 소프트웨어가 제품으로 개발된 후 사용자가 사용하기 시작하면서부터 폐기될 때까지 오류를 수정하거나 새로운 기능을 추가하기 위해 소프트웨어를 변경하는 프로세스를 의미한다. 소프트웨어 시스템은 시간이 지남에 따라 소프트웨어의 원래 요구가 변화한 요구를 반영하기 위해 변경될 수 있으며 시스템의 환경 또한 변화한다. 그리고 시스템 검증 동안 밝혀지지 않았던 오류들이 나타나기 시작한다.

이러한 유지보수 문제는 불가피하기 때문에 소프트웨어 시스템은 유시보수 문제가 최소가 되도록 설계되고 구현되어야 한다.

유지보수는 그 원인에 따라 다음과 같이 네 가지로 구분할 수 있다.

- **완전화 보수(Perfective maintenance)** : 새로운 알고리즘이 연구되어 여기에 맞춘 프로그램의 변경이나 하드웨어를 효율적으로 사용하기 위해서 입출력 형식을 개선하는 경우로서 기능상의 변경 없이 독해성(readability)을 향상시키는 보수 형태이다.
- **적응 보수(Adaptive maintenance)** : 소프트웨어를 운용하는 환경 변화에 대응하여 소프트웨어를 변경하는 경우로서 운영체제나 컴파일러와 같은 프로그래밍 환경의 변화와 주변장치 또는 다른 시스템 요소가 향상되거나 변경될 때 대처할 수 있는 유지 보수이다.
- **수리 보수(Corrective maintenance)** : 소프트웨어 테스팅 동안 밝혀지지 않은 모든 잠재적인 오류를 수정하기 위한 보수형태로서 오류의 수정과 진단을 포함하는 과정이 포함된다.
- **예방 보수(Preventive maintenance)** : 장래의 유지 보수성 또는 신뢰성을 개선하거나 소프트웨어의 오류발생에 대비하여 미리 예방수단을 강구해 두는 경우이다.

소프트웨어 시스템을 유지 보수하는데 관련된 기술은 시스템을 작성하는데 사용된 것과 같다. 즉, 새로운 요구가 형식화되고 검증되며 시스템의 요소가 재설계되고 구현된다. 유지보수의 여러 활동과 기존의 소프트웨어 기술과의 대응관계를 나타낸 것이 [표 11.1]이다. 여기에서는 특정한 기술이 수리보수(C), 적응보수(A), 완전화 보수(P) 중에 어느 것과 관계가 깊은 가도 알 수 있다.

유지 보수를 관리하는 문제 중의 하나는 변경으로 인해 원래의 프로그램 구조가 파괴된다는 것이다. 이런 프로그램 구조의 파괴가 클수록 프로그램은 이해하기 힘들고 변경하기 더 어렵게 된다. 따라서 프로그램의 변경자는 가능한 프로그램 구조에 대한 영향을 최소화하도록 하여야 한다.

11.1.1 유지 보수비용

유지 보수비용은 응용분야마다 다르지만 평균적으로 대규모 내장 소프트웨어 시스템인 경우 개발비의 2~4배 정도가 된다. 유지보수비용을 줄이고, 전체 시스템 비용을 줄이기 위해서는 시스템을 설계하고 구현할 때 시간과 노력을 투자하는 것이 가치가 있다.

개발비용에 대한 약간의 증거가 발생하더라도 고려할 만한 유지 보수비용의 감소를 이끌어 낼 수 있다면 결과적으로 전체적인 시스템 비용을 줄이는 것이 된다. [그림 11.1]은 소프트웨어 유지 보수비용의 항목별 비용분포를 나타내고 있다.

[표 11.1] 보수의 기술과 활동

보수활동 / 보수기술	툴의 유무	에러의 식별과 구분	요구분석	시스템/프로그램 재설계	코딩	테스트 및통합	품질보증	구성관리	문서화
구성제어									
① 라이브러리	유				C,A,P	C,A,P		C,A,P	
② 자동화 보고	유				A,P	A,P		C,A,P	
③ 상황 보고	유						C,A,P	C,A,P	
운용감시/평가									

보수기술 \ 보수활동	툴의 유무	에러의 식별과 구분	요구분석	시스템/프로그램 재설계	코딩	테스트 및통합	품질보증	구성관리	문서화
④ 성능분석	유		C,A,P	C,A,P			C,A,P	C,A,P	
⑤ 장해 에러 정보 분석	유						C,A,P		
⑥ 성능감시	유	C,A,P	C,A,P					C,A,P	
⑦ 자동회복	유	C,A,P	C,A,P				C,A,P		
재작성									
⑧ 요구결정	(유)		A,P						
⑨ 재설계분석	(유)			C,A,P					
⑩ 설계언어(유사코드)	유			P	A,P				
문서화									
⑪ 문서화지원	유			C,A,P			C,A,P		C,A,P
⑫ 자동문서화	유			C,A,P			C,A,P		C,A,P
코드생성과 해석									
⑬ 구조화 프로그래밍	유				C,A,P				
⑭ 포맷팅	유	C			C,A,P		A,P		A,P
⑮ 프리프로세싱	유				C,A,P				
⑯ 재구조화	유	C			C,A,P				A,P
⑰ 표준화	유	C			C,A,P		C,A,P		A,P
⑱ 코드비교	유	C			C				
⑲ 최적화	유				A,P				
⑳ 자동변경	유				C,A				
㉑ 코드 리뷰잉	-	C			C,A,P		C,A,P		
㉒ 디버깅	유	C			C,A,P	C,A,P			
검증과 확인									
㉓ 정적분석	유	C		C,A,P		C,A,P			C,A,P
㉔ 패스구조 분석	유	C		C,A,P		C,A,P			C,A,P

보수활동 \ 보수기술	툴의 유무	에러의 식별과 구분	요구분석	시스템/프로그램 재설계	코딩	테스트 및통합	품질보증	구성관리	문서화
㉕ 변칙분석	유	C				C,A,P			
㉖ 변수분석	유	C		C,A,P		C,A,P			C,A,P
㉗ 인터페이스 분석	유	C		C,A,P		C,A,P			C,A,P
㉘ 도달성 분석	유	C				C,A,P			C,A,P
㉙ 기호실행	유	C		C,A,P		C,A,P			
㉚ 정당성증명	유					C,A,P	A,P		
㉛ 표명체크	유	C				C,A,P	A,P		C,A,P
㉜ 동적분석	유	C		C,A,P		C,A,P			
㉝ 실행분석	유	C		C,A,P		C,A,P			
㉞ 패스 플로우 분석	유	C		C,A,P		C,A,P			
㉟ 타이밍 분석	유	C		C,A,P	C,A,P	C,A,P			
㊱ 사용카운팅	유	C		C,A,P	C,A,P	C,A,P			
㊲ 인트럭티브실행	유	C			C,A,P	C,A,P			
테스트 & 통합									
㊳ 테스트 기술언어	유					A,P	A,P		A,P
㊴ 테스트 데이터 생성	유					C,A,P			
㊵ 테스트 케이스 선택	유					C,A,P	A,P		
㊶ 달성도 분석	유					A,P	A,P		
㊷ 드라이버/스텁	유				P	P			
㊸ 테스트 파일관리	유					C,A,P		C,A,P	
㊹ 출력분석 리포팅	유					C,A,P	C,A,P		
㊺ 테스트 상황 리포팅	유					C,A,P	C,A,P		
㊻ 테스트 베드	유	C				C,A,P			
㊼ 시뮬레이터	유		A,P			A,P	A,P		
㊽ 재설계 테스트	유					C,A,P			

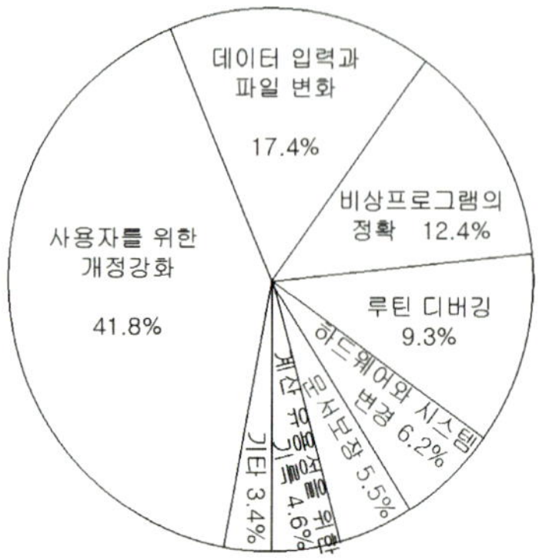

[그림 11.1] 소프트웨어 유지보수 비용

어떤 특정 프로그램에 대한 유지 보수비용을 예측하는 것이 어려운 것은 이들 비용이 기술적인 요인이 비 기술적인 요인과 관련되기 때문에 어렵다. 이러한 요인은 [표 11.2]에서 제시한다.

[표 11.2] 유지보수 비용 요인

비 기술적인 요인	기술적인 요인
응용분야	모듈간의 독립성
유지보수요원의 안정성	프로그래밍 언어
프로그램 수명	프로그램 검증
하드웨어의 안정성	문서화

[표 11.2]에서 제시된 바와 같이 유지 보수비용에 대한 요인은 기술적인 요인과 그렇지 않은 요인으로 분류될 수 있다. 우선 비 기술적인 요인은 다음과 같다.

- **응용분야** : 응용분야가 명백히 정의되고 잘 이해된다면, 시스템 요구는 한정적이고 요구사항을 변경하는데 기인한 유지보수는 최소화된다.
- **유지보수요원의 안정성** : 문서와 코드 리스트를 살펴봄으로써 프로그램을 이해하여야 하는 요원보다 프로그램의 원래 작성자가 프로그램을 이해하고 변경하기 더 쉽다. 따라서 프로그래머가 그 시스템을 유지보수한다면 유지보수 비용은 감소한다.

- **프로그램의 수명** : 응용분야가 구식이거나 원래 하드웨어가 교체될 경우 프로그램 전환 비용이 프로그램을 재작성 하는 비용보다 더 들고 프로그램의 수명이 길수록 유지하는 데 더 많은 노력이 든다.
- **외부환경** : 프로그램이 외부환경에 종속적이라면 외부환경이 변화할 때 변경되어야 한다.
- **하드웨어 안정성** : 프로그램이 특정 하드웨어 구성에서 운용되는 것으로서 설계되었고 그러한 구성이 프로그램 생명주기 동안 변화하지 않는다면 하드웨어 변경에 따른 어떤 유지보수 비용 요인도 발생하지 않는다.

이런 비 기술적인 요인에 반하여 어느 정도 예측이 가능한 기술적 요인은 다음과 같다.

- **모듈간의 독립성** : 다른 프로그램 단위에 영향을 주지 않고 한 프로그램 단위를 변경하는 것이 가능해야 한다.
- **프로그래밍 언어** : 고급언어로 작성된 프로그램이 저급 언어로 작성된 프로그램보다 이해하기 더 쉽고 따라서 유지하기 쉽다.
- **프로그래밍 스타일** : 프로그램이 작성된 방법이 프로그램 이해도와 쉽게 변경될 수 있는 정도에 영향을 미친다.
- **프로그램 검증과 테스팅** : 설계 검증과 프로그램 테스팅에 많은 시간과 노력이 들수록 프로그램에 에러가 적고 따라서 에러를 수정하기 위한 유지보수 비용은 감소한다.
- **프로그램 문서화의 양과 질** : 빈약하고 불완전하게 문서화된 시스템보다는 문서화가 잘 되어 있는 시스템의 경우 프로그램 유지보수 비용이 줄어든다.

11.1.2 유지보수성의 척도

유지보수성이란 유지보수가 얼마나 하기 쉽게 고려되고 있는가 하는 것이며 시스템을 유지보수하기 위해 얼마만한 노력이 필요한가를 예측하기 위해 시스템의 유지 보수성을 평가하는 방법이 요구된다. 유지보수성을 나타내는 척도(metrics)는 시스템을 변경할 때의 비용을 추정하는 것이 아니며 프로그램의 유지보수성은 그것의 복잡도와 관련된다는 가정을 기본으로 한다. 이 척도는 프로그램 복잡도를 측정하며 높은 복잡도의 수치는 시스템성분을 유지하는데 많은 어려움이 있다는 것을 나타낸다. Halstead를 비롯한 많은 연구자들은 프로그램 복잡도에 대한 연구를 수행하였다.

이런 연구의 결과로서 나타나는 복잡도에 대한 척도는 절대치가 아닌 상대치를 의미한다.

예를 들면, 어떤 시스템 성분 X가 평균 복잡도를 갖지만 다른 세계의 성분이 X보다 높은 복잡도 수치를 갖는다면 이것은 이를 세 개의 성분에 대한 설계가 장래 성분의 변경을 용이하게 하기 위해서 단순화될 수 있는지를 알기 위해서 평가되어야 한다는 것을 의미한다.

11.2 보수 작업의 순서

보수공정이란 소프트웨어의 생명주기 상에서 요구분석 → 설계 → 코딩 → 테스트가 끝나고 시스템이 가동되기 시작한 시점으로부터 소프트웨어가 파괴될 때까지의 기간을 표시한다. 그 공정 상에서의 보수작업에는 아래의 2가지가 있다.

보수 작업
- 기존 수정
- 신규 추가

기존 수정이란 이미 개발이 끝난 소프트웨어의 구성요소에 있어서 일부를 수정하는 보수작업이다. 이 경우에 소프트웨어 시스템의 전체 구성과 기능요소를 이미 파악하여야 하며,

신규개발 보다도 곤란한 작업이 되는 경우가 많다. 어느 부분을 수정하면 다른 부분에 악영향을 끼치는 경우도 있어서 보수공정에서는 이것을 "파급효과"라고 부른다.

또한 신규추가란 이미 개발이 끝난 소프트웨어의 구성요소에 새로운 기능을 추가하기 위한 보수 작업이다. 기존의 부분과 신규 추가 부분에 있어서 인터페이스에 대하여 주의할 필요가 있으나 나머지는 독자적으로 개발할 수 있기 때문에 작업은 비교적 쉽다고 할 수 있다.

어느 것이든 소프트웨어 생명 주기상에서의 리사이클이 된다. 수정 내용에 대응한 단계로 되돌아가 순차적으로 처리를 계속하게 된다.

보수작업의 실제의 순서로서는 [그림 11.2]에 표시되는 형태가 된다.

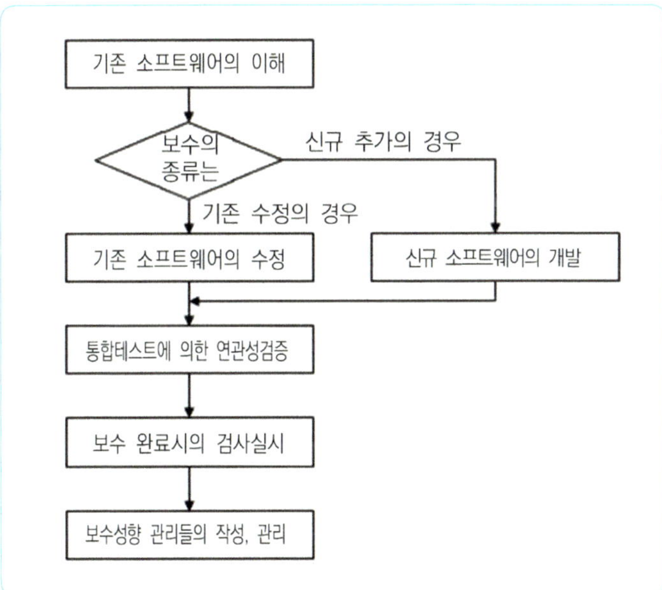

[그림 11.2] 보수작업 공정

11.3 소프트웨어 변경의 형태

소프트웨어를 변경한다고 하는 것은, 다른 관점에서 볼 때 어떤 형식으로든 재사용 한다는 것을 말한다. 현실적으로 어떤 형으로 변경되어 있는가를 조사할 수 있다면 변경은 아주 쉬워질 것이다. 즉, 변경되는 부분이나, 변경의 형식을 알 수만 있다면 그것을 위하여 '준비한다'는 것은 그다지 어려운 문제는 아닐 것이다. 이것은 단지 '준비'뿐만 아니라 재사용하기 쉬운 소프트웨어를 만드는 법, 소프트웨어의 부품화, 소프트웨어의 시방화 문제 등에 기초가 된다. 여기에서는 기본적인 변경의 형태에 대한 아이디어에 관하여 설명하기로 한다. 소프트웨어 시스템의 모델을 함수로 표시하면,

$$y = f(x) \times w$$

로 특성화할 수 있다. 여기에서

x : 입력 클래스의 집합,

y : 출력 클래스의 집합,

w : 시스템의 속성(예를 들어, 성능, 보수성 등)을 표시

f : x에서 y로의 변환기능 클래스의 집합이다.

m : 하드웨어, OS, 언어 등의 실행 메커니즘

이 더해져서 실제의 처리가 실행된다[그림 11.3].

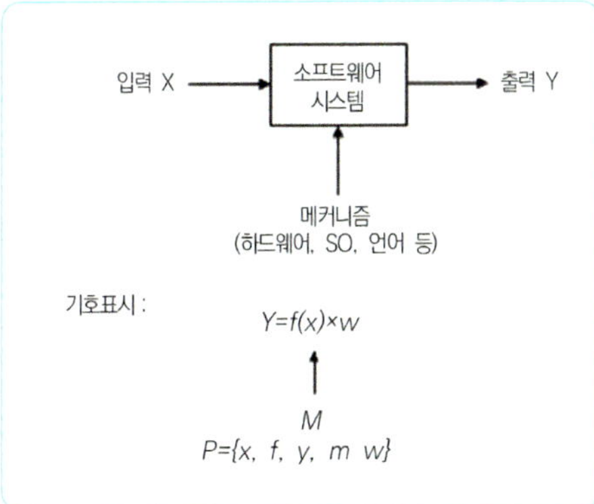

[그림 11.3] 시스템 모델

여기서 소프트웨어 *P*는 입력 *x*, 출력 *y*, 기능(함수) *f*, 속성 *w*, 메커니즘 *m*의 요소를 가진 실체이다.

$$P = \{x, f, y, m, w\}$$

즉, 소프트웨어가 변경된다고 하는 것은 그러한 요소가 하나 이상 변경된다는 것을 말한다. 단순하게 25 조합의 소프트웨어 변경 패턴이 있는 셈이 되는 데 몇 가지의 상식에서 오는 규칙에 의하여 조합의 수를 줄일 수 있다. x, y, f 사이에는 다음 [표 11.3]과 같은 규칙이 사용되며 x'은 x의 변경이 있다는 것을 나타낸다.

[표 11.3] 변경규칙

a. (x→x')이면 (f→f')가 된다.
b. (f→f')라도 반드시 (x→x')가 되지는 않는다.
c. (y→y')이면 (f→f')가 된다.
d. (f→f')라도 반드시 (y→y')가 되지는 않는다.
e. (x→x')라도 반드시 (y→y')가 되지는 않는다.
f. (y→y')라도 반드시 (x→x')가 되지는 않는다.

단, 입출력이나 변환기능의 완전화(예를 들어, 전달성의 개선, 구조성의 개선 등)는 대등한 각 클래스에서의 변경이 아니라 어떤 클래스 내에서의 속성변경이라는 것에 주의하기 바란다. 또 위의 내용 중에서 법칙 d, e 는 현실적으로 (1) $(f \to f')$이면 $(y \to y')$가 되며, (2) $(x \to x')$이면 $(y \to y')$가 된다고 간단하게 생각해도 된다.

이상에 의거하면 [표 11.4]와 같은 조합을 얻을 수 있다. 변경하는 이유는 별도로 하더라도 변경 패턴의 번호가 커짐에 따라 변경 작업이 일반적으로 아주 커지는 경향이 있다.

- **패턴 1** : 속성의 변경이며 효율, 신뢰성, 보수성 등을 개선할 경우
- **패턴 2** : 다른 하드웨어 OS, 그리고 프로그래밍 언어 상에서 실행되는 경우
- **패턴 3** : 패턴 2에서 언급된(다른 하드웨어 OS, 그리고 프로그래밍 언어...) 것들이 동시에 실행되는 경우
- **패턴 4부터 7** : 법칙 *d*, *e* 를 앞에서 말한 바와 같이 변경하면 생략할 수 있다. 현실적으로는 입력과 기능의 레벨에서 오류 허용을 채용할 경우 등이 해당
- **패턴 8과 12** : 같은 환경(메커니즘, 속성)에서의 변경. 이때 속성에 대해서도 별로 상관없는 경우도 포함
- **그 밖의 패턴** : 극히 일반적인 변경 패턴

[표 11.4] 기본적인 변경패턴

1.	$x \to x$	$y \to y$	$f \to f$	$m \to m$	$w \to w'$
2.	$x \to x$	$y \to y$	$f \to f$	$m \to m'$	$w \to w$
3.	$x \to x$	$y \to y$	$f \to f$	$m \to m'$	$w \to w'$
4.	$x \to x'$	$y \to y$	$f \to f'$	$m \to m$	$w \to w$
5.	$x \to x'$	$y \to y$	$f \to f'$	$m \to m$	$w \to w'$
6.	$x \to x'$	$y \to y$	$f \to f'$	$m \to m'$	$w \to w$
7.	$x \to x'$	$y \to y$	$f \to f'$	$m \to m'$	$w \to w'$
8.	$x \to x$	$y \to y'$	$f \to f'$	$m \to m$	$w \to w$
9.	$x \to x$	$y \to y'$	$f \to f'$	$m \to m$	$w \to w'$
10.	$x \to x$	$y \to y'$	$f \to f'$	$m \to m'$	$w \to w$
11.	$x \to x$	$y \to y'$	$f \to f'$	$m \to m'$	$w \to w'$
12.	$x \to x'$	$y \to y'$	$f \to f'$	$m \to m$	$w \to w$
13.	$x \to x'$	$y \to y'$	$f \to f'$	$m \to m$	$w \to w'$
14.	$x \to x'$	$y \to y'$	$f \to f'$	$m \to m'$	$w \to w$
15.	$x \to x'$	$y \to y'$	$f \to f'$	$m \to m'$	$w \to w'$

이들 변경 패턴을 알게 되면 각각 필요한 보수의 기술, 개별시의 기술, 필요한 품질의 특성이 다르다는 것은 이해할 수 있을 것이다.

11.4 시스템의 재구성

유지보수 비용이 높은 이유 중의 하나는 시스템의 개발 된지가 오래되었고 정보은닉 없이 개발되었기 때문에 특히 계속된 유지보수로 인해 원래 시스템 구조가 판별할 수 없을 정도로 변경이 되었다는 것이다. 프로그램 생명주기 동안에 시스템에 대한 점차적인 변경을 하는 비용이 높아서 재작성 되거나 완전히 또는 부분적으로 재구성되어야 하는 단계가 있다.

재구성은 현 시스템을 검사하여 전체 구조를 개선하기 위해 시스템의 일부를 재작성 하는 것을 의미하며 변경이 시스템의 일부로 국한될 때 특히 유용하다.

따라서 이런 부분만이 재구성될 필요가 있고 다른 부분은 변경되거나 재검증될 필요가 없다. Bohn과 Jacopini는 어떤 프로그램은 단순한 if-then-else 조건과 while 루프 문장으로 재작성될 수 있고 무조건 goto 문장이 필요치 않다는 것을 보여주었다. 이런 이론이 프로그램 재구성을 위한 기본이다.

재구성의 처리과정은 프로그램 흐름 그래프를 구성함으로써 시작한다. 구조화된 프로그램의 경우 이것은 비교적 단순하나 goto 문장이 포함될 때는 복잡하다. 이 그래프가 구성된 후 단순화와 정한 기술이 그래프에 적용되고 최종적으로 while 루프와 단순한 조건문만을 이용하는 프로그램이 생성될 수 있다.

이것은 프로그램의 복잡도를 낮추고 따라서 시스템을 유지하기 용이하게 한다. 그러나 이것은 프로그램 제어구조에만 영향을 주고 시스템을 표현하는데 이용된 추상화의 구조를 개선하는 데는 도움이 되지 않는다.

재구성의 수행은 자동적인 방법과 수동적인 재구성 방법의 결합된 형태를 이용하는 것이 가장 좋은 방법이다. 제어구조는 자동적으로 개선될 수 있고 프로그램의 추상화와 자료구조는 수동적인 방법을 사용하여 발견되고 문서화되고 개선될 수 있다. 프로그램을 재구성할 것인지 또는 재작성 할 것인지에 대한 결정은 경우마다 만들어 질 수 있지만 고려해야 하는 몇 가지 요인은 다음과 같다.

- **변경부분과 빈도** : 시스템의 많은 부분이 안정적이고 자주 변경하지 않는다면 변경될 프로그램의 일부를 재구성하는 것이 재작성 하는 것보다 좋다는 것을 암시한다.
- **지원 소프트웨어에 대한 의존성** : 프로그램이 컴파일러와 같은 구식 지원 소프트웨어에 의존한다면 재작성 되는 것이 바람직하다.
- **재구성의 존재여부** : 재구성 툴이 유용하지 않다면 수동적인 재구성을 선택할 수 있는 경우이다.

11.5 소프트웨어 형상 관리(Configuration Management)

소프트웨어 엔지니어링 프로세스의 결과로 세 개의 광범위한 정보가 나타날 수 있다. 즉, 소스레벨과 수행 형태인 컴퓨터 프로그램, 숙련자와 사용자를 목표로 한 컴퓨터 프로그램을 서술하는 문서와 프로그램 내에 또는 외부에 포함된 자료구조가 있다. 이러한 소프트웨어 엔지니어링 프로세스의 부분으로서 생성된 모든 정보항목을 집합적으로 소프트웨어 형상이라고 한다.

소프트웨어 형상관리는 소프트웨어에 대한 변경을 관리하기 위해 개발된 일련의 활동을 나타내며 이런 변경이 전체 비용이 최소화되고 최소한의 방해가 소프트웨어의 현 사용자에게 야기되도록 보증하는 것을 목적으로 한다.

형상관리에는 여러 가지 활동이 있지만 여기서는 형상 관리 계획, 변경제어의 2가지 형상 관리 활동을 고려한다.

11.5.1 형상관리 계획

형상관리 계획의 주된 작업 중의 하나는 정확히 어떤 항목이 정형적인 형상 관리하에 놓이게 되는지를 결정하는 것이다. 선정된 항목은 보통 프로젝트 계획, 명세서, 설계, 프로그램과 테스트 자료들일 수 있으며, 이런 모든 항목들은 장래의 시스템 유지보수에 필요하며 형상 관리의 통제하에 놓여져야 한다.

어떤 항목들이 관리되어야 하는가가 설정된 후에 형상관리 계획 과정은 다음을 정의해야 한다.

- 항목의 명명 형태
- 정형적인 항목 사이의 관계
- 정형적인 항목의 품질 검사 책임자
- 정형적인 항목을 전달하는 책임자

항목의 명명형태는 유일한 이름이 형상 관리하에 모든 항목에 주어져야 하고 명세서와 설계와 같은 관련된 항목은 관련된 이름을 갖도록 해야 한다.

이것은 계층적인 명명형태를 사용함으로써 달성될 수 있으며 그 예는 다음과 같다.

ECLIPSE/UI/TOOLS/DE/ADI/FS
ECLIPSE/UI/TOOLS/DE/ADI/CODE

이들 이름은 몇 개의 성분을 갖는다. 즉 프로젝트(ECLIPSE), 부프로젝트(UI), 부프로젝트의 일부(TOOLS), 개발될 특정한 도구(DE), 문서화되는 도구의 일부(AD)와 문서의 형태(FS : 가능명세서, CODE : 프로그램 소스)이다.

정형적인 항목사이의 관계는 명명 형태에 포함된 항목 계층을 유도하는 것을 의미한다. 형상 관리 계획의 다른 명은 형상 정보를 기록하기 위한 데이터베이스 스키마의 정의이다. 형상 데이터베이스는 형상과 관련된 모든 정보를 기록하고 소프트웨어가 전달된 후에 프로젝트 관리 도구로서 사용된다.

11.5.2 변경제어

변경의 필요성은 소프트웨어 시스템에서 본질적이고 개선과는 관계없이 현 소프트웨어의 중복 없이 유지되도록 하는 것이고 시스템의 어떤 부분도 한 번에 한 프로그래머에 의해 시스템에 대한 변경이 통제된 형태로 이루어져서 시스템에 대한 변경효과가 예측될 수 있도록 하는 것이다. 기본적인 변경제어 프로시저는 다음과 같은 절차에 의하여 정의될 수 있다.

프로시저 처음 단계는 변경 요청서(Change Request Form)를 작성하는 것으로서 필요한 변경사항이 기록될 뿐만 아니라 변경과 관련된 권고사항, 예상 변경비용, 변경의 요청, 승인, 구현된 날짜와 같은 정보들이 기록된다. 변경요청서가 제출되고 나면 그 변경이 적법한 것인가를 보증하기 위해 분석된다. 적법한 변경의 경위 다음 단계의 과정은 변경 평가와 비용 예측이다. 전체 시스템에 대한 변경의 영향이 결정되어야 하고 그러한 변경을 구현하기 위한 방법이 발견되어야 한다. 변경에 대한 비용과 그런 변경에 맞추어서 다른 시스템 성분을 변경하는 것이 평가되고 변경요청서에 기록된다. 이런 평가 과정은 모든 성분의 내부 관계가 기록돼 항상 데이터베이스가 유용할 경우 단순화될 수 있다.

그 다음 단계로서 변경이 허용될 것인지를 결정하는 변경관리 위원회에 변경내용이 제출되어야 한다. 변경위원회는 기술적인 관점보다는 전략적이고 조직적인 관점에서 변경의 영향을 고려하고 변경이 강제적인 면에서 타당한지를 결정한다.

변경 내용이 변경 통제 위원회에서 승인된다면 소프트웨어에 바로 적응될 수 있다. 개정된 소프트웨어는 변경이 적절히 이루어졌고 시스템의 다른 부분에 영향을 주었는지 검사하기 위해 품질보증 과정을 겪는다. 이러한 것들이 수행된 후 변경된 소프트웨어는 항상 관리팀에게 인계되고 최종적으로 시스템의 새로운 버전으로 통합된다.

11.5.3 컴포넌트 형상 관리

컴포넌트 개발 작업은 소프트웨어와 마찬가지로 무형의 산출물들을 생산하는 것이므로 개발 공정 및 변환 과정 및 유지보수에 대한 통제가 어렵다. 또한 컴포넌트 개발 진행 과정에 대한 올바른 정보 제공의 결핍은 재사용 가능한 빌딩 블록으로서의 기능성을 신뢰할 수 없으며 개발 시간과 비용의 중복으로 전체적인 효율성을 떨어뜨린다.

컴포넌트 형상 관리는 전체 컴포넌트 개발 및 유지보수 과정에서 컴포넌트의 변환 사항을 적절하게 조절 할 뿐만 아니라 요구사항을 체계적으로 적용시키기 위한 것이다. 따라서 컴포넌트 저장소 형상관리를 위한 서비스들로 다음과 같은 것들이 요구된다.

◉ 버전 관리 : 컴포넌트의 여러 버전에 대한 관리 지원으로 새로운 버전 생성

- 컴포넌트의 릴리즈와 갱신에 대한 제어
- 컴포넌트 개발자에 의한 수동적 부여와 부가적으로 저장소 자체적인 버전 정보에 대한 검증 모듈

◉ 통합 형상 관리 : 컴포넌트 집합과 버전 집합의 총체적 관리

- 저장소 관리 컴포넌트의 패밀리 및 개별 프로덕트들의 조작 히스토리 정보보고
- 분류 영역에 적절한 컴포넌트 패밀리 생성 허용 및 불필요 컴포넌트 패밀리 제거 추진

◉ 자동화 : 서비스의 동적 호출 제공과 브라우저 등의 도구 이용 기능

- 저장소 이용 시 필요한 응용 프로그램의 지원

◉ 자동화 : 저장소에 대한 기능이 수행되었을 때 그에 대한 감지

- 컴포넌트 등록시 비인증 컴포넌트 감지
- 컴포넌트 삭제시 현재 이용 상태 감지
- 컴포넌트 메타 정보 변경 상태 감지

⦿ **운영 및 관리 : 이름 부여, 보안등의 정책 정의/저장소 운용 능력 지원**

- 저장소 체계(컴포넌트의 계층 정의, 비즈니스 영역 분류, 보안 정책)

⦿ **자료 교환 : 저장소 모델 정보와 메타 모델을 교환 가능토록 지원**

- 저장소 지원 도구들 사이의 컴포넌트 정보 상호 교환 및 활용 서비스

특히 컴포넌트의 공용 뱅크로서 저장소가 제공해야만 하는 컴포넌트의 형상 관리 서비스들은 아래와 같이 정리될 수 있다.

- 컴포넌트 재사용율 측정
- 컴포넌트 판매율 측정
- 컴포넌트 다운로딩 횟수 측정
- 컴포넌트 사용자의 요구 분석 및 측정, 요구에 대한 응답
- 컴포넌트 버전 관리 : 컴포넌트 버전 변경 히스토리
- 전체 컴포넌트의 변경 사항 관리
  : 관리 컴포넌트의 수와 관리 카테고리의 수
  : 해당 카테고리에서 관리하는 컴포넌트의 수
  : DB 트랜잭션에 따른 형상 정보 변경
- 저장소 변경 사항에 대한 히스토리
  : 관리 DB 교체에 따른 물리적 변화
  : 저장소 아키텍처 및 분류 원칙 변화에 따른 구조적인 변화
- 유통 벤더 및 파트너 변경 사항

11.6 형상관리 도구

대규모 소프트웨어 시스템에 존재하는 대다수의 문제는 프로그램 모듈의 유지 보수와 개발과정의 기록, 모듈의 상호 종속성의 결정과 한 시스템의 다른 버전에서 공통 코드가 일관성이 있는지를 보증하는 것이다. 이것은 도구의 지원을 통해서 해결될 수 있는 커다란 정보관리 문제이다. 자동화 될 수 있는 두 개의 주된 형상관리기능은 소스코드 성분의 다른 버전을 유지하고 그런 성분부분으로부터 시스템을 구성하는 것이다. 후자의 기능은 어떠한 성분이 시스템을 구성하는가를 명세하는 것과 어떻게 이것들이 수행 가능한 시스템을 작성하기 위해 처리될 수 있는가를 결정하는 것을 의미한다. 형상관리 도구의 예로서 MAKE와 SCCS(Source Code Control System)를 들기로 한다.

SCCS는 원래 IBM 370을 위해 개발되었지만 현재는 UNIX 환경 하에서 운용된다. SCCS의 목적은 시스템의 다른 버전이 불필요한 소프트웨어 시스템에 변경을 적용할 필요성이 항상 존재한다. 변경에서 프로시저는 시스템 이상에 의해 갱신될 수 없도록 함으로써 시스템 갱신을 통제한다. 또한 갱신이 이루어질 때, 얼마만한 소스라인이 변경되었는가와 변경에 대한 책임자를 기록한다.

SCCS는 원래 시스템 모듈에 대한 변경을 저장하고 기록하기 위한 시스템으로서 모듈이 변경될 때마다 그런 변경은 델타(delta) 라고 불리는 곳에 기록되고 저장된다.

연속되는 변경 또한 델타로서 기록된다. 시스템의 최신 버전을 만들어 내기 위해 SCCS는 모든 델타가 처리될 때까지 원래 모듈에 차례로 델타를 적용한다. SCCS의 사용자는 시스템이 델타체인의 어떤 점까지 생성되도록 명시할 수 있고 개발의 다른 관계를 갖는 시스템이 생성되도록 한다[그림 11.4].

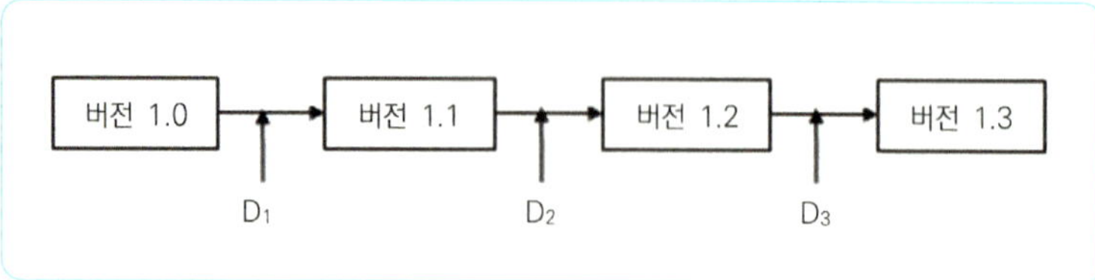

[그림 11.4] SCCS에서 델타의 적용

MAKE는 한 시스템의 소스코드와 목적 코드 버전 사이의 일치를 유지하는 보조 시스템으로서 사용자가 성분이 저장된 파일로 시스템 구조를 서술해야 하는 파일을 기반으로 한 시스템이다.

어떤 경우에 종속성이 두 파일 사이에 존재하고 한 파일을 변경하는 것은 다른 파일 또는 파일 그룹의 변경을 필요로 한다. MAKE는 그러한 종속성을 명시하기 위한 메커니즘을 제공한다. 내장된(built-in) 정보와 사용자 명령어를 이용하여 MAKE는 시스템 소스코드의 일부에 변경이 이루어질 때 시스템의 목적 코드가 재 생성하도록 할 수 있다. MAKE를 사용하여 프로그래머는 초기에 파일 종속성을 서술해야 한다.

예를 들면, 목적코드파일 X.O가 소스코드파일 X.C와 d.c에 종속된다면 이런 사항이 서술될 수 있다. d.c가 변경된다면 이런 변경은 MAKE에 의해 탐지될 수 있고 X.O는 X.C 와 d.c를 재 컴파일 함으로써 재생성 될 수 있다. 편집 세션이후에 사용자가 파일을 재 컴파일 할 필요가 없다.

MAKE가 사용되는 예로서 comp라는 프로그램이 목적 모듈 scan.o, syn.o, sem.o와 cgen.o로 만들어진 경우, 각 목적 모듈에 대해 scan.c, syn.c와 sem.c 라는 소스코드 모듈이 존재하고 이를 소스코드에 의해 공유되는 defs.h라는 선언 파일이 있다[그림 11.5].

다른 파일이 재 컴파일 될 필요 없이 scan.c, syn.c와 sem.c 에 변경이 발생할 수 있지만 defs.h에 관련된 소스코드의 재 컴파일을 필요로 한다. MAKE는 이런 종속 그래프를 텍스트로서 나타내주고 시스템을 구성하기 위해 호출되는 명령어를 포함한다.

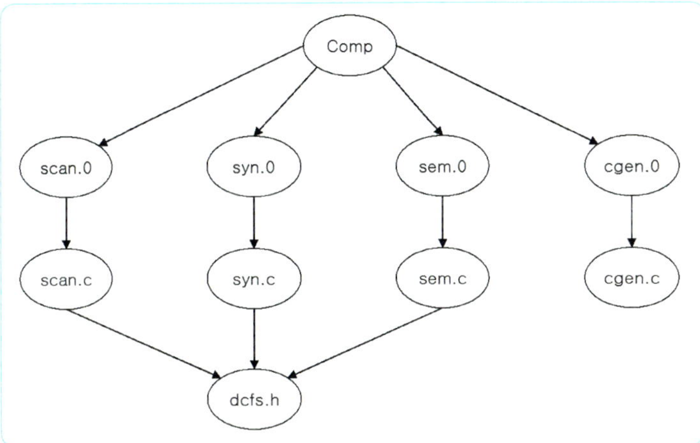

[그림 11.5] 파일간의 종속성 그래프

MAKE를 이용할 때 두 가지 주된 문제가 있다.

- 종속그래프가 복잡하기 때문에 make 파일을 이해하고 작성하기 어렵다.
- MAKE의 설계에 내재된 것이고 도구의 개선에 의해 해결될 수 없다는 것이다.

11.7 유지보수 매뉴얼

유지보수 매뉴얼이라 함은 시스템의 개발 및 보수, 운용에 필요한 모든 자료를 문서화 한 것인데 문서화란 시스템 개발에 있어 작성되는 모든 문서들을 목적, 용도에 맞게 편집하는 것을 말하며, 이에 있어 표준화란 시스템의 개발 및 보수, 운용을 보다 효과적으로 하기 위하여 필요 범위 내에서 규격을 결정하는 것을 말한다. 그러나 표준화에 있어 선행되어야 할 것은 시스템에 있어 그 범위를 조사하여 어디까지 표준화를 하여야 할 것인지에 범위를 결

정해야 할 것이다. 다시 말하면,

- 표준화로 인하여 오히려 불편해 지는 일이 없어야 하고,
- 문서화의 표준화가 목적이므로 단순히 문서를 갖추어 놓으려 할 것이 아니라 원활한 상호교류를 꾀하여 시스템을 보수, 개조 등이 수월하게 이루어지도록 한다.

즉, 문서화의 표준화란 문서를 위해 하는 것이 아니라 시스템 개발을 보다 효율적으로 하기 위해 필요하다고 할 수 있다. 이와 같이 소프트웨어 문서화의 표준화에 있어 유지보수매뉴얼의 작성이란 문서화의 표준화를 통하여 문서를 작성하는 것이라 할 수 있다.

11.7.1 문서의 표준화 목적

문서의 표준화에 있어 최종적인 목표는 일관성 있는 문서들의 체계화를 구축시켜 의사소통, 의사결정, 정확한 시스템의 평가와 정보의 축적 등을 원활히 하여 인적, 물적 자원과 자금의 효과적 관리로

- 생산성의 향상
- 고객의 신뢰
- 개발비용의 최소화

등을 실현시키는데 있다.

11.7.2 문서의 표준화 효과

표준화의 목적은 어디까지나 경영자의 입장에서 본 것이지만 표준화를 실현하였을 경우는 다음과 같이 개발자 입장에서의 경우와 사용자 즉 관리자 입자에서의 경우 등 두 가지 측면에서의 효과를 기대할 수 있다.

⊙ 개발자 측면의 효과

- 소프트웨어 및 시스템기본 기능의 이해가 편리하다.
- 시스템 분석, 설계가 용이하여 효율적이다.
- 프로그램의 작성이 용이하다.
- 프로그램 수정의 효율이 증대한다.
- 프로그램의 보수, 개조가 용이하다.

⊙ 관리자 측면의 효과

- 작업 계획의 수립이 용이하다.
- 작업 관리가 용이하다.
- 인원 투입 계획의 수립이 용이하다.
- 작업의 분업 및 외주관리가 용이하다.

11.7.3 문서의 표준화를 추진함에 있어 주의 사항

표준화를 추진함에 있어 주의하여야 할 사항은 다음과 같다.

- 표준화의 필요성에 관하여 충분한 교육을 통하여 이해와 인식을 증진시켜 생리적, 감정적 거부감을 갖지 않도록 하여야 한다.
- 표준화에 관하여 확실한 방향 제시를 함으로 개발자 전원이 공감하는 안이 작성되어야 한다.
- 업무에 임하는 담당자의 사고방식에 따라 표준화 안에 관한 기준이 각양각색이므로 전원이 만족하는 표준화 안은 작성하기 어렵다.
- 관리자의 확실한 의지가 없이는 표준화는 성공할 수 없다.
- 새로운 기술의 적용은 적극적으로 하여야 한다.
- 표준화 안이 부적당한 때는 즉시 수정하는 융통성이 필요하다.

11.7.4 문서의 표준화 진행방법

문서화의 필요성이 인식되면서도 실시하기 어려운 이유 중 하나는 시간을 많이 필요로 하는 작업이기 때문이다. 여기에서는 시스템 개발에 의해 작성되는 작업봉지(work sheet)를 문서의 목적과 용도에 맞게 편집하는 과정인데 다음과 같은 과정을 통하여 이루도록 한다.

- **철저한 작업 용지화를 꾀한다.** : 시스템을 개발할 때 필요한 문서에 대한 작업용지를 준비해 놓고 작업자가 그 작업용지에 기입 예를 참고하여 문서를 완성한다.
- **문서화는 편집을 주체로 한다.** : 작업의 효율화를 꾀하기 일해 필연적으로 작성되는 작업용지를 편집하는 것으로써 목적에 만족하는 문서류를 작성한다.
- 보기 쉽고 이해하기 쉬운 프로그램 리스트를 작성한다.

11.8 문서의 유지보수

소프트웨어 시스템이 변경될 때 그 시스템과 관련된 문서는 그 시스템의 변경을 반영하기 위해 변경되어야 한다. 불행히도 문서화가 관련 소프트웨어와 별개의 단계라는 결과 때문에 문서의 유지보수는 종종 무시되고 있다. 이것은 시스템의 사용자와 유지 보수자에게 문제를 초래한다. 프로그램에 변경이 발생했을 때 모든 관련 문서는 변경되어야 한다. 이러한 변경이 사용자에게 분명히 드러날 경우는 시스템 구현을 서술하는 부분만이 변경될 필요가 있다.

시스템 변경이 단순히 코딩 에러의 수정 이상이라면 이것을 설계와 테스트 문서의 개정과 시스템명세서와 요구사항을 서술한 더 높은 수준의 문서를 개정하는 것을 의미한다.

시스템 변경이 새로운 기능을 추가하거나 현존 기능을 확정함으로써 직접적으로 사용자 인터페이스에 영향을 줄 때 이것을 즉시 사용자에게 알려주어야 한다. on-line 시스템에서 이런 사항은 각 사용자가 액세스 할 수 있는 시스템 게시판을 제공함으로써 달성될 수 있다.

새로운 항목이 게시판에 추가될 때 사용자는 시스템에 로그인(log-in) 할 때 이것에 대해 알 수 있게 된다.

시스템 변경은 실제 게시판(notice board)에서 제시되거나 모든 시스템 사용자에게 분배되는 정규적인 뉴스에 소개되어야 한다. 정기적으로 사용자 문서는 갱신되어야 하고 변경되거나 추가되는 단락은 독자에게 알려져야 한다.

1. 소프트웨어 재사용 원리가 유지보수에 미치는 영향 및 관련성에 대해 설명하시오.

2. 모듈화의 장점에 대해 논하시오.

3. 유지보수성과 프로그램 복잡도의 관련성에 대해 논하시오.

4. 프로그램의 모듈화는 유지보수를 통해서 프로그램을 변환시키는 효율적인 방법 중의 하나이다. 모듈화의 장점을 유지보수 관점에서 설명하시오.

5. 당신이 개발한 소프트웨어 중의 하나에 대해서 사용자 매뉴얼을 작성해 보시오.

6. 작성자, 작성수단, 목적을 기준으로 다음 문서들의 차이점에 대해 간략히 서술하시오.

   1) 요구명세서

   2) 명세서 문서

   3) 예비 설계 문서

7. 컴포넌트 형상 관리 측면을 기본의 형상관리 측면을 고려하여 설명하시오.

참고문헌

1. 한국정보산업협회, 소프트웨어 보수 관리, 한국정보산업협회, pp. 15~42, 6월호, 1986.
2. 이경환, 소프트웨어의 보수, 한국정보산업협회, 2월호, 1986.
3. B.P. Lietz, E.B. Swanson, G.E. Tompkin, "Characteristics of Application Software Maintenance", Comm. ACM, vol. 21, No. 6, pp. 466~471, 1978.
4. J. Martin, C. McClure, *Software Maintenance*, Prentice-Hall, 1983.
5. D. parnas, "Designing for Ease of Extension and Contraction", IEEE Trans. on Software Engineering, vol. 5, No.2, pp. 128~137, 1979.
6. DCAS new-letter, "Software Prototyping", vol.3, No.2, 1981.
7. 한국 소프트웨어 개발연구조합, 소규모 소프트웨어 툴과 방법론의 개발(2차년도), 과학기술처 특정연구 과제, 1987.
8. 이경환, 소프트웨어 공학개론, 희중당, 1987.
9. Camming, R., "The Maintenance 'Iceberg'", EDP Analyzer, Vol. 10, No. 10, October, 1972.
10. Spiegel, M., *Software Prototyping Colloquium Series*, Wang Institute of Graduate Studies, 1981.
11. Dart and S., "Concept in Configuration Management Systems," Proceeding of Third International Conference on SCM, Trondheim, Norway, pp. 18, June, 1991.
11. Rigg, W., C. Burrows, and P. Ingram, *Ovum Evaluates : Configuration Management Tools Ovum Limited*, 1995.

Software Engineering on practical software development

Chapter 12 프로젝트 사례

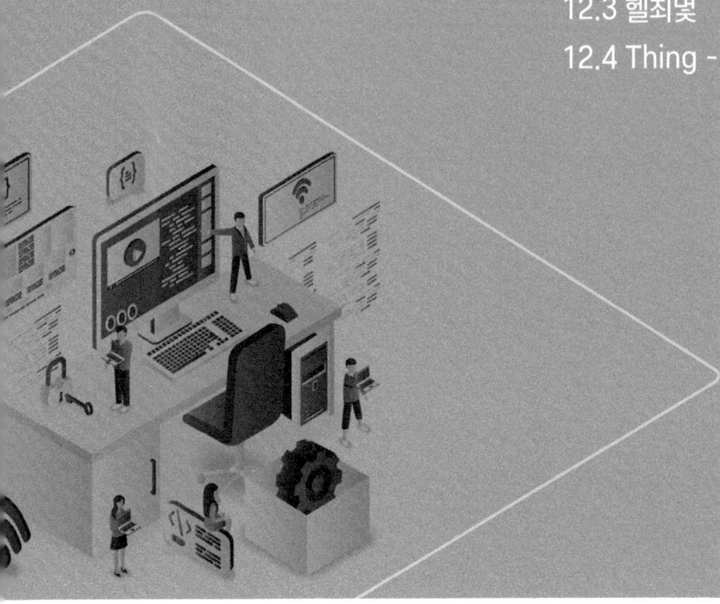

12.1 벤딩 머신(Vending Machine)

12.1.1 문제정의

요구사항 분석에 대한 다른 의미의 용어인 "문제정의"에서는 사용자가 벤딩머신에 동전을 투입하는 것에서부터 원하는 것을 얻을 때까지의 일련의 과정을 다음과 같이 정의한다.

사용자가 상태 확인 후 정상상태이면 동전을 동전투입구에 삽입하고 동전인식기는 무게와 크기를 측정하여 입력된 동전의 금액을 계산한다. 만일 동전이 불량주화이면 그 동전을 자동반환하고 아니면 금액표시판에 금액을 표시한다. 동전을 한 잔 값 이상 넣으면 선택버튼에 불이 켜진다. 사용자가 선택을 하면 금액표시판에 금액이 변경되고 음료 반환구에서 음료가 나온다. 잔액이 음료 한 잔 값 이상이면 선택버튼의 불은 계속 켜져 있고 재선택이 가능하다. 선택을 원치 않을 때 반환버튼을 누르면 동전 반환구에서 동전이 나온다. 컵, 음료가 없거나 온도표시판의 온도가 일정온도 이하이면 판매 중지표시판에 불이 켜지고 동전을 넣으면 자동반환된다. 자판기 내의 잔액보유량이 "0"이 됐을 때는 잔액부족 표시판에 불이 켜지고 이때 동전을 삽입하면 자동반환된다. 자판기는 관리자에 의해 유지되며 관리자는 음료의 금액을 바꿀 수 있고 정기적으로 점검한다. 사용자는 자판기의 문제 발생시 관리자를 호출한다.

12.1.2 클래스 추출

객체지향 설계가 실질적으로 시작되는 시점으로, 일반적으로 문제 정의에서 명사에 해당하는 부분이 실세계에서의 객체로 나타낼 수 있다. 아래에서의 밑줄친 굵은 글씨가 추출한 객체라 할 수 있다.

추출된 객체, 즉 클래스 후보들 중 애매모호한 것, 부적절한 것, 중복된 것, 속성에 관련된 것 등은 최종 클래스 추출에서 배제한다. 즉, 최종적으로 추출된 클래스는 다음 [그림 12.1]과 같이 굵은 둥근 원으로 표시했다.

사용자가 상태 확인 후 정상상태이면 동전을 동전투입구에 삽입하고 동전인식기는 무게와 크기를 측정하여 입력된 동전의 금액을 계산한다. 만일 동전이 불량주화이면 그 동전을 자동반환하고 아니면 금액표시판에 금액을 표시한다. 동전을 한 잔 값 이상 넣으면 선택버튼에 불이 켜진다. 사용자가 선택을 하면 금액표시판에 금액이 변경되고 음료반환구에서 음료가 나온다. 잔액이 음료 한 잔 값 이상이면 선택버튼의 불은 계속 켜져 있고 재선택이 가능하다. 선택을 원치 않을 때 반환버튼을 누르면 동전반환구에서 동전이 나온다. 컵, 음료가 없거나 온도표시판의 온도가 일정온도 이하이면 판매중지표시판에 불이 켜지고 동전을 넣으면 자동반환된다. 자판기 내의 잔액보유량이 "0"이 됐을 때는 잔액부족표시판에 불이 켜지고 이때 동전을 삽입하면 자동반환된다. 자판기는 관리자에 의해 유지되며 관리자는 음료의 금액을 바꿀 수 있고 정기적으로 점검한다. 사용자는 자판기의 문제 발생시 관리자를 호출한다.

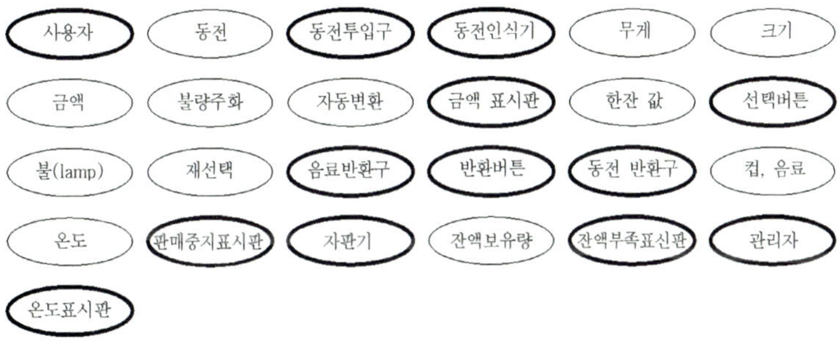

[그림 12.1] 클래스 추출

12.1.3 속성 파악

각 객체가 추출되면 그 객체가 문제 영역인지 해결 영역인지를 파악하여 문제정의서에서 형용사를 검사하여 그것을 속성으로 정의한다. [그림 12.2은] 벤딩머신의 전체 객체도이며 [그림 12.3]는 전체 객체도에서 "자판기" 부분만을 상세하게 기술한 객체도이다.

[그림 12.2] 전체 클래스 다이어그램

[그림 12.3] 전체 클래스 다이어그램

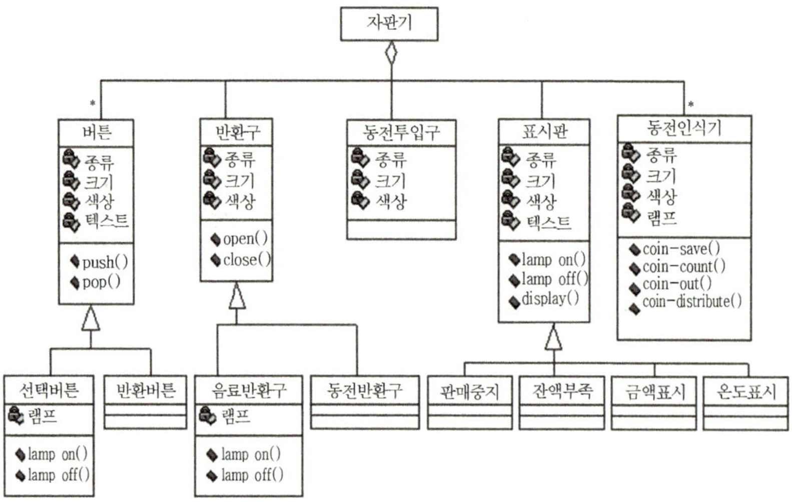

[그림 12.4] "자판기" 클래스 다이어그램

12.1.4 오퍼레이션 파악

객체들이 식별되고 속성이 정의되면 설계자는 객체들에게 적용되는 일련의 오퍼레이션을 선택한다. 일반적으로 문제정의서에서 동사에 해당하는 부분이다([그림 12.3]와 [그림 12.4]).

12.1.5 클래스 연관관계

객체의 속성과 오퍼레이션이 정의되면 클래스와 클래스간의 연관성을 고려한다. 예를 들어 [그림 12.3]에서 나타나듯이 사용자와 자판기, 관리자와 자판기는 다대일의 관계를 가진다. 그리고 [그림 12.4]에서 자판기는 버튼, 반환구, 동전 투입구, 표시판, 동전 인식기와 집합(aggregation) 관계에 있으며, 버튼은 선택버튼과 반환버튼으로 상속(generalization) 관계를 가진다.

12.1.6 시나리오 작성

시스템이 어느 처리를 실행하는 경우에 발생하는 사건들의 순서를 시나리오로 작성한다. 즉, 자판기가 정상적으로 작동될 때와 비정상적으로 작동될 때 그리고 관리자가 필요할 때 각각에 대한 시나리오를 작성한다.

⊙ 정상적으로 작동될 때

1. 사용자는 자판기 상태를 확인한다.
2. 사용자가 커피 2잔을 뽑기 위해 500원을 넣는다.
3. 사용자는 원하는 커피를 선택한다.
4. 반환구에 lamp가 꺼지면 음료를 꺼낸다.
5. 다시 선택불이 켜지면 커피를 선택한다.
6. 음료 반환구에 lamp가 꺼지면 음료를 꺼낸다.
7. 잔돈 반환버튼을 누른다.
8. 동전 반환구에서 동전을 꺼낸다.
9. 사용자는 음료수를 마신다.

◉ 비정상적으로 작동될 때

1. 사용자가 자판기 상태를 확인했을 때, 판매중지이면 관리자를 호출한다.
2. 사용자가 넣은 동전이 불량주화이면 자동반환된다.
3. 자판기의 잔액부족표시판에 불이 들어오면 한잔값(150원)을 넣는다.
4. 그렇지 않으면 동전이 자동반환 되고 관리자를 호출한다.

◉ 관리자가 필요할 때

1. 호출 받은 관리자는 자판기 상태를 확인하고, 필요에 따라 잔돈을 채우 거나 컵, 음료를 교환하거나 고장수리를 한다.
2. 관리자는 가격표시를 변경한다.

12.1.7 순차 다이어그램

시나리오를 기본으로 어느 객체로부터 별도의 객체의 개인적인 자극을 나타내는 순차 다이어그램으로 나타낼 수 있다. 다음 [그림 12.5]는 사용자와 자판기간에 일어날 수 있는 일련의 사건 순서를 제시한다.

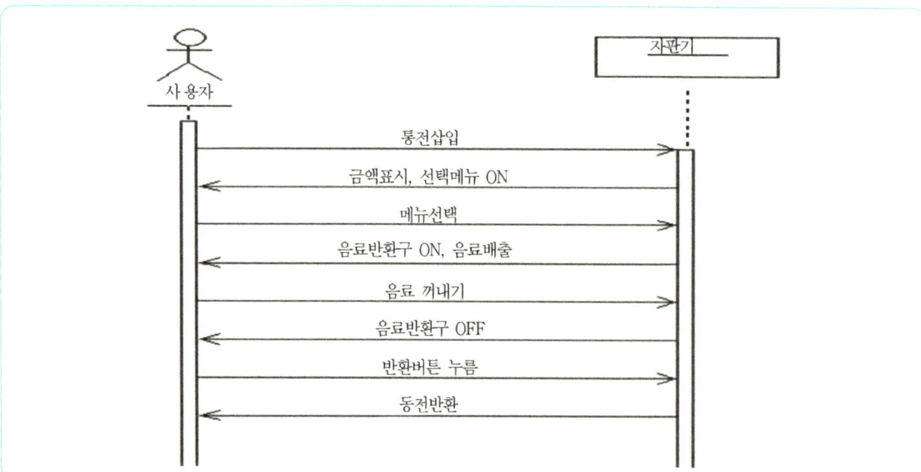

[그림 12.5] 순차 다이어그램

12.1.8 상태 다이어그램

하나의 객체의 속성값과 다른 객체와의 링크를 추상화한 것을 일반적으로 "상태"라 하는데, 사건과 상태를 관련시은 상태도를 제시한다. 다음 [그림 12.6]은 벤딩머신의 전체 상태도이며, 그 중 비정상적으로 작동할 때 관리자의 호출이 요청되는 부분을 [그림 12.7]에 나타내었다.

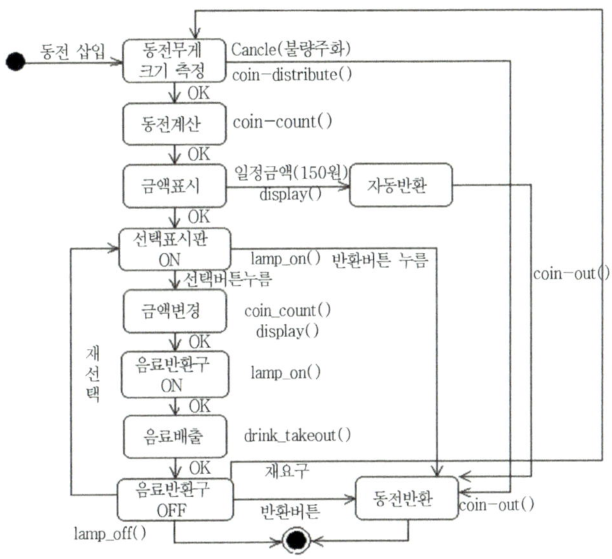

[그림 12.6] 상태 다이어그램

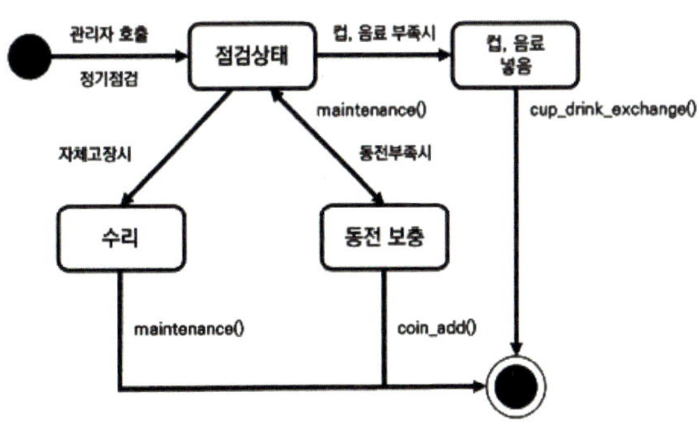

[그림 12.7] 상태 다이어그램(관리자호출이 필요한 경우)

12.2 텔레컴(Telecom)

12.2.1 문제정의

사용자와 개발자의 대화를 통해 추출된 사용자 요구사항을 문서화한 문제정의서에서는 사용자(송신자)가 전화교환 시스템을 거쳐 또 다른 사용자(수신자)에게 전화를 하는 일련의 과정을 모델링하는데 있어서 다음과 같은 문제정의서를 제시한다.

> 한 지역(같은 국번)에서 전화교환 시스템(CSS)은 서로 다른 가입자를 연결하는 데 전화 거는 사람은 송신자로, 받는 사람은 수신자로 정의한다. 송신자가 전화기를 들면(off hook) CSS는 송신자에게 (dial tone)을 전송하는데 일정시간 내에 송신자는 전화번호를 입력해야 한다. 만약 일정 시간 내에 입력이 완료되지 않으면 또는 전화번호가 맞지 않는 경우 CSS는 전화번호 재입력 요청 메시지를 송신자에게 전송한다. CSS는 입력된 전화번호가 올바른지를 분석한다. CSS에서 수신자의 경로를 설정하고 그 경로가 사용되고 있는가를 확인한 후 수신자의 경로가 사용 중인 경우 송신자에게 통화 중 메시지(busy tone)를 전송하고 line의 오류가 발생할 경우 이에 대한 line 오류 메시지를 전송한다. 수신자의 상태가 통화중이 아니거나 line 오류가 없는 경우, 송·수신자에게 전화벨(ring tone)이 전송된다. 수신자가 수화기를 들면(off hook) 송신자와 연결되어(connect) 통화가 가능해진다. 통화가 끝나면 송·수신자가 전화기를 내리고(on hook) 연결이 해지된다(disconnect).

12.2.2 클래스 찾기

문제정의서에서 명사에 해당하는 객체들 중 정련화 과정을 거쳐 다음 [그림 12.8]에서와 같이 객체를 추출한다.

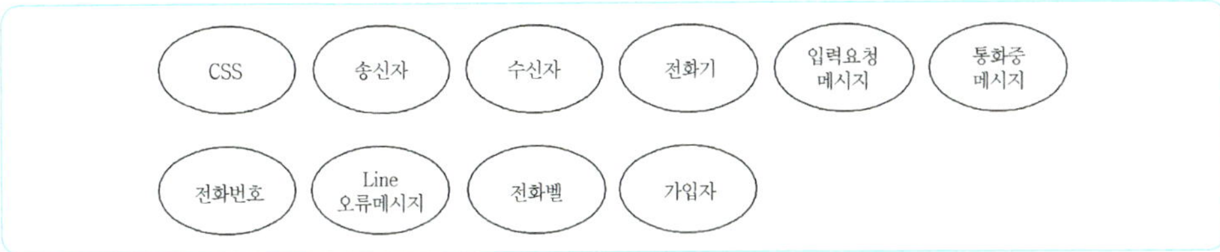

[그림 12.8] 추출된 클래스

12.2.3 데이터 사전

문제정의서에 기술된 자료 요소를 정의해 주는 과정이다.

송신자 : 전화를 거는 사람(가입자)
수신자 : 전화를 받는 사람(가입자)
CSS(Call Switching Systme) : 전화 교환망 시스템 호출에 의해 교환회선에서 교환기를 통하여 송·수신측을 접속하여 주는 시스템

12.2.4 개념 다이어그램

문제정의서에서 추출된 시스템 CSS와 상호작용하는 송신자와 수신자를 중심으로 모델링한 CSS의 시스템 모델이라고 할 수 있는 객체 간의 관계를 정의하는 다이어그램은 다음 [그림 12.9]과 같다. 즉, 송신자와 수신자, CSS 클래스들의 관계를 정의한다.

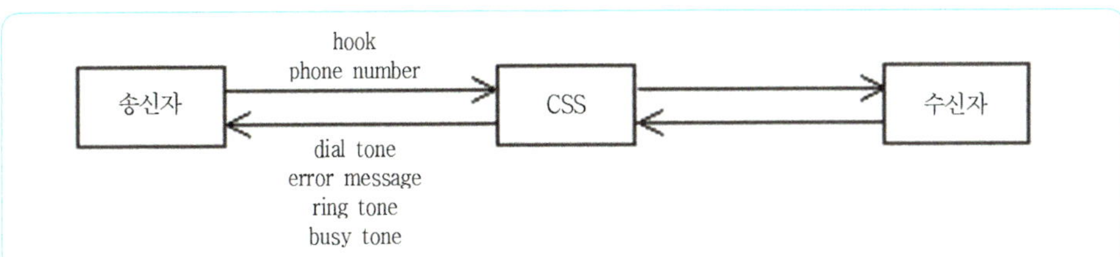

[그림 12.9] 개념 다이어그램

12.2.5 클래스 다이어그램

다음 [그림 12.10]는 가입자와 송신자, 수신자 간의 관계를 클래스 다이어그램으로 나타낸다. 즉, 송신자와 수신자는 가입자로부터 속성과 오퍼레이션을 상속받는다.

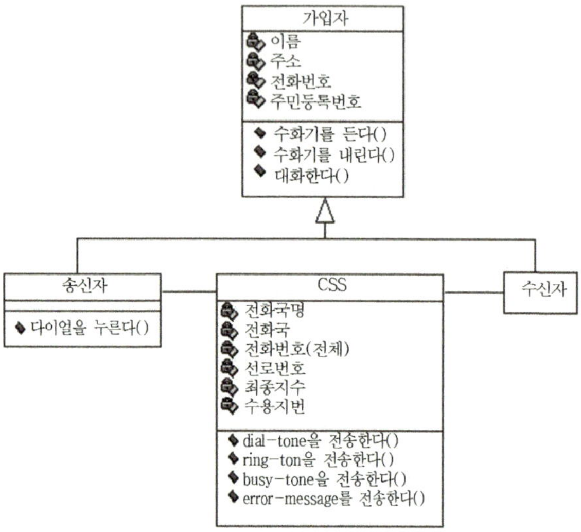

[그림 12.10] 클래스 다이어그램

12.2.6 시나리오

시스템 상태 모델을 작성하기 위하여 문제정의서로부터 하나의 시스템 내에서 일어날 수 있는 상태와 변화를 순차적으로 상세히 기술한다. 즉, 전화를 거는 송신자와 전화를 받는 수신자 그리고 전화 교환 시스템인 CSS 각각에 대한 시나리오를 작성한다.

⊙ 송신자 측면

1. 수화기를 든다.
2. 전화번호 입력 허용 신호인 dial tone을 받는다.

3. 이미 알고 있는 전화번호를 입력한다.

4. 일정시간 동안 입력을 완료하지 못하면 error message를 받게 된다.

5. 입력된 전화번호의 분석 결과에 따라 ring tone, busy tone, error message를 받는다.

6. 연결이 된다.

7. 통화가 끝나면 수화기를 놓는다.

8. 연결이 해제된다.

⊙ 수신자 측면

1. Ring tone을 받는다.

2. 수화기를 든다.

3. 연결된다.

4. 통화가 끝나면 수화기를 놓는다.

5. 연결이 해제된다.

⊙ CSS 측면

1. 송신자의 off hook을 인식한다.

2. 송신자에게 dial tone을 전송한다.

3. 송신자로부터 입력되는 전화번호를 인식한다.

4. 일정시간이 지나도 입력이 완료되지 않으면 송신자에게 error message를 전송한다.

5. 입력된 전화번호를 분석한다.

6. 분석 결과 전화번호에 오류가 없으면 수신자의 상태를 조사한다.

7. 오류가 발생하면 error message를 수신자에게 전송한다.

8. 수신자의 상태에 따라 bysy tone, ring tone을 전송하다.

9. 송신자와 수신자의 on hook을 인식한다.

10. 연결을 해제한다.

12.2.7 순차 다이어그램

구현될 CSS와 상호작용하는 송신자, 수신자에 대한 메시지의 흐름을 모델링한 순차 다이어그램은 다음 [그림 12.11]과 같다. 위에서 제시한 시나리오를 바탕으로 순차 다이어그램을 그릴 수 있다.

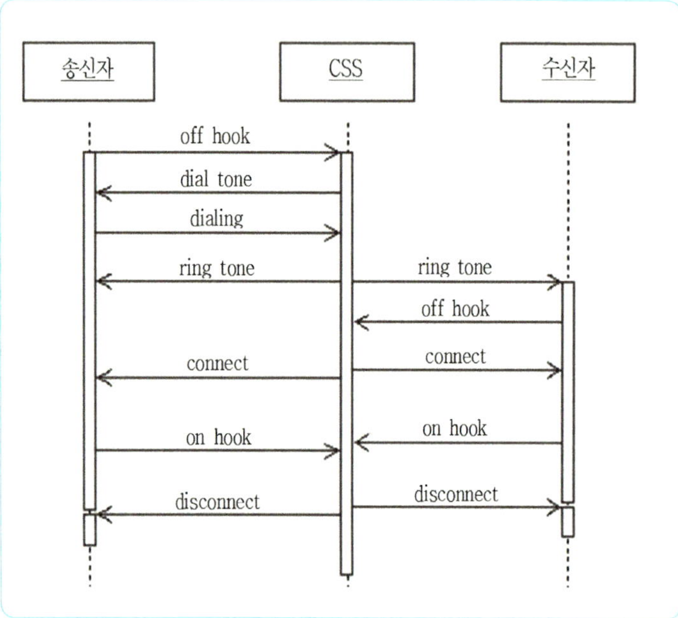

[그림 12.11] 순차 다이어그램

12.2.8 상태도

사건과 상태를 관련지은 상태도를 [그림 12.12]와 같이 나타내었다.

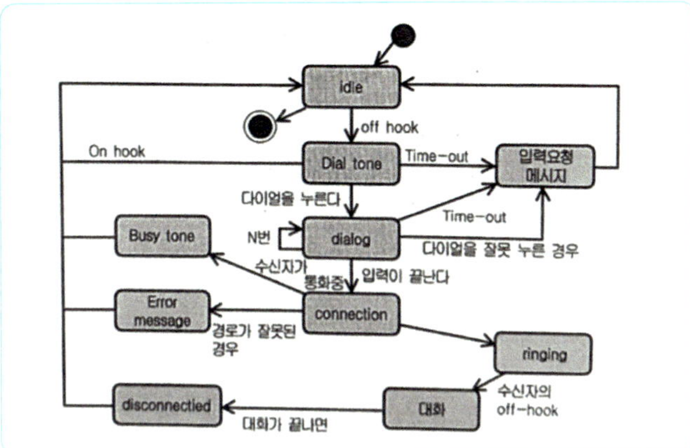

[그림 12.12] 상태 다이어그램

12.3 헬최몇

12.3.1 개요

1) 프로젝트

① 프로젝트 팀 : KGS

② 프로젝트 팀장 : 임수빈

③ 프로젝트 팀원 : 김민규, 김성경, 유상욱

④ 프로젝트 : 3대 운동 측정 AI 헬스 트레이닝 애플리케이션

⑤ 프로젝트 명 : 헬최몇 (헬스 최대 몇?)

⑥ 프로젝트 기간 : 2019.09.10. ~ 2019.12.10.

2) 목적

헬스를 좋아하는 사람들을 위해 3대 운동 (스쿼트, 벤치프레스, 데드리프트)을 측정하고 개인별로 순위를 매기는 APP제작.

3) 개발동기

인기 있는 근력운동인 3대 운동 (스쿼트, 벤치프레스, 데드리프트)을 좋아하는 사람들을 위해 전문화되고 체계적인 3대 운동계산 결과 값을 도출하고 개개인 별 순위 시스템을 도입해 경쟁심을 고취시켜 사람들의 흥미 유발 목적으로 프로젝트 계획.

4) 기능

① DB를 활용한 운동량에 따른 순위 시스템

② 인공지능을 이용한 3대 운동 운동량 계산

③ 인공지능을 통한 운동자세 감지

④ QR코드를 통해 헬스장 등록

⑤ GPS와 연동해 주변 헬스장 검색 및 헬스장 홍보

⑥ 헬스커뮤니티를 통한 다양한 정보 공유

⑦ DB에 저장된 사용자의 건강상태와 운동량을 비교하여 맞춤 식품추천

→ 딥러닝 기반의 인공지능 기술을 통해 추정된 사람의 관절을 딥러닝으로 학습하여 사람의 운동 패턴을 정확하게 분석하여 사람이 운동하는 모습을 보고 올바른 방법으로 운동하고 있는지 실시간으로 알아내어 운동량 계산, 운동자세 감지와 같은 기능에 접목시킴.

12.3.2 관리

1) 타당성 조사

① 법적 타당성

- 유사 APP은 있지만 저작권 법적으로 문제가 되지 않음.

② 경제적 타당성

모바일 헬스 APP 및 AI 홈트레이닝 APP의 시장규모 증가 및 헬스장 홍보 광고 등으로 많은 자금이 쌓일 것으로 예상.

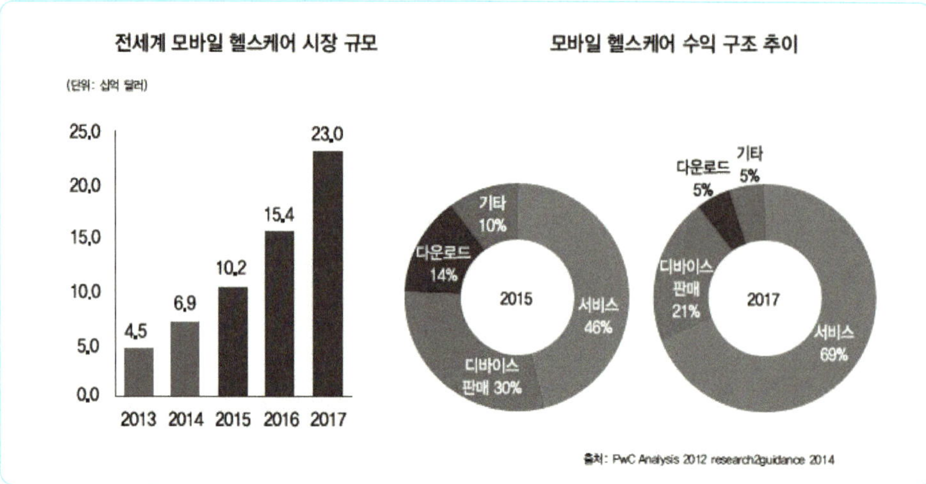

③ 기술적 타당성

딥러닝 기술과 관련하여 하둡과 같은 오픈 소스들이 이미 많이 공개되어 있어 큰 어려움이 없음.

2) 관련제품 조사

(1) 출시된 제품

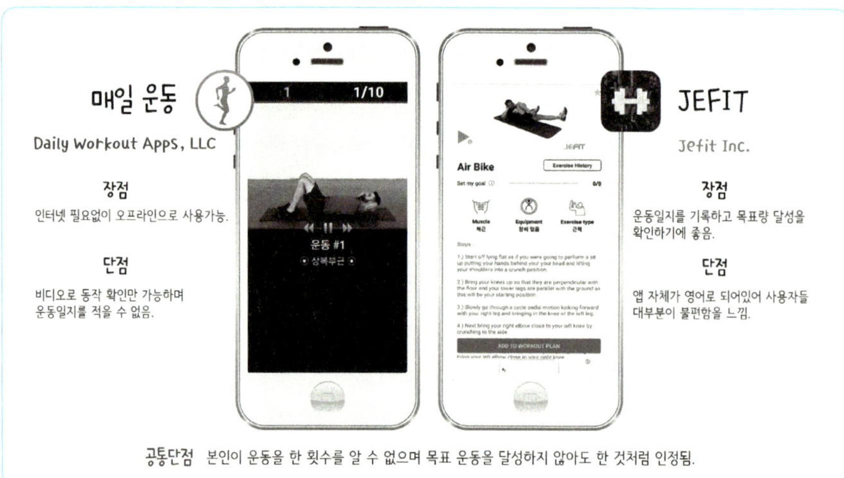

(2) '헬최몇'과의 차이점

인공지능이 사용자의 운동 자세를 감지하여 올바른 자세를 교정하여 주고 운동량을 직접 측정하여 정확한 운동량을 계산할 수 있음.

3) SWOT 분석

① Strength

- 3대 운동 측정 시 개인별로 순위를 매겨 경쟁심 유발가능
- 딥러닝 기반을 바탕으로 운동 자세를 감지하여 올바른 자세를 찾아주고 거짓으로 운동 횟수를 늘리는 일 방지

② Weakness

- 남녀노소 누구나 즐길 수 있는 다른 헬스애플리케이션과 달리 3대 운동을 좋아하지 않는 사람들은 사용하지 않을 수 있음.

③ Opportunities

- 모바일 헬스 애플리케이션의 사용자가 증가함에 따라 시장규모가 커지고 있으며 서비스에 따른 수익 또한 상승하고 있음.

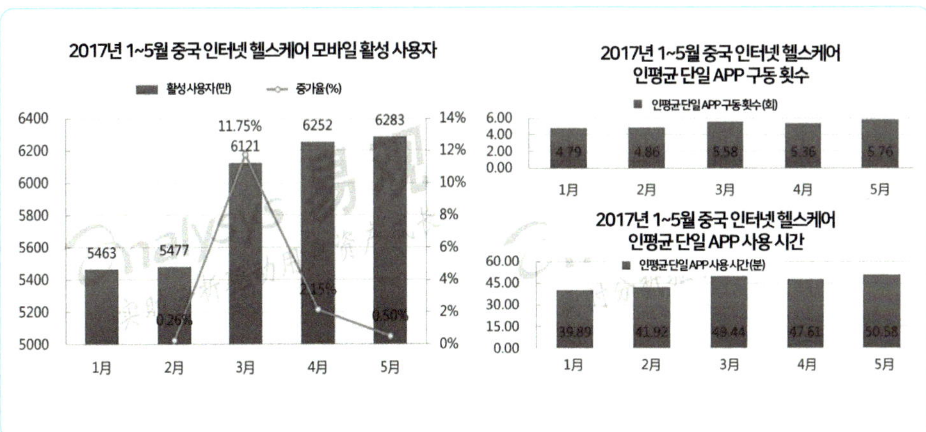

④ Thread

- AI 홈 트레이닝 APP이 급상승하면서 기존 헬스 애플리케이션 개발자들이 3대 운동 측정기, 운동 자세 감지 등과 같은 기능들을 기존 애플리케이션에 추가할 가능성이 있음.

4) 인력배치

이름	담당	수행역할
임수빈	테스팅 및 품질보증	모듈레벨의 완전성 확인 및 시스템 제품의 완벽성 검토
김민규	요구분석	확인된 소프트웨어의 위험에 따른 분석 수행
김성경	매뉴얼 및 문서작성	매뉴얼 작성 및 문서작성
유상욱	SW 설계	개발될 소프트웨어에 대한 전체적인 구조의 설계 작성
전체	코딩	개발될 소프트웨어 설계에 따른 프로그램 코딩

5) 관리프로세스 계획

	작업 이름	기간	시작	완료	선행 작업	자원 이름
1	**프로젝트 시작**	**66 일**	**19-09-10 (화)**	**19-12-10 (화)**		
2	**타당성 조사**	**9 일**	**19-09-10 (화)**	**19-09-20 (금)**		
3	타당성 검토	4 일	19-09-17 (화)	19-09-20 (금)		임수빈
4	관련제품 조사	6 일	19-09-10 (화)	19-09-17 (화)		유상욱
5	시장 조사	6 일	19-09-10 (화)	19-09-17 (화)		김성경
6	SWOT 분석	5 일	19-09-16 (월)	19-09-20 (금)		김민규
7	**계획, 요구사항 분석**	**21 일**	**19-09-20 (금)**	**19-10-18 (금)**	**2**	
8	시나리오	4 일	19-09-20 (금)	19-09-25 (수)		유상욱
9	인력 배치	6 일	19-09-23 (월)	19-09-30 (월)		김민규
10	스케줄 및 계획	18 일	19-09-25 (수)	19-10-18 (금)		임수빈
11	구조도 작성	8 일	19-10-04 (금)	19-10-15 (화)		김성경
12	예산 계획	10 일	19-10-07 (월)	19-10-18 (금)		김민규,유상욱
13	**기본 설계**	**10 일**	**19-10-21 (월)**	**19-11-01 (금)**	**7**	
14	시스템 아키텍쳐 설계	9 일	19-10-21 (월)	19-10-31 (목)		임수빈,김성경
15	데이터 베이스 설계	4 일	19-10-29 (화)	19-11-01 (금)		유상욱
16	기본 설계	4 일	19-10-21 (월)	19-10-24 (목)		김민규,유상욱
17	UI 설계	4 일	19-10-29 (화)	19-11-01 (금)		김민규
18	**상세 설계**	**10 일**	**19-11-04 (월)**	**19-11-15 (금)**	**13**	
19	자료구조 설계	6 일	19-11-04 (월)	19-11-11 (월)		김민규,김성경
20	알고리즘 명세서	7 일	19-11-07 (목)	19-11-15 (금)		유상욱,임수빈
21	**코딩**	**5 일**	**19-11-18 (월)**	**19-11-22 (금)**	**18**	
22	코딩	5 일	19-11-18 (월)	19-11-22 (금)		김민규,김성경,유
23	**통합 테스트 단계**	**12 일**	**19-11-25 (월)**	**19-12-10 (화)**	**21**	
24	테스트 계획서	5 일	19-11-25 (월)	19-11-29 (금)		임수빈
25	테스트 결과 보고서	3 일	19-12-02 (월)	19-12-04 (수)	24	김성경
26	소스코드 수정	4 일	19-12-05 (목)	19-12-10 (화)	25	김민규,유상욱

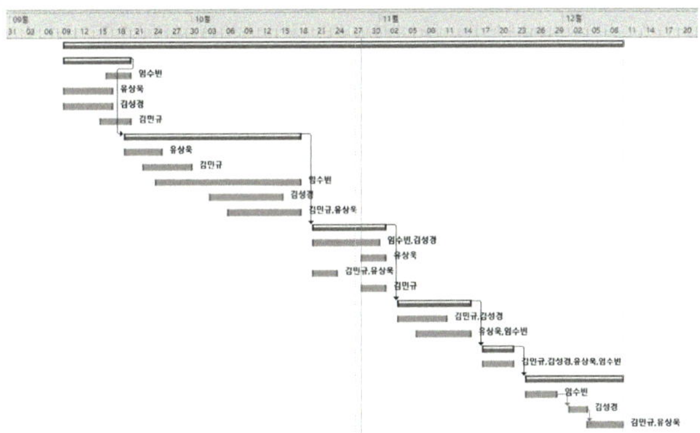

• 2019.09.10. ~ 2019.12.10. 약 3개월간의 프로젝트 계획 일정

6) 개발환경

① 개발 운영체제 : window10

② 설계 툴 : MS Project 2013 / Star UML

③ 개발 툴 : Android Studio

④ DataBase : MySQL

⑤ 개발언어 : JAVA/JSP/HTML

7) 예산

분류	내용	금액
직접인건비	215,681(원) x 4(명) x 66(일)	56,9393,784(원)
직접경비	4(명) x 100,000(원)	400,000(원)
재경비	((직접인건비) + (직접경비)) x 1.1	63,073,762.4(원)
기술료	((직접인건비)+(직접경비)+(재경비)) x 0.2	24,082,709.28(원)
총 개발비	144,496,255.68 원	

- MM로 계산한 예산금액으로 총 개발비는 약 1억 4천 4백만 원으로 산정되었음.

8) 구조도

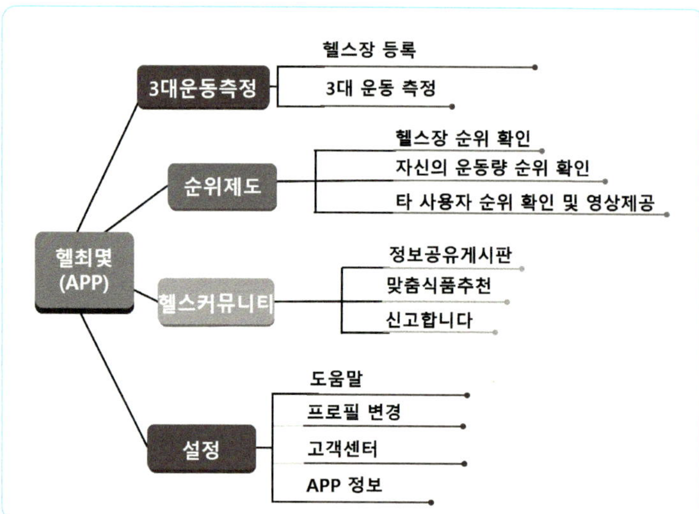

12.3.3 요구분석

1) 기능/비기능

(1) 기능

① 저장, 로드 기능을 활용해 사용자는 언제든 프로필 정보를 수정가능

② GPS를 이용해 현재 위치 및 주변 헬스장 검색 가능

③ QR코드를 통해 나만의 헬스장 등록가능

④ 타사용자의 운동 영상 및 순위 제공

⑤ 카메라 기능으로 정확한 자세 및 운동량 측정

(2) 비기능

① 실시간 사람의 움직임 감지 필요로 인한 데이터 소모

② 사용자의 사생활보호를 위해 APP에 영상 업로드 시 공개범위 (전체공개, 얼굴 비공개) 선택가능 서비스

③ 학습된 머신러닝이 정확한 운동 자세 인식여부 테스트

④ 실제 운동량과 계산된 운동량이 동일여부

⑤ 시스템이 모바일 디바이스(태블릿PC, 스마트폰)에서 작동여부

2) 시나리오

3대 운동을 하는 헬스인을 위한 APP인 헬최몇은 사용자들에게 3대 운동 (스쿼트, 벤치프레스, 데드리프트)을 측정하고 순위시스템을 통해 개별 순위 조회 서비스를 제공한다.

1. 사용자는 [헬최몇] APP에 접속하면 [로그인, 회원가입]이 화면에 출력된다.

1.1 아이디와 비밀번호를 입력하고 로그인 버튼을 누른다.

1.2 입력한 아이디와 비밀번호가 틀리면 오류메시지를 출력한다.

1.3 회원이 아니라면 회원가입을 누른다.

① 사용자정보(아이디, 비밀번호, 이름, 나이, 주소, 성별 등)를 입력하고 저장버튼을 누르면 회원가입완료 화면이 출력된다.

② 입력한 아이디와 비밀번호를 초기화면에서 로그인창에 입력한다.

2. 로그인 후 3대 운동측정, 순위제공, 헬스커뮤니티, 설정 4가지 메뉴가 화면에 출력된다.

3. 사용자는 3대 운동측정, 순위제공, 헬스커뮤니티, 설정에 해당하는 메뉴들 중에서 원하는 메뉴를 누른다.

4. 3대 운동측정

4.1. 3대 운동측정 메뉴를 누르면 헬스장 등록을 우선해야한다.

① GPS를 통해 3대 운동이 가능한 주변 헬스장을 검색한다.

② 검색한 헬스장에 찾아가 헬스장의 QR코드를 입력한다.

③ 헬스장의 정보가 APP화면에 출력되며 나만의 헬스장으로 등록된다.

4.2. 헬스장 등록 후 3대 운동 측정을 시작한다.

① 각각의 3대 운동 [스쿼트, 데드리프트, 벤치프레스]마다 운동할 무게를 입력한다.

② 각각의 운동에 맞게 설치된 모바일 디바이스 거치대에 휴대폰을 올려놓는다.

③ APP 화면을 사용자의 모습이 들어오도록 조정하고 운동량 측정 시작버튼을 클릭하면 운동량 측정 화면이 출력된다.

④ 디바이스의 카메라를 통해 학습된 머신러닝이 운동 자세를 실시간 분석한다.

⑤ 운동자세가 올바르면 운동량이 출력되며, 올바르지 않을 땐 운동량이 출력되지 않는다.

⑥ 측정 종료를 누르면 사용자의 운동량이 계산되어 출력되며 자신의 3대 운동량 순위도 출력된다.

5. 순위제공

5.1 순위제공 메뉴를 누르면 자신이 이전에 한 운동량에 따른 순위와 운동영상이 제공된다.

5.2 운동영상의 [공개범위 설정]을 누르면 공개범위(전체, 얼굴가리기)가 화면에 출력된다.

5.3 원하는 공개 범위를 설정하면 설정에 따라 운동영상이 업로드 된다.

5.3 [타사용자 순위보기]를 누르면 운동량이 상위권인 사용자들의 순위가 출력된다.

5.4 순위별 출력된 타사용자를 누르면 운동영상과 해당 사용자의 헬스장 순위가 화면에 출력된다.

6. 헬스커뮤니티

6.1. 헬스커뮤니티 메뉴를 누르면 [정보공유 게시판, 맞춤식품추천, 신고합니다]가 화면에 출력된다.

6.2. 정보공유 게시판

① 정보공유 게시판에서 사용자는 타사용자와 자유롭게 글을 작성하여 정보 공유를 할 수 있다.

② 관리자는 게시판에 공지사항을 게시할 수 있다.

6.3. 맞춤식품추천

① 맞춤식품추천에서 사용자의 입력정보를 토대로 맞춤식품이 자동 추천된다.

② 결제를 원할 시 해당 사이트에 접속하여 헬스식품을 결제 할 수 있다.

6.4. 신고합니다

① [신고합니다]를 누르면 신고접수 게시판이 화면에 출력된다.

② 신고할 타사용자의 정보(아이디, 운동날짜)와 신고내용을 입력한다.

③ 신고된 내용이 출력되며 관리자 조회 후 신고접수 완료된다.

7. 설정

7.1. 설정 메뉴를 누르면 사용자의 프로필, 고객센터, APP 정보, 이벤트, 도움말이 화면에 출력된다.

7.2. 사용자 프로필

① [사용자 프로필]을 누르면 사용자는 자신의 프로필을 등록할 수 있다.

② 사용자정보(이름, 나이, 생년월일 등)를 입력하면 사용자 프로필이 화면에 출력됨.

③ [프로필 수정]을 누르면 프로필을 편집할 수 있다.

7.3. 고객센터

① 고객센터를 누르면 [자주묻는질문, 문의사항]이 화면에 출력된다.

② [자주묻는질문]을 누르면 사용자들이 자주 묻는 질문들에 대한 답변들이 출력된다.

③ [문의사항]을 누르면 관리자에게 문의할 수 있는 게시판이 출력된다.

④ APP오류와 같은 문의사항을 입력한다.

⑤ 입력한 문의내용이 관리자에게 오류문의로 출력된다.

7.4. APP 정보

① [업데이트]를 누르면 APP의 현재 버전이 출력된다.

② 새로운 버전이 있을시 업데이트버튼이 출력된다.

③ 업데이트 버튼을 누르면 새로운 버전으로 APP이 업데이트된다.

7.5. 이벤트

– [이벤트]를 누르면 APP에서 진행하는 이벤트가 화면에 출력된다.

7.6. 도움말

[도움말]을 누르면 APP에 대한 매뉴얼이 화면에 출력된다.

12.3.4 설계

1) UML

① UseCase Diagram

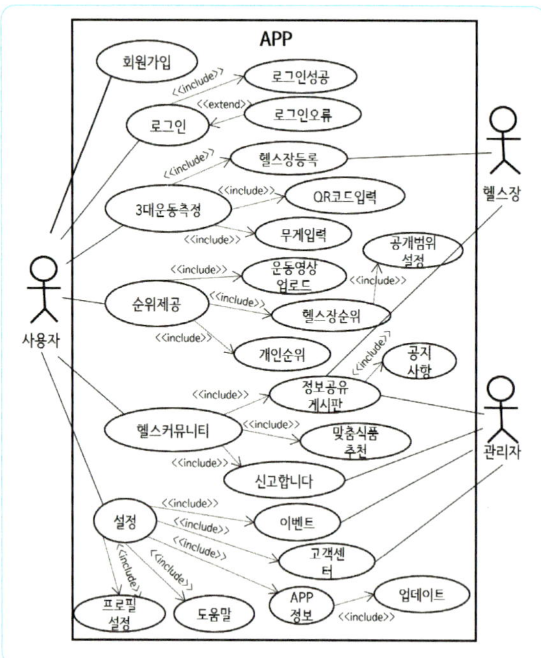

• 사용자, 헬스장, 관리자를 actor로 선정하였음.

② Class Diagram

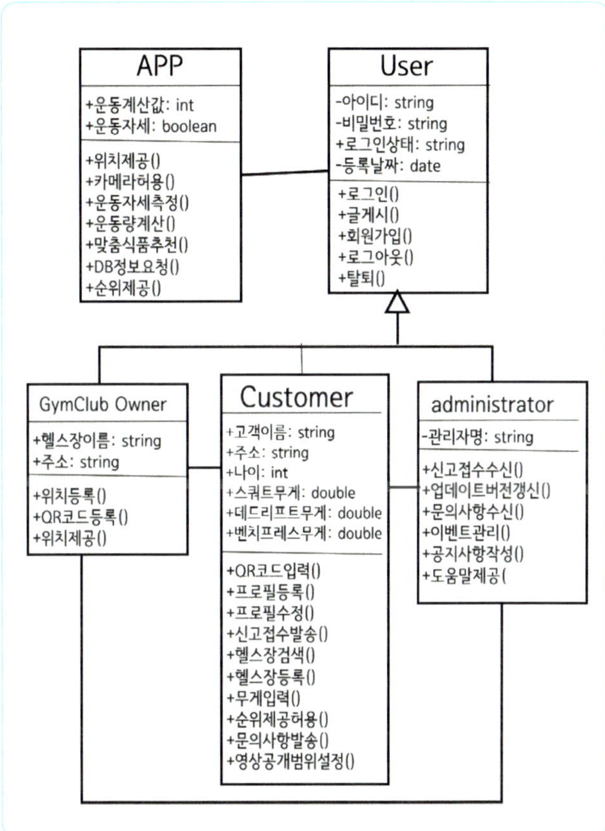

③ Sequence Diagram

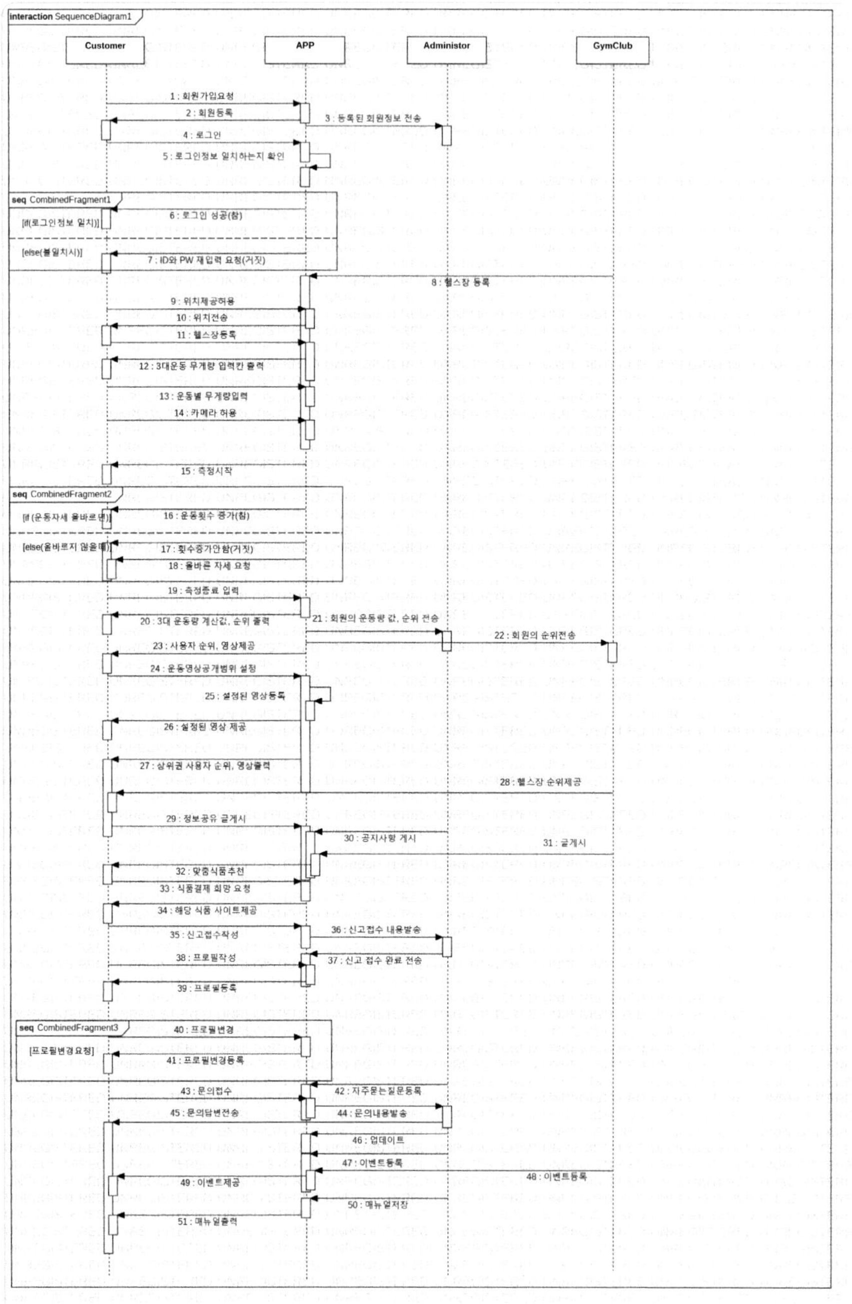

2) DFD

① Context Diagram

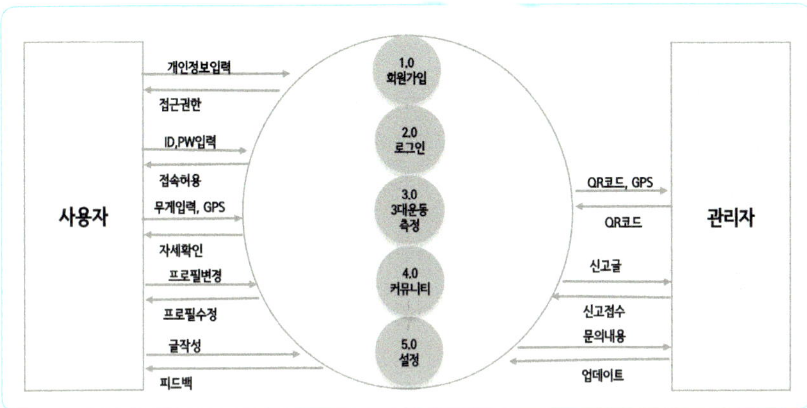

② 5.0 설정 Level1

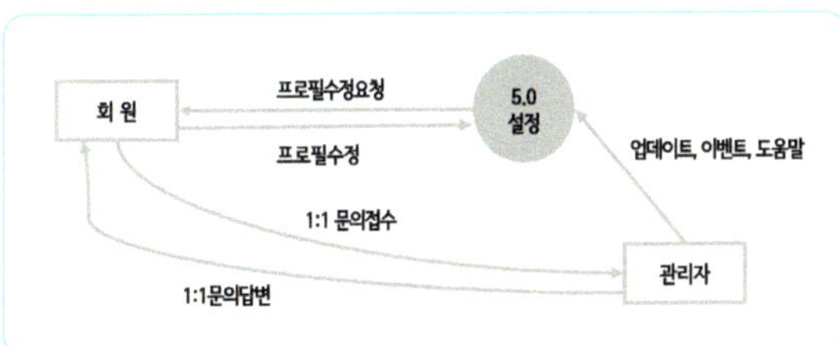

③ 4.0 커뮤니티 Level2

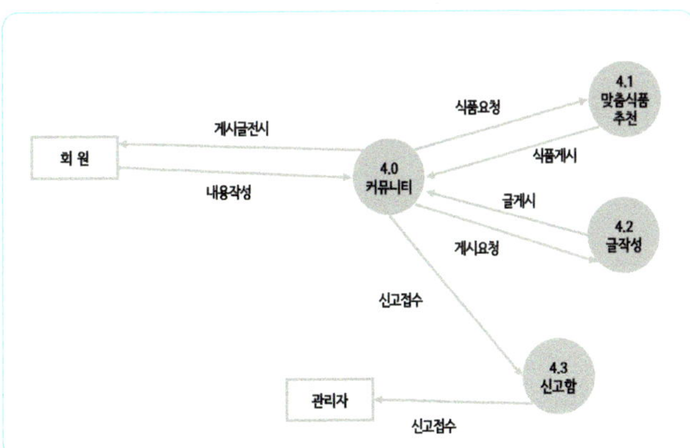

④ 3.0 운동측정 Level3

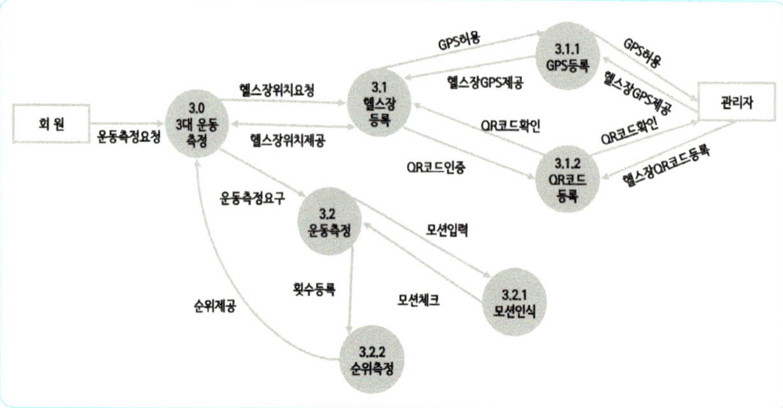

3) Data Dictionary

- 회원정보 Table = ID + 이름 + 전화번호 + 성별 + 생년월일 + 주소 + 탈퇴여부
- 헬스위치제공 = GPS허용 + GPS등록
- 헬스장 등록확인 = QR코드 입력 + QR코드 등록
- 자세체크 = 무게입력 + 모션인식
- 순위제공 = 운동량 + 순위측정
- 헬스영상파일정보 = 영상파일명 + 파일위치 + 파일내용
- DISPLAY용 회원정보 = 운동량 + 상위 퍼센트 + 전국순위

4) Mini-Spec

```
1.0 회원가입
    1.1 등록
        1.1.1 회원 ID생성
            INPUT ID
            READ ID FROM (기존)회원정보 TABLE
            IF 입력된 ID가 기존회원 ID와 같을 경우 오류 메시지
            ELSE WRITE ID TO 회원가입
          PRINT 확인 메시지
```

```
1.1.2 회원정보입력
        INPUT ID, 회원정보
        WRITE ID, 회원정보 TO 회원 TABLE
        CALL 1.1.3 출력

1.1.3 출력
        INPUT ID, 회원정보
        PRINT 회원정보

3.0 3대 운동 측정
    3.1 헬스장 등록
        INPUT ID
        IF 헬스장이 등록되지 않으면 CALL 3.1.1 GPS등록
        ELSE
        FIND 헬스장 정보   FROM 회원 TABLE   WHERE ID
        PRINT 등록된 헬스장 정보

    3.1.1 GPS등록
        READ GPS위치정보 FROM GPS
        헬스위치제공 = GPS허용+GPS등록
        PRINT 주변 헬스장 GPS
        CALL 3.1.2 QR 코드등록

    3.1.2 QR코드등록
        3.1.2.1 QR코드 조회
            INPUT QR코드
            FIND 헬스장   FROM QR코드
            IF QR코드가 맞지 않으면 오류메시지
            ELSE
                PRINT 헬스장정보
                CALL 3.1.2.2 헬스장 선택

        3.1.2.2 헬스장 선택
            3.1.2.1에서 받은 헬스장정보를 받아서
            사용자가 선택한 헬스장을 등록시킴.
```

5.0 설정

5.1 회원정보수정

INPUT ID
FIND 회원정보 FROM 회원 TABLE WHERE ID
PRINT 회원정보
INPUT 회원정보
WRITE 회원정보 TO 회원 TABLE WHERE ID
PRINT 확인 메시지

5.2 탈퇴

5.2.1 회원탈퇴

INPUT ID
WRITE 탈퇴여부 TO 회원 TABLE
DELETE 헬스영상 FROM 3대 운동측정 TABLE
PRINT 확인메시지

5.3 조회

5.3.1 ID 검색

5.3.1.1 ID 조회

INPUT 이름
FIND ID, 전화번호 FROM 회원 TABLE WHERE 이름
IF ID가 없으면 확인메시지, NULL을 던져 준다.
ELSE
PRINT 이름, 전화번호
CALL 5.3.1.2 ID선택

5.3.1.2 ID선택

5.3.1.1에서 받은 ID, 전화번호를 받아서
관리자가 선택한 전화번호의 ID를 넘겨준다.

5.3.2 출력

INPUT ID
FIND 회원정보 FROM 회원 TABLE WHERE ID
PRINT 회원정보

12.3.5 구현

1) Main-Driver

```
public class 헬최몇 {

public static void main(String[] args) {
user u = new user(); //user 클래스의 객체 생성
u.로그인(); //로그인 메소드 출력
If(u.로그인상태 == true) //로그인상태가 true일때만 다음 코드부터 실행
APP app = new APP(); //app 객체생성
GymClub gym = new GymClub(); // gym 객체생성
customer cus = new Customer(); //cus 객체생성
administrator admin = new administrator(); //admin객체생성
// 3대 운동측정
cus.헬스장검색(); //주변 헬스장 검색
app.지역헬스장위치제공(); //app에서 헬스장 위치 제공
cus.QR코드등록(); // 헬스장을 통해 QR코드 등록
cus.헬스장등록(); // 헬스장 등록 완료
app.카메라권한허용(); //카메라 권한 허용
while()//카메라 권한 허용될때까지 알림팝업 반복
for(int i=0;i<=2;i++){
cus.무게입력(i);
// 무게입력 메소드에서 i=0일때 스쿼트 무게,i=1일때 데드리프트 무게,i=2일때 벤치프레스 무게
  총3번 반복해서 각각의 무게입력값을 알아냄
app.운동자세측정(); // 운동자세측정
while(app.운동자세 = false){ // 운동자세가 false인 경우 true일때까지
app.운동자세측정() } // 다시 운동자세측정() 메소드 출력
}
 //3번의 운동이 끝나고나면 운동량계산 메서드 호출
app.운동량계산();
app.순위측정(); //운동량 계산 후 순위측정
// 순위제공
cus.순위제공허용(); // 순위제공에서 순위제공허용 설정
cus.영상공개범위(); // 순위제공에서 영상공개범위 설정
// 커뮤니티
```

```
u.글게시(); //사용자는 커뮤니티에서 글 작성가능
admin.공지사항작성();
app.DB();
app.맞춤식품추천(); // 사용자의 정보를 받아 맞춤 식품 추천
cus.신고접수발송();
admin.신고접수수신(); // 사용자가 타 사용자를 신고하면 관리자에게 전송됨.
// 설정
cus.프로필등록(); // 사용자의 프로필(이름, 나이, 주소 등)
cus.프로필수정(); // 설정에서 프로필 수정가능
u.탈퇴(); // 사용자 탈퇴
cus.문의사항발송(); // 고객센터
admin.문의사항수신();
admin.업데이트버전갱신(); //app정보 출력
admin.이벤트관리(); // 이벤트
admin.도움말제공(); // 도움말
 }
}
```

2) source code

```
public class user { // user클래스정의
private string ID;
private string PW;
public boolean 로그인상태=false;
private date 등록날짜;
Scanner input = new Scanner(System.in);
public void 로그인(){ // 로그인 메서드
ID = input.nextLine(); // 입력한 ID
PW = input.nextLine(); // 입력한 PW
if( ID == DB.ID AND PW == DB.PW) // 입력한 ID와 PW가 모두 같으면
로그인상태 = true; // 로그인 상태 true
else // 입력한 ID와 PW가 다를 경우
에러메시지();
회원가입(); }
public void 회원가입(){
if (ID == DB.ID)
오류메시지 출력;
```

```
// 입력한 ID가 이미 DB ID에 등록 되어있다면 아이디 중복으로 오류메시지 출력
else
// DB에 ID 등록
if (8<=PW.length() AND PW.length<=12)
// 입력한 PW의 길이가 8이상 12 이하이면 DB에 PW 등록
else
에러메시지출력(); // 8자리 미만 이거나 12자리 초과 입력시 에러메시지 출력
if 사용자 회원정보 == DB.회원정보
메시지 출력 ("이미 등록된 회원입니다."); }
else
login(); //회원가입이 끝났으므로 로그인메서드 호출
public void 로그아웃(){
로그인 상태 == false; }
public void 탈퇴(){
DB.삭제; } }
public void 글게시(){ // 글게시 }
--------------------------------------------------------------
public class customer { // customer클래스정의
public double 스쿼트 무게;
public double 데드리프트 무게;
public double 벤치프레스 무게;

Scanner weightInput = new Scanner(System.in);

public void QR코드등록(){
QR코드등록; }
public void 프로필등록(){ //사진등록 }
public void 프로필수정(){ //PW수정, 사진수정 }
public void 신고접수발송(){
//신고접수발송 }
public void 헬스장검색(){
gym 위치제공();
//customer의 gps와 헬스장거리 3km이내 헬스장출력
 }
public void 헬스장등록(){
//헬스장 검색()에서 선택한 헬스장 등록 }
```

```
public void 무게입력(int i) {
If(i==0)
스쿼트 무게 = weightInput.nextDouble(); //i=0일때 입력받은 값은 스쿼트 무게가 된다
else if(i==1)
데드리프트 무게= weightInput.nextDouble(); //i=1일때 입력받은 값은 스쿼트 무게가 된다
else
벤치프레스 무게 = weightInput.nextDouble(): //i=2일때 입력받은 값은 스쿼트 무게가 된다

}
public void 순위제공허용(){
//순위제공 }
public void 문의사항발송(){
//문의사항발송 }
public void 영상공개범위(){
//영상공개범위(얼굴비공개, 전체공개) } }

-----------------------------------------------------------------------
---
public class APP { //app클래스정의
public int Momentum; // 운동계산값
public boolean Exercise_Posture; // 운동 자세
customer cus2 = new Customer(); // customer 클래스 객체 생성
public void 지역헬스장위치제공() {
//지역 헬스장 위치 제공
//지역위치별 구분
//customer의 지역 헬스장 출력 }
public void 카메라권한허용() { //카메라 권한 허용
//카메라 접근가능 허용 알림팝업 메시지
}
public void 운동자세측정() { // 운동 자세 측정
if(Exercise_Posture == true)
count++;
}
public void 운동량계산()
{cus2.스쿼트 무게 + cus2.데드리프트 무게 + cus2.벤치프레스 무게 ; }
//customer 클래스에 스쿼트무게+데드리프트무게+벤치프레스무게를 더한 값으로 운동량을
최종적으로 계산
```

```
public void 맞춤식품추천() { // 맞춤식품 추천 }
public void DB() { // DB정보 요청 }
public void 순위측정 () { // 순위 측정
Arrays.sort(User.운동량); } }

------------------------------------------------------------------
----
public class GYMclub Owner{
string 헬스장이름;
string 주소;
public void 위치등록() { // 위치등록
헬스장이름 = DB
주소 = DB에 등록;
}
public void QR코드등록() { // DB정보 요청
//DB에 등록 }
public void 위치제공() { // 위치제공 요청 }
}

------------------------------------------------------------------
-------
public class administrator extends User{
//administrator 클래스
private String admin_name; // 관리자명
  //administrator 메서드
public void 신고접수수신() { //신고 접수 수신 }
public void 업데이트버전갱신() { //업데이트 버전 갱신 }
public void 문의사항수신() { //문의사항 수신 }

public void 이벤트관리() { // 이벤트 관리   }
public void 공지사항작성() { // 공지사항작성 }
public void 도움말제공() { // 도움말 제공 } }
```

3) UI 설계

운동 측정
// 3대 운동측정
cus.헬스장검색(); //주변 헬스장 검색
app.지역헬스장위치제공();
//app에서 헬스장 위치 제공
cus.QR코드등록(); // 헬스장을 통해 QR코드 등록
cus.헬스장등록(); // 헬스장 등록 완료
홍길동 / 20세 / 남
헬스장을 우선 등록해주세요
user u = new user(); //user 클래스의 객체 생성
u.로그인(); //로그인 메소드 출력
If(u.로그인상태 == true)
//로그인상태가 true일때만 다음 코드부터 실행

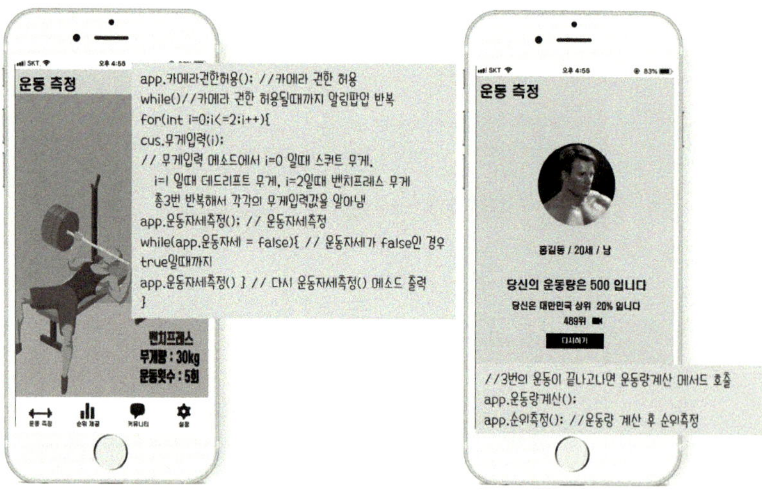

운동 측정
app.카메라권한허용(); //카메라 권한 허용
while()//카메라 권한 허용될때까지 알림팝업 반복
for(int i=0;i<=2;i++){
cus.무게입력(i);
// 무게입력 메소드에서 i=0 일때 스쿼트 무게,
i=1 일때 데드리프트 무게, i=2일때 벤치프레스 무게
총3번 반복해서 각각의 무게입력값을 알아냄
app.운동자세측정(); // 운동자세측정
while(app.운동자세 = false){ // 운동자세가 false인 경우
true일때까지
app.운동자세측정() } // 다시 운동자세측정() 메소드 출력
}
벤치프레스
무게량 : 30kg
운동횟수 : 5회
운동 측정
홍길동 / 20세 / 남
당신의 운동량은 500 입니다
당신은 대한민국 상위 20% 입니다
489위
다시하기
//3번의 운동이 끝나고나면 운동량계산 메서드 호출
app.운동량계산();
app.순위측정(); //운동량 계산 후 순위측정

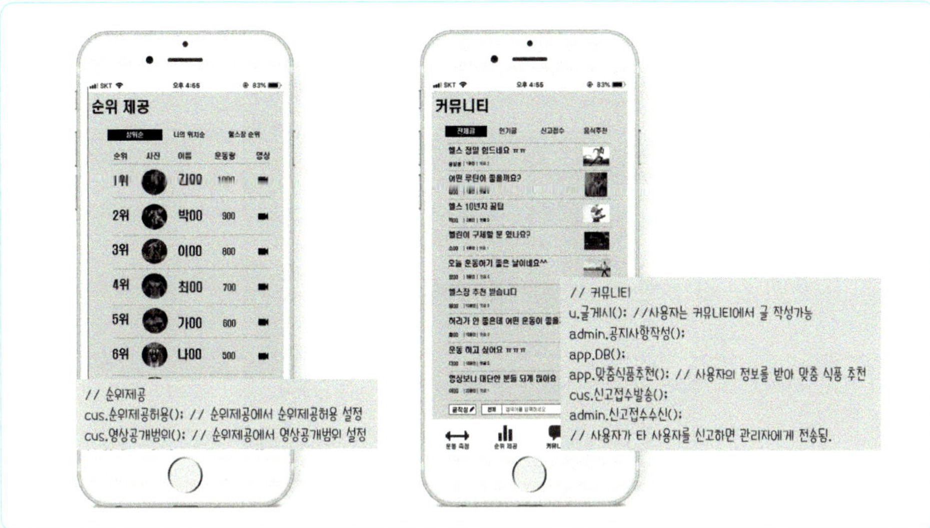

12.3.6 테스트

1) 모듈테스트

① 로그인

```
public void 로그인() { // 로그인 메서드
ID = input.nextLine(); // 입력한 ID
PW = input.nextLine(); // 입력한 PW
if( ID == DB.ID AND PW == DB.PW) // 입력한 ID와 PW가 모두 같으면
로그인상태 = true; // 로그인 상태 true
else // 입력한 ID와 PW가 다를 경우
에러메시지();
회원가입(); }
public void 회원가입() {
if (ID == DB.ID)
오류메시지 출력;
// 입력한 ID가 이미 DB ID에 등록 되어있다면 아이디 중복으로 오류메시지 출력
else
// DB에 ID 등록
```

```
if (8<=PW.length() AND PW.length<=12)
// 입력한 PW의 길이가 8이상 12 이하이면 DB에 PW 등록
else
에러메시지출력(); // 8자리 미만 이거나 12자리 초과 입력시 에러메시지 출력
if 사용자 회원정보 == DB.회원정보
메시지 출력 ("이미 등록된 회원입니다."); }
else
login(); //회원가입이 끝났으므로 로그인메서드 호출
```

- 로그인시 아이디와 패스워드 중 하나만 입력 또는 입력하지 않고 로그인 버튼을 눌러본다. '아이디와 비밀번호를 다시 확인해주세요' alert창이 노출되는가?
- 패스워드를 8자리 이상 12자리 이하 입력해본다. 정상처리되는가?
- 패스워드를 8자리 미만으로 입력해본다. 에러메시지가 노출되는가?
- 회원가입시 아이디 입력창에서 회원정보 데이터베이스에 등록된 아이디를 입력해본다. '이미 등록된 회원입니다.' alert창이 노출되는가?
- 회원가입시 회원정보 입력창에서 등록된 회원의 이름, 나이, 주소를 입력해본다. '이미 등록된 회원입니다.' alert창이 노출되는가?

② 3대운동측정

```
app.카메라권한허용(); //카메라 권한 허용
while()//카메라 권한 허용될때까지 알림팝업 반복
for(int i=0;i<=2;i++) {
cus.무게입력(i);
// 무게입력 메소드에서 i=0일때 스쿼트 무게,i=1일때 데드리프트 무게,i=2일때 벤치프레스 무게
  총3번 반복해서 각각의 무게입력값을 알아냄
app.운동자세측정(); // 운동자세측정
while(app.운동자세 = false) { // 운동자세가 false인 경우 true일때까지
app.운동자세측정() } // 다시 운동자세측정() 메소드 출력
}
 //3번의 운동이 끝나고나면 운동량계산 메서드 호출
app.운동량계산();
```

```
public void 무게입력(int i) {
If(i==0)
스쿼트 무게 = weightInput.nextDouble(); //i=0일때 입력받은 값은 스쿼트 무게가 된다
else if(i==1)
데드리프트 무게= weightInput.nextDouble(); //i=1일때 입력받은 값은 스쿼트 무게가 된다
else
벤치프레스 무게 = weightInput.nextDouble(): //i=2일때 입력받은 값은 스쿼트 무게가 된다
}
```

- 카메라 권한 허용 알림 팝업이 뜨는가?
- 카메라 권한 허용을 안할 시 계속해서 카메라 권한 알림 팝업이 뜨는가?
- 카메라 권한 허용 시 바로 운동자세 측정이 시작되는가?
- 측정 하려는 운동의 자세가 올바르지 않을 경우 '자세가 올바르지 않습니다' alert 창이 노출되고 다시 운동자세측정이 리셋되는가?
- 운동자세를 측정하는데 일정 시간 동안 카메라가 사용자를 인식하지 못하는 경우 다시 운동자세측정이 리셋되는가?
- 운동자세 측정이 올바르면 다음 운동 자세 측정으로 넘어가는가?
- 운동자세 측정이 끝나면 운동량 계산이 바로 되는가?
- 계산한 운동량으로 바로 순위 제공이 되는가?

2) 통합테스트 (하향식테스트)

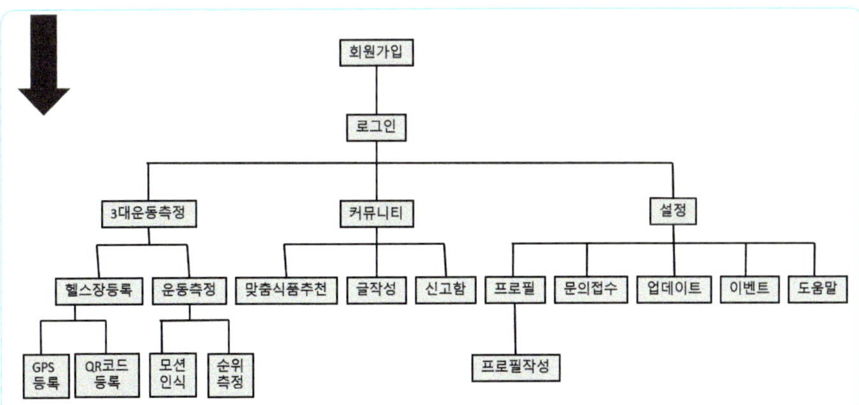

3) 시스템테스트

① 로그인

- 로그아웃 안내 메시지 노출 후 다시 로그인 화면으로 이동하는가?
- 정확한 아이디, 비밀번호 입력 후 로그인시 홈 화면으로 이동하는가?
- 회원가입 완료 후 로그인 화면으로 이동하는가?

② 3대운동측정

- 최초 3대 운동측정메뉴 클릭시 GPS허용 팝업이 뜨는가?
- QR코드 입력시 해당 헬스장의 정보가 화면에 뜨는가?
- 주변헬스장 검색창 클릭시 팝업이 잘 뜨는가?
- 헬스장 선택 시 팝업이 닫히고 사용자 프로필에 반영되는가?
- 운동측정종료 버튼 클릭시 운동순위측정 화면으로 이동하는가?

③ 순위제공

- 순위제공하기 버튼 클릭시 영상공개범위설정 팝업이 뜨는가?

④ 헬스커뮤니티

- 정보공유게시판에서 글작성 버튼을 눌렀을 때 글쓰기 창이 생성되는가?

⑤ 설정

- 사용자프로필에서 프로필수정 버튼을 눌렀을 때 프로필 편집 창이 생성되는가?

4) Release

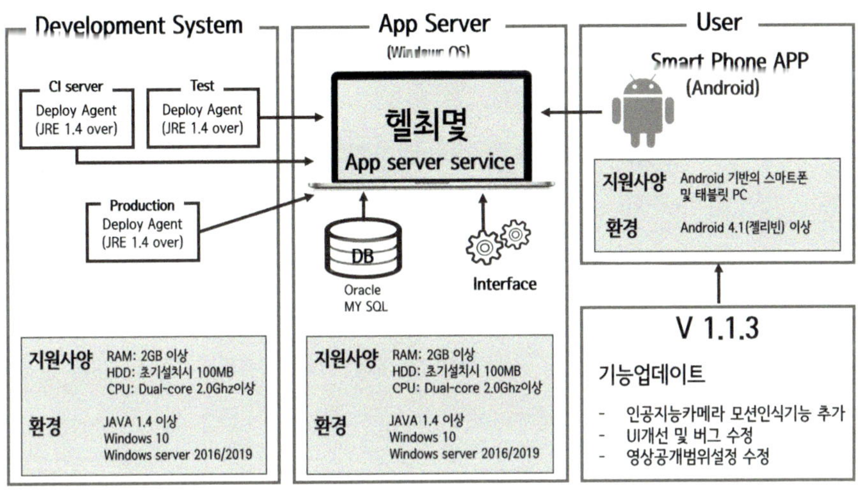

12.3.8 품질보증

1) 매뉴얼

1 로그인화면
- 로그인
- 회원가입

2 3대운동측정
- 헬스장등록
- 3대운동측정

3 순위제공

4 헬스커뮤니티
- 정보공유게시판
- 맞춤식품추천
- 신고합니다

5 설정

- 사용자프로필
- 고객센터
- APP정보
- 이벤트
- 도움말

본 APP은 사용자들에게 3대 운동 (스쿼트, 벤치프레스, 데드리프트)을 측정하고 순위시스템을 통해 개별 순위 조회 서비스를 제공합니다.

⊙ 앱 접근권한 안내

'헬최몇'은 서비스 이용시 특정기능에 한해 아래의 권한을 요청합니다. 아래의 접근권한을 허용하지 않아도 서비스를 이용할 수 있으나 일부 기능의 사용은 제한됩니다.

[필수 접근 권한]

- 위치 : 지도화면에서 헬스장 찾기
- 카메라 : 사용자 운동량/ 운동자세 측정

[선택 접근 권한]

- 알림 : 필수 안내 및 마케팅정보 (동의시)
- 앨범 : 프로필 및 정보 이미지 업로드

1. 로그인화면

사용자는 다음과 같은 단계를 통해 로그인 또는 회원가입을 할 수 있습니다.

1.1 로그인

① 아이디와 비밀번호를 입력하고 **로그인**을 누릅니다.

* 아이디가 없을 시 1.2 회원가입을 참고하십시오.

* (아이디 또는 비밀번호가 틀렸습니다)가 표시되면 아이디나 비밀번호를 재입력하십시오.

* 패스워드를 변경하려면 프로필 수정에서 변경하십시오.

1.2 회원가입

① 사용자정보 (아이디, 비밀번호, 이름, 나이, 주소, 성별 등)를 입력하고 **저장**을 누릅니다.

② 초기화면에서 가입한 **아이디**와 **비밀번호**를 로그인창에 입력합니다.

③ 아이디와 비밀번호를 입력하고 **로그인**을 누릅니다.

2. 3대 운동측정

3대 운동측정을 통해 데드리프트, 벤치프레스, 스쿼트의 운동량을 계산하고 정확한 자세를 확인할 수 있습니다.

2.1. 헬스장 등록

① APP에서 **GPS설정**을 **허용**한 후 3대 운동이 가능한 주변 헬스장을 검색합니다.

  * 모바일 단말기에서 GPS를 켜신 후 사용하십시오.

  * 주변 헬스장이 없을 시 관리자에게 문의하십시오.

② 본기기를 통해 검색한 헬스장에 찾아가 헬스장의 QR코드를 입력합니다.

③ QR코드가 입력되면 해당 헬스장의 정보가 APP화면에 출력되며 나만의 헬스장으로 등록됩니다.

2.2. 3대 운동 측정

① 각각의 3대 운동 [스쿼트, 데드리프트, 벤치프레스]마다 **운동할 무게**를 입력합니다.

② 헬스장에 설치된 모바일 디바이스 거치대에 사용자의 휴대폰을 올려놓습니다.

  * 거치대에 휴대폰을 설치할 시 반드시 사용자의 모습이 들어오도록 조정하십시오.

③ **운동량 측정 시작버튼**을 클릭하면 자동으로 운동량 측정 화면이 나타납니다.

  * 본 APP은 디바이스의 카메라를 통해 학습된 머신러닝이 실시간으로 사용자의 운동 자세를 분석합니다.

  * 운동량이 출력되지 않을 시 다시 운동자세를 교정하여 시도하여 주십시오.

④ **측정 종료**를 누르면 사용자의 운동량이 계산되어 출력되며 자신의 3대 운동량 순위도 출력됩니다.

3. 순위제공

순위제공은 자신이 이전에 한 운동량에 따른 순위와 운동영상이 제공됩니다.

3.1 운동영상의 **[공개범위 설정]**을 누르면 공개범위를 선택하실 수 있습니다.

* 전체공개 또는 얼굴가리기 중 원하는 공개범위에 따라 운동영상이 업로드 됩니다.

3.2 **[타사용자 순위보기]**를 누르면 운동량 상위권 사용자들의 순위를 확인하실 수 있습니다.

3.3 **순위별 출력된 타사용자**를 누르면 운동영상과 해당 사용자의 헬스장 순위를 한번에 확인 할 수 있습니다.

4. 헬스커뮤니티

4.1 정보공유 게시판

사용자는 현 메뉴에서 타사용자와 자유롭게 글을 작성하여 정보 공유를 할 수 있습니다.

4.2 맞춤식품추천

맞춤식품추천에서 사용자의 입력정보를 토대로 맞춤식품이 자동 추천되며 결제를 원할 시 해당 사이트에 접속하여 헬스식품을 결제 할 수 있습니다.

4.3 신고합니다

① **[신고합니다]**를 누르면 신고접수 게시판이 화면에 출력됩니다.

② 신고할 타사용자의 정보(아이디, 운동날짜)와 신고내용을 입력한 후 **신고** 버튼을 누릅니다.

③ 신고된 내용이 출력되며 관리자 조회 후 신고접수 완료된다.

* 허위신고시 관리자에 의해 불이익을 받으실 수 있습니다.

5. 설정

APP에서 설정을 클릭하여 다음 설정을 변경할 수 있습니다.

5.1 사용자 프로필

① **[사용자 프로필]**을 클릭하면 사용자는 자신의 프로필을 등록 및 수정할 수 있습니다.

② 사용자정보(이름, 나이, 생년월일 등)를 입력한 후 확인을 클릭하면 사용자 프로필이 화면에 출력됩니다.

③ **[프로필 수정]**을 클릭하면 프로필등록 이후 프로필을 편집할 수 있습니다.

5.2 고객센터

① **[자주묻는질문]**을 클릭하면 사용자들이 자주 묻는 질문들에 대한 간단답변들이 출력됩니다.

② **[문의사항]**을 누르면 관리자에게 문의할 수 있는 게시판이 출력됩니다.

* 관리자에게 문의 시 **글작성** 버튼을 누르고 글을 작성한 후 완료버튼을 클릭하면 글이 관리자에게 전송됩니다.

5.3 APP 정보

① **[업데이트]**를 누르면 본 APP의 버전 정보를 표시합니다.

* 새로운 버전이 있을시 업데이트버튼이 추가 생성되며 버튼을 누를 시 새로운 버전으로 APP이 업데이트됩니다.

5.4 이벤트

[이벤트]를 클릭하면 APP에서 진행하는 이벤트를 확인 할 수 있습니다.

5.5 도움말

[도움말]을 클릭하면 APP에 대한 매뉴얼을 볼 수 있습니다.

12.3.8 유지보수

1) 유지보수 방안

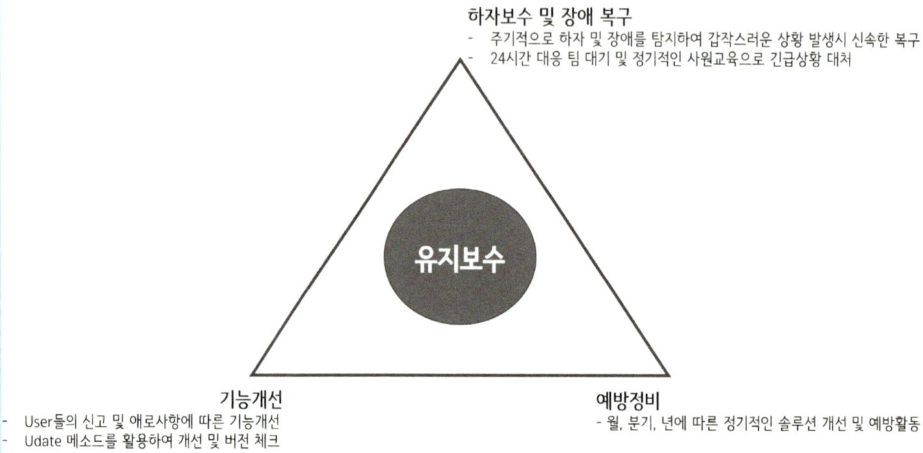

12.3.9 결론

1) 기대효과

① 3대 운동 측정 시 순위시스템을 통해 경쟁심 자극

② 정확한 운동 자세와 운동량으로 확실한 운동효과

③ 다양한 헬스정보와 개별 맞춤 헬스 식품 정보공유

④ 운동량에 따라 상위권 사용자들에게 다양한 혜택제공

2) 개발일지

순번	작업이름	예상일정	시작일	완료일	업무구분	내용
01	프로젝트시작	19.09.10 ~19.12.10	19.09.11	19.12.10	프로젝트주제 찾기 - 전체	프로젝트주제선정 및 계획
02	프로젝트주제선정	19.09.10	19.09.11	19.09.17	프로젝트주제 선정 - 전체	'3대운동측정APP' 주제선정
03	타당성조사	19.09.10 ~19.09.20	19.09.17	19.09.25	타당성검토 - 임수빈 관련제품조사 - 유상욱 시장조사 - 김성경 SWOT분석 - 김민규	프로젝트의 타당성 조사 - SWOT분석 및 시장조사 등
04	요구사항 분석	19.09.20 ~19.10.18	19.09.25	19.10.29	시나리오 - 전체 인력배치 - 유상욱 스케쥴 및 계획 - 김민규 기능/비기능 - 임수빈 예산계획 - 김성경	프로젝트 계획 및 상세 요구사항 분석 - 시나리오 작성 및 프로젝트 상세계획
05	기본설계	19.10.21 ~19.11.01	19.10.29	19.11.12	UML 설계 - 전체	UML작성 - UseCase, Class, Sequence Diagram 작성
06	상세설계	19.11.04 ~19.11.15	19.11.12	19.11.19	DFD - 김민규, 유상욱 DD - 김성경, 임수빈 Mini Spec - 임수빈 UI - 유상욱	구조적 설계 및 UI 설계 - DFD, DD, Mini Spec 작성
07	코딩	19.11.18 ~19.11.22	19.11.26	19.12.03	Main Driver - 전체 Class 코딩 - 김민규	메인 프로그램의 모듈 드라이버 작성 및 필요한 클래스 코딩
08	테스트	19.11.25 ~19.12.10	19.12.03	19.12.10	테스트 - 유상욱, 김상경 실행UI - 임수빈 유지보수방안 - 김민규	테스트 계획 및 소스코드 수정, 실행UI 등 작성

3) 느낀점

- 소프트웨어공학 수업을 들으면서 지식을 얻은 것 뿐 아니라 인생을 배울 수 있을 만큼 정말 많은 것을 배울 수 있는 기회가 되었다.
- 코딩이 소프트웨어의 전부라는 생각을 지니고 있었지만 소프트웨어공학 수업을 통해 이러한 부분들이 진정한 '소프트웨어'라는 것을 배울 수 있었다.
- 좋은 팀원들을 만나서 같이 좋은 프로젝트를 할 수 있어서 좋았다. 처음에는 근심과 걱정으로 시작했지만 지금 끝에 와서는 잘 마무리 되어서 좋은 추억을 남긴 것 같다.
- 한 학기동안 프로젝트 계획 및 개발한 경험을 토대로 다음에도 한학기안에 프로젝트를 완성해야 할 경우 큰 도움이 될 것 같다.
- 너무도 훌륭한 조원들을 만나서 좋은 경험을 했고 소프트웨어에 대한 많은 공부를 했다. 가르침들을 잊지 않고 살아가도록 해야겠다.

4) 향후발전방향

- 보다 더 USER들이 사용하기 쉽고 접근 할 수 있는 친근한 UI환경 만들기.
- 순위 제공 부분에서 거짓무게를 입력하여 높은 순위를 차지하려는 USER들을 잡을 수 있는 정확한 방법 마련하기.
- 앱의 여러 기능들(머신러닝, 운동영상 등)에 따른 큰 용량을 줄일 수 있는 대책 마련하기.
- USER들의 신고 및 애로사항에 따른 기능 개선 및 버전 체크하기

12.4 Think - Dong

12.4.1 개 요

1) 프로젝트 개요

여러 웹페이지를 통합하여 사용자 등록한 관심 키워드를 포함하는 게시글을 한눈에 파악하기 쉽도록 제공하는 알림 어플리케이션 제작

2) 개발 동기 및 목적

현재 네이버나 다음 같은 주 포털 사이트엔 사용자가 원하는 키워드의 게시글이 업로드되면 즉시 push 알림을 해주는 기능이 있습니다.

하지만, 소규모 커뮤니티나 사이트들은 위의 서비스를 제공하지 않습니다. 바쁜 현대인들을 위해 자신이 원하는 사이트의 해당 주제 게시물을 통합적으로 push 알림을 제공해주는 어플리케이션을 만들고자 하는 생각을 하여 본 프로젝트를 계획하였습니다.

3) 프로젝트 관련 기술

웹 크롤링 – 컴퓨터 소프트웨어 기술로 웹 사이트들에서 원하는 정보를 추출하는 기술

4) 기능

1. 사용자로부터 **관심 키워드, 관심사이트**를 입력 받아 등록 데이터베이스에 저장한다.
2. 관심 사이트에 따른 관심 키워드를 **그룹화**한다.
3. 사용자는 **알림 주기를 설정**할 수 있고 프로그램은 사용자 설정에 맞춰 크롤링한다.
4. 크롤링한 후 등록한 키워드의 **포함 여부를 확인** 후 있으면 게시물의 제목과 링크를 알림 데이터베이스에 저장한다.

5. 알림 데이터베이스에 저장된 리스트들을 push알림 받는다.
6. 알림 화면에 저장된 알림들은 확인 후 일정기간이 지나면 오래된 게시글부터 삭제한다.
7. 알림 받은 정보 북마크 기능을 통해 저장된 게시물은 일정기간이 지나도 삭제되지 않는다.

5) 기대효과

1. 필요로 하는 모든 사이트 통합적 보여주기 때문에 많은 사용자들 유입 가능
2. 예상 이용자의 범위가 넓어 광고나 추가적인 요소로 인한 추가수익 창출 기대
3. 사용자들에게 편리성 제공
4. 어플리케이션 내에 기업 배너 광고를 통한 수익 창출
5. 사용자 관심 정보 수집을 통한 부수적 수익 창출

- 회원 정보와 사용자 관심 키워드 & 사이트 등록 현황에 따라 사용자 성향을 파악할 수 있고 데이터 수집으로 사용자 성향별 정보를 얻어 적절한 광고를 등록할 수 있다면 여러 광고주를 모집하여 부가적인 수익 창출 가능.

12.4.2 관 리

1) 시장조사

현재 웹 게시물 알림 서비스의 경우에는 내영 사이드니 RSS 기능을 제공하는 사이트에 극한되어 있다. 뿐만 아니라, 현재 서비스엔 사용자가 원하는 주제에 적합한 게시물만 알려주는 않는다.

- RSS 기능 : 해당 사이트에 올라오는 글들을 자동으로 받아보는 기능

2) 인력배치 및 계획

구성원	역할	세부사항
이소연	품질관리 & 테스팅	만들어진 소프트웨어 소스코드를 테스트 한다.
강순철, 정원준	코딩	어플리케이션 작동 소스코드를 작성한다.
강순철	설계	프로젝트의 전반적인 설계를 담당한다.
이소연	데이터베이스	데이터베이스를 구축하고 연동하는 시스템을 만든다.
정원준	매뉴얼 작성 & 문서 작성	회의 내용을 기록하거나 모여진 자료들을 검토한다.

3) MS Project-1

작업 모드	작업 이름	기간	시작	완료	선행 작업	자원 이름
	시작	**77 일**	**19-09-03 (화)**	**19-12-18 (수)**		
	기초 요구사항 분석	**7 일**	**19-09-03 (화)**	**19-09-11 (수)**		
	시장조사	7 일	19-09-03 (화)	19-09-11 (수)		강순철,정원준
	SWOT분석	7 일	19-09-03 (화)	19-09-11 (수)		이소연,정원준
	상세 요구사항 분석	**10 일**	**19-09-12 (목)**	**19-09-25 (수)**	**2**	
	인력배치	2 일	19-09-12 (목)	19-09-13 (금)		이소연
	프로젝트 진행 계획	2 일	19-09-13 (금)	19-09-16 (월)		강순철
	예산 계획	2 일	19-09-17 (화)	19-09-18 (수)		이소연
	요구사항 분석	3 일	19-09-19 (목)	19-09-23 (월)		강순철,정원준
	시나리오	4 일	19-09-20 (금)	19-09-25 (수)		이소연,정원준
	프로젝트 디자인	**17 일**	**19-09-26 (목)**	**19-10-18 (금)**	**5**	
	아키텍처 디자인	3 일	19-09-26 (목)	19-09-30 (월)		이소연,강순철
	Module Classfication	2 일	19-10-01 (화)	19-10-02 (수)		정원준,강순철
	UML 디자인	3 일	19-10-04 (금)	19-10-08 (화)		강순철,이소연,정원준
	UI 디자인	3 일	19-10-10 (목)	19-10-14 (월)		이소연
	데이터베이스 디자인	3 일	19-10-16 (수)	19-10-18 (금)		강순철,정원준
	프로그래밍	**30 일**	**19-10-21 (월)**	**19-11-29 (금)**	**11**	
	Coding	20 일	19-10-21 (월)	19-11-15 (금)		강순철,이소연,정원준
	UI & Design	10 일	19-11-18 (월)	19-11-29 (금)		이소연
	테스트	**13 일**	**19-12-02 (월)**	**19-12-18 (수)**	**17**	
	테스팅	6 일	19-12-02 (월)	19-12-09 (월)		이소연
	수정	7 일	19-12-10 (화)	19-12-18 (수)		강순철,정원준

3) MS Project-2

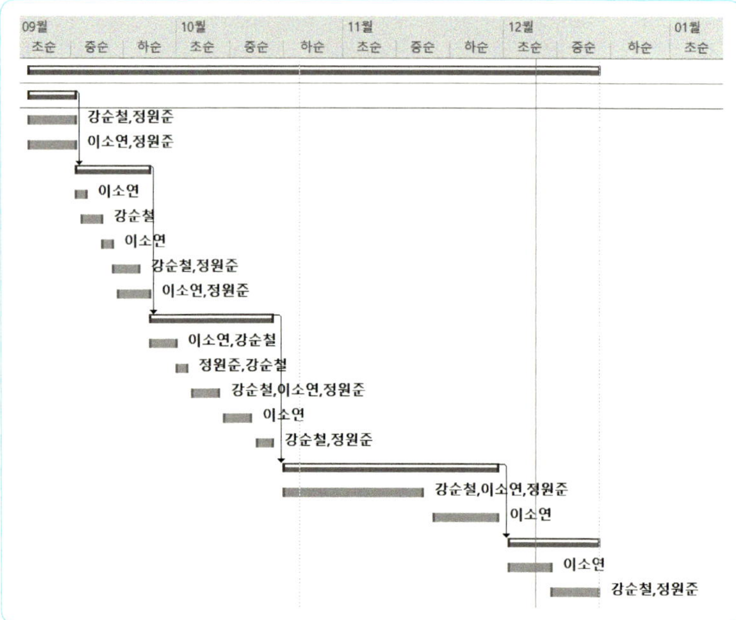

4) SWOT 분석

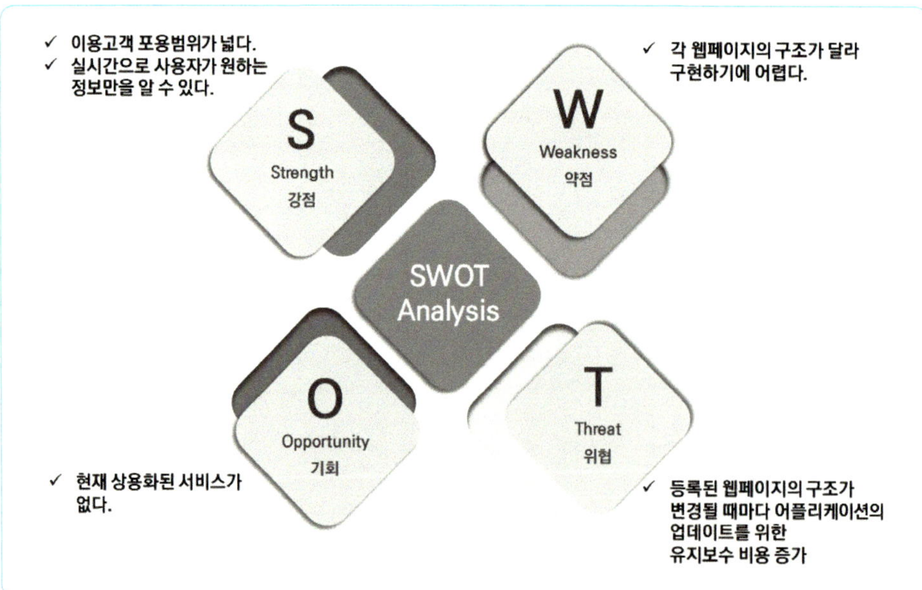

5) 개발환경 및 예산

2.5.1 개발환경

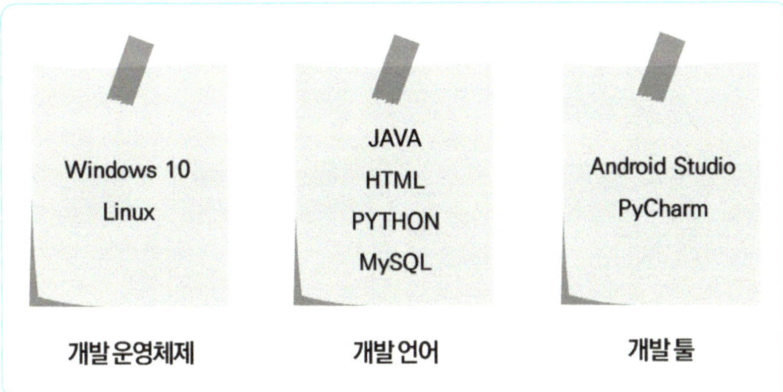

2.5.2 예산

- 직접인건비 : 190,790(원) X 4(명) X 77(일)
- 직접경비 : OS환경(Windows10), USB
- 제경비 : {(직접인건비) + (직접경비)} X 1.11
- 기술비용 : {(직접인건비) + (직접경비) + (제경비)} X 0.2
- 총 개발비 : 직접인건비 + 직접경비 + 제경비 + 기술비용

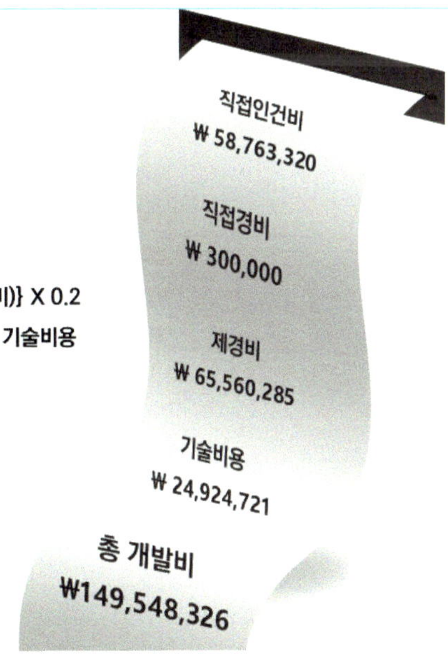

6) 구조도

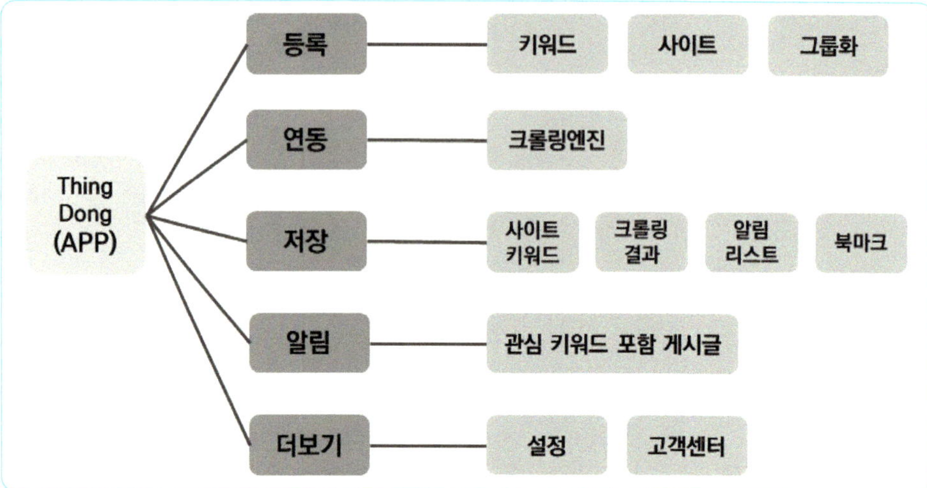

12.4.3 요구사항 분석

1) 기능적 / 비기능적 분석

기능적 분석

1. 사용자가 등록한 키워드와 사이트는 데이터베이스에 저장되어야 한다.
2. 사이트에 키워드가 포함된 게시글이 업로드 되면 사용자는 실시간 알림을 받아야한다.
3. 데이터베이스에 사용자가 북마크 지정한 게시글은 별도로 저장되어야 한다.
4. 관리자는 사용자가 요청한 요구를 반영하여 시스템에 유지보수 해야 한다.
5. 어플리케이션은 서버로부터 메세지를 받으면 사용자에게 실시간 push알림을 제공해야한다.

비기능적 분석

1. 웹 크롤링 서버는 24시간 가동되어야 한다.
2. 웹 크롤링 서버는 사용자가 등록한 사이트에 키워드가 게시되는지를 검색 & 수집 해야 한다.
3. 데이터베이스에 저장된 데이터들 중 북마크 데이터를 제외하곤 일정시간이 지나면 오래된 게시글부터 삭제된다.

2) 시나리오

1. 사용자가 로그인 후 메인 화면 UI 실행
2. 사용을 위한 초기 환경설정화면 실행
3. 관심 사이트와 관심 키워드를 등록한다.
4. 알림 주기를 설정한다.
5. 메인 화면 UI는 알림 받은 게시물 목록으로 구성된다.
6. 게시물 목록 중 하나를 클릭하면 해당 사이트에 접속된다.
7. 사이트에 접속 후 필요시, 북마크 기능을 사용할 수 있다.
8. 북마크 탭에 들어가면 사용자가 북마크 시켜 놓은 게시글을 볼 수 있다.
9. 사용자가 사이트나 키워드를 추가로 등록하고 싶다면 설정 탭에서 이용할 수 있다.

3) Use-case

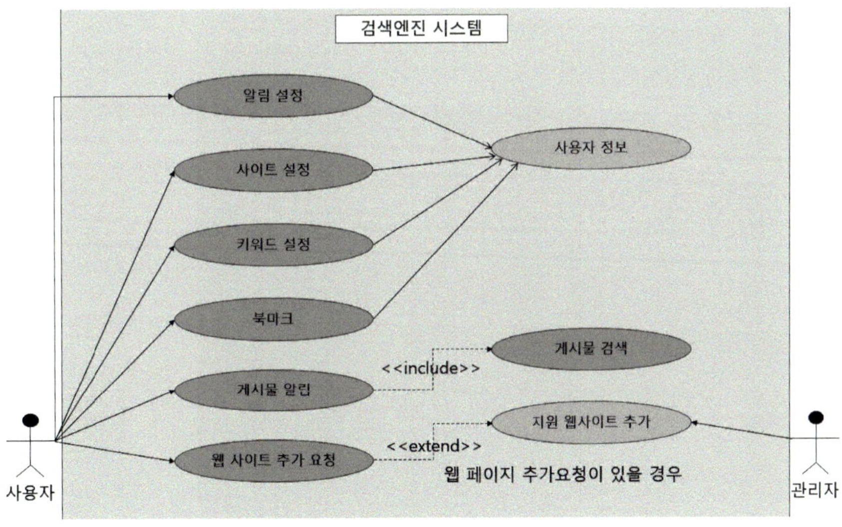

4) Class Diagram

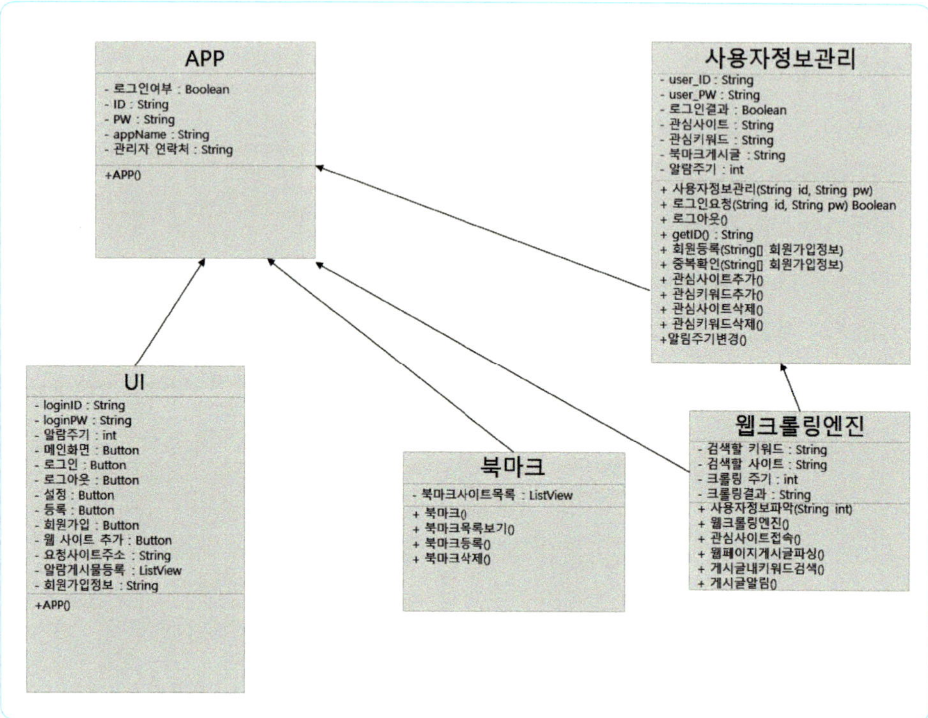

5) Sequence Diagram

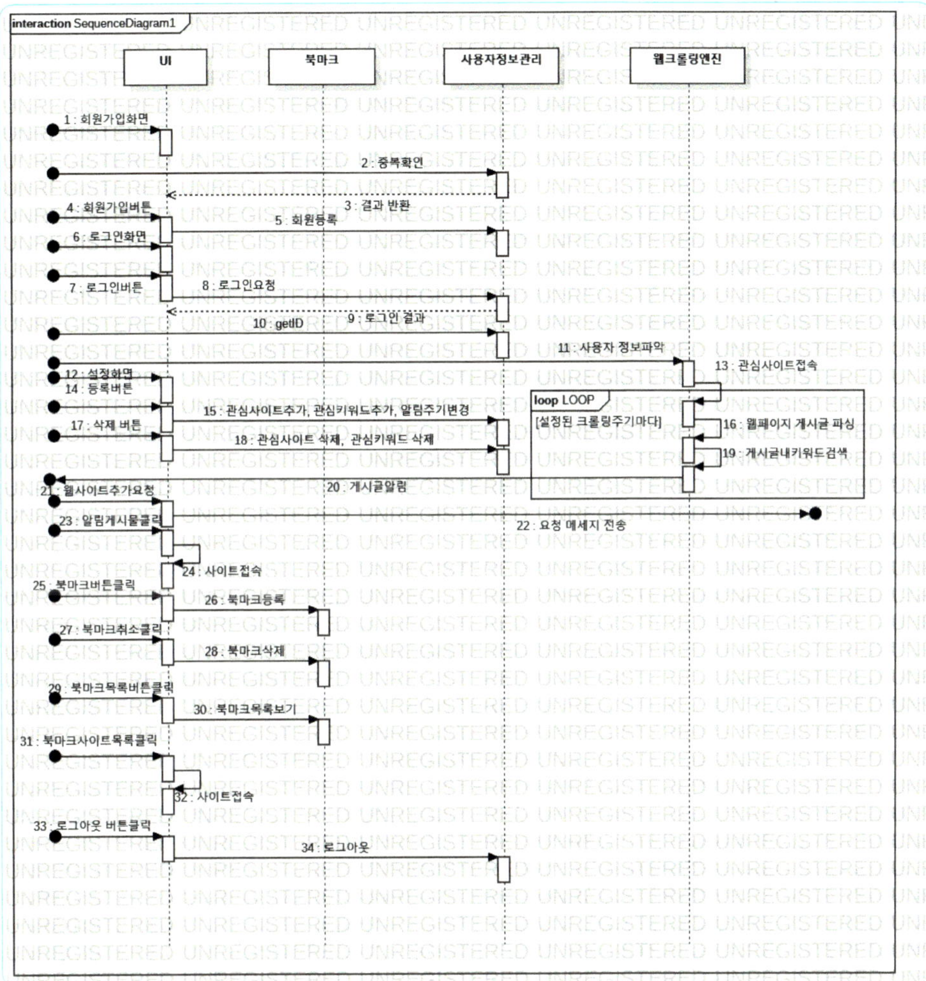

6) Context Diagram (Level0)

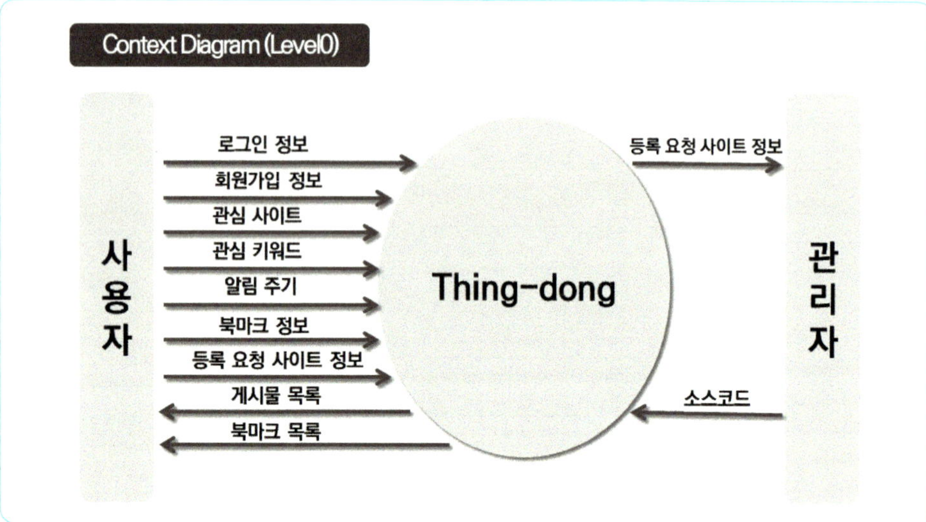

7) DFD (Level1)

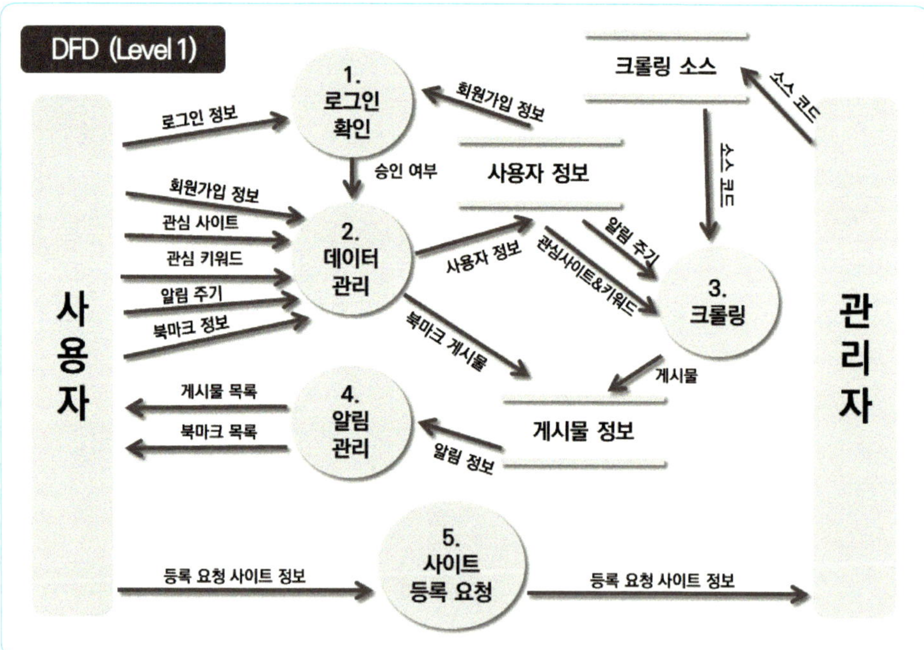

7) DFD (Level2)

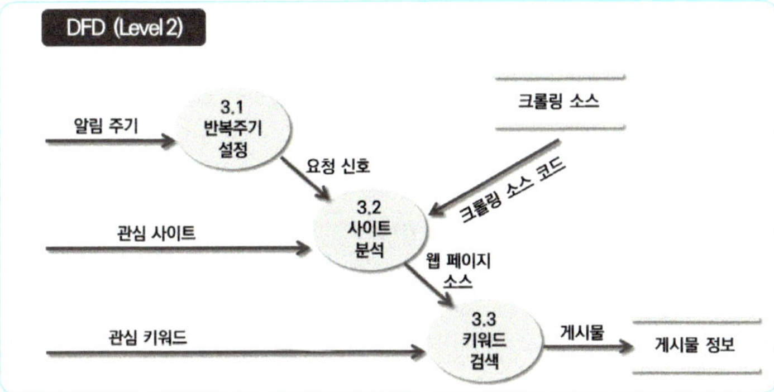

8) DD – Context Diagram

DD – Context Diagram

로그인 정보 = user_ID + user_PW

회원가입 정보 = ID + PW + 이름 + 성별 + 전화번호 + 이메일

관심 사이트 = URL + 이름 *사용자가 설정한 사이트*

관심 키워드 = 해당 사이트에서 찾고자 하는 키워드

북마크 정보 = 게시물 목록 중 사용자가 저장한 게시물

게시물 목록 = {게시물}

북마크 목록 = {북마크}

소스코드 = 사이트별로 크롤링을 수행하기 위한 코드

등록 요청 사이트 정보 = 사용자가 추가로 등록하고자 하는 사이트에 대한 주소와 이름

8) DD – DFD(Level1)

DD – DFD (Level1)

승인여부 = 계정 일치 시 서비스 제공 여부 결정 위한 자료

사용자 정보 = 회원가입정보 + {관심사이트} + {관심 키워드} + 알림 주기

게시물 = 관심 키워드를 포함하는 관심사이트의 게시물 주소, 제목

알림 정보 = 게시물 목록 + 북마크 목록

게시물 목록 = {게시물}

북마크 목록 = {북마크 정보}

9) DD - DFD(Level2)

DD - DFD (Level2)

요청 신호 = 설정된 주기마다 크롤링 시작을 알리는 신호

웹 페이지 소스 = 사이트에서 읽어온 소스코드

크롤링 소스 코드 = 사이트 별로 크롤링을 수행하기 위한 코드

게시물 = 관심 키워드를 포함하는 관심사이트의 게시물 주소, 제목

10) MiniSpec

Mini Spec

1. 로그인 확인

```
INPUT ID AND PW
IF EXIST ID FROM 사용자 정보 TABLE THEN
        IF PW = 사용자 정보.PW THEN
                승인여부 = TRUE
        ELSE
                승인여부 = FLASE
ELSE
        ERROR MESSAGE
END IF
RETURN 승인여부
```

2. 데이터 관리

```
INPUT 회원가입정보
IF EXIST 회원가입정보 FROM 사용자 정보 TABLE THEN
        ERROR MESSAGE
ELSE
        WRITE 회원가입정보 TO 사용자 정보 TABLE
END IF
INPUT 관심 사이트 AND 관심 키워드
IF EXIST 관심 사이트 OR 관심 키워드 FROM 사용자 정보 TABLE THEN
        ERROR MESSAGE
ELSE
        WRITE 관심 사이트 AND 관심 키워드 TO 사용자 정보 TABLE
END IF
```

```
INPUT 알림 주기
UPDATE 알림 주기 FROM 사용자 정보 TABLE

INPUT 북마크 정보
IF EXIST 북마크 정보 FROM 게시물 정보 TABLE
THEN
        ERROR MESSAGE
ELSE
        WRITE 북마크 정보 TO 게시물 정보 TABLE
```

3.1 반복 주기 설정

```
INPUT 알림 주기
DO WHILE COUNTER == 알림 주기 THEN
        SEND 요청 신호
        COUNTER UP
END DO WHILE
```

3.3 키워드 검색

```
INPUT 관심 키워드
INPUT 웹 페이지 소스
IF 관심 키워드 IN 웹 페이지 소스 THEN
        WRITE 게시물 IN 게시물 정보
```

3.2 사이트 분석

```
IF RECEIVE 요청신호 THEN
        READ 관심 사이트
        READ 크롤링 소스 코드 FROM 크롤링 소스 코드 테이블
        IF 관심 사이트 NOT EXIST 크롤링 소스 코드 THEN
                RETURN ERROR
        ACCESS 관심 웹 사이트
        READ 사이트 소스코드
        RETURN 웹 사이트 소스코드
```

12.4.4 개발

1) JAVA로 시스템 언어 선정 이유

JAVA로 선택한 이유

1. 개발하는 시스템에 적용되기에 적합한 언어.

- 개발하고자 하는 시스템이 어플리케이션인데, 안드로이드는 JAVA기반이기 때문.

2. 팀원 모두 익숙한 언어다.

3. 객체 지향 언어이기 때문에 유지보수가 쉽고 확장성이 좋 다.

4. 객체지향디자인(UML)에서 가장 어울린다.

5. 객체지향분석설계를 했기 때문.

1) 소스코드 – 실행화면

```
/*
1. 저자명 : 강순철, 정원준, 이소연
2. 컴파일 일시 : 2019년 11월 26일 오후 2시 31분
3. 수정 일시 : 2019년 12월 3일 오후 10시 13분
4. 실행할 기능 : 로그인, 설정, 게시물 검색, 게시물 알림
5. 사용할 알고리즘 : 웹 크롤링
*/

Public Class Thing-Dong(){
 public static void main(){
  //클래스 실체화
  APP myAPP;
  UI myAppUI;
  북마크 myBookmark;
```

```
웹크롤링엔진 myEngine;

/* 앱 실행시 로그인여부를 확인하여 로그인화면, 메인화면 여부를 결정, 로그인시 메인화면
출력 */
if(myAPP.로그인여부()==false){
  myAppUI.로그인화면();
  myAppUI.회원가입버튼.setOnClickListener(){
    void onClick(){
      myAppUI.회원가입화면();
      }
    }
  }
  myAppUI.로그인버튼.setOnClickListener(){
    void onClick(){
      사용자정보관리 user(myAppUI.loginID, myAppUI.loginPW);
      // 클래스 실체화, 객체 생성과 동시에 사용자가 입력한 id,pw를 인자로 넘겨준다.
      myAPP.로그인여부 = user.로그인결과();
      if(myAPP.로그인여부)
        if(user.관심사이트.length()>0) // 해당 유저가 설정한 관심사이트가 있으면 메인화면
          myAppUI.메인화면();
        else //없으면 설정화면
          myAppUI.설정화면();
      }
      else myAppUI.로그인화면();
  }
} else myAppUI.메인화면();

///////// 회원가입화면에서의 동작///////////////////////////////
myAppUI.회원가입버튼.setOnClickListener(){
  void onClick(){
    user.회원가입(myAppUI.회원가입정보, agree);
  }
}
myAppUI.중복확인버튼.setOnClickListener(){
  void.onClick(){
    if(user.중복확인(myAppUI.회원가입정보)==true){ //중복이 아닐경우에 true 반환
      //사용할수있는아이디 문구 출력
```

```
      } else //사용할 수 없는 아이디 문구출력
    }
  }
  myAppUI.인증번호발송.setOnClickListener(){
    void.onClick(){
      // 입력한 핸드폰 번호로 인증번호 발송 코드
    }
  }
```

1) 소스코드 - 회원가입 화면

```
  ///////// 회원가입화면에서의 동작////////////////////////////////
  myAppUI.회원가입버튼.setOnClickListener(){
    void onClick(){
      user.회원가입(myAppUI.회원가입정보, agree);
    }
  }
  myAppUI.중복확인버튼.setOnClickListener(){
    void.onClick(){
      if(user.중복확인(myAppUI.회원가입정보)==true){ //중복이 아닐경우에 true 반환
        //사용할수있는아이디 문구 출력
      } else //사용할 수 없는 아이디 문구출력
    }
  }
  myAppUI.인증번호발송.setOnClickListener(){
    void.onClick(){
      // 입력한 핸드폰 번호로 인증번호 발송 코드
    }
  }
```

1) 소스코드 - 메인 화면

```
  ///////////// 메인화면에서의 동작 //////////////////////////////////////////////////
  myAppUI.알림게시물목록.setOnClickListener(){
   void onClick(){
     myAppUI.사이트 접속(myAppUI.알림게시물주소); // *알림게시물주소 =
```

```
알림게시물목록에 저장돼있는 주소
      myAppUI.북마크버튼.setOnClickListener(){
        void onClick(){
          myBookmark.북마크등록(myAppUI.알림게시물주소);
        }
      }
    }
  }
  myAppUI.로그아웃버튼.setOnClickListener(){
    myAPP.로그인여부 = false;
    user.로그아웃();
  }
  myAppUI.설정버튼.setOnClickListener(){
    myAppUI.설정화면();
  }
  myAppUI.북마크 목록 버튼.setOnClickListener(){
    void onClick(){
      bookMark.북마크목록보기();
    }
}

myApp.ID = user.getID();
Timer t = new Timer;
TimerTask task = new TimerTask(){
  void run(){
    myEngine.사용자정보파악(myApp.ID);
    myEngine.관심사이트접속();
    myEngine.웹페이지게시글파싱();
    myEngine.게시글내키워드검색();
    myEngine.게시글알림();
  }
};
t.schedule(task,0,myEngine.크롤링주기*1000); // 알림주기 마다 task 작업 반복
```

1) 소스코드 - 설정화면

```
///////// 설정화면에서의 버튼 클릭시 동작 ////////////////////////////////////////
myAppUI.등록버튼.setOnClickListener(){
  void onClick(){
    user.관심사이트추가();
    user.관심키워드추가();
    user.알림주기변경();
  }
}
myAppUI.웹사이트 추가버튼.setOnClickListener(){
  void onClick(){
    //저장되어있는 관리자의 연락처로 요청사이트주소 전달 코드
  }
}
myAppUI.키워드 삭제 버튼.setOnClickListener(){
  void onClick(){
    user.관심키워드삭제();
  }
}
```

1) 소스코드 - 북마크 목록

```
//////////// 북마크 목록 ///////////////////////////////////////////////////////////
//
myBookmark.북마크사이트목록.setOnClickListener(){
  void onClick(){
    myApp.사이트접속(북마크사이트주소); // 클릭한 북마크 사이트 목록의 주소를 인자로
전달
  }
}
myBookmark.북마크목록보기.setOnClickListener(){
  void onClick(){
    myBookmark.북마크삭제();
  }
}
```

1) 소스코드 - APP 클래스

```
//////////////////////// APP 클래스 //////////////////////
 Public Class APP{
  private boolean 로그인 여부;
  private string ID, PW;
  private string APP이름 = Thing-Dong;
  private string 관리자 연락처;
  APP(){}
  }
 }
```

1) 소스코드 - UI 클래스

```
 ///////////////////////// UI클래스 /////////////////////////
 Public Class UI extends APP{ // 로그인 여부, id, pw, app이름 상속
   private String loginID, loginPW; //  사용자로 부터 입력받은 id, pw
   private String[] 관심사이트, 관심 키워드;
   private int 알림주기;
   private Button 메인화면, 로그인, 로그아웃, 설정, 북마크, 등록, 웹사이트추가; // 메인화면, 
로그인/로그아웃, 설정, 북마크등의 버튼
   private ListView 알림게시물목록; // 알림 게시물 주소를 리스트뷰 형식으로 보여주기 위한 
ListView

   private string 요청사이트주소;
   public UI( ){}
   //로그인 화면, id, pw입력후 로그인 버튼을 클릭시 수행 할 동작을 정의
   public void 로그인화면(){}

  public void 메인화면(){}
   // 메인화면 xml을 화면에 출력하는 코드
  }

  public void 설정화면(){
   // 설정화면 출력을 위한 코드 (관심 사이트/ 키워드 등록/ 알림주기 설정)
  }
```

```
  public void 사이트 접속(String url){
   // 인자로 받은 사이트 주소로 접속하여 화면에 출력
  }
 }
```

1) 소스코드 - 북마크 클래스

```
////////////////// 북마크 클래스 //////////////////////////////////
 Public Class 북마크 extends APP{
  private String[] 북마크 사이트 목록;
  public 북마크(){}

  public void 북마크목록보기(){
   // 사용자정보 DB로 부터 북마크 목록을 가져와서 화면에 보여준다.
  }
  public void 북마크등록(){
   // 북마크 추가버튼을 누르면 db의 북마크목록에 해당 사이트주소를 저장한다
  }
  public void 북마크삭제(){
   // 북마크 목록에서 해당 사이트 삭제
  }
 }
```

1) 소스코드 - 웹 크롤링 클래스

```
///////////// 웹크롤링 엔진 클래스 /////////////
 Class 웹크롤링엔진 {
  private String[] 검색할 사이트;
  private String[] 검색할 키워드;
  private int 크롤링 주기;
  private String[] 크롤링결과;

  public 웹크롤링엔진{}
  public void 사용자정보파악(String id){
   //userDB로 부터 id에 해당하는 사용자의 정보를 가져와서 변수에 저장한다
  }
```

```
  public void 관심사이트접속(){
   //검색할 사이트에 접속한다.
  }
  public void 웹페이지게시글파싱(){
   //게시글을 파싱한다
  }
  public void 게시글내키워드검색(){
   //파싱한 글에서 키워드를 검색하여 포함되어있으면 크롤링 결과에 저장한다.
  }
  public void 게시글알림(){
   //앱으로 알림을 전송한다.
  }
 }
}
```

1) 소스코드 – 사용자 정보 클래스

```
///////////////// 사용자 정보 클래스 ///////////////////////////////
 Public Class 사용자정보관리{
  private String user_ID, user_PW;
  private boolean 로그인결과 = false; // 로그인 결과 변수의 디폴트는 false
  private String[] 관심키워드;
  private String[] 관심사이트;
  private String[] 북마크게시글;
  private int 알림주기; // 단위: s 초
  public 사용자정보관리(string id, string pw){ //생성자
   if(로그인 요청(id, pw)){ // 로그인 요청의 반환값이 true 이면 ID, PW가 입력한 ID, PW초기화 되고, 로그인 상태를 나타내주는 변수를 true로 바꿔준다.
    this.user_ID = id;
    this.user_PW = pw;
    this.로그인결과 = true
   }else 로그인결과 = false; // 로그인 실패시 로그인 결과는 false
  }
  Public Boolean 로그인 요청(String id, String pw){
   if(인자로 전달받은 id와 pw가 모두 일치하는 사용자가 사용자정보DB에 존재)
    return true;
   else return false;
```

```
   }
   Public void 로그아웃(){
     this.user_ID = null;
     this.user_PW = null;
     this.로그인결과 = false;
   }
   public String getID(){
     return this.user_ID;
   }
   public void 회원가입(String edtID, String edtPW, String name, String phone, String
auth, String brith, String gender, boolean agree){
     //인자로 받은 정보들을 db상에 등록
   }
   public boolean 중복확인(String edtID){
     if(edtID가 데이터베이스에 있으면)
       return false;
     else return true;
   }
   /* 사용자정보DB에 관심사이트, 관심 키워드, 알림주기 정보를 저장하는 함수 */
   public void 관심사이트추가(){}
   public void 관심키워드추가(){}
   public void 관심사이트삭제(){}
   public void 관심키워드삭제(){}
   public void 알림주기변경(){}
 }
```

2) 테스팅

White Box 테스트 기법 (모듈 테스트)	• 검사단계 전반부에서 수행 • 프로그램의 내부 구조를 검사 • 프로그램의 how(어떻게 처리되는가?)에 대한 실현도 조사
통합 테스트	• 모듈을 통합하는 과정에서 발생할 수 있는 오류를 찾는 테스트 • '모듈 간의 상호작용이 정상적으로 수행되는가' • 점진적 모듈 통합 방법 : 하향식 기법, 상향식 기법
Black Box 테스트 기법 (시스템 테스트)	• 검사단계 후반부에서 수행 • 프로그램의 기능을 검사 • 프로그램의 what(무엇을 수행할 것인가?)에 대한 실현도 조사

(1) 테스팅 – 모듈 테스트

1. 로그인 기능
 1-1. 신규이용자는 아이디와 비밀번호를 입력해본다.
 1-2. 아이디와 비밀번호를 입력하지 않고 Login버튼을 눌러본다.

2. 회원가입 기능
 2-1. 아이디에 대/소문자, 특수문자 포함 8자리~16자리를 조건을 맞춰 입력한다.
 2-2. 아이디 중복확인 버튼을 눌러본다.
 2-3. 아이디와 비교화여 3자리 이상 중복되는 비밀번호를 입력한다.
 2-4. 여러 동의 버튼에 모두 동의하지 않고 회원가입 버튼을 눌러본다.

3. 메인 화면
 3-1. 신규 사용자일 경우 설정 버튼을 누른다.
 3-2. 기존 사용자일 경우 알림 받은 목록을 통해 사이트에 접속해본다.

4. 설정 화면
 4-1. 예시 사이트에 없는 사이트를 등록할 시, '+'버튼을 눌러본다.
 4-2. URL을 입력하여 사이트를 등록해본다.
 4-3. 키워드를 입력하여 등록해본다.
 4-4. 하나의 사이트에 여러 키워드를 등록해본다.
 4-5. 사이트 목록에 등록 되어있는 사이트를 등록해본다.

5. 북마크 화면
 5-1. 메인 화면에서 별표 모양을 클릭해본다.
 5-2. 메인 화면에서 별표 모양을 두 번 클릭해본다.
 5-3. 하단메뉴의 편집 버튼을 눌러본다.

(2) 테스팅 - 통합 테스트

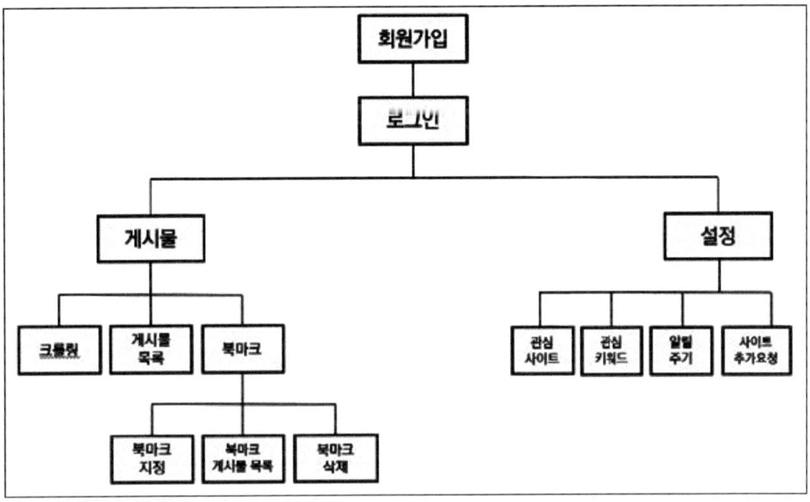

(3) 테스팅 - 시스템 테스트

1. **로그인 기능**
 - 기존 이용자 / 신규 이용자 구분하며 경고창도 올바르게 띄워진다.
 (Ex. '아이디와 비밀번호를 입력하시오')

2. **회원가입 기능**
 - 회원가입시 필요한 여러 조건에 부적합할 경우 경고창이 올바르게 띄워진다.
 (Ex. '중복되는 아이디가 있습니다', '모든 이용약관 동의 버튼을 누르세요')

3. **메인 화면**
 - 기존 이용자 / 신규 이용자에 따라 다른 화면 출력된다.

4. **설정화면**
 - 사이트 목록에 URL 입력 시 등록되고, 사이트에 따른 키워드 매핑 또한 정상 작동된다.
 - 중복되는 사이트가 등록될 경우 경고창이 올바르게 띄워진다.

5. **북마크 화면**
 - 메인 화면에서 별표 모양 클릭 시, 북마크 화면에 출력된다.
 - 하단메뉴의 편집 버튼 클릭 시, 라디오 버튼 또한 생성된다.

6. **크롤링엔진**
 - 사용자가 등록한 사이트의 웹 페이지 게시글을 파싱하여 파싱한 페이지 내에서 등록한 키워드를 검색하는 동작이 정상 작동된다.

(4) Release

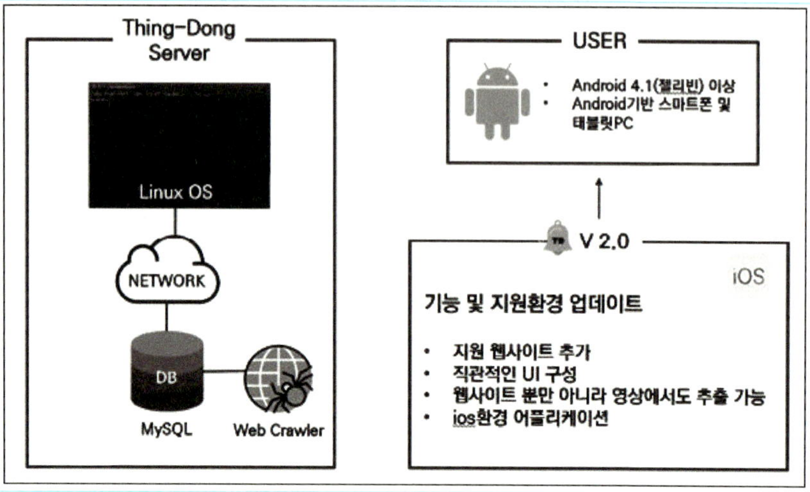

(5) 테스트 결과 요약

1. **로그인 기능**
   1-1. 아이디와 비밀번호를 입력했을 때 기존이용자와 신규이용자를 구분하는가?
   1-2. 아이디와 비밀번호를 입력하지 않고 Login 버튼을 눌렀을 경우 경고창이 띄워지는가?

2. **회원가입 기능**
   2-1. 아이디에 대/소문자, 특수문자 포함 8자리~16자리를 포함하지 않았을 경우 경고창이 띄워지는가?
   2-2. 아이디 중복확인 버튼을 눌렀을 때 중복여부를 판단하는가?
   2-3. 비밀번호 등록 시, 아이디와 비교하여 3자리 이상 중복되면 경고창이 띄워지는가?
   2-4. 여러 동의 버튼에 모두 동의하지 않고 회원가입 버튼을 눌렀을 경우 경고창이 띄워지는가?

3. **메인 화면**
   3-1. 신규 사용자일 경우 비어 있는 메인 화면이 출력되는가?
   3-2. 기존 사용자일 경우 push 알림 목록이 출력되는가?
   3-3. 기존 사용자일 경우 설정해논 것들이 변함없이 유지 되어있는가?

4. **설정 화면**
   4-1. '+'버튼을 눌렀을 때 URL입력 팝업창이 띄워지는가?
   4-2. URL을 입력하여 등록 시, 사이트 목록에 등록되는가?
   4-3. 키워드를 등록 후 사이트와 매핑되는가?
   4-4. 하나의 사이트에 여러 키워드가 등록되는가?
   4-5. 중복되는 사이트가 등록될 경우, 경고창이 띄워지는가?

5. **북마크 화면**
   5-1. 메인 화면에서 별표 모양 클릭 시 색칠이 되는가?
   5-2. 별표 모양을 클릭한 사이트가 북마크 목록에서 출력되는가?
   5-2. 메인 화면에서 별표 모양을 두 번 클릭했을 시, 같은 사이트가 북마크 목록에 2개 등록되는가?
   5-3. 하단메뉴의 편집 버튼을 누르면, 편집할 수 있게 라디오 버튼이 생성되는가?

6. **크롤링엔진**
   6-1. 사용자의 정보에 따른 관심 사이트/키워드를 파악하는가?
   6-2. 사용자가 등록한 사이트의 웹 페이지 게시글을 파싱하는가?
   6-3. 파싱한 페이지 내에서 키워드를 검색하는가?
   6-4. 파싱과 키워드 검색 후 사용자에게 push알림 제공하는가?

3) 사회적 만족도 평가

- **사용자는 관심 키워드를 포함하는 게시물 알림을 받을 수 있다.**
  현재 웹 게시물 알림 서비스는 대형 사이트나 RSS기능을 제공하는 사이트에 제한되어 사용자가 원하는 사이트의 게시물에 대해서는 알림을 받을 수 있는 방법이 없었지만 Thing-Dong의 웹 게시물 알림 서비스를 이용 시 가능.
- **웹 서핑으로 정보를 수집하는 시간을 절약할 수 있다.**
  사용자의 정보 수집 능력을 향상시킬 수 있을 뿐만 아니라 정보를 수집하는 시간을 절약하여 사용자에게 추가적인 이익 창출 가능.
- **긴급 재난 알림 서비스로도 활용할 수 있다.**
  신속하고 편리한 정보 수집을 통해 정부의 사이트에 올라오는 긴급 재난 경보도 수집하여 실시간 알림으로 받을 수 있게 된다면 기존의 수동적인 방법보다 빠르고 정확하게 게시물을 확인 할 수 있어 긴급 상황에서의 빠른 대처를 이끌어 낼 수 있음.

4) UI

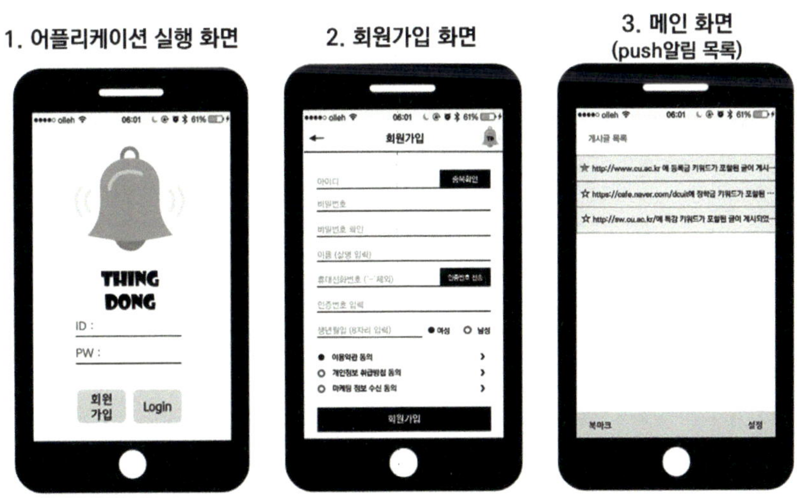

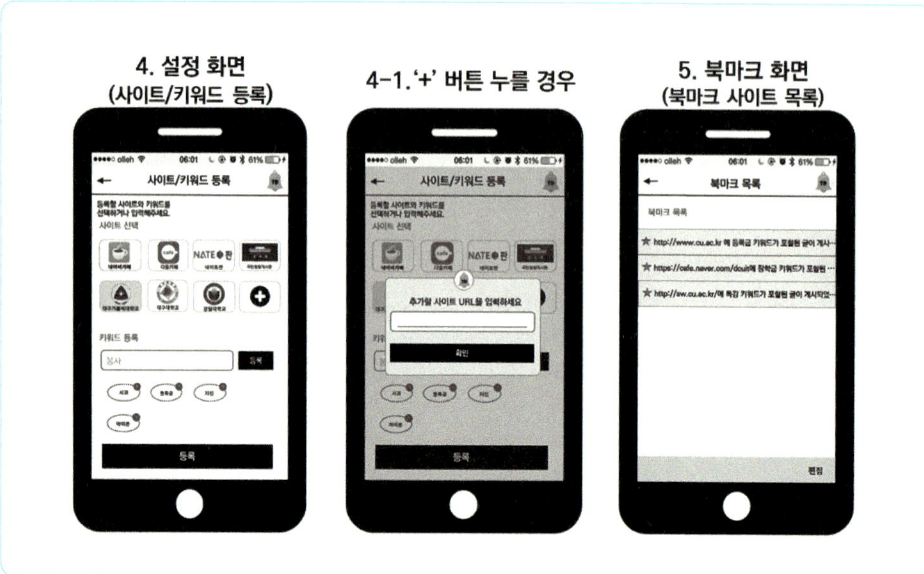

5) 사용방법 (메뉴얼)

1. **애플리케이션을 실행 후 신규 사용자는 회원가입을 한다.**
   1-1. 기존 사용자일 경우, 아이디와 비밀번호를 기입
   1-2. 기입 후 Login 버튼을 눌러 로그인

2. **로그인시 메인 화면이 실행된다.**
   2-1. 메인 화면은 push알림 목록으로 구성
   2-2. 신규 사용자일 경우 메인 화면은 빈 화면으로 출력
   2-3. 하단 메뉴에는 북마크 버튼과 설정 버튼으로 구성

3. **신규사용자는 설정 버튼을 눌러 사이트/키워드를 등록한다.**
   3-1. 예시로 등록되어 있는 사이트를 선택
   3-2. 예시 사이트 중에 사용자가 원하는 사이트가 없을 경우 '+' 버튼 클릭
   3-3. '+' 버튼을 누르게 되면 추가할 사이트 URL 입력 팝업창 띄워짐
   3-4. 사이트에 따른 키워드 또한 등록

4. **등록한 사이트에 매핑한 키워드를 포함된 게시글이 업로드 될 경우 push알림 뿐만 아니라, 메인 화면에 push알림 받은 목록을 볼 수 있다.**
   4-1. 메인 화면의 push알림 목록에서 별표모양 클릭 시 북마크 등록

5. **메인 화면 하단메뉴의 북마크 버튼을 누르면 북마크 목록을 확인할 수 있다.**
   5-1. 북마크 목록에서 하단메뉴의 편집 버튼을 클릭하여 북마크 된 사이트 삭제

6) 유지보수 방안

유지보수 방안

1. 지원하는 웹사이트를 사용자의 요구에 따라 지속적 업데이트
2. 등록한 사이트의 구조가 업그레이드 될 시, 웹크롤링엔진 업데이트
3. 사용자의 편의를 위해 좀 더 직관적이고 편리한 UI 구성
4. 사용자의 디바이스별 오류들 즉각 수정
5. 정기적 기간을 정한 후 어플리케이션 버전 업데이트

12.4.5 결론

1) 각 팀원 의견 및 느낌

- 소프트웨어를 완전히 구현하진 못했지만, 시스템을 분석, 설계하는 과정에서 어떤 방식으로 프로젝트가 진행이 되는지 경험 할 수 있었고, 추후에 프로젝트를 진행하게 된다면 개발과정에서 크게 도움이 될 것 같다. 하지만 코딩 지식이 부족하여 어플리케이션을 직접 구현 못한 것에 아쉬움이 남는다.
- 팀원들과 상의하여 프로젝트를 진행함으로써 서로의 의견들이 상호작용하여 더 나은 방향으로 나아갈 수 있음을 알 수 있었다. 그리고 소프트웨어를 개발하는 전 과정을 경험하여 더 나은 소프트웨어를 개발하기 위한 방법을 알 수 있었다.
- 한 학기 동안 팀원들과 함께 소프트웨어 개발 단계(요구사항 분석, 시스템 명세, 설계, 프로그래밍, 테스트, 유지보수 단계)에 따라 프로젝트를 진행하면서 소프트웨어공학에 대하여 정확하게 익힐 수 있었다. 그리고 익힌 내용을 바탕으로 소프트웨어 개발자 역량을 강화할 수 있게 되었습니다.

2) 향후 발전 방향

- 안드로이드 뿐만 아니라 ios 환경에서도 실행가능한 더 다양한 디바이스와 환경을 지원하고, 다양한 환경에서 서비스를 동일하게 이용할 수 있도록 반응형 웹 앱의 형태로 구현.

- 관심 키워드에 포함하는 게시물을 알려주듯이 웹 페이지 내의 게시글 뿐만 아니라, 동영상에서도 관심 주제를 찾아서 이를 알려 주는 기능을 추가할 것.

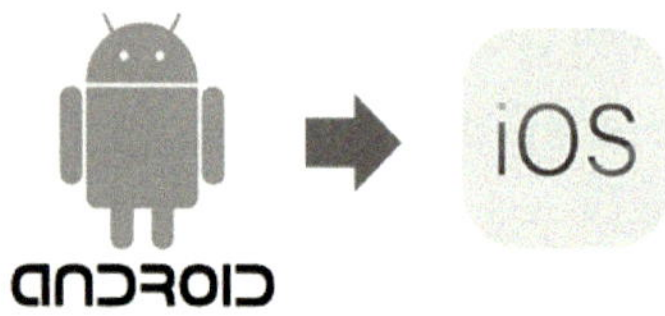

3) 개발 일지

브레인 스토밍 및 설계

- 9/4(수)
  - 동기, 소개, 관련 기술 학습
- 9/18(수)
  - 기능, 기대효과 파악
- 9/25(수)
  - 시장조사, 인력배치 및 계획, MS Project, 개발환경 및 예산

요구사항 분석

- 10/2(수)
  - 구조도, SWOT 분석, 시나리오
- 10/16(수)
  - 기능 / 비기능 분석, UI 디자인
- 10/23(수)
  - Use case 다이어그램, Class Diagram, Sequence Diagram 작성

프로젝트 개발

- 11/14(수)
  - DFD, DD, MiniSpec 작성
- 11/20(수)
  - 코딩
- 11/26(화)
  - 소스코드 수정 보완

테스팅

- 12/3(화)
  - 모듈 테스트, 시스템 테스트, 매뉴얼 작성
- 12/4(수)
  - 유지보수 방안, 향후 발전 방향, 결론 작성

4) SW 대전 - 아이디어 전시대회

웹 크롤링 기술을 이용한 키워드 게시물 알림 어플리케이션

Thing-Dong | 이소연, 강순철, 안대일, 정원준

아이디어 개요

현재 웹 게시물 알림 서비스는 네이버나 다음 같은 대형 사이트나 RSS기능을 제공하는 사이트에 극한 되어 있을 뿐만 아니라, **현재 서비스엔 사용자가 원하는 주제에 적합한 게시물만 알림 되는 기능이 없다.**

더불어, 소규모 커뮤니티나 사이트들은 위의 서비스를 제공하지 않는다.

그래서 우리 팀은 바쁜 현대인들을 위해 자신이 원하는 사이트의 해당 주제 게시물을 통합적으로 push알림을 제공해주는 본 아이디어를 제안한다.

아이디어 OOA 과정

기능적 분석

1. 사용자가 등록한 키워드와 사이트는 데이터베이스에 저장되어야 한다.
2. 사이트에 키워드가 포함된 게시글이 업로드 되면 사용자는 실시간 알림을 받아야한다.
3. 데이터베이스에 사용자가 북마크 지정한 게시글은 별도로 저장되어야 한다.
4. 관리자는 사용자가 요청한 요구를 반영하여 시스템에 유지보수 해야 한다.
5. 어플리케이션은 서버로부터 메세지를 받으면 사용자에게 실시간 push알림을 제공해야한다.

비기능적 분석

1. 웹 크롤링 서버는 24시간 가동되어야 한다.
2. 웹 크롤링 서버는 사용자가 등록한 사이트에 키워드가 게시되는지 검색 & 수집 해야 한다.
3. 데이터베이스에 저장된 데이터들 중 북마크 데이터를 제외하곤 일정시간이 지나면 오래된 게시글부터 삭제된다.

그림1. 요구사항 분석

[시나리오]

1. 사용자가 로그인 후 메인 화면 UI 실행
2. 사용을 위한 초기 환경 설정 화면 실행
3. 관심사이트와 관심 키워드를 등록 및 알림 주기 설정
4. 메인 화면 UI는 알림 받은 게시물 목록으로 구성
5. 게시물 목록 중 하나를 클릭하면 해당 사이트에 접속
6. 사이트에 접속 후 필요시, 북마크 기능을 사용 가능
7. 북마크 탭을 통해 북마크 목록 확인
8. 사용자가 사이트나 키워드를 추가 등록 원할 시, 설정 탭에서 이용

아이디어 OOD 과정

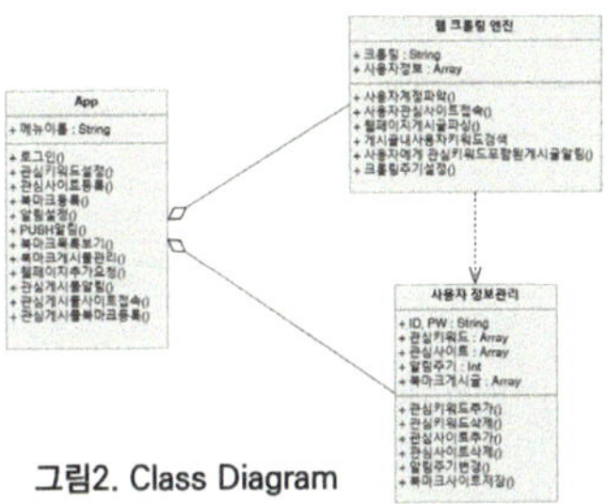

그림2. Class Diagram

그림3. 실행 UI

결과 및 기대효과

- 신속하고 편리한 정보 수집 -> 긴급 재난 알림 적용 가능

  본 프로젝트 서비스를 이용하여 사용자가 원하는 키워드가 포함된 게시물을 실시간 알림으로 받을 수 있게 된다면 기존의 수동적인 방법보다 빠르고 정확하게 게시물을 확인 할 수 있게 될 것이다.

- 사용자 관심 정보 수집을 통한 부수적 수익 창출

  회원 정보와 사용자 관심 키워드 & 사이트 등록 현황에 따라 사용자 성향을 파악할 수 있고 데이터 수집으로 사용자 성향별 정보를 얻고 적절한 광고를 등록할 수 있다면 여러 광고주를 모집하여 부가적인 수익 창출 가능하다.

- 다양한 웹 사이트 지원

  추후 유지 보수 측면에서 사용자의 요구에 따라 지원하는 사이트의 수를 추가함으로써 사용자는 다양한 사이트에서 게시물 알림을 받을 수 있을 것이다.

저자약력 김행곤

1978년 5월 ~ 1979년 5월	NASA(미 항공우주국) 연구소	연구원
1979년 8월 ~ 1983년 3월	공군방공포병학교	교관
1988년 1월 ~ 1989년 1월	Bell Lab.	연구원
1987년 3월 ~ 1990년 2월	KT	전임연구원
1991년 8월	중앙대학교	박사
2002년 2월 ~ 2004년 2월	미국 University of Michigan	연구교수
2007년 8월 ~ 2008년 8월	미국 University of CMU	교환교수
2014년 4월	영국 University of Bristol	박사
1990년 3월 ~ 2022년 현재	대구가톨릭대학교	교수

개발 실무 중심의 소프트웨어 엔지니어링

발행일 1판 1쇄 인쇄 2022년 8월 20일
1판 1쇄 발행 2022년 8월 24일

지은이 김행곤
발행인 윤덕우
발행처 도서출판 그린

저자와의 협의하에 인지생략

주 소 경기도 파주시 가람로116번길 107 운정한강듀클래스 411호 (10896)
전 화 02)333-2574, 5
팩 스 02)333-2561
출판등록 제8-16호(1995. 5. 3.)
E-mail greenpress@greenpress.co.kr
Homepage http://www.greenpress.co.kr

가 격 35,000 원
ISBN 978-89-5727-297-8 (93000)

* 본 저서는 과학기술정보통신부 및 정보통신기획평가원의 SW중심대학지원사업의 연구결과로 수행되었음(2019-0-01056).